漢字文明研究·文集之一

東亞漢籍與越南漢喃古辭書研究

[中國] 何華珍
[越南] 阮俊强 (NGUYEN Tuan Coong)　◎ 主編

中國社會科學出版社

圖書在版編目（CIP）數據

東亞漢籍與越南漢喃古辭書研究 / 何華珍，〔越南〕阮俊强主編. —北京：
中國社會科學出版社，2017.8
（漢字文明研究・文集之一）
ISBN 978-7-5203-0982-0

Ⅰ. ①東…　Ⅱ. ①何…　②阮…　Ⅲ. ①漢語–古籍研究–東亞　②漢語–辭
書–研究–越南　Ⅳ. ①G256.1　②H16

中國版本圖書館 CIP 數據核字（2017）第 218476 號

出　版　人　趙劍英
責任編輯　任　明
責任校對　閆　萃
責任印制　李寡寡

出　　　版　中國社會科學出版社
社　　　址　北京鼓楼西大街甲 158 号
郵　　　編　100720
網　　　址　http://www.csspw.cn
發　行　部　010-84083685
門　市　部　010-84029450
經　　　銷　新華書店及其他書店

印刷裝訂　北京君昇印刷有限公司
版　　　次　2017 年 8 月第 1 版
印　　　次　2017 年 8 月第 1 次印刷

开　　　本　710×1000　1/16
印　　　張　30.25
插　　　頁　2
字　　　數　508 千字
定　　　價　128.00 圓

"漢字文明研究" 成果系列出版前言

　　東漢時河南人許慎説："蓋文字者，經藝之本，王政之始，前人所以垂後，後人所以識古。"這裏的"文字"後來稱"漢字"。漢字是傳承發展到當代的中華優秀文化之一。作爲内涵豐富的符號系統，漢字承載着數千年的歷史文化、民族智慧；作爲交流思想資訊的重要工具，漢字也是國家管理和社會生活必不可少的。中央號召發揚傳統優秀文化，實施文化强國戰略，漢字舉足輕重。

　　河南是漢字的發源地，有着豐富的原始材料和悠久的研究傳統。可以説，第一批漢字材料，第一部漢字學著作，第一本漢字教科書，第一位漢字學家，第一位書法家，第一位漢字教育家，第一位漢字規範專家，都出自河南。漢字作爲中華文明的重要標志，極具創造性和影響力，應該成爲河南得天獨厚的優勢品牌。"漢字文明"的傳承發揚需要"許慎文化園""中國文字博物館"之類的物質工程，也需要學術研究及學術成果，還需要漢字教育和傳播。鄭州大學作爲河南的最高學府，責無旁貸應該承擔起傳承和發展漢字文明的歷史使命。該校領導眼光宏大，志向高遠，批准成立了"漢字文明研究中心"，并在規劃和實施"中原歷史文化"一流學科建設中，把"漢字文明"定爲研究方向之一。

　　漢字文明研究中心自 2016 年 9 月成立以來，在學校領導和學界同人的支持鼓勵下發展順利。現已由專職和兼職（客座）人員共同組建起研究團隊，并已陸續産生成果。爲了及時推出中心成員取得的研究成果，本中心擬陸續編輯出版"漢字文明研究"成果系列。"漢字文明研究"範圍極廣，包括而不限於漢字本體（形體、結構、職用）的理論研究，漢字史研究，漢字學術史研究，漢字與漢語的關係研究，漢字與民族國家的關係研究，漢字與泛文化關係研究，跨文化漢字研究（漢字傳播、域外漢字、外來文化對漢字系統的影響、漢字與異文字比較等），漢字教學與漢字規範研究等。這麽多五花八門的成果如果按照内容分類編輯出版，命名將十分繁雜，且不易各自延續。因此，擬采用最簡單的形式分類法，論文集編爲一個系列，包括本中心主辦的會議論文集、本中心成員（含兼職）個人或集體論文集、本中心組編的專題論文集等，統一按照"漢字文明研究·文集

之 N＋本集專名”順序出版；著作和書册編爲一個系列，包括本中心成員
（含兼職）的專著、合著、資料整理、工具書、主題叢書、教材等，統一按
照“漢字文明研究·書系之 N＋本書專名”順序出版。

　　“漢字文明研究”成果系列由中心主任李運富教授主編，編輯委員會
負責推薦和審定。各文集和書系的作者或編者皆獨立署名，封面出現“漢
字文明研究·文集之 N”或“漢字文明研究·書系之 N”字樣，扉頁印編
輯委員會名單。“文集”與“書系”設計風格大體一致。

　　希望本中心“漢字文明研究”碩果累累。

漢字文明研究中心　李運富

序

黃德寬

　　"東亞漢籍與越南漢喃古辭書國際學術研討會"，是我們所有與會者以及中國文字學會的各位同人充滿期待的一次會議。漢字的傳播研究是近年來才逐漸引起學者關注的學科領域。這次會議圍繞"東亞漢籍與越南漢喃古辭書"來開展，主題非常鮮明，是關於漢字傳播研究的一次非常重要的會議。

　　文字的傳播是人類文明史最重要的現象，也是文字發展史研究最重要的課題。我們知道，世界上有三大自源的古典文字體系，當然包括南美的瑪雅文字，也可以說有四大自源的文字體系。除自源的文字體系之外，全世界的文字絕大多數是通過文字傳播的接受而形成發展起來的。因此，研究人類文明史不能不高度重視文字傳播史的研究。歷史上，作爲自源文字體系的漢字，它在傳播發展過程中曾經深刻地影響着周邊的國家和地區，形成了漢字文化圈。朝鮮、日本、越南都是接受中華文化深度影響的國家，這些國家的語言文字也深受漢語漢字的影響。這次會議圍繞着"東亞漢籍與越南漢喃古辭書"來開展，可以說抓住了漢字傳播史研究一個關鍵性的重要課題。

　　東亞漢籍異常豐富，既有直接從中國引進、轉寫、轉抄的大量書籍，也有這些國家接受漢文化的影響用漢文寫作的作品。這些豐厚的歷史文化資源，對研究中國與周邊國家的文化交流交往，都是極爲重要的資料。這些資料絕大數還沉睡在圖書館、博物館和私人藏家的手裏。如何進一步推進這些資料的發掘、研究和利用，確實是中國以及接受漢字文化影響的各國家學者所共同面臨的重要課題。

　　漢字系統在傳播過程中本身也不斷地經歷着變化、變遷。如何更好地利用漢字，在接受漢字影響的同時發展各國自己的文字，可以說是朝鮮、日本、越南曾經面臨的共同問題，各國也都在這個過程中先後建立了自身的文字體系。越南喃字的發明和漢喃古辭書的編寫，就體現了越南既接受了漢字傳播的影響，也爲發展自身文字體系所做出的努力。越南喃字及漢喃古辭書，不僅爲越南文化史，也爲漢字傳播史研究留下了一份珍貴的遺產，更是當前漢字傳播史研究的非常重要的物件和課題。通過各國學者多年的努力，這方面的研究已經取得了很重要的成果。這次會議的發起單位之一，越南社會科學院漢喃研究院在喃字資料的收集、整理和漢喃古辭書研究方面積累了非常豐厚的資源，取得了相當多的成果。日本、韓國學者在漢字傳播研究方面也都取得了很多成就。這次會議四國學者在一起分享各自的研究成果，交流各自的研究經驗，是一次富有重要意義的國際學術交流與合作，對推動東亞漢籍的整理研究以及越南喃字和漢喃古辭書的研究都是一次難得的機會。

　　漢字作爲中華文明的偉大創造，是世界上唯一數千年來持續使用且長盛不衰的古典文字體系，這是中華民族對人類文明史的非凡貢獻。可以説，漢字既是中國人民的寶貴文化遺產，也是世界文明的寶貴遺產。漢字傳播到周邊國家以後，由於語言環境、文化背景的差異，其自身也受到不同國家語言和文化的影響，從而導致漢字體系本身也發生一些變化。對這些變異現象的分析研究，可以促進對漢字本體的認識，提升漢字研究的理論水准。漢字的傳播發展是文字傳播史上的典型案例，如果將漢字在不同國家傳播過程中所形成的各種發展現象進行系統的梳理探討并上升到規律性的總結，我們一定會進一步擴大漢字研究的視野，豐富漢字理論研究的內容，更加深刻地認識漢字系統本身。從這個意義上來説，推進漢字傳播的研究，必將有助於中國文字學自身的提高和文字傳播理論的發展。

　　浙江財經大學在漢字傳播研究方面獨樹一幟，何華珍教授在中日漢字比較研究方面取得了突出的成績，承擔了國家社科基金重大招標項目"漢字發展通史"子課題"漢字域外傳播史研究"。由何華珍教授發起召開的"東亞漢籍與越南漢喃古辭書國際學術研討會"，促進了中、日、韓、越各國學者的交流和合作，必將開創漢字傳播研究的新局面，也有利於推動"漢字域外傳播史研究"子課題的進展。

　　這次會議發表的論文涉及漢字傳播研究的許多方面，令人印象深刻的，有漢語俗字、民族文字俗字、域外漢文俗字的研究成果；有中國古典文獻、東亞漢籍整理研究的成果。會議交流中還提出了不少新觀點和新問題，如"國際漢字""跨文化漢字""東亞漢字研究一體化"等，這些問題值得作深入的理論探討。在我們看來，漢字傳播研究還有一個堅持什麼樣的學術立場和價值追求的問題。任何一種學術，作爲治學者一定有自己的學術立場和價值追求。這種學術立場和價值追求可能有的是自覺的，有的是不自覺的。但不管是否自覺還是不自覺，却都是客觀存在的。推動東亞漢籍和漢字的傳播研究，我認爲至少有三個層面的價值所在：

一是對語言文字研究本身的價值。漢字的傳播現象是人類文字傳播的一個重要案例。把漢語漢字的傳播放到整個人類文明史上來看，其研究價值就凸顯出來了。漢字作爲古典文字，傳承使用那麼長的時間，對朝鮮、日本、越南、中國民族地區乃至整個世界都產生了深遠的影響，這確實是世界文明史上重要的語言文字傳播現象。從這種角度來看漢語漢字的特點、規律，對深化漢字系統的認識非常之重要。過去的研究，更多的是就漢字談漢字，有的問題説不清楚。這次會議有先生談到漢字功能的擴展問題、談到漢字筆談文獻整理問題，這對我們正確認識漢字的功能和性質都很有參考價值。而漢字在不同語言文化背景下的傳承、使用和變異及其發生原因的研究，對完善和建構科學的漢字理論，進一步揭示漢字漢語的規律和特點都很有啟發意義。所以，從專業的立場上來看，開展漢字傳播的研究是非常有價值的。

二是東亞漢籍研究的文獻學價值。東亞漢籍研究就是以漢字爲載體的典籍流傳、整理和研究。以漢字爲載體的典籍，無論是中國的典籍傳到周邊國家，還是周邊國家以漢字書寫的典籍，這些典籍爲文獻學研究開闢了一個廣闊的領域。東亞漢籍的整理工作應該説任務是非常之艱巨的。從文獻學和典籍整理研究這個角度，東亞漢籍整理研究會爲相關的研究提供堅實的資料基礎。如果没有文本文獻的整理研究爲基礎，相關的歷史文化研究就不可能得出正確的結論，這方面已經有一些教訓。東亞漢籍資料的扎實整理和研究，有利於推動東亞歷史文化交流研究，這是東亞漢籍研究的文獻學價值之所在。

三是東亞漢籍和漢字傳播學術研究的現實意義。中、日、韓、越四國學者進行學術交流與合作，是從學者的立場立足學術來研究學術問題，但是這種合作研究必定有一個功能外溢的問題。各國學者的研究有助於客觀准確地認識彼此交往交流的歷史，各國歷史文化交流的研究成果也一定會影響當代社會，從而使這方面的研究獲得當代價值，那就是促進各國當代文化的交流，增進各國人民的互相理解，推進各國的相互融通、和諧共處，通過各國人民友好交往，共同努力創造亞洲文明的美好未來。前幾天，北京召開"一帶一路國際合作高峰論壇"，習近平主席在主旨發言中特別指出"一帶一路是中國的，更是世界的"；"和平合作、開放包容、互學互鑒、互利共贏"，是中國秉持的"絲路精神"。這次會議與會的各位學者所研究的課題與"絲路精神"是何等的契合！因爲我們所做的研究正是再現各國曾經歷過的那種"交流互鑒，互利共贏"的交流史。歷史的研究與現實的需求很自然地結合起來了，這是我們開展東亞漢籍和漢字傳播學術研究的當代價值之所在。

　　這次會議達到了開拓視野、分享成果、促進交流的目的。漢字的傳播研究還是一個有待發展的領域，這個領域已聚集了一批優秀的學者，隨着更多學者的關注和參與，這一研究領域的未來必然可期。我們相信并期待通過各國學者的交流和合作，東亞漢籍與漢字傳播研究能取得更多高水准的研究成果，爲促進各國的合作與交流帶來積極的影響。

　　【附記】中國文字學會會長黃德寬教授在東亞漢籍與越南漢喃古辭書國際學術研討會開幕式和閉幕式上分別發表致辭和講話，這篇《序言》是根據黃德寬教授兩次講話錄音整理而成。

目　录

越南漢喃研究院所藏漢喃資料的歷史、特徵與前瞻

．．［越南］阮俊强 越南漢喃研究院　1

中世紀越南漢字詞典的類型與特點

．．［越南］陳仲洋 越南漢喃研究院　14

越南古代漢喃辭書略論

．．［中國］梁茂華 廣西民族大學　40

《嗣德聖製字學解義歌》版本及文字等問題研究

．．［越南］丁克順 越南漢喃研究院　52

從詞典論看越南中代辭書

　　——以《大南國語》《日用常談》《南方名物備考》爲中心

．．［越南］吕明姮 越南漢喃研究院　60

以字典爲編寫方式的越南中代漢字教科書研究

　　——以《三千字解音》和《嗣德聖製字學解義歌》爲例

．．［越南］杜氏碧選 越南漢喃研究院　74

19世紀末20世紀初漢喃雙語辭典

　　——《南方名物備考》案例研究

．．［越南］陳氏降花 越南漢喃研究院　91

越南《千字文》字書兩種漢字字形考

．．［越南］阮氏黎蓉 河内國家大學 廈門大學　100

越南漢喃雙語辭書研究價值初探

　　——以《指南玉音解義》爲中心

．．．［中國］温敏 鄭州大學　117

越南漢字辭書《字典節錄》研究

．．［中國］李宇 浙江財經大學　125

《三千字歷代文注》初探

．．［中國］陳楠楠 浙江財經大學　133

越南國家文字變遷的歷史啟示
　　………〔中國〕黃興球 浙江工業大學 〔中國〕韋順莉 浙江工業大學　143
《阮朝硃本》對聯的異體字考
　　………………………………〔越南〕范氏草 越南西北大學　151
越南漢文俗字的整理與研究
　　——兼論《越南俗字大字典》編撰
　　………〔中國〕何華珍 浙江財經大學 〔中國〕劉正印 浙江財經大學　169
越南漢喃碑銘用字研究導論
　　………〔中國〕劉正印 浙江財經大學 〔中國〕何華珍 浙江財經大學　191
越南瑤族民間古籍中的漢語俗字研究
　　……………………………………〔中國〕何婧 浙江財經大學　205
馮克寬使華漢詩寫本疑難俗字考釋
　　…………………………………〔中國〕甄周亞 浙江財經大學　225

漢字在域外的功能拓展
　　…………………………………〔中國〕俞忠鑫 浙江大學　236
東亞漢文小説寫本研究例説
　　…………………………………〔中國〕王曉平 天津師範大學　243
《新撰字鏡·序》校釋
　　……〔中國〕張磊 浙江師範大學 〔中國〕吳美富 浙江師範大學　256
日本古辭書與漢字變異研究
　　——以觀智院本《類聚名義抄》爲例
　　…………………………〔中國〕方國平 杭州市市場監督管理局　265
慶大本《百二十詠詩注》俗字研究
　　…………………………………〔中國〕李建斌 浙江財經大學　278
接續薪火：久保天隨的著述與明治漢學
　　…………………………………〔中國〕胡夢穎 浙江財經大學　293
朝鮮後期漢語教科書中的"非漢語用法"
　　…………………………………〔中國〕任玉函 浙江財經大學　301
試論朝鮮時代漢字親屬稱謂詞語的變異與革新
　　——以韓國漢文小説爲例
　　…………………………………〔中國〕鐵徽 浙江財經大學　306
朝鮮寫本與漢語俗字
　　…………………………………〔中國〕周玭 浙江財經大學　316

哈佛大學藏本《九雲夢》草書字形探析

　　………………………………〔中國〕熊英姿　浙江財經大學　333

《華英字典》與漢語俗字

　　………………………………〔中國〕吴函書　浙江財經大學　343

古壯字及其與漢語言文字的關係

　　………………………………〔中國〕黄行　中國社會科學院　352

關於越南國立圖書館所藏書經大全與五經節要的加點

　　………………………………〔日本〕小助川貞次　富山大學　361

越南後黎朝鄧明謙《詠史詩集》的撰述與思想

　　…………………………………〔中國〕葉少飛　紅河學院　372

文獻祠的降筆經木刻版與《古今傳錄》的若干版本問題

　　……………………………〔越南〕蔡忠史　越南漢喃研究院　386

越南《翹傳》的漢注版研究

　　………………〔越南〕阮氏雪　越南漢喃研究院　廣西民族大學　396

潘輝注《歷朝憲章類志·文籍志》分類觀點初探

　　——以《文籍志》的憲章類爲例

　　……………………〔越南〕潘青皇　中國臺灣中正大學　410

漢字與喃字對越南阮朝北寧省地名的取名角色比較研究

　　………………………………〔越南〕裴英掌　河内國家大學　424

越南喃文間有漢文書籍的研究：《壽梅家禮》及其刻書活動

　　………〔越南〕武越鵬　越南漢喃研究院　河内國家大學　廣西民族大學　434

1871 年朝鮮使臣的北京影像

　　…………………………………〔中國〕陸小燕　紅河學院　448

"東亞漢籍與越南漢喃古辭書國際學術研討會"會議綜述

　　………………………………〔中國〕王泉　浙江財經大學　458

參會論文目錄 ………………………………………………………467

後記 …………………………………………………………………470

越南漢喃研究院所藏漢喃資料的
歷史、特徵與前瞻

［越南］阮俊强　越南漢喃研究院

一、歷史中的一些漢喃書庫概括[①]

根據記載，目前所知的藏書處有大興庫（1023）所藏的三藏經、重興庫（1036）的大藏經以及仙游書院（1038）、天長庫的佛經（1295）。此外，陳朝時的寶和殿亦有藏書，1383 年陳藝宗曾御駕到此。黎朝則有蓬萊書院。西山朝有崇正書院（1791）。羅山夫子阮貼曾爲崇正書院院長。以上書院的藏書總量目前尚未知曉。

阮朝時代，書庫逐漸變多，重要的有：（1）明命時的聚奎書院收藏 4000 部越、中、歐書籍，近 9000 本單册。（2）建於 1825 年的藏書樓，收藏書籍、六部文書和嘉隆時代的 12000 地。（3）建於 1841 年的史館書院，收藏 169 部書。（4）內閣書院成立於 1862 年，收藏 2500 部書，近 7000 本單册。（5）新書院建於 1909 年，據 1912 年的查核，該書院藏 2640 部書，分經、史、子、集、國書單册接近 51371 本，另外還有 7000 單本。（6）古學院書院建於 1922 年，藏書 3000 部。

上述可知，越南藏書歷史可謂至少有 1000 年，源遠流長。此傳統從李朝流傳到今，體現出越南人對文獻的崇拜和資料的重視。此傳統主要

---

① 該章節參考資料：（1）Trần Nghĩa, "Lịch sử thư tịch và thư mục học Hán Nôm", in trong: Viện Nghiên cứu Hán Nôm, *Nhìn lại Hán Nôm học Việt Nam thế ki XX*, Hà Nội: NXB Khoa học Xã hội, 2003, tr. 143-162（陳義：《漢喃學書目及書籍歷史》，載漢喃研究院《二十世紀越南漢喃學回顧》，社會科學出版社 2003 年版，第 143—162 頁）；（2）Lâm Giang, "Các kho sách Hán Nôm trong lịch sử", in trong: Lâm Giang, *Lịch sử thư tịch Việt Nam*, Hà Nội: NXB Khoa học Xã hội, 2004, tr. 352-357（林江：《歷史所記載的漢喃書庫》，載《越南書籍史》，社會科學出版社 2004 年版，第 352—357 頁。）；（3）Phan Thuận An, "Tư liệu trong các thư viện triều Nguyễn", in trong: *Tạp chí Hán Nôm: 100 bài tuyển chọn*, Hà Nội: Viện Nghiên cứu Hán Nôm xuất bản, 2000, tr. 86-90（潘順安：《阮朝書院所藏的資料》，載《漢喃雜志精選 100 篇》，漢喃研究院出版社 2000 年版，第 86—90 頁。）

由漢喃研究院繼承并對越南漢喃資料遺産進行搜尋、保存、研究和發展。

二、漢喃研究院簡介[①]

　　自從與西方接觸，越南逐漸改用國語爲官方文字，不再使用的漢字和喃字成爲遺産。國語的使用雖對 20 世紀初國家總體發展提供了方便性，但對民族歷史却造成了文化斷層。爲何？因爲現在越南人無法理解祖先傳下來的漢喃書籍，不知道名勝古迹所寫的對聯横幅的意義，更不懂古人傳達的信息。這種斷層讓後代子孫變成"一個在本土的陌生人"。故保存和運用漢喃文化遺産可以使越南文化可以有自己的民族特色并與世界接軌，是我們現今的迫切任務。

　　因此，漢喃處於 1970 年建立，隸屬越南社會科學委員會（越南社會科學翰林院前身）。漢喃處有很多末代科舉出身越南漢學專家任職，如：Phạm Thiều（范韶）、Thạch Can（石幹）、Cao Xuân Huy（高春輝）、Hoa Bằng（華鵬）、Đào Phương Bình（陶芳萍）、Ca Văn Thỉnh（歌文請）、Nguyễn Đổng Chi（阮董之）等，其他人員如：Trần Duy Vôn（陳維員）、Lê Duy Chưởng（黎維掌）、Nguyễn Hữu Chế（阮有制）、Nguyễn Văn Lãng（阮文朗）、Lê Xuân Hoà（黎春和）等。1979 年 9 月 13 日，越南政府頒發 326/CP 號令，將漢喃處更名爲漢喃研究院，隸屬國家社會科學中心（也是翰林院的前身）。1993 年 5 月 22 日，越南政府的 23/CP 號令確定了漢喃研究院爲越南搜索、保存、運用、研究和培養漢喃的重要機構。

　　漢喃院目前有約 80 位幹部在工作。各部門歷經多次更改，從 2000 年至今規模計有 13 部門。研究部門有漢喃文本研究部、漢喃銘刻研究部、文學文本研究部、歷史地理文本研究部、宗教與法律文本研究部等 5 個。另有搜集部、保存部、圖書館資訊部、電腦科技應用部、複製和修補文本部等 5 個資料部門。對外合作和科學管理部、行政組織部等 2 個職能部門，最後是編輯-治事部直屬院，主要出版《漢喃雜志》。漢喃研究院的主要職能是研究、培養和政策資詢有關漢喃和文化領域。

　　黨和國家分派給漢喃研究院執行的功能和職責如下：（1）保存和鑒定所有漢喃資料，影印使用或分配給其他圖書館和機構。（2）翻譯（包括注釋）和正式公佈各種漢喃資料，審核已經公佈的漢喃譯本。（3）研究版本

---

　　① 該章節的參考文獻：（1）Viện Nghiên cứu Hán Nôm, *Viện Nghiên cứu Hán Nôm: 30 năm xây dựng và phát triển（1970-2000）*, Hà Nội: Viện Nghiên cứu Hán Nôm xuất bản, 2000（漢喃研究院：《漢喃研究院：30 年建設與發展（1970-2000）》，漢喃研究院出版社 2000 年版）.（2）Trịnh Khắc Mạnh, "45 năm Viện Nghiên cứu Hán Nôm", *Tạp chí Hán Nôm*, số 6/2015, tr.3-18（鄭克孟：《45 年的漢喃研究院》，載《漢喃雜志》2005 年第 6 期，第 3—18 頁）.

學，并編撰翻譯漢字喃字的工具書。（4）培養研究漢字喃字的幹部。主要任務如下：（1）完成本院漢字、喃字資料的典藏工作。（2）集結收藏在各個圖書館或各地書庫的漢喃資料於本院書庫。①

除了進行搜集、保存、複製、翻譯、公佈、研究、培養等有關漢喃領域工作外，上級還交代要長期和認真地實現。本院秉持上級指示，維持和促進文獻學、版本學、文字學、碑記學、書目學、校勘學、避諱學、印章學、書法學、善本編目等熟悉的學術領域。除以上所提的任務外，還有其他科學研究任務，提供政策咨詢的急迫任務，即提供國家管理部門有關漢喃論點、論證等來規劃國家發展政策。考量現今國內和國際情勢，從漢喃角度出發，集中開發全民族國家迫切需要的題目和任務，包括：（1）島海研究；（2）邊界研究；（3）宗教研究；（4）少數民族研究。

2015 年 8 月由漢喃研究院主辦、世界漢字學會和韓國漢字研究所協辦的
"東亞文字與文化"國際學術研討會代表合影。與會者有 46 名，
其中 34 名來自中國大陸、中國臺灣、日本、韓國。

三、漢喃研究院所藏的漢喃資源

本院所藏的漢喃書庫主要來源有四：（1）A 庫的法國遠東學院（EFEO），標號爲 A，AB，AC，AD，AE，AF，AG，AH，AJ。（2）1958—1979 年接收自其它圖書館的書籍資料。（3）1979 年以後本院所搜集，標號爲 VHv，VHb，VHt，VNb，VNv。（4）其他單位和私人贈書。其中（1）、（2）組是本院於 1979 年正式成立前接收自其他單位的資料，而（3）、（4）組屬於本院正式成立後搜集的資料。

---

① Trịnh Khắc Mạnh, "Vài nét về ngành Hán Nôm học Việt Nam thế kỉ XX," in trong: Viện Nghiên cứu Hán Nôm, *Nhìn lại Hán Nôm học Việt Nam thế kỉ XX*, Hà Nội: NXB Khoa học Xã hội, 2003, tr. 7-21（鄭克孟：《二十世紀越南漢喃學科的若干問題》，載漢喃研究院《二十世紀越南漢喃學回顧》，社會科學出版社 2003 年版，第 7—21 頁。）

（一）建院時所接收的資料①

法國遠東學院（École Française d'Extrême-Orient，EFEO）於 1901 年成立。20 世紀初，EFEO 已經收購、接受和抄錄很多漢喃資料。到 1951 年，紀念 50 周年成立，EFEO 已經公佈該院所藏的漢喃資料，有 3500 本漢喃書，25000 張拓片，1800 本古迹、地簿、風俗調查資料，457 冊神譜，132 件神册。

1958 年，EFEO 書院由教育部接管，將 EFEO 藏得漢喃書目傳到中央科學圖書館後，又增加收藏綜合大學的漢喃資料（裏面有龍崗圖書館，河東文化司圖書館）和黄春瀚（Hoàng Xuân Hãn）教授所贈書庫。

1968 年，中央科學圖書館分爲中央科技科學圖書館（隸屬國家技術科學委員會）與社會科學圖書館（隸屬社會科學委員會）兩個單位，漢喃書庫傳送到社會科學圖書館（後改爲社會科學通訊院）。之後，社會科學圖書館從其他圖書館如開智進德會圖書館、文廟國子監圖書館、保存—保管部等接收書籍。

該書庫有兩次疏散，第一次於 1972 年，爲避開美國炸彈疏散到永福省立石縣（今立石屬永福省）。第二次起於 1979 年，書庫送到大叻，數月局勢穩定後，書庫送回河内②并轉交給漢喃研究院。

漢喃研究院建於 1979 年，社會科學圖書館的漢喃書庫逐漸轉送到漢喃研究院，建院所收的數量包括（整數）：

　— 綜合書庫：　　　　　　16500　單位
　— 銘刻拓片藏庫：　　　　21000

---

① 該章節參考資料：（1）Dương Thái Minh，"Vài nét về quá trình hình thành kho sách Hán Nôm hiện nay"，*Nghiên cứu Hán Nôm*，1984，tr. 31-35.（楊泰明：《現今漢喃書庫形成狀況》，載《漢喃研究》1984 年，第 31—35 頁。）（2）Trần Nghĩa（陳義），"Lịch sử thư tịch và thư mục học Hán Nôm" 前引文.（3）Trần Khang，"Vài nét về thư tịch Hán Nôm lưu trữ tại Viện Thông tin Khoa học xã hội"，in trong：Ban Hán Nôm，*Thư tịch cổ và nhiệm vụ mới*，Hà Nội：NXB Khoa học Xã hội，1979，tr. 40-47.（陳康：《社會科學資訊院所藏的漢喃書目》，載《古書籍和新任務》，社會科學出版社 1979 年版，第 40—47 頁。）（4）Lương Thị Thu，Nguyễn Thị Oanh，"Bước đầu tìm hiểu kho sách chữ Hán ở Học viện Viễn đông Bác cổ Pháp tại Hà Nội qua thư mục của Matsumoto Nobuhiro"，in trong *Thông báo Hán Nôm học năm 2006*，Hà Nội：Viện Nghiên cứu Hán Nôm xuất bản，2007，tr. 704-723.（梁氏秋、阮氏篤：《從松本信廣的書目看法國遠東學院所藏的漢字書庫初探》，載《2006 年漢喃學通報》，漢喃研究院出版社 2007 年版，第 704—723 頁。）（5）Nguyễn Thị Phượng，"Hai mươi năm với công tác bảo quản tư liệu Hán Nôm tại Viện Nghiên cứu Hán Nôm"，in trong：Viện Nghiên cứu Hán Nôm，*Nhìn lại Hán Nôm học Việt Nam thế kỉ XX*，Hà Nội：NXB Khoa học Xã hội，2003，tr. 736-746.（阮氏鳳：《漢喃研究院中和南資料保管工作的 20 年》，載漢喃研究院《二十世紀越南漢喃學回顧》，社會科學出版社 2003 年版，第 736—746 頁。）

② 拓片資料到 1982 年才送回河内。

— 神敕庫：	430
— 神蹟庫：	540
— 俗例鄉約：	650
— 地簿庫：	500
— 社志庫：	100
— 中國古書庫：	5.000
1979 年總共數字：	44720

　　所有 EFEO 書籍編號都以 A 開頭（如 A.1，AB.2，AC.3，AD.4……）。其他書籍包括 1958—1979 年收自其他圖書館和 1979 年漢喃院組織所搜集的，源編號爲 V 開頭（如 VHv.1，VHb.2…），或 ST、或 T。

　　（二）建院以來所搜尋的資料

　　1. 資料搜尋[①]

　　自建院以來，依據政府指示，歷代幹部已擬定許方案來執行本院活動工作，到國家新改革時期（1986 年），黨和政府進一步關切漢喃資料，本院活動有了更可賀的成就，特別是於 1990 年大規模（包括空間、時間）展開漢喃資料搜集。至今，漢喃研究院所收藏的漢喃資料約 33164 本書和 67902 張拓片，是越南和全世界保存漢喃資料最多和集中的地方，其統計如下表：

資料統計（根據編號和數量）

序號	書庫	編號	書量（單冊）
1	A	A.1/1-5 到 A.3231	4076
2	AB	AB.1 到 AB.544	652
3	AC	AC.1 到 AC.700	700
4	AD	AD.1 到 AD. 411	411
5	AE	AE.1 到 AE.568	568
6	AF	AF.1 到 AF.647	647
7	AG	AG.1 到 AG.400	526

---

　　① 該章節參考文獻：（1）Báo cáo cập nhật tình hình tư liệu Hán Nôm lưu trữ tại Viện Nghiên cứu Hán Nôm，do ông Nguyễn Văn Thanh（Phó Phòng Bảo quản）thực hiện，tháng 9/2016.（阮文清撰：《漢喃研究院的漢喃資料狀況報告》，2016 年 9 月。）（2）Trịnh Khắc Mạnh，"Gần một thế ki sưu tầm di sản Hán Nôm"，in trong：Viện Nghiên cứu Hán Nôm，*Nhìn lại Hán Nôm học Việt Nam thế ki XX*，Hà Nội：NXB Khoa học Xã hội，2003，tr. 660-668.（鄭克孟：《近百年收集漢喃遺產》，載漢喃研究院《二十世紀越南漢喃學回顧》，社會科學出版社 2003 年版，第 660—668 頁。）

續表

序號	書庫	編號	書量（單冊）
8	AH	AH.1 到 AH.21	21
9	AJ	AJ.1 到 AJ.107	107
10	VHb.	VHb.1 到 VHb.417	416
11	VHv	VHv.1 到 VHv.4089	6125
12	VHt	VHt.1 到 VHt.121	157
13	VNv	VNv.1 到 VNv.756	756
14	VNb	VNb.1 到 VNb.194	194
15	HVv	HVv.1 到 HVv.96	96
16	ST	（1988-10-01 到 2013-3-11 搜集）	17.712
總共（書籍）			33.164
17	碑銘拓片	EFEO	21.000
18	碑銘拓片	漢喃研究院搜集	46.902
總共（拓片）			67.902

　　漢喃研究院目前保存了 33164 本單冊漢喃書籍。由於搜集的書尚未整理完成，所以不確定作品數量，但約有 6000-7000 作品（每作品會有重版，異版）。在銘刻拓片庫部分，本院接收來自 EFEO 的 21000 張拓片（編號 No.1-No.21000）。後來院組織搜尋增加了 46902 張拓片，使全部拓片達到 67902 張。書籍與拓片的數量仍持續增加。

　　從內容來看，漢喃研究院所藏資料相當多元，包括：邦交、報紙、版圖、兵書、武器、工具書、公文、詔旨、古迹、藥料、宗教、地簿、家譜、鄉約、佛經、戲劇、曆法、律例、玉譜、年譜、乳膠、風水、官職、教育、史學、神蹟、神敕、科舉、詩歌、民間信仰、風俗、民間文學、醫學等。關於越南任何領域過去的知識幾乎都可以在本院書庫找到，還包含其他國家的資料，尤其是東亞和東南亞。

2. 機構和私人贈送的資料

漢喃院很早以前即接收贈書，直到 2016 年武荀燦贈書給漢喃院才形成規制。武先生生於 1915 年，原爲漢喃研究院（隸屬翰林院）和其他單位的研究員。作爲漢喃研究的學者，武先生私家已經收集和保存很多有價值的漢喃資料。2016 年 5 月 11 日，武先生與家人贈給漢喃研究院 470 本漢喃書籍。這批寶貴的資料不僅補充漢喃書庫的書籍，還讓民族文化遺產更加豐富。本院意識到這事件的重要性，贈書當天，漢喃研究院領導授予武先生莊重的"感謝信"，并根據漢喃院的提議，翰林院主席決定頒發給武先生"爲社會科學研究的紀念章"。

因 2016 年 5 月 11 日武荀燦（Vũ Tuân Sán）學者贈書之事，漢喃研究院擬定接收贈書的新主張。爲表達贈書者的感謝，本院設立一個 T 書庫（T 越南語爲贈書），T 後面有贈書者縮寫姓名，接着就是該書編號。例如"T.VTS.123"的意思是武荀燦（VTS 即 Vũ Tuân Sán 的簡稱）先生的贈書（T），館藏編號爲 123。本院歡迎個人和單位贈書，無論是一本還是多本，獨本還是重本，都非常珍貴，一切依圖書館編號規定入庫，而編號在研究時會被引用，使贈書人芳名永存。此外，本院將致"感謝信"予贈書者表達由衷的謝意，并保證保管好書籍來爲群衆服務，完成科研目的。

漢喃書架　　　　　　　　　　　　　　銘文拓片架

四、越南漢喃書籍的特征[①]

漢喃研究院和世界各地館藏的漢喃書庫的共同特徵如下：

---

① 該章節參考文獻：（1）Nguyễn Đổng Chi, "Đặc điểm của thư tịch Hán Nôm và nhiệm vụ cấp thiết của chúng ta đối với kho di sản ấy", in trong: Ban Hán Nôm, *Thư tịch cổ và nhiệm vụ mới*, Hà Nội: NXB Khoa học Xã hội, 1979, tr. 7-31.（阮董之：《漢喃書籍的特點和我們的任務》，載漢喃處《古書籍與新任務》，社會科學出版社 1979 年版，第 7—31 頁。）（2）劉玉珺：《越南漢喃古籍的文獻學研究》，中華書局 2007 年版。

（一）欠缺性

歷來的漢喃書目繁多，目前可見的藏品只佔其中的一小部分，造成此現象的原因有二：一爲客觀原因，包含時間因素、天災（如水災、旱災）、惡劣氣候造成書籍的損壞。二爲主觀原因，包含戰爭、掠奪、人爲疏失等因素。

（二）收藏在各處

除了漢喃研究院書庫所藏大約有 70%的漢喃資料外，其他漢喃資料保存在其他國內外機構。在越南國內有：國家圖書館（河內）、社會科學通訊學院、國家檔案中心Ⅰ（河內）、國家檔案中心Ⅳ（大叻）等。以及許多散佚在民間的資料，如私人圖書室、收藏家的藏品、研究人員私有等。

國外有如：法國國家圖書館，Aix-en-Provence 的法國檔案館（法），東洋文庫（日）、斯道文庫（日）等，還有散失在中國大陸、中國台灣、荷蘭、英國、泰國等地的資料。這是必然性（戰爭、殖民）和自然性（移民、外貿、書籍流通）過程的結果。

（三）損害和遺失的危機

大部分漢喃資料都是獨本且沒有妥善保存，有着“一去不複返”的危機。尚未得到國家搜集的各地民間資料（除北方），成爲收藏家買賣到國外的商品，若缺乏保護，會遭受自然損壞（熱、受潮、洪水）。

（四）抄本多於刻本

越南雖然很早就有（13 世紀）木板印刷，但刻印經費昂貴，無法滿足大量需求，因此超過一半的書籍是手抄，同樣是獨本，年代則稍晚（從 16 世紀到 20 世紀初）。與中國書目相比，這是越南書目的特色，中國書籍的刻本多於抄本。中國古典文獻主要是研究刻本，所以我們需要發展比中國古典文獻學更符合更適用的新方法。研究方法與研究對象不合，容易引發錯誤，無法反映問題的本質。

（五）不同作品合裝現象

這是一種普遍現象，讓讀者有時只看到一本書的第一個書名（同一個圖書編號）而忽略到除了第一本書外還有其他合印在一起，包括抄本和刻本。例如，圖號 VHv.2033，抄本 164 頁，一般漢喃書目都描述是《三字經》。其實該書後面還有《明道家訓》《初學問津》《四字對聯經》《天南四字經》《啟童説約》《小壯五言詩》《陽節演義》，共 7 種作品，但各個書目都沒有説清楚。

（六）存在各種不同文字

漢喃研究院書庫主要以漢字（文言）和喃字（越語）記載。另外還有岱依族喃字、儂族喃字、瑤族喃字、泰族古字，高棉文字，古國語拉丁文。有文本用個別文字書寫，同時也有文本用兩種或多種文字以上書寫，各種文字互相不排除，而共存在一起，這體現出越南文字歷史的多樣性和融合性。①

（七）難以辨認的越南異體字和避諱字

在文本解讀方面，越南的異體字和避諱字（與東亞各國不同）是國外學者的挑戰。例如越南的"仗"就是"儒"的異體字，而中國是"信"的異體字。"德"字寫成钢，也是東亞沒有的。"寺"有時就是"時"的避諱字，避阮朝嗣德皇帝（在位 1848-1883）的諱。有關避諱字，可參考吳德壽教授的著作②，但越南的異體字尚未有專書可查詢。

越南通用的若干異體字③

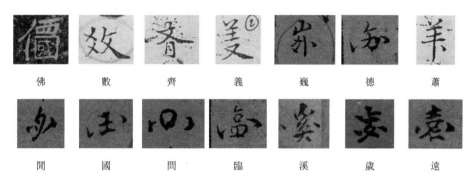

佛	數	齊	義	巍	德	蕭
閒	國	問	臨	溪	歲	遠

五、保存狀況和讀者的服務④

（一）保存

本院坐落於越南河內市棟杉郡鄧進東街 183 號。該所於 1984—1990 年

① 多種文字現象，參考：グエン・トゥアン・クオン（Nguyễn Tuấn Cường），「ベトナム古典文獻における漢字・チュノム文字双存現象」，『漢字文化圈の 100 年+』國際シンポジウム，日本富山大學，2016 年 11 月 27 日。

② Ngô Đức Thọ, *Nghiên cứu chữ huý Việt Nam qua các triều đại*, Hà Nội: NXB Văn hoá, 1997（吳德壽：《越南歷代避諱字研究》，文化出版社 1997 年版。）

③ 字形圖片皆由漢喃研究院 Nguyễn Quang Thắng（阮珖勝）碩士提供，謹致謝忱！

④ 該章節參考資料：（1）Báo cáo cập nhật tình hình tư liệu Hán Nôm lưu trữ tại Viện Nghiên cứu Hán Nôm, do ông Nguyễn Văn Thanh（Phó Phòng Bảo quản）thực hiện, tháng 9/2016.（阮文清撰，《漢喃研究院的漢喃資料狀況報告》，2016 年 9 月。）（2）Nguyễn Thị Phượng, "Hai mươi năm với công tác bảo quản tư liệu Hán Nôm tại Viện Nghiên cứu Hán Nôm", in trong: Viện Nghiên cứu Hán Nôm, *Nhìn lại Hán Nôm học Việt Nam thế ki XX*, Hà Nội: NXB Khoa học Xã hội, 2003, tr. 736-746.（阮氏鳳：《漢喃研究院中和南資料保管工作的 20 年》，載：漢喃研究院：《二十世紀越南漢喃學回顧》，社會科學出版社 2003 年版，第 736—746 頁。）（3）Chu Tuyết Lan, "Công tác thông tin, tư liệu, thư viện Hán Nôm: Nguồn lực và triển vọng", in trong: Viện Nghiên cứu Hán Nôm, *Nhìn lại Hán Nôm học Việt Nam thế ki XX*, Hà Nội: NXB Khoa học Xã hội, 2003, tr. 726-735.（朱雪蘭：《漢喃圖書館的資料通訊：資源和展望》，載漢喃研究院《二十世紀越南漢喃學回顧》，社會科學出版社 2003 年版，第 726—735 頁。）

由國家投資建設，總面積爲 1350 平方米，幹部工作的地方和會場約 600 平方米，閱覽室和資料庫爲 750 平方米[①]。

全部漢喃資料都保存在配有空調的書庫，溫度（22-24ºC）、濕度（55-60%）符合保存標准。先進防火技術設施由日本專家擔任顧問。書庫定期進行清潔、除濕、滅蟲等工作。本院結合傳統和現代技術來保管原書，其工作是：更換損壞封面，粘貼破書頁，黏貼拓片，用傳統方法來裝訂書籍，做書套和拓片套等。有關先進方法，影印原書，裝備 microfilm 機器，拷貝 CD 或 DVD 等，現代科技常向日本專家咨詢、接受資助和合作等。同時，本院的技術人員經常與中國、日本、德國專家學習，與更新相關書籍保管、修補等知識以服務專門需求。

值得一提的是，上述設備雖好，但藏書處經過長期使用，已嚴重損壞；倉庫墙壁發霉、脫皮。雖有維修資金，仍無法滿足實際狀況。至於保管技術裝備已近 20 年，亟須更新。本院資料保管和科學研究的發展快速，使用空間無法滿足工作活動。單從資料保存來說，隨着新資料的搜集，複印增加，儲存空間變得狹窄，書籍無法放書架上。目前，本院正努力募集經費和先進科學技術來協助保存漢喃資料的基本建設。

（二）讀者服務

之前，會提供漢喃書籍原書給讀者參考。爲了避免原書損壞，從 20 世紀 80 年代起，本院開始影印三本印本，分別放在不同書庫，并以影印本提供給讀者。原書在特別狀況才可以使用，同時要有本院的領導批准（院長或副院長）。目前，基本上本院已經完成影印和提供給讀者參考。

爲了便於讀者搜尋，歷代漢喃院的幹部已經與外國（法國、中國台灣、中國大陸等）有密切合作，做出 *Di sản Hán Nôm Việt Nam: Thư mục đề yếu* (越南漢喃遺産書目提要，3 冊，1993)，*Thư mục văn bia Việt Nam*（越南碑文書目，1986)，*Văn khắc Hán Nôm Việt Nam: Tuyển chọn và lược thuật*（越南漢喃銘文精選與畧述，1992)，*Tổng tập thác bản văn khắc Hán Nôm Việt Nam*（越南漢喃銘文拓片總集，20 餘冊)，*Thư mục Nho giáo Việt Nam*（越南儒教書目，2007）等著作。還有一些研究與翻譯漢喃資料，如 *Tổng mục lục Tạp chí Hán Nôm 1984-2005*（1984—2005 年漢喃雜志總目錄，2006)，*Tổng mục lục Tạp chí Hán Nôm 2006-2015*（2006—2015 年漢喃雜志總目錄

---

① 有關建設漢喃書庫，參考：Về việc xây dựng kho sách Hán Nôm, xem: "Khởi công xây dựng kho sách Hán Nôm", *Tạp chí Hán Nôm*, số 1/1986, tr. 102-103.（《漢喃書庫的建設》，載《漢喃雜志》1986 年第 1 期，第 102—103 頁。）

2016）等。本院的網頁①從幾十幾年以來上傳全文好幾輯《漢喃雜志》和全文《漢喃學通報》論文，和全部 *Di sản Hán Nôm Việt Nam：Thư mục đề yếu*（越南漢喃遺產書目提要）的搜尋系統。國外使用漢字的學者可以通過台灣中研院的網站②來查詢。疏漏之處，在所難免，但以上所述是本院的努力（和與國際學者合作）成果，不斷改善以提升爲讀者服務。

　　本院服務時間，除了周五下午和國定假日，或本院特別假日（很有限）外，一般上班時間對外開放。讀者主要是國內外的研究員、大學生、研究生及想了解家族史等對象。近三年來，服務數量如下：

年次	讀者	外國讀者	書量（本）	拓片
2013	1545	51	3521	1515
2014	1525	133	3330	1200
2015	1309	130	4285	764
2016（前 6 個月）	723	87	2236	533

六、開發漢喃資料的方向

　　（一）搜尋木板、拍攝資料、建設漢喃遺址地圖網絡

　　之前，漢喃資料收集集中在三部分：（1）拓印碑銘。（2）撰錄對聯、橫匾等。（3）購買私人和民間所藏的漢喃書籍。這些工作已經得到很好的成績，但爲了因應實際需求的轉變，應該做出適當調整。

　　目前已拓了 70000 張拓片，尚未拓的碑志和銅鐘數量很少，除了南方，因本院還沒有條件擴大搜集和拓印。自 2015 年，本院轉向搜尋和拓取北方地區的木板（woodblocks），此一嶄新發展方向，讓大家更了解木板的刻印文化，同時補充本院圖書館的資料。

　　有關購買漢喃書籍，因國家所給的經費比實際價格低得多，所以最近本院很少買到漢喃書籍。在搜集地方的資料方面，本院提出計劃排查地方的資料（主要是書籍，冊封），既可節省經費，又可保留資料在原地，而其他研究者要使用可以通過本院的拍照資料。地方人民也可以自拍（有一定的技術）和寄給本院來補充本院的拍照資料。

　　在搜尋地方資料的基礎上，本院擬研究設計網路漢喃資料遺產地圖，以地點來分類，讓讀者了解各地保留什麼漢喃資料，在哪可以閱讀，哪種資料可以在網上閱讀等。漢喃資料遺產地圖需要各地協助，完成後的網站

---

① www.hannom.org.vn.

② http://140.109.24.171/hannan/.

對研究者很有幫助。

（二）漢喃資料開拓的國際化

漢喃資料國際化的方法爲：一方面，推廣數位化，與國外進行資料交流，主動提供越南資料（國家機密的資料除外），讓國外學者進行越南研究。例如：今年來，本院於國外的學術單位合作出版《越南漢文小說集成》（20冊，2010年在上海出版）和《越南漢文燕行文獻集成》（25冊，2010年在上海出版）兩大套書籍。另一方面，必須釐清資料所有權，保護資料的來源和收藏資料的單位。現今，閉門守舊，不分享資料（即帶有狹窄的民族主義的表現）已經行不通了。東亞各國如中國、日本、韓國、中國台灣、中國香港已經數位化和免費提供很多資料，這表示出他們的科學遠見和戰略性，進一步在各個國家對於學術交流對話提供好的條件。

發展漢喃資料國際化的工作是統一國內與國際的資料編目。目前越南漢喃資料不僅收藏在越南，還收藏在法國、日本、中國、泰國、美國、荷蘭、英國、德國等國家。需要編撰一本綜合全世界所藏的書目，提供給國內外的學者，只需線上查詢就可以知道資料典藏處。但該工作短期內很難完成，需要國際朋友的互相合作。

（三）漢喃資料的電腦化

20年來，漢喃學術界與科技界已合作漢喃資料科技化、設計喃字字體、輸入法。目前已有10000個喃字有字體并Unicode輸入。喃字輸入法是喃字遺產保存會（VNPF，美國）、文字鏡會（日本）、Dynalab公司（台灣）、Đạo Uyển（道苑）組、通訊科技院、漢喃研究院等專家合作結晶。另外兩種普遍的輸入法是Tống Phước Khải組的Hanokey和Phan Anh Dũng的VietHanNom。喃字遺産保存會與越南國家圖書館（河內）合作數位化該圖書館的幾百種書籍。[1]漢喃研究院已經積極數位化漢喃資料（掃描原書）提供保存和運用漢喃遺産。漢喃資料科技化爲研究漢喃界提供很多方便。

面對時代快速變遷，以上的工作仍嫌不足。竊想，漢喃院的漢南資電腦化工作，從開發資料的角度來看，要集中在兩個任務：第一是根據國際標准（高解析度、有尺度和色標）來掃描漢喃資料，接着是數位化資料分類，設立內部閱覽室讓讀者閱讀掃描資料，提供電子服務，而不是用以前的抄本服務，這是現代圖書館和保存單位普遍使用。第二是使用光學文字辨識（OCR - Optical Character Recognition）來數位化漢喃資料，做成可以搜尋（searchable）漢喃資料庫（database），推廣搜尋功能，類似Word檔上的"尋找"鍵一樣。以上兩個工作若完成則爲漢喃資料開發的得力工具。

---

[1] 可上該網址查詢：http://lib.nomfoundation.org/collection/1/.

七、結論

　　漢喃研究院書庫是越南民族與國家的寶貴遺産（heritage）和財産（property）。該書庫是經由各代學者搜集、保管、修補、圖書館、電腦工作、管理工作、研究工作、出版工作等項目共同努力而建立的。今日，面臨社會化、全球化、國際化、數位化的時代需求，漢喃研究院不斷更新資料工作，推進接觸與開拓漢喃資料的可能性，發揮民族傳統價值，爲越南國家未來可持續發展（sustainable development）事業做出貢獻。

中世紀越南漢字詞典的類型與特點

［越南］陳仲洋 越南漢喃研究院

一、漢字字典類型

在歷史上，越南漢字字典也許已有許多不同的豐富類型。根據語言標准可以將越南漢字字典分爲四小類：（1）單語詞典（漢-漢詞典）；（2）漢喃詞典；（3）漢-喃-泰民多語言詞典；（4）漢-喃-拉丁/法多語言詞典。雖然如此分類，但有時候（1）類和（2）類交織在一起。例如《植物草案》有漢字欄和相對應的喃字欄，但解釋用的却是漢文。再如《日用常談》也有漢字欄和相對應的喃字，同時用漢文和喃文解釋。

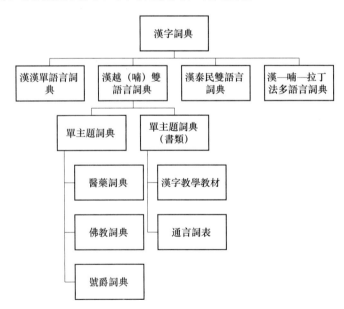

除了黃應元的《部字》之外，漢-泰民字典或漢-喃-泰民字典比較少見[①]。

---

① 黃應元：《部字》手稿本，包括 70 頁。該書開列按照民族讀音的詞語，包括按照從一到十排列的 10 個部字。例如第一部有禾、和、瑚、胡、壺等字。第二部有二、貳、儀、議、人、仁、因等字。之後是對簡體字進行討論并對客人碼字進行統計。按鄭克孟著《越南少數民族漢喃書目》，社會科學出版社 2008 年版，第 68 頁。

但基本上，該詞典可以分爲兩個主要類型：（1）單主題詞典；（2）多主體詞典（通常被稱爲書信詞典）

（一）單主題詞典主要集中在一些專門的内容，如《南藥國語賦》《本草植物》《本草植物纂要》等醫藥詞典，佛教法術術語，如《萬法指南》和《越南號爵詞典》

1. 文獻遺産還有若干零星的具有字典性的作品如《本草玉鏡格韻》《本草植物》《本草植物纂要》等。其中《本草玉鏡格韻》是一本記錄了藥材的名稱、醫學性質以及其相應喃字名稱的書。這本書中的藥材是按部字來分類的；包括魚部有 59 類，果部有 18 類，菜部有 59 類，六畜部有 20 類，山獸有 27 類，蟲部有 20 類和其他按山部、水部、火部、石部、木部、鄰部分類的藥材。例如"猪肺，俗稱猪肺，味甘，無毒，止咳、虛勞、降火、消炎，清熱"[①]。

2. 《本草植物》是由金廷居士阮公寶編寫。這本書也寫下各種藥材的漢字名稱和喃字名稱。其結構分成三部分：（1）菜類包括 112 項詞目，如葱、蒜、韭菜、菜薹、莴苣、叻沙葉、苦瓜、香瓜、黃瓜、南瓜等。（2）蟲類包括 90 項詞目，如蜜蜂、螞蟻、蠶、蜂蜜、蝴蝶、狗、水獺、蚊子等。（3）鄰類有 45 項詞目，如龜、蟹、蟶、蜆、螺螄等。例如：蚱蟬國音叫爲知了，蜂房國音叫爲蜂窩，青蚨國音叫爲桂花蟬[②]。

3. 《本草植物纂要》是由藩孚先在 1429 年編寫的，共有 180 頁。這本書記錄了 400 種以上的藥材，并根據部字如草、菜、穀、果、蟲、鄰、山、水、金等排列。而除了各藥材的漢字、喃字名稱及藥性外，這本書還記錄了其生長地方、使用方法以及加工做法。例如：南瓜俗稱菜瓜，味甘，性溫，補中益氣。有各種相對應翻譯的喃字名稱如：婆馬、鷦鷯、螃蚾、螃蟹、狐狸、烏龜等。然而，這作品已被後代人們按照明代李時珍的書而删改，因此需要更加仔細的研究[③]。

上述三本幾乎都是用漢文寫的醫藥書，喃字只用來記錄與漢字相對應的越南語而已。藥材藥性解釋全都是用漢文。雖然不能將這些書視爲純粹的字典類型，但這些書或多或少也是給從事人員的一種雙語言材料，同時這些書也能視爲漢字爲主要詞目并完全以越南語解釋的雙語言詞典的前提。

---

① 林江：《越南傳統醫藥書籍探討》，社會科學出版社 2009 年版，第 194—195 頁。

② 林江：《越南傳統醫藥書籍探討》，社會科學出版社 2009 年版，第 196—197 頁。

③ 林江：《越南傳統醫藥書籍探討》，社會科學出版社 2009 年版，第 197—198 頁。

4. 現存最早的作品有慧靖（1308—？）[①]在 14 世紀編寫的《南藥國語賦》。慧靖不僅是一名禪師、醫師，還是陳代一位寫賦作詩的著名作家。因此除了用散文形式之外，他也使用了一些韻文型式寫下醫術來，其中代表作品是一些記錄藥材和藥物的功效，如喃字的《南藥國語賦》、漢字的《直解指南藥性賦》。例如：

欲惠生民；先尋聖藥。天書已定南邦；土産有殊北國。

莊精神，除斜氣：火煉黃金；強筋骨，養長生：露和白玉。

從此可以看出，慧靖是漢-越（喃字）雙語言作家，這也是中世紀二元文化雙語言環境中理所當然的事。正因如此在編輯《李陳代詩文》時，阮惠芝主編組合已將慧靖的作品放在其中。

最後還有一個值得重視的，慧靖就是歷史上最早編寫醫藥詞典的人，而留到今天的就是《南藥國語賦》這一作品。《南藥國語賦》從古到今被列爲文學作品，這也不是沒有依據的，因爲賦是中世紀文藝創作的經典類型。但若根據内容方面，其就像一本詞典一樣的。例如：

Tuyết diêm 雪鹽 yêu thay muối trắng（深愛的白鹽）

Van mẫu 雲母 tốt bấy vảy trang

Cửu khổng 九孔 danh [ốc] Thạch quyết minh 石決明，đỡ mục hôn ắt hiệu；

Thạch cao 石膏 hiệu rằng Phương giải 方解[②]，ngăn đầu thống khôn đang.

Cứt dơi hiệu rằng Dạ minh sa 夜明砂 vốn chưng phan biển bức；

Son mài là đại giả thạch 代赭石 sinh ở núi Phượng Hoàng.

從上面的例子能看出，每個詞目都有漢語和相對應的越語（傾斜字），有時候加上藥物治療功用及方法的解釋。在這一作品中作者已經列出 600 多個醫藥學詞語，而這數目相當於 17 世紀《指南玉音》詞典中的醫藥門。

5. 17 世紀末 18 世紀初，在歸仁（越南中部一個省份）編纂的一本漢越詞典於 2014 年被發現，就是《指南藥號急易神方諸部始撰》。這本書很可能由阮文幸與學生於 1718 年同《幼學指南協運》和《新刊增補釋義垂訓經》一起刻印[③]。該書將南藥按照草、木、菜果、獸、禽、蟲蠱、魚、玉石等 8 個部首排列。這本書最後一頁對一些難記住或難發音的詞語按照同音或反切方法進行注音。這本書大概有一萬漢字和喃字的篇長，包括 2500 個按部首和拼音字母排列并用喃字解釋的漢字詞目。例如，猢猻 羅豈 Hồ tôn là khi（猢猻是猴子）（67，3）；含沙魚個 ô Hàm sa ngư：cá bống（烏含沙魚

[①] 陳忠洋：《喃字與越南語研究－通過序目翻譯本》，百科詞典出版社 2012 年版。

[②] 方解即方解石，又名黃石，苦味，寒性，有助於舒筋活血。

[③] 茶塢社、萬安坊、首合才工懂明子阮文幸欲明聖道以利門生。各名刊行寄望聖洪恩。舍學堂士子刊：阮文擇茶塢社附芽艾屬新安東坊鄧公全。

是蝦虎）（71，6）；睡瞌午倪 thụy khạp：ngủ nghê（睡瞌：睡覺）（27，8）；萬一吽禍 Vạn nhất：ngọ họa（萬一：午花）（28，1）；鮒魚個覺 phụ ngư cá giếc（鮒魚：鯽魚）（70，9）等。

《指南藥號急易神方諸部始撰》照片
來源：慧光

6. 《醫學正傳》是一本分成兩部分的書。第一部分是南藥的性質和功用，并按照草藤、菜、果、木、蟲、鱗、魚、甲、介、禽、六畜、獸、水、土、金等部首排列。有些南藥還加上喃字的名字。第二部分是治療各種疾病的藥物，包括給 181 婦女和兒童疾病治療的 218 藥方。

7. 《越南號爵詞典》是一本紀錄越南歷史人物的字形大小、稱號、年號、諡號、廟號、陵墓名稱等。這本詞典可能於 20 世紀中期編纂，并按照字母順序排列。

8. 《萬法指南》是一本按照一、二、三字排列的佛教術語詞典，例如：一真、二界、二種仁果等。該詞典於 1660 年被黎氏玉情公主給予再版，再版符號爲 AC.653；到紹治帝第七年即 1847 年被照性僧侶在東岸縣福氏鄉興福寺將其再版，再版符號爲 AC.693，包括 162 頁，尺寸爲 32×21 釐米。到成泰 6 年，即 1894 年，該詞典被惠良僧侶在太平生靈應寺按照其永慶帝第二年即 1730 年的印本再次再版，包括 240 頁，尺寸爲 29×17 釐米。

9. 佛教術語詞典在越南從來鮮人爲知。陳文甲（1969 年）曾經提過福田和尚於 1845 年編輯的《禪家梵數》，但其現在已無蹤迹。現今只有存儲在慧光圖書館的 3 本詞典，分別是戊寅年，手稿的《佛教淺測》，慈光沙門

（法專律傳？）編輯，手稿的《三教法數》上下兩本，慈光沙門編輯（法專律傳？）的《三教名義》。這些書籍的共同特點是都是給已經有了初級入學基礎對象的佛教術語詞典，所以其只有漢文，沒有喃字。除了福田的書籍之外，其餘的未知是由中國的編輯還是越南的編輯，需進一步考究。

越南漢喃字典查看表

年代	書名	撰者	類形	文字
14？？	南藥國語賦	慧靖（1308-？）	藥-賦	漢-喃
1429	本草植物纂要	藩孚先（？-？）	藥-部首：草，菜，穀，果，蟲，鱗，山，水，金	漢-漢（喃名）
？	本草植物	金廷居士阮公寶（？-？）	藥-部首：菜類，蟲類，鱗類	漢-漢（喃名）
？	本草玉鏡格韻（VNv.183）	無名	藥-部首：魚（59），果（18），菜（59），六畜（20），山獸（27），蟲（20），山，水，火	漢-漢（喃名）
？	醫學正傳（VNv.91.）	無名	藥-草藤，菜（rau），果，木，蟲，鱗，魚，甲，介，禽，六畜），獸，水，土，金	漢-漢（喃名）
1660	萬法指南 AC.653：240	無名	佛-一二三	漢-漢
1718	指南藥號急易神方諸部始撰	阮文幸（？-？）	藥-部手：草，木，菜，果，獸，禽，蟲蠱，魚，玉石	漢-喃
	三千字彙	阮勤（TS 1740-1786）		
？	指 南 備 類 A. 1239	宿醫院	門類：天文、地理、草木、禽獸、耕農作	漢-喃
20 tk	越南號爵詞典（VHv.2960：202tr.）	無名	ABC：廟號、謚號、陵號、年號、爵號	漢-越-法
17 tk	指南品彙/指南玉音	法性	40 門類	漢-喃
16 tk	安南譯語/安南國譯語		17 門類	漢-越 *
1718	指南幼學備品協韻	阮文幸（？-？）	7 門類+韻	漢-喃
18？？	三千字解譯國語	吳時任（1746-1803）	？	漢-喃
1827	日用常談	范廷琥（1768-1832）	32 門類	漢-喃
1883	嗣德聖製字學解義歌	嗣德（1829-1883）	7 門類：堪輿，人事，政化，器用，草木，禽獸，蟲魚	
1880	大南國語	阮文珊（1808-1883）	50 門類：天文；地理；人倫；蠶桑；工器；俗語；水，土，金	漢-喃漢

續表

年代	書名	撰者	類形	文字
1901	南方名物備考	鄧文甫（1828-1910）	天文，地理，時節，身體，疾病，人事，人倫，人品，官職，飲食，服用，居處，宮室，船車，物用，禮樂，兵，形，戶，工，農桑，魚獵，美藝，五穀，草木，禽獸，蟲	漢-喃漢
1909	五千字譯國語（AB. 229，128）	阮秉	38 門類：天文，地理，時令，干支，禾穀，草木，蟲蟲	漢-喃
?	字類演義（AB. 593，77 p）	無名	32 門類：天文，地理，人事，俗語，歌謠，草木，蟲，	漢-喃
1942	漢字自學 VNb. 52/1-2.178 tr.	阮春琳	門類 10：天氣、地輿、人事、史記……	漢-越-羅星
?	字典節錄 A.1505：160 tr.	無名	門類	漢-漢
?	村居便覽 A.2892：118 tr.	無名	部首	漢-漢
?	千字文解音	無名	詩	漢-喃
?	塾學指南 A.1478：242 tr	無名	門類：鳥獸蟲魚……	漢-漢

（二）多主題詞典（門類詞典）

　　大多數現有的漢喃詞典屬於門類組詞典即多主題詞典。這類詞典是在日本、韓國、越南等使用漢文國家的二元文化雙文字環境下形成的。

來源：巴黎本，亞洲協會

梨文鄧本

　　1. 發現最早的作品是《指南品彙》，可能在 15 世紀編製的①。在參考《指南品彙》的基礎上，法性禪師（17 世紀）已編輯出《指南玉音》（重鐫指南品彙野譚并補遺大全）。若按照陳春玉蘭②、K. W. 泰羅③和藩約翰洋④的意見，這本詞典的編製時間應該是 17 世紀；而根據吳德壽⑤、黃氏午⑥的説法應該是 15 世紀。這本書包括 40 章，豐富地反映了人倫、農耕、天文、兵器、法器、禾穀等問題。雖然這本書編輯的目的是滿足漢語學習與檢索的需要，但是其價值不僅如此，它還提供了研究歷史語音、喃字和古代越南語詞匯的資料。"辭彙表共有 3394 詞目。用來解義的喃字爲近 1500 字。關於立詞表的方法，作者從古代字典或詞典，韻書和經典語文收集了資料而不是只依靠中國的任何詞典"⑦。這本詞典已被陳春玉蘭和黃氏午研究并發表了全文翻譯注釋本。

　　2.《安南譯語》是一個由明朝的華人於 15-16 世紀編製的對照漢越辭彙表⑧。現存的兩本中，一個是屬於《阿波國文庫》系統，另一個放在《四夷廣記》中并有自己的名字爲《安南國語解語》⑨。這本辭彙詞典有 716 詞目，分爲 17 門類。其特點爲"在每一門，每條詞目是漢字的翻譯單位寫在上一行，相應的越南語單位就寫在下一行，越南語單位的讀音用方漢字記錄"⑩。《安南譯語》的反映對象是北方方言的越南語[11]。該詞典值得注意的一點是作者運用了同音、近音的漢字來記錄意義相應的漢字的越南語語音。據清

　　① 阮氏林：《誰是指南品彙》，載《漢喃雜志》2013 年第 4 期，第 40—48 頁。

　　② 陳春玉蘭：《指南玉音解義》，社會科學出版社 1985 年版。

　　③ Taylor，Keith Weller. 2011. *Literacy in Early Seventeenth- Century Northern Vietnam*. In M. a. Aung-Thwin（ed）. *New Perspectives on the History and Historiography of Southeast Asia： Continuing Exploration.* New York：Routledge. pp. 183-198.

　　④ Phan，John Duong. 2013. *Chữ Nôm and the Taming of the South： A Bilingual Defense for Vernacular Writing in the Chi Nam ngoc am giai nghia.* Journal of Vietnamese Studies. Vol.8, Issue 1（2013），pps.1-33. Phan，John Duong. 2014. *Rebooting the Vernacular in 17th Century Vietnam"* in *Rethinking East Asian Languages，Vernaculars，and Literacies 1000-1919*（Leiden：Brill，2014），96-128.

　　⑤ 吳德壽：《指南玉音最新資訊》，載《漢喃雜志》2005 年第 3 期。

　　⑥ 黃氏午：《漢越雙語言指南玉音詞典解義》，文學出版社 2016 年版，共 450 頁。

　　⑦ 阮善甲：《喃字與越南語關係的初探》，載《略越語學》，教育出版社 2005 年版，第 101—102 頁。

　　⑧ 王祿：《安南譯語》，詞典學中心與峴港出版社 1997 年版，第 1 頁。

　　⑨ SHIMIZU Masaaki：《在"安南譯語"與"四夷廣記"的"安南國譯語"中使用漢字拼音越南詞語對比研究》，越南學國際研討會第三屆，2008 年 them trang，nxb.

　　⑩ 王祿：《安南譯語》，詞典學中心與峴港出版社 1997 年版。

　　11 Kondo Morosighe，1796，*An Nam ki lược cảo，Cận đẳng chính trai toàn thư* 1906，Konkusho Kanko Kwai，Tokio；Henri Maspéro，*Études sur la phonétique historique de la langue annamite.Les initials.*BEFEO，t.12，1912；Émilie Gaspardone，*Le lexique Annamites des Ming.* J.A.t CCXLI，1953，fas-3.x，No 3，5 55-392；Trần Kinh Hòa，1969，安南訳語の研究，Tạp chí *Shigaku*，39-3，4，40-1，41-1，2，3，1966-68），1969.；của Jéremy H.C. Davidson. 1975. *A NewVersion of the Chinese - Vietnamese Vocabulary of the Ming Dynasty.* BSOAS，38/2.

水正明評價："《安南譯語》的作者幾乎受越南内地使用從越南語音譯的漢字，即假借喃字的影響；同時也受中代時期的漢字音韻，即在進行用漢字來注音越語時反切中所反映的語音系統的影響。"這意味着《安南譯語》是一本漢越雙語詞典，而不是漢-喃雙字詞典。另一特點使該作品不同於其他越南人編輯的漢喃詞典，將會在此研究揭曉。

　　3.《指南幼學備品協韻》編輯并刻印於 1718 年[①]。該書的尺寸爲 14×24 釐米，後部分已丢失，現有 76 頁。落款寫着：永盛十四年仲春穀日重三，再印於永盛第十四年（1718，即阮福珠王代相當於塘外黎裕宗帝和鄭剛王代）二月潔日。該書印刷於大越國廣南地區歸寧府（今歸仁省）浮離縣。其包括三册：（1）上册：門類詞典；（2）中册：按東、鍾、江、支、魚、虞、模、齊、佳、灰、真、文、魂、寒十四韻排字；（3）下册：包括先、蕭、豪、戈、陽、庚、清、蒸、燈、侯、侵、覃等字；（4）第四册《指南藥號急易神方諸部始撰》本是一個獨立作品，不過與其同裝幀於一本書，在上文已提過。此外，這本書還與《新刊增補釋義垂訓經》一起裝貼，於 1714 年刻印。

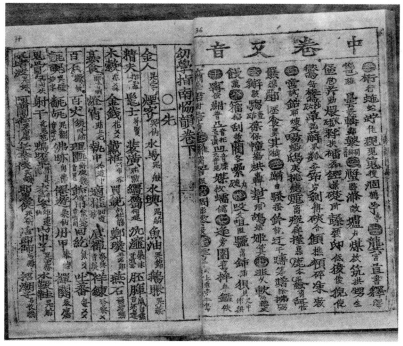

　　據阮文釵的考察表明，《幼學指南品匯》的上册是指導小孩子們學習

① 阮文釵（2014）。

漢字并分門類的教科書（第 3—17 頁），其包括 7 門類：（1）帝王歲壽門：
關於君王，長壽。（2）身體類：關於身體上的部位；（3）金銀銅鐵瓦石
器用類：關於金、銀、銅、鐵、陶器、石頭器具；（4）竹木絲石器用類：
竹，木，絲綢，石頭用具；（5）冠冕衣服器用類：關於帽子，衣服用品；
（6）飲食魚肉餅米類：關於食品，飲料，肉類，麵包，米飯；（7）宮室
船隻器用類：關於宮殿，船隻。《指南幼學備品協韻》的第二和第三冊
（第 19-35 頁：第 7-49 頁）是按韻分類以指導小孩子們在作賦寫詩時學
會找韻。

　　4.《三千字解譯國語》是一本具有較爲豐富多樣的印刷本并最爲人知
的漢越雙語詞典。這本詞典有能滿足認字、解字義需求的 3000 個通常使
用的漢字，是四字格形式的。提到這本書的第一人是陳文甲 ［1969；
tb2000：10-14］。以前已有了張永記（1884—1898 年）[①]，和武科（1908
年）[②]的印刷本。據阮氏蘭（2002 年）[③]的研究，這本書有 2988 被解義
的漢字。一些新印刷本是張永記（1898 年）的或物科的父親（1908 年），
或於 1938 在河内的印刷本。據黎文慣（1981 年）[④]的考察發現，目前仍
有 8 個被存儲的文本，儲存符號分別爲 AB.228、Vnv.191、AB19、Vnv.121、
Vnv.131、Vnv.133 和 A.2675，A.1825（在《道教源流》中）。據阮氏蘭
（2002）揭曉，除了漢喃研究所有 6 本，國家圖書館有 2 本（存儲符號爲
R102 和 R1667），還有印刷於 1942 年的 2 本，包括漢字、喃字、國語、
法字四種語言。這本《三千字》比較複雜。現有《三千字解譯國語》[⑤]或
《字學纂要》記錄着這本書是由吳時任（1746—1803）編輯。《三千字解
音》也被印刷出版[⑥]。

　　① Trương Vĩnh Ky P. J. B. 1884a. *Tam tự kinh quốc ngữ diễn ca*（Hán = Việt）. Le Tam Tự Kinh transcrit et
traduit en prose et en vers Annamites. Saigon: Bản in nhà hàng C. Guilland et Martinon. **Trương** Vĩnh Ky P. J. B.
（Trancrit en quốc ngữ et traduit en Fraǹcais）. 1898. *Tam thiên tự giải am. Tự học toản yếu.*（Livre élémentaire de
3000 caractères usuels，avec traduction en annamite vulgaire.）Rey et Curiol. Saigon

　　② 武科：《三千字解譯國語》，發焰總堂 1908 年版。

　　③ 阮氏蘭：《教漢字的漢喃雙語教材研究——以 "三千解音" 音爲例》，碩士學位論文，河内國家大
學，2002 年。

　　④ 黎文冠：《喃字研究》，社會科學出版社 1981 年版。

　　⑤ 漢喃研究院，編號 VNv.120《凡例》，1908 年；編號 VNv.121；編號 VNv.131，柳文堂 1909
年。

　　⑥ 《越南國家圖書館》，編號 AB.19，富文堂 n。

《三千字解譯國語》
來源：國家圖書館

　　在這本書中使用了四字型詩歌，其中每個漢詞目被一個相對應的喃字（一個越詞）定義。例如：THIÊN trời ĐỊA đất 天 俏 地 坦 /CỬ cất TỒN còn 舉拮存群/TỬ con TÔN cháu 子 岵 孫 刞 /LỤC sáu TAM ba 六 婰 三 俫/ GIA nhà QUỐC nước 家 茹 國 揲 /TIỀN trước HẬU sau 前 略 後 繡。

　　在序言中，吳時任已經寫下了編輯過程："小時候我有機會讀書寫字。現在是當官了，每次對一個字的意思迷惑不解的，常向學問廣博者請教并與其討論、解決相關的問題。在工部做官後，能看到好書，我常從許多、不同的資料查看一些比較難的字之後，將我所理解的收集、整理、翻譯并把其注音和解義放在一起。我將其認爲《字學纂要》的一本複印本。寫好之後，我會將其刻印爲書。"[陳：16；1990：14-16]阮庭和認爲"具有濃厚越南風格的該文本與中國周興嗣的《三千字解譯國語》有很大的差別，其獨特之處在於使用中局押韻方法：上一行的第四字與下一行的第二字押韻（750 句）"[1]。

　　5. 范廷琥（1768—1832）的《日用常談》於 1821 年至 1827 年期間編製。這也是一本漢越雙語、漢喃雙文字的詞典。這本詞典共有 2480 詞目[2]，并按 32 門類包括天文門（89 條目）、地理門（78 條目）、倫序門（189 條目）、

　　[1] Nguyen Đinh Hoa. 1992. *Vietnamese Phonology and Graphemic Borrowing from Chinese：the Book of 3000 Character Revisited* Mon- Khmer Study（MKS）20：163-182
　　[2] 黎文强：《日用常談——一本第十九世紀漢喃雙語百科辭典》，載《漢喃學報》2012 年第 3 期，第 76 頁。

酬應門（70 條目）、儒教門（6 條目）、道教門（65 條目）、釋教門（27 條目）、身體門（336 條目）、寶屋門（78 條目）、作用門（142 條目）、食品門（231 條目）、果實門（60 條目）、火用門（23 條目）、服用門（63 條目）、女妝門（46 條目）、織紝門（61 條目）、眾香門（18 條目）、珍寶門（98 條目）、彩色門（21 條目）、器用門（182 條目）、工用門（58 條目）、文藝門（45 條目）、音樂門（35 條目）、兵器門（17 條目）、人品門（108 條目）、游戲門（26 條目）、偌語門（46 條目）、疾病門（24 條目）、草木門（79 條目）、禽獸門（64 條目）、水族門（66 條目）、蟲類門（29 條目）排列。該書現有 9 個不同的文本，其中有 7 本是列印本。由於范廷琥是一位著名儒學家，并且曾經勝任過國子監署祭酒一職，因此這本書被使用較爲普遍。"《日用常談》也許已成爲十九世紀末二十世紀初較爲流行的教科書。具有一本資訊詞典形式，這本書已體現出儒家智知、多項化學問。通過雙語言（漢越語言）的教學，這本初級辭彙的教科書已典型地代表了越南中世紀二元文化、雙語言、雙文字教程類型。"①該版本曾經被黎文剛將其譯文和圖像在 VNPF 上發表②。

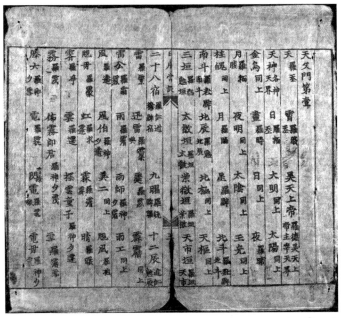

6. 嗣德皇帝（1829—1883）的《嗣德聖製字學解義歌》③。這是嗣德皇

---

① 陳仲洋：《范庭琥著的"日用常談"漢越雙語辭典考究》，文學出版社 2016 年版。

② http://www.nomfoundation.org/nom-tools/Nhat-dung-thuong-dam-Dictionary？uiLang=en..

③ 何登越：《〈嗣德聖製字學解義歌〉的研究》，碩士學位論文，河內國家大學，2006年，第2頁。

帝的禦製字典，印刷於 1898 年。這本字典的風格也是押韻的，包括 9000
字目左右。該書内容由七個專案分別是堪輿（第 1、2 本），人事（第 3、4、
5 本），政化（第 6、7 本），器用（第 8、9 本），草木（第 10、11 本），禽
獸（第 12 本），蟲魚（第 13 本）。《嗣德聖製字學解義歌》的不同文本目前
被存儲在越南漢喃研究院圖書館中，存儲共有 9 册[①]13 卷，有目錄，有漢字。
根據何登越（2006）[②]的研究，該書有 4572 句六八詩體，漢字和喃字的出
現總數爲 32004 次字，被解義的漢字總詞目將爲 9208 個，其中有 778 個雙
音節詞和 7 個四音節詞。因此，漢字總數（音節總數）將爲 9827 詞（字）。
通過簡單的計算，我們有：喃字出現總數爲 32004 減 9830（漢字總數）等
於 22174（次）。陳荆和於 1971 年出版這本書[③]。阮庭和於 1988 年[④]和范文
快-何登越研究小組於 2014 年[⑤]進行探討研究。

　　7. 海珠子阮文珊（1808–1883）的《大南國語》[⑥]於 1880 年（嗣德帝第
三十三年）編輯并由文山塘於 1899 年在興安省文江縣多牛刻印成書，包括
170 頁，共有 4799 字目，分爲天文、地理、人倫、蠶桑、工器、俗語、水、
土、金等 50 門類。該書字目的排列跟《日用常談》相同，不是按詞韻排列
的。這本書被吕明姮[⑦]於 2006 年進行探討研究，并於 2013 年注釋并翻譯成
越南語。如果《指南玉音》和《嗣德聖製》主要是提出事物名稱的漢越語
（漢喃字）對照，《大南國語》"已對事物的特點、作用、用途、處理方式進
行仔細地解釋。這一點使《大南國語》成爲人們用來查看日常生活中發生
的事情的必備手册。其幾乎達到了百科全書的標准"[⑧]。

　　8. 鄧文甫（1828—1910）的《南方名物備考》[⑨]編輯、刻印於成泰年
（1901），包括 158 頁[⑩]，共有 4461 字目，分爲天文、地理、時節、身體、

　　① 漢喃研究院，編號 VHv.626/1-4；VHv.627/1-4；VHv.628/1-4；VHv.629/1-4；VHv.630/1-4；
VHv.631/1-4；VHv.363/1-4，1897 年。《越南國家圖書館》，編號 AB.5/1-2，1898 年；AB.311，1989 年。
　　② 何登越：《〈嗣德聖制字學解義歌〉的研究》，碩士學位論文，河内國家大學，2006 年。
　　③ 陳荆和：《〈嗣德聖制字學解義歌〉譯註》，香港中文大學出版社 1971 年版，第 404 頁。
　　④ 陳仲洋（譯）：《〈嗣德聖製字學〉——本十九世紀的漢越辭典的初探》，載《源泉期刊》2012 年。
　　⑤ 范文快、何登越：《〈嗣德聖字學解義歌〉——本百科漢喃雙語辭典》，載《漢喃學報》2013 年
第 1 期，第 17—28 頁。
　　⑥ 阮善甲：《喃字與越南語關係的初探》，載《略越語學·第一册》，教育出版社 2005 年版。
　　⑦ La Minh Hang（kanshuu），*Dainankokugo – eiyin, Hanji, Kaisetsu, Kanji sakuyin*, Tokyo Gakugei
daigaku Kojisho kenkyuukai henshu kyouroku, Tokyo. 2006.吕明姮（考、拼音、譯、注），王祿（校）：《"大
南國語" 漢越雙語辭典考》，河内國家大學出版社 2013 年版。
　　⑧ 吕明姮：《"大南國語" 的醫學價值》，載《漢喃學會議》，社會科學出版社 2010 年版。
　　⑨ 阮善甲：《喃字與越南語關係的初探》，載《略越語學》，教育出版社 2005 年版。
　　⑩ 《漢喃研究院》，編號 A.155；VHB.288；MF.4409.

疾病、人事、人倫、人品、官職、飲食、服用、居處、宮室、船車、物用、禮樂、兵、形、戶、工、農桑、魚獵、美藝、五穀、草木、禽獸、蟲等 33 門類。

國家圖書館與 VNPF

9.《五千字解譯國語》由區長阮秉翻譯成越南語并給其寫引言，翻譯本符號爲 AN. 229 或 AB. 229。這本書於 1909 年被柳常唐複印，包括 128 頁。這本書收集了用喃字和拉丁字母譯成越南語的 5000 漢語詞，其風格爲六八詩體，分爲天文、地理、時令、干支、禾穀、草木、蟲蠱、祝誦等 38 門類。該書曾被武文敬等①再版於 1997 年。

10.《字類演義》②是由至今尚未知姓名作者編輯的作品。《字類演義》有一本手稿，共有 77 頁，尺寸爲 30×15 釐米，有漢字，編號爲 AB. 593，并用喃字解釋漢字，分 32 門類，如天文，地理，人事，俗語，歌謠草木，蟲等

11.《指南備類》由宿醫院編輯（A.1239），編輯時期不詳。漢-越（喃）雙語詞典分爲天文、地理、草木、禽獸、耕農等詞目。關於這個作品，陳文甲（1969）"十九世紀的前十年，又有人將以前的《指南玉音》再次詳細解釋并編輯成《指南備類》。這本尚未被印刷，只用手稿流傳下來。而作者

---

① 武文敬、孔德：《五千字》，文化信息出版社 1997 年版。

② Trần Nghĩa & Gros F.（1993）

也許是一名和尚，因爲在書中會注意到佛教尤其是越南佛教的名詞，如安南四氣等"（第 23 頁）。作爲範圍更小的作品，但《指南備類》的 59 個詞目比《指南玉音解義》中 38 的還多（27 頁）[①]。

12.《漢字自學》（VNb.52 /1-2。178 頁）是由阮春琳於 1942 年編輯的一本教科書。這本書提供了自學漢語的方法。每一個詞都有國語的音譯和詞義解釋。該書分爲 10 門類，如天氣、地輿、人事、史記等。

13.《字典節錄》是一本專門用於文字學的，符號爲 A.1505，共有 160 頁的詞典。這本詞典具有 5000 較難，按門類、解義排字的漢字。雙手寫，字形相似的字很容易引起認錯。

（三）部首詞典和文字詞典

這類詞典是按照部首排列的。

1.《村居便覽》現在只有一本手稿，符號爲 A.2892。一本給漢語詞釋音釋義："歐爲歌別調；歌爲歐總名。"詞語按照部首排列。

2.《千字文解音》（1000 字）也是一本使用較爲普遍的漢字詞典。名副其實，這本書有 1000 個用喃字解釋和六八詩體形式、加上解義注音的漢字。其用來教初學孩子，具有一定的基本詞匯規範。該書被印刷兩次，分別是 1890 年和 1909 年[②]，到 1989 年被阮庭和在其作品中廣泛介紹[③]。

3.《漢字解音》也是一本未知作者姓名和編輯年月的詞典。其有 1066 條較難的漢語詞，不分門類的。（阮善甲 2005：95）。

4.《塾學指南》，符號爲 A.1478，共有 242 頁，是查看鳥類、哺乳動物、昆蟲、魚類等動物的名錄。每個動物都有用喃字注釋和介紹其形狀和特點。

二、漢越雙語詞典的特點

此部分的內容注重對在中世紀二元文化背景下典型漢越詞典的特點進行研究。在編輯目的方面，這些作品可以被視爲中文讀寫能力的典型表現。因此，此研究要針對其文化背景（cultural condition）。首先，像德范克（1977）說過，這是越南雙語言、雙文字背景中的雙語言詞典類型。從越南語和漢語的單音節特點而言，這種詞典是字典和詞典的綜合體。但其最爲關鍵的

---

① 陳文甲：《喃字起源考略》，《歷史研究》1969 年第 127 期。

② 漢喃研究院，編號 AB.227；AB.91，1890 年；AB.226，1909 年；《巴黎》，編號 BN.A.16，官文堂藏版，1890 年；MF.1811（或 AB.91）

③ 阮庭和：《The book of One Thousand Characters，Nhất thiên tự》，Carbonadale，IL：Asia Books，1989 年。

特點就是其所提到百科知識都按照主題分類。越南的傳統門類詞典明明在東亞的文化書籍裏，但其兩種功用（詞典兼教科書）是漢字教學特殊之處的表現。或者換一個更確切的説法，《日用常談》《一千字》《三千字》等書籍雖有詞典的形式但本質上却是漢字教學的教科書。

（一）雙語言環境下的雙語言書籍

漢越對照詞典是中世紀教科書和詞典編輯觀點的典型作品。首先，這是（漢—越）二元文化、雙語言、雙文字環境下形成的詞典類型。越南詞語是本地人學漢語認漢字的承載、輔助工具[①]。正如范文快説過"把握母語，尤其是其辭彙會給漢語學習者和漢語使用者創造更好條件，同時也爲在越南的漢語學習者和使用者在認知、理解漢語文言意思之後進行翻譯、文詞停頓轉句、轉義等能力做准備。越南語通過越南漢語傳統教學的漢語教科書系統和漢語教學實踐在學習漢語過程起著重要作用。"（范文快：1996：136—149）

此外，教科書、經典講解宗教文本，尤其是雙語教科書在越南中世紀時期創造文字的實踐過程也有着重要的作用。關於漢語經典喃字譯文的職能目的的明確觀點是"主張通過漢越雙語言和漢喃雙文字方法進行教育初級儒家漢文"[②]。但學習經典文本之前，鄉下學校的童幼班級必須通過《一千字》《三千字》《日用常談》等漢—越雙語教科書進行"掃盲"并有一定的基本詞匯知識。這些雙語教科書的方便之處在於它們提出了一個常用并標准的字表，詞目出現頻率較高，詞目最通用意思都用母語中相對應的詞語或用通俗易懂的普通話解釋以使任何初級學習者通過母語可以直接領會其意思。而且這些字表的目的是爲了"識字"，所以不應該將其放在特定的上下文背景中，讓其再"承載"新的意思、新的字面。通過越南語學習漢語是一種在許多地方學校被廣泛使用的基本教學方法。這創造了越南中世紀時期能讀會寫雙語言學生們的二元文化雙語言環境。

如果越南漢文是原本漢文文言文，即本地漢族人的漢文和越南語（喃字）中間的要素，雙語言教科書如《日用常談》等作品是更高越語化程度的另一種中間文本。具體請看下面的圖表：

---

① Taylor，Keith Weller. 2011. Literacy in Early Seventeenth- Century Northern Vietnam. In M. a. Aung-Thwin（ed）. *New Perspectives on the History and Historiography of Southeast Asia: Continuing Exploration.* New York: Routledge. 184.

② 阮俊强：《〈日用常談〉——一本第十九世紀漢喃雙語百科辭典》，《漢喃學報》2012 年第 3 期。

雙語雙字文圈圖[①]

	文言（漢字）	
	↓	
雙語 雙字 文圈	越南漢文（漢字） LITERACY FACTORS 雙語漢越（漢字&喃字）	雙語 雙字 文圈
	↑	
	越語（喃字）	

　　上面的圖表顯示，文字創造者（literacy factors）是語際空間（二元文化-雙語言-雙文字）的中心要素。這些創造文字的參體，一方面是華夏文言文本的"痛經博史"者，另一方面是本地語言精華的代表。他們不僅熟悉地把握文言，而且還能創造具有個人色彩或越南特色的漢文文本。如果越南漢文被視爲一種傾向於漢文化的中間語言，雙語言（漢越語言-漢喃文字）的文本則具有更多層次和豐富的色彩。在第一層面，它是漢文的映射；在第二層面，它是漢文和越語之間的映射。然而最關鍵的是，像上面所分析的，雙語言文本同時受兩種語言的影響而其對象是儒家思想和漢字受教門第-新的文字創造者。因此，詞典編輯者（literacy factor）應該被視爲包括兩層的要素，上一層爲講師，"老師"，下一層則是好學的徒弟們。"文字創造者（literacy factors）兩層結構的師傳弟受的模式"可以算是一個典型的創造文字模式。

師傳	漢字	喃字	漢文	越文	宗教	文學	歷史	文化	……
↓	↓	↓	↓	↓	↓	↓	↓	↓	↓
弟受	漢字	喃字	漢文	越文	宗教	文學	歷史	文化	……

（二）書類性-百科知識書

　　教育漢文中的百科知識是越南語詞典的一個突出的特點。辭匯按門類和主題分類是一種悠久的教學方法。不僅如此，該方法是在世界觀和漢字部首表意特點的基礎上形成的。三才（天—地—人）的觀念以及儒家無論思想會構成任何詞典的三大重要門類，就是堪輿，地輿，人輪和人事。漢字部首本身已具有某一定的語義場，因此有時候一些有相近語義場的部首將會被放在一起以構成更大的門類。比如，車、舟、耒、斤、刀、宀等部首將會組成器用類，艸、木、竹等部首將組成草木門類，牛、龍、馬、鹿、虎、犬、象、鳥、隹等部首將組成禽獸類，蟲、魚等部首將組成蟲魚類。

　　在《日用常談——十九世紀漢喃百科詞典》中，作者黎文强已提出與

---

① 范文快（1997：19）。

具體詞目的相對應門類的統計數據。如果將這 32 門類與相似詞典的比較，我們會理解范廷琥從地區文化背景中的編輯觀點。

若干詞典中的門類對比表

	日用常談	指南玉音	嗣德聖制	海篇
1.				
2.	天文 Thiên văn	X	堪輿	X
3.	地理 Địa lý	X		X
4.	倫序 Luan tự	人倫	人事	人物
5.	酬應 Thù ứng	V		
6.	儒教 Nho giáo	V	政化	
7.	道教 Đạo giáo			
8.	釋教 Thích giáo			
9.	身體 Than thể	X		X
10.	寶屋 Bảo ốc			宮室
11.	作用 Tác dụng			
12.	食品 Thực phẩm	食部飲部餅部		飲食
13.	果實 Quả thực			
14.	火用 Hỏa dụng			
15.	服用 Phục dụng	衣冠		衣服
16.	女妝 Nữ trang	X		衣服
17.	織紝 Chức nhậm	X		
18.	眾香 Chúng hương			
19.	珍寶 Tran bảo	金玉 Kim ngọc		X
20.	彩色 Thái sắc			聲色
21.	器用 Khí dụng	X	X	
22.	工用 Công dụng	工器 Công khí		
23.	文藝 Văn nghệ			文史
24.	音樂 Âm nhạc	樂器 Nhạc khí		
25.	兵器 Binh khí	X		
26.	人品 Nhân phẩm			
27.	游戲 Du hí	雜戲		
28.	俗語 Tục ngữ			
29.	疾病 Tật bệnh			
30.	草木 Thảo mộc	木果根藤	X	花木
31.	禽獸 Cầm thú	羽毛		
32.	水族 Thủy tộc	鱗	蟲魚	鳥獸
33.	蟲類 Trùng loại	甲蟲		

上面的對比表只是相對性的，因爲想驗證內容的對應性不能只依靠於門類的名稱而必須對各門類的辭彙表進行仔細的考察。《指南玉音》由於按照部首分類比較密切，因此其門類分類是最詳細的。比如，將鳥兒類（鳥，隹等部首）歸類於羽蟲（羽毛動物）門類，將獸類（馬、水牛、狗等）歸類於毛蟲（纖毛動物）門類，將水族（魚、龍、蟹，giải）歸類於鱗蟲（鱗片狀的動物）門類，蟲子歸類於甲蟲（甲殼類動物）門類，樹類歸於木門類，各種花歸於花門類，水果歸於果門類，各種樹根和攀緣莖歸類於根藤門類，藥樹類歸爲分別的南藥部。

門類型式詞典有着悠久的歷史。從漢代起，儒家經典的注釋家已編輯了按門類而分爲 19 門類的《爾雅》—最早被發現的漢語門類字典。接着在西元一世紀時，許慎在文字學基礎上編輯了著名的《説文解字》。《説文解字》中分成 540 個門類相對應於 540 個部首，收字 9353 個。該作品標志着傳統文字學和漢字字典學的一個重要的轉折點，其是主體門類型式和漢字字形（根據象形表意的漢語部首）形式的綜合。自此以來，雖然已出現了許多詞典編輯方法，如按照押韻、聲符（聲調）、四角號碼、拼音等型式分類編輯，但是按門類的乃是主導方式。韓國有一部著名的書，名爲《玉堂釐正字義韻律海篇心鏡》，該書裏分爲 18 門類，相對應於 456 個部首和 55643 字[1]。這本書明顯并詳細地體現了門類劃分方法和與部首相呼應的結合。

《康熙字典》是一部具有法制性的字典，標志着整個東亞地區文字的統一及分類觀念的權威，完成於康熙年間（1662—1721 年）的 1710 年，包括 47035 個漢字。該字典也按門類—部首分類，不過將部首數量減少爲 214 個。然而，通過漢字教學的實踐可以看出對於入門學習者而言，214 部首還是太多太複雜了。因此，爲了概括最常用的部首和最基本的辭匯，許多門類型字典出世了。在越南《日用常談》跟《一千字》《三千字》等字典相同，都是將書類詞典—部首詞典和漢字教科書相結合的一種試驗。這些書籍也證明了從中華各部書類中的大量辭匯中提取出基本詞匯，并將其與漢字文字規範化的努力。

（三）兩能性：詞典與教科書

以朱碧秋[2]爲代表的語言學界的傳統觀點認爲，漢喃詞典只有單一的功能，是一種按主題收集、分類詞語的書籍。這些作者只將這些詞典視爲辭

① 河永三：《17 世紀初的中韓文字學交流》，《漢字研究》，朝鮮版朱之蕃《玉堂釐正字義韻律海篇心鏡》第 13 輯，2015 年，第 53 頁。

② 朱碧秋：《越南辭典與詞典學》，載陳善甲主編《越語史略》，教育出版社 2005 年版。

彙研究、查找的輔助工具。若純粹從文本表面上面看，上述的觀點是有依據的。然而阮庭和（1963，1973，1989）、范文快（1996a、b、c、d，1997，1999，2006，2013）、何登越（2013）、阮俊强（2014，2015a、b）等漢語學者一致認爲這些作品既是詞典又是漢字教學的教材。

這些作品應該被放在其文化時代背景中。問題是，這些詞典是按門類排却沒有按部首或筆畫查看表，那麼怎麼使用這些詞典呢？接着爲什麼這些詞典的辭匯量若與中國、日本、韓國的同類詞典相比時簡直少得多？大多數的詞典有如此少的辭匯？如果將這些作品看作漢字教學的入門教科書，上述的問題就不答而清。其名字很明顯地體現了一種教學方式，就是控制并作出教學中詞匯量的定額，如一千字、二千字、三千字、五千字等。范廷琥的作品也如此，雖然其作品的名字裏沒有表示辭彙數量的數字，不過其名字《日用常談》却體現了編輯的目的和對象，即 2500 左右日常使用的詞語。再如嗣德皇帝編輯的最大字典《嗣德聖製字學解義歌》，從其名字中也明擺著這是一種漢字教材。《嗣德聖製字學解義歌》中的"字學"也許不與現代文字學的意思相同，而只是通過越南語釋義方法認字，其名字顯然有著教科性；對於"聖製"這個詞却體現了這位皇帝想爲全國漢字學者標准化、規範化辭匯表的念頭[1]。具有如此巨大的辭匯量，包括 9028 字，該書的目的不僅是供給入門學習者，而且爲儒士們提供提高辭彙量的材料。

爲了方便仔細察看，我們對東亞地區漢字詞典的詞目數量立了以下對比表。

東亞的漢字詞典詞目數量比較表

	書名	國家	詞目數量
1.	大南國語 *Đại Nam quốc ngữ*[2]	越南	4779
2.	南方名物備考 *Nam phương danh vật bị khảo*[3] - 1903	越南	4461
3.	指南玉音解義 *Chỉ nam ngọc âm giải nghĩa*[4]	越南	3394
4.	三千字解音 *Tam thiên tự giải âm*[5]	越南	2988
5.	日用常談 *Nhật dụng thường đàm*[6]1827	越南	2449

---

[1] 阮庭和：*A Preliminary Study of 'Tự Đức thánh chế tự học'- a 19th-Century Chinese-Vietnamese Dictionary*，1995 年，第 207—216 頁。

[2] 阮善甲：《喃字與越南語關係的初探》，載《略越語學》，教育出版社 2005 年版，第 95 頁。

[3] 同上。

[4] 阮善甲：《喃字與越南語關係的初探》，載《略越語學》，教育出版社 2005 年版，第 101 頁。

[5] 阮善甲：《喃字與越南語關係的初探》，載《略越語學》，教育出版社 2005 年版，第 106 頁。

[6] 筆者統計數據。

續表

	書名	國家	詞目數量
6.	難字解音 *Nan tự giải am*①	越南	1066
7.	千字文解音 *Thiên tự văn giải am*②	越南	1000
8.	嗣德聖製字學解義歌 *Tự Đức Thánh chế Tự học giải nghĩa ca*③	越南	9028
9.	南藥國語賦 *Nam dược quốc ngữ phú*④	越南	600
10.	安南譯語 *An Nam dịch ngữ*⑤	越南—中國	716
11.	指南幼學備品協韻 *Chỉ nam ấu học bị phẩm hiệp vận*⑥	越南	2500
12.	説文解字 *Thuyết văn giải tự*⑦	中國	10516
13.	字林 *Tự lam*⑧（đã mất）（丢失）	中國	12824
14.	玉篇 *Ngọc thiên*⑨（543）	中國	22726
15.	龍龕手鑒 *Long khám thủ giám*（997）	中國	26430
16.	廣韻 *Quảng vận*（1011）	中國	26194
17.	類篇 *Loại thiên*（1066）	中國	31319
18.	集韻 *Tập vận*（1067）	中國	53525
19.	改并五音聚韻四聲篇海 *Cải tịnh ngũ am tụ vận tứ thanh thiên hải* 1212	中國	35189
20.	重刊詳校篇海 *Trùng san tường hiệu thiên hải* 1608	中國	39047
21.	字彙 *Tự vựng* 1615	中國	33179
22.	正字通 *Chính tự thông* 1671	中國	33549
23.	康熙字典 *Khang Hy tự điển* 1716	中國	49030
24.	中華大字典 *Trung Hoa đại tự điển* 1915	中國	48000
25.	漢語大字典 *Hán ngữ đại tự điển* 1990	中國	54678

---

① 阮善甲：《喃字與越南語關係的初探》，載《略越語學》，教育出版社 2005 年版，第 95 頁。

② 阮善甲：《喃字與越南語關係的初探》，載《略越語學》，教育出版社 2005 年版，第 96 頁。

③ 范文快、何登越：（2013：17-28）。

④ 筆者統計數據。

⑤ 王祿（譯注）：《安南譯語》，辭典學中心，峴港出版社 1996 年版。按阮善甲（2005：100），這詞語表共有 561 個字。

⑥ 阮文釵：《兩本珍稀的漢喃古籍》，《源泉期刊》2014 年期。

⑦ 河永三：《説文》、《漢語大字典》，2015 年，第 56—57 頁。

⑧ 吕忱：《字林・七卷・亦五百四十部》凡一萬二千八百二十四字。

⑨ 顧野王：《玉篇》按漢字形體分部編排的字書。

續表

	書名	國家	詞目數量
26.	篆隸萬象名義（*Tenrei bansho myogi*）- 835[①]	日本	16000
27.	新撰字鏡 *Tan soạn tự kính*（*Shinsenjikyo*）[②]	日本	20000
28.	和名類聚抄 *Hòa danh loại tụ sao*（*Wamyo ruijyusho*）[③]	日本	3350
29.	類聚名義抄 *Loại tụ danh nghĩa sao*（*Ruijyu myogisho*）[④]	日本	36613
30.	*Hạ học tập* 下學集（*Kagakushu*）[⑤]	日本	3000

　　從上述 30 本被考察的詞典中，除了《下學集》外，中國、日本、韓國漢字詞典中的詞目幾乎是 10000 個以上，而越南漢字詞典中的詞目除了《嗣德聖製字學解義歌》之外，數量幾乎都是 5000 字以下。若從詞目數量的數字將這些詞典作大小比較是不可行的，因爲它們的性質、編輯目的和功能是不同的。東亞的漢字詞典都是純辭的詞典，是具有概括性，并體現了歷代學者盡心盡力考究、收集的辭匯收集。編輯作者的目的是盡力在其時代和社會背景下做出最大的一個文字收集。因此這些詞典或字典大多是單語言的，其漢字詞目幾乎是用漢字和漢文解釋。

　　《説文解字》《康熙字典》等詞典是總結、收集所有文字，即使其只出現一次并有引用語料的來源；而越南漢字字典却是收集一定的基本文字單位的小型字典，其所出現的文字比較穩定、常見。中國各部詞典是注重歷代語言及各語素的發展，而《日用常談》却優先現時使用的語言因素，可以是活的語言和越南漢文的基本詞匯。

　　越南漢字詞典不同於東亞地區的體現在以下三方面：

　　其一，書中每個漢字詞目都用一個意義相對應的越南語注釋，而這個越語詞却用喃字表達。

　　其二，這些詞典都沒有按部首、拼音、筆書的查看表。

　　其三，詞典中的詞目都是實際需要、經常使用的基本詞匯。

　　根據上面的三個特點可以做出這樣的結論：越南漢字詞典或字典的編輯目的不是爲了查看（幾乎都沒有查看工具），而是爲了給越南人具體是給剛入門學習者提供漢字辭彙教學的雙語言教科書。

---

　　① Sato Susumu 佐藤進：《關於日本現存的古辭書》，載《漢喃 40 年培訓與研究（1972 - 2012）》，河內國家大學出版社 2013 年版，第 180 頁。

　　② 同上。

　　③ 同上。

　　④ 同上。

　　⑤ 同上书，第 182—183 頁。

　　各詞典—教科書中的辭彙表的數量按照不同學習級別和對象而有相對應的分級，從 1000 條至 5000 條詞目。

　　吳時任（1746—1803）已用多年時間編輯了《三千字》學習書。在引言裏，他曾經説過"看了好書，在各種資料查看後，懂那些詞認那些字就將其收集下來，拼音解義，音韻與意思相連，音韻之間作押韻，一共有三千字，給其起名爲《字學纂要》"。"字學"又一次出現已加強了這類詞典其實是教科書的觀點。"纂要"這一詞却説明了對辭彙選擇的觀點。對於表達形式，基本上是使用六八詩體，例如《嗣德聖製字學解義歌》一之卷堪輿類上，1a-1b 頁寫着：

天 trời, 地 đất, 位 ngôi,

覆 che, 載 chở, 流 trôi, 滿 đầy,

高 cao, 博 rộng, 厚 dày,

晨 mai, 暮 tối, 轉 xay, 移 dời,

月 mặt trăng, 日 mặt trời,

照 soi, 臨 tới, 世 đời, 年 năm

具體請看下面圖片：

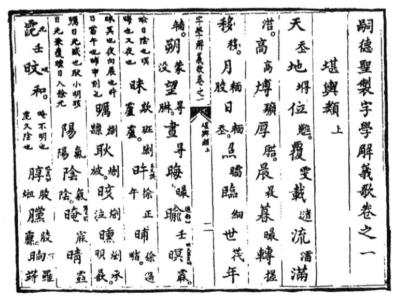

　　上面的三個文本就是通過用越南語詞彙注釋，將漢語、漢字學習課文詩化、文藝化的典型例子。阮庭和（1992，2008）説過："具有濃厚越南風格的文本與中國周興嗣的《三千字》有很大的差別，其獨特之處在於使用

中局押韻方法：上一行的第四字與下一行的第二字押韻（750 句）[①]。這樣的押韻型式文本會有助於學生背熟和記下漢字。"[②]

三、結語

研究結果表示，通過漢學知識份子的文字創造活動，漢越—漢喃對照詞典也許已成爲越南中世紀漢字教學的教科書。具有詞典的形式，這些書已體現了儒家廣博知識的學習態度。通過漢越語雙語言對照教學活動，這些初級辭彙教科書代表了越南中越二元文化、漢越雙語言、漢喃雙文字的教程類型。這些詞典也是鄉下學校漢字教學實踐過程中所形成的結果，其主要功能是給學生們學習基本漢字提供教材，而中國、韓國、日本等的只是一個形式上的參考管道，其主要功能是向學生講授基本漢字。這也許亦是越南中世紀教科書—詞典類型書籍的獨特之處。

參考文獻

［1］Taylor，Keith Weller，Literacy in Early Seventeenth- Century Northern Vietnam. In M. a. Aung- Thwin（ed）. *New Perspectives on the History and Historiography of Southeast Asia*，Continuing Exploration，New York：Routledge，2011.

［2］鄭克孟：《越南少數民族漢喃書目》，社會科學出版社 2008 年版。

［3］林江：《越南傳統醫藥書籍探討》，社會科學出版社 2009 年版。

［4］陳忠洋：《喃字與越南語研究—通過序目翻譯本》，百科詞典出版社 2012 年版。

［5］阮氏林：《誰是指南品匯》，《漢喃雜志》2013 年第 4 期。

［6］陳春玉蘭：《指南玉音解義》，社會科學出版社 1985 年版。

［7］吳德壽：《指南玉音最新資訊》，《漢喃雜志》2005 年第 3 期。

［8］黃氏午：《漢越雙語言指南玉音詞典解義》，文學出版社 2016 年版。

［9］阮善甲：《喃字與越南語關係的初探》，載《略越語學》，教育出版社 2005 年版。

［10］王祿：《安南譯語》，詞典學中心與峴港出版社 1997 年版。

［11］Shimizu Masaaki：《在"安南譯語"與"四夷廣記"的"安南國

---

① 阮庭和：*Vietnamese Phonology and Graphemic Borrowing from Chinese: the Book of 3000 Characters Revisited*，Mon-Khmer Studies，1996 年，第 163—182 頁。

② 阮庭和：*A Preliminary Study of TỰ ĐỨC THÁNH CHẾ TỰ HỌC- a 19ᵗʰ-Century Chinese-Vietnamese Dictionary*，Paper given at the 21ˢᵗ International Conference ong Sino-Tibetan Languages and Linguistic，Lund，Sweden，1995 年，第 207—216 頁。

譯語”中使用漢字拼音越南詞語對比研究》，越南學國際研討會第三屆，2008 年。

［12］Kondo Morosighe，1796，*An Nam kỉ lược cảo*，*Cận đẳng chính trai toàn thư* 1906，Konkusho Kanko Kwai，Tokio；Henri Maspéro，*Études sur la phonétique historique de la langue annamite.Les initials.*BEFEO，t.12，1912；Émilie Gaspardone，*Le lexique Annamites des Ming. J.A.t* CCXLI，1953，fas-3.x，No 3，3 55-392；Trần Kinh Hòa，1969，安南訳語の研究，Tạp chí *Shigaku*，39-3，4，40-1，41-1，2，3，1966-68），1969.；của Jéremy H.C. Davidson. 1975. *A NewVersion of the Chinese - Vietnamese Vocabulary of the Ming Dynasty.* BSOAS，38/2.

［13］阮文釼（2014）。

［14］Trương Vĩnh Ky P. J. B. 1884a. *Tam tự kinh quốc ngữ diễn ca*（Hán = Việt）. Le Tam Tự Kinh transcrit et traduit en prose et en vers Annamites. Saigon：Bản in nhà hàng C. Guilland et Martinon. Trương Vĩnh Ky P. J. B.（Trancrit en quốc ngữ et traduit en Fraǹcais）. 1898. *Tam thiên tự giải am. Tự học toản yếu.*（Livre élémentaire de 3000 caractères usuels，avec traduction en annamite vulgaire.）Rey et Curiol. Saigon.

［15］武科：《三千字解譯國語》，發焰總堂 1908 年版。

［16］阮氏蘭：《教漢字的漢喃雙語教材研究——以“三千字解”音爲例》，碩士學位論文，河內國家大學，2002 年。

［17］黎文冠：《喃字研究》，社會科學出版社 1981 年版。

［18］漢喃研究院，編號 VNv.120《凡例》，1908 年；編號 VNv.121；編號 VNv.131，柳文堂 1909 年版。

［19］《越南國家圖書館》，編號 AB.19，富文堂。

［20］黎文强：《日用常談——一本第十九世紀漢喃雙語百科辭典》，《漢喃學報》2012 年第 3 期。

［21］陳仲洋：《范廷琥著的“日用常談”漢越雙語辭典考究》，文學出版社 2016 年版。

［22］http://www.nomfoundation.org/nom-tools/Nhat-dung-thuong-dam-Dictionary？uiLang=en.

［23］何登越：《〈嗣德聖製字學解義歌〉的研究》，碩士學位論文，河內國家大學，2006 年。

［24］漢喃研究院，編號 VHv.626/1-4；VHv.627/1-4；VHv.628/1-4；VHv.629/1-4；VHv.630/1-4；VHv.631/1-4；VHv.363/1-4，1897 年。《越南國家圖書館》，編號 AB.5/1-2，1898 年；AB.311，1989 年。

［25］陳荊和：《〈嗣德聖製字學解義歌〉譯註》，香港中文大學出版社1971年版。

［26］陳仲洋（譯）：《〈嗣德聖製字學解義歌〉——一本十九世紀的漢越辭典的初探》，《源泉期刊》2012年。

［27］范文快、何登越：《〈嗣德聖製字學解義歌〉——一本百科漢喃雙語辭典》，《漢喃學報》2013年第1期。

［28］Sato Susumu 佐藤進：《關於日本現存的古辭書》，載《漢喃40年培訓與研究（1972-2012）》，河內國家大學出版社2013年版。

［29］La Minh Hang（kanshuu），*Dainankokugo – eiyin，Hanji，Kaisetsu，Kanji sakuyin*，Tokyo Gakugei daigaku Kojisho kenkyuukai henshu kyouroku，Tokyo. 2006.

［30］呂明姮（考、拼音、譯、注），王祿（校）：《"大南國語" 漢越雙語辭典考》，河內國家大學出版社2013年版。

［31］呂明姮：《"大南國語" 的醫學價值》，載《漢喃學會議》，社會科學出版社2010年版。

［32］Trần Nghĩa & Francois Gros（đồng chủ biên），1993，*Di sản Hán Nôm Việt Nam - Thư mục đề yếu*，Nxb Khoa học Xã hội.

［33］漢喃研究院，編號A.155；VHB.288；MF.4409.

［34］武文敬、孔德：《五千字》，文化信息出版社1997年版。

［35］陳文甲：《喃字起源考略》，《歷史研究》1969年第127期。

［36］漢喃研究院，編號AB.227；AB.91，1890年；AB.226，1909年；《巴黎》，編號BN.A.16，官文堂藏版，1890年；MF.1811（或AB.91）.

［37］阮庭和：*The book of One Thousand Characters，Nhất thiên tự*，Carbonadale，IL：Asia Books，1989年。

［38］范文快：《越南漢文圖表—中介人》，（1997：19）。

［39］河永三：《17世紀初的中韓文字學交流》，《漢字研究》，朝鮮版朱之蕃，玉堂鰲正字義韻律海篇心鏡，第13輯，2015年。

［40］朱碧秋：《越南辭典與詞典學》，載陳善甲主編《越語史略》，教育出版社2005年版。

［41］阮庭和：*A Preliminary Study of 'Tự Đức thánh chế tự học'- a 19th-Century Chinese-Vietnamese Dictionary*，1995年。

［42］王祿（譯注）：《安南譯語》，辭典學中心，峴港出版社1996年版。按阮善甲者，此表共有561個字。

［43］阮文釵：《兩本珍稀的漢喃古籍》，載《源泉期刊》2014年。

［44］河永三：《說文》、《漢語大字典》，2015年。

［45］呂忱:《字林・七卷・亦五百四十部》凡一萬二千八百二十四字。

［46］顧野王:《玉篇》按漢字形體分部編排的字書。

［47］阮庭和:*Vietnamese Phonology and Graphemic Borrowing from Chinese: the Book of 3000 Characters Revisited*,Mon- Khmer Study(MKS)20:1996 年。

越南古代漢喃辭書略論[*]

〔中國〕梁茂華　廣西民族大學

字喃是以漢字爲基礎而創造出來的，要學會字喃，必先學會漢字。爲了便於學習和普及漢字教育，古代越南不少有識之士還編撰了各種漢字辭書。就目前了解到的情況來看，在越南拉丁國語字文字出現之前，越南的辭書均是漢喃二元一體。古代越南辭書的特點是，以字喃解漢字音義，而且不少辭書是以越南傳統的腰脚韻進行編排。本文擬對《指南玉音解義》（以下除標題外，簡稱《解義》）、《三千字解音》（以下除標題外，簡稱《解音》）、《嗣德聖製字學解義歌》（以下除標題外，簡稱《聖製字學》）、《大南國語》（以下除標題外，簡稱《國語》）等幾部重要的越南漢喃辭書進行粗略的探討，以期抛磚引玉，就正於有道。

一、《指南玉音解義》的編撰及其內容

不管世界上的哪個國家或民族，辭書的出現不僅是其國家或民族語言文字和文化發展史上的一個重要的節點，而且會對該國家或民族後世的語言文字和文化的發展產生重大的影響。10 世紀越南封建獨立之後，字喃得到了快速的發展，并於 13 世紀末日臻成熟，成爲繼漢字之後記錄越南語言文化的又一重要載體。

（一）《指南玉音解義》的編撰及其目的

《解義》又名《重鑴指南品彙野譚并補遺大全》或《指南野譚》，是目前越南所發現最早的漢喃字典。此書成書的確切時間難以稽考，但景興二十二年（1761）再版時，首頁印有"重鑴指南備類各部野譚并補遺大全全序（國俗）"字樣，接着便是一篇字喃序文，其中無意提及了編撰此書的目的是："𧵑曾𩖑等科名，荼塳壽尋溋字仙，誦經讀册聖賢，……卜論卷旨南尼。……洪福名香真法性，筆花下買訂年篇。"（"編撰此書……爲讓少年

*　本文是國家社會科學基金重大項目《南方少數民族類漢字及其文獻保護與傳承研究》（項目批准號：16ZDA203）和廣西哲學社會科學規劃研究課題《越南儒學研究》（批准號：15BSS001）的階段性研究成果。

讀聖賢之書，考取功名，讓長者誦經向佛求得長壽，……洪福寺香真法性，妙筆撰成此篇。"）最後落筆爲"臣僧拮筆草年序尼"。在字喃序文之後另有一篇漢字序文，其文如下：

夫三才定位，蓋混茫人物難名。五帝開基，立州縣，山川草木，有其形而有其號，次類甚繁，非文字亦非指名，群蒙難識。夫自古聖人立傍説義以正言名，使其中國易明，外夷猶惑。至於士王之時，移車就國，四十餘年，大行教化，解義南俗以通章句，集成國語詩歌以至號名，韻作指南品匯上下二卷，學者難詳。茲宿禪謹嚴香玉，音其字，解其義，手寫帙成。可謂明明覽詳之要，使其讀者，走韻連聲。皇天不負讀書人，必有子孫登科目。候質諸先生博學雲耳。

皇朝景興二十二年（1761），歲次辛巳孟春穀日。[1]

根據上述序文，可知士燮主政交州期間曾"解義南俗，以通章句"，并集成"國語詩歌"，撰有《指南品匯》二卷。可惜，這些典籍均已散佚，無從稽考。有阮一代，文多居士阮文珊《國語》書序中亦載："列國言語不同，一國有一國語。我國自士王譯以北音，期間百物猶未詳識。"[2]正因如此，這兩則史料也是人們認爲字喃源於士燮時期的重要依據。從序文中還可看出，《指南品匯》比較晦澀難懂，以致"學者難詳"，後由"宿禪謹嚴香玉"在其基礎上注音解義，撰成《解義》。編撰此書的目的是"讓少年讀聖賢之書，考取功名，讓長者誦經向佛求得長壽"。可見，當時人們學習字喃是爲了更好研習以漢字編著的中國經典和佛教典籍。從字喃序文署名"洪福名香真法性，筆花下買訂年篇"（意爲"洪福寺香真法性，妙筆撰成此篇"）和漢文序"茲宿禪謹嚴香玉，音其字，解其義，手寫帙成"來看，此書的作者應是"洪福寺"的一名僧人，俗名"香玉"，法號"香真法性"，"謹嚴"爲此人之字或號，也可能是其籍貫。

（二）《指南玉音解義》的内容及其體例

繼上述序文之後，是《解義》"字典"各部目錄，上卷三十類/部，下卷十類，大體分類如下：

上卷

1. 天文章 風雨類 雲霧類 霜類 星辰類 2. 地理部 3. 人倫部

4. 身體部 5. 髒腑部 身體舉措 6. 食部 7. 飲部 8. 餅部

9. 衣冠部 10. 錦繡部 11. 宮室部 12. 舟車部 13. 農耕部

14. 禾穀部 15. 蠶室 16. 織染 17. 鑄冶部 18. 木工部 19. 金玉部

---

① ［越南］佚名：《指南玉音解義·天文章》，越南漢喃研究院抄本，藏書編號 AB.163。

② ［越南］阮文珊編撰：《大南國語·義例》，成泰己亥年（1899），文江多牛文山堂藏板。

20. 撒網類 21. 用器類 22. 文字部 23. 婚姻部 24. 報孝祭器

25. 喪禮部 26. 樂器部 27. 公器部 28. 兵器部 29. 法器部

30. 雜戲部 歌唱部

下卷

31. 羽蟲類 32. 毛蟲類 33. 鱗蟲類 34. 甲蟲類 35. 木類 36. 花類

37. 果類 38. 根藤類 39. 皮藤類 40. 南藥類

《解義》此漢喃字典收錄漢語詞條三千四百條。爲了讓辭書"走韻連聲"更加可讀易懂，編者主要以越南傳統六八體[①]韻文爲主進行説辭解義。如："天文畧呐朱哈，'洪鈞'丕哿高世重重。'金烏'密丕朗紅，'蟾輪'月朗連空漏漏。"[②] 此處引文中，第一句第六字"哈"與第二句第六字"世"押韻；第二句第八字"重"與第三局第六字"紅"押韻；第三句第六字"紅"與第四句第六字"空"押韻。其譯文爲："天文簡而言之，'洪鈞'指亙古的蒼天。'金烏'洒紅太陽，'蟾輪'洒天上皎皎月"[③]對於釋義較長的詞語或詞組，撰者也不拘一格以釋義爲主，而非拘泥於六八韻文解釋。例如，人倫部第三對"帝王"的釋義爲"連治工伐，正嵬天子，台丕治民"；對"皇儲"的釋義則是"太子極賢，聖繼神傳，祚唯婁車。"[④]有些簡易的漢字或漢語詞語則不用六八韻文解釋，而直接在漢語詞匯之後列出其義項。如："'月落'，'朘㕦'"，"朘"即現代越南語之"trăng"（意爲"月亮"）字，"㕦"假借字喃，與現代越南語"lặn"諧音，指日月的"没、下落"。此外，《解義》中幾乎每個類、部之後均有補遺詞彙，而這些補遺詞彙每每簡單羅列而已，并未有多少解釋或釋義。例如，南藥類第四十之後的補遺有："水將軍（核囊渃）、山將軍（核囊步）、景天草（核𣙩）、穀星草（五名）、慎火草、

───────────

① 六八體，現代越語稱爲"lục bát"。它是越南傳統詩歌韻文形式，所謂"六八"是指詩句以六字和八字的形式重複交替。 六八體的押韻方式是，第一句的第六個字，押韻於第二句的第六個字。然後第二句的第八個字，押韻於第三句的第六個字，其餘依此類推。中國有學者將這種以上句句末與下句句中字押韻的韻律稱爲"腰腳韻"。它是廣西壯族"嘹歌"的韻律方式。

② ［越南］佚名：《指南玉音解義·天文章》，越南漢喃研究院抄本，藏書編號 AB.163。

③ "洪鈞"指"天"，中國古詩曰："洪鈞陶萬類，大塊稟群生。"李善注："洪鈞，大鈞，謂天也；大塊，謂地也。"參見蕭統編，李善注：《文選》第二十四卷《答何劭二首》，上海古籍出版社 1986 年版，第 1133 頁；"金烏"是太陽的古代稱謂，中國古代神話中的神鳥，也稱陽烏、三足。唐代詩人韓愈曾有"金烏海底初飛來，朱輝散射青霞開"詩句。參見（清）彭定求等編撰：《全唐詩》卷三百三十八《李花贈張十一署》，北京：中華書局，1999 年，第 3797 頁；"蟾輪"喻圓月，唐朝詩人元稹詩曰："蟾輪何事色全微，賺得佳人出繡幃。"參見（清）彭定求等編撰《全唐詩》卷七百七十四《中秋夜不見月》，北京：中華書局 1999 年版，第 8862 頁。

④ ［越南］佚名：《指南玉音解義·人倫部第三》，越南漢喃研究院抄本，藏書編號 AB.163。

菩薩草、土牛、戴星草……"①之所以出現這種情況，有可能是香真法性在《指南品彙》基礎上進行編撰時，增添了新的内容；抑或爲後世抄錄者所添加，而流傳開來。

值得注意的是，在中國傳統的辭書中，對字的闡釋往往包括音、形、義三個方面。例如，《説文解字》對"□"的闡釋曰："□，回也。回，轉也。按圍繞，周圍，字當用此。圍行而□廢矣。象回帀之形。帀，周也。羽非切。十五部。凡□之屬皆從□。"②解決字音問題是中國古人編撰辭書的重要内容之一。由於當時尚無拼音字母，故中國古代辭書大多通過反切解釋字音。通觀《解義》，辭書中解義的大多爲詞語或詞組，而非單個漢喃文字。正因如此，對於辭書中需要注音之字，香真法性并未采用反切法注音，轉而以諧音字進行注音。例如，在衣冠部中，"袡袛，音分支，羅襖通身……紗衣，音沙，默沫襖純……，袶衣，音甲，襖甲鬥，移更曳"。③在某種程度上，諧音字注音也是古代漢文典籍中解決字音問題的一種手段，但往往用於生僻難讀，又難以用反切法注音之字。《解義》中不少以諧音字進行注音的字，其實不算生僻難讀，但香真法性仍對它們進行注音，或許是因爲在越南語中，漢語借詞往往可分爲兩三個歷史層次，它們的讀音不但差別很大，而且有時字義也有所差別。越南後黎朝大學者黎貴惇曾説："國語無正音，有其聲無其字，……只借聲音之相近者寫之耳，以正音讀之，則不合矣。"④越南學者將這種識讀法稱爲"歪讀法"（đọc chệch）。由此可見，字喃讀音缺乏標准化和統一，對編撰辭書的人來說，是一件極其頭疼之事。

二、《三千字解音》的編撰及其體例

如若説香真法性所撰《解義》是偏重於以字喃對漢語名詞/詞組進行釋義的話。那麽，顧名思義，《解音》則是側重於以字喃對三千個常用漢字的漢越讀音進行越化注音，讓初學者和幼童易知和掌握，迺至"登高行遠"。

（一）吳時任編撰《三千字解音》的初衷

《解音》又名《字學纂要》，編者爲越南歷史學家、詩人吳時任（1746—1803）⑤。吳氏迺越南歷史上之名人、宿儒，既工於詩文，又達於政事。此

---

① ［越南］佚名：《指南玉音解義·南藥類第四十·補遺》，越南漢喃研究院抄本，藏書編號 AB.163。

② （東漢）許慎撰，（清）段玉裁注：《説文解字注》，上海古籍出版社 1988 年版，第 276—277 頁。

③ ［越南］佚名：《指南玉音解義·衣冠部第九》，越南漢喃研究院抄本，藏書編號 AB.163。

④ ［越南］黎貴惇著，Nguyễn Khắc Thuần 校訂：《見聞小錄》卷一，Hà Nội：Nhà xuất bản Giáo dục，2008，tr24b.

⑤ 羅長山在其大作《越南傳統文化與民間文學》一書中認爲，《三千字解音》的作者是吳時仕，括弧中注明生卒時間却爲"1746—1803"。其實吳時仕乃吳時任之父，前者生卒時間爲：1726—1780，後者生卒時間爲：1746—1803。

書收錄三千個常用漢字，每個漢字的右邊用較小字體的字喃解音，基本上是一個漢字對應一個字喃讀音，但有些漢字無法與單個字喃對應，便以相應的字喃詞語注解。據羅長山的研究，此書收入吳時任的《金馬行餘》一書中，名爲《字學纂要》，其中有序文如下：

　　六書垂則，四海同文，二韻翻聲，五方異譯。固、塔、失、達、識，昔賢深辨於土音，而牛、鍬、昂、邦，北朝（指"中國"）不棄夫國語。我越文獻立國，文字與中華同，而設義解音則與中華異。姑舉一二，以類其餘。輕清者，"天"也。中華呼爲"天"，我國於"天"之下加"上"字。重濁者，"地"也。中華呼爲"地"，我國於"土"之旁加"旦"字。至於"車"、"麽"、"個"、"巨"、"草頭"、"竹頭"，千字一畫，隨寫增加。正如《皇極經世》所稱：開口、撮口者，南、朔自然之理。故我國字號難於中國。前正名公曾著《指南雙字》，因或翻義，概未足以盡天地事物之理。餘早事翰墨，今官華簪，有意義所不足者，……旁搜廣采，得其梗概者，拾集而珍藏之，音注爲義，義聯爲韻，韻分爲對，概得三千字。諺曰：《字學纂要》，書成，付之其厥。或曰：聖之造書，三萬九千餘字，公乃三千焉，得無狹道一之傳也？曰：道不在遠，遠不在道。雖曰萬疇，理一而已。蝌蚪、蟲魚、飛白、舞（？）劍，平、上、去、入，散爲西域、東洋。偏旁點劃，文與時增，詰屈聱牙，義因音異。而天地之所以爲天地，萬物之所以爲萬物，五經四傳，諸子百家，傳經載道，意被後人，曾有幾字幾義，出吾儒耳目齒牙之外哉！故水、火常見也，澧泉、夜光不能奪其成功；粟、布常有也，火浣、熊掌無能爭於日用。餘之爲三千字，其音常，其義約，非於其所不常用者，不曾泛及。誠以林枝海勺，未涉於字典韻匯之翻，而隱現之理，細大之事，品皆鄙夫、鄙婦之所易知，亦可爲課童活套，庶有助於吾徒之登高行遠者，非敢取聖賢文字，尋而仗之，爲私家自說也。博文君子，幸諒其心焉！①

這或許是羅氏疏忽所致。越南學者對《三千字解音》的作者已做過詳細考證，確系出自吳時任之手，而非其父所撰。參見［越］Hoàng Hồng Cẩm. Về cuốn Tam thiên tự do Ngô Thì Nhậm soạn, Tạp Chí Hán Nôm, Số.1, 2007.

　　① 轉引自羅長山《越南傳統文化與民間文學》，雲南民族出版社 2004 年版，第 290—291 頁。

《三千字解音》首頁　　　　　　　　　《三千字解音》第二頁

　　從上述序文看，吳氏認爲，中越兩國同用漢字，屬同文之國，但在設義解音方面則相去甚遠。例如，漢字"天"，讀音爲"tiān"，字喃寫作"𡗶"，讀音爲"trời"；漢字"地"，讀音爲"dì"，字喃寫作"坦"（漢字讀音爲"tǎn"），讀音爲"đất"。可見漢字與字喃，它們非但字形相異，而且解音（讀音）更有天壤之別。之所以出現如此複雜的情況，是因爲漢字經過幾千年的發展，已經形成非常完整的形、音、義三位一體的文字符號系統。字喃是在漢字的基礎上，結合越南語音的固有特點，大體采用漢字六書造字法中的會意、假借和形聲三種方法進行造字。會意字重於表意，弱於表音。字喃的會意字與漢字的會意字不管是在字形，還是讀音均有天壤之別。字喃中的假借漢字，也可大致分爲四種類型。第一種是完全借用漢字的形和意，但其讀音則保留了古漢語的若干特點。第二類是借用漢字的字形、意義和詞語來記錄漢越語。第三類是借用漢字來表達讀音相同或相似，但意義不同的越語固有詞語。第四類是假借漢字的形、義，讀音與漢字基本無關，轉而以越語識讀。由此，便可理解吳氏在序文中舉出上述例子的原因。

　　此外，有些越南固有詞語無法用漢字漢語表達，故必須借助自造字喃，并根據需要"隨寫增加"諸如"車""麼""個""巨""草頭""竹頭"等偏旁部首，以示造字之類別和讀音須注意之處。這指出了字喃的欠規範性和人們造字和書寫時的巨大隨意性。這也是吳氏感慨"我國字號難於中國"的重要原因。吳氏所選三千字的標准是，"其音常，其義約，非於其所不常用者，不曾泛及"。在這方面，體現了吳氏編撰《解音》時，體裁和格式方面借鑒了中國《千字文》、《二千字文》和《三千字文》編撰形式，但内容保持了自己的特色。

　　（二）《三千字解音》的編撰特點

　　但值得注意的是，以《千字文》爲代表的中國古代啓蒙訓學書籍涵蓋了自然、歷史、人倫、處事和修養等諸多方面的内容，前後有序，結構嚴謹，循序漸進。《解音》側重於解音，兼而釋義。吳氏僅選取三千個常用漢字，并用字喃加以逐個解音釋義，排版方式爲一個大字體的漢字在左，右邊以小字體的字喃解音釋義，漢字及其相應字喃配成一對，每句兩對，且句與句之間押腰脚韻。如："天丕地坦，舉拮存群。子昆孫招，六耉三巴。家茄國渃，前𦝄後𣈔。"這三句話如用拉丁越南語注音，其文句爲"Thiên trời địa đất, cử cất tồn còn. Tử con tôn cháu, lục sáu tam ba. Gia nhà quốc nước, tiền trước hậu sau." 通過拼音文字，人們很容易看出第一句第三字"坦"（đất）與第二句第二字"拮"（cất）；第三句第四字"招"與第四句第二字"耉"（sáu）；第四句第四字"巴"（ba）與第五句第二字"茄"（nhà）；第五句第四字"渃"（nước）與第六句第二字"𦝄"（trước）分別相押韻。

　　這種押腰脚韻的編撰特點，正好體現了吳氏在《解音》序文中"音注爲義，義聯爲韻，韻分爲對"的指導思想。由此觀之，這種押韻方式使得越南人在學習漢字和字喃的時候變得易學、易懂、易記，不失爲學字和聲律啓蒙的好教材。

三、《聖製字學解義歌》的編撰及其意義

　　《嗣德聖製字學解義歌》又名《聖製字學》、《字學解義歌》，爲阮朝嗣德帝所編撰，由阮朝史館修書所黃有秤、吳惠連等編輯，經史館總裁張光憻、充副總裁阮述和禮部尚書閔合删訂而成。此書雖是嗣德所編撰，但却是在嗣德駕崩後，於成泰九年（1897）才刊行。

　　（一）《聖製字學解義歌》的內容及體例

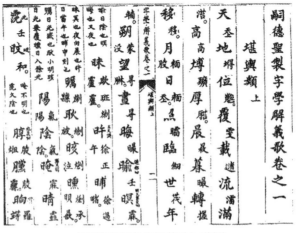

《嗣德聖製字學解義歌》截圖

此書收錄的漢、喃生字範疇，有以下篇幅：堪輿（兩卷）、人事（三卷）、政化（兩卷）、器用（兩卷）、草木（兩卷）、禽獸（一卷）、蟲魚（一卷），凡十三卷。每卷下有若干目，頁面分爲五列。字典內容主要以越南傳統"六八詩體"形式進行編排，間有"七八詩體"或"六九詩體"等不規則形式作爲補充，把漢喃單字（不包括注釋文字）排成六字句及八字句相承的句子，句中押腰脚韻，每句以小圈表示句讀。內文所采用的字體，有"大"、"中"、"小"、"細"四種。大者爲漢字，"中"者爲解義漢字之字喃，如有音義較生疏的漢字，則在其傍用細字注音；如若在"六八句"以下又有生疏漢字或涉及典故者，則用小的漢字或字喃對其進行解釋。例如："天坯地塤位𡘜。覆雺載遾流湄滿㵢。高高博穮厚𪴋。晨穀暮曉轉搓移移。月稛腠日稛𡗶。照瞳臨細世𡤔年輔。朔蒙没望导㵢。晝导晦曉喻（通都切）壬暝（明，又莫定切）霖。（喻日陰也，暝晦也，又夜也。）"①按照"六八詩體"的押韻方式，上述引文中，"𡘜"（ngôi）字與"湄"（trôi）；"㵢"（đầy）字與"𪴋"（dày）字；"移"（dời）字與"𡗶"（trời）；"𡗶"（trời）字與"𡤔"（đời）；"輔"（năm）字與"㵢"（rằm）字；"㵢"（rằm）字與"壬"（nhằm）字分別押韻。

（二）《聖製字學解義歌》的獨特之處

嗣德帝不但聰明睿智、博學多才，而且工於詩文。他在位期間，在法國殖民勢力的衝擊下，國力日漸式微。但在文化領域，他却多有建樹。與前人的漢喃辭書相比，嗣德帝編撰的《聖製字學》有如下兩個獨特之處。

第一是，涉獵的內容比較廣泛，注釋較爲翔實。據成泰八年八月二十三日（西曆 1896 年 9 月 30 日）阮朝禮部奏摺，此書內容廣泛，對於各範疇，都收錄了相關的喃字，并作出解釋，"上自人事、政化、堪輿之大，下至器用、草木、禽蟲之微，無不備載注釋，詳明其於致格之學，誠非小補。"②

第二是，自字喃誕生以來，人們造字、用字和書寫均各憑所好，導致字喃的規範性極差，官方亦無從規定或推行字喃的標準。此書是阮朝晚期官方的漢喃字典，首次涉及了字喃的規範用字問題，文內注音應爲當時越南學界的標準字體及其讀音，很大程度上反映了 19 世紀越南通用標準字喃的情况，爲字喃字形的統一製定了初步的標準。如："字學諸仰望詞語解義有寫爲'𥆾'，有寫爲'𥅴'，兹均寫爲'𥅴'；曲撓詞語解義有寫爲杇，有寫爲'弲'；'炤'字解義有寫爲'曈'，有寫爲'爛'，兹均寫爲'爛'；'甚'

---

① ［越南］嗣德編撰：《嗣德聖製字學解義歌》卷一《堪輿類上》，成泰九年（1897 年）印本。

② ［越南］嗣德編撰：《嗣德聖製字學解義歌》，成泰九年（1897 年）印本。

字解義有寫爲‘膨’，有寫爲‘㢱’，兹均寫爲‘㢱’。"①字喃規範措施的出
臺，表明 19 世紀字喃已經發展到了一個更爲成熟的階段，也表明它仍然有
更大的發展空間，但是法國殖民者的入侵，扼殺了這一進程。

　　鑒於《嗣德聖製字學解義歌》在漢喃字典中的重要作用和價值，陳荆
和曾將其翻譯成爲越南國語字，并對其進行校勘，并於 1971 年通過香港中
文大學出版了《嗣德聖製字學解義歌譯注》一書。

四、《大南國語》的編撰及其體例

　　《國語》是越南 19 世紀又一部重要的漢喃字典，編者阮文珊，字海珠
子，號文多居士。成泰己亥年（1899），此書由文山堂刊印問世。

　　（一）阮文珊編撰《大南國語》的初衷

　　《國語》卷首有序文一篇，其中作者談及不以字喃對漢字注音會導致困
惑。他列舉自己的親歷之事："餘昔觀人改厝，見便房堅固，其中有宁蜘四
五尾，不知所以。及觀醫書，有謂人之手甲化爲黃顙魚。問之良醫黃顙是
何魚？皆不知。考之本草，注黃顙爲宁蜘。夫中國一國也，而有楚人齊語，
况我國與北國（指中國）言語不通，非南譯北音，萬物何由而詳？"②可
見，古時中越雖爲同文之國，但由於語言上的諸多差異，導致很多名物或
概念表述存在很大的差別。因此，作者編撰此書的目的是"南譯北音"以
詳萬物。序文之後爲"義例"，其中論及了對字喃産生的一些看法。其文曰：
"列國言語不同，一國有一國語。我國自士王譯以北音，期間百物猶未詳識，
如雎鳩不知何鳥，羊桃不知何木，此類甚多。是書注以國音，庶得備考，
或有易知者，亦不必注。"③由此可見，阮文珊也與越南眾多文墨之士一樣，
對中越兩國語言和文字差異所造成的困惑懷有同感。他編撰《國語》一書
的初衷與吳時任編撰《解義》的初衷并無二致。

　　（二）《大南國語》的内容

　　《國語》"義例"之後爲目次，共五十門類如下：

1. 天文門 2. 地理門 3. 人倫門 4. 身體門 5. 身體（舉動門） 6. 宮室門

7. 婚姻門 8. 耕農門 9. 蠶桑門 10. 菽粟門 11. 飲食門 12. 餅餌門

13. 女妝門 14. 織絍門 15. 彩色門 16. 衣冠（服用門） 17. 錦繡門

18. 衣服門 19. 火用門 20. 器用門 21. 撒綱門 22. 舟船門

23. 鑄冶（工用門） 24. 法器門 25. 公器門 26. 作用門 27. 文事門

---

① ［越南］嗣德編撰：《嗣德聖製字學解義歌》，成泰九年（1897）印本。

② ［越南］阮文珊編撰：《大南國語・序》，成泰己亥年（1899），文江多牛文山堂藏板。

③ ［越南］阮文珊編撰：《大南國語・序》，成泰己亥年（1899），文江多牛文山堂藏板。

28. 兵器門 29. 珍寶門 30. 衆香門 31. 雜技門 32. 人品門 33. 酬應門
34. 疾病門 35. 喪祭門 36. 喪禮門 37. 俗語門 38. 百花門 39. 百果門
40. 蔬菜門 41. 百草門 42. 百木門 43. 羽蟲門 44. 毛蟲門 45. 鱗蟲門
46. 甲蟲門 47. 蟲豸門 48. 水部 49. 土部 50. 金部

與上述其他幾本漢喃字典不同的是，此書未按傳統腰腳韻格式進行編
排，僅在漢字下釋義和解音，易懂之漢字甚至不做任何釋義和解音；對於
一些詞語，作者還對其進行説明或闡述己見；有時還援引中國典籍進行釋
義。從版面編排看，此書每頁分八列，文中漢字爲大字體，釋義解音用之
字喃或漢字字體較小。爲加强對此書的了解，筆者謹節錄若干内容如下：

天文門第一：天至。昊天上帝，德昊天上帝主宰天界。大冶。洪鈞。轂
運。弓張。碧漢。青穹。蒼天，春。昊天，夏。旻天，秋。上天，冬。
皞天，東方九天以下。陽天，東南方。赤天，南方。朱天，西方，南。
成天，西方。幽天，北方，西。玄天，北方。……露霖，立秋涼風行，
白露降，萬物始實露以潤草木，露從地出，和氣津液之所凝也；花上露
最香美，栢上露能明目，荷葉露釀酒最佳；露氣濃甘者爲甘露，一名榮
露；甘露者仁澤也，其凝如脂，其美如飴，王者施德惠則甘露降。①

從上述引文看，阮文珊編撰《國語》所涵蓋的内容與香真法性所撰之
《解義》有相似之處。他們都試圖對辭書中所收錄的漢文詞彙進行越化釋讀
和釋義，以達到釋疑解惑的目的。在對漢字詞語、詞組進行釋義過程中，
也體現了撰者的個人見解和文風。

除了上述幾部重要的漢喃字典外，還有范廷琥的《日用常談》、無名氏
的《難字解音》、杜輝琬的《字學求精歌》等漢喃字學書籍也是較爲重要的
漢喃字典。限於篇幅，本文不便一一述及。

五、結語

衆所周知，辭書是字典、詞典、辭典的統稱。傳統的漢字字典是主要
用來解釋漢字的形、音、義的工具書，而詞典和辭典是主要用來解釋詞語
的意義、概念、用法的工具書。從這點看，越南古代漢喃辭書應屬於辭典
或詞典的範疇，而不具備字典的基本特征。由於缺乏文字學性質的字典，
字喃始終存在無法規範化和標准化的問題。這一問題反過來又成爲古代越
南學者編撰真正具有文字學性質的字喃字典難以逾越的鴻溝。

越南古代辭書的問世，在一定程度上反應了字喃的發展趨勢和使用特
點，爲人們學習漢字和研讀中國典籍提供了便利條件，也在客觀上促進了

---

① ［越南］阮文珊編撰：《大南國語・天文門》，成泰己亥年（1899），文江多牛文山堂藏板。

漢字和中華文化在越南的傳播和發展，以及中越兩個民族間的文化交流。中國明朝編撰的《安南譯語》是《華夷譯語》的系列辭書之一，更是中國史上第一本越南語教科書。雖難以考證《安南譯語》的編者，但揆諸體例與内容，《安南譯語》與越南古代辭書有諸多相似和相同之處。由此可合理推斷，《安南譯語》實乃明朝統治交趾時期[①]，漢越兩族官員、學者合力之作。這正是兩個文化交流在辭書領域的重要體現。

越南古代漢喃辭書的編撰，不但體現了古代越南人學習漢字和中國典籍的需求，而且反應了越南人對漢字的認識、理解和思維方式。越南古代漢喃辭書不僅數量較少，内容簡單，且體例稍顯凌亂，無法與中國歷代辭書同日而語，但它們對古代越南推動漢字、字喃學習，以及文教事業的發展發揮了不可低估的作用。有些條目用字喃對漢字的釋義、解音還相當准確，一些被人們淡忘了的漢喃古音、古義也保存了下來。這對越南語言文字和辭典等領域的研究提供了一定的參考依據。

值得注意的是，漢喃辭書的編排體式與中國古代辭書和字典有很大的差異。這主要體現在它們大多以韻文體編排，使之便於誦讀和記憶。這點説明，越南古代漢喃辭書既充分體現了越南本土腰脚韻的韻律特色，又繼承了中國古代辭書的若干特點，而且還融入了中國古代聲律啟蒙讀物的押韻要素。

參考文獻

［1］［越］佚名：《指南玉音解義》，越南漢喃研究院抄本，藏書編號AB.163。

［2］［越］阮文珊編撰：《大南國語》，成泰己亥年（1899），文江多牛文山堂藏板。

［3］李善注：《文選》，上海古籍出版社 1986 年版。

［4］（清）彭定求等：《全唐詩》，中華書局 1999 年版。

［5］（清）段玉裁：《説文解字注》，上海古籍出版社 1988 年版。

［6］［越］黎貴惇著，Nguyễn Khắc Thuần 校訂：《見聞小錄》，Hà Nội：NXB Giáo Dục，2008 年，tr24b.

［7］羅長山：《越南傳統文化與民間文學》，雲南民族出版社 2004 年版。

［8］［越］Hoàng Hồng Cẩm. Về cuốn Tam thiên tự do Ngô Thì Nhậm soạn,

---

① 筆者按：1407—1427 年，明朝在交趾設置三司進行統治。中國學界一般將這段歷史稱爲"安南屬明時期"或"交趾屬明時期"。在歷史分期起止方面，越南學界有不同的看法，但一般將該歷史時期稱爲"屬明紀"、"屬明時期"或"第四次北屬時期"。

Tạp Chí Hán Nôm，Số.1，2007 年。

　　［9］［越］嗣德編撰：《嗣德聖製字學解義歌》，成泰九年（1897 年）印本。

　　［10］陳荆和：《〈嗣德聖製字學解義歌〉譯注》，香港中文大學出版社 1971 年版。

　　［11］林明華：《越南文字淺談》，《現代外語》1983 年第 3 期。

　　［12］施維國：《字喃與越南文化》，碩士學位論文，鄭州大學，1990 年。

　　［13］［越］花玉山：《漢越音與字喃研究》，博士學位論文，南京師範大學，2005 年。

　　［14］梁茂華：《越南文字發展史研究》，博士學位論文，鄭州大學，2014 年。

《嗣德聖製字學解義歌》版本及文字等問題研究

〔越南〕丁克順 越南漢喃研究院

一、《嗣德聖製字學解義歌》的作者和作品的概述

（一）作者

嗣德帝，即阮翼宗，諱阮福時，紹治帝的次子，是越南阮朝第四任皇帝，廟號翼宗。於 1847 年，嗣德帝 18 歲即位，强化了對天主教的鎮壓政策，拒絕與法國拿破侖三世的來使交涉。從 1859 年起，法國以保護傳教士和天主教徒的名義，入侵并占領西貢、邊和、巴地、永隆。1862 年越法簽訂壬戌條約（第一次西貢條約），越南割讓邊和、嘉定、定祥三省及崑崙島，賠款 2 千萬，允許天主教傳播。法國控製越南南部。

就在越南瀕臨亡國危機之時，曾經游歷西方國家的阮長祚於 1866 年向嗣德帝上書，建議開放門戶、在外交上走親西方路綫并且進行一繫列内政、軍事、教育體製的改革。嗣德帝徵詢群臣的意見，遭到群臣的一致反對，因此最終没有采納阮長祚的意見。

1873 年，法國攻入河内，嗣德帝邀請劉永福的黑旗軍對抗法國。1882 年，因貿易糾紛法國再次入侵北圻。清朝出兵干涉，導致了次年中法戰爭爆發。就在戰爭發生期間，嗣德帝於 1883 年 7 月 17 日駕崩。

嗣德帝衣著簡樸，侍母至孝。他是一位勤政之君，許多奏摺中批閲之文甚至比奏摺原文還長。嗣德帝極爲重視儒學，在位期間，在科舉考試中增開雅士科和吉士科，選拔有文采的人出來做官①。嗣德帝又開設集賢院和開經筵，親自與大臣研討典籍、作詩詞或討論國事。《欽定越史通鑑綱目》也是他在位期間編纂完成的。

嗣德帝也是阮朝時期最爲博學的一位皇帝。他書法工整，生性好學，常讀書至深夜。嗣德帝編有三本詩集，還親自把漢文典籍譯作喃字刊行，如《論語演歌》、《嗣德聖製字學解義歌》等。嗣德帝一生著有 4000 篇漢字

---

① 陳仲金著：《越南史略》，戴可來譯，商務印書館 1992 年版，第 348—393 頁。

文章、100 篇喃字文章以及 600 篇詩文[1]。其中《嗣德聖製字學解義歌》是一部教學用途的漢喃字典，也是嗣德帝重要的著作之一。

（二）《嗣德聖製字學解義歌》的作品：版本和内容

《嗣德聖製字學解義歌》編成於嗣德年間，適值法國入侵，所以無暇付梓。到成泰八年（1896 年），阮氏朝廷整理修書國史館，終於成泰十年（1898 年）刻印頒行，由國史館修書所黄有秤、吴惠連鑒定刊刻。

《嗣德聖製字學解義歌》是一部辭書，采用了越南傳統民間詩體："六八體"，既是一部官方的漢越辭典，也包含大衆化學問，也可以説是 19 世紀上流階層的標准俗字，同時是喃字形象統一的標准辭典。

《嗣德聖製字學解義歌》於 1898 年刻印後先收藏在順化，1954 年改存在國家圖書館（越南中部，大叻分支）的書庫，二十年後，該書新版刊行。學者陳荆和將本書譯成越南國語字，并將書中的誤字或音註之誤刻加以修訂并附上"音註校勘記"，以及原書的書影，由香港中文大學於 1971 年出版。

1971 年在西貢的方守阮有奎將這本書出版後，該書在越南廣泛傳播。2004 年，順化出版社將該書重新編排再版刊行，由張廷信和黎貴牛註音，全書共 914 頁[2]。

漢喃研究院書庫有印本九種十三卷，其中七種爲成泰九年（1897）印本，600 頁，高 28 釐米，寬 18 釐米；另兩種爲成泰十年（1898）印本，另巴黎存一種印本，題《字學解義歌》。書庫號碼：VHv.626/1-4；VHv.627/1-4；VHv.628/1-4；VHv.629/1-4；VHv.630/1-4；VHv.631/1-4；VHv.363/1-4：成泰九年（1897）．AB.5/1-2；AB.311：成泰十年（1898）[3]。

此書是解釋漢字字義的漢喃對照詞典，各字頭與對照字組織爲六八歌體，有以下篇幅：

卷之一　堪輿類上　卷之二　堪輿類下　卷之三　人事類上
卷之四　人事類中　卷之五　人事類下　卷之六　政化類上
卷之七　政化類下　卷之八　器用類上　卷之九　器用類下
卷之十　草木類上　卷之十一　草木類下　卷之十二　禽獸類
卷之十三　蟲魚類

共七類十三卷。本書前面有禮部和國史館的奏片。

---

① Le Thai Dung 黎泰勇，Gio trang su Viet Nam 打開越南曆史，Nxb. Đai hoc quoc gia Ha Noi 國家出版社 2008 年版，第 140 頁。

② 《嗣德聖製字學解義歌》，順化出版社 2004 版。

③ Di san Han Nom thu muc de yeu（漢喃遺産書目提要），Nxb. Khoa hoc xa hoi，社會科學出版社 1998 年版。

　　本書內容解釋字義內容廣泛，對於各種範疇，都收錄了相關的喃字，并作出了解釋，"上自人事、政化、堪輿之大，下至器用、草木、禽蟲之微，無不備載註釋，詳明其於致格之學，誠非小補"。

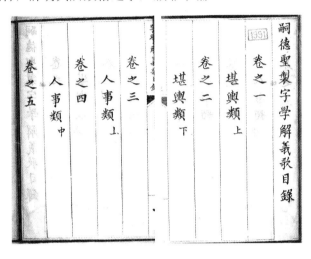

二、《嗣德聖製字學解義歌》的文字研究

（一）字匯的排列

　　每一頁分五行（惟首頁隻有三行），竪排版，每行有三到七個漢字。字形有"大""中""小""細"四種。"中"字爲喃字，其餘三種均爲漢文。具體是：上面以大字表示一個漢字，下面以比較小的喃字解釋，比如：

　　　　蕚胡化切內西嶽於蓬州梁，岱泰山也東岳也西嶽爲蕚山在禹貢梁縣。

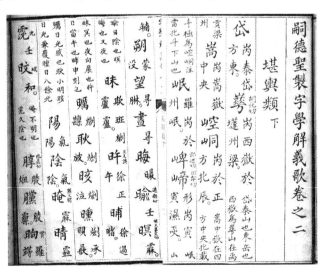

關於一些通用的漢字不會用喃字註釋，而直接註釋該漢字，如"臺臺、閣閣、亭亭/院院、府府、城城、樓樓"。

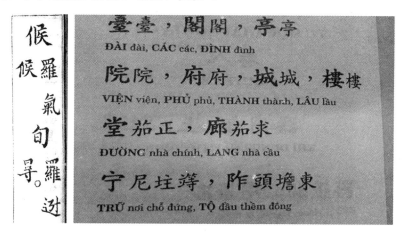

但常用"A 羅（是）B"的方式如"候羅（是）氣候"。

《嗣德聖製字學解義歌》與《康熙字典》的解釋比較

序	漢字	漢越音	喃字	喃音	《康熙字典》的解釋
1	母	Mẫu	媄	mẹ	母目也言育養子
2	神	Thần	神	thần	天神引出萬物者也
3	心	Tâm	心	tâm	人心土藏在身也
4	說	Thuyết	吶	nói	說釋也
5	悅	Duyệt	盃	vui	樂也
6	疑	Nghi	疑	nghi	惑也
7	憚	Đạn	愽	sợ	忌難也
8	想	Tưởng	伽	nhớ	翼思也
9	人	Nhân	𠊚	người	人者
10	我	Ngã	躺	mình	施身自謂也
11	祖	Tổ	祖	tổ	父之父也
12	伯	Bá	博	bác	長也
13	考	Khảo	偌	già	老也
14	姓	Tính	戶	họ	人所生也
15	仁	Nhân	仁	nhân	忍也
16	倫	Luân	倫	luân	倫常也

續表

序	漢字	漢越音	喃字	喃音	《康熙字典》的解釋
17	親	Thân	親	thân	愛也
18	孝	Hiếu	孝	hiếu	義也
19	謹	Cẩn	慎	thận	慎也
20	慎	Thận	謹慎	cẩn thận	謹也
21	睦	Mục	和睦	hòa mục	親也
22	儒	Nho	𠊚𠰢學	người đi học	通天地人曰儒
23	仕	Sĩ	官	quan	仕宦
24	敬	Kính	敬重	kính trọng	恭也
25	廉	Liêm	勤儉	cần kiệm	儉也
26	君	Quân	希	vua	尊也
27	聖	Thánh	聖	thánh	聖人作而萬物睹
28	臣	Thần	皮碎	bề tôi	事人之者纏也
29	賢	Hiền	賢	hiền	多才也
30	名	Danh	𡢐	tên	自命也
31	舜	Thuấn	希舜	vua Thuấn	草也虞舜者名曰重華
32	禹	Vũ	希禹	vua Vũ	夏王號
33	湯	Thang	希湯	vua Thang	熱水也
34	虞	Ngu	茄虞	nhà Ngu	騶虞也
35	庸	Dung	用	dùng	用也
36	德	Đức	行	hạnh	德行也
37	和	Hòa	和順	hòa thuận	穀也和睦也
38	教	Giáo	吥	dạy	效也
39	勸	Khuyến	勸	khuyên	勉也
40	訓	Huấn	教	giáo	説教也
41	學	Học	羅𠊚學	là người học	覺悟也

　　此外，生疏的漢字常注讀音（在其右邊或下面以細字註音，排列在喃字解釋之前），下面用喃字解釋。其中，大部分是不常用的漢字。

　　漢字註音方式爲：用一個音比較接近讀音的漢字註音，如涷音東，霓倪又詣等。若要註音的漢字與用來註音的漢字有區別，會加註聲調。此外用反切方式註音，如：颭占琰切。

　　喃字的結構方式，按照傳統方式第一利用漢字，第二創造新字。比如：高、城字等，但有的隻用音而不用義，如：没、別字等。新喃字也按照傳統方式，如：音和音（巴+夌），枯（木+古）義和義，如：trùm（人+上）。

　　喃字的造字方式有一定原則，但都是由個人隨便創造和使用的，所以不少喃字的寫法不完全統一并有點麻煩。但在《嗣德聖製字學解義歌》的喃字得到皇帝和朝廷使用，成爲官方喃字，也成爲官方的標准漢越辭典。

Dat：土 + 旦：dan（dan）：1 次
土 + 得 墿 ：de（dac）：160 次

（二）學術價值

　　如同《一千字》和《五千字》這兩本書，《嗣德聖製字學解義歌》一書的字匯由嗣德選，并采用了"六八體"（包括用漢越音念的漢字和喃字的批註排列在一起）。

嗣德聖製字學解義歌卷之一

堪輿類上

天斜地埒位魋覆雯載遄流濡滿
潜高高博礦厚駱晨晨暮暖轉握
移移月秮朘日秮斜炤曘臨細世莐年

天斜，地埒，位魋
THIÊN trời, ĐỊA đất, VỊ ngôi

覆雯，載遄，流濡，滿溚
PHÚC[2] che, TẢI[3] chở, LƯU trôi, MÃN đầy

高高，博礦，厚駱
CAO cao, BÁC rộng, HẬU dày

晨晨，暮暖，轉搓，移移
THẦN mai, MỘ tối, CHUYỂN xây, DI dời

月秮朘，日秮斜
NGUYỆT mặt trăng, NHẬT mặt trời

炤曘，臨細，世莐，年觧
CHIẾU soi, LÂM tối, THẾ đời, NIÊN năm

朔蒙沒，望㫕脌
SÓC mồng một, VỌNG ngày rằm

晝㫕，晦暖，喻壬，暝霳
TRÚ ngày, HỐI tối, THÔ nhâm[4], MINH mờ

昧欺班燨靈靈
MUỘI khi ban sáng lờ lò

　　六八體押韻之方法是六字句之末字（ngôi）與八字句的第六字（trôi）押韻，八字句之末字（đầy）再與下面六字句之末字（dầy）押韻，接着六字句之末字（dầy）又與八字句的第六字（xây）押韻。下面六字句之末字（trời）

又與八字句的第六字（đời）押韻，等等。

六八體詩律規定隻用平聲，不用仄聲。同時，若八字句的第六字（trôi）是平聲（越南語：thanh ngang），那第八字（đầy）是玄聲（越南語：thanh huyền）。不過，書中有一些句子沒有依据平仄。

六八體詩是越南傳統詩體，所以容易創作長篇敘事詩，如阮攸的《金雲翹傳》，或《一千字》《五千字》等辭典。

本書最明顯的特點是用很多形容詞和副詞來定義名詞和動詞，對學習漢字的人很有幫助。因爲是六八體的編撰，一些字匯不僅需要相同意義的字匯，還需要更多的詞匯來解釋，這樣可協助讀者迅速了解漢越字，并符合越南古代的學習方法。

据成泰八年（1896）阮朝禮部奏片的簡介，本書内容解釋字義内容廣泛，對於各種範疇，都收錄了相關的喃字，并作出了解釋，"上自人事、政化、堪輿之大，下至器用、草木、禽蟲之微，無不備載註釋，詳明其於致格之學，誠非小補"。

《嗣德聖製字學解義歌》是阮朝晚期官方的標准漢越字典，當中的注音爲當時越南學界的標准音。并且自李朝以來，喃字是隨各人喜好自製使用，此書則可認爲是 19 世紀越南上流社會的通用標准俗字，爲喃字字形的統一提供了一個較標准的榜樣。另外，《嗣德聖製字學解義歌》也是古代辭書種類之一，跟中國經典釋文相近。但舊辭書註釋詞義往往以一字釋一義，含混籠統。而越南的《嗣德聖製字學解義歌》，不盡注音釋義而且用押韻之方法編成詩歌，使得这类辭書更豐富多彩。

參考文獻

［1］陳荊和：《〈嗣德聖製字學解義歌〉譯註》，香港中文大學 1971 年版。

［2］《嗣德聖製字學解義歌》，順化出版社 2004 年版。

［3］陳仲金著：《越南史略》，戴可來譯，商務印書館 1992 年版。

［4］Le Thai Dung 黎泰勇，Gio trang su Viet Nam：《打開越南歷史》，Nxb. Đai hoc quoc gia Ha Noi，國家出版社 2008 年版。

［5］阮國慶：《了解一下在〈嗣德聖製字學解義歌〉的喃字》，《漢喃雜志》2007 年第 3 期。

［6］陳炳迢：《辭書概要》，福建人民出版社 1985 年版。

［7］黄建毕：《詞典論》，上海辭書出版社 2001 年版。

［8］Di san Han Nom thu muc de yeu：《越南漢喃遺産書目提要》，Nxb. Khoa hoc xa hoi，社會科學出版社 1998 年版。

從詞典論看越南中代辭書

——以《大南國語》《日用常談》《南方名物備考》爲中心

［越南］呂明姮　越南漢喃研究院

一、前言

與漢字漢文化接觸過程中，越南人已編輯不少字典，詞典等工具書。國內學者如何認識此類工具書？何爲詞典和百科辭典？它構造如何？本論文從中國詞典論觀察，認定并指出越南辭典之特征。

（一）各工具書類別概念

工具書爲查字（形、音、意）詞（用法、內容等）語之總稱類書。

1. 百科全書和其他工具書

劉伯根於《百科全書的特征與類型，兼與其他類辭書比較》已指出它所收錄的對象和特征[①]：百科全書是以知識主題爲收錄對象，概述人類全部知識或某一方面知識的工具書。因此，百科全書帶有工具書的基本屬性，其餘爲百科全書之特征。具體有：

第一屬性：工具書的基本屬性，即（1）查考性：主要爲解釋疑惑或考察[②]；（2）檢索性：通過檢索渠道來考察知識。每種工具書皆選舉一種特定的安排方式并明確說明檢索方式的具體用法；（3）周密性；（4）簡明性；（5）客觀性；（6）連續性[③]。

第二屬性：個性特征，即它以知識主題爲收錄對象。此爲百科全書區別於其他工具書（如字典和詞典等類）之標志。關於此特征，劉伯根已把

[①] 劉伯根：《百科全書的特征與類型，兼與其他類辭書比較》，載中國辭書學會學術委員會編《中國辭書論集》，上海辭書出版社 2000 年版，第 182 頁。

[②] 而不是爲了系統地學習知識或閱讀（據劉伯根）。

[③] 雖皆有周密性，簡明性，客觀性和連續性；但百科全書與其他工具書不同：連續屬性程度增加。

百科全書與其他工具書辨別①：

　　這是百科全書區別於其他工具書，特別是與它關係比較密切的字典和詞典的主要標志。字典以字爲收錄對象，詞典以詞爲收錄對象。按所收錄的“詞”的性質，詞典可劃分成不同的類別。

　　第三屬性體現於：（1）它所概述的是人類全部知識或某一方面的全部知識，給讀者帶來全面認識。（2）有較其他工具書更完備的檢查功能，通常同時提供幾種乃至十幾種檢查方式。通過完備的檢查功能，多渠道，多側面地向讀者推介知識。

　　第四屬性：百科全書以所收錄的知識、規模、對象等標准分類。如按收錄範圍分爲三種類型：（1）概述人類全部知識，稱爲綜合百科全書；（2）概述某一方面全部知識，兩分爲專業百科全書和地區百科全書②。

　　以上所引可辨別百科全書與字典和詞典。中國學者已統一指出字典和詞典之分別③。但詞典内部含有多少小類？學者還没統一指出。

　　（二）詞典，辭典，百科辭典

　　黄建華④認定：古今各部詞典皆給【詞典】這個詞兒下過定義⑤。詞典特有屬性在於“詞典是【--】工具書”“詞典是【--】彙集”。但【--】之處究竟包含什麼成分？可能是：1. 匯集詞語。2. 按單個條目分別處理。3. 提供一定數量之信息。4. 按一定方式排列⑥。

　　詞典和辭典如何辨別？很多學者認爲詞典即辭典。也有學者主張詞典即語文詞典（以詞爲收錄單位）。其餘，以詞組，成語，習語，定型化句子，術語，專名爲收錄單位的語文工具書和專業工具書統爲辭典⑦。

---

　　① 劉伯根：《百科全書的特征與類型，兼與其他類辭書比較》，載中國辭書學會學術委員會編《中國辭書論集》，上海辭書出版社 2000 年版，第 182 頁。

　　② 劉伯根：2000 年，據内容，所記載之多少（規模大小）和對象（讀者爲高級成人，普通成人，青少年或兒童）仔細分類百科全書。

　　③ 在於收錄對象爲字或詞。參考章小麗《日本辭書對清末中國的影響》，碩士學位論文，浙江大學，2007 年，第 45—46 頁；劉伯根：2000 年，第 183—184 頁（以上所引）。

　　④ 黄建華：《詞典論》，上海辭書出版社 2001 年版，第 2 頁。

　　⑤ 《辭海》《新牛津詞典》和《法語寶庫》之定義（所引黄建華：2001 年）。

　　⑥ 據黄建華：2001 年，（以上所引），第 2 頁。

　　⑦ 所從劉伯根（2000 年，以上所引）。劉伯根已辨別：把詞典稱爲 dictionary，辭典稱爲 lexicon。辭典有百科辭典和專科辭典。

這樣，詞典和辭典可以辨別在他所記載之内容[①]。辭典之内分別有語文辭典、專科辭典和百科辭典[②]。據兩分法，本論文提出中國工具書的分類圖，參看第1圖。

中國工具書一覽

工具書							
百科全書	其他工具書						
	字	詞（收拾對象）					
		語文詞典	科門辭典				
			百科	專科			
百科全書	字典	語文詞典	百科辭典	醫學辭典	軍事辭典	語文辭典	其他專科辭典

語文詞典以詞爲收錄單位。語文辭典以詞組，成語，習語等爲單位的語文工具書，如：《漢語詞典》→語文詞典；《辭書學詞典》→語文辭典。

（三）辭典和辭書

研究角度不同，【辭書】之名稱及其分類不一：1. 與辭典同（如《新詞林》）。2. 爲字典，詞典和百科全書之總稱（如《辭海》）。3. 爲字典、詞典、辭典之總稱[③]。從清末10年的時勢來看，辭書編譯主要參照日本而成[④]。日本學者西崎亨認定：

「辭書」について、『國語學大辭典』（國語學會編，東京堂，一九八〇年）は、「ある定められた基准のもとに蒐集された語彙項目のすべてについて解説を加え、検索に便利なように一定順序に排列した書物の總稱」とし、『國語學研究辭典』（明治書院、一九七七年）は，「語を一定の順序で并べて、その表記法、発音、アクセント、品詞名、語源、意味、

---

① http://baike.baidu.com/view/775688.htm：詞、辭在表達言詞、文詞時意義相通。但在古代，【詞】可以用來指“語助”（虛詞）如：《詞诠》（解釋虛詞）；【辭】的指稱範圍比【詞】大，一般來說，以收錄語文詞彙爲主的語文詞典多稱爲“詞典”；其餘，收錄術語、專名、學科性詞彙爲主稱爲“辭典”。

② 劉伯根：2000年，第20頁（以上所引）已指出：從詞典發展史的角度看，語文詞典和專科詞典在其發展早期沒有明顯的區別。《爾雅》既有《釋訓》《釋言》等解釋語文詞條的篇章，也有《釋天》《釋地》《釋草》《釋蟲》《釋魚》《釋鳥》《釋獸》等明顯專科内容的篇章。

劉伯根提出4個分類法。詞典分別語文詞典和專科（專門）詞典兩大類，其中有學者認爲百科辭典屬於專科詞典。也有學者認爲百科辭典與單科詞典和語文詞典要獨立分成3類。也有人把詞典分爲兩類：語文詞典和百科詞典（含有專科詞典在内）。

③ http://baike.baidu.com/view/775688.htm。

④ 現代辭書之意義，由清末辭書概念延伸而來（清末，新型辭書尚在萌生階段）。當時，雙語辭典，解釋新名詞的專科辭典，百科全書型等工具書頻繁出現→新事物之出現既填充新型辭書概念。參看：章小麗：《日本辭書對清末中國的影響》，碩士學位論文，浙江大學，2007年，第12—13頁。

用法、用例などを説明したもの。ただし，その全部がそろっていなくとも辞書と呼ぶ。辞典ともいわれる」（小松英雄執筆）とする①。

按以上所提内容可明白：日本人所謂【辭書】即中國人所觀念的詞典（最後一句，西崎享教授總結曰"辭書爲辭典"）。可以説，據日本人研究者認識：【詞典】，【辭典】和【辭書】之概念還没辨別。筆者認爲：與漢字漢文化接觸過程中，各國家各地區應以漢字漢文化之影響爲主流。其派流爲各國家各地區已改變所接受之要素，倒過來影響到中國。本論文關注於主流：據中國詞典論考察越南資料，辨別并統一使用中國慣用的【詞典】【辭典】【字典】和【百科辭典】之術語。

二、越南工具書大觀

（一）大觀與類別

漢喃書籍數量多大，種類豐富。按 Tran Nghia（陳義）《越南漢喃遺産－書目提要》（略稱：《遺産提要》）②和《越南漢喃遺産－書目提要，補遺 1》（略稱：《遺産補遺》）③所記載，La Minh Hang（吕明姮）指出以上兩部書目所統計的漢喃書籍總量爲 5038④+2280=7318 作品⑤。此爲研究越南文化，社會，醫藥學，技術科學之重要資料。其中，喃字書籍共有 1932 作品，全喃 1133 作品，漢喃并用 799 作品⑥。本論文關注漢喃書籍中有關字典、詞典、辭典等類工具書。

1. 漢字工具書

筆者考察越南稻名時⑦已指出，要了解越南稻種，可以參考黎貴惇《撫

---

① 西崎享：《日本古辭書を學ぶ人のために》，世界思想社 2001 年版，第 8 頁。

② Tran Nghia - Francois Gros：《越南漢喃遺産－書目提要》(*Di san Han Nom Viet Nam-Thu muc đe yeu*)，Éditions Sciences Sociales，1993 年版。

③ Tran Nghia（主編）：《越南漢喃遺産－書目提要，補遺 1》(*Di san Han Nom Viet Nam-Thu muc đe yeu，Bo di 1*)，社會科學出版社 2002 年版。

④ 《遺産提要》（1993 年）所提及（還没統計）的 729 作品可能已出現在《遺産補遺》（2002 年）。此考究，只根據兩部書目都統計的書籍。

⑤ 作品可能有多異版。本論文只統計作品數量。

⑥ La Minh Hang（吕明姮）：《20 世紀前於越南漢字教學的考察》，《漢字漢文教育雜志》第三十七輯，2015 年，第 120—135 頁。實際上，喃字書籍還没算刻在硬物的版本。此資料（刻在銅、石、木等）現存很多。漢喃研究所裏，此種拓片被保留在另外書庫。Đo Thi Bich Tuyen（2014 年 26 頁）考察碑文拓片藏庫并指出喃字碑文拓片的 1500 版，其中 105 版爲全喃碑文拓片。

⑦ La Minh Hang（吕明姮）：《耕種在越南之稻名：集中考究黎貴惇的〈撫邊雜錄〉》國際研討會，廣東 2015 年，會議論文集。

邊雜錄》和《芸薹類語》（18 世紀）等類書。《芸薹類語》雖分有章目①但没有可以找出章目初處之標志。書有九章，章内有條：理氣章（54 條），形象章（38 條），區宇章（93 條），典彙章（120 條），文藝章（48 條），音字章（111 條），書籍章（107 條），仕規章（76 條）和品物章（320 條）。此書與《撫邊雜錄》之排版及其所載内容同樣，内容豐富，爲讀者提供很多知識，但難以找到要查的詞目，即少於檢索性②。參看下頁《撫邊雜錄》238b（内容記載順化處之稻種，順化處即今越南廣南省）之排版及其所載内容可認爲：查考性之充足，檢索性和簡明性之缺少。

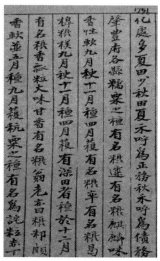

《撫邊雜錄》238b 頁

檢索性比《撫邊雜錄》和《芸薹類語》高，有“輿地”“記”“志”類書。它提及多方面内容，加以排版簡明。屬於此類有《東潮縣志》《海洋省地志》《北寧風土雜記》③《北寧全省輿地》等書。

據工具書的基本屬性，考察越南漢字書籍可找出教學類書：《九章算法》（數學教科書）；《幼學漢字新書》（漢字教科書；書有多集，教道理，政治，地理，科學，歷史，社會）；《漢字自學》（教漢字，書分爲 10 門類：天氣，地與，人事，歷史……）和《啟童説約》（社會科學知識，生物學，道理等内容）等等皆遵守工具書的檢索性和簡明性。

認定：通過考察越南漢書，以上所提漢字類書帶有工具書的基本屬性，但不完全遵守工具書的全部屬性④（即只遵守一、二或三個屬性）。其餘，未達屬性高度和深度。此爲越南漢書的共同特征。

2. 喃字工具書

漢字正值高峰時，越南儒士不注重工具書之編輯⑤。以上所提“記”“志”和“類書”還没符合“查和考”之標準；他單純爲參考書或“下級”工具書。

---

① 據 Tran Nghia（1993 年）：《芸薹類語》屬於“類書”（即有百科性之書）。

② 内容雖分别有章目，但没有標志可以容易找出它。

③《北寧風土雜記》（寫版，漢書），書有五條：1. 神祠佛寺（省内諸縣，社，村之祠，寺，廟，殿）；2. 民間會例（各社村之禮會，注視的是他没有秩序的安排：先僊游縣→嘉林縣→慈山府→順成府等）；3. 地勢奇名（也無秩序：先記文江縣，後記僊游嘉林）；4. 民間技藝（如：煮酒，木匠，泥匠，瓦匠，漆匠，鋸匠，織絹，織布，鑄鐵，鑄銅，陶瓦器等）；5. 民間土産（如龍眼、橘柚、土瓜、蓮花等）。

④ 即每書皆遵守查考性，檢索性、簡明性、客觀性和連續性。

⑤ 如漢語字典，漢語詞典。可能他們使用由中國人編，從中國傳來的。

自從喃字之造成，喃詩喃文之創造，越南辭書史走向新階段：漢越之字典，詞典和辭典漸漸問世。越南辭典之編輯可以説與喃字之造成，喃書之問世并行。

Tran Van Giap（陳文甲）考察漢喃書庫已指出字典，詞典等類工具書[①]。據中國工具書之查考性（查字，詞，語），檢索性（排至法，編排法）和簡明性三个屬性，La Minh Hang（2015年）分別有[②]：（1）《詩運集要》按平上去入（聲）秩序編排，詩文（駢文）寫出時必要參考之類書（每詞皆有解義）。（2）用查漢字漢詞漢語之字典，詞典根據使用目的可分爲：

① 漢字寫法教科書，如《字學求精歌》，講漢字寫法和意義，分別同音異形字，遵守韻調，每韻四字，但沒有指出要查之標志[③]。

② 漢字學習手册，如《字學訓蒙》《字學四言詩》[④]。《字學訓蒙》特點是一韻四句，每句四字，修改《字學四言詩》而成之書。此書加以典故解釋和形體相近辨別（特別注視於"丨""丿"之差異引起易讀易義之字）。

《字學求精歌》1頁

以下詳看《字學訓蒙》2a 之辭目例句。

太昊六書義稽夬決有意有聲或反或切 ◀———————— 辭目名稱

書字上從聿，下從曰，意謂人言爲信止戈爲武之類，聲謂江河，以工可爲聲爲之類，反音翻，一音展轉相呼之謂，反以子呼母，以母呼子，如楚 平聲則爲初，闒上聲則爲杜，是也，一韻相摩以爲切，如苦得切則爲刻，胡弓切則爲雄，是也。 ———— 解釋内容

③ 按《康熙字典》簡略而成，有《字典節錄》。此書略選《康熙字典》所記日常必要并罕見之 5000 難字[⑤]，詳記音注和義解，按《康熙字典》部首秩序編排。書有上、下二卷。卷 2 終還收錄二，三，四聯字和二字相似之字。以下參看《字典節錄》之影印：

---

① Tran Van Giap（陳文甲）：《漢喃書籍了解：越南文學史學之財源》（*Tim hieu kho sach Han Nom, nguon tu lieu van học su học Viet Nam*），越南社會科學院、社會科學出版社 1990 年版，第 8–24 頁。按 Tran Van Giap，此類書屬於語言學工具書。

② La Minh Hang（呂明姮）：《20 世紀前於越南漢字教學的考察》，《漢字漢文教育》，第三十七輯，韓國 2015 年 5 月。

③ Tran Van Giap（陳文甲：1990 年）和 Tran Nghia（陳義：1993 年）皆介紹。

④ 書有四言詩 59 首，總 236 句，每句皆解釋音讀和准字寫法。漢喃研究所現狀：失傳。

⑤ Tran Nghia（陳義：1993 年）之統計。

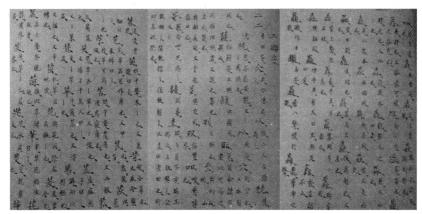

《字典節錄》卷之二　　　《字典節錄》二聯字　　　《字典節錄》三聯字

　　④ 還有按門類排列（即按漢字漢語意義）之雙語字典，詞典①，如：《指南玉音解義》（略《指南》），《日用常談》（略《日用》），《南方名物備考》（略《南方》），《大南國語》（略《大南》），《嗣德聖製字學解義歌》（略《嗣德》）和《三千字纂要》等類字典和詞典。按 Tran Van Giap，2.1.2.1 和 2.1.2.2（含 4 類）②共 13 部。

　　以上考察可得出認定：

　　（1）以上第一、二和三類屬於單語字典（漢語字典）→屬於 2.1.1 漢字工具書。

　　（2）第四類爲雙語（漢越）字典，詞典（即用喃字解釋漢字，漢詞）。其中，《嗣德》別有特性：主要以字爲收錄單位，但也有以詞爲收錄單位之詞目，《三千字纂要》以字爲收錄單位，其餘皆爲雙語辭典③。

　　（3）《嗣德》和《字典節錄》皆以《康熙字典》爲收錄對象，但性質有差：《嗣德》爲雙語字典或詞典，《字典節錄》爲單語字典。

（二）越南雙語辭典

　　本論文關注從以上分類④的第四類。《三千字纂要》和《嗣德》與其餘辭典別有特殊：《三千字纂要》以字爲收錄對象，爲漢越字典；《嗣德》以字和詞（重疊音之詞）爲收錄對象。本論文下節考察對象，要符合以下標志：以詞爲收錄對象、按門（或部）編排、同時代出現（越南阮朝，19 世

---

　　① 屬於雙語字典，辭典還有《南藥國語賦》用喃字解釋漢字，但它組成結構有差別，即沒有宏觀結構，全作品按賦體構成。

　　② 即音韻詞典和漢字漢詞漢語之字典，詞典。參看 Tran Van Giap（陳文甲：1990）。

　　③ 詞和辭：中國學者辨別詞典和辭典。語文詞典，以詞爲收錄單位；語文辭典，以詞組，成語，熟語等爲收錄單位。由於同音，越南學者不注意辨別漢字。

　　④ 參看 La Minh Hang（呂明姮）：2015（以上所引）。

紀）。順從以上三個條件，下節關注於《日用》《南方》和《大南》[①]。

（三）從宏觀結構觀《日用》《南方》和《大南》

1. 從宏觀結構觀雙語辭典

宏觀結構：指的是詞典中按一定方式編排的詞目總體，可稱爲總體結構。與他相對有微觀結構：指的是條目中經過系統安排的全部信息，也可稱爲詞條結構[②]。

（1）宏觀結構：與漢日雙語辭典之對比

受到漢字文化影響，越南和日本皆寫出不少雙語辭典（即漢越辭典和漢日辭典）。漢越雙語辭典按門（日本叫部）編排，如：《大南》的天文門，地理門，人倫門相當於日本節用集[③]的乾坤部與人倫部。除了門（部或類[④]）之分別，越南雙語辭典不按另外秩序，所以很難快查。日本節用集里，詞目并用兩級排序：先爲韻（日本語古音）編排；韻內按部[⑤]（漢語意義）編排[⑥]。兩級排序（音+義或義+形）爲漢日雙語辭典之進步，讀者可以很快找到要查的詞語。此爲日本節用節與越南雙語辭典之差別。以下參看日本雙語辭典之宏觀結構：

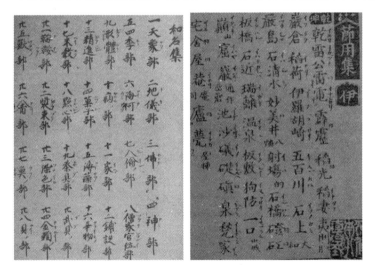

《和名集》目錄：以部編排　《節用集》伊韻，乾坤部

---

① 《日用》：作者 Phạm Đình Hồ（范庭琥），完成年代：1827 年；《南方》：作者 Đặng Xuân Bảng（鄧春榜），完成年代：1876 年；《大南》：作者 Nguyễn Văn San（阮文珊），完成年代：1880 年。

② 黄建華：《詞典論》，上海辭書出版社 2001 年版，第 49 頁。

③ 漢日雙語辭典的總稱。

④ 《大南》有 47 門和 3 部（水部、土部和金部）；《嗣德》有 7 類：堪輿類，人事類，政化類，器用類，草木類，禽獸類，蟲魚類。

⑤ 日本辭典裏，"部"相當於越南辭典之"門"，不是漢語來源部首的意義。

⑥ 與近世節用節之構成不同，部內再按漢字畫數（文字形體）排序。

（2）宏觀結構：漢越雙語辭典内部對照

漢越雙語辭典内部對照，可指出以下差異：

漢越雙語詞典之内：《指南》爲最早期漢越雙語辭典[①]。《嗣德》由嗣德皇帝（1848—1883，阮朝）組織編輯。《嗣德》所搜集詞彙比其他辭典多（搜集《康熙字典》所載之異字和不常用漢字）。此類大型辭典之編輯多有意義：催促漢字教學，肯定喃字位置（喃字正式得到王朝之關注和使用）。

①《嗣德》以類編排（其餘以門或部編排）。《嗣德》收錄大量字和詞，但只分爲 7 類。《嗣德》不太仔細辨別字目和詞目之意義範疇。《嗣德》與《大南》對比，可指出《大南》之人倫門，身體舉動門，人品門，酬應門，疾病門皆屬於《嗣德》人事類。

② 各部雙語辭典以部，門或類爲意義範疇之辨別。其中，有 4/6 辭典以門編排。雙語辭典内部，門類數量比較相等（32—40 門）。此外，《指南》有以下特征：a. 與其他辭典不同，不僅按門（或章）分類，《指南》還按詞韻，自此形成有韻，調之六八詩歌（越南傳統詩律）。b.《指南》章（門）之内，有時還細分成小類，如風雨類、雲霧類、星辰類，皆屬於天文章。c. 每個門、章末皆有補遺成分。

③ 與其他詞典不同，《大南》詞目分類最爲詳細。它并用門和部[②]（漢字部首）分類詞目。如：秋石浩帶昆祕（84a4）和人乳溇彈娿（84a5）。此兩詞目皆屬於水部[③]（雖可以屬於身體舉動門）。

雙語詞典的容量和分類法見下表。

漢越雙語辭典的構成

| 秩序 | 辭典 | 頁數 | 分類（分類法/容量） | | | 注 |
			門	類	部	
1	指南	164	40			門内有類+補遺
2	日用	104	32			
3	南方	158	32			
4	大南	170	47		3	有門下級
5	嗣德	602		7		

---

① 研究者皆以《指南》作者爲鄭氏玉竹（18 世紀）。Ngo Đuc Tho（吳德壽）教授根據諱字證據，認定版本年代爲15 世紀（胡朝）（Ngo Đuc Tho, 2006, 第 299 頁）。

② 除了按門排序，《大南》還有水部、火部和土部。

③ 越語喃字裏，浩帶（尿之意）和溇（牛奶之意）皆有水性，因用水部表義。

（四）宏觀結構：《日用》《南方》和《大南》

1.《大南》門部結構

《大南》分有 47 門和 3 部。與其他辭典的門類對照：

（1）《大南》門數最多。《指南》有 40 門，《日用》有 32 門，《南方》有 30 門，《大南》有 50 門。

（2）門類的數量和名稱。《大南》之門（或部）相當於《指南》之部。此兩部辭典之間，門部完全相同或一部分相同有 33 部。《指南》之部相當於《大南》之門，如：天文部，地理部，人倫部，身體部，臟腑部（身體舉動），食部，飲部，餅部，錦繡部，宮室部，舟車部，農耕部，蠶室部，織染部，鑄冶部，金玉部，撒網部，器用部，婚姻部，喪禮部，公器部，兵器部，羽蟲部，毛蟲部，鱗蟲部，甲蟲部，水部，花部和果部。

（3）與《指南》對照，《大南》門數增加。《大南》有其內部聯繫，它細分爲別門，自此形成《指南》沒有的新門類，如：菽粟門，女妝門，彩色門，衣冠門，火用門，作用門，文事門，珍寶門，人品門，蔬菜門，百草門，蟲豸門。

2.《日用》《南方》與《大南》對比

以門類編排的漢喃雙語辭典之中，十九世紀完成的有三部，其中《日用》爲最早的辭典，《大南》爲最晚辭典。《大南》可能受到《日用》和《南方》的影響。以《大南》爲中心分析并指出三部辭典之間的特點和差異。

（1）《大南》與《日用》對比

① 兩部辭典之門類名稱

門類名稱完全相同，共 14 門：天文門，地理門，作用門，身體門，火用門，織紝門，彩色門，眾香門，珍寶門，器用門，工用門，兵器門，人品門，俗語門和疾病門。

門類名稱少有差異，共 8 門：《日用》倫序門，作用門，室屋門，食品門，果實門，文藝門，音樂門，游戲門 ；《大南》人倫門，作用門，身體舉動，宮室門，飲食門，餅餌門，雜技門。

② 門類及其所收集辭目

此兩部辭典，門類及其所收集辭目少有差異，如《日用》服用門→《大南》衣冠門，衣服門。還有《日用》服用門之半臂，圓領，交領，對襟，補龍，馬褂等辭目沒有出現在《大南》衣冠門或衣服門。

③《日用》和《大南》之差異

《日用》和《大南》所收集之門部少有差異。

《日用》別有儒教門、道教門、釋教門、禽獸門和水族門。反之《日用》沒有：婚姻門，耕農門，蠶桑門，菽粟門，錦繡門，撒網門，舟船門，法器門，公器門，作用門，文事門，酬應門，喪祭門，喪禮門，水部，土部，和金部（共 17 門部）。

《大南》細分趨向可詳看：

秩序	《日用》之門	《大南》之門
1	草木	百花，百果，蔬菜，百草，百木
2	蟲類	羽蟲，毛蟲，鱗蟲，甲蟲，蟲豸
3	服用，女妝	女妝，衣冠，衣服
4	作用	作用，身體舉動

（2）《大南》與《南方》對照

① 兩部辭典之門類名稱

門類名稱完全相同，有：天文門，地理門，身體門，人倫門，蔬菜門，人品門，飲食門，器用門。

門類名稱少有差異，如《南方》居處門→《大南》宮室門；《南方》舟車門→《大南》舟船門；《南方》巧藝門→《大南》雜技門。

②《南方》和《大南》之差異

《南方》別有：歲時門，人事門，職制門，兵刑門，戶工門，魚獵門，獸門。反之，《大南》別有：身體舉動門，婚姻門，火用門，文事門，酬應門，俗語門，法器門，公器門，兵器門，珍寶門，眾香門，水部，土部，和金部。

《大南》細分趨向可詳看：

秩序	《南方》之門	《大南》之門
1	飲食，五穀	飲食，餅餌，菽粟
2	禮樂	喪祭，喪禮，婚姻
3	農桑	耕農，蠶桑，錦繡，彩色，織紝
4	花，果，草木，竹	百草，百木，百花，百果
5	鱗，介，昆蟲	鱗蟲，甲蟲，蟲豸
6	禽	羽蟲，毛蟲
7	巧藝	撒網，鑄冶工用，雜技

從宏觀結構觀《日用》《南方》和《大南》可得出以下結論：

① 以三才（天、地、人）所學爲主導編輯趨向，雖有差異，但也有共同點，即其皆收集關於天地人的不少辭目。從此形成辭典的基本門部：天文門、地理門、身體門、人品門、人倫門等門類。

②　三部辭典對照已顯出《大南》有意義範疇細分之深度，特別是《大南》人倫部[①]。換句話説從宏觀結構觀《大南》有層次構造：門→門下級→辭目（宏觀結構特殊之處）。

③　據表示人本身，動作和人們之間關係的詞目考察，三部辭典有以下差別（參看下表）。

關於人，表示人們之間的關係和動作

《日用》之門	《南方》之門	《大南》之門	
倫序	人倫	人倫	人與人之間關係
	職制		
人品	人品	人品	
		酬應	
身體	身體	身體	身體
疾病	疾病	疾病	
	人事	身體舉動	動作
作用		作用	

結語

從中國詞典論觀越南工具書，本論文可指出以下結論：

（1）越南没有達到中國百科全書特征之書。

（2）越南工具書可細分爲：字典、語文詞典、語文辭典和百科性辭典和參考書（即下級工具書如"記"和"志"之書）。

（3）中國辭書論本來分語文辭典和百科性辭典（本來屬於別類）。考察越南此類辭書及其特征，可認爲《日用》《南方》和《大南》等書，語文辭典和百科性辭典的觀念有時不可辨別（其三部辭典所收錄的是詞，詞組，成語或熟語）。觀察他們主要特點，本論文統一以語文辭典稱之（略叫"辭典"）。

（4）從宏觀結構看《日用》《南方》和《大南》可指出它們之間的差異。

（5）以三才（天、地、人）所學爲主導編輯趨向，雖有差異但也有共同點，即皆收集關於天地人的不少辭目。自此形成辭典的基本門部：天文

---

①　《大南》人倫部分别有：1. 當世爲本身；2. 第一世爲父；3. 第二世爲祖；4. 第三世爲曾祖；5. 第四世爲高祖；6. 第一世爲子；7. 第二世爲孫；8. 第三世爲曾孫；9. 第四世爲玄孫；10. 母黨之戚；11. 姑家之戚；12. 妻家之戚；13. 姊妹夫家之姻；14. 婦家婿家之姻；15. 師家之誼；16. 父執之誼；17. 執友之誼。

門、地理門、身體門、人品門、人倫等門類。

（6）《大南》有層次構造：門→門下級→辭目。這體現《大南》宏觀結構的特殊性，也顯示出《大南》細分趨向。

關於越南工具書，漢越雙語辭典存在很多亟須解決的問題。此爲筆者以後研究的題目。

參考文獻

越南資料

[1] Tran Trong Duong（陳仲洋）：《考究范庭虎的漢越雙語詞典：日用常談》，文學出版社 2016 年版。

[2] Tran Van Giap（陳文甲）：《漢喃書籍了解：越南文學史學之財源》（*Tim hieu kho sach Han Nom，nguon tu lieu van học su hoc Viet Nam*），越南社會科學院、社會科學出版社 1990 年版。

[3] La Minh Hang（呂明姮）：《考究漢越雙語詞典：大南國語》，國家大學出版社 2013 年版。

[4] La Minh Hang（呂明姮）：《20 世紀前於越南漢字教學的考察》，《漢字漢文教育雜志》第 37 輯。

[5] La Minh Hang（呂明姮）：《耕種在越南之稻名：集中考究黎貴惇的撫邊雜錄》，載《國際研討會論文集》，2015 年。

[6] Pham Van Khoai（范文快）：《越南漢喃：第十九世紀末至第二十世紀初》，載《研究報告集》，河内國家大學，人文社會科學大學，2009 年。

[7] Tran Nghia（陳義）和 Francois Gros：《越南漢喃遺産-書目提要》（*Di san Han Nom Viet Nam-Thu muc đe yeu*）（*Catalogue Des Livres En Han Nom*），Éditions Sciences Sociales，1993 年。

[8] Tran Nghia（陳義）：《越南漢喃遺産-書目提要，補遺 1》（*Di san Han Nom Viet Nam-Thu muc đe yeu，Bo di 1*），社會科學出版社 2002 年版。

[9] Hoang Thi Ngo（黄氏午）：《漢越雙語詞典：指南玉音解義》，文學出版社 2016 年版。

[10] Ha Dang Viet（何登越）：《第十九世紀漢喃字典詞典研究》，博士學位論文，河内師範大學，2014 年。

中文資料

[11] 劉伯根：《百科全書的特征與類型，兼與其他類辭書比較》，載《中國辭書論集》，中國辭書學會學術委員會編，上海辭書出版社 2000 年版。

[12] 章小麗：《日本辭書對清末中國的影響》，碩士學位論文，浙江大學，2007 年。

［13］黃建華：《詞典論》，上海辭書出版社 2001 年版。

［14］http://baike.baidu.com/view/775688.htm.

日本資料

［15］西崎亨編：《日本古辭書を學ぶ人のために》，世界思想社 2001
年版，第 3 刷發行。

以字典爲編寫方式的越南中代漢字教科書研究[*]

——以《三千字解音》和《嗣德聖製字學解義歌》爲例

［越南］杜氏碧選 越南漢喃研究院

　　《三千字解音》與《嗣德聖製字學解義歌》是越南中代時期普遍使用的漢字教科書。此二本書的相同之處是不僅都用喃字解釋漢字，而且采用韻調或演歌形式來增加節奏性。

　　《三千字解音》一書，作者選擇哪個漢字能符合每一對漢字的韻調，或在《嗣德聖製字學解義歌》一書作者選哪個漢字能符合越南六八詩體的韻律等問題，都體現了作者的精心編撰精神。達到作爲教科書的要求，同時也可以作爲初學漢字的小型字典，是編撰的兩個主要的目的。研究這兩本書的相同與不同之處，爲研究越南儒士編撰漢喃字典方式及其在當今漢字教學工作打下了良好的基礎。

一、《三千字解音》編寫方法

（一）按編寫字典方法—纂要

　　《三千字解音》這本書，目前在越南漢喃研究院保留，編號：AB.19。這本書包含 60 頁，記錄了旨在教漢字的、以喃字翻譯意思的近 3000 個漢字，由富文堂藏板印刻；封面主題"皇朝辛卯年孟收，上浣新刊"。這本書沒有寫編寫者的姓名。在第一頁的書内容與封面主題不同，主題爲"字學纂要"。

　　這名稱本來在吳時任的、屬於吳家文派的《金馬行餘》（編號 A.117/9，漢喃研究院）中寫的。在他的著作中，吳時任對他編寫的《字學纂要》已經明確表示：

　　　　余早事翰墨，今觀華簪，有意義所不足者，質之大方，輒相築舍。凡以音切迴殊，字母各別，無所究其指歸。近日承乏黃扉，因得遍閲

---

　　* This research is funded by Vietnam National Foundation for Science and Technology Development（NAFOSTED）under grant number 602.02-2016-03.

名書，旁搜廣采，得其梗概者，拾襲而珍藏之，音註爲義，義聯爲韻，韻分爲對，該得三千字，顏曰《字學纂要》，書成付之剞劂。"（吳家文派選四之八-金馬行餘 –字學纂要序 - A.117/9）

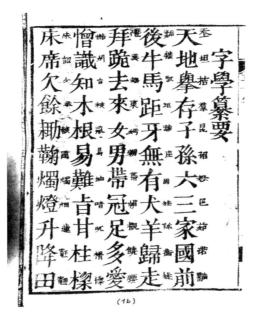

（1b）

通過前言，我們已知吳時任在這段時間已經編寫《字學纂要》（意思是三千字解音），至少從他年輕的時候，約 16 歲作爲吳家文派中開始；當在朝廷中作爲一個官員的時候，他再有更多探索、了解的機會，甚至收集文檔，并與前輩同事直接交流，然後才以拼音解義撰寫成一本書。

根據陳文甲學者"漢喃書庫的了解"，雖然這只是關於漢字的初學教材，正如作者説，事實上可以認爲它就是一般18世紀晚期普遍使用的漢越字典。

這本書是題爲字學，這説明作者編寫這本書時的意圖。三千字解音這套漢字教材由吳時任在多年編寫（根據作者寫的前言）。筆者認爲，他的書對開始學習漢字的所有人很普遍適用：

余之爲三千字，其音常，其義約，非於其所不常用者，不曾泛及. 誠以林枝海芍，未涉於字典，韻會之藩而隱顯之理，細大之事，凡皆鄙夫，鄙婦之所易知，亦可爲課童活套，庶有助於吾徒之登高行遠者。（吳家文派選四之八-金馬行餘 –字學纂要序-A.117/9）

"纂要"這個詞代表作者編寫的觀點—選擇詞匯以解音，并且有非常清晰的爲字學目的。因此，這本來是一套字典同時也是教材。

*字/字典的概念

根据阮善甲（1996）：對所有人説越南語的最明顯之存在單位目前是

"聲"或"字"。例如，吃、説、漂亮、將、在、山、水等這些單位被視爲"聲"因爲每個聲始終發出來了一口氣，并帶來了一定的聲調，這等同於一個音節。所謂的"字"因爲之前喃字，直到目前國語字，每個聲始終分割寫成一個字。（第 7 頁）

　　此外，這本書中，關於字的解釋方式被明確表示：

　　字是形體和聲音的單位就是一個字寫出來有一個形體，讀出來有一個聲音；而詞是意義的單位，就是一個包含着意義或概念。某些字能單獨表示一個概念，這些字在語法上講起來叫做單音詞。也有些字單獨表示出一個概念，所以這些字在單獨存在的時候不能成爲詞，必須由兩個或兩個以上的字結合在一起才能成爲一個詞，表示出一個概念。（第 1 頁，字和詞）

　　每個字與它的每個意思已經取得了這些從古至今的學者建立成，用於傳授的教材字典。字典/詞典從社會的需求編寫：學習漢字的需求，漢字的解義，爲許多目的服務，包括教學。在《辭書學論文集》（趙振鐸，2006）曾撰文指出：（第 9 頁）：字典的産生是由於社會文化生活的需要，它和社會法陣、文化需求所提出的任務有密切的聯繫，也就是説字典是適應社會文化需求而産生的。緊密結合社會文化需求是我國字典編寫的一個傳統。

　　（二）按編寫字典方法——對譯

　　對譯是直譯方法。在"三千字"中的編寫方式主要是：一個漢字—以喃字解釋（根據作者的編寫意圖可以用一個喃字，可以用許多喃字）。在這裏，在相關關係中的演示方式：漢字—喃字（越南語錄音）。

　　一個漢字　一個喃字

　　一個漢字　兩個喃字

　　呂明姮（2015）對文字/語言的特點分爲三種微觀結構如下：

　　* 漢詞目 + 以喃字的註釋

　　* 漢詞目 + 以漢字的註釋

　　* 漢詞目 + 以喃字與喃字的註釋

　　編寫方法：

　　以通用越南語錄音的喃字解音（義）：

　　例如：

　　第 1 字：天 Thiên – Trời

　　第 2 字：地 Địa - đất

　　第 3 字：舉 Cử - cất

　　第 4 字：存 Tồn - còn

　　第 5 字：子 Tử - con

　　第 6 字：孫 Tôn- cháu

第 7 字：六 Lục - sáu

……

第 2984 字：漸 Tiệm - dần

第 2985 字：警 Cảnh - răn

第 2986 字：惡 Ác - dữ

第 2987 字：字 Tự - chữ

第 2987 字：詞 Từ - tờ（最後的字）

由於編寫的性質爲選擇定義來次韻，因此在這本書中只選一個最基本的定義來解音/解義。例如：

1. 忌 Kỵ /kiêng

《忌》kỵ 這個字還有意思是 "忌日" kỵ nhật，雖然，由於簡明扼要的解釋因此編寫者只選基本的定義來解釋：

2. 爲 Vi /làm 作

爲 Vi　還有意思爲是　là，

讀是　爲 vị，意思是因 vì

3. 詞 Từ/tờ

例如：茲立詞

Từ　就是　詞 từ（包含字），或者一古代中國的文學。

在 "三千字" 中，漢字不在次韻建議的範圍之內。次韻的問題以越南語提出（以喃字表示），以直覺指標志着錄音方式。因此，編寫者的目的爲通過喃字學習漢字。喃字爲學習者熟記并記得詞匯的接口。最基本定義的選擇，最通用、符合於越南人的常見用法之學者爲編寫者的目的，旨在提供最基本的漢字，目的是與更高水平的漢學知識接近。

這種情況也在儒家的經典書 "約解，演音，解音" 中遇到。黎貴惇已經對 "四書約解" 前言表明：學者可以通過與越南語的一個譯本（以喃字寫）之并行教法學習漢字并一本漢文的義理。

例如：

次序	漢越音	漢字	喃音
2978	Tạc	作	xấu（24a4）
2879	Uẩn	蘊	giấu（24a4）
2980	Phong	豐	giàu（24a5）
2981	Uyên	淵	sâu（24a5）
2982	Bí	秘	mật（24a5）
2983	Vi	微	nhặt（24a5）

續表

次序	漢越音	漢字	喃音
2984	Tiệm	漸	dần（24a5）
2985	Cảnh	儆	răn（24a5）
2986	Ác	惡	dữ（24a5）
2987	Tự	字	chữ（24a5）
2988	Từ	詞	tờ（24a5）

因此，聲音爲重要的因素，以傳授另一種語言，像小孩一樣，盡管尚未會英語字形（或越南語），但仍然可以非常標准、快捷地讀英語/越南語的詩歌/唱歌/講故事。

三千字按一個漢字一個喃字的方式解釋 2988 個字，這是按照 *word by word* 的形式。當然這是一個典型的漢喃字典。

如此，三千字已經達到了雙重功能：字典和教科書。

以古代越南語錄音的喃字解義：

例如：

漢字	漢越音	喃音/古代越語	現在越語義	現在漢語
斜	Tà	vạy	cong	彎曲
正	Chính	ngay	ngay thẳng	直
懶	Lãn	nhác	lười	太懶
召	Triệu	vời	mời	請
咀	Huyên	dức	ồn ào	鬧
趨	Xu	rào	nhanh	快
季	Quý	rốt	cuối cùng	最後
懷	Hoài	cưu	nhớ	想
須	Tu	tua	nên	要
密	Mật	nhặt	Mau（nhanh）	
僕	Bộc	min	ta/tôi	我，餘
淡	Đạm	lạt	nhạt	蒼白
堪	Kham	khá	có thể	可以
於	Ư	chưng	khi	在⋯⋯時候
急	Cấp	ghín	gấp	緊張
希	Hy	họa	ít	稀有

續表

漢字	漢越音	喃音/古代越語	現在越語義	現在漢語
暇	Hạ	dỗi	nhàn dỗi	空閒
唯	Duy	bui	chỉ	只
固	Cố	chín	chắc chắn	穩定
汗	Hãn	bồ hôi	mồ hôi	汗
莊	Trang	giồi	trang điểm	打扮
歡	Hoan	dức	ầm ĩ	嘈雜
聞	Văn	mảng tiếng	nghe	聽説
曲	Khúc	vạy	cong	彎曲
泊	Bạc	mưa la đá	mưa đá	冰雹
梵	Phạn	nhà Bụt	nhà Phật	寺
薦	Tiến	đơm	dâng	敬上
頑	Ngoạn	lờn	nhờn	蔑視
微	Vi	Nhặt	nhỏ	小

通過越南封建時代的字典/詞典之編寫，可以看到：以字/詞的選擇方式解義，已經滿足了生動直觀，通過有韻/有調柔韌性地詩化的聲音系統之接受。這證明了編寫時註重於韻調的觀點：詩化、韻調化，影響到學生的生動直觀。隨著這樣教學方式，學者不覺得無聊，反而易記，易熟記。再配有一定的漢字詞匯，復合詞的構造及句子的構造對學者不太難的。

二、《嗣德聖製字學解義歌》：編寫方式

《嗣德聖製字學解義歌》，又稱爲《字學解義歌》，由阮朝嗣德皇帝編寫的漢—喃字典，以建立了一套准確查詢官方漢—越書，是民主化學問，在民間中流傳漢學。這套書由屬於修訂會的黃有秤、吳惠連，在嗣德王去世之後進行審查整理和印刻（這本書的前言）。這本書目前在越南漢喃研究院保留，編號：VHv.626/1-6。

根據這本書的前言，除了《嗣德聖製字學解義歌》以外，嗣德尚編著《論語釋義歌》。當法國入侵的時候，《嗣德聖製字學解義歌》完成，至成泰八年（1896），阮朝廷下旨給國史館修訂會整理，將印刻頒發延長於成泰十年（1898）。

因此，可以看到《字學解義歌》是由阮朝的一個有文化、有教養之著名國王作出之一本書，有刻印書的法令。此外，尚有一個淵博的學者集體，得到了精心印刻。如此，證明它是具有高典製性的一本書，詞語有規範。

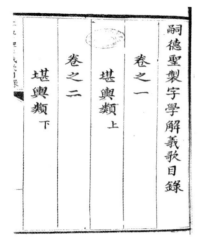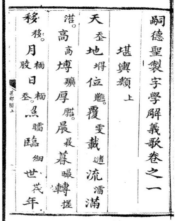

這本書以木板印刷，訂成 4 套，總共 295 張，每張有 2 頁，每頁有 5 條線，每條線有 14 個字。美麗的銘字，上面寫大型的漢字，下面寫小型的喃字，旨在根據六八韻文風格解釋漢字，許多地方有寫雙字并添加中間字。"嗣德聖製"由嗣德皇帝以"一千字""三千字"的一部分爲編寫基礎。考慮到這兩本書在漢字教材中編寫方式的許多相同之處，所以我們以它們爲考究對象。

（一）按編寫字典方式：類書形式

字典式的門類（類書類型）具有悠久的歷史，可以從漢代的按 19 個門類安排之《爾雅》（Nhĩ Nhã）看到。然後，在公元 1 世紀具有許慎的《説文解字》（Thuyết văn giải tự），他已經分爲 540 個門類相應於 540 個部首。後來，許多中國的字典頒發都按門類安排，有的是類書類型，有的是按 214 個漢字的部首安排。

對於"嗣德聖製"的編寫，通過官方觀點，正統表示，所有的主題都深入安排、注釋，上面提到風水、政治、人情，下面提到用品、鳥類、植物，包含這些門類如下：堪輿類上，堪輿類下，人事類上，人事類中，人事類下，政化類上，政化類下，器用類上，器用類下，草木類上，草木類下，禽獸類，蟲魚類。

類書式的漢喃雙語字典模型在越南的中代相對受歡迎，如《指南玉音解義》（Chỉ nam ngọc âm giải nghĩa），最早的漢喃字典有 40 個門類；《日用常談》（Nhật dụng thường đàm）由范廷琥在第 19 世紀上半編寫，包含 32 個門類；《大南國語》（Đại Nam quốc ngữ）由阮文珊編寫，成泰己亥（1899）文山堂藏板，包含 50 個門類；或者《南方名物備攷》（Nam phương danh vật bị khảo），由鄧春榜編寫，成泰壬寅（1902）善庭藏板，包含 30 個門類。

嗣德聖製以下面的數據統計：

被解義的 9028 漢字條目之中，778 個詞有兩個音節，7 個詞有四個音節。如此，總共漢字會有 9827 個字。

詞（字）的目數有一個音節爲：8243。

詞（字）的目數有兩個音節爲：778。

詞（字）的目數有四個音節爲：7。

兩個音節的 778 個詞目之中，大部分是疊音詞，如：

Đăng đăng	蕩蕩	lộng lộng，（Tự Đức q1，3b2）
Oanh oanh	轟轟	ầm ầm，（Tự Đức q1，3b2）

與總 9028 個漢字條目相比，這個數字顯得微不足道。因此嗣德歸入這種字典。與其他詞典不同，如《指南語音解義》《日用常談》《大南國語》。這些字與其他一個或多一個字造成詞組，帶着更廣泛的含義，像以下的模型：

雨 vũ：mưa；廣泛爲：小雨 tiểu vũ：mưa nhỏ；大雨 đại vũ：mưa to

字和詞的關係是非常密切的，雖然具有區別的水平，如［字和詞，第一頁］指出：字和詞的關係是非常密切的。詞是语言的最小单位，可是詞的本身是由字組成的。

根據這個原因，字典和詞典具有區別的水平并廣泛，造成了豐富的書籍，有益協助於教學者及漢字的學者。

（二）按編寫字典方式——對譯

*以喃字解釋（對譯）

《字學解義歌》中的解釋方法：這本書的名稱本身也揭示其的解釋方法，與若干漢喃詞典的解音方法不同，在這裏使用兩個解義方法爲直接翻譯（一個漢字--相應的一個喃字）并解釋。

例如，直接翻譯的解義方法（對譯）在堪輿類（上）如下：

Thiên *trời* địa đất *vị* ngôi
Phúc *che tái chở* lưu *trôi* mãn đầy
Cao cao *bác* rộng *hậu* dày
Thần *mai* mộ *tối* chuyển *xây di* dời...

這種解義方法相當於在三千字的解音方法，與通用基本的詞匯系統從一千字、三千字并五千字精練。（在本文章中，我們選擇以三千字爲代表）。

解義的性質在這些以下的句子明確的體現：

Hạn	旱	nắng lắm，（Tự Đức q1，3b2）
Yến	晏	trời thanh，（Tự Đức q1，3b2）
Đăng đăng	蕩蕩	lộng lộng，（Tự Đức q1，3b2）
Oanh oanh	轟轟	ầm ầm，（Tự Đức q1，3b2）

解義的也主要按越南語的音安排。

*以喃字添加推動的因素解釋（解釋）

在嗣德字典的解義方式將更多因素推動，例如：

Ai *là đất cát gió bay*

É *là đất bụi khi ngày trời êm* (q1, 16b1-2)

Ai phong khởi nhi dương sa trần dã; É thiên âm trần dã.

在本例子，這兩個詩句僅解釋到了兩個漢字：Ai 與 É。與堪輿上的這些首句不同，按直接翻譯解義：一個漢字一個喃字。

在水平方面：嗣德以一千字、三千字、五千字爲基礎解義，補充許多難字，甚至用電腦軟件打漢字也找不到。在應用方面：三千字解音（帶著典型性，代表一千字，五千字）可以向剛學漢字的人供應了一定的詞匯，對漢字的學習很其優越性的。

三、押韻方式：教學方式

（一）三千字的押韻方式：腰韻與脚韻

目的是教小學生，所以按韻式/調式的編寫方法在這段時間非常普遍。例如：

第 1 字：天 Thiên/Trời

第 2 字：地 Địa/đất

第 3 字：舉 Cử/cất

第 4 字：存 Tồn/còn

第 5 字：子 Tử/con

第 6 字：孫 Tôn/cháu

第 7 字：六 Lục/sáu

......

第 2984 字：漸 Tiệm/dần

第 2985 字：警 Cảnh /răn

第 2986 字：惡 Ác /dữ

第 2987 字：字 Tự /chữ

第 2987 字：詞 Từ /tờ（最後的字）

因此，第一字和最後的字與任何字無韻，其余的字：一個上面的奇數與一個下面的偶數結合成每對的韻。這些對字被安排解釋主要是按越南語的韻（以喃字表示）。尤其是每對越南語按平韻解釋或都按仄韻解釋，以及從始至終一致性遵守，一對仄韻回到一對平韻交替。

按四個字形式的押韻書：**Thiên** *trời* **địa** *đất,* **cử** *cất* **tồn** *còn*，與童謠一樣，按四個聲的詩體具有押韻、節奏、結構與模型的方式如下：

Nhong nhong nhong,

Ngựa ông đã **về**, -e

Cắt cỏ bồ **đề**, -e

Cho ngựa ông ăn.

對於韻，包含脚韻與腰韻結合，選擇某條線路來考慮，然後這條線的第二聲與下一條線的最後聲次韻，這條線的最後聲與其下一條線的第二聲，通常按平—仄的這樣均勻變化與連續直到文章的結束。

因此，越南人的學習漢字需求通過越南語（喃字）表示，聲音爲影響到聽力的東西，其比影響到視力的文字更重要。這事也相當於三字經的標記，通過影響到聽力的韻調系統學習。人之初，性本善，性相近，習相遠。可見，聲音爲重要的因素，以傳授另一種語言，像小孩一樣，盡管尚未會英語字形（或越南語），但仍然可以非常標准、快捷地讀英語/越南語的詩歌/唱歌/講故事。

如此，三千字已經達到了雙重功能：字典和教科書。

老師教學生們寫漢字

老師教學生們讀/認知漢字

（二）嗣德聖製：按六八詩體編寫

編寫方式：嗣德聖製按六八詩體編寫。在這裏，編寫者已微妙/精練，按主題（門類）選擇漢字旨在以喃字（越南與）解釋，并韻次韻（主要是越南語錄音的喃字）。

字學解義歌中的解釋方法：這本書的名稱本身也揭示其的解釋方法，與若干漢喃詞典的解音方法不同，在這裏使用兩個解義方法爲直接翻譯（一個漢字——相應的一個喃字）并解釋。

老師教學生們揀讀漢字（字音）

老師檢查學生們寫問讀/寫漢字

嗣德聖製有的按越南語的音取了韻，有的按漢字的漢越音取了韻。押韻方法的目的是使詩句按六八詩體次韻，使句子柔韌性的解釋，但其對編寫者極難。例如：

Hạn *nắng lắm*, Yến *trời thanh*
Đăng đăng *lộng lộng*, Oanh oanh *ầm ầm* (1, 3b2)

編譯并選擇了這兩個解釋方法，這本書的作者已經解決了六八詩體的押韻，本來在本解義的字典類型中非常難的。此外，在選擇意思來解釋漢字的方法内已經造成了對句子的靈活性、柔韌性。對於這方面，應確認這也是這本書作者的成功之處（何登越，2006）。

以上的這兩本書是對這些漢字、漢語課程的詩化或藝術化之典型例子，通過以越南語詞匯的註釋（通過喃字）。在他的專著中，阮庭和評估説："本越性地創造的文本與珠興字的三千字不同的，不同之處它使用腰韻：本線的第四字與下線的第二字次韻。并這樣韻文類型就是助於學者熟記及記字。"

四、三千字在阮時代漢字教學的效應

（一）在天主教環境

19 世紀後期，武文科牧師在寧平省發艷教堂已經使用"字學纂要三千

字”以教給天主教的教徒。

（二）在佛教環境

福田和尚的“道教源流”也用過這些書如千字文，千字歷代國音，目的是作爲教漢字的教材。俗人的這兩本書爲當時通用的書籍，和尚已經將其整理并刻印，放在“道教源流”的下級教程下面。（釋明嚴，2017：37）

在“三千字”這套書，後背也以喃字與國語字解義/解音，目的也是對漢字的教與學。下面爲“三千字解譯國語”的若干書頁，編號：R.1667，越南國家圖書館。

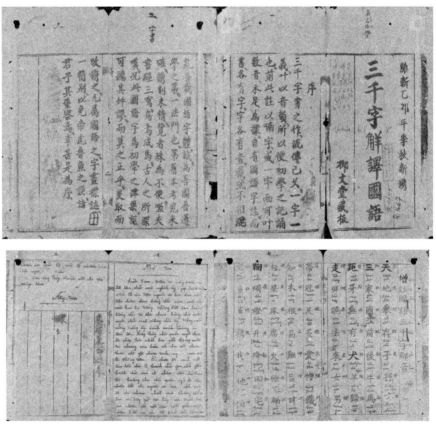

在這本書的編寫方法被描述如下：這本書的名稱本身爲《增註三千字解音》，本來已經明顯的表示編寫者的意圖。集體方法是：漢字-喃字-漢越音-國語字（以越南語解釋），目的是容易記得，簡單易學。當時，國語字已經變得普遍，但是，對漢字的教學仍然被認爲是必要的。因此，在一種文本上的多文字之并行也是在這段時間很流行的（不僅在書籍上，而且在許多碑記上）。“三文字”這本書（在一張上的多文字）也是在越南於第 19

世紀後期至第 20 世紀初的多文字并行時期之反映。在漢喃研究院，《三千字解譯國語》，編號：VNv. 120，1908 年出版。

　　無論在任何角度使用喃字、國語字來解音、解義、解釋漢字，主要目的仍然是學習漢字。喃字、國語字就是作爲學習漢字基礎的附帶工具。范文浩（1996）：“母語的把握尤其是其詞匯給學者與使用漢字的人創造了更好的條件，同時也對轉義、轉線、變義等可能在上學的越南人，與使用漢字的人之語言認識中的漢語詞類了解。越南語通過教科書系統教學漢字，與傳統越南漢學基礎的漢字教學，在實際的漢字學習中起到了重要作用。”

《三千字解音》《嗣德聖製字學解義歌》

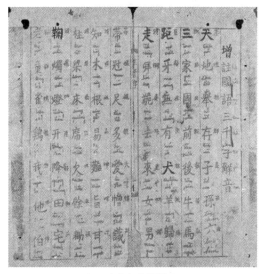

《三千字解譯國語》

五、結論

基本上，這兩套字典/教科書表示了以下的效用。

（1）提供了在場生活中定期出現的通用詞匯，意味着是與所重復頻率的出現。因此，將喚起了直覺，經常影響到直覺，使對字的記得更容易。

（2）每個漢字以相當於越南語的一個同義詞（以喃字寫的）解釋，解義/解音的方式按韻/調。以音/調的解義具有與俗語/歌謠/民歌一樣的作用，使對字的熟記和記住更容易。

（3）可以視爲漢喃雙語字典，提供了適當的詞匯。通過比較表，與若干中國字典/詞典參照，字目數不太大，并不根據部首查詢。這也是在越南的中代漢喃雙語字典/詞典之最常用特徵。根據范文快的評價：這樣漢字數量的選擇是對學者的適合，并也是符合於漢字的實際情況，雖然總的漢字有多，但是常用的字數量又僅是某一定的數量（例如：《康熙字典》在1716出年現，收集多40000個字，但其中只有4000個常用字，2000個姓名的字；其余34000個少用的字）。這表明這些編寫者已經對漢字實際了解并因此這些書帶著高的師範含義。以及目的是爲漢字教學服務，提供了詞匯，與3000個在"三千字"的詞被視爲豐富的詞匯，表示功夫，帶着概括性，體現編寫者的意圖，收集文字來傳授。

（4）韻調常是脚韻，腰韻及六八韻。這些作者都把握了漢字的本質，關於字學的三個要求：字形、韻律和意義，在教學時都被貫徹。韻律的作用如大家都知道，使學者易於熟記，避免長句與短句的限制，在教字教義中的韻律使用之技巧都在全部書籍貫徹，有助於學者的記字提高。記字的經驗經常在教學時提出，造成在越南中代教學漢字與喃字的獨特傳統，以及目前學習漢字的需求。

* 附錄

在越南與使用漢字地區中的一些國家的若干字典/詞典之字參照表如下：

次序	書名	國家	目字數
1	《大南國語》	越南	4.779
2	《南方名物備考》	越南	4.461
3	《指南玉音解義》	越南	3.394
4	《三千字解音》	越南	2.988

續表

次序	書名	國家	目字數
5	《日用常談》	越南	2.449
6	《難字解音》	越南	1.066
7	《千字文解音》	越南	1.000
8	《嗣德聖製字學解義歌》	越南	9.028
9	《南藥國語賦》	越南	600
10	《安南譯語》	越南	716
11	《指南幼學備品協韻》	越南	2.500
12	《説文解字》	中國	10.516
13	《玉篇》	中國	22.726
14	《集韻》	中國	53.525
15	《字彙》	中國	33.179
16	《正字通》	中國	33.549
17	《康熙字典》	中國	49.030
18	《新撰字鏡》	中國	20.000
19	《和名類聚抄》	日本	3.350
20	《聚類名義抄》	日本	3.000

參考文獻

越南語書

［1］Trần Văn Giáp 陳文甲：《漢喃書庫的了解》，社會科學出版社 1990 年版。

［2］Lã Minh Hằng 呂明姮：《大南國語漢--越雙語詞典考究》，國家大學出版社 2013 年版。

［3］Trần Trọng Dương 陳仲洋：《范廷琥的日用常談漢：越雙語詞典考究》，文學出版社 2016 年版。

［4］Phạm Văn Khoái 范文快：《關於在漢喃書庫中的漢字教學教科書之若干問題》，社會科學出版社 1996 年版。

［5］Phạm Văn Khoái，Hà Đăng Việt 范文快、何登越：《〈嗣德聖製字學解義歌〉——具有百科書性的漢喃雙語詞典》，《漢喃雜志》2013 年第 1 期。

［6］Nguyễn Thị Lan 阮氏蘭（2002），《漢字教學漢喃雙語書籍類型的了解——通過三千字解音的研究》，碩士學位論文，河內國家大學，2002 年。

［7］阮庭和：《嗣德聖製字學解義歌的研究初步——第 19 世紀漢—越字典》,《雜志來源》2012 年第 6 期。

［8］Nguyễn Thiện Giáp　阮善甲：《詞及越南語的識別》,教育出版社 1996 年版。

［9］Nguyễn Tuấn Cường（Pháp danh Thích Minh Nghiêm）阮俊强：《福田和尚的道教原留作品的研究》,博士學位論文,越南社會科學院,2017 年。

漢喃書

［10］《道教源流》,A.2675,漢喃研究院。

［11］《三千字解音》,AB19,漢喃研究院。

［12］《三千字解譯國語》,R.1667,越南國家圖書館。

［13］《吳家文派選四之八- 金馬行餘》,A.117/9,漢喃研究院。

［14］《嗣德聖製字學解義歌》VHv.626/1；AB.5,漢喃研究院。

中國書

［15］陳炳迢：《辭書概要》,1985 年。

［16］《古代辭書史話》,1986 年。

［17］《辭書論集》.上海市辭書學學會論文選,1987 年。

［18］《中國辭書論集》,1999 年。

［19］黄湘榮：《字和詞》,北新書局 1953 年版。

［20］黄建華：《詞典論》,上海辭書出版社 2001 年版。

［21］趙振鐸：《辭書學論文集》,2006 年。

19 世紀末 20 世紀初漢喃雙語辭典[*]

——《南方名物備考》案例研究

［越南］陳氏降花 越南漢喃研究院

歷史上，越南人吸收漢文字文化并將其改變，形成"喃字"，在此基礎上出現了 14 世紀的慧诤《南藥國語賦》、15 世紀的《指南品彙》、16 世紀的《指南幼學備品協韻》（約 1718 年）、18 世紀法性禪師《指南玉音解義》、18 世紀吳時任《三千字》、19 世紀范廷琥《日用常談》、19 世紀嗣德帝《嗣德聖製字學解義歌》、19 世紀阮文珊《大南國語》、19 世紀末 20 世紀初鄧春榜《南方名物備考》、《難字解音》（作者與年代不詳）、武國珍《千字文解音》、《字類演義》（作者與年代不詳）等雙語辭典。其中，《南方名物備考》（下文簡稱《備考》）由鄧春榜等人細心考察編撰，進行漢語詞的詳細解釋以及對越南產物的具體記載。

此文以辭典研究之角度對《備考》進行考察，研究其在越南社會文化裹的影響。

一、作者與文獻概略

鄧春榜，字希龍，號善亭，又號文甫，1828 年生於南定省春長府瑶水縣行善總（今南定省春水縣春紅社行善村）的一個儒學世家，丙辰（1856）年考中進士，任監察禦史、吏科掌印、廣安按察、宣光布政、山西布政、興安巡撫、海洋巡撫、南定督學。1910 年卒，享年 83 歲。

鄧春榜是一位淵博學者，在史學、天文學、地理學、文學、語言學、教育學等領域都有著作。

《備考》是一部漢喃雙語辭典，以門類排版，由善亭鄧文甫（即鄧春榜）從 1876 年開始編寫，分上、下冊，成泰年間壬寅（1902）年木板印刷，板紙 26×14 釐米，共 78 張，一張二頁，每頁十行。

越南漢喃研究院現保存《備考》兩個版本，代碼分別爲 A.155 和 VHb.288，每代碼含上、下兩冊，形式與內容相當，來源於成泰年間壬寅

（1902）年木板。VHb.288 版本有八張手寫，上册爲第 13、28、29、34 張；下册爲第 5、7、12、16 張，其内容與 A.155 印刷版無異。我們認爲原因是 VHb.288 在使用過程中出現損壞，因此以手寫代之。

此外，越南國家圖書館保存《備考》上册（R.43）、《備考》下册（R.44），也是成泰年間壬寅年（1902）木版印刷，内容形式與上述版本相符。

現存的《備考》版本都來源於同一個木板，由鄧春榜親手定版。我們以漢喃院 A.155 版本爲研究對象，其余版本以供參考。

二、《備考》結構

通常而言，辭典研究可從宏觀和微觀角度進行。辭典宏觀結構研究的對象是作者的編寫觀點、編寫方法以及辭典的類型學特點。微觀結構研究的對象是詞目的註音、釋義等問題，從而爲語言學、天文學、地理學、史學、農學等學科提供資料。

（一）宏觀結構

辭書常見結構包括：凡例、查詢方法、查表、詞目（即正文）、插圖、附錄。《備考》結構包括三個部分：小引、目錄、正文。沒有查表與附錄。原因有二，一是作者受到相關書籍的影響，二是編撰的目的是作爲門第學習的教材。

鄧春榜序言中指出，編撰的目標是帮助學習者認識多個事物的名稱，以及"窮理"。原文曰："學者，莫要於窮理。理何以窮？格物是也。夫所謂格物者，窮至事物之理也。豈僅識其名而已哉？然聖人教小子學詩，必欲多識於鳥獸草木之名，何也？名者，理之所托而存焉者。識其名乃可窮其理也。物之名義，周公《爾雅》備矣。漢史游《急就章》、晉陸機《詩疏》、稽含《南方草木狀》、明李（時）珍《本草綱目》，王象晉《群芳譜》，以至《説文》《埤雅》《正字通》《通俗文》《格致鏡原》《三才圖會》等作，其所以訓詁後學最爲詳核。然讀其書往往互相讖詆甚矣。"

因吸收了《爾雅》等中國古辭書編寫法，鄧春榜將《備考》分爲 33 門類。目錄裏分 32 門類，實際上爲 33，因爲"草木門"分爲二。

序	門類	詞目數量
1.	天文門	172
2.	地理門	180
3.	歲時門	86
4.	身體門	343

序	門類	詞目數量
5.	疾病門	201
6.	人事門	689
7.	人倫門	228
8.	人品門	125
9.	職制門	129
10.	飲食門	87
11.	服用門	233
12.	居處門	170
13.	宮室門	173
14.	舟車門	96
15.	器用門	249
16.	禮樂門	196
17.	兵刑門	121
18.	戶工門	81
19.	農桑門	142
20.	漁獵門	31
21.	巧藝門	42
22.	五穀門	105
23.	菜門	60
24.	花門	80
25.	果門	66
26.	草門	186
27.	木門	110
28.	竹門	24
29.	禽門	108
30.	獸門	49
31.	鱗門	93
32.	介門	23
33.	昆虫門	47
合計		4725

　　該分類法基本上與《日用常談》《大南國語》《嗣德聖製字學解義歌》等越南當時的辭典相符。不過也有一些出入：《日用常談》包含"人序"和"酬應"兩個門類，而《備考》將之都歸入"人倫"一門；再例如《備考·人品門》由《日用常談》裏"儒教""道教""釋教"三門組合而成。

　　《備考》的一個特點是，作者將每一門類又分爲更詳細的主題。如："天文門"分16節，共171詞目，包括：日、月、星、五星、二十八宿、雲、氣、煙、虹霓、雪、風、雷、雨、暑、晴、陰；"疾病門"分20節，共205詞目，包括：頭、目、鼻、耳、口、舌、唇、齒、頷、喉、煩、腹、腸、莖囊、肛門、手足、膚、雜病、婦人、小兒。分節可讓讀者更易學、易懂，也可讓教學工作更加順利。

　　鄧春榜的編寫法繼承了古人的知識，參考中越古書，結合日常記載，進行對照校訂，補其缺，修其誤，存其未知，斷其門類，俗音形狀皆有記載。此方法符合於辭書編寫的規律。

　　（二）微觀結構

　　1. 詞目格式

　　與其他辭書相同，詞目用大字體書寫，註釋用小字書寫，用漢字或喃字。例：

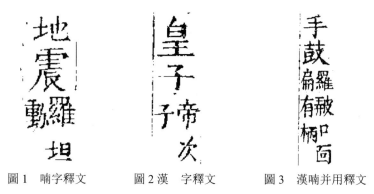

　　圖1　喃字釋文　　　　　圖2漢　字釋文　　　　圖3　漢喃并用釋文

　　2. 注音方案

　　在漢喃雙語辭典裏，生僻字往往有注音，主要手段包括同音、反切和聲調註。《備考》的註音方案爲同音與反切。

　　同音注音是用一個同音的常用漢字來注音。例：

　　浐音劣，山土有水〔6b〕

　　栅音策，編竹木曰栅〔37b〕

　　反切：與中國古字典相同，在《備考》裏反切是普遍使用的手段。例：

　　垮口交切羅坦磊瘦土不平也〔5b〕

砠七余羅岇砗坡坦石山帶土［6a］

酢在各切客酌主人［22a］

聲調注是 19 世紀末 20 世紀初漢喃雙語辭典普遍使用的註音手段。《日用常談》和《大南國語》都見使用。不過《備考》幾乎沒有使用這種註音方案，我們發現只有唯一一個例子：

小倩　去聲自稱亦曰小壻称人令倩曰壻［25b］

通常而言，讀音註釋放在需要註音的字的後面，但有些地方相隔幾個字，導致閱讀困難。

例：

敳羅婦音確卵甲［h36a］

涅羅𧊌渚嫩結切鷄伏卵而未子始化之時曰涅伏禽覆卵亦曰涅［h36a］

大多數需要注音的漢字都是原詞目，偶爾在釋文裏出現生僻字，作者也做注音。例：

溝羅溪𦏆田間水道廣四尺深四尺曰溝廣八尺深八尺曰洫廣二尋深二仞曰澮廣尺深尺曰畎畎音狷［6b］

猫羅昆狽蒝冬切［38a］

3. 釋義問題

呂明妲指出漢喃雙語辭典使用的釋義手段有三：（1）判斷句；（2）同義詞釋義；（3）詳解。陳仲洋認爲，《日用常談》除了上述三種手段，還使用第四種，就是典故解釋。上述三種手段《備考》都使用，但詳解爲多。

判斷句：

詞目名稱是漢字（或詞），後面是釋文，有漢文、喃文或并用。喃文釋文一般來講都是單義詞，在越南語裏普遍使用。例：

詞目	釋文	頁碼
升	羅柵丕蓮	［3a］
舌	羅舓	［11a］
盜	羅濫	［22b］
藥	羅𧂄	［30b］

漢文釋文：少見的事物或現象，或需要加以解釋的多義詞。例：

城帶　城面之下帶以覆城者［35b］

玉輦　今巡幸用之［7b］

衣　凡以布帛韋革裹物者曰衣。弓、韜、書、紩皆曰衣。［h8b］

或是一些在越南語裏沒有相應的詞語。例：

三．焦有氣無形，上焦在胸上膽中。中焦在脐兩旁。下焦在脐下一寸。[12a]．

漢喃并用釋文：喃文是越南語的相應名詞，漢文註解其本義，或補充其他名稱。例：

霧　羅霓陰陽乱爲霧，其氣蒙乱，前後人不見。[4b]

虹　霓　羅求虹，鮮盛者爲雄，曰虹；其闇者爲雌，曰霓。[4b]

同義詞略注：

同義詞略註是古今辭書裏的普遍現象。《備考》裏同義詞放在一塊，下面註"俱見上"。碰到這樣的情況，讀者需要看上面的詞目方能理解。

對於有多個名稱的概念，《備考》使用"亦曰"來註釋。例：

赫　羅燼，亦曰炎，曰烈。[3a]

迴　風　羅靁扃風卒起而還轉自上而下，或磨地而起。亦曰旋風，曰扶搖，曰羊角風。[5a]

詳解：詳解是《備考》裏用得最多的釋義手段。每一詞目用漢文和喃文釋義。釋義内容往往是描寫事物的特點、本質，相對廣泛。例：

嘘　羅楄歪鎖鎖斯吝日黄昏也，將落未落。亦曰返照，曰倒影，曰殘陽。[3a]

夊　羅吒，己之父生。曰父，曰爺，曰嚴。君死曰考，曰亡父，曰先子。[23b]

書中所體現出的知識足以證明作者參考了古今中外之書，對越南風物有深刻的了解。例：

社　史記註：五鄰爲里，里各立社。

蠟　沈　香　羅琦南，出平順。（沈香以越南平順琦南爲上）

三、《備考》的辭典教科雙用性

論編寫方法和結構，《備考》是一部漢喃雙語辭典。論内容及其主旨，該書也是越南百科全書。

（一）詳解漢喃雙語辭典

19 世紀末、20 世紀初，在越南出現多部漢喃雙語辭典，雖撰寫方式與規模各異，但其目的都是幫助學生認字，打好學習基礎。也有的目的爲進行喃字標准化，如《嗣德聖製字學解義歌》。

爲了方便，我們將 19 世紀末 20 世紀初漢喃雙語辭典統計如下：

圖 4

序	名称	詞目
1.	日用常談	2449
2.	嗣德聖製字學解義歌	9028
3.	大南國語	4779
4.	難字解音①	1066
5.	南方名物備考②	4725

《備考》共 4725 條詞目，實際上應該更多，因爲在很多詞的釋文裏還包含一些同義詞。該書詞目數量爲中等，但最突出的特點是釋文。

《嗣德聖製字學解義歌》的詞目用"六八體"詩來註解，這是越南特有的詩歌形式，但也因爲使用詩歌形式而内容有所限制。

在考察《日用常談》釋文時，陳仲洋認爲："《日用常談》只是爲教學工作提供一個基礎框架，至於有關的具體知識，那才是在教學過程中，在《備考》《群書參考》等書裏得以生動描寫的知識。"

如此看來，想要詳細了解《日用常談》裏的詞的含義，必須參考其他書本。而《備考》解釋得非常詳細，信息量大，這一部辭典近乎一位老師。

不過，作爲一部辭典，《備考》也存在着一定的缺點。因爲分門類，沒有查字表，因此查詢不方便；多音字被列在不同的門類裏，難以全面掌握詞語的所有義項。

（二）教科書

鄧春榜是一位學識淵博的學者，考中進士做官但官場失意，晚年回鄉開私塾。其著作包括：

序數	著品和大概内容
1.	《越史綱目節要》：越南歷史（雄王時期至西山朝代結束）研究
2.	《史學備考》：考越南天文地理及官制
3.	《通鑑輯覽便讀》：簡介中國歷史（原始時代至明朝末年）
4.	《欽定人事金鑑》：經史子集語錄，阮朝内閣編撰，鄧春榜是成員之一
5.	《南方名物備考》：漢喃雙語辭典，漢字喃字釋文，包含天文、地理、人事、草、木等 33 門類
6.	《先嚴會庭試文》：嗣德九年（1856 年）鄧春榜的會試殿試作文，後人搜集
7.	《如宣詩集》：鄧春榜個人詩集

---

① 1 至 4 的詞目數量參考陳仲洋《范廷琥〈日用常談〉漢越雙語辭典略考》，河内文學出版社 2016 年版。

② 詞目數量由我們統計。

續表

序數	著品和大概内容
8.	《善亭謙齋文集》：鄧春榜等詩文集
9.	《宣光省賦》：宣光省地理、歷史
10.	《聖祖行實演音歌》：六八體詩，説楊空路、阮覺海、徐道行去西竺學道之事
11.	《二度梅》喃文版本
12.	《訓俗國音歌》：六八體喃字詩，歌頌淳樸風俗以教化
13.	《太上感應篇國音歌》：用六八體喃字詩翻譯《太上感應篇》
14.	《古人言行錄》：記載中國歷史名人的言行
15.	《居家勸戒則》：中國古書裹的名言，教育子孫守倫常，離壞俗
16.	《古訓女歌》：教育女兒之書

　　鄧春榜所撰寫的書籍可分三類：歷史考究、詩文、家訓。歷史考究類以嚴謹治學的精神進行史料考察，是越南 19 世紀的重要史書。詩文類包括鄧春榜自己的詩歌，或後人搜集而成。家訓類用於爲兒女弟子傳授知識、經驗。第三類嘗使用喃字六八體詩來記載，朗朗上口，易學易懂。

　　鄧春榜編撰《備考》，一是便於家人學習漢字，二是讓學生從基本概念而窮其理。爲達到這樣的目的，他參考了《爾雅》《詩疏》《南方草木狀》《本草綱目》《群芳譜》《説文解字》《史記》《埤雅》《正字通》《通俗文》《格致鏡原》《三才圖會》《字典》《農政全書》《救荒本草》《金湯借箸》等中國古書籍。這些書籍涵蓋了歷史、語言、文字、詩歌、草木、醫學、農業等領域的知識。此外，鄧春榜也讀遍南國之書，如阮朝國使館《大南一統志》、慧凈《藥性指南》、黎貴惇《雲臺類語》、范廷琥《日用常談》《嘉定通志》（疑爲黎光定《嘉定城通志》）等。[①]

　　全書分 33 門類，每一門類又分小節，每一節包括多個詞目。通過詞目的釋義，作者提供了自然與社會的基礎知識。《備考》已成爲越南最全面的教科書和漢文辭典之一，其價值是值得肯定的。

　　四、結語

　　19 世紀末 20 世紀初，越南社會在東方文化與西方文化中徘徊，在舊學思想與新學思想間搖擺。而鄧春榜的教育思想較爲傳統，這一點在他的很多著作中都有體現。《南方名物備考》是一部按照中國《爾雅》的编寫法進行撰寫的漢喃雙語辭典，對於漢字學習者是一本很有參考價值的書。也爲

---

① 上述書籍在《備考》裹皆有提及.

研究越南這一歷史階段的風土人情、社會歷史的人提供較爲全面的資料，在越南教育歷史中，是一部有價值的教科書。

參考文獻

越南資料

［1］Tran Trong Duong（陳仲洋）：《考究范廷琥的漢越雙語詞典：日用常談》，文學出版社 2016 年版。

［2］Tran Van Giap（陳文甲）：《漢喃書籍了解：越南文學史學之財源》（*Tim hieu kho sach Han Nom，nguon tu lieu van học su hoc Viet Nam*），越南社會科學院、社會科學出版社 1990 年版。

［3］La Minh Hang（呂明姮）：《考究漢越雙語詞典：大南國語》，國家大學出版社 2013 年版。

［4］La Minh Hang（呂明姮）：《20 世紀前於越南漢字教學的考察》，《漢字漢文教育雜志》，第三十七輯，韓國 2015 年 5 月。

［5］Pham Van Khoai（范文快）：《越南漢喃：第十九世紀末至第二十世紀初》，河內國家大學、人文社會科學大學，研究報告集，2009 年。

［6］Tran Nghia（陳義）-Francois Gros：《越南漢喃遺產——書目提要》（*Di san Han Nom Viet Nam-Thu muc đe yeu*）（*Catalogue Des Livres En Han Nom*），Éditions Sciences Sociales，1993 年。

［7］Tran Nghia（主編）：《越南漢喃遺産-書目提要，補遺 1》（*Di san Han Nom Viet Nam-Thu muc đe yeu，Bo di 1*），社會科學出版社 2002 年版。

［8］Hoang Thi Ngo（黃氏午）：《漢越雙語詞典：指南玉音解義》，文學出版社 2016 年版。

［9］Ha Dang Viet（何登越）：《第十九世紀漢喃字典詞典研究》，博士學位論文，河內師範大學，2014 年。

中文資料

［10］黃建華：《詞典論》（修訂版），上海辭書出版社 2001 年版。

［11］陳炳迢：《辭書概要》，福建人民出版社 1985 年版。

越南《千字文》字書兩種漢字字形考

［越南］阮氏黎蓉 河内國家大學 廈門大學

一、漢字在越南的發展歷史與地位

自從中國士燮太守在交趾郡（越南舊名）設立漢字教學算起，漢字在越南經歷了兩千年存在。漢字在越南發展史可分成兩個主要階段：10 世紀前與 10 世紀後。10 世紀前，漢字在越南的發展與變化跟隨着在中國的傾向，但 10 世紀後，它脱離了在中國的漢字發展與變化趨勢而有自己的發展道路[1]。越南各代皇帝都重視發展文化教育事業。雖然 13 世紀後越南人創造出自己的文字——"喃字"，但它仍然無法取代漢字地位。各朝皇帝都主張以漢字爲正式的官方文字。可以肯定，從公元 1 世紀到 19 世紀，漢字在越南歷史文化扮演了重要角色。它是行政、文化、教育、宗教祭祀等方面的主要書寫工具，并成爲越南文化的組成部分。

19 世紀後，漢字在越南遭到重大轉折。法國殖民者 1858 年首次進行越南領土戰争。在法殖民的統治下，漢字受到兩次重大打擊：其一爲 1867 年取消漢字科舉考試，其二爲 1869 年 2 月 22 日取消行政工作上漢字使用[2]。具體規定從 1869 年 4 月 1 日起所有國家公文需要使用拉丁字母文字，所有漢字文本只有參考價值。從此，漢字在越南僅在老教師學校得以傳播。有關 19 世紀漢字教學情況，越南學者范文快在《20 世紀漢字若干問題》一書寫道："當時漢字教與學是挽救傳統家道的一種表示，體現對敵人的不合精神及其愛國之心而已。"另外，法國傳教士同時給越南創造出拉丁字母。這種文字能直接把老百姓日常話語簡便記錄下來，易學又易寫，所以漸漸被接受、喜愛。國語字的誕生加速漢字地位降低過程，漢字免不了進入衰亡、萎縮時期。對文字而言，可見同時發生兩種對立傾向：漢字地位（以及與它緊密聯系的"字喃"）漸漸衰落，反之拉丁字母（即國語字）地位漸漸上升。拉丁國語字最終取得正統地位。這個過程延續 100 年左右。截至 1945

---

① 參考［越南］阮才謹《漢越音的來源與讀音》，社會科學出版社 1979 年版，第 25—35 頁。

② 參考越南學者的有關書籍，如武玉慶《探討 1945 年前越南教育》，教育出版社 1985 年版。

年，八月革命取勝後，這種"正統文字地位交代"過程總算完成①。

二、《千字文解音》（1890 年）與《千字文譯國語》（1909 年）成書背景

以上所述，拉丁國語字取勝之前，漢字在越南已有 2000 年使用。爲了普及漢字，滿足漢字教學需求，越南漢字教科書歷史上層出不窮。其中，筆者特別註意均由越南學者編寫的"千字譯解"叢書。該叢書包括："千字文解音"（1890 年）、"三千字解音"（1831 年）、"五千字解音"（1909 年）。越南儒士精心選擇、收集基本常用字，采用漢喃對譯方式加韻語而編撰成書。不管作爲教學用書、自學參考書還是漢喃字典，該叢書均起好作用。由於其實用性強，到 20 世紀初，後代用拉丁國語字把原本翻譯成增加國語字的版本。即《千字文解譯國語》《三千字解譯國語》《五千字譯國語》等書。在拉丁國語字逐漸普遍的潮流下，此工作更是提高該叢書的使用效果，使其更能跟上時代的變化。甚至到 20 世紀中末期，這類叢書仍然普遍流行於漢字學習者們。其中不少曾經多次再版或者對譯成法語文字。

以下介紹該類書籍的首頁：

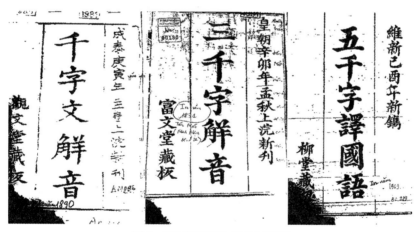

圖 1 "千字譯解"叢書封面圖

在此研究論文，由於篇幅有限，筆者只針對《千字文解音》與《千字文譯國語》的漢字字形流變問題展開深入研究。

三、1890 年《千字文解音》與 1909 年《千字文譯國語》文獻簡介

在越南漢喃研究院查找，筆者找到兩本有關《千字文》之書，即《千字文解音》與《千字文譯國語》。下面分別介紹：

---

① 參考越南學者范文快《20 世紀漢字的若干問題》，越南河內國家大學出版社 2001 年版，第 175—190 頁。

（一）原本《千字文解音》（以後簡稱"原本"）館藏編號有二，其分別爲 AB227 與 AB91

筆者把不同館藏編號的那兩本書借出來，進行仔細對照就發現：其規格、內容等完全一樣。封面布局如下：中間寫著書名《千字文解音》，右邊一欄有寫印刷年代"成太庚寅年孟春上浣新刊"，左邊一欄些著"觀文堂藏版"，没寫編撰作者。此書24頁，裏面有漢字與喃字。（參看以上圖2）

圖2　《千字文解音》與《千字文譯國語》封面。左邊爲原本，右邊爲譯本

據歷史記載，成泰是越南阮朝第 10 位皇帝，在位時間爲 1889—1907 年，（相當於中國的清德宗皇帝時代）。庚寅是 1830 年、1890 年、1950 年等年。結合起來，書上寫的"成泰庚寅"年，可確定該書印刷時間爲 1890 年。

書體例與規格：原本没序直入正文。每頁均分 5 欄，每欄設有 9 個漢字竪寫。全書均用喃字解釋漢字，漢字在左大寫，喃字在右小寫。一個漢字就用一個或若干個喃字解釋，其中絕大部分爲一個漢字用一個喃字解釋。

（二）譯本《千字文譯國語》（以後簡稱"譯本"）在漢喃研究院館藏編號爲 AN226

封面佈局如下：中間有寫書名《千字文譯國語》，右上邊有寫印刷年間"維新巳酉季夏"，左上邊有寫"附國語韻"，左下邊有寫"觀文堂藏版"（參看以上圖2）。據史籍記載，"維新"爲越南阮朝第 11 位皇帝，他在位時間爲1907—1916 年。巳酉爲 1849 年、1909 年、1969 等年。結合"維新巳酉"我們可確定此書印刷年代爲 1909 年。書體例與規格：40 頁，20.5 釐米×13.5 釐米，裏面采用三種文字，即漢字、喃字與拉丁國語字。同原本一樣，譯本亦無編撰作者。每頁均分 5 欄，每欄均設 6 個漢字及其喃字與國語字解釋。其結構如下表：

漢字	喃字	直	倘
漢越音		Trực	
國語音		thẳng	

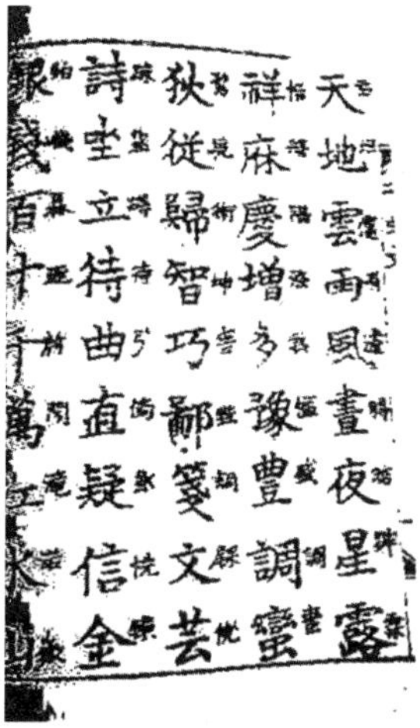

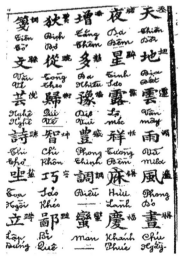

天地雲雨風晝夜星露
祥麻慶增多豫豐調蠻
狄從歸智巧鄙箋文芸
詩坐立待曲直疑信金

圖 3　《千字文解音》（原本）第一頁

天 Thiên Trời　地 Địa Đất　雲 Vân mây　雨 Vũ mưa　風 Phong Gió　晝 Chú Ngày
夜 Dạ Đêm　星 Tinh Sao　露 Lộ móc　祥 Tường Điềm　麻 Hiu Lành　慶 Khánh Phúc
增 Tăng Thêm　多 Đa Nhiều　豫 Dự Vui　豐 Phong Thịnh　調 Điều　蠻 man
狄 Địch Rợ　從 Tòng Theo　歸 Quy Về　智 Chí Khôn　巧 Xảo Khéo　鄙 Bỉ Quê
箋 Tiên Vở　文 Văn Vẻ　芸 Nghệ Nghề　詩 Thi Thơ　坐 Tọa Ngồi　立 Lập Đứng

圖 4　譯本《千字文譯國語》第一頁

譯本不僅增補國語字，而且正文前有寫國語字之若干基本知識，包括：國語韻大寫、國語韻小寫、國語元音系統、5 種聲調、平韻表、仄韻表等問題。編撰作者在頭 5 頁詳細介紹國語字必備知識。從曆史角度觀看，該書

1909 年問世，當時拉丁國語字還剛誕生。這可算爲作者對國語字發展前途的莊嚴聲明，間接肯定國語字的應有位置。

譯本作者針對一本書進行翻譯成國語字，用國語字來解釋漢字和喃字，作者同時達到三個目的：其一，肯定《千字譯解》原本的價值及意義；其二，國語字註解部分使得漢字意義更加淺顯易懂，從而提高原本的教育效果；其三，促進普遍與傳播國語字進程。這可算是“一箭三雕”。

四、《千字文》字書兩種漢字字形考

在考察漢字字形，本文以《康熙字典》爲准。眾所周知，《康熙字典》是張玉書、陳廷敬等著名學者奉康熙聖旨編撰的一部具有深遠影響的漢字辭書。此文字巨典自成書起，不僅在中國影響極大，流行極廣，而在其他東亞國家如日本、越南、朝鮮都各出其名。

筆者先對該兩本書的每一個漢字標記序號，之後仔細考察、對比、統計其漢字字形。在所統計數據的基礎上加以説明、描寫、定量分析與定性分析。

（一）各類漢字字形所占比例及其字形流變傾向

原本與譯本一共均有 1015 個漢字，開始均爲“天、地、雲”，結束均爲“畢、繹、記”。盡管 1015 個漢字的編排與順序一樣，但漢字字形却有不少區別。

根據實際情況筆者把 2 本書裏的所有漢字字形進行歸納、并分成以下四類：

A 類：與《康熙字典》完全一樣（“正體字”）

B 類：與《康熙字典》不一樣，但有出現在漢字異體字字典（“異體字”）

C 類：與《康熙字典》不一樣，也没有出現在漢字異體字字典。這是越南人特有的字形（“越南類”）

D 類：與《康熙字典》不一樣，但接近於現代的寫法（“現代類”）

以下是各本 4 類字形所占比例表：

表 1　　　　　　　　　各本字類所占比例

類型	原本	譯本
A 類	822（81%）	799（78.7%）
B 類	91（9%）	101（10%）
C 類	51（5%）	57（5.6%）
D 類	51（5%）	58（5.7%）

考察 B 類的漢字形體源流，可見其出現在中國古辭書。比如第 29:"坐"。原本寫"坐"，譯本寫"坐"，《康熙字典》寫"坐"。找其異體字的來源，結果如下：

坐 是在《干祿字書·上聲》出現的，坐出自《隸辨·上聲·果韻》，其形體具體如下：

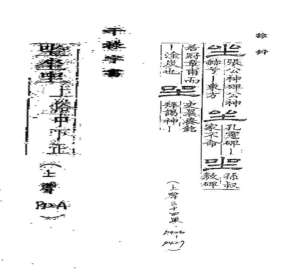

《干祿字書·上聲》收"坐、坐、坐"，云："上俗，中下正。"《敦煌俗字譜·土部》坐，多收"坐"字。《宋元以來俗字譜·土部》坐，引《嶺南逸事》作"坐"。《彙音寶鑑·高下去聲》收"坐"同坐字。《俗書刊誤·卷三·簡韻》雖云："坐，俗作坐，非。"《俗書刊誤·卷三·簡韻》雖云："坐，俗作坐，非。"

第 63:"梁"。《康熙字典》寫"梁"，原本寫梁，譯本寫梁。這些異體字出現在《偏類碑別字·木部·梁字》《字學三正·體製上·俗書簡畫者》《佛教難字字典·木部》《重訂直音篇·木部》等書。

第 66:"湯"。康熙字典寫"湯"，二本書均寫"湯"，考察異體字字典，本人找到湯這異體字出自《漢隸字源·平聲·唐韻·湯字》與《敦煌俗字譜·水部》。

第 108:"高"：康熙字典寫"高"，二本書寫"高"。該字來源的關鍵材料爲《正字通·高部》。《正字通·高部》云："篆作高，從冂從口，口即圍，皆謂室屋垣牆之意。一説象臺觀竦起形，凡亯、亨、亭、亮等字從此，俗從冎。"

以下表格體現二本之間各種字類異同度：

表 2			兩本之間各類比例及其差異	
考察类型	數量		所占比例	
同時寫 A 類（AA）	788		77.6%	
同時寫 B 類（BB）	85	965	8.37%	（95%）
同時寫 C 類（CC）	44		4.33%	
同時寫 D 類（DD）	48		4.73%	
不同類型（AB、AC、CA 等）	50		5%	
合計	1015		100%	

通過以上統計表，可得出以下認定：

1. 原本正體字比例比譯本高。原本有 822 個正體字（占全書 81%），譯本僅有 799 個正體字（少 23 個，占全書 78.7%）。與其相應，他類原本比譯本少：B 類（異體字）原本僅有 91 個（占 9%），譯本有 101 個（比原本多 10 個字，占 10%）。C 類原本僅有 51 個（占 5%），譯本有 57 個，多了 6 個（占 5.6%）。D 類原本只有 51 個（占 5%），譯本有 58 個，多了 7 個（占 5.7%）。

可見，譯本寫法沒有原本規範、標準。譯本有更多異體字、越南類字并傾向於現代寫法。

2. 從表 2 可觀察到二書異同之處及其流變傾向。同時均寫 A 類有 788 對漢字，同時均寫 B 類有 85 對漢字，同時寫 C 類有 44 對漢字，同時寫 D 類有 48 對漢字。二書漢字字形的一致性達 95%。二書之間字形不同僅有 50 對漢字（占全書 5%）。可見，譯本作者相當尊重原本：僅僅改變若干漢字字形，完全保留各字順序，沒有增補、減少或替換漢字現象。

3. 針對 50 個漢字二書采用不同字形：筆者把它們分成 4 種流變傾向即：正化（B/C→A）、異化（A→B/C）、新化（A→D）、舊化（D→A/B/C）（僅有一個序號爲 513 的漢字，原本寫 B 類，譯本寫 C 類，本人歸納成異化過程）。每種傾向具體數量及其所占比例如下：

表 3	譯本對原本的字形流變傾向	
流變傾向	數量	所占比例
正化	11	22%
異化	29	58%
新化	9	18%
舊化	1	2%

從表 3 可見，譯本字形與原本對比，異化傾向占主流（58%），即原本

用正體字寫，但譯本用中國異體字或越南特有寫法。與其相反爲正化傾向占的比例爲 22%，即原本用異體，譯本却用正體寫。值得註意的是：新化傾向比例不少（18%）（即譯本的字形更接近現代寫法）。

（二）辶、艹、丷部形體考察

本文對常見的"辶""艹""丷"三個部形體進行考察、統計、對照其形體。具體情况如下：

1．"辶"部：在原本可明顯看到，"辶"寫法均爲"兩點在上"（如：119、213、231）。這種寫法符合於《康熙字典》字形。但譯本"辶"部寫法却不一致：有的寫舊型（2 點在上），有的寫新型（1 點在上，與現在一樣），而且新型分布在書頭，越到書後越寫舊型。通過考察譯本帶有"辶"字，筆者找到一共有 25 個，其中 7 個寫新型，剩下的 18 個還寫舊型。

2．"艹"部："艹"三畫是今天的寫法。在《康熙字典》，"艹"一律都寫有小隔的四畫，如：花草。兩本書"艹"寫法不一致：有時寫不連接的 4 畫，中間隔開；有時連接寫。考察與統計譯本"艹"部形體，全書有 54 個帶有"艹"部 漢字，其中 18 個寫連接，36 個隔開。

以下爲譯本的"蔬""芋""茶""落""茄"字形：

图 5 "蔬"、"芋"、"茶"字（"艹"部隔开）

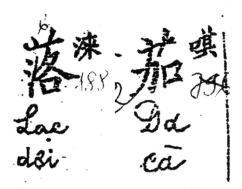

图 6 "落""茄"字等（"艹"部連接）

　　3. "八"部：以前"八"部常寫成"丷"。在《康熙字典》，"兼""兌" "尊""僧""稅""益"均這樣寫：

兼兌尊僧稅蠲益

　　考察 2 書"八"部形體，可見作者采用《康熙字典》的字形。以下爲 二書裏"兼""尊"的字形：

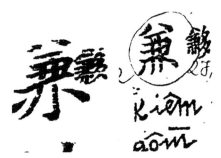

圖 7 "兼"字形體（左爲原本，右爲譯本）

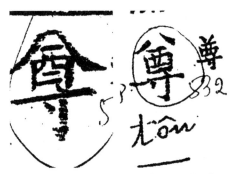

圖 8 "尊"字形體（左爲原本，右爲譯本）

　　（三）越南漢字特有寫法研究

　　著眼於越南特有漢字類型（C 類），筆者找到許多特點。以上所述，原 本漢字 C 類爲 51（占 5%），譯本爲 57（占 5.6%）（參看表 1）。對二書漢字 字形差異仔細對照分析，其差別可分爲二級：一爲筆畫與部首級改變，二 爲字級改變。下面依次介紹。

　　1. 筆畫級

　　筆畫還是部首與正字的差異界限問題實在難以劃分得很清楚。筆者的 方法爲與正字差異很小的就列入"筆畫級"此部分（比如"撇"寫成"橫" 等類），其後就列入"部首級差異"與"漢字級差異"。以下爲筆畫級改變統計表：

表 4 原本與譯本漢字字形與正字之差異

序號	差異特點	原本例子	譯本例子
1	"阝"寫成"卩"	53（階）	552（部）
2	"壬"寫成"王"、"丰"	56 庭（王）	56 庭（丰）
3	"弓""目""日""甘"字出頭寫	（一共 12 個字）372（暇）、365（柑）、389（窮）、595（睇）、615（眺）、676（晴）、722（渺）、774（酣）、823（芎）、837（曬）、873（甜）、977（暄）	與原本一樣
		673（弦）	譯本還有下面 4 個字寫出頭：148（弓）149（弩）563（沸）988（蚓）
4	"魚"字的"一"寫成"大"	312（鯤）	與原本一樣
5	"八"和"丷"混寫	366（橘）384（養）	與原本一樣

續表

序號	差異特點	原本例子	譯本例子
6	"几"寫成"丷"	83（"盤"右上是"丷"）	與原本一樣
7	"彳"寫成"卝"	590（展）	與原本一樣
8	"手"寫"丰"	935（攀）	與原本一樣
9	"束"寫"朿"	500（疏，繁體"疎"右邊寫成"朿"）	與原本一樣
10	"北"寫成"比"	350（剩北寫成"比"）	與原本一樣

　　上述表格説明，在刻印過程中，兩本書裏漢字的筆書與標准正體字有一定差異。其中最爲突出的特點是"弓""目""日""甘"字出頭寫。此類現象占數量較多，普遍性强。其他現象（包括"壬"寫成"王"、"豐"；"魚"字的"一"寫成"大"；"八"和"丷"混寫；"幾"寫成"丷"等）是個別現象。另外，原本與譯本的字形幾乎完全一樣。

　　2. 部首級

表5　　　　　　　　原本與譯本漢字字形與正字之差異

序號	差異特點	原本例子	譯本例子
1	一半寫繁體一半寫簡體	749（駝："马"寫半繁體半簡體）	没有此現象（749（"驼"→全寫繁體"駝"）
2	"灬"寫成"小"	863（蔗）	與原本一樣

續表

序號	差異特點	原本例子	譯本例子
3	"貝"寫成"爻"	268（贏）	與原本一樣
4	字樣顛倒	78（"牀"左邊寫"片"）、584（屯）	與原本一樣
5	"臼"寫成"白"	321（猊）、470（舂）、471（臼）	與原本一樣
6	"匕"寫"上"	859（脂）	與原本一樣
7	"臣"寫成"后"	817（壏）	與原本一樣
8	"臣"寫成"官"下邊部分，或"三口重疊"	403（臧）、407（臨）	403 寫與原本一樣 407 正寫（臨）
10	"足"寫成沒有底橫的"豆"	沒有此現象	9（露）

　　可見，許多漢字越南人有自己的寫法。以上大多數是個別現象，唯一第 5 特點（"臼"寫成"白"）是系統性的寫法。大多數原本與譯本的寫法完全一樣。這些差異或者是來自刻印過程中刻印工的不慎心理，也可能由於編寫者對漢字字形的模糊掌握。此外，也可能考慮到想對漢字字形體現某種創造。

3．字級改變

比以上 2 類的變化更大的，筆者列入此部分，即"字級改變"。字級的改變相當少，主要包括三種：字樣有錯誤又有差別，字結構有改變，增加字的部分。下表爲具體例子：

表 6　　　　　　　　　原本與譯本漢字字形與正字之差異

序號	差異特點	原本例子	譯本例子
1	字樣有錯誤又有差別	775（睡，"目"寫成"日"又有出头） 睡	與原本一樣
2	字結構有改變	左右结构寫成上下结构（451：埶） 埶	與原本一樣 647（層：寫上下结构）
3	增加字的部分	680（瓶）寫成有尸在左外 顧 86（蜜）有增加"山"在"必"和"虫"中间 蜜	與原本一樣

（四）新化傾向研究

此研究的"新"字意義爲：超過《康熙字典》裏的字形，接近於現代我們使用的寫法。比如康熙字典都把"艹"部寫成"4 畫之艹"（中間有小隔），如 茶、花、草。但在兩本書，我們見到很多漢字"艹"部寫法與現代寫法一樣，即"三畫之艹"（中間沒有小隔）。

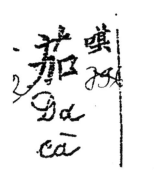

由於這樣現象新與新寫法完全相同，所以筆者把它稱爲"新化現象"。

表 7　　　　　　　　　原本與譯本漢字字形與正字之差異

序號	康熙字典寫法	2本書寫法	現代寫法
1	"戶"上邊是"丿" 戶	"丿"寫成"、"：99（房）、100（戶）、1417（扁）	"丿"寫成"、"
2	376（閒）（裏邊是"月"）	376（間）（裏邊"日"）	間（裏邊"日"）
3	"青"寫成"青"	308（青）、351（請）、368（清）	青、請、清
4	册	551（册）	册
5	糸 維 級 絕 經	574（維）、632（級）、725（經）、740（絕）、938（縱）、1010（綴）、1014（繹）	維、級、經、絕、
6	謄 勝	644（謄）、159（勝）	勝、謄
7	飩 饑 餅 餘	362（餅）、363（飯）、337（餘）、686（飩）（"食"部首寫法更接近於現代）	餅、飯、餘、飩

續表

序號	康熙字典寫法	2 本書寫法	現代寫法
8	橫黃廣	179（橫） 307（黃） 107（廣）	橫、黃、廣

　　上表指出所有新化傾向的具體表現。其體現在："戶"上邊是點而不是
"丿"；"靑"不再寫成"靑"；"冊"已寫成"册"；"糸"已經寫成"下面有
三點"字樣等。可以明顯觀察到：現代寫法與兩本書的寫法一樣。兩本書
的寫法已經超越了《康熙字典》的漢字形體寫法，接近更爲現代的寫法。
超越當時標准字形而達到更爲新鮮的字形，兩書這個特點值得重視。

　　五、結論

　　通過研究考察兩書漢字字形，可得出以下結論。

　　1. 兩書相當嚴格遵守當時漢字標准字形（此類漢字占絕大多數：原本
81%、譯本 78，7%）。原本正字比例比譯本高。譯本有異化傾向。

　　2. 不少漢字形體超過康熙字典字形，即不采取康熙字典形體而使用更
新寫法（原本 51 個漢字（5%），譯本 58 個（5.7%））。

　　3. 書裏異體字占不少比例（15%），其中 10% 是中國異體字。只有 5%
是越南特有寫法（自己進行改變漢字字形）。

　　4. 兩書字形一致性比較強。譯本作者相當尊重原本：僅僅改變若干漢
字字形，完全保留各字順序，沒有增補、減少或替換漢字現象。（與《三千
字解音》及其譯國語本《三千字解譯國語》不同）

　　5. 與標准漢字對比，越南人主要進行改變字的筆畫與部首，其差異度
相當小。

　　6. 改變原因：引起此現象的原因可分成客觀和主觀兩大類：

　　客觀原因：

　　（1）越中兩國山水相連，但過去科技、交通以及印刷技術均尚未發展。
書籍數量少，辭書保管技術差。兩國的交流活動在各個方面都受限制。這

些因素引起越南人少有直接接觸中國辭書，漢字傳播主要靠傳口途徑。從而漢字在越南的書寫方式與標准漢字有差異是易於理解。

（2）漢字本身的特點：結構復雜、象形度高、筆畫繁多。這爲其國内還是國外的傳播與學習都帶來不少困難。

主觀原因：

（1）越南人可能想對漢字有自己的創造；

（2）編寫作者與印刷工無意中書寫錯誤。

《千字文解音》與《千字文譯國語》同其他越南學者編寫的漢字教科書構成了越南漢字教科書的豐富面貌。其出現具有深刻意義：反映越南人對漢字的了解，特別是越南人對漢字常用字的知識以及漢字初學階段的教育方法。18 世紀末 19 世紀初連續出現一系列漢字教科書反映時代的學術性以及越南人愛國精神。它們都是語言學方面的重要貢獻：普及漢字、普及和固定化喃字字樣、傳播國語字等、提高老百姓的知識和文化水平。這類書的長久生命力既像一股源泉澆灌着越南人一代又一代的好學精神，又像一顆寶玉永遠閃耀着其魅力。它們對當今漢字在越南教學的各方面具有重要的參考價值。這個問題在其他篇章本人就展開更深更廣的研究。

參考文献

越南材料：

[1] 阮才謹：《有關字喃的若干問題》，河内大學與中專出版社 1985 年版。

[2] 阮才謹：《有關語言、文字與文化的一些考證》，河内國家大學出版社 2001 年版。

[3] 阮才謹：《漢越音讀法的來源與形成歷史》，河内國家大學出版社 2000 年版。

[4] 范文快：《漢喃古籍文庫内漢語教學教科書的一些問題》，《漢喃學通訊》1995 年。

[5] 勢英：《以前給小孩的漢字書》，《漢喃學雜志》2002 年第 8 號。

[6] 陳文政：《學習古漢字的若干經驗漫談》，《泉源特刊》2012 年 1 月第 3 號。

[7] 阮庭緊：《漢字——中華古代文化的載體》，《語言與生活》1999 年第 7 期。

[8] 阮警名：《越南歷史——從開始到 10 世界》，越南師範大學出版社 2003 年版。

[9] 張有瓊：《越南歷史大綱》，越南教育出版社 1997 年版。

[10] 武玉慶：《探討 1945 年前越南教育》，教育出版社 1985 年版。

〔11〕范文快：《20 世紀漢字的若干問題》，越南河內國家大學出版社 2001 年版。

〔12〕阮善甲：《越語學簡史》，越南教育出版社 2004 年版。

中國材料：

〔13〕李無未：《漢語史研究理論範疇綱要》，吉林大學出版社 2012 年版。

〔14〕〔越南〕宋文長：《冰封與潛流——越南漢字文化傳承模式現代變遷研究》，博士學位論文，西南大學，2008 年。

越南漢喃雙語辭書研究價值初探

——以《指南玉音解義》爲中心

［中國］温敏 鄭州大學

漢喃雙語辭書是中越語言文化相遇和交融的見證，是歷史留給我們的寶貴財富。漢語和越語都是孤立語，漢字自秦漢時期傳入越南，至 19 世紀末，一直處於官方文字的地位。其間隨着喃字的産生，一度形成漢字、喃字并用的局面。喃字是越南人民在漢字基礎上創制的民族文字，漢字、喃字也是中越歷史交流的紐帶和載體。越南雙語辭書以喃字解漢字，一方面體現了漢語字詞在越南語環境下的樣態，同時也反映了越南在對漢字的接受中逐漸形成的越南特色。

有關這類雙語辭書的性質特點，鄭阿財（2015）"以爲其系繼承敦煌《俗務要名林》、《雜集時用要字》以及宋、元、明《碎金》系，明清《要用雜字》系一類小類書型之字書，并應越南實際需要而編纂的漢喃雙語的實用字書"。①徐時儀（2015）持相同意見。本文以《指南玉音解義》（下文簡稱《指南》）爲中心，以《大南國語》爲參照進行初步考察，②認爲這類辭書類目豐富，因日用實用的特點直接反映社會生活，漢喃兩相對照的體例有利於考察漢越詞彙特點和漢字的字形、結構和功用屬性，是研究漢越語、漢字喃字差異、漢越文化交融的優質語料。以下我們主要從兩個方面考察：一、對詞彙學研究的價值；二、對文字學研究的價值。

一、有關《指南玉音解義》和《大南國語》

《指南玉音解義》，又名《重鐫指南品匯野譚并補遺大全》或《指南野譚》。編者不詳。《指南玉音解義》是最早的漢喃雙語詞典，有學者根據該書印版存在兩處避諱字，認爲此書印刷年代的"辛巳年"當是紹成元年，

---

① 鄭阿財：《從敦煌文獻看日用字書在東亞漢字文化圈的容受》，《中國俗文化研究》2015 年第 1 期，第 3—17 頁。

② 文中詞目部類不標記者爲《指南玉音解義》，《大南國語》則標注爲《國語》。

即西元 1401 年（中國明成祖朱棣永樂元年）。至於原編撰者的年代更早。[①]
全書共兩卷，卷上三十目，卷下十目。天文、地理、人倫、身體、衣、食、
住、行、農桑、工器、婚喪儀禮、花草蟲魚盡在其中。鄭阿財（2015）曾
詳列門類，此不贅述。《大南國語》是越南 19 世紀的一部重要漢喃字典，
編者阮文珊，字海珠子，號文多居士。全書共五十目，與《指南》相比，
同是雙語辭書，以喃字釋“北音”，正如其“義例”所敘：“我國自士王譯
以北音，其間萬物猶未詳識，……是書注以國音，庶得備考或有易知者，
亦不必注。”不同的是《國語》喃字釋義簡潔，而且對難解字或和漢字有所
不同才出注。如《國語》的《人倫部》對“荊布”“賢妻”“主饋”“侍媵”
等詞條不出喃字注釋，在《指南玉音》有詳注。

二、《指南玉音解義》的詞彙學價值

中越兩國地緣相近，位置毗鄰，在兩千餘年的交往史中，漢越語言接
觸廣泛深遠，在越南語的各個方面都有所體現。其中詞彙方面，據花玉山
（2005）、阮越熊（2014）、吳氏翠（2016）考察，“越南語詞庫中百分之
六十以上的詞語有漢語來源”，我們稱之爲漢源詞語。同時，越南語根據
本民族社會、歷史、文化、地理環境和語言特點，利用漢字創造了喃源
詞語。這些漢源、喃源詞對於漢、越語詞彙研究、漢越詞語文化內涵挖
掘具有重要價值。

（一）作爲歷時資料，保存了諸多漢源詞語

《指南玉音解義》印刷年代的“辛巳年”是紹成元年，即西元 1401 年。
這一年正是中國明成祖朱棣永樂元年。根據初步考察，《指南玉音解義》中
保留了古代漢語特別是唐、宋、元、明時期的諸多詞語，舉例如下：

《人倫部》“弄瓦、門内、香閨、門楣、淑女、正女”，除“門内”外，
都見於漢語典籍。“門楣”指能光大門第的女兒，爲唐代詞語。如《山堂肆
考》：“唐玄宗寵楊妃，時人謠諺有曰：‘生女勿悲酸，生男勿喜歡，男不封
侯女作妃，君看女却是門楣。’”

《人倫部》“强梁、跋扈、木强”爲漢源詞。“木强”義爲質直剛强。《漢
書·張周趙任等傳贊》：“周昌，木强人也。”顏師古注：“言其强質如木
石然。”

《衣冠部》“班衣、襲衣、百衲、舞衣”見於漢語典籍，宋劉克莊《賀
新郎·實之用前韻爲老者壽戲答》：“老去聊攀萊子例，倒著班衣戲舞。”指

---

① 參考[越南]吳德壽《關於“指南玉音”的最新通報》，載《關於喃字的研究——國際學術研討會紀
要》，社會科學出版社 2005 年版。轉引自鄭阿財《從敦煌文獻看日用字書在東亞漢字文化圈的容受》。

相傳老萊子七十歲時爲戲娛其親所穿的彩衣。漢語後以"班衣戲彩"爲老養父母的孝親典故。

《餅部》"烏膩"，見宋范成大《上元紀吴中節物》："寶糖珍粔籹，烏膩美飴糖。"自注："烏膩糖即白餳，俗言能去烏膩。"

《國語·飲食門》"蹲鴟、土卵、芋魁"見於典籍，其中"蹲鴟"因狀如蹲伏的鴟，故稱。《史記·貨殖列傳》："吾聞汶山之下，沃野，下有蹲鴟，至死不饑。"張守節正義："蹲鴟，芋也。"

這類詞很多，《人倫部》"主饋""阿婆""雪兒""大舍"，《身體部》"銀海""秋波""波羅骨""面善"（面熟），《衣冠部》"秋羅""絡�"，《錦繡部》"兜羅"，《食部》"糝飯"，《餅部》"水團"，《宮室部》"閨閫""飛梁""丹墀"，《報孝祭器》"祝板""大武""柔毛""翰音""清滌"都屬此類。

（二）越化漢語詞或語素義，形成喃源詞語

在長期的語言接觸中，越南人基於本民族社會、經濟、地理、文化環境，越化漢語詞彙，逐漸創造并形成適合越語語言特點的喃源詞語。主要表現爲兩個方面：一是同形異義；二是同義異形。

1. 同形異義

《指南·身體部》"孔鼻、百納、下唇、上唇、舌端"。《大南國語·身體部》："大宅、方田、天顏同上、花池、百納同上"其中"方田"、"花池、百納"和漢語同形異義，分別表示"臉""口"義，這是基於"大宅"的"面部"義。《文選·枚乘〈七發〉》："然陽氣見於眉宇之間，侵淫而上，幾滿大宅。"劉良注："大宅謂面也。"

《人倫部》"仙侶、羽客、道士、白衣人"，都指的是"神仙、方士"。其中"白衣人"在漢語中可指平民，亦可指與佛教徒相對的俗家人。北齊顏之推《顏氏家訓·歸心》："一披法服，已墮僧數，歲中所計，齋講誦持，比諸白衣，猶不啻山海也。"盧文弨注："僧衣緇，故謂世人爲白衣。"

其他如《大南國語·身體部》"望風（出恭）"、"金精（膽）"、《餅部》"羹餅、湯餅、水泡、餛飩"中"水泡"、《宮室部》"孔堂、穀館"中"孔堂"、《舟車部》"豎柱、踏水、列板、桅檝"中"踏水"、《農耕類》"曲軛、武侯、捲䅯、捲子"中"武侯"、《禾穀部》"麩殼、粟殼、稻杆、紅塵、糠粃"中"紅塵"、《器用類》"龍床、象床、合歡、胡床、板床"中"合歡"，《羽蟲類》"公子、鷦鷯、倉毛、黃袍"中"公子"、《金玉部》"瓜子"《毛蟲部》"夜明"都屬於同形異義。

2. 同義異形

　　王力説："越南語的定語是放在其所修飾的名詞的後面的。"① 所以"前正後偏"的偏正式結構正和漢語相反，造成同義異形。此外，越語還利用語素構成新的詞語形式。

　　（1）改變詞序

　　《羽蟲類》"狗魚、青翠、綠翠、琢（啄）木"中"狗魚"，漢語稱"魚狗"，鳥類的一種，即翠鳥。明李時珍《本草綱目·禽一·魚狗》（集解）引陳藏器曰："此即翠鳥也。穴土爲巢。大者名翠鳥，小者名魚狗。……俱能水上取魚。" 徐珂《清稗類鈔·動物·魚狗》："魚狗，《爾雅》謂之鴗，又曰天狗，大如燕，喙尖長，足短色紅，能在水面捕食小魚，如獵狗然，故名。"

　　《羽蟲類》"風晨"，漢語稱"晨風"，鳥名。《詩經·秦風·晨風》："鴥彼晨風，郁彼北林。"毛傳："晨風，鸇也。"

　　《人倫部》"璋弄"、《身體部》"孔鼻、坎心、際發"、《宮室部》"廄馬""門柴"、《撒網部》"鋥鉤"、《器用部》"扇團"、《毛蟲部》"山穿"、《花部》"貞女"和漢語的語序相反。

　　（2）利用漢字構成新的組合形式

　　《錦繡部》"烏閃""黃閃""大閃""青閃"，漢語中有"閃色"，古代指織物通過採用對比强烈的異色經緯來取得的顏色。如有深青閃大紅、紅閃綠、紅閃青、豆青閃紅等品種。

　　《人倫部》"媓娒"，漢語中"媓""娒"二語素單用。《集韻·唐韻》："媓，女字，亦從堂。"《説文·女部》："娒，色好也。"《玉台新詠·蕭綸〈車中見美人〉詩》："關情出眉眼，軟媚著腰肢。語笑能嬌媓，行步絶逶迤。"吳兆宜注引《廣韻》："娒，《字樣》雲：'顏色姝好也。'"洪成玉："古字寫作'美'，今字寫作'娒'。"②

　　《宮室部》"根楔"，楔，指"門兩邊的木柱"。《爾雅·釋宮》："根謂之楔。"郭璞注："門兩旁木。"

　　《撒網類》"囮率"，《廣韻·戈韻》："囮，網鳥者媒。"《説文·率部》："率，捕鳥畢也，像絲網，上下其竿柄。"

　　其他越語中《地理部》"壃埭"、《人倫部》"婮嫫"、《宮室部》"礦碼"、《器用部》"花茵、虎茵"、《撒網類》"籏笒""篔籮""簸笱"、《國語·身體部》"中便"、《身體舉措部》"瘅皰"、《兵器部》"唐大"都是利用漢字語素，

① 王力：《漢語史稿》，中華書局 2015 年版，第 584 頁。
② 洪成玉：《古今字字典》，商務印書館 2013 年版，第 288 頁。

采用漢語構詞方式造詞。

（三）文化詞語對文化交流的價值

漢源詞中有些在現代漢語中不再通用被遺忘或忽視，却作爲漢語的歷時資料被保存在雙語辭書中。詞語是文化的使者，漢越語接觸中越語對漢語文化詞語的接受和創造是雙方文化交融的過程，這些富含文化資訊的詞彙是中越文化交流的印證，具有重要的研究價值和強烈的社會現實意義。

《人倫部》“太水”，梁章钜《稱謂錄》：“《古今合璧事類備要》：“俗呼妻母爲太水，此何義耶？”案語：“此即因妻父之爲泰山而推之，知此稱宋時已然耳。”

《人倫部》“大列嶽”“小列嶽”“疊嶽”，宋代謝維新《古今合璧事類備要》：“青城山爲五嶽之長，今名丈人山。今世俗呼人婦翁爲令岳，妻之伯叔爲列岳。”

《人倫部》“阿耶、家嚴、椿附”中“椿附”，表示“家父”義，漢語無。“椿”表示父親，則漢語中常用，如“椿庭”“椿壽”“椿萱”等，取《莊子·逍遥游》：“上古有大椿者，以八千歲爲春，八千歲爲秋。”故“椿”喻長壽，亦用來指父親。

《人倫部》“沽漿、行乞、戍卒人、水人、覡筮”，其中“水人”即“冰人”。《晉書·藝術傳·索統》：“孝廉令狐策夢立冰上，與冰下人語。統曰：‘冰上爲陽，冰下爲陰，陰陽事也。士如歸妻，迨冰未泮，婚姻事也。君在冰上與冰下人語，爲陽語陰，媒介事也。君當爲人作媒，冰泮而婚成。’”後因稱媒人爲冰人。

還有一些詞蘊含典故，具有濃郁的文化色彩，如《人倫部》“期艾”“耆”“期頤”、《國語·婚姻門》“奠雁”“蘭佳”、《國語·宮室門》“雪案”“螢窗”、《身體部》“銀海”、《身體舉措部》“胡跪”等。

（四）對中國詞典編纂有重要的借鑒價值

《漢語大詞典》是我國目前收詞最多的一部工具書，共收詞 37 萬餘條。然而，由於各種原因，還是有很多詞語未收錄。《指南玉音解義》中收錄的諸多詞語，能補《漢語大詞典》之失，對中國辭書編纂有重要的借鑒意義。我們這裏所説的“失收”詞目，是指在中國典籍中能找到相應例證，且在《指南玉音解義》中收錄，然而在《漢語大詞典》中却失收的詞語。如：

《身體部》“淚堂”，見宋人《銀海精微》卷上：“又有肺臟久冷，大眥有竅名爲淚堂。淚堂通肺腑，此淚難治……”《地理部》“野燐”，該詞宋代有用例，如歐陽修《文忠集》卷十《送威勝軍張判官》：“野燐驚行客，烽煙入遠塵。”《地理部》“溪港”，該詞《宋史》卷九十七有用例，如：“縈廻綿亙三百餘里，溪港溝澮之水盡歸焉流……”《漢語大詞典》失收。

《地理部》"涯澳"，見於《太平廣記》卷四百十四"飲菊潭水"："荆州菊潭，其源傍芳菊被涯澳，其滋液極甘……"《漢語大詞典》失收。

其他如《人倫部》"舍兄""椓人"、《地理部》"墩阜""甃井"、《衣冠部》"鎖服"、《宮室部》"籠册"、《農耕部》"犁鑮"、《舟車部》"枻楫"、"碇索"、《金玉部》"走槃"、《報孝祭器》"紙牓"、《雜戲部》"點籌""藏鬮"都屬見於典籍，但《漢語大詞典》失收。

三、《指南玉音解義》文字學價值

（一）保存了越南環境下的漢字樣貌

《指南》中保存大量的漢字字形變體，作爲域外文獻呈現了漢字在傳播過程中的實際樣貌，和本土文獻相互印證，有利於探究漢字形體、職用演變的一般規律。"歸納類比是科學研究的基本方法，俗字研究也不例外"，[1]試分析幾例：

1. 丞

《宮室部》：圚圙 音昆　　《毛蟲類》特丞

《鑄冶部》鉤丞　　《羽蟲類》琢木 丞鴿

將這些詞條歸并類比，"丞"并非"拯"。《玉篇·手部》："丞，《聲類》云，扔字。""丞"是"丞"的俗寫字。

2. 毛

《雜戲部》：毛刀走鈞　《甲蟲部》：毛 蝗

詞條類比，"毛"即"飛"字。

3. 竜

《鑄冶部》：甄龐 音堅竜《法器部》燈篦

其他如期爻、者、腎水、柍｜楸、持柍、甘簾、大剚、壁武、芘鴎、竜背等字形材料的形體演變都值得分析考察。用字方面，如者（《人倫部》），可能是出於刻版方便，將"耆"下部的上下結構經粘合變成了左右結構。《身體部》"舌傍、肬腊、班痣"、《宮室部》"脉階、壁椿"、《木類》"杣棕"、《果類》"柿滋""碀康"等詞語蘊含著用字選擇的複雜因素。

（二）有利於越語喃字和漢字的對比研究

越南喃字是在漢字的基礎上創造發展起來的，有關喃字的結構方式，陶維英先生認爲喃字的結構方式有三種：會意、假借、形聲。阮光紅先

---

① 張涌泉：《漢語俗字研究》，商務印書館 2010 年版，第 210 頁。

生將喃字分爲三種：純表音的喃字、純表意的喃字、既表意又表意的喃字。①1976 阮才謹教授夫婦劃出"字喃分類圖"，將字喃分爲"借用漢字"和"自造字喃"兩類。筆者對此沒有專門研究，但從理論上講，漢字文化圈中，韓國、越南最終采用了한글、拉丁國語字等拼音字母，而越南喃字作爲越南民族創制的方塊型文字，具有越南民族文化歷史研究和漢字文化圈方塊字研究的雙重價值，正如陳仲洋先生所言"喃字是越南與東亞各國文化交流的橋樑。"②《指南》類雙語辭書從體例上，漢字喃字在具體詞條上兩相對照，一目了然，例如：

《國語・地理門》山岗、《身體舉動門》言呐食咹、鼻驢_{赤覩}齂

《錦繡門》大紅錦_{赤覩}

這類喃字形旁與字義相等或相關，聲旁標記聲音，由於是記錄越語的語音，故中國人初看這種方塊型漢字很陌生。瞭解基本規律後可見其比較嚴整的對應關係：

《大南國語・人倫門》：萱堂_{正嬶} 妻_嬶兄_{英胇} 阿弟_{庵妯} 姊_{姊胇}

妹_{庵丐胇}

喃字注釋都采取的是"前正後偏"式，如"英胇"對應的是"哥哥骨肉之親的"（親哥哥）、"阿弟"對應的"弟弟媳婦（弟妹）"、"妹"對應的"弟弟妹妹、女的、骨肉親的（親妹妹）"等。

妻家之戚：

外姑_{娛嬶}大列嶽_{博嬶}小列岳_{注嬶}內兄_{英嬶}內弟_{庵嬶}內姊_{姊嬶}

嬶，喃字，表示"妻子"義，應屬左形右聲結構，形旁不似一般喃字直接標義。兩相對照，首先，漢越偏正式構詞方式相反：上述"妻家之戚"六個詞目，喃字解釋中表示稱謂的立足點是"妻子家的"，"嬶"字整齊後置。第二，同樣是對應"嬶"的"妻家"義，在漢語却分別對應"（外）姑""內弟"，存在"內外"之別。因以"丈夫之母"稱"姑"，沒有空位，故加標記詞"外"。第三，"娛""注""英""庵""姊"喃字都是漢字借形字，分別表示"母親""叔叔""兄""弟""姐姐"義。

此外，王力先生在《漢越語研究》一文中曾經指出，"越字（基本和喃字對應）往往透露出漢字的古音，這是研究古漢語的重要旁證。越字既是仿照漢字造成的，就是受了漢越南語的直接影響，不能不連帶談及"，可見喃字還具有語音學研究價值。

① 段美秀：《越南喃字造字方式研究》，碩士學位論文，浙江大學，2012 年，第 3—4 頁。

② 陳仲洋：《喃字研究》，《廣西民族師範學院學報》2012 年第 4 期，第 82 頁。

結語

　　越南雙語辭書真實地記錄了漢語詞彙在越南的樣貌和越南對漢字詞彙的創造，具有雙向研究價值。一方面從越南語對漢語的選擇和接受，可以考察漢語對越南語的影響，重新審視漢語漢字的特點。一方面越南語對漢字、詞彙的越化表現了越語、喃字特點。此外，漢喃辭書中其類目的設置、詞目的分合都側面展示了兩種文化的差異和思維方式的碰撞，對於漢語詞彙研究、漢字本體研究、比較文字學、語言接觸研究都具有重要的學術價值和實踐意義，我們有責任去發掘利用它。

參考文獻

　　[1] 王力：《漢越語研究》，嶺南學報 1948 年第 9 卷第 1 期。

　　[2] 張涌泉：《漢語俗字研究》，商務印書館 2010 年版。

　　[3] 鄭阿財：《從敦煌文獻看日用字書在東亞漢字文化圈的容受——以越南〈指南玉音解義〉爲考察中心》，《中國俗文化研究》2015 年第 1 期。

　　[4] 徐時儀：《漢字文化圈與辭書編纂》，《江西科技師範大學學報》2015年第 3 期。

　　[5] 何思源：《中國京族喃字漢字對照手册》，民族出版社 2016 年版。

　　[6] 花玉山：《漢越音與字喃研究》，博士學位論文，華東師範大學，2005 年。

　　[7] 吳氏翠：《漢語名詞對越南語名詞及相關文化的影響研究》，博士學位論文，華中師範大學，2016 年。

越南漢字辭書《字典節錄》研究[*]

［中國］李宇 浙江財經大學

一、簡介

《字典節錄》是越南漢喃研究院所藏（編號：A.1505）漢文書，160 頁，高 31 公分，寬 20 公分，是一部漢字字典，收錄漢字 7094 個，有釋義。范公撝（字廷宜）編撰於嗣德五年（1852），有序文，如下：

字典節錄序説

聞之大學傳曰：“致知。”解得致知二字，其亦學問中人之一大骨子乎？不覺從來之學問如何？問之懇要諸有用字，則瞀然罔覺；問之切近諸常用字，則闇然罕知。即如眼前常事，何者爲……無論田夫野老，在所不知，至於窮經老盡中人，亦屬罕見何也。少辰專步單義，次則較習對聯、小段，及長徒競文章，其於致知實學，視之邈然，未遑意，所以然也。忝爲此耿然。因宦事餘閑，略觀字典古書，述采所罕見之切要諸字眼，輯編成帙，領之曰字典節錄，啟訓家兒，使之云耳。若欲備求博賾，則有玉堂字典諸成書焉。是序説。

皇朝嗣德萬萬年之五正月吉日

豪川原廳授重慶府知府范公撝字廷誼輯

《大南一統志·高平省》記載：“重慶府，……東至清國太平府竜州界一百三十里，……北至清國鎮安府。”“建製沿革古雄王武定部，秦屬象郡，漢屬交趾郡。”^①從地理位置看，重慶府與清朝地理版圖接壤，所以相對來説文化交流方面比較頻繁，書籍流通比較便利。編撰者范公撝（字廷宜）爲何人，目前查閱相關資料尚未查明，但通過序文我們可知此人爲“廳授重慶府知府”，説明其家世顯赫，受過良好的教育。這就爲他摘錄此本《字典節錄》提供了基礎。依序文，范公撝編寫此本《字典節錄》的起因是自

---

* 本文爲浙江財經大學漢字國際傳播與書法產業協同創新中心項目（C201702）的階段成果。

① 越南阮朝·國史館編：《大南一統志》（嗣德版），西南師範大學出版社、人民出版社 2015 年版，第 241—242 頁。

己平日查閱字典古書，摘錄一些有用字、常用字解惑答疑，并希冀啟訓家兒，以供日後學習參考。那麼《字典節錄》到底參照哪些書目，摘錄了哪些内容呢？序文中提到了"玉堂字典諸成書"。查閱相關文獻資料，1997年7月15日卓文波先生捐贈文物給肇慶市博物館，其中就有一本光緒年間的《玉堂字典》。①《字典節錄》序文中表明輯編時間爲"皇朝嗣德萬萬年之五正月吉日"，即 1853 年。這比光緒（1875 年至 1908 年）的年號的時間要早二十多年。我們至少可以推測《玉堂字典》這本字書至少在咸豐（1851年至 1861 年）年間就在當時的越南流傳。關於《玉堂字典》的記載就目前所掌握的資料來看僅限於此。《明代名人傳》記載："在《字彙》的這些通行本中，比較重要的是吳任臣（見《清代名人傳略》）的《字彙補》，最廣爲人知的是 1676 年刊刻的《玉堂字彙》。"②湖北省宜都市於 2003 年也曾受贈一本 32 開石印版，書内有石印元、亨、利、貞四集，分部用七號正楷字製版的《玉堂字彙》，具體年代未考。我們至少可以認爲《玉堂字彙》屬於《字彙》系統内的一部字書。古代字書、辭書編纂多以"典""彙"命名，此處《玉堂字彙》和《玉堂字典》極有可能爲屬於《字彙》系統内部的同一部字書。

　　那麼《字典節錄》到底輯錄的哪一部或哪几部字典呢？現存《玉堂字典》年代不符，不足爲證。《玉堂字彙》年代待考。明代梅膺祚（字誕生）的《字彙》是目前可考的一部非常重要的字典，成書於明代萬曆四十三年（1615）年。《字彙》自問世以來就廣爲流傳，其編纂體例對後世字書的編纂產生了深遠的影響。由於《字彙》全面運用部首筆劃排字法，便於檢索，適合運用，一成書就廣爲流傳。此外據史料記載《字彙》問世後，各書商爲利潤爭相翻刻，并在"字彙"前冠以各種名號加以區別，如《鳳儀字彙》、《文成字彙》、《會海字彙》、《雲錦字彙》等，這些均爲《字彙》的不同翻刻本。依據這些線索，我們以《字典節錄》與《字彙》和其後比較重要的大型工具書《康熙字典》加以比勘，按圖索驥，試以查清其真面目。

二、編纂體例

　　《字典節錄》共收字 7094，分壹、貳兩冊，共 160 頁，卷首附序文一篇，未列凡例。王小盾先生在《越南漢喃文獻目錄提要》中提到該書"依聲排列"。嚴格來說，《字典節錄》上的出現字其實是按照《字彙》上的出現字

---

① 中共肇慶市委宣傳部，肇慶市文化廣電新聞出版局編：《肇慶文化遺產》，南方日報出版社 2009 年版，第 381 頁。

② ［美］富路特、房照楹、李小林、馮全明主編：《明代名人傳》，北京時代華文書局 2015 年版，第 1411 頁。

來排列。《字彙》未收字，今查與《康熙字典》收字順序一致。我們可以説，該字典摘錄時是按照《字彙》的收字順序，即 214 部，部首和各部中字，按筆劃多少順序排列。但需要注意的是該字典摘錄時未摘錄標目字或整個一個部首的字都未摘錄。其內容爲先列被釋字，下用同音字或近音字注音，后釋義，不舉例證，無義項出處。《字典節錄》卷尾附有"二聯字"（96 個）、"三聯字"（48 個）、"四聯字"（5 個）、"二字相似"（22 個）。原書中"丨"爲省略字頭的符號（下文錄入時照錄），"、"爲句讀符號。

（一）《字典節錄》之收字

《字典節錄》，顧名思義是輯錄成書。《字典節錄》輯編時間爲 1853 年，在此之前中國已有多部重要的大型字書，如《字彙》《正字通》《康熙字典》等。這些字書都對漢字文化圈的周邊國家產生了重要的影響。通過對《字典節錄》與《字彙》、《康熙字典》進行比較研究，發現《字典節錄》存在以下幾個問題。

1. 混抄

《字典節錄》中絕大多數字頭、字音及釋義摘錄自《字彙》，但也存在《字彙》未收而見於《康熙字典》的例子，或字音與釋義分別來自兩部字典。我們認爲這屬於兩部辭書的混抄。

（1）世：世。三十年爲一世。又生也。隨世隨落也，乃世也。落，死也。

案：《字彙》一部："世，同上。三十年爲一世，故從卅從一。"《康熙字典》一部："……又與生同。亦如人自世之老皮膚爪髮隨世隨落。世與生同。……"此處釋義爲兩部字典删減混抄，且後釋其反義字"落"，與之相對。《字典節錄》摘錄過程中諸如此類的隨文釋義方式已不自覺的體現出來，這樣的方式使字義更加明確易懂。

（2）丫：牙。物之岐頭，又草木之枝岐也。

案：《字彙》丨部："丫，於加切，音鴉。木之岐頭者。從丷從丨，象物開之形或作椏。"《康熙字典》丨部："丫，丛於加切，音鴉。物之岐頭。……草木之枝岐而上徹。"據此，釋義與《字彙》有出入且有未收項，可認爲此條應摘錄自《康熙字典》。

（3）ナ：左。左手也。

案：《字彙》丿部："臧可切，音左。左手也。又戾也。"《康熙字典》丿部："左本字。有古作ナ注詳，月部二畫。"此處"左手義"見與《字彙》，

《康熙字典》未見。當摘録自《字彙》。

（4）乩：雞。卜以問疑也，又卜師謂之厮乩。

案：《字彙》乙部："堅溪切，音雞。卜以問疑。古稽字。亦作叶。"《康熙字典》乙部："丛堅奚切，音雞。卜以問疑也。西國用羊卜，卜師謂之厮乩。乩當與叶同。"此處與《康熙字典》更爲接近，可认爲摘録自《康熙字典》。

上述混抄之例還有很多，不一而足。混抄之例可説明《字典節録》是《字彙》《康熙字典》系列辭書的域外删減版。

2. 誤抄

（1）与：與與同。不見也。音緬，義同。

按：義"不見也。音緬，義同"不確。《字彙》《康熙字典》一部"与"字均未見此義。《康熙字典》一部："丂，……不見也……又彌充切，音緬，義同。……"又"丂"字爲"与"下字，易抄混。此條當爲誤抄所致。

（2）圶：忝。以舌取物也。今通餂。又有所止絕，作一而識三也。

按：義"又有所止絕，作一而識三也"不確。《字彙》《康熙字典》一部"圶"字均未見詞義。又《字彙》、部："、，知庾切，音主。有所絕止，、而識之也。"此處當爲誤抄之例，與其后"、"字誤抄。其後"作一而識三也"與"、而識之也"相近，此處爲摘録時改寫此句意，實際與意義不符。

（3）佃：田。治田也。田夫田婦也。又田獵也。

按：義"田夫田婦也"不確。《字彙》人部："佃，亭年切，音田。治田也。古者一夫一婦佃田百畝。……"宋代字書《類篇》和史書《通志》見此句。《康熙字典》人部："……代耕農也。"此處摘録釋義有誤，按《字彙》此句當爲"治田也"義項的例句，非釋義。"佃"有指代"人"之意，《字典節録》釋義本無誤，此處改寫釋義例句爲義項。

誤抄之例書中還有很多，不一而足。《字典節録》并非當時社會上流通的書籍，只是作爲家書留給後代使用，出現錯誤在所難免，從這些誤抄之例可以看出其輯録成書過程中存在一定的隨意性。

3. 二字并列

《字典節録》中出現部分兩個字并列，但釋義只釋其一。我們認爲摘録者誤認爲二字爲一字。至於是否可認爲是異體字關係，有待商榷。

（1）商商：的。獸迹果蒂皆曰丨。

按：《字彙》口部："商，丁歷切，音的。本也。木根果蒂獸蹄皆曰商。凡適鏑摘之類皆从此。"《字彙》"商"字下有"商"，"商"未見此意。又《康熙字典》"商"字下有"商"，"商"釋義未見此例句。《字典節録》此處字頭排序采用了《康熙字典》，釋義摘録了《字彙》“啇”字義。據考“啇”確無此義，此處二字并列釋義當爲誤。又《干禄字書》：“啇、商：上俗下正。”按《干禄字書》此二字爲正俗字的關係。

（2）扎埯：掩。土覆物也。又音黯，小坑也。

按：《字彙》《康熙字典》“扎”字釋義與之差别甚大。《字彙》土部：“埯，於檢切，音掩。土覆物也。”《康熙字典》土部：“埯，衣檢切。倚廣切。於檢切。从音揜。土覆物也。……又从鄔感切，音黯。小坑也。……”據此，其釋“埯”字義，字音當來源於《字彙》。此處“扎”字與之并列，當爲誤。

（3）屔：泥。水潦所止曰丨。

按：《字彙》尸部：“屔，奴低切，音泥。水潦所止曰屔。亦作泥。”《康熙字典》此義項與之同，其他義項此處未見。“”字未見。依字形，此處二字右邊“尾”與“尼”字形相近易混。考《乾隆帝萬壽山五百羅漢堂記》，見“”與“”，依此碑刻文獻記録字形，二字形非常接近。我們認爲《字典節録》誤認爲“屔”爲一字，遂并列。

（4）頿：頰。髯須也。

按：《字彙》頁部：“頿，竝。如占切，冉平聲。頰須也。徐鉉曰：‘今俗，别作髯。”《康熙字典》字頭分立未合并，釋義與此相近。據此，《字典節録》此二字合并確實不誤，應是參考《字彙》。此處注音爲“頰”，有誤。按《字彙》《康熙字典》音當爲“冉”。

（5）腰騕：杳。神馬日行千里。

按：《字彙》馬部：“騕，伊鳥切，音杳。騕褭，神馬日行千里”此處當釋“騕”字義，與“腰”字無關。此處爲二字音近并列。

（6）鶂鵙：逆。鵝鳴聲。

按：《字彙》、《康熙字典》二字分列。《字彙》鳥部“鶂”字下爲“鵙”。“鵙”釋義爲：“同上。又鵝鳴聲。惡用是鵙鵙者爲哉。”此處二字當受其影響而將二字并列。這裏釋義爲儒家經典的語句。此二字爲生僻字，使用範圍有限。若從釋義方面來看，其釋義與儒家經典相關。通過此條釋義可窺探儒家經典在越南傳播的面貌。序文中“略觀字典古書”，可據此推測或以儒家經典典籍爲主。

（7）齸：列。齒分骨聲。

按：《字彙》二字分列。《字彙》齒部：“郎達切，音辣。齒分骨聲。又良傑切，音列。義同"下字爲"![字]"，義同上。此處當不誤。注音取"列"字，而没有使用生僻字"辝"。

（8）![字][字]：推。屋邪也。

按：按字形，《字彙》和《康熙字典》未見。考《字彙》广部："庫，蘇回切，音雖。屋邪。"此處釋義與之同，當認爲爲此"庫"字。此處二字抄寫錯誤所致。

《字典節録》二字并列之例移録如下：怕忽、捻捺、暄晅、![字]䇦、浲浲、武禹、芮繭、![字]䵒、菓菓、![字]薮、畚![字]、![字]祝、構購、![字]鏼、![字]鑰、![字]雺、鮚鰍、![字]黑。《字典節録》爲手抄本，傳抄過程中字形可能會出現錯誤，本文采用比較保守的説法，稱爲"二字并列"。但其中確實存在異體字關係的几組字，還有一些有待依靠真實有依據的文獻材料證明。

三、《字典節録》的價值

東亞漢字文化圈中，越南是最受中國文化浸染的國家。明清之際，我國與越南地區的交流更加密切。按《殊域周咨録·安南》記載，早在明代《韻府》《玉篇》《洪武正韻》《增韻》《廣韻》等漢語辭書已傳入越南地區。[①]据《越南漢喃文獻目録提要》所見越南漢喃古辭書有小學類二十五種，《字典節録》雖然摘録字典而成，却是目前越南漢喃古辭書所見較爲完整的一部漢字字典之一。其收字、注音、釋義等方面有重要的研究價值。

（一）《字典節録》雖爲摘録，但收字較多。收字方面，多爲常用字、形近字、易混易錯字等，收字以實用爲主且有一定的隨意性。《字典節録》所選漢字大多比較常見。縱觀全書，"口"部、"土"部、"女"部、"心"部、"石"部、"示"部、"禾"部、"竹"部、"米"部、"糸"部、"肉"部、"艸"部、"虫"部、"手"部、"木"部、"水"部、"广"部、"言"部、"金"部、"食"部、"魚"部、"鳥"部等部首的字較多，我們可以發現這些部首所統轄的漢字與越南地處的生態環境、社會環境、民衆生活息息相關。而且這些偏旁部首的構字能力較强。又如"彳"部、"匕"部、"寸"部、"臣"

---

① （明）嚴從簡：《殊域周咨録》，中華書局 1993 年版，第 239 頁。

部、"牙"部等部首的字僅摘錄一個或三個，有的部首字全字未摘錄。這種毫無規律可循的摘錄一方面體現了漢字傳入越南社會有一定的依據可循，另一方面也體現了《字典節錄》摘錄過程中的隨意性。依據《字典節錄》我們可以窺探漢字在越南傳播的基本情況，瞭解越南接納漢字、使用漢字的狀況。

（二）《字典節錄》注音選用同音字或近音字直接注音。類似於漢語傳統注音方式的"讀若"和"直音"。通過比勘我們發現《字典節錄》注音不是完全依照《字彙》或《康熙字典》，很多時候選用常用字或簡易字注音。這正契合其作爲家書方便實用的性質。但這種注音方式很多時候達不到准確注音的效果。《字典節錄》的部分注音可能還保存着越南音，通過這些讀音我們可以瞭解漢字傳入越南後語音的流變。

（三）《字典節錄》中漢字釋義是非常值得深入研究。通過研究，我們發現《字典節錄》絕大多數依據《字彙》、《康熙字典》釋其字的常用義，而且選擇摘錄比較通俗易懂的釋義，這也反應了《字典節錄》的實用性的特徵。自古以來中國的歷代重要的辭書旨在求全爲主，也不乏一些刪減版辭書，《字典節錄》屬於後者。《字典節錄》釋義簡潔且絕大多數不舉出例句或出處。最重要的一點，《字典節錄》有很多義項的順序與《字彙》《康熙字典》義項的順序不符。例如"故"，《字典節錄》釋義爲："固爲之也。又事因也。又舊也。又物固死也。又大故喪事也。"此處釋義爲《字彙》釋義刪減而成，且第二義項與第三義項與《字彙》順序顛倒，我們可以推斷此處所釋義項當爲"故"字在越南常用的一些義項，且按照釋義順序可推知此字在越南常用義項的情況。這樣的例子還有很多，在這裏不一而足。這些都反應了《字典節錄》成書过程中遵循了一定釋義原則，依據漢字在越南的實際使用情況解釋漢字的意義。

四、小結

漢字在中越歷史文化交流中佔據重要的地位。《字典節錄》充分表現出中國和越南文化交流的源遠流長。漢語辭書在越南的流轉有利於促進漢字在越南的傳播，消除語言溝通之間的障礙。越南漢語辭書研究相對於東亞漢字文化圈內的日本和韓國的辭書研究略顯單薄，研究重視度不高。今後，在充分吸收既有成果的基礎上，當從以下幾個方面加強越南漢語辭書研究的工作，不斷推動漢字文化圈辭書研究的整體性發展。

1. 發掘新的研究材料，加強越南漢喃古辭書的搜集、整理工作。

2. 運用新的研究方法，加強國際合作，提高越南漢喃古辭書研究的效率。

3.拓展新的研究領域，加強研究理論的創新，填補越南漢喃古辭書研究的空缺。

參考文獻

［1］（明）梅膺祚：《字彙》，哈佛大學哈佛燕京圖書館藏版。

［2］（清）張廷玉等：《康熙字典》，哈佛大學漢和圖書館藏版。

［3］何華珍：《日本漢字和漢語詞研究》中國社會科學出版社 2004 年版。

［4］張磊：《以日本古辭書考釋疑難字示例》，《古漢語研究》2010 年第 4 期。

［5］徐時儀：《漢語語文辭書發展史》，上海辭書出版社 2016 年版。

［6］徐時儀：《漢字文化圈與辭書編纂》，《江西科技師範大學學報》2015 年第 3 期。

［7］朱祖延、楊薇：《辭書的繼承與發展》，《辭書研究》1994 年第 5 期。

［8］越南阮朝·國史館：《大南一統志》（嗣德版），西南師範大學出版社、人民出版社 2015 年版。

［9］中共肇慶市委宣傳部、肇慶市文化廣電新聞出版局：《肇慶文化遺產》，南方日報出版社 2009 年版。

［10］［美］富路特、房照楹、李小林、馮全明：《明代名人傳》，北京時代華文書局 2015 年版。

《三千字歷代文注》初探 *

［中國］陳楠楠 浙江財經大學

引言

《三千字歷代文注》由中國人編纂，由越南人作注，以中國古代的歷史沿革爲主要線索，講述朝代更替以及在歷史進程中重要的歷史事件和歷史人物。注文以引用典籍爲主，引用文獻種類繁多，内容豐富，在訓詁學、文獻學、蒙學教育、文字學等方面有著重要的價值，也是中華文化廣泛傳播的反映。 *

一、《三千字歷代文注》的版本

作者徐自溟，字崑玉，福建漳州人，生平不詳。《三千字歷代文注》序文："三千字文大清徐自溟所著也，黎朝探花碩亭阮公嘗刊刻於《初學指南集中》。"序文的落款處寫道："大清閩漳卿山徐崑玉自溟先生著"、"大越吏部尚書海陵大禾阮有慎注"、"文江温舍卿貢段伯賓校"①。由此可得，三千字歷代文由徐自溟編纂，阮有慎作注，段伯賓校。《三千字歷代文注》與《千字文》不同，《千字文》是南朝梁周興嗣所著，全文一千字，内容包括天文、地理、歷史、道德、日常生活等各個方面。《三千字歷代文注》原文三千字，主要包括歷史、傳説、人物、典章等。序文言："……經史子集之言靡所不有，較之周興嗣所著《千字文》，其用功不啻倍蓰矣，而其上溯盤古，下逮大清，世次不乖。文雖約而事斯備則，又非千字文之率意信手者所可及也；及其字字櫛之，句句而研之，間有遷就避重，見采摭以諧聲韻。"《三千字文》的引用和出處經史子集都有涉及，并且從内容上較之《千字文》更加豐富和廣泛，往前可追溯到盤古開天闢地，往後一直到作者所處的清代。結構雖四字一句，兩句一組，但内容完備，字字珠璣，句句有典籍出處。三千字無字重複，偶有重文以求聲韻和諧。同樣的，《三千字文》也是一

* 本文爲浙江財經大學漢字國際傳播與書法産業協同創新中心項目（C201702）的階段成果。

① 徐自溟：《三千字歷代文注》，1815 年越南刻本.

部蒙學讀本,序文言:"夫歷代之文爲幼字童孫作也,而是注之作於用訓蒙士左宜方今。"一經問世,便在閩南地區甚至閩南之外的地區都產生了較大的影響。

注文由"大越吏部尚書海陵大禾阮有慎"所撰。"大越"爲 1054 年到 1804 間越南所使用的正式國號。自 1054 年後越南李朝皇帝李聖宗定國號爲"大越"以來,其後的陳朝、後黎朝等亦使用該國號。阮有慎爲當時大越國的吏部尚書,他奉命掌管北城戶政,在閒暇中偶然閱讀了徐自溟的《三千字文》,由於文義艱澀,便和當時的"京北生徒員生"一起完成校注。序文言:"命從事北城戶政之暇偶閱其書,……命回朝乃於北城,訪得京北生徒員生,姓段名伯寊,文江温舍人也。因攜與抵京留之孰館,見其人有可取,察其學有所得,余蓋心私許之,時而麗澤相滋,不覺又更冬矣。偶於書篋中得其書之自擬草本,因以示生,欲竣其事,生亦不甚難色,遂矣授之生。因參校考訂時或與余反復問難,逾月而成其所校注。"

二、成書的背景

《三千字歷代文注》序文:"夫歷代之文爲幼字童孫作也,而是注之作於用訓蒙士左宜方今。"由此可知,三千字歷代文是一部蒙學讀本。蒙學是我國古代兒童的啟蒙教育和學習。蒙之讀本最早可追溯到夏商周時代,夏商兩代,蒙學讀本無史料可考。史籍記載,我國古代出現最早的識字教材是西周的《史籀篇》。

夏商周到秦漢,再到魏晉南北朝的蒙學讀本主要以識字、寫字爲主。《倉頡篇》爲秦代的主要蒙學讀本,西漢在秦代的基礎上有所發展,其中漢元帝時,黃門令史游所編的《急就篇》最具影響,字量上比《倉頡篇》少,字數適中,用字基本不重複,整齊押韻,知識面寬。魏晉南北朝時期仍沿用漢代的蒙學讀本,南北朝時期,出現新的識字讀本《千字文》。

隋代沿用前代的蒙學讀本,到了唐代中葉,出現新編蒙學讀本,例如《蒙求》。《蒙求》不僅僅只是識字、寫字的讀本,它還選取經史子集中的歷史故事、人物傳說、典故等。到宋元時期,蒙學讀本有了大發展,也出現了分科教學,有綜合類讀本,以《三字經》《百家姓》爲代表,還有倫理類、歷史類、詩歌類、常識類等。

明代的蒙學讀本教材體現封建道德、觀念和綱常倫理教育,隨着社會經濟的發展,蒙學讀本也出現專門分寫的傾向,并且插圖版讀本增多。清代蒙學普及,範圍不斷擴大,蒙學讀本部分沿用前代,部分重新編定。并且類型多樣，主要有韻文知識類、散文故事論説類、詩歌類、工具書類等①。

《三千字歷代文注》是一部清代的韻文類歷史蒙學讀本，講授"先聖先賢先儒千古之學術心源"，以封建思想教育爲宗旨，加强對封建倫理道德的宣傳教育。

三、編纂體例分析

原文共 3000 字，千言不重，四字一句，兩句一組，每兩組爲一節，全文共 750 句，375 組。分爲上卷和下卷。上卷 374 句，每句四字，每兩句一組，共 187 組。上卷按照時間的順序，從遠古傳説一直到三國時期。下卷 376 句，同樣每句四字，兩句一組，共 188 組。下卷按照時間順序從魏晉南北朝到清朝。

原文主要包括六個方面的内容。第一，歷朝歷代的歷史沿革。從原始社會到奴隸社會再到封建社會，嚴格按照歷史的發展脉絡撰寫。如："初闢混茫，盤古禦世"—"汋穆淳風，三皇嬗繼"—"謳訟奉啓，誓甘勦扈"—"桀嬖妹喜，鉗械善良"—"鳴條秉蠹，伊尹佐湯"—"紂逞奇技，溺幸妲己"從遠古的盤古到三皇堯舜禹到啓到桀再到湯。原文以朝代更迭，皇權更替的順序爲主要線索，"大事年表性"的交代了歷史的盛衰演變，以及在演變過程中的具有代表性的人物和事件。第二，神話傳説。如："初闢混茫，盤古禦世"記録盤古開天闢地的傳説、"女媧斷鰲"記録女媧的傳説，"神農樹藝"記録神農氏的傳説、"嫘祖繰蠶"記録嫘祖繰絲的傳説、"字造倉帝"記録倉頡造字的傳説等。第三，歷史典故。例如，"伊尹佐湯"伊尹輔佐湯、"毛遂見錐"毛遂自薦的典故、"阿房愁砌，長城怨築"秦始皇修建阿房宮、長城，"遣嫁王嬙"王昭君出塞和親等。第四，人物逸事。如："伍員滅郢，包胥哭兵。踐切沼蘇，嘗膽臥薪。"這兩組，分别講了伍子胥帶兵攻入楚都，申包胥前往秦國求救，立庭牆而哭，越王勾踐臥薪嚐膽的故事。第五，器物由來。如："球琳琅玕，纖縞絲枲"，分别提到了球琳、琅玕、纖、縞絲、枲等物品，"刀鋸鑽鑵"四種武器。第六，極少的自然科學雜糅其中。如"曦曜象緯，蓂莢授時"，講得是日月星辰等天象以及觀察蓂莢的生長與凋落來判斷時令。

注文由注音、字詞釋義、典籍引用或出處、整句釋義四個部分組成。注音的方式主要有兩種：直音法和反切法。直音法，以一個簡單常見的字直接給較複雜生僻的字注音，結構有：某，音某。某，之爲言某。注音的字和被注音的字是同音關係或近音關係，聲母相近或者韻母相近。如："汋

---

① 吳洪成、李文慧：《清代前期蒙學教材研究》，《廣州大學學報（社會科學版）》2007 年第 2 期。

穆淳風”中“汃”音“勿”，“卦畫庖犧”中“卦之爲言掛也。”“娥英嬪虞”
中“嬪”音“秦”，“纖縞絲枲”中“枲”音“俾”。反切法，用兩個漢字相
拼給一個字注音，切上字取聲母，切下字取韻母和聲調。如：“脛斫孕剌”
中，“脛，下定反。”“烘煨蟻螳”中“烘，呼東反。”除了以上兩種注音方
式，還有個別字只簡單注明了聲調。如：“烘煨蟻螳”中，“煨，平聲。”

　　字詞釋義的方法主要有：聲訓、義界。聲訓，取聲音相同或相近的字
來解釋字義，如：“螳，同蟻。”義界則是用一句話來闡明詞義的界限，對
詞所表示的概念做出闡述或定義①。如：“謳訟奉啟，謳爲歌之別調，歌爲
謳之總名。訟謂獄不決而獄之也。”

　　典籍引用或出處與整句的釋義是分不開的。引用的典籍繁多，歷朝歷
代多有涉及，最早的是春秋戰國時期的儒家經典，四書五經類，最晚的爲
清代的典籍。所引用的典籍類別有十種之多，主要有：1.儒家經典，四書五
經：《大學》《中庸》《孟子》《論語》《詩》《書》《禮》《易》《春秋》都有大
量引用。春秋三傳、《周禮》《儀禮》、東漢王充的《論衡》、班固的《白虎
通》等各個朝代的儒家經典。2.道家典籍。道家典籍引用數量不多，主要出
自《莊子》和《列子》。3.佛家典籍。佛家的典籍引用主要集中在述寫魏晉
南北朝和唐朝歷史的內容中，主要包括《智度論》《維摩經》《羅尼經》《本
願經》《光明經》《釋典》等。4.史書。《史記》《資治通鑒》《漢書》《後漢書》
等，既包括通史，也包括各個朝代的斷代史，既有正史，也有野史。5.韻書。
主要有：《古今韻會舉要》《集韻》《廣韻》《增修互注禮部韻略》。6.地方志。
全篇引用的地方志只有《臨安志》。7.地理著作。包括唐朝《括地志》和北
宋《元豐九域志》、清朝《太平寰宇記》。8.樂書。宋朝陳陽的《樂書》。9.醫
書。李時珍的《本草綱目》。10.字書。《爾雅》《六書故》《玉篇》《類篇》《說
文解字》《釋名》《正字通》。11.文學作品。小說：歷史演義小說《列國志》、
志怪小說《神仙傳》。詩：李白詩、朱子詩、江淹詩等。賦：張衡賦、司馬
相如賦、左思賦、揚雄賦等。除此外，還有文學評論著作《古今詩話》以
及文人名篇：屈原《離騷》、陶淵明《歸去來兮辭》、賈誼《過秦論》等篇
章。12.“文人曰”。未交代具體出處，直接引用文人說過的話，包括董仲舒、
陸佃、蘇軾、顏師古、蔡模以及越南詩人阮德達等。

　　通過整理發現，引用的典籍以史書最多，文學作品次之，儒家思想占
主導地位。將識字、學史、文學素養的提高相結合，將歷史知識教學和倫
理道德的培養緊密結合，體現了這一階段內蒙學讀本的多功能特點。

　　典籍引用的方法分爲兩種：按數量分，可分爲一句多引和多句合引。

---

① 郭在貽：《訓詁學》，中華書局 2005 年版，第 44—46 頁。

一句多引，一句四字，每個字每個詞都有不同出處或者引用不同典籍。多句合引則相反，兩句一組，皆出於一個典故，一部典籍。按照引用的方式方法劃分，可分爲：直接引用和間接引用。直接引用不改變引用典籍的原文。注文在引用杜牧的《阿房宮賦》時，直接引用了原文的句子："長橋臥波，未雲何龍，複道行空，不霽何虹。"間接引用則是删減典籍原文中的內容，或者概括典籍原文的內容使用。其中文學作品引用、儒家經典的引用多爲直接引用。史書的引用多爲間接引用。

通過典籍的引用，指明原文的出處，加强對字義和詞義理解，每一節的注文最後都會對整句進行釋義或概括。如"此節言二君以盛德受命也"概括"少昊顓頊，虹輝瑤麗。譽肇辛渚，堯發伊祁"這一節的內容。

由於引用典籍繁多，不免有訛誤和不足之處，在引用文天祥詩《過零丁洋》中："山河破碎風飄絮，身世浮沉雨打萍。"引文寫成"山河破碎水漂絮，身世浮沉風打萍"。部分點籍的引用不够典型，較爲生僻，有些典籍出處不明確，現已不可考。

四、價值和意義

文字學的價值。《三千字歷代文注》的原文三千字，三千個文字符號的用法、寫法承載了大量的文字資訊。清代的漢字發展到當代漢字，漢字的發展和規範在文獻中多有體現。并且原文由漢族人所撰寫，由越南人傳播，注文由越南人完成，漢民族的用字與越南當時書寫的漢字也有所不同。筆者所用文獻爲 1815 年越南刻本文獻，其中包含許多不同類型的俗字。例如："扲"—"擒"的俗體字，用將聲符"禽"改換"今"。例如：佘，"命"的俗字，"竜"—"龍"的等俗字。刻本俗字數量較多，類型豐富。

文獻學的價值。《三千字歷代文注》大量的典籍引用，有些是流傳到越南在越南廣泛傳播的版本，這可以和我國的文獻相互佐證和增補。經過初步統計，筆者將文獻中的典籍通過表格的形式統計如下：

典籍統計表 1（夏商周—清）

類型/朝代	夏商周	春秋戰國	秦	西漢	東漢	三國	魏晉南北朝
儒家經典	《周易》《尚書》	《詩經》《荀子》《論語》《春秋》《左傳》《孟子》《公羊傳》《古梁傳》《儀禮》《孔子家語》		《禮記》《楊子法言》	《論衡》《白虎通》		
佛家典籍	《智度論》《維摩經》《羅尼經序》《本願經》《光明經》《釋老志》《因果經》《釋典》						

類型/朝代	夏商周	春秋戰國	秦	西漢	東漢	三國	魏晉南北朝
道家典籍		《莊子》《列子》					
史書				《史記》《歷年圖》	《漢書》《吳越春秋》		南朝宋:《後漢書》 梁:《宋書》《齊書》《梁書》《武陵記》 西晉:《蜀記》 東晉:《三國志》
地理著作							
韻書							《增韻》(增修互注禮部韻略)
醫書							
工具書				《爾雅》《類篇》	《説文》《釋名》		南朝宋:《字通》《六書故》 南朝梁:《玉篇》
樂書							
小説							東晉:《西京雜記》《神仙傳》 西晉:《博物志》 南朝宋:《世説新語》
詩歌	《卿雲歌》						江淹詩
辭賦		《楚辭》		《上林賦》《北征賦》《子虛賦》《蜀都賦》	《東京賦》張衡賦		謝朓賦、《歸去來兮辭》
文學評論							
其他著作	《山海經》	《戰國策》		賈誼策、《過秦論》《論蜀檄》《淮南子》董仲舒策、《難蜀父老》	《風俗通》《漢官儀注》		《文選》《録異志》(述異志)、《圖書會粹》《南越志》《文賦》
注疏							《古今注》

典籍統計表 2（夏商周—清）

類型/朝代	隋	唐	五代十國	北宋	南宋	元	明	清
儒家經典								
佛家典籍								
道家典籍								

續表

類型/朝代	隋	唐	五代十國	北宋	南宋	元	明	清
史書		《唐史》《正義》《史記正義》《晉書》《陳書》《隋書》	《唐書》(新唐書、舊唐書)	《新五代史》《舊五代史》《資治通鑒》《外紀》(資治通鑒外紀)、《通鑒綱目》《湘山野錄》	《通志》	《綱目集覽》(資治通鑒綱目集覽、《綱目發明》(資治通鑒綱目發明)、《宋史》	《元史》	《輯覽》(通鑒輯覽)
地理著作		《括地志》		《元豐九域志》				《寰宇記》(太平寰宇記)
韻書				《集韻》		《韻會》(古今韻會舉要)	《五車韻瑞》《正韻》	
醫書							《本草綱目》	
工具書							《正字通》	
樂書				《樂書》				
小說			《開元天寶遺事》					
詩		元積連昌宮詞、張九齡疾風詩、李白詩、張萬頃詩、張子容詩、李傾詩、杜甫秋興詩、張祐詩、唐鄭穀鷓鴣詩		《虞美人草行》、王安石詩、朱子詩、東坡詩、蘇轍詩	文天祥詩			
賦		《阿房宮賦》						
文學評論				《古今詩話》《詩話》(鄭松牕)				
其他文學著作		《異物志》《進學解》《討武氏檄文》、李華《吊古戰場文》《樂府雜錄》《史臣》《茶經》《通典》、韓愈《祭鱷魚文》		《群書考策》(群書考索)、《埤雅》《談苑》、東坡韓文公廟碑、《演繁露》《石林燕語》	《秀水閒居錄》《臨安志》	《格物論》	《幼學》(幼學瓊林)、《書傳》(書傳大全)	《南行記》《廣事類》
注疏								《唐詩合解注》(唐詩合解箋注)

統計表按年代順序和典籍的類型進行分類，按照成書的時間統計了所有具體可考的文獻，文中也包括大量文人注疏的話，但因具體出處不可考，不統計在此表格中。統計發現，可考文獻共 144 例（大雅、小雅按《詩經》一例統計，《史記》中各個傳記也統計爲《史記》一例），其他文獻同此方法統計）。除此典籍外，還有《地理神鑒》《荆州風土記》《字典》《詩傳》《故事注》《詩序》《列國志》《七制論》《林西仲析義》《詩林》《合璧》《博雅》《白帖》《曜仙神隱書》《晉棗攄難沙門》《古詩》《大毋祀事》《梵書》《大明記事》《傳燈記》《宋本詩》《宋元詩》《詩林序》《雜州錄》《古文》等 25 種典籍暫無可考，需要材料進一步研究佐證。

《三千字歷代文注》所引典籍文獻内容有很多與中國所存文獻有出入。"初闢混茫，盤古禦世。注：外紀曰：相傳首出禦世者曰盤古氏，明天地之道，達陰陽之變，爲三才首君而混茫開矣。"在《資治通鑒外紀》中并没有此原文，反而在《廿一史彈詞》第 1 部分中有記載道："相傳首出禦世者曰盤古氏，生於大荒，莫知其始。明天地之道，達陰陽之理，是爲三才首君。用靜軒曰：盤古氏出，由是天地始爲天地，人物始爲人物，而混茫開矣。"在元代陳桱撰《通鑒續編》第一部分中也寫道："盤古氏，太極生兩儀，兩儀生四象，四象變化而庶類繁矣。相傳首出禦世者曰盤古氏，又曰渾敦氏，盤古猶磐固也，渾敦未昭晰之謂也。皇王大紀曰盤古生於大荒，莫知其始，明天地之道，達陰陽之變，爲三才首君，於是混茫開矣。"

在詩詞的引用中，也有諸多問題。"賈島詩曰：'歇馬獨來尋故事，逢人莫説硯山碑。'"在中國現存的材料中，賈島并没有寫過這樣的詩句，但是在唐朝李涉的《過襄陽上於司空頔》詩中却有這樣的詩句："方城漢水舊城池，陵谷依然世自移。歇馬獨來尋故事，逢人唯説峴山碑。"

從引用典籍中可以發現，越南的引文與中國的文獻記載有大量異文存在。有些是越南文獻的訛誤，有些是偽託，有些則是中國的文獻記載有缺漏或者訛誤之處。這些異文能够幫助我們檢測現有文獻的真實性和准確性。教育學的意義。蒙學讀本從夏商周一直到當代，依然在不斷發展。古人的蒙學教育理念、教育思想、教育方法在當今仍然有研究的價值和值得借鑒之處。《三千字文》在當時的傳播并不廣泛，現在中國大陸地區的國家圖書館和首都圖書館都找不到藏本，只在《三千字文》的作者徐崑玉所在的閩漳地區有少量發現。文中的字詞生僻，文意艱澀難懂，并不適用於剛開始識字讀書的兒童們，但是却在越南地區以刻本的方式傳播開來。

文化的價值。《三千字歷代文注》是中越兩種文化的一次交流和融合。東亞地區的文字在很長一段時間裏都受漢字的影響，經歷過直接運用漢字的"同文時代"，獨立擁有本國文字的同時，仍然可以看見漢字對他們的影響。大越國在當時學習漢族的文字、科舉、儒學，中華文化得以在越南傳播。《三千字歷代文注》也是漢文化廣泛傳播的一個見證。

小結

《三千字歷代文注》由中國人編纂，越南人作注，以中國古代的朝代更替爲主要線索，内容豐富。注文主要是以典籍引用爲主。原文和注文的關係也是中越文化一次交流融合的關係，對研究蒙學、文字學、文獻學等方面有着重要的價值。典籍文獻的考證，文中俗字的類型分析，具有重要學術意義。

參考文獻

[1] 董航：《漳州市圖書館藏〈綱鑒纂腋三千字文注〉》，《福建作家與作品》2014 年第 2 期。

[2] 孫夢嵐：《我國古代蒙學教材淺議》，《集甯師專學報》2008 年第 3 期。

[3] 吳洪成、李文慧：《清代前期蒙學教材研究》，《廣州大學學報》（社會科學版）2007 年第 2 期。

[4] 段全林：《字字珠璣，句句有出處——談千字文的語言藝術》，《新鄉學院學報》（社會科學版）2012 年第 2 期。

[5] 酈波：《論中國古代蒙學讀本的“蒙訓”意義》，《南京社會科學》2015 年第 4 期。

[6] 王小松：《中越文化交流歷史淵源、新的途徑及其當代意義》，《黑龍江史志》2014 年第 23 期。

[7] 郭在貽：《訓詁學》，中華書局 2005 年版。

[8] 張娜麗：《〈敦煌本《六千字文》初探〉析疑（續）》，《敦煌研究》2002 年第 1 期。

[9] 程曦：《〈千字文〉與兒童傳統文化教育》，《滁州學院學報》2016 年第 6 期。

[10] 劉海燕：《〈千字文〉在日本漢語教學歷史上的教材價值》，《日本問題研究》2007 年第 2 期。

[11] 巫雪豔、任曉霏：《從音義重構視角探究〈千字文〉英譯的韻律翻譯規範》，《翻譯論壇》2016 年第 4 期。

[12] 呼慶偉：《古代蒙學及其特色與借鑒價值》，《山東省青年管理幹部學院學報》2007 年第 3 期。

[13] 郭在貽：《訓詁學》，中華書局 2005 年版。

〔14〕王曉平：《上野本〈注千字文〉與敦煌本〈注千字文〉》，《敦煌研究》2007 年第 3 期。

〔15〕秦海霞：《談我國古代的蒙學教材》，《河南教育學院學報》（哲學社會科學版）2003 年第 3 期。

〔16〕呼慶偉：《古代蒙學及其特色與借鑒價值》，《山東省青年管理幹部學院學報》2007 年第 2 期。

〔17〕王淩皓：《中國傳統蒙學的教育思想及其現代價值》，《吉林教育科學·普教研究》2001 年第 5 期。

〔18〕張涌泉：《漢語俗字研究》，商務印書館 2010 年版。

越南國家文字變遷的歷史啟示 *

［中國］黃興球 浙江工業大學

［中國］韋順莉 浙江工業大學

越南是一個多民族國家，有本民族文字的民族有京族、泰族、苗族、占族、岱族、儂族等等。本文所討論的國家文字是指以國家廣泛用於行政司法、軍事外交、教育科技等領域的通用的文字，與民間自創自用的土俗字相比，具有國家法定文字的權威性特徵。文字創造發明的階段，還不能成爲國家文字，只有完全成熟的文字系統才有可能上升爲國家文字。

一、越南國家文字從何時產生？

文字的産生和國家文字的産生是兩個不同的問題，不必混爲一談。在這裏僅僅就越南成爲獨立國家後所使用的文字的變遷史。

越南作爲一個獨立國家可以追述到 10 世紀。越南從 10 世紀的丁部領時代，才成爲獨立國家①，那時的國名是"大瞿越國"。丁部領平定了"十二使君"發動的叛亂，統一了越南北方，得到宋太祖趙匡胤的同意，讓"大瞿越國"作爲宋朝的"列藩"。《宋史》中將"交趾"列入"外國"的列傳之中，對丁部領的事蹟有這樣的記載："乾德初②，昌文死，其參謀吳處玶、峯州刺史矯知護、武寧州刺史楊暉、牙將杜景碩等爭立，管内一十二州大亂，部民嘯聚，起爲寇盜，攻交州。先是楊廷藝以牙將丁公著攝驩州刺史兼禦蕃都督，部領卽其子也。公著死，部領繼之。至是，部領與其子璉率兵擊敗處玶等，賊黨潰散，境内安堵。交民德之，乃推部領爲交州帥。號曰'大勝王'。"③這就是越南作爲一個獨立國家的開始。越南國家文字的歷史，只能從 968 年開始書寫。

---

* 本文爲浙江工業大學資助的課題（G152105014800）的中期成果。

① ［新西蘭］尼古拉斯·塔林主編、賀聖達等譯：《劍橋東南亞史》（第一卷），雲南人民出版社 2003 年版，第 220 頁。

② 乾德元年爲西元 963 年。

③ （元）脱脱：《宋史·外國四》卷四百八十八列傳第二百四十七，清乾隆武英殿刻本。

　　從西元 968 年至今，共是 1049 年的時間。在這 1049 年的時間中，越南的文字變遷路線，經歷了四個階段：漢字專用時代、漢喃并用時代、漢法共用時代、國語字專用時代。

　　漢字專用時代大致相當於 10 世紀到 12 世紀。漢字專用時代就是越南各個王朝使用漢字爲主的時代。當然，從西元 1 世紀至今，漢字在越南的使用就沒有停止過，只有"用多"和"用少"的差別。將漢字專用時代單列出來，是爲了更好地梳理越南國家文字的歷史脉絡。漢字在越南歷史上不再廣泛使用，但漢字仍然在越南社會生活中起到非主流的作用，就是説從 1945 年至今，漢字在越南的書寫并未完全停止、絕迹。因此，對漢字書寫在越南社會生活中的作用不能籠統地説結束了或者是停止了。當然，漢字在越南不再像從前的阮朝那樣廣泛地得到使用和尊重，是一個不爭的事實。

　　漢喃并用時代從 12 世紀到 18 世紀。這個時代與字喃的創制與成熟相關聯。越南學者趙一團①早在 1955 年就將字喃時代用圖型生動地表現出來，如下圖所示：

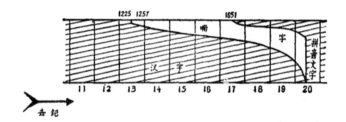

　　在中國南方地區，出現將漢字、漢字的偏旁重新組合用來記録本地方言的這種嘗試，大約在 7 世紀的時候出現。在廣西上林縣發現的《六合堅固大宅頌》碑文中出現了幾個壯族土俗字，證明當地人已經將這種嘗試付諸實踐。這場文字的本地化實踐活動波及中國南方的一個比較廣大的地區，大約相當於嶺南、雲貴和越南北部地區。直到現在這個地區仍然有壯族②、瑶族、仫佬族、岱族、儂族以及廣府人的土俗字，京族的字喃也應該是在這場漢字本地化過程中的一個成果：用漢字記録越音的新創造。范宏貴不能確定字喃與壯族土俗字是否有前後的關聯③，但他把兩廣地區出現的壯族

---

　　① 中國文字改革委員會第一研究室編：《外國文字改革經驗介紹》，文字改革出版社 1957 年版，第 7 頁。

　　② 雲南文山地區的波芽歌書是自成系統的文字，是否與這場漢字的本地化活動相關，有待研究。

　　③ 范宏貴：《越南文字的替換與發展》，《東南亞縱橫》2000 年第 2 期，第 59—64 頁。

土俗字與越南北部地區所出現的字喃統一起來將他們作爲一個整體的區域
來考慮這件事情，是很有意義的。

漢法共用時代從法國殖民者頒佈命令要求越南的學校只能用法文進行
教學活動、行政文書用法文書寫開始[①]，一直到 1945 年越南最後一個王朝
阮朝皇帝保大宣佈退位的時候爲止。

國語字專用時代從 1945 年至今，共有 72 年的時間。在這段時間裏面，
國語字在越南社會生活的各個方面發揮了全面的作用。首先，在掃除文盲
的過程中，國語字易學，起到非常重要的作用。越南民主共和國爲大眾辦
的第一件大事就是教會民眾識國語字。越南臨時政府 1945 年 9 月 2 日宣佈
成立，9 月 3 日的第一次會議上胡志明就提議要掃除文盲，9 月 8 日就發出
"平民學務"的命令，要求各地設立識字班，教會老百姓識國語字。根據美
國學者馬爾（David G. Marr）的説法，在 1945 年的時候越南人口中 95%是
文盲。[②]到 1945 年底，越南共開設 22100 個識字班，教會 50 萬人認字。根
據當時越南國家教育部的統計，到 1946 年底全越南已經有 252 萬人會讀、
會寫國語字。當然，國語字的推廣在 19 世紀末期得到法國殖民者的贊成和
推行，對後續的國語字推廣是有幫助作用的。

對於越南新政權的這場越南普及國語字的掃盲運動，中國學者給予了
讚揚。1957 年禾樂耕在《越南文字改革》一文中，對越南的拉丁化文字改
革進行高度的評價，認爲越南使用拉丁化文字後文盲減少了、教育文化事
業發達了、吸取科學技術方便了，越南的文字改革是"成功了"的改革。[③]
現在，除了讚揚之外，還得認真對待以下事實：

1. 越南新政權建立後的 70 多年來，國語字所積累的成就（出版的數
量、容納的資訊、涉及的門類）已經遠遠超過以往 900 多年的積累，這是
必須正確面對的。

2. 國語字在越南的普及并非没有人反對。從所掌握的材料看，至少越
南的末代皇帝保大是不喜歡國語字的，只不過他無力阻止和干預這場運
動罷了。而越南阮朝能够將法文、漢文共用，其中的道理是什麼，應該
認真研究。

3. 國語字專用時代，并不意味著其他文字在越南的完全徹底的絕迹。
因爲即使現在所處的國語字專用時代，漢字、字喃、法語等也都必須在越

---

① 參見梁茂華《越南文字發展史》，博士學位論文，鄭州大學，2014 年，第 241—244 頁。

② David G.Marr, *Vietnamese Tradition on Trial, 1920-1945*, Berkeley, Los Angeles, Univ.of California, 1981, p.182.

③ 參見中國文字改革委員會第一研究室編《外國文字改革經驗介紹》，文字改革出版社 1957 年版，第 8—10 頁。

南的社會生活中繼續得到保持和運用，只不過處在缺少機會的一種狀態而已，并非完全徹底地絕迹。

4．國語字專用時代與以前的各個時代是緊密相連的，不能將國語字時代與從前越南人民所使用的各種文字的時代割裂開來。歷史是人民創造的，文化也是人類在生活中形成的。但是文化不是無中生有，後一代人總要承續了前一代人所取得的成就才能在舊有文化的基礎上有所創新、有所發展。

二、越南國家文字變遷的動力

越南文字的拉丁化改革如同 1975 年越南實現國家統一一樣，是一件具有重大歷史意義的事件。這是一次文字書寫習慣的革命，并因之在教育、文化領域的革命，給越南社會帶來深刻影響。那麼，這種大力改革的動力源自何處呢？

1．人民的推動力。推廣國語字是民心所向，這集中體現在由越南人民自動組織的各種推廣國語字的三個重要組織得到證明。1892 年 4 月 1 日成立的“致知會”（Hội Trí Tri）、1907 年的東京義塾運動，都對推廣國語字起到非常重要的作用、1938 年 5 月 25 日成立的“國語推廣協會”（Hội Truyền bá Quốc ngữ），都是在國語字的推廣過程中發揮重大作用的。

致知會住所在河內扇街 47 號，有會員 127 名，其中有越南人 108 名、法國人 19 名。通過舉行演講、畫展、音樂表演等，普及各種常識。在致知會中的一些重要人物如阮文永等，是後來辦成“越南國語推廣協會”、舉辦“東京義熟”的關鍵人物。

東京義塾是由阮文幹等人主事的一所爲平民提供免費教育的學校，開班之時就有了 70 名學生。在這所學校裏的小學班級都用國語字來進行教學，教本由老師們自己編寫。雖然東京義塾僅存 7 個月，但是對於推廣國語字是起到非常重要的作用的。

國語推廣協會在 1938 年 5 月 25 日在河內成立，宗旨是通過教會越南同胞會讀、會寫國語字以認知到日常生活所需的常識”。這個組織一直存在到 1975 年，花了幾十年的時間不遺餘力地傳播、推廣國語字。

以上幾個由民間自動組織的國語字的推廣團體及其活動，充分説明越南國語字的推廣過程中，人民對於國語字的需要和喜愛。人民參與國家文字的創造、改制，目的只有一條，那就是盼望國家文化昌盛和繁榮富强。國家領袖、仁人志士、普通民眾的意志完全的一致（民心所向），就是在參與國語字的創制、運用的過程中形成的。可以説，國語字的采用是越南近代化的要求，更是走向現代化的基石。

2．國家意志的實行力。如果説在宣傳革命、鼓動革命的年代，越南共產黨所發佈的一些傳單和標語還用一些漢字配合國語字來進行宣傳，那麼到了 1945 年 8 月革命勝利後建立了越南民主共和國，在越南共產黨的檔案中就再也沒有使用過漢字了。就是說到了越南新政權建立之日，就是漢字被停用之時。儘管我們看不到越南新政權廢止漢字的相關檔，但是新政權要用國語字是可以確定無疑的。越南新政權的第一部憲法《越南民主共和國憲法》（1946 年）第 18 條規定：全體越南國民都有選舉權，……應選人必須 "會讀、會寫國語字"。這是越南新政權以法律的形式，第一次將國語字寫入憲法之中。最新的越南憲法《越南社會主義共和國憲法》（2013 年）第一章第 5 條第 3 款規定 "越南的國家語言是越語"。可見，在越南新政權 70 多年的建國歷程中，對於越南語的運用是非常重視的。越南語拉丁化是一場文字的革命，大有對舊文字的否定意圖。這場文字革命是人力所爲，多少帶有强制的要求在裏面。在我們看到的在 1945 年 9 月就開始的越南語國語字的普及運動中，越南政府所采取的在十字路口設置認字牌、在街口設認字檢查點等等許多强制性措施，就是有力的證據。

3．世界文明的滋養力。越南國語字本身來源於拉丁文、希臘文、葡萄牙文的字母和拼寫方法，是外來文化滋養越南文化的結果之一。越南國語字來自於世界，也將反哺世界。

正是以上三種力量的合力推動，使國語字在越南能够走向人民、服務人民、造福人民。

三、越南國家文字變遷的歷史啟示

越南千年文字變遷史告訴我們什麼？這是一個值得深思的問題。本文認爲有以下兩個方面值得注意：

啟示之一：到目前爲止，在東方世界的文字拉丁化運動中，越南國語字是最爲成功的。

在 20 世紀 50—80 年代的世界東方，在中國和越南出現了一次文字拉丁化改革的浪潮，但是效果差異很大，有成功的地方，也有失敗的地方。

中國爲漢語制定了中文拼音方案，爲壯族等多個少數民族制定了拼音文字。中國的中文拼音方案比較普遍地使用了，算是成功了。但是對壯族等其他少數民族文字的拉丁化改革却是失敗的。

越南的拉丁化文字運動與中國進行的時間大抵同步，行動上除了大力推廣越南國語字之外，還爲其他少數民族編製拉丁文字方案，比如爲泰族、苗族等民族編製了拉丁文字方案。這些少數民族文字方案無法推廣，無法普及至少數民族群眾之中，最終也都是失敗的。

　　那麼，爲什麼拉丁化的越南國語字却能成功地推廣普及呢？原因之一是國語字相對而言還是一套比較完善的文字方案，儘管還存在着輔音、母音拼寫中的很多問題，但是相對來説可以完善地表達操持越語的人的思想和意圖。原因之二是越南國語字從出現到推廣成功，也經歷了長時間的、有眾多組織和個人參與的普及活動，特別是越南新政權成立之後，對於推廣國語字的不遺餘力的措施，在消除文盲的宏大目標下，掌握國語字、發展國語字成爲新社會的上下一致共同方向。在這樣的環境下，國語字的推廣和普及肯定是要成功的。

　　啟示之二：國語字作爲一種國家文字，既是越南的，也是世界的。文字是國家文脉之所依。文字可以有國家地域之限，但是沒有國家意識形態的"政治正確"的固有標准。因爲一個國家的文字固然是屬於這個國家的，同時也是屬於全人類的。國家文字不可能被國家的邊界線所封鎖，更不應該不讓其他國家的人民分享。直到現在，我們只看到希望更多的人用本國文字的，沒有看到反對別人學和用本國文字的。這就決定了國家文字的國別性與開放性的統一，國別性的地域局限與全球的宏大場面是統一的，不能樹立起某一個邊界的壁壘，阻擋文字在人類生活當中的流行。

　　啟示之三：文字作爲世界文明的象徵，應共存共榮。國語字、漢字、巴利文、平假名、片假名、諺文、東巴文、女書等等，都是東亞文明的象徵，他們之間不應該再有你死我活的鬥爭，而是要保持足够多的共存共榮的空間，彼此繁榮壯大。人類文明依託文字而得以保存，任何一種文字都是彌足珍貴的成果。文字是傳承文化的工具，是春風化雨、薪火相傳的工具，而不是用於所謂的"階級鬥爭"的工具。把每一個字都當作"子彈"射向"敵人"的胸膛的時代已經過去了，新的合作共贏的時代已經來臨。只有放得下過去，才能贏得未來。

　　啟示之四：拉丁化文字在越南的出現到普遍被采用并成爲國家通用文字，經歷了二百多年時間，這其中有國家意志的作用，也有人民群眾積極相應擁護的作用，是越南全社會的最佳選擇。但即使是最佳選擇，也還是存在問題的。問題之一是如何連接舊有文化傳統和社會價值觀的問題。問題之二是如何建立面向未來的新的以國語字爲主的知識體系的問題。越南國語字在接收世界文明的最新成果的過程中也還是遇到一些問題，有些時候不能對新技術術語進行准確的表達，還得借用英語等其他國家的文字語言。用越南語來引領世界的優秀文明成果就更是將來努力的方向。

　　啟示之五：越南語的未來如何？國家語言的生命力來自於本國對於本國語的主張和對人類文明成果的貢獻。世界各國的主張當然要有利於本國文化存在和發展的基本維護，一般都會采取標准化措施，對出版物的印製、音像資料的製作有統一的要求等等規範化舉措，這些都比較容易做到。但最難的、也是最應該努力去做的就是對於人類文明的貢獻的問題。至今爲止，包括越南語在內的東方文明對於人類文明成果的貢獻仍然處在仰望西方的狀態，跟隨的脚步、複製的習慣、學習的心態，總也落後一步，超過的可能和希望很小。因此，爲越南語、漢語、日本語、韓語、蒙古語等東方語言存在和發展計，必須發展我們的學校教育、科學技術、人文與社會科學，必須讓我們東方人從思想的束縛中解放出來，自由地飛翔在探索人類文明的天空中。越南語的未來決定於越南人的思想成就。有學者認爲：越南國語字在全球化過程中更有優勢，這個觀點肯定了越南國語字在世界文字發展史上的獨特價值。①

啟示之六：70 多年的"國語字專用時代"與越南國家文字歷史上的其他各個階段存在裂痕，這個裂痕不是説將漢字古籍翻譯成國語字後再出版，就能彌補上這條裂痕。因爲歷史是不容隔斷的，文脈是不能割、不可斷的。近年來，在越南社會中發生的是否在學校中給越南學生教漢語的爭論，有主張教的，有主張不教的。其實，答案在越南歷史上已經有了，那就是學習阮朝的做法，使用漢語、寫漢字與使用國語字，是可以并行不悖的。如果完全抛棄越南歷史上遺留下來的與漢字共存的文化積澱，必將造成文化的斷裂，會對越南綜合國力產生深遠影響。

四、結論

將國家文字拉丁化并將之普及到大眾當中去，是越南社會主義新政權的國家文化建設的一項重要成就。這項成就的取得來自於越南人民實現國家民族獨立的强烈願望的推動，來自於領袖人物對於越南本國文化政策的措施得當，來源於世界其他文明國家的支持。越南國語字是屬於世界的，它的國別性與世界性、專有性與包容性是統一的。當然，越南國語字的未來命運，仍然掌握在越南人民的手中。

參考文獻

［1］税貞建：《法國殖民時期的越南教育研究》，碩士學位論文，貴州師範大學，2016。

［2］黃氏惠：《越南喃字與中國壯族方塊字比較研究》，碩士學位論文，廣西民族大學，2015。

---

① 黃興球、韋順莉：《越南國語字的創製及其走向》，載滕成達等主編《東盟研究》（2012），世界知識出版社 2014 年版，第 201—208 頁。

［3］梁茂華：《越南文字發展史研究》，博士學位論文，鄭州大學，2014。

［4］阮越雄：《越南國語字的發展及其替代漢字和喃字的過程》，《現代語文》（語言研究版）2014 年第 1 期。

［5］蘇彩瓊：《越南文字的變遷與民族意識的發展》，碩士學位論文，暨南大學，2011 年。

［6］范宏貴：《越南文字的替換與發展》，《東南亞縱橫》2000 年第 S2 期。

［7］傅成劼：《越南的“喃字”》，《語文建設》1993 年第 6 期。

［8］羅長山：《古壯字與字喃的比較研究》，《東南亞縱橫》1992 年第 3 期。

［9］段善述，利國：《越南拼音文字的創立、現狀及其改革》，《印度支那》1987 年第 3 期。

［10］林明華：《越南文字淺談》，《現代外語》1983 年第 3 期。

［11］陳越：《越南的文字改革——〈外國文字改革史話〉》，《文字改革》1963 年第 4 期。

［12］David G.Marr，*Vietnamese Tradition on Trial，1920-1945*，Berkeley，Los Angeles，Univ.of California，1981.

［13］Lessard，Micheline Renee. *Tradition for Rebellion：Vietnamese Students and Teachers and Anticolonial Resistance，1888-1931*，Cornell University，1995.

《阮朝硃本》對聯的異體字考

［越南］范氏草　越南西北大學

　　阮朝是越南最後一個封建王朝，始於嘉隆一年（西元 1802 年），結束於寶大二十年（西元 1945 年），先後歷經十位皇帝。《阮朝硃本》是阮朝歷代皇帝"御覽""御批"的重要資料，主要表現在使用紅墨進行標記。現在的"硃本"概念更加廣泛，包括了皇帝的"上諭""敕旨"等相關的資料[①]。

　　對聯是《阮朝硃本》的一個不可缺少的部分，雖然在《阮朝硃本》中，對聯所占數量并不是很多，只有四百零三副，但它們的研究價值却十分重大。研究這些對聯，將有助於瞭解對聯在越南的歷史發展狀況，了解越南對聯在文字、語法、修辭多方面與中國對聯間的差異性特徵，而且還爲越南語言文學研究與發展提供了重要的參考資料。這些對於深入探索和研究越南語言的發展和特點具有重要意義。更重要的是，在文字學方面，對辨識異體字、彙編古籍、建立漢文字圈文字學體系等都可以起到較大的推動作用。

一、越南《阮朝硃本》對聯狀况

阮朝硃本裏的對聯共有十一版，歷時分佈如下：

紹治一年（1842）：5 版

嗣德十二年（1859）：1 版

嗣德十四年（1861）：1 版

嗣德三十二年（1879）：3 版

維新三年（1909）：1 版

　　越南阮朝歷經十三位皇帝，但是由於種種原因，大部分硃本對聯已经散失流落，我們能收集到的只有三位皇帝禦批的四百零三副。雖然數量有限，但是形式多樣、内容豐富。

　　從對聯的形式來看，硃本對聯有長有短，長的有十六七個字，短的只有五六個字，没有特別長或特別短的對聯。由於屬於高級官方資料，硃本對聯在寫法形式上特別注意避諱。避諱時，如果是開頭避諱字，行文時比其他開頭字要抬高一些。常用的開頭避諱字有："聖母嗣"、"聖壽有"、"聖壽無"。如嗣德三十二年閏三月十八日硃點的對聯：

原文：聖母嗣徽音馬鄧高曹難與耦；

　　　　熙朝連慶歲丁李陳黎未之聞。

越文：Thánh mẫu tự huy âm，Mã Đặng Cao Tào nan dữ ngẫu；

　　　　Hi triều vận khánh tuế，Đinh Lý Trần Lê vị chi văn.

原文：聖壽無疆薑姒徽音光史牒；

　　　　朝廷有道虞周孝治洽寰瀛。

越文：Thánh thọ vô cương，Khương thị huy âm quang sử điệp；

　　　　Triều đình hữu đạo，Ngu Chu hiếu trị cáp hoàn doanh.

原文：聖壽有徵以孝得壽以慈得壽以至仁得壽；

　　　　帝心則喜惟臣一心惟民一心惟天下一心。

越文：Thánh thọ hữu trưng dĩ hiếu đắc thọ，dĩ từ đắc thọ，dĩ chí nhân đắc thọ；

　　　　Đế tâm tắc hỉ duy thần nhất tâm，duy dân nhất tâm，duy thiên hạ nhất tâm.

　　不過也并非所有開頭抬高的字都是避諱字。在一般情況下，每副對聯都安排一句上聯（在此我們稱爲出聯）應一句下聯（我們稱爲應聯）。但在紹治年號的對聯中，每一句出聯對應幾句應聯。因此寫者會把它的開頭字比其他的開頭字抬高兩個空格。不同的是，抬高的避諱開頭字是有幾個避諱字就抬高幾個相應的空格，而出聯的開頭字不管多少都只固定抬高兩個空格。如紹治貳年十一月初四日勤政殿聯：

出聯：啟爾心沃朕心克遵成憲其永無愆，

應聯：明已德新民德維運至誠純亦不已。

應聯：勤左史言右史敬慎威儀維民之則。

應聯：無水監當民監誕受嘉師鹹中有慶。

應聯：誠其性盡人性彌綸大經夫焉有倚。

　　《阮朝硃本》中"對聯"的稱謂術語共有四種：聯；對；對聯；聯對。如：

　　1. 聯：乾成殿聯、文明殿聯、福字聯、壽字聯等（紹治年號對聯）

　　2. 對：宮前正棚十二對、左棚八對、天門左右棚十八隊等（嗣德年號對聯）

3. 對聯：三關門對聯、八部金剛對聯、東閣對聯一句、勤政殿對聯二句等（維新年號對聯、嗣德年號對聯）

4. 聯對："……進呈間有夾請各座應設聯對，該八十對查之去年正樓左右棚并京外諸棚聯對，該一百五對……"（嗣德三十二年閏三月初一日·序）

二、《阮朝硃本》對聯中的異體字

"異體字"的概念在中國早就有了。異體字自甲骨文便已出現①，漢代時已有"別字"的説法②。到了東漢，許慎在《説文解字·敍》中也曾提到"語言異聲，文字異形"的概念。他所用的術語是"重文"。沈兼士指出："許書重文包括形體變易、同音通借、義通換用三種性質"③。異體字是上世紀50年代在漢字整理工作中産生的一個術語。章瓊先生在他的《漢字異體字論》中指出清代段玉裁在《説文解字注》中曾明確使用"異體"一詞來概括漢字異體現象，而正式使用這一術語始於中國建國後的漢字整理工作④。

異體字有廣義和狹義之分。裘錫圭《文字學概要》⑤"廣義"異體字："嚴格地説，只有用法完全相同的字，也就是一字的異體，才能稱爲異體字。但是一般所説的異體字往往包括只有部分用法相同的字。嚴格意義的異體字可以稱爲狹義異體字，部分用法相同的字可以稱爲部分異體字，二者合在一起就是廣義的異體字"。我們這裏所談到的異體字指的是狹義。

（一）《阮朝硃本》對聯異體字類型

本文按據張涌泉先生在《漢語俗字研究》中的類型劃分⑥，排除俗字與異體字之差異，結合《阮朝硃本》特有的字體特點來劃分出其異體字類型。《阮朝硃本》對聯一共有三百四十九組異體字（不包含重複字），我們經過統計、分析與整理，其類型共有以下八種：

1. 省略筆書。如：臨𦤶、俾俾、業榮、龍宠、禦御、塵厔、齡齡、惠惠、顯頣、邌遻、壹壴、騰騰、與與。這是因爲在手寫過程中，或隨意簡省便於寫作，或在雕版刻書時難刻而成的。

2. 增加筆書：增加筆畫的字和省略筆劃一樣，都是因爲在寫作過程中無意而形成的。但是這本古籍裏的漢字增加筆畫比省略筆書少，那是因爲

---

① 毛遠明：《漢魏六朝碑刻異體字研究》，《涪陵師範大學學報》2006年第2期，第47頁。

② 張涌泉：《漢語俗字研究》，商務印書館2010年版，第2頁。

③ 李國英：《異體字的定義與類型》，《北京師範大學社會科學學報》2007年第3期，第48頁。

④ 付曉雯：《現代漢語詞典異體字研究》，山東師範大學2006年版，第6頁。

⑤ 裘錫圭：《文字學概要》，商務印書館1988年版，第205頁。

⑥ 張涌泉：《漢語俗字研究》，商務印書館2010年版，第46—105頁。

某種語言記錄都有省寫的趨向，讓文字越簡單越容易記住和書寫。越南《阮朝硃本》對聯中情況也不例外。如厚厚、爲寫、仙僊、曆曆、翼翼、翰翰、鞏鞏、慎慎、無无。

　　3. 部件改換。這種異體字類型在《阮朝硃本》對聯中數量眾多。所謂部件改換是正體字的一個部分的義符、聲符或某個構成漢字的部件因爲書寫者的筆順或風格，在寫作過程中漸漸而成的。這些部件形體比較相近，所以書寫時人們常用來換用。如：若若、靜静、淨净、久以、廷廷、萬萬、草草、觀觀、敬敬、荒荒荒、著者、恭恭、既既、莫莫莫莫莫、武武、晉喜、囊襄、歌歌、會會、衞衞、逸逸、畫畫、謙謙、辰辰、照照、斂歛歛、經经、繼繼、麗麗、帶帶、學學學、樂樂、執執、勵勵、設設、勉勤、昆昆、尊尊、艱艱、難難、撫撫、柔柔、旨旨、魯魯、殷殷、龜龜、含含、怠怠、既洗 等。

　　有時某個替換的部件就是一個整體的偏旁替換另一個整體的偏旁。如：庶庶庶、卿卿、佑祐游 游、器器、旨旨、舊舊、配配、統統、垂垂、卿卿、規規、將將、幼幼恭恭、敕勅、歷歷、煙烟、瑤瑤、歲歲、矣矣、解解、添添、贊贊、儉儉、暨暨、紀紀、北北、憂憂、北北、聯聯、邦邦、昉昉、卿郷、航航、寬寬、旰肝、侯侯、煥焴、卯卯。

　　4. 部件黏連。這類型早就形成漢字一個寫法之一了。因爲漢字是一個獨特的文字，寫者在寫作時因爲心情、風格等等的原因讓他們把每個筆畫或每個部件聯合起來，造成黏連的異體字。如：亨亨、國國、此此、誨誨、敏敏、毫毫、祉祉、臺臺、安安、海海、每每每、舟舟、止止、趾趾、錄錄。

　　5. 筆畫變異。所謂筆畫變異是指書寫時，筆畫或者被改換，或者被變異，造成筆畫不同於常見寫法。漢字，在傳入越南的早期，由於筆畫複雜對一個漢字有不同的理解和寫法。再加漢字傳播的限制，只有貴族階層才能有接觸、學習的機會，這在一定程度上導致人們對於一些字體缺乏正確的理解。漢字筆畫變異的異體字因此而成的。在《阮朝硃本》對聯中的典型字有：密密、色邑、魚魚、象象、幾幾、庭庭、霆霆、永永、迪迪、虛虛、薦薦、今今、章章、揀揀、設設、股股、厥厥、采采、覃覃、服服、柔柔、葩葩、庶庶、既既、矣矣、叙叙、攸做、無无、恭恭、益蓋、慎慎、真真、值值、填填等。

6. 字樣變異。這些字在寫作時，不知道什麼原因，寫者偏偏寫成另外一個和正字完全不一樣的字。如沒有字典或沒見過這些字的讀者會很難認得出來。在《阮朝硃本》對聯裏也有幾個，如：征延、廿卄、切切、片斤、允允。

7. 義符變異。有些義符在漢字傳入到越南之後已有另外一個固定的寫法，如火-灬、忄-忄偏旁的字。它們在中越古籍裏已經很常見，如：

"火"-灬的偏旁：燭-燭、熾-熾、煙-煙、榮-榮等。

"忄"-忄的偏旁：惟-惟、情-情、性-性、懷-懷、懼-懼、慎-慎、恪-恪懈、恒-恒、惇-惇、恰-恰、悅-悅等。

8. 變換結構。在寫一些正體漢字時，書寫者或有意或無意地移位正體的部件位置。有的是從左右結構變成包圍結構，如：勵勵、執亮；有的字體從左右結構變成上下結構，或反之，如：群群、鑒鑑、略略、昉昇等。

（二）《阮朝硃本》對聯異體字特點

總的來看，越南《阮朝硃本》對聯中的異體字具有以下幾個方面的特點：

1.《阮朝硃本》對聯中的異體字是十分豐富。爲了避免重複，他們在書寫時創造了不同的字體。如 "庶" 有三種異體字，庶、庶 和 庶。

原文：雨暘寒燠各以敘庶 庶 草繁蕪，山川鬼神罔不寧魚鳥鹹若。（紹治貳年九月二十七日，1842。紹芳園聯）

原文：自家格致多識鳥獸草木之名，庶 庶 物發生無非雨露雷霆之教。（紹治貳年九月二十七日，1842。紹芳園聯）

原文：啟爾心沃朕心克遵成憲其永無斁，柔遠人能邇人安勸庶庶 邦罔不率俾。（紹治貳年十一月初九日，1842。勤政殿對聯）

原文：畏天愛民既敬既戒惠此南國，建範敷言是彝是訓錫厥庶庶 民。

2. "己"、"已" 和 "巳" 因爲形體相似而常被搞混，寫法上幾乎没有區別。"己" 寫成 "巳"，如 "起" 爲起；"配" 爲配等。

原文：勤靜語默無非道，出入起起居罔不欽。（紹治貳年九月二十七日，1842。乾成殿聯）

原文：惠中國以綏四方一人有慶，永配配命自求多福萬壽無疆。（嗣德三十二年閏三月初一日，1879。内左右棚對）

"己" 寫成 "已" 或 "巳"，如：

原文：正己巳 正人善治譬猶規矩，達内達外至理不出戶庭。（紹治貳年九月二十七日，1842。乾成殿對）

原文：後克艱厥後臣克艱厥臣勵精圖治，信未施而信敬未施而敬正己巳 率人。（紹治貳年十一月初肆日，1842。勤政殿聯）

原文：撫盈成懲驕佚日慎一日於時保之，正性命保太和天之爲天於穆不已巳。（紹治貳年十一月初日，1842。乾成殿聯）

原文：帝曆開春帶礪山河旦旦，仙籌紀紀 瑞玄瑤日月年年。（嗣德三十二年閏三月初一日，1879。内京外諸棚對）

3. "月" 部首的兩橫筆變成一橫一豎的。如：精精、靜靜 靜、清清、能能 等。我們看：

原文：敬勝怠者吉慎戒必恭恭則壽，德主善爲師有定能靜 靜 靜 而安。（紹治貳年十一月初四日，1842。壽字聯）

原文：啟爾心沃朕心克遵成憲其永無斁，柔遠人能能 邇人安勸庶邦罔不率俾。（紹治貳年十一月初九日，1842。勤政殿對聯）

原文：後克艱厥後臣克艱厥臣勵精精圖治，典敕我五典禮敕我五禮協恭和衷。（紹治二年十一月初九日，1842。勤政殿對聯）

原文：敬勝怠者吉戒慎必恭恭則壽，義勝欲者昌靜靜虛爲清清清清則神。（紹治二年十一月初九日，1842。勤政殿對聯）

4.“宀”部都寫成“冫”。如：靜靜、淨淨

原文：默契真言山色江流都是道，淨淨參妙覺瑤花琪樹有餘香（維新三年六月十四日，1909。三關門對聯）

原文：天家樂事填駢戊寅之秋己卯之夏，海宇歡聲洋溢河靜靜以北廣平以南。（嗣德三十二年閏三月十八日，1879）

5.“艸”部都有簡化爲⺌的趨向。如：草草、萬萬、若若、觀觀、獲獲、勸勸、莫莫、舊舊、葩葩、敬敬、徼徼

原文：天道順而四時成，君德修而萬萬民化。（紹治二年九月二十七日，1842。乾成殿聯）

原文：多佑多福緝熙純嘏，不愆不忘率由舊舊章。（紹治二年九月二十七日，1842。乾成殿聯）

原文：德惟風下民惟草草，禮爲器人情爲田。（紹治二年九月二十七日，1842。紹芳園聯）

原文：欽天歷象日月星辰，若予上下草木鳥獸。（紹治二年九月二十七日，1842。紹芳園聯）

原文：仁者樂山知者樂水，勤而觀（觀）物靜而觀天。（紹治二年九月二十七日，1842。紹芳園聯）

原文：量材如量葩葩或取其香或取其色，養人猶樹各安其性各安其天。（紹治二年九月二十七日，1842。紹芳園聯）

原文：啟爾心沃朕心克遵成憲其永無愆，以我機觸被機用作新民不賞而勸勸。（紹治二年十一月初二日，1842。硃批勤政殿聯）

原文：啟爾心沃朕心克遵成憲其永無愆，以人道合天道學於古訓時乃有獲獲。紹治二年十一月初二日，1842硃批勤政殿聯）

原文：撫盈成懲驕佚日慎一日於時保之，躬玄默作儀型心存此心式克敬敬止。紹治二年十一月初二日，1842硃批乾成殿聯）

原文：後克艱厥後臣克艱厥臣勵精圖治，仁則莫莫不仁義則莫莫不

義衹德示先。（紹治二年十一月初日，1842。勤政殿聯）

原文：對揚文武光訓夙夜衹懼不敢荒寧，要識唐虞氣象君臣克艱交相儆儆戒。（紹治二年十一月初日，1842。乾成殿聯）

6.“勹”和“刀”部件都有簡化爲“丷”的趨向。如：色邑、魚魚、魯魯、象象、豫豫、勉勉、照照、逸逸、魷魷、解解

原文：量材如量葩或取其香或取其色邑，養人猶樹各安其性各安其天。紹芳園聯

原文：對揚文武光訓夙夜衹懼不敢荒寧，遠求聖哲芳規日月就將惟時懋勉勉。（紹治貳年十一月初二日，1842。硃批乾成殿聯）

原文：對揚文武光訓夙夜衹懼不敢荒寧，欽若先王成功朝夕納誨無時豫豫息。（紹治貳年十一月初二日，1842。乾成殿聯）

原文：對揚文武光訓夙夜衹懼不敢荒寧，要識唐虞氣象象君臣克艱交相儆戒。（紹治貳年十一月初二日，1842。乾成殿聯）

原文：慶行於春萬姓歡心孚解解澤，盛德在夏千秋佳節紀坤成。（嗣德三十二年閏三月十八日，1879）

原文：帝命用申壽母有歌重燕魯魯，天麻滋至多男釐祝合歸堯。（嗣德三十二年閏三月十八日，1879）

原文：躋公堂稱彼魷魷誠悃共知天下樂，登高樓望遠海太平應解廿年憂。（嗣德三十二年閏三月初一日，1879）

原文：所其無逸逸故壽，天其申命用休。（嗣德三十二年閏三月初一日，1879）

原文：雲漢爲章皇王壽考，日月久照照天下化成。（嗣德三十二年閏三月初一日，1879。內京外諸棚對）

7. 越南對聯異體字的最大的特點就是“省略性”，即每組異體字都找一最簡單的方法來書寫，讓字形多樣，簡省而方便。如：佑祐、被被、救救、斂斂、北比、卿卿、游游、幼幼、恭恭、賴賴等。

原文：東漸西被被朔南暨，家齊國治天下平。（紹治貳年九月二十七日，1842。乾成殿聯）

原文：多佑祐多福緝熙純嘏，不愆不忘率由舊章。（紹治二年九月二十七日，1842。乾成殿聯）

原文：伴奧斯游游弗祿康矣純嘏常矣，嘉樂惟德保佑命之自天申之。（紹治二年九月二十七日，1842。紹芳園聯）

原文：後克艱厥後臣克艱厥臣勵精圖治，典敕勅我五典禮敕勅我五禮協恭和衷。（紹治貳年十一月初九日，1842。勤政殿對聯）

原文：聖人久道化成天保以治内采薇以治外，皇王斂斂福敷錫庶民歌於路卿鄉士賀於朝。（嗣德三十二年閏三月初一日，1879）

原文：萬福攸同君子樂止，一人有慶兆民賴賴之。（嗣德三十二年閏三月初一日，1879）

原文：後克艱厥後臣克艱厥臣勵精圖治，老及人之老幼幼及人之幼幼善推所爲。（紹治二年十一月初二日，1842。勤政殿聯）

原文：對揚文武光訓夙夜祗懼不敢荒寧，必則古昔先王朝夕溫恭恭有恪執事。（紹治二年十一月初二日，1842。乾成殿聯）

8. 一些本來析開的筆劃在手寫時因爲書寫的順序或相似的筆畫而連起來，令漢字方便寫稿。如：止止、趾趾、祉祉、誨誨、敏敏海海、每每、舟舟、航航享亨、高高、毫毫、臺臺等。

原文：大哉乾乎剛健中正，行此德者元亨亨利貞。（紹治貳年九月二十七日，1842。乾成殿聯）

原文：撫盈成懲驕佚日慎一日於時保之，處崇高高思謙沖心通萬心可以王矣。（紹治貳年十一月初四日，1842。乾成殿聯）

原文：龜鶴薦仙齡碧藕水桃開壽席，樓臺臺多瑞色屏山香水啟昌符。（嗣德三十二年閏三月十八日，1879）

原文：妙相端居金色界，神通大放王毫毫光。（維新三年六月十四日，

1909）

原文：對揚文武光訓夙夜祇懼不敢荒寧，欽若先王成功朝夕納誨誨無時豫怠。（紹治二年十一月初二日，1842。乾成殿聯）

原文：居之無倦行之以中，敏敏則有功寬則得眾。（嗣德十四年十二月十一日，1861。勤政殿對聯）

原文：濟度迷津憑寶筏，超升苦海有慈航䑶。（維新三年六月十四日，1909）

原文：撫盈成懲驕佚日慎一日於時保之，躬玄默作儀型心存此心式克敬止止。（紹治貳年十一月初二日，1842。乾成殿聯）

原文：七袞晉仙齡麟趾趾螽斯鐘瑞氣，連年逢慶茆鳧鷖既醉溢歌聲。（嗣德三十二年閏三月十八日，1879）

原文：慈歡御苑征春海城消夏，慶祉祉香江明月屏嶺喬松。（嗣後三十二年閏三月十八日，1879）

9. 在手寫時，有些幾乎完全變樣的字形，它們的橫、豎、撇、挑等漢字筆畫都被破壞。其中有些已被中國的各種字典錄取，如：征迻、廿廾、切/功切、片斤、允允；但也有一些越南對聯才有的漢字，沒被中國字典收錄，如：駿駿、煥焜、所所、昉昜、北扎、聯聨、晉晉、武武、含含等，如：

原文：飛龍在天上治也，北扎辰居所星拱之。（紹治貳年九月二十七日，1842。乾成殿聯）

原文：繼志述事守文之難方與公卿慎之，省度勑幾駿駿命不易維思夙夜敬止。（紹治貳年十一月初四日，1842。文明殿聯）

原文：慶節連年萬壽增萬萬壽，宸章煥焜彩日新又日日新。（嗣德三十二年閏三月初一日，1879）

原文：後克艱厥後臣克艱厥臣勵精圖治，老及人之老幼及人之幼善推所所爲。（紹治貳年十一月初二日，1842。勤政殿聯聨）

原文：對揚文武武光訓夙夜祇懼不敢荒寧，欽若先王成功朝夕納誨無時豫怠。（紹治貳年十一月初二日，1842。乾成殿聯）

原文：紹治貳年十一月初二日内閣臣等奉片斤錄昨日奉。

原文：繼志述事守文之難方與公卿慎之，省度勑幾惟明克允 兒 仰惟聖帝時克。（紹治貳年十一月初二日，1842。文明殿聯）

原文：慈歡御苑征（延）延 春海城消夏，慶祉香江明月屏嶺喬松。（嗣德三十二年閏三月十八日，1879）

原文：七襄晉 晉 仙齡長引喬松歲月，八荒開壽域鹹游堯舜乾坤。（嗣德三十二年閏三月十八日，1879）

原文：海外獻琛誠心倍切 切，南中還璧樂意尤多。（嗣德三十二年閏三月初一日，1879）

原文：躋公堂稱彼觥誠悃共知天下樂，登高樓望遠海太平應解廿 廾 年憂。（嗣德三十二年閏三月初一日，1879）

原文：至哉坤元含 含 弘光大，受茲普福柔順文明。（嗣德三十二年閏三月二十四日，1879。壽祉門內正棚對）

（三）《阮朝硃本》對聯疑難異體字考

我們這裏所講的疑難異體字是指：1.一些對正字完全默認的異體字；2.義符改變的異體字。前者在整理古書過程中，一些沒遇到過這些異體字的研究者很大程度上會理解錯誤。後者的類型比較簡單，雖然這些異體字絕大部分都屬於"火"部和"忄"部，但是它們有同一個規律，那就是兩邊的兩個點筆會連起來，如：

"火" — 火 的義符：燭-燭、熾-熾、煙-煙、榮-榮 等。

"忄" — 忄 的義符：惟 惟、情 情、性 性、懷 懷 等。

【征】— 延

原文：慈歡御苑 延 春海城消夏，慶祉香江明月屏嶺喬松。

《龍龕手鑒・辵部》（V3、P47、B859）："延，俗延。"

《重訂直音篇・彳部》（V3、P213）："征諸成切。行也，又征伐。徎，同上。"；辵部（V3、、P223）："延 是征，同行也。延 同上。"

《字源》（114 頁）："征，形聲字。從彳，正聲。彳爲表示道路意義的'行'字左半，亦表道路。甲骨文中已有了從'彳'旁的征字。金文或增止成爲從'辵'、正聲的形聲字。彳、辵爲義近形符，常可通。《説文》小篆從辵、正聲。或體則從彳。漢以後一般只用從彳的征字。"

《説文解字・辵部》（279 頁）："征，正行也，從辵正聲。征，延 或從彳。"

《漢字源流字典》（663 頁）："征，會意兼形聲字。甲骨文從彳（道路），從正（一只脚對着城市前進），會向某地進發之意，正也兼表聲。金文將城市填實，或再加一只脚。篆文承接金文，分爲繁簡二體。隸變後楷書分別寫作延與征。之後《難字鑒定》寫成延 。"

延 （《隸書大字典》漢.曹全碑）（437 頁）

延 （《書法大字典》唐.韓秀弼）（729 頁）

征 （《隸書大字典》元.吳叡.離騷）（437 頁）

征 （《書法大字典》清.雍正）（729 頁）

征 （《書法字典》楷書書法.趙孟頫）

征 《難字鑒定》

延 《甲金篆隸大字典》（101 頁）

延 《難字鑒定》

以上所説的古籍及工具書都説明"延"是"征"的異體字。因爲彳部和辵部有相近的意義，并且在發展過程中，它們的演變都互相通用。再加上漢、唐、元、清各著者的寫法風格，"正"是"征"的聲符變成正的樣子。

到了最後，延結合延成延，就是"征"的異體字。

【煥】—焢

原文：慶節連年萬壽增萬萬壽，宸章煥焢彩日新又日日新。（嗣德三十二年閏三月初一日，1879）

《漢語字典》《漢語大字典》均收焢字。書裏説："焢基本解釋：（一）拼音爲"xū"，焢、容光煥發的樣子；（二）拼音爲"xún"，焢、人名。在《漢字源流字典》（第 1313 頁）指出："煥"形聲字，篆文從火，奐聲。隸變後楷書寫作"煥"。

在越南《阮朝硃本》對聯中，這個焢雖然出現不多，但寫得都很清楚，沒有模糊。我們也查過"旬"跟"奐"的異體字亦未有記載它們之間的關係。但是我們還是認爲這裏的焢就是"煥"的異體字，因爲按上面所説的焢，它也有"容光煥發的樣子"的意思。而且根據本對聯的平仄、音律、語法及其辭彙的意義，還是很適合、很妥當的。

【聯】—聮

原文：後克艱厥後臣克艱厥臣勵精圖治，老及人之老幼及人之幼善推所爲。（紹治二年十一月初二日，1842。勤政殿聮聮）

第一種可能：

《漢語大字典·耳部》（2980 頁）："聅，耳閉。"《玉篇·耳部》："聅，耳閉。"

而且"并"是"并"的異體字

第二種可能：

《説文解字·耳部》："聯，連也。從耳，耳連於頰也；從絲，絲連不絕也。"

（《書法大字典》，清篆書書法，楊沂孫）（1676 頁）

（《書法大字典》，清篆書書法，鄧石如）（1676 頁）

第三種可能：

《漢字源流字典》（1372 頁）："聯，會意字。篆文從耳，從絲，表示以繩貫穿器耳之意。隸變後楷書寫作聯，改爲從 （貫穿），表意更明確……3. 律詩或騈文中相連而對仗的兩句。"

《字源》（1047 頁）："聯，甲骨文從三系，其上斜筆相聯，屬會意字，爲'聯'之初文，本義爲聯接。戰國文字增加形旁耳，遂爲會意兼形聲字。"

《漢語大詞典》（11858 頁）："聯，2. 聯合、聯繫；…………；6. 詩、文每兩句爲一聯；7.特指對聯。"

《漢語大字典》（2980 頁）："聯，1. 連結、結合：聯合、聯結、聯絡、聯盟、聯邦、聯名、聯想；2. 對偶的語句：對聯、挽聯、楹聯、上聯、下聯。"

越南有 liễn 和 liên 兩個説法。這兩個説法是叫同一個"對聯"的概念，但在越南音韻學上，它反而屬於兩個不一樣的音節（liễn 和 liên），兩個不一樣的聲調（liên 是平聲而 liễn 是仄聲）。

【切】—切

原文：海外獻琛誠心倍切切，南中還璧樂意尤多。（嗣德三十二年閏三月初一日，1879）

《説文解字·刀部》："切，刌也。從刀，七聲。"

《漢字源流字典》（76 頁）："切，會意兼形聲字。篆文從刀，從七（截斷一棍形），會用刀砍斷之意。七也兼表聲。隸變後楷書寫作切。是'七'的加旁字。"

《古漢語字典》（67 頁）："切，1. qiē 千結切，入，屑韻，清，質部。用刀切開，切斷；2. "qiè" 千結切，入，屑韻，清，質部。急、近、要、深等意思；3. "qì" 集韻七計切，去，霽韻，清，階。"

《幹祿字書》切切 上通下正（入聲，P16b）

切（許慎《説文解字》）（91 頁）

切（《甲金篆隸大字典》清.武威簡.有司）（276 頁）

切（《書法字典》清.康熙）（5207 頁）

切（《中文大辭典》東海廟碑）（1625 頁）

切（《中文大辭典》九經樣子）（1625 頁）

切 爲切的異體字。切之小篆作切。今考，入聲、屑韻、會意兼形聲字、從刀、七聲。字構本作七聲，然異寫多作"土"，如《字鑒入聲。屑韻》"切，俗作切。"《六書正》："切，俗作切非。"《俗書刊誤。卷四。入聲。屑韻》"切，從土非。"若據《俗書刊誤》等書，則切爲異體，以七旁混爲土旁所致。

【武】—武

原文：對揚文武武光訓夙夜祗懼不敢荒寧，欽若先王成功朝夕納誨無時豫怠。（紹治貳年十一月初二日，1842。乾成殿聯）

武（《金文編字典》説文・戈部）（8635 頁）

武《甲金篆隸大字典》（881 頁）

武（《隸書大字典》漢・殘石）（765 頁）

武（《書法大字典》楷書書法，歐陽詢）

武（《書法字典》楊大眼造像）

《漢語大字典》（1542 頁）、《説文》："武，楚莊王曰：夫武，定功戢兵。故止戈爲武。"於省吾《釋武》："武從戈、從止，本義爲征伐示威。征伐者必有行。'止'即示行也。征伐者必以武器，'戈'即武器也。"

《漢字源流字典》（545 頁）："武，會意字。甲骨文從戈，從止（腳），會持戈行進之意，是閱兵或征伐示威之象。金文稍訛。篆文整齊化。隸變後楷書承接篆文寫作武。"

《漢字字源》："武字的上部是戈（古代的一種武器），下部是止（腳），表示拿起武器動身出發去打仗。武的本義是軍事、技擊、強力的通稱。"

《隸辯》（P368–P369）：武 尹宙碑—襄獫狁；武 孔宙碑陰束—陽武的"止"部變成巳或𢇲；弋爲戈的變體，不能再加撇，這不是一兩天的事情。看以上的資料我們可以看出"武"是"武"的異體字及其演變過程，從此而認可。

【含】—含

原文：至哉坤元含含弘光大，受茲普福柔順文明。（嗣德三十二年閏

三月二十四日，1879。壽祉門内正棚對）

旬（《書法大字典》三體石經）（338 頁）

含（《甲金篆隸大字典》漢・尹宙碑）（75 頁）

含（《隸書大字典》北齊・泰山金剛經）（22 頁）

含（《書法大字典》唐・韓擇木）（338 頁）

含（《書法大字典》宋・蘇軾）（338 頁）

含（《書法大字典》清・鄭簠）（338 頁）

含（《書法大字典》近代・唐翰題）（338 頁）

含（《書法大字典》現代・單曉天）（338 頁）

《幹祿字書》："含，通；含，正。"（P8B）；《重訂直音篇》："含，俗含。"（口部、P23）；《漢語大字典》（641 頁）："《説文》：'含，嗛也。從口，今聲。'"；《釋名・釋飲食》："含，合也，合口亭之也。"《漢字源流字典》（466 頁）："含，會意兼形聲字。金文和篆文從口，從今（飲），會將東西放在口中之意，今也兼表聲。隸變後楷書寫成含。"我們都認可"含"的越南異體字爲含和中國異體字爲含比較相似，只不過它的上部分兩體之間有一點差異，越南寫者寫爲含，而中國寫者寫爲含。本人認爲認爲拿一部分較相似的形體來代替另一部分也是中國異體字裏常見的手段。因此這裏的含就是"含"的異體字。

【昉】一昺

原文：萬邦惟懷祗勤千德夙夜弗逮，一人以治鹹和小民中昉昺不遑。（紹治貳年十一月初二日，1842。乾成殿聯）

昿《字源・戰國》（608 頁）

昉《説文・日部》（7415 頁）

昺（《甲金篆隸大字典》漢・華山廟碑）（443 頁）

昉（《六書通》清・康熙字）（6609 頁）

昺（《金文編字典》清・康熙字）（6618 頁）

《異體字字典》："《字彙補》：'昺與昉同出（日部。P88）。'"《漢字源流字典》："昉，篆書昉，形聲字。篆文從日，方聲。隸變後楷書寫作昉"。《説文・日部》："昉，明也。從日，方聲。"《漢語大字典・日部》："昺，同昉。"洪適注："昺，即昉字。"故可肯定昺爲昉之異體字。

【晉】一晉

原文：七裹晉晉仙齡長引喬松歲月，八荒開壽域鹹游堯舜乾坤。（嗣

德三十二年閏三月十八日，1879）

（《書法大字典》晉.王羲之）（944頁）

（《書法大字典》‧漢魏印）（944頁）

（《書法大字典》隨‧智永）（944頁）

（《隸書大字典》隨‧爾朱端墓志）（575頁）

（《書法字典》清‧何紹基‧隸書）（87437頁）

（《甲金篆隸大字典》漢印徵）（438頁）

《訂正六書通》（283頁）

《説文》：“晉，進也。日出萬物進。從日，從臸。”《異體字字典》指出 （a01795-013）是晉的異體字。《干祿字書》：“、晉，上俗下正（去聲、P14A）。”《漢字源流字典》：“晉，會意字。甲骨文是兩支箭插入插箭器中之形，會箭插入之意。金文大同。篆文整齊化。隸變後楷書寫作。簡作晉。俗作。如今規範化用晉。”爲晉之異體字。

【允】一允

原文：繼志述事守文之難方與公卿慎之，省度勑幾惟明克允允仰惟聖帝時克。（紹治貳年十一月初二日，1842。文明殿聯）

《書法大字典。北魏‧候掌墓志》

《書法大字典‧明‧解縉》

《書法大字典‧現代‧胡問遂》

《書法字典‧褚遂良》

《書法字典‧趙炅》

《書法字典‧安樂王墓志》

爲允之異體字。《説文解字》：“允，信也。從兒，聲。”《爾雅‧釋詁上》：“允，信也。”又：“允，誠也。”《漢字源流字典》：“形聲兼象形字。甲骨文象突出了頭面的長大、肥實的人形。金文有的還另加出一只腳。篆文承接 金文，訛爲從兒，（以）聲。隸變後楷書寫作允。”《異體字字典》以爲允的異體字之一（a00265）。《安樂王墓志》《敦煌俗字譜‧兒部》等皆允亦作允。故允爲"允"之異體字。

【北】一北

原文：飛龍在天上治也，北北辰居所星拱之。（紹治貳年九月二十七日，1842。乾成殿聯）

原文：奉玉帛者萬國北北向朝北北極之尊，普福祉於一人南面對南山之壽。（嗣德三十二年閏三月初一日，1879）

北（《隸書大字典》漢・衡方碑）（165 頁）

北（《隸書大字典》唐・徐琪）（166 頁）

北（《書法大字典》宋・米芾）（262 頁）

北（《書法大字典》明・唐寅）（262 頁）

北（《書法大字典》清・康熙）（262 頁）

北（《書法大字典》現代・翁闓運）（262 頁）

北（《甲金篆隸大字典》武威簡・有司）（572 頁）

《說文・北部》："北，乖也。從二人相背。凡北之屬皆從北。"《字源》："會意字。像二人背之形，爲乖背之背的初文。商代甲骨文所見借爲南北之北。由於這種假借義最常用，後來便追增'肉'旁造爲'背'字以表乖背之背，以'北'字專門表示南北之北。"在"國學大師網站"中，"北"的筆順爲 21135、總筆劃數爲 5。這麼來看，它和北都一樣的筆順和總筆劃數。只不過在本字左邊部分的一個豎筆，在寫作時，寫者可能會爲了寫法的習慣而停止，引起豎筆的最下面有一個較黑的墨點，讓土變成了"才"（像"才"部一樣）。上面我們已引明代唐寅字的北和清代康熙字的北都證明，有時候在寫作當中，寫者會把一部首變成另一部首（這裏兩者已把本字變成"土部"）。同樣的現象，越南學者在寫作時，因爲習慣而把"北"變成了"北"。而且這裏的北也很符合對聯的對稱。北爲北的異體字。中國異體字字典未收錄。

【駿】一駿

原文：繼志述事守文之難方與公卿慎之，省度勅幾駿命不易維思夙夜敬止。（紹治貳年十一月初四日，1842。文明殿聯）

駿（《隸書大字典》漢・曹全碑）（1264 頁）

駿（《隸書大字典》漢・袁博碑）（1264 頁）

駿（《書法大字典》隨・蘇孝慈碑）（2324 頁）

駿 （《書法大字典》宋·蘇軾）（2324 頁）

駿 （《書法字典》行書·歐陽詢）（72348 頁）

駿 （《漢字字源》隸書）（162 頁）

《說文·馬部》："駿，馬之良材者。從馬，夋聲。"《漢字字源》："駿，形聲字。'馬'表意，古文字形體像一四馬，突出了馬的鬃毛和尾巴；'夋'表聲，夋有行動敏捷義，表示駿是行動敏捷，善賓士的好馬。形旁簡化。本義是駿馬、好馬。"《異體字字典》駿（a04638–002）和（駿 a04638–006）與駿比較相似的字形。《漢語大字典》："駿，1.良馬；2.迅速；3.大、高大。"《爾雅·釋詁上》："駿，大也。"《詩·大雅·文王》："宜鑒於殷，駿命不易。"這對聯裏的"駿命不易"是典故，所以我們不據不言，駿就是駿的異體字。《異體字字典》亦未收錄駿。

在探討、考證的過程中，我們引用了一些工具書中的字體寫法，其中有些是書法字體，如行書、隸書、楷書等。這并不是說我們把字體的書法寫法當成異體字的一部分，而只是這些寫法和我們分析的異體字字體有些相似或相同的地方，再加上它們出現於不一樣的時代（漢、唐、宋、北魏、明等）但有同樣或相似的寫法，本文帶來分析時會有助於我們研究思路更加詳明。

參考文獻

［1］越南藏書局：《阮朝硃本》，文化信息出版社 2010 年版。

［2］付曉雯：《現代漢語詞典異體字研究》，山東師範大學 2006 年版。

［3］毛遠明：《漢魏六朝碑刻異體字研究》，《涪陵師範大學學報》2006 年第 2 期。

［4］李國英：《異體字的定義與類型》，《北京師範大學社會科學學報》2007 年第 3 期。

［5］張涌泉：《漢語俗字研究》，商務印書館 2010 年版。

［6］裘錫圭：《文字學概要》，中華書局 1988 年版。

［7］《異體字字典》（電子版），http://dict.variants.moe.edu.tw/。

［8］《書法字典》（電子版），http://www.shufazidian.com/。

越南漢文俗字的整理與研究*

——兼論《越南俗字大字典》編撰

［中國］何華珍 浙江財經大學

［中國］劉正印 浙江財經大學

越南與我國山水相連，是"漢字文化圈"中浸染漢文化最深的國家。近幾十年來，隨着越南漢喃文獻的逐漸公開，越南漢字資源的開發、利用、創造之價值，亦不斷爲廣大中外學者所認同。縱觀越南漢文材料之金石、刻本、寫本，其異體俗字之多且與漢語俗字之近似，乃爲不容置疑之客觀事實。從某種意義上説，越南的漢字發展史，既是俗字傳播史，也是俗字變異史。在當今漢字學界，關於越南漢文俗字的整理和研究已越來越被重視。

一、越南漢文俗字研究現狀

（一）越南

1979 年，越南成立漢喃研究院，專門負責收集、保存、研究和發展漢喃文獻。據現任漢喃研究院院長阮俊强介紹，越南漢喃研究院至今收藏古籍 6000 多種，計 33000 餘册，收藏碑刻拓本 68000 份左右，其古籍中的漢文與喃文的數量之比大致爲 5:1。近年來，越南影印出版漢字文獻古籍，漢喃研究院與法國遠東學院合作出版《越南漢喃銘文匯編》和《越南漢喃銘文拓片總集（1-22 册）》（2005—2009 年）；整理研究碑銘文獻，代表性成果如丁克順《陳朝碑文》（2015）等。阮翠娥《越南碑銘的整理與研究工作》（2003）介紹了越南漢喃研究院對碑銘的整理與研究的實際工作，主要有銘文文字的特點、銘文的内容、版本的情况進行了介紹。

越南的漢字研究，包括俗字研究，主要集中在：1. 漢字理論。阮光紅

* 本文爲何華珍主持的國家社科基金項目（12BYY069）、教育部人文社科項目（12YJA740020）的階段成果。

《越南"字喃"研究幾個大題的概述》從文字學角度，對字喃的起源及其成爲文字系統的歷史時期、內部結構及其演變和社會功能三方面進行敘述和討論。呂明姐《造字法之異同：日本和字與越南喃字比較研究》首先闡明了漢文化對日本和字與越南喃字的影響，然後分別介紹了和字與喃字的不同造字之法，最後將二者進行比較，認爲日語與漢語屬不同語言類型，音節構造亦有差異，故和字的部與字結合有限，難以像越語那樣造出大批喃字。黃芳梅《漢字派生文字的構造：越南京喃字、岱喃字與中國方塊壯字之比較》介紹了此三類文字的出現與發展情況，接着對其構造進行分析，主要分爲兩大類：借漢字，自造字。2. 漢字傳播與應用。阮俊强、阮氏秀梅《〈三字經〉對古代漢文教材的影響》分別從文體和內容兩方面闡明了《三字經》影響越南古代書籍的發展。在形式上，影響了文體的變化，産生了三字詩句；在內容上，越南學者接受了《三字經》的勸學內容和中國傳統文化，并以此爲准去著述。阮氏篤《錯誤的漢字——在香港出版〈國史遺編〉案例》對《國史遺編》的抄本、印本及越南語文本進行了介紹比較，糾正了香港排印本的一些錯誤。郭氏娥《越南北屬時期漢字文獻用字研究》（2013）對漢字在越南的傳播時間與層次、北屬時期漢字文獻刻本及寫本的保存情況及其整理工作價值、越南北屬時期漢字文獻的用字狀況進行研究，并探討了漢字當時的構造特點，漢字在越南的傳承與變異及其淵源聯繫。3. 出土文字。葉少飛、丁克順《越南新發現東山銅鼓"金甋"釋》（2016）解釋了東山銅鼓何以爲自銘爲"金甋"，并對這一器物後世統稱爲"銅鼓"的原因進行了考究，最後對相關幾個銅鼓上的銘文進行了解讀。此外，阮玉協《越南陳朝禪宗三書研究——以文獻、文字、辭彙爲中心》（2013）以《禪苑集英》《聖燈語錄》《慧忠上士語錄》三本越南漢籍刻本爲主要材料，選取其中的代表性俗字，從形體結構方面進行剖析和解讀。

　　阮俊强院長在《越南方塊字研究的回顧與展望》（2016）一文中指出："漢字研究在越南是很小的領域，尚待進一步開拓。越南現有的漢字研究建立以下模式：漢字歷史、造字法、書法史中的各種書體、20 世紀簡化漢字與漢字拼音化過程，漢字對喃字構造的影響等；不過，所有的研究成果還是處於'介紹性'、'入門'境地，尚未深入具體研究，新的發現很少見。"可見，越南放棄使用漢字，使得越南文化出現斷層，專門研究漢字的越南學者并不多；而我國文字學界對於越南漢文文獻重視不夠，利用越南漢字文獻從事漢字研究者，亦不多見。鑒此，立足中國文化域外傳播，對越南漢字文獻進行搶救、保護、開發和利用，此乃當務之急。

　　（二）中國

　　在文獻整理方面，我國早前出版了《越史略》（1936）、《嶺南摭怪等史料三種》（1991）、《安南志略》（1995）等，近年影印出版《越南漢文燕行文獻集成》（2010）、《大南一統志》（2015）、《皇越一統輿地志》（2015），整理出版《越南漢文小說集成》（2011）、《大越史記全書》（2016）等。基於越南漢喃文獻的目錄學、文獻學及文學、史學、語言、教育、文化等研究成果，如《越南漢喃文獻目錄提要》（2002）、《越南漢喃文獻目錄提要補遺》（2004）、《越南漢喃古籍的文獻學研究》（2007）、《越南漢籍文獻述要》（2011）、《〈金雲翹傳〉翻譯與研究》（2013）、《從敦煌學到域外漢文獻研究》（2013）、《中越文化交流史論》（2013）、《東亞漢籍版本學初探》（2014）、《東南亞語言文化研究（叢書）》（2014）、《越南科舉制度研究》（2015）、《越漢關係研究》（2015）等。見於《域外漢籍研究集刊》（2005-）及其他學術雜志的論文亦逐漸增多。王平、劉元春《越南漢喃文獻 E 資源評介》介紹了越南漢喃研究院之“漢喃遺產館藏目錄”和台灣“中央”研究院之“越南漢喃文獻目錄資料庫系統”。

在俗字研究方面，聞宥《論字喃之組織及其與漢字之關涉》（1933），是研究越南京族所用喃字與漢字關係的拓荒之作。王力《漢越語研究》（1948），從形體和語音方面對字喃進行了分析，并與漢字進行對比，文後附 100 個越南省筆字，此爲早期關注越南漢籍俗字之作。鄭阿財《越南漢文小說中的俗字》（1993），以《嶺南摭怪列傳》等越南漢籍爲語料，對俗字的類型進行探究。張涌泉《漢語俗字研究》（1995）認爲越南《利仁路外星戶鄉天屬童社昭光寺鐘銘》（1385）中出現的俗字“罳”爲中國的“㲋”字；并指明“㘞”爲越南創製的俗字。陸錫興《漢字傳播史》（2002）以爲部分簡俗喃字的構形方式同漢語俗字一樣，皆采用省略部件、使用草體、用簡單部件代替複雜部件、用簡單符號代替複雜部件、用古體代替今體、用簡單同音字代替複雜同音字等方法改造形體。譚志詞《中越語言文化關係》（2003）上編第五節、第六節分別介紹了漢字對字喃的影響和漢語漢字對越南語言文字影響至深的原因。趙麗明編著的《漢字傳播與中越文化交流》（2004）對漢字傳播和中越古代文化交流等方面內容作了相關介紹。劉玉珺《越南漢喃古籍的文獻學研究》（2007），有關章節論及越南漢籍與俗字研究問題。范宏貴、劉志強《越南語言文化探索》（2008），立專章分析中國俗字、方言字及越南喃字等。何華珍《俗字在越南的傳播研究》（2013），探究越南俗字與漢語俗字之傳承變異，指出辭書及學界有關失誤。何華珍、劉正印《越南漢喃銘文酒器量詞字用初探》（2016）對漢喃銘文中記錄酒器量詞與中國的酒器量詞用字進行比較分析，發現越南酒器量詞用字多數受到中國的影響。這體現了漢字在域外傳播過程中，越南人對漢字由學習到模仿、由模仿到創新的一個過程。

　　近年,出現數篇研究越南漢字文獻與異體俗字的學位論文。1.碩士論文:
劉康平《越南漢文寫卷俗字研究》(西南交大,2011)用漢字構型的理論闡
釋了這些寫本文獻中一些重要俗字的演變規律和結構特徵,同時用寫本中
的俗字同《宋元以來俗字譜》中的相關俗字進行了比較。賈蓋東《越南漢
籍〈大越史記全書〉俗字研究》(浙財大,2014)以正和本、國子監覆刻本、
戴密微藏本三個不同版本的《大越史記全書》爲語料,全面收集異體字樣,
對其中的異寫俗字和異構俗字進行分類研究,力求以《大越史記全書》相
關俗字爲中心,揭示俗字在越南漢籍中的流播現象及變異規律。甄周亞《馮
克寬使華漢詩寫本俗字研究》(浙財大,2015)以《越南漢文燕行文獻集成》
中的馮克寬使華漢詩寫本爲語料,對其中的俗字進行了窮盡式的調查和整
理,同時結合中國古代典籍和傳統字書,展示俗字在越南的傳播軌迹,探
求俗字在越南所展現出的地域特色,擴大漢語俗字研究的範圍。劉正印《越
南漢喃銘文用字研究》(浙財大,2016)以《越南漢喃銘文拓片總集》(1-22
册)爲主要研究對象,運用"漢字職能學"和"傳承俗字和變異俗字(國
際俗字和國別俗字)"等相關理論,對用字情況進行了較爲全面而系統的研
究,認爲"傳承"和"變異"是越南漢喃銘文用字的兩大趨勢。何婧《越
南瑶族民間古籍俗字比較研究》(浙財大,2016)調查了部分具有代表性的
越南瑶族民間古籍影印文獻裏的俗字字形,并從"通用俗字"和"地域俗
字"兩大視角來討論越南瑶族民間古籍的用字狀態,通過俗字比較的方法
揭示其傳承與變異現象與規律。2.博士論文:梁茂華《越南文字發展史研究》
(鄭州大學,2014)對越南文字發展史進行了梳理,將民族思想文化、民族
意識、民族認同、跨民族文化交流等因素融入研究過程中,實現語言文字
學、考古學、歷史學等多學科的結合。左榮全《漢字在越南文字史上的地
位演變研究》(解放軍外國語學院,2015)運用廣義文字學、文化語言學、
歷史學等相關領域的理論,首次對漢字在越南文字史上的地位演變情況進
行了系統研究。漢字在越南文字史上的地位演變,經歷了越南獨立建國後
的獨尊、主導和衰落三個階段,而越南獨立前漢字在交趾三郡的傳播是越
南文字史發展的前奏,屬於奠基時期。

　　(三)日本

　　日本在越南漢文文獻整理方面的著述頗豐,如川本邦衛《〈伝奇漫録增
補解音集〉にみえる〔ジ〕喃について-1-》(1974)、《〈伝奇漫録〉研究ノー
ト-2-》(1984)、《〈伝奇漫録〉研究ノート-3-》(1985),《〈伝奇漫録〉研究
ノート-4-》(1987)、《〈伝奇漫録〉研究ノート-5-》(1987)、《〈伝奇漫録〉研
究ノート-6-》(1991)、《覆刻本〈新編伝奇漫録〉俗語訳の性格》(1994)等。
此外,華人學者陳荆和在日本出版《校合本大越史記全書》(1984-1986),

通過四種刊本比勘，進行不完全歸納，繪製了《越南俗字·簡體字與慣用漢字對照表》和《避諱欠畫字及代字表》，共收俗字 604 個，避諱字 30 個，爲越南俗字字形整理提供字樣。

二、越南漢文俗字整理

越南俗字資源多依存於碑銘、刻本、寫本等載體。

（一）碑銘俗字（以《越南漢喃銘文拓片總集》爲例）

礙—碍矴　艾—乂　昂—昻　霸—覇　拜—𢂣　辦—办辛　寶—宝　暴—㫘
報—报　抱—抱　杯—盃　備—俻俻　本—夲　筆—笔笔　比—𠓤
弊—敝卅　庇—疕庇　碧—珀　變—变　邊—邉边辺　彪—尨　鼈—鱉
賓—賔　冰—氷　餅—餅餅　并—弁盉羌　撥—拨捘　鉢—砵夲
薄—溥薄　庸—庯　菜—荣　策—筞　插—挿挿　藏—蔵　柴—𣐽
禪—襌襌　巉—巉　闡—𨳽　嘗—甞　超—趚　辰—厎　陳—𨻫　稱—稱
塵—塺坐尘　乘—乗　癡—疒　齒—齿齒　衝—重　充—充　崇—崈
寵—寵宠　丑—丒　初—初𥘉初　出—齿屮𡆲屵　觸—觸　創—刱
處—処処𠁥　傳—傳传儓　垂—𡍣垂𡍣𢌞　陲—陕　春—𡗶　純—𥿂
慈—慈　辭—辝　此—𣥈　賜—𧶟　聰—聰聦聦　叢—叢　島—㠀㟼㠀
從—从𣥘従猠徔　嵯—㠪　答—荅　帶—帯葉　擔—擔㧜　當—𡃝
黨—党　蹈—蹈　得—㝵　登—簦　德—悳徳悳悳徲㣫夕　燈—㷁灯
鄧—邓　等—等　第—苐　地—也坔�　點—㸃　殿—𣨛　鼎—𣂃鼎吊
遞—遞迊递逓迊迊迊　丁—𠀐　頂—𩑈　定—𡶶　峒—峝　兜—㒵兜
鬥—鬦鈄　豆—荳　獨—独　篤—䔳　睹—覩腊　坵—蚝　斷—斳
段—段㕝㕐　對—对　隊—隊　敦—㪟　多—多𡗉　朵—朶　峨—㦻
恩—㤙　兒—児　法—法法　闊—囷　貳—弍𧵥貳貳貳貳　番—畨
發—䤼䥼䥽䥼䥭䥬　凡—凢　范—范　飯—㪚　方—方　仿—𠆳
飛—𠖇　廢—𢇲𢇳庲　分—分　焚—焚　豊—豊　風—𡳞　烽—烽
峰—峯峰　奉—𡚬　佛—仸仸俤儠　芙—芺　福—福福福徣禞　撫—抚
輔—俌輔　復—𢕊　父—𤣗　覆—覆夑　改—㧑　蓋—盖盅盖蓋　歌—歌
革—草　閣—𨵧𨶑　個—个　恭—恭　功—㓛　鞏—鞏鞏　共—共
籌—𥳑　鼓—皷　固—㧏　穀—穀　顧—頋　瓜—瓜　管—管　觀—覌覌
關—関閞关　貫—贯贯賈𠁧　冠—𡗨　光—灮　廣—𢈪尼　歸—歸帰帰
規—𢀳　龜—亀𪚦竉𪚲　鬼—鬼　葵—葵　郭—𡶀　含—含　韓—𩏑
晧—皓皞　號—号　赫—赥　熇—焇　墾—堅　厚—𠪣垕　虎—𧆞
後—𢓜彼伇伇后　壺—壹壺壼壺　護—護䕶　花—𦾔　華—華花荤
嘩—譁譁　畫—𦘕　懷—懐　壞—坏　還—还　奐—㚓　荒—荒荒

灰—灰　徽—徵　輝—煇　恢—恢　回—回迴迴　毀—毁　慧—慧
諱—諱　魂—魂　豁—豁　或—或　箕—箕　擊—擎　極—極
幾—幾幾　機—机　急—急　繼—繼繼繼　既—既既　幾—幾幾
濟—濟　寄—寄　祭—祭祭　際—際　家—家家　嘉—嘉嘉　夏—夏
監—監　間—間　監—監　堅—艱　艱—艱　兼—兼　簡—間尚　儉—儉
建—建　鑒—鑒　將—將　疆—疆疆　降—降　蕉—蕉　剿—剿　教—教
皆—皆　節—節　界—界　金—金金　謹—謹　盡—盡盡　驚—驚
荊—荊　景—景　境—境　淨—淨　鏡—鏡　競—競　糾—糾糾　起—起
圖—圖　就—就　鳩—鳩　舊—舊舊舊　舅—舅　居—居居　局—局
舉—舉舉舉　具—具　聚—聚　據—據據據　卷—卷　厥—厥
鐫—鐫鐫鐫鐫鐫　覺—覺覺覺　郡—郡　開—開开开开开開開
看—看看　刻—刻　懇—懇　鏗—鏗　寇—冠　寬—宅　虧—虧　愧—愧
闊—潤　臘—臘臘臘臘　勒—勤　樂—樂樂　雷—雷雷　類—類　累—累
冷—冷冷　禮—礼　黎—黎　離—离　麗—麗麗麗　歷—歷　泣—泣
儷—儷　礪—礪　廉—廉　聯—聯聯聯聯　兩—兩　梁—梁　臨—臨
齡—齡於爹姿　留—留留留留留　令—令　流—流　劉—刘　苗—苗
龍—竜尨龍　靈—靈靈靈靈靈灵靈靈靈靈靈靈　柳—柳帝　間—間
旅—旅　慮—慮　隆—隆隆隆　隴—隴　樓—樓　陋—陋　臚—臚
爐—炉　壚—垆　祿—祿　錄—錄　陸—陸　路—路　鷥—鸞　亂—乱
略—畧　羅—羅羅　囉—罷　鑼—罪　羅—羅　蠻—蛮　滿—滿　茫—茫
卯—邜　美—美关　每—毎　媚—媚　門—门　蒙—蒙蒙蒙蒙　懷—懷
夢—夢梦　彌—弥　蜜—蜜　覓—覓　蜜—蜜　綿—綿　勉—勉
面—面　苗—苗　廟—庙　蔑—蔑　滅—滅　威—威　冥—冥　銘—銘
命—命命　默—默　沒—没　墨—墨　某—厶　穆—穆　奈—奈奈
歆—歆歆歆歆歆歆歆歆歆　納—納　男—男　難—難難难難
曩—曩　惱—惱　能—能能　忘—忘　擬—擬　逆—逆　娘—娘　凝—凝　寧—寧
年—午年年年年年　甌—甌甌　磐—磐　盤—盤盤　判—判　裝—装
麗—麗麗　罷—罷　甓—甓　媲—媲　片—片　飄—飄飄　嬪—嬪　憑—凭
瓶—瓶　婆—婆婆　妾—妾　蒲—蒲　僕—僕　普—普　柒—柒　妻—妻妻
齊—齊　棋—棊　旗—魂　奇—奇　祈—祈　啟—启　棄—棄　器—器
氣—气　僉—僉　遷—迁　謙—謙　虔—虔虔　前—前　牆—墙
錢—錢錢錢錢　少—少少伐伐　竊—窃　欽—欽　勤—勤　卿—卿　頃—頃
輕—輕　慶—慶　穹—穹　窮—窮窮　衢—衢　權—杺　全—仝　勸—勸
缺—缺　群—羣　然—肰　壞—壞　讓—讓　遠—遠　人—亻　飪—飪汪
稔—稔　認—認　榮—榮荣　柔—柔　肉—肉肉肉　如—如　阮—阮

閏—闰　若—𠯑若　灑—𤗊　薩—隡　參—叅叄　色—🈲　擅—拡
善—善善　傷—伤　燒—烧　攝—拫　設—設　社—祀　深—㴱
聲—聲　聖—聖聖　勝—胜　詩—詩　識—試　實—宲　收—収
時—時時時　世—世世　勢—勢　釋—釋　壽—壽　獸—獣
疏—疎　書—書　熟—熟　孰—𡗜　鼠—鼠鼻　數—攺　豎—竖　術—術
庶—庶庶　爽—爽　率—率率　雙—雙双　朔—朔　肆—肆
祀—禩　飼—饲　送—送送送　蘇—蘇　俗—俗　塑—塑　蕭—甫
箏—箏　雖—雖雖　遂—遂遊遂　歲—歲歲歲歳歳　所—所所
太—太　壇—壇　檀—桟　炭—炭　滔—滔　桃—桃　逃—逃　陶—陶
提—堤　體—体体華　條—條　寃—寃　鐵—鉄鈇　聽—咱　廳—廰
庭—庭　停—仃　通—通　同—仝全　銅—洞　統—統　頭—头　投—投
圖—圖圖　土—圡　兔—兎　團—團　頽—頹　脫—脫　陀—陁　彎—弯
瓦—瓦瓦瓦瓦　宛—宛　蜿—蜿　晚—晚　萬—萬万　往—往
忘—忘　望—望　巍—巍巍　微—微　衛—衛　違—違　圍—圍
爲—爲为　聞—聞聞　翁—翁　甕—甕　羆—羆羆　鳴—鸣　污—污　武—武
吳—吳吴　物—物　無—无无無无　務—务　翁—翕　分—分了
襲—襲　匣—匣　先—先尖　鮮—鲜　閑—闲润　嫌—嫌　賢—贤賢
顯—显显　險—险　縣—県　獻—献　鄉—鄉郷　饗—饗　象—象象
像—像承像　嚚—嚚　蕭—芉　孝—孝　叶—叶　謝—謝　寫—寫寫
懈—懈　馨—馨　豐—豐　興—興兴兴　凶—凶　雄—雄　羞—羞
朽—朽朽　尋—寻　須—湏　虛—虚　選—選　學—学學　勳—勲
循—循　巡—巡巡巡　徇—徇　亞—亜　焉—焉　煙—烟烟　鹽—塩
延—延延延　嚴—嚴桒　嚴—巖　驗—验　雁—鴈　焰—焰　蔦—蔦
養—養　遙—遙　搖—搖　堯—堯　蝶—蝶　夜—厏　業—業　衣—帆
彝—彝彝　頤—頤　壹—壹壹壱壱壶壶壱　儀—俵　矣—矣矣
以—以以以叺　蟻—蟻　倚—倚　鑑—监　役—伇　藝—芸　義—义义
易—易　懿—懿　鍛—鉀　議—議謙　陰—陰　氳—鱼　因—因　銀—派
飲—饮　殷—慇　嬰—要　英—英　營—营　應—应应　穎—颖颖
雍—雍　擁—拥　勇—勇　幽—出卉丱　游—连　游—游　尤—尤
猶—猶　餘—余　於—扵扵　歟—欤　虞—虞　魚—鱼　禦—御禦
與—與兴岁与与　慾—欬　譽—誉譽譽誊　域—域　淵—淵
駕—驾　員—员　圓—员　園—園　怨—怨　緣—绿绿　遠—远迲遠遠
願—顠顠顠　悅—怳　閱—閲閲　災—灾灾　哉—哉　在—至　贊—替
讚—讚讃　葬—莽　蚤—蚤　澤—澤　擇—擇拌　增—增增　轉—軒轉
姪—侄　齋—斋斋斋斋齌齌　齌—斋斋斋　瞻—贴　盞—盏　展—晨　張—弘

長—镸 丈—丈 昭—䀹 照—煕 真—真 鎮—鎭 振—振 枕—挄

蒸—蒸 鉦—症 整—敎 證—証 隻—隻 之—之之之之

執—執 址—圵 職—䁗 至—㕧 鐘—鍾 盦—盦 咒—咒

猪—猪猪 築—築 助—助 甋—䡰 鑄—鑄 撰—撰 饌—奬 傳—傳

饌—俱奬 莊—荘 裝—裝 捉—捉 衷—衷衷 眾—眾衆 重—重

斲—斵 總—總總 坐—坐坐 茲—茶茶茲茲 粱—欸炊粖粖床

縱—縱 奏—奏 卒—卆 最—冣 尊—尊尊尊 遵—遵遵遑 佐—佐

座—座座 作—作

（二）刻本俗字（以 1697 年正和本《大越史記全書》爲例）

愛—愛 礙—碍 昂—昂 奧—奧 拔—拔 跋—跋 罷—罷 霸—霸

擺—攏 頒—領 寶—宝 北—北 備—俻 輩—輩 比—北

俾—伻 陛—陛 禪—禅 邊—邊 邊—边 變—変 彪—彪

賓—賔 冰—氷 撥—撥 泊—泊 博—博 步—步 參—参

殘—殘 蠶—蠶 蠶—蠺 蠶—蚕 慘—慘 藏—藏 操—操

册—冊 策—笧 岑—岺 梣—梣 插—挿 禪—禅 蟾—蟾

嘗—嘗 昶—昶 沉—沈 忱—㤀 稱—称 乘—乗 充—充

蟲—蟲 蟲—蟲 寵—寵 銃—銃 雛—雛 初—初 黜—黜

垂—垂 椿—㮹 純—純 辭—辝 刺—刺 聰—聡 從—従

篡—篡 挫—挫 達—達 帶—帯 單—单 鄲—鄲 儋—儋 殫—殫

擔—擔 膽—膽 憚—憚 彈—彈 島—島 蹈—蹈 稻—稻

德—德 等—等 碑—碑 敵—敵 遞—遞 鼎—鼎 峒—峝 鬥—鬥

督—督 毒—毒 睹—睹 跰—跰 蠹—蠹 段—段 斷—断 斷—斷

對—対 敦—敦 頓—頓 峨—峩 額—額 鄂—鄂 惡—惡

惡—惡 遏—遏 愕—愕 貳—貳貳 發—發 廢—廢

番—畨 幡—幡 翻—翻 凡—凡 飛—飛 奮—奮 佛—佛

缶—缶 斧—斧 腐—腐 父—父父父 赴—赴 蝮—蝮 改—攺 改—攺

蓋—盖 贛—贛 罝—罝 歌—歌 革—革 葛—葛 恭—恭

孤—孤 骨—骨 鼓—皷 瞽—瞽 怪—怪 觀—観 觀—観

觀—観 管—管 館—舘 冠—冠 規—規 龜—亀 歸—歸

歸—歸 鬼—鬼 詭—詭 跪—跪 袞—袞 郭—郭 裹—裹

過—過 還—還 還—还 海—海 含—含 函—函 頷—頷

喝—喝 和—和 虹—虹 斛—斛 壺—壺 畫—畫畫 懷—懐

壞—坏　歡—歓　驊—騒　環—瓄　宦—宦　換—換　渙—渙

荒—荒　蝗—蝗　灰—灰　恢—恢　隳—隳　燬—燬　晦—晦

混—混　獲—獲　姬—姬　稽—稽　擊—拏　雞—鷄　饑—飢

急—急　疾—疾　己—已　載—戴　紀—紀　濟—済　繼—継

兼—燕　堅—坚　監—监　箋—箋　艱—艰　儉—俭　撿—撿

檢—检　建—建　健—健　僭—借　劍—劔　劍—剑　餞—餓

艦—舰　鑒—监　鑑—鑑　將—将　獎—奖　降—降　蛟—蛟

攪—搅　皆—皆　劫—劫　竭—竭　解—解　晉—晋晋晋　盡—尽

爐—炉　經—経経　靜—静　競—竞　糾—纠　久—久　灸—炙

咎—咎　舊—旧　局—局　舉—举　聚—聚　懼—惧　決—决

厥—厥　絕—绝　覺—觉　龕—龕　檻—槛　看—看　孜—孜

槐—槐　愧—愧　餽—飢　昆—昆　蜡—蜡　來—来　賴—頼

覽—览　纜—览　濫—滥　螂—螂　勞—劳　類—頪　羣—群

罹—罹　釐—釐　驪—驪　禮—礼　曆—曆　隸—隶　麗—丽

儷—俪　欒—栾　廉—廉　憐—怜　聯—联　斂—敛　戀—恋

糧—粮　兩—両　臨—临　齡—龄　靈—灵　靈—灵　劉—刘　隆—隆

龍—竜　瀧—瀧　籠—笼　籠—笼　樓—楼　魯—魯　祿—禄

路—路　錄—录　鑾—銮　鸞—鸾　亂—乱　螺—螺　裸—裸

屢—屡　率—率　略—署　脉—脉　蠻—蛮　滿—満　冒—冐　瑁—瑁

没—没　美—美　蒙—蒙　覓—覔　密—宻　免—兔　勉—勉

緬—緬　面—面　廟—庙　滅—灭　敏—敏　冥—冥　暝—暝

暝—暝　命—令　墨—墨　默—默　謀—謀　某—某　母—毋

歃—歃歃歃　慕—慕　奈—奈　難—难　惱—恼　能—能能能

儞—你　逆—逆　溺—溺　念—念　囓—嚙　寧—宁宁　虐—虐

殿—殿　謳—讴　嘔—呕　牌—牌　派—派　潘—潘　蟠—蟠

佩—佩　蟥—蟥　潑—潑　婆—婆　普—普　期—期　奇—奇　祇—祇

耆—耆　棋—棊　齊—齐　騎—骑　起—起　器—器　愈—愈

遷—迁　謙—谦　潛—潜　黔—黔　錢—钱钱　羌—羌　戕—戕

牆—墙　樵—樵　竊—窃　琴—琴　擒—擒　寢—寝　傾—倾　輕—轻

鯨—鯨　頃—顷　磬—磬　磬—磬　窮—穷　瓊—琼　囚—囚　區—区

趨—趋　驅—驱　衝—衝　權—权　勸—劝　勸—劝　缺—缺

蚰—蚰　然—燃　襄—襄　攘—攘　讓—让　忍—忍　稔—稔

刀—双　榮—宗　融—融　肉—宍　蚋—蚋　灑—灑　散—散　喪—喪

騷—騷　色—色　薔—薔　殺—殺　歊—歌　擅—擅　贍—贍

蛇—蛇　涉—涉　設—設　沈—沈　審—審　聲—声　繩—繩

屍—屍　濕—濕　時—時　蝕—蝕　識—識　勢—勢　嗜—嗜

收—收　獸—獸　叔—叔　疏—疏　樞—樞　孰—孰　熟—熟

屬—屬　庶—庶　豎—竪　數—数　樹—樹　雙—雙　朔—朔

私—私　死—死　送—送　蘇—蘇　蘇—蘇　算—算　碎—碎

塔—塔　臺—臺　態—態　貪—貪　灘—灘　壇—壇　螳—螳

滔—滔　韜—韜　逃—逃　桃—桃　陶—陶　忝—忝　鐵—鐵

聽—聽　統—統　塗—塗　屯—屯　襪—襪　灣—灣　宛—宛

晚—晚　亡—亡　往—往　忘—忘　危—危　微—微　衛—衛

魏—魏　臥—臥　吳—吳　侮—侮　熙—熙　襲—襲　峽—峽　鮮—鮮

嫌—嫌　銜—銜　賢—賢　險—險　顯—顯　陷—陷　獻—獻

襄—襄　象—象　協—協　攜—攜　興—興　凶—凶

洶—洶　胸—胸　胃—胃　雄—雄　修—修　須—須　勛—勛

選—選　學—學　勳—勳　焉—焉　淹—淹　嚴—嚴　鹽—鹽

衍—衍　掩—掩　焰—焰　讞—讞　樣—樣　搖—搖　徭—徭

遙—遙　瑤—瑤　謠—謠　謠—謠　藥—藥　謁—謁　猗—猗　移—移

儀—儀　頤—頤　彝—彝　已—已　蟻—蟻　蝗—蝗　役—役　異—異

逸—逸　義—義　議—議　陰—陰　蔭—蔭　吟—吟　淫—淫

隱—隱　嬰—嬰　鸚—鸚　迎—迎　熒—熒　瑩—瑩　營—營

穎—穎　永—永　勇—勇　詠—詠　幽—幽　憂—憂　尤—尤

游—游　友—友　幼—幼　於—於　漁—漁　輿—輿　譽—譽

歟—歟　與—與　玉—玉　欲—欲　嫗—嫗　豫—豫　譽—譽

冤—冤　淵—淵　苑—苑　怨—怨　願—願　鉞—鉞　災—災

樂—樂　暫—暫　葬—葬　譟—譟　澤—澤　棧—棧　戰—戰

杖—杖　爪—爪　照—照　輒—輒　枕—枕　爭—争　整—整

知—知　織—織　執—執　職—職　旨—旨　智—智　滯—滯

煮—煮　囑—囑　助—助　築—築　供—供　撰—撰　饌—饌

莊—莊　裝—裝　椿—椿　壯—壯　狀—狀　准—准　姊—姊

總—總　縱—縱　卒—卒　坐—坐

（三）寫本俗字（以《越南漢文燕行文獻集成》寫本"馮克寬使華漢詩"爲例）

愛—　案—　寶—　冰—　飽—　邦—　筆—　薄—
白—　撥—　輩—　辦—　變—　邊—　拜—　插—
持—　常—　慈—　蟲—　癡—　懺—　澄—　澈—
閶—　傳—　齒—　出—　遲—　塵—　纏—
詔—　藏—　處—　廠—　窗—　聰—　辭—　沉—
稱—　對—　德—　多—　淡—　獨—　得—　當—
鼎—　東—　蹈—　燈—　妒—　點—　帶—　鄧—
恩—　邇—　發—　福—　復—　鳳—　飛—　佛—
發—　副—　賦—　風—　峰—　耕—　疆—　耕—
歸—　冠—　歌—　過—　剛—　觀—　關—
顧—　岡—　綱—　箇—　怪—　閣—　廣—　懷—
華—　凰—　輝—　閣—　環—　黃—　漢—
墾—　歡—　寒—　護—　滬—　還—　虎—　含—
荒—　徽—　後—　花—　盡—　舊—　際—　爵—
疆—　極—　儘—　將—　饑—　幾—　展—　機—
經—　解—　緊—　寂—　堅—　堅—　躋—　繼—
酒—　舉—　覺—　幾—　歲—　統—　降—　濟—
間—　借—　將—　傑—　鏡—　擊—　酒—　愷—
空—　開—　龕—　齡—　籬—　隆—　慮—　聯—
留—　柳—　蘆—　龍—　籠—　盧—
溜—　龍—　樓—　廉—　歷—　靈—　禮—　勞—
糧—　兩—　戀—　亂—　屢—　履—　羅—　蘿—
邏—　經—　麟—　鄰—　樂—　脈—　彌—　門—
蠻—　南—　躡—　擬—　凝—　難—　釀—
耐—　奈—　濃—　巒—　麗—　捧—　憑—　礴—
盤—　輕—　其—　期—　琴—　趨—　竊—
遷—　豈—　齊—　氣—　慶—　榮—　錢—
然—　儒—　讓—　潤—　數—　書—　識—
歲—　蘇—　森—　聳—　雖—　衰—　鼠—
擅—　隨—　灑—　疏—　雖—　攝—　甚—　事—
斯—　壽—　孰—　所—　雙—　聖—　澀—
勝—　裳—　熟—　舜—　藤—　鐵—　聽—　嘆—
壇—　庭—　臺—　陶—　攤—　態—　銅—　霧—

翁—　問—　違—　圍—　舞—　聞—　微—
薇—　礎—　惘—　窩—　萬—　巍—　無—　爲—
望—　往—　蕭—　香—　襄—　顯—　選—　巡—
賢—　鄉—　雄—　羞—　兒—　學—　閒—　行—
興—　獻—　城　陽—　贏—　幽—　圓—　禔—
園—　盈—　煙—　怨—　亦—　憂—　優—
有—　意—　於—　與—　遙—　營—　嚴—
應—　雲—　翼—　異—　驛—　耀—　躍—　餘—
儀—　興—　猶—　藥—　驗—　淵—　燁—
曄—　醫—　游—　義—　欝—　圍—　養—
軺—　遠—　儼—　閱—　鹽—　欲—　哉—　鐘—
書—　筑—　真—　知—　徵—　撰—　宗—　載—
直—　總—　斟—　遮—　賬—　澤—　正—　張—
漲—　轉—

三、越南漢文俗字研究

"傳承"和"變異"是研究越南俗字資源的兩大線索。

（一）傳承俗字

"傳承俗字"指在中國典籍或碑刻等文獻資料中有迹可循的那部分俗字，即"國際俗字"，是中越俗字研究之根基。而且同屬"漢字文化圈"的日本，韓國亦蘊含着豐富的"傳承俗字"資源。可以説，古代漢字文化圈很大程度上就是一個俗字傳播圈，很多俗字皆是由中土傳播到域外，形成一個國際通用俗字群。

1. 傳承俗字的整理

我們以 1697 年正和本《大越史記全書》中的俗字爲例，分別從碑銘、寫本、刻本三種不同文獻版本的角度，與中國的俗字彙編材料進行整理比照，揭示其傳承性。字形比照時，因載體形成的非區別性字形特徵，忽略不計。

（1）碑銘（以《漢魏六朝碑刻異體字典》爲例）

邊—　賓—　冰—　乘—　初—　辭—　聰—
從—　帶—　擔—　島—　蹈—　德—　遞—
鼎—　睹—　段—　斷—　峨—　發—　凡—
改—　蓋—　鼓—　觀—　管—　歸—　鬼—
壺—　灰—　濟—　兼—　舊—　舉—　禮—
廉—　聯—　靈—　美—　覓—　面—　滅—

默—嘿　冥—寞　命—令　墨—墨　難—難　能—肮　奇—竒　棋—棊

齊—齐　器—噐　謙—嗛　錢—錢　輕—輕　權—權　榮—荣

柔—柔　肉—宍　聲—声　收—収　雙—隻　送—送　蘇—蘇

宛—宛　往—往　忘—忘　微—微　鮮—鮮　雄—雄　朽—朽

勳—勲　焉—焉　鹽—盬　尤—尤　於—扵　怨—怨　災—灾

葬—葬　坐—坐

（2）寫本（以《敦煌俗字典》爲例）

禪—禅　乘—乗　初—初　辭—辝　從—従　帶—帶　擔—擔

德—徳　遞—迤　鼎—鼎　睹—覩　斷—断　發—㪵　凡—凢

飛—飛　改—攺　蓋—盖　鼓—皷　觀—覌　歸—㱕　鬼—鬼

灰—灰　急—急　濟—済　兼—兼　堅—坚　禮—礼　舉—舉

看—看　靈—靈　美—羙　覓—覔　面—面　滅—减　冥—寞

默—嘿　寧—寕　齊—齐　奇—竒　器—噐　謙—嗛　錢—錢　輕—輕

權—權　肉—宍　收—収　雙—隻　蘇—蘇　逃—迯　宛—宛

往—往　微—微　雄—雄　焉—焉　鹽—盬　淵—渊　災—灾

葬—葬　坐—坐

（3）刻本（以《宋元以來俗字譜》爲例）

寶—宝　邊—边　冰—氷　稱—称　辭—辝　聰—聰　帶—帶

從—従　擔—擔　蹈—蹈　德—徳　遞—迤　斷—断　發—㪵

番—畨　凡—凢　佛—仸　歌—歌　觀—覌　管—管　歸—㱕

壺—壷　晝—昼　還—还　急—急　兼—兼　堅—坚　盡—尽

舉—舉　樂—楽　聯—聯　兩—両　靈—靈　龍—竜　蠻—蛮　命—令

墨—墨　能—肮　齊—齐　遷—迁　竊—窃　輕—輕　窮—穷　衢—衢

權—權　肉—宍　色—色　擅—拸　聲—声　送—送　逃—迯

鐵—鈇　微—微　賢—賢　雄—雄　嚴—嚴　幽—㓜　葬—葬

執—抌　職—耺

由上可見，越南漢籍中使用的“傳承俗字”數量繁多，且皆能在早於其時代的中國歷史文獻中找到相同字樣，内在傳承性不言而喻。

2．傳承俗字的類型

越南漢喃銘文中的“傳承俗字”大都可以在中國歷史文獻中得到印證。我們以這些俗字爲坐標，可以分別從形體和結構出發進行分類。（參見本論集《越南漢喃碑銘用字研究導論》一文，此不贅述。）

3．傳承俗字的價值

越南傳承俗字的價值主要體現在以下方面：

（1）豐富和補充了近代漢字研究的新材料。古來新學問起，大都由於新發現。殷墟甲骨、敦煌遺書、流沙墜簡、四夷碑銘、内庫檔案等一批新漢字資源的發現和應用直接促成或影響了殷商史、甲骨學、簡牘學、敦煌學、突厥學、西夏學等學科的建立，即是證明。同樣，作爲“異族故書”的越南漢文文獻，不僅推開了中國學術的新視野，而且提供了大量的近代漢字新語料。

（2）從漢字發展史角度看，越南傳承俗字即中越通用俗字，對這些俗字的研究有助於從整個東亞漢字圈的角度來審視近代漢字的演變，開拓近代漢字研究的新視野。比如，域外漢字發展變化是否和中國一致？原因是什麼？如果不一致的話，中越雙方各自的發展特點是什麼？

（3）一些普遍流行於越南的俗字雖見於我國，但却不爲歷代字書所收。這些俗字有助於完善相關字典的編纂。如，“恢”“圷”分別爲“懷”“壞”之俗寫，二字皆見於《古本小説集成·雅觀樓全傳》中“开懷行樂”和“辛苦壞了”。《漢語大字典》漏收。

總之，以“傳承字”爲中心的中越漢字比較研究，是近代漢字學研究的重要内容，也是漢字在域外傳播的重要内容。這些俗字不僅可在中國歷史文獻中找到原形，而且其構字規律及形體發展趨勢亦與漢字無異，内在傳承性不言而喻。

（二）變異俗字

“變異俗字”是相對於“傳承俗字”而言，指主要流行於域外的“地域俗字”，是漢字域外傳播的一道風景線。這部分俗字雖少見於中土，但仍是按照近代漢字發展規律進行變異。

1. 變異俗字的整理

“變異俗字”包括局部變異和整體變異，局部變異是相對於正字的域外變體，整體變異則是漢字在傳播過程中的全新創造。越南俗字的演變趨勢以簡化爲主，其中尤以符號化最爲突出。下面我們以該類俗字爲例進行考察。

（1）

a. 替換“彳亍”：衝—重　徽—　微—　徹—　徵—　薇—

b. 替換“幺幺”：樂—　蠻—　幾—　藥—　變—　彎—

c. 替換“臼ヨ”：興—其　釁—釁　輿—

d. 替換“門”：問—　間—　開—　鬭—　闈—　關—　闡—　聞—　閨—　閹—　閲—　閤—

e. 替換“口”：固—　圍—　圓—　園—　圄—　箇—　猶—

f. 其他：辦—　輔—　曩—　雖—　顯—　縣—　臺—　隆—　離—　籬—　降—　顧—　藤—　耕—

（2）刂

a. 替換"金"：鉢—◇　錫—◇　錄—◇　鑼—◇　銘—◇　鐵—◇　銅—◇　銀—◇　鉦—◇　鐘—◇　鑄—◇　鏡—◇

b. 替換"食"：餅—◇　飯—◇　飪—◇　飼—◇　飲—◇

c. 替換"火"：燒—◇　煤—◇

（3）X

遠—◇　尊—◇

（4）卜

規—◇　韓—◇　疆—◇　巍—◇　張—◇　漲—◇　蘇—◇　慈—◇　驗—◇

（5）廾（艹）

a. 替換"維"：羅—◇　囉—◇　鑼—◇　羅—◇　蘿—◇

b. 替換"羽"：翁—◇　翁—◇

c. 替換"隹"：難—◇　耀—◇　躍—◇

d. 替換"發"：發—◇　廢—◇

e. 替換"舛"：麟—◇　鄰—◇　舜—◇

f. 替換"襄"：讓—◇　釀—◇　襄—◇

g. 替換"子丸"：熟—◇　孰—◇

h. 替換"鬥"：鬱—◇　爵—◇

（6）巾

遞—◇　諱—◇　違—◇　圍—◇

（7）爻

類—◇　齡—◇　數—◇　巍—◇　蘇—◇、懺—◇

（8）又（乂）

叄—◇　擊—◇

（9）冖

a. 替換"雨"：雲—◇　霧—◇　儒—◇

b. 替換"尚"：常—◇　裳—◇

c. 替換"罒"：驛—◇　澤—◇

d. 替換"田"：翼—◇　異—◇

（10）冫

凝—◇　擬—◇　癡—◇

2. 變異俗字的價值

越南變異俗字的價值主要體現在三方面：（1）在近代漢字大觀園中，增添了新成員，豐富和擴大了近代漢字研究的新材料和新領域。如以上所列的變異俗字。（2）如果説傳承俗字反映了越南人對漢字的接受和認同，那麽，變異俗字則體現了越南人爲更好地記録當地語言而對漢字所賦予的新的認識。因此，對變異俗字的研究可加深我們對越南語的了解。如，"肉"作"𦙶"爲適應越南語讀音而加聲旁"由"。（3）有助於糾正學界對俗字國别的判定失誤。如，"芸"爲"藝"的俗字，該字形在日本、朝鮮和越南均有出現，但却少見於中土。我們并不能武斷地認爲該字形爲域外創製，根據漢字傳播的路線，如果漢字圈中其他國家都有的字形，那麽其源頭很有可能是在中國。

綜上，以"變異字"爲中心的中越漢字比較研究，不僅是近代漢字學研究的重要内容，也是漢字在域外傳播的重要内容。中越變異俗字主要以局部變異爲主，在簡化、符號化、形聲、會意等異構方面呈現不同面貌。但鑒定哪些是中國歷史上的固有俗字，哪些是漢字在域外的變體異構，這是一個十分困難也是十分冒險的事情。此外，關於"變異俗字"的結構特點、形義關係、歷史演變，中外偶合字形的關聯等，亦需下力氣研究。

四、關於《越南俗字大字典》編撰

（一）體例

1. 本字典以收釋越南漢文文獻俗字爲要務，包括《越南漢喃銘文拓片總集》《大越史記全書》《禪院集英》《會庭文選》《越南漢文燕行文獻集成》等越南漢籍。

2. "俗字"指區別於正字而言的通俗字體，在越南則包括源自中國的"傳承俗字"，以及在域外流行的"變異俗字"。

3. 所選字形均經過字位歸納，即把寫法和外形基本相同的字樣歸納爲一個字，筆形和構件屬性相同。

4. 各條組成，一般包括注音、字頭、俗字掃描真迹及對應楷化字形、引證、按語，必要時增加其他内容。

5. 字頭按音序排列。

6. 所列書證皆取之於時代早、字迹清的漢文文獻真迹，分别從碑刻、刻本、寫本三種不同載體進行列舉，并標明出處之簡稱與編號或頁碼，以便讀者隨時復核。書證之真迹字形，爲便省起見，一般以"～"表之。

7. "按語"主要從追溯字形源頭、描述演變軌迹、闡發構字規律等方面説解。證據不足則闕疑。

8. 本字典後附索引。

9. 參考與引用漢文材料目録及其簡稱，由於來源不同，編號各異，故列表於後。如《越南漢喃銘文拓片總集》（1—22 册），簡稱《總集》碑刻編號。

（二）示例

lóng 龍

竜—竜

碑刻

左～峯起，右虎水迥。（《總集》450）

榮觀有慶，榜登～虎。（《總集》11636）

夫普光寺，實靈地也。前則有水聚山朝，後則有山羅水繞，白虎之山卓立青～之水。（《總集》11938）

刻本

如東方之七星屬於倉～，則角亢氐房心，尾箕是也。（《文選》卷一 p.22）

子之至焉，彎輅遄臨軍中變旌旗之彩，而仰王靈之赫，濯更悚人恥～旗於邁。（《鄉選》庚子科 p.52）

太子申生也，服以竜衣，命以冬日，佩以～玦，殊不可恃也。（《鄉選》卷二癸亥 p.18）

寫本

五色～光映日紅。（《燕行》p.61）

萬曆～集丁酉下澥湖朝鮮副使刑曹參判李曄光芝峯道人序。（《燕行》p.83）

圭冕千 刂拜袞～。（《燕行》p.85）

龍—龍

碑刻

皇朝正和萬萬年之二十一～輯庚辰隆冬節立。（《總集》1438）

～重尖秀，虎抱肥員。（《總集》1393）

龍—龍

碑刻

山秀水清，～彎虎伏。（《總集》12438）

龍—龍

刻本

當代雲～，此志若難自副而非也。（《鄉選》庚子科河南場 p.52）

寫本

漆以右軍～發筆。（《燕行》p.61）

按：《說文·龍部》："龍，鱗蟲之長。能幽能明，能細能巨，能短能長。春分而登天，秋分而潛淵。從肉飛之形，童省聲。"（245）《龍龕·立部》："竜，古文龍字。"（518）《集韻·平聲·鍾韻》亦以"竜"爲"龍"之古文

（19）。而《宋元以來俗字譜》引《古今雜劇》則作“竜”（114）。《正字通·立部》：“竜，俗作龍字。《同文舉要》龍部作龕。按《六書統》古文龍象角爪身蜿蜓形，作龕，非。從立作竜。”（787）故“龍”古文篆體作“龕”，隸作“竜”，其從立作“竜”；“竜”抑或爲“龕”字之訛變。“鳴鍾振鼓聲嘹亮，而凌徹隴天；齊饌清羞味甘饴，而克昭海席”（4103）中“隴”作“陵”，“睠惟本邑社名中瑞卿號上村，麗臣命婦，世代不乏，均有功便及人”（2257）中“麗”作“亀”，“王於執鐵椎，即此立之，虎過，蔑之而去，王掩襲虎頭，壓下打折二足，繫緊牽回，眾人莫不驚服”（7134）中“襲”作“襄”，此爲其類推而成。

“龍”多爲“龍”左右部件合并而成，《龍龕·立部》以之爲古文“龍”字（518）。至於“虩”，當是受後文“虎”類化而增添義符。此屬變異俗字。

tīng 聽

咱—咱

碑刻

迺從前棟宇茅茨，歷年已古，而一民之視～者，莫不嘆渙。（《總集》16300）

其寧民號慈容，於祈福日迎接，就亭坐～歌樂，萬年後配享，敬侇亦同前例。（《總集》12）

如來拭目，觀佛日光，天傾耳～法輪轉，地本寺名藍迹古。（《總集》11769）

刻本

詔諸典熟田，二十年内聽贖，相爭田土。（本紀全書卷之四：104、3b、3）

帝不聽，遣鄭廷瓚、杜國計如元。（本紀全書卷之五：128、38a、7）

聽老贖罪錢一千鍰，徒爲兵。（本紀全書卷之五：130、43b、1）

寫本

近來咱遇俱無貨，收得煙花滿草堂。（（《燕行》p.148》）

按：“聽”之古文字會“口説耳聽”意，字形主要有“𦖨”“𦔻”“𠯒”等（《新甲骨文編》卷十二 p.647-648）。明清文獻已出現“聽”的俗字“咱”。因此，“聽”作“咱”應是受古文字的影響，其源頭仍在中國。但該字形傳播至越南後，“耳”“自”形近，發生變異，遂産生流行於域外的變體“咱”。

據此，“廳”類化作“廰”，如“係每忌謹以沙牢一隻，粢五盤，酒一盂，芙蒥等，并～堂行禮如儀”（《總集》32），“惟剩解～一座”（《總集》2823），“本社四甲官員與内選每甲二員，就本官～堂迎視唱”（《總集》5967）。

五、結語

中越關係近千年可以用兩個字來概括：三同，即"同文"，"同種"，"同志"。[①]其中，"同文"，是漢文化對越南影響的結果之一，也是千年來維繫中越友好關係的重要紐帶之一。而"俗字"又是"同文"的重要體現。越南俗字資源是整個東亞漢字資源不可或缺的一部分，不僅數量龐大，而且字料種類豐富，不論是對於中國學界還是越南學界，都是一批寶貴而又亟待認識的新資源。因此，對越南俗字資源的整合工作已迫在眉睫，《越南俗字大字典》的編撰亦應提上日程。

參考文獻

[1] 陳荊和：《校合本大越史記全書》，東京大學東洋文化研究所附屬東洋學文獻センター刊行委員會 1986 年版。

[2] 陳慶浩等：《越南漢文小説叢刊（第一輯）》，學生書局 1987 年版。

[3] 陳慶浩等：《越南漢文小説越南漢文小説叢刊刊（第二輯）》，學生書局 1992 年版。

[4] 陳益源：《越南漢籍文獻論述》，中華書局 2011 年版。

[5]［越］陳重金著，戴可來譯：《越南通史》，商務印書館 1992 年版。

[6] 范宏貴，劉志强：《越南語言文化探究》，世界圖書出版廣東有限公司 2015 年版。

[7] 復旦大學文史研究院，越南漢喃研究院：《越南漢文燕行文獻集成》，復旦大學出版社 2010 年版。

[8] 耿慧玲：《越南史論——金石資料之歷史文化比較》，新文豐出版社 2004 年版。

[9] 古小松：《越漢關係研究》，社會科學文獻出版社 2015 年版。

[10] 廣西壯族自治區少數民族古籍整理出版規劃領導小組：《古壯字字典（初稿）》，廣西民族出版社 1989 年版。

[11] 郭廷以等：《中越文化論集》，中華文化出版事業委員會 1956 年版。

[12] 劉玉珺：《越南漢喃古籍的文獻學研究》，中華書局 2007 年版。

[13] 陸錫興：《漢字傳播史》，語文出版社 2002 年版。

[14] 祁广谋：《越南语文化语言學》，世界圖書出版公司 2011 年版。

[15] 慶星大學校，韓國漢字研究所：《漢字研究》（越南漢字研究專輯），

---

① 古小松：《越南國情與中越關係（修訂版）》，世界知識出版社 2009 年版，第 308 頁。

2016 年第 14 辑。

　　［16］覃晓航：《方块壮字研究》，民族出版社 2010 年版。

　　［17］譚志詞：《中越語言文化關係》，軍事誼文出版社 2003 年版。

　　［18］韋樹關、顏海云、陳增瑜：《中國京語詞典》，世界圖書出版公司 2013 年版。

　　［19］張涌泉：《漢語俗字研究》，商務印書館 2010 年版。

　　［20］趙麗明：《漢字傳播與中越文化交流》，國際文化出版公司 2004 年版。

　　［21］鄭永常：《漢字文學在安南的興替》，臺灣商務印書館 1987 年版。

　　［22］周有光：《比較文字學初探》，語文出版社 1998 年版。

　　［23］陳日紅、劉國祥：《〈越南漢喃銘文拓片總集〉述要》，《中南大學學報》2013 年第 12 期。

　　［24］陳益源、凌欣欣：《清同治年間越南使節的黃鶴樓詩文》，《長江學術》2011 年第 4 期。

　　［25］范麗君：《古壯字、喃字與漢字比較研究》，碩士學位論文，中央民族大學，2007 年。

　　［26］范麗君：《古壯字、喃字和漢字的字形構造對比研究》，《漢字文化》2009 年第 5 期。

　　［27］耿慧玲：《越南銘刻與越南歷史研究》，《止善》2014 年第 6 期。

　　［28］［越］郭氏娥：《越南國子監進士石碑漫談》，《漢字研究》2012 年第 6 期。

　　［29］［越］郭氏娥：《越南北屬時期漢字文獻用字研究》，博士學位論文，華東師範大學，2013。

　　［30］何華珍：《域外漢籍與近代漢字研究》，中國文字學會第八屆學術年會，2015 年。

　　［31］何華珍、劉正印：《試論越南漢喃銘文中的“漢越通用俗字”》，全國首屆近代漢字學術研討會，2016 年。

　　［32］何華珍：《國際俗字與國別俗字——基與漢字文化圈的視角》，《譯學與譯學書》（韓國）2014 年第 5 期。

　　［33］何婧：《淺談越南漢籍中的避諱字——以嗣德三十年會庭文選爲中心》，《漢字文化》2015 年第 6 期。

　　［34］何婧：《越南瑶族民間古籍俗字比較研究》，碩士學位論文，浙江財經大學，2016 年。

　　［35］胡玄明：《漢字對越南文學之影響》，碩士學位論文，臺灣師範大學，1972 年。

［36］賈蓋東：《越南漢籍〈大越史記全書〉俗字研究》，碩士學位論文，浙江財經大學，2014。

［37］李無未：《日本學者的越南漢字音研究》，《延邊大學學報》2006年版。

［38］梁茂華：《越南文字發展史研究》，博士學位論文，鄭州大學，2014。

［39］梁茂華：《越南漢字興衰史述略》，《東南亞縱橫》2014年第6期。

［40］林明華：《喃字界說》，《現代外語》1989年第2期。

［41］劉康平：《越南漢文寫卷俗字研究——以〈安南一統志〉、〈山聖古迹〉、〈黎朝史記〉、〈史南志異〉爲中心》，碩士學位論文，西南交通大學，2009年。

［42］劉正印，何華珍：《越南漢喃銘文酒器量詞用字初探》，《漢字研究》（韓國）2016年第1期。

［43］劉正印：《越南漢喃銘文用字研究》，碩士學位論文，浙江財經大學，2016年。

［44］馬達：《論漢字在越南的傳播及其影響》，《河南社會科學》2008年第5期。

［45］［越］阮大瞿：《十七世紀越南漢字音（A類）研究》，博士學位論文，北京大學，2011年。

［46］［越］阮玉協：《越南陳朝禪宗三書研究——以文獻、文字、辭彙爲中心》，博士學位論文，浙江大學，2013。

［47］［越］阮文原：《越南銘文及鄉村碑文簡介》，《國立成功大學學報》2007年第17期。

［48］譚志詞：《漢語漢字對越南語言文字影響至深的原因初探》，《東南亞》1998年第2期。

［49］王力：《漢越語研究》，《嶺南學報》1948年第9卷第1期。

［50］聞宥：《論字喃之組織及其與漢字之關涉》，《燕京學報》1933年第12期。

［51］［越］吳德壽：《整理漢文文獻與研究越南歷代避諱的一些通報》，第一屆東亞漢文文獻整理研究國際學術研討會論文集，2011年。

［52］張恩練：《越南仕宦馮克寬及其〈梅嶺使華詩集〉研究》，碩士學位論文，暨南大學，2011年。

［53］甄周亞：《馮克寬使華漢詩俗字研究》，碩士學位論文，浙江財經大學，2016年。

［54］左榮全：《漢字在越南文字史上的地位演變研究》，博士學位論文，解放軍外國語學院，2015年。

[55] 左榮全：《越南古代的漢字認同及其變遷》，《東南亞南亞研究》
2016 年第 3 期。

[56] 鄭阿財：《越南漢文小説中的俗字》，載《"國立"中央大學文
學院中國文學所第四屆中國文字學全國學術研討會論文集》，大安出版社
1993 年版。

（在本課題研究過程中，承何婧、甄周亞、逯林威諸位學友協助剪切字
形等，在此深表感謝。）

越南漢喃碑銘用字研究導論*

［中國］劉正印 浙江財經大學

［中國］何華珍 浙江財經大學

一、引言

　　越南漢喃碑銘用字屬域外漢字。何謂域外漢字？凡是域外使用的漢字就是域外漢字，這種使用包括傳承和變異，模仿和創新。[①]目前，由越南文化通訊出版社出版的《越南漢喃銘文拓片總集》（以下簡稱《總集》）已收銘文共 22000 條，主要以石碑爲載體，用漢字和少數喃字系統地記載了越南北部民族的生活文化狀况，時間跨度爲 16 世紀至 20 世紀初，内容包括規約類、寄忌類、事功頌德類、詩歌類及其它類等。其數量龐大，具有地理分佈範圍廣，年代跨度大，涉及内容多等特點，是進行碑銘用字研究較爲可靠的第一手材料。縱而觀之，"《總集》（1-22 册）圖片清晰，俗字滿目，猶如唐宋，爲越南俗字研究提供了寶貴的第一手資料"[②]。我們以《總集》爲字料，從傳承和變異兩方面對越南漢喃碑銘的用字情況作初步調研。

二、傳承字

　　"傳承字"卽在中國典籍或碑刻等文獻資料中有迹可循的所有用字現象。因此，從漢字傳播角度來看，在越南漢喃碑銘中見於中國历代文獻的俗字、通假字、同形字、避諱字[③]等，皆可谓之"傳承字"。

---

　　* 本文爲何華珍主持的國家社科基金項目（12BYY069）、教育部人文社科項目（12YJA740020）的階段成果。

　　① 何華珍：《域外漢籍與近代漢字研究（初稿）》，《中國文字學會第八屆學術年會會議論文集》，中國文字學會、中國人民大學文學院，中國北京，2015 年 8 月。

　　② 何華珍：《國際俗字與國別俗字—基於漢字文化圈視角》，《譯學與譯學書》（韓國）2013 年第 5 號，第 156 頁。

　　③ 因避諱字受具體避諱對象所限，如人名、地名等，中越極少可能出現相同避諱字，故越南避諱方式若與中國相同，亦算傳承。

（一）傳承俗字

縱觀域外漢籍之金石、寫本、刻本，其異體俗字之多且與漢語俗字之近似，乃爲不容置疑之客觀事實。[①]越南俗字亦不例外，大多數不出漢代以來近代俗字範圍。這些俗字稱之爲"傳承俗字"，或"漢越通用俗字"。下面我們對越南漢喃碑銘中的傳承俗字的結構類型進行分類，揭示其流播特性。

1. 增加義符

頂—嵿（2809[②]）梁—樑（377）勤—懃（7618）殷—慇（10646）

2. 省略義符

關—关（1136）疆—彊（11933）蓋—盍（5210）

3. 改換義符

鉢—砵（7503）嘗—甞（11164）塵—𡈽（17162）福—禑（10618）
鼓—皷（4028）後—㣎（10625）輝—煇（12904）寇—𡨥（13547）
提—堤（15965）雁—鴈（3409）葬—塟（1619）

4. 改換聲符

礙—碍（9408）酬—酧（8550）遷—迁（4103）竊—窃（17104）
餁—飪（11138）逃—迯（1712）瞻—貼（3650）證—証（1825）
址—圫（5162b）

5. 類化

輔—輔（5026）

6. 簡省

辦—办（3329）邊—边（916）齒—𤘩（11103）塵—𡈽（17162）
獨—独（1803）斷—断（11893）風—𠙽（5459）閣—𨵿（10457）
歸—帰（6490）畫—𣇳（3773）還—还（13403）既—𣅈（10997）
堅—坚（11941）鑒—鉴（5279）競—竟（450）盡—尽（19084）
舉—㪯（13362）聯—联（2170）留—畄（16978）鸞—鸾（372）
蠻—蛮（20436）能—㑪（11696）齊—齐（1547）氣—气（10706）
窮—穷（16）權—椨（13151）榮—荣（12973）擅—㪯（6004）
攝—㧶（4103）聲—声（5279）識—訧（1438）肆—肂（18675）
雖—𪉲（19390）歲—𡃐（19202）頭—头（13403）彎—弯（12438）
爲—为（17760）務—务（16）賢—贤（901）顯—显（7204）

---

① 何華珍：《俗字在韓國的傳播研究》，《寧波大學學報》（人文科學版）2013 年第 5 期，第 51 頁。
② 此爲《總集》銘文編號，編號前面的剪切字形源自《總集》。下同。又，如字形檔能夠顯示的一般字形，則不剪切原形。

學—斈（11961）學（5137）壹—壱（1945）應—应（9006）譽—sao（7411）
齋—斋（17106）亲（7130）卒—卆（17104）最—冣（7000）

7．增繁

初—䘚（2040）宛—宼（3249）蜿—蜿（12616）凶—兇（12436）
鴛—鴛（372）怨—惌（19721）

8．音近更代

華—花（4103）蒞—涖（7134）萬—万（5279）

9．變換結構

碧—璟（4803）敦—㪟（1136）峰—峯（450）護—䕶（17079）
徽—㣲（19721）棋—棊（6709）歲—𡻕（2008）雍—雝（10706）

10．異形借用

體—体（19390）

11．書寫變異

備—俻（7870）邊—邉（377）邉（11804）處—处（10706）処（12776）
聰—聦（5199）多—夛（19982）朵—朶（6226）幾—幾（7870）
建—建（7172）面—靣（4028）廟—庙（372）巡—廵（7543）
以—叺（450）

12.全體創造

壽—䛳（4362）

很明顯，以上俗字變異均可從張涌泉先生《漢語俗字研究》十三種類型進行解釋，屬於漢語“傳承俗字”。其中，“簡省”類俗字數量最多，體現了“從簡”的趨勢，其中的“符號化”又是主要趨勢，如“文”“刂”皆是常見簡省符號。此兩種趨勢早已在漢字的發展過程中體現得淋漓盡致，我們今天使用的通用規範字就是很好的例證。“書寫變異”類俗字數量居次，體現了多數“傳承俗字”是在漢字形體演變的過程中，由於人們對筆勢和字形結構的不同理解和安排產生的，內在傳承性不言而喻。

（二）其他傳承字

通假字、同形字、避諱字等其他用字雖在越南漢喃碑銘中的用例較少，但也同俗字一樣，與中國歷代用字密切相關。

1．傳承通假字

越南漢喃碑銘中保存了豐富的文字通假用例，體現了越南特有的語音現象。這些通假字一部分見於中土文獻，一部分則主要流行於越南。下面我們對部分見於中土文獻的“傳承通假字”舉例分析。

（1）辰—晨

係遞年春節貳月拾陸日忌晨，行禮如儀，流傳萬代，不可欠缺。（5369）

按：《通假字彙釋·日部》："晨，通'辰'。③日子，時光。《陸機集》卷三《凌霄賦》：'下宵房之靡迄，卜良晨而復舉。'《藝文類聚》七十八引作'良辰'。"（432）

（2）浩—灝

迺於戊申年月日，乾安寺重修灝大，需費頗多。（415）

按：《漢語大字典》："灝，通'浩'。水勢大。《廣韻·皓韻》：'灝，灝溔，水勢達也。'清魏源《説文叚借通例》：'灝本豆汁，叚爲灝大之灝。'"（1926）

（3）睦—穆

諸佛證明，全村和穆。（12436）

按：《通假字彙釋·禾部》："穆，通'睦'。和睦，和美，見《説文》。《文選》卷三十七諸葛亮《出師表》：'愚以爲營中之事，悉以諮之，必能使行陣和穆，優劣得所也。'"（678）

2. 傳承同形字

越南漢喃碑銘中的同形字數量較少，多是由原本不同形的幾個字符形體簡化、訛變後偶合而成。這些變異的字形多是傳承俗字，或是由傳承俗字進一步訛變産生，亦具有傳承性。如：

（1）全—仝；同—仝

仝村上下應許立智氏號廟還爲後佛。（1136）

皇朝正和萬萬年之十三歲在壬申孟冬穀日仙游、嘉林等縣，中牟盛麟大爲中荔枝等社上下仝立。（7098）

按：《説文·入部》："仝，完也。從入從工，全，篆文仝從玉，純玉曰全。"（104）故"仝"爲"全"之古文。又"入"與"人"形近，"仝"訛作"全"。《集韻·平聲·仙韻》："仝又姓，或作全。"（170）

《廣韻·平聲·東韻》："仝，同古文，出《道書》。"（4）"仝"爲"同"之古文。

故"全"和"同"之俗書爲偶合同形字。

（2）歲—屵；之—屵

正和貳十年屵貳仲春節穀日。（1619）

村中有姓阮名曰公泰字福力號大志，以少年孤幼屵軀，當至難福德屵任。（5471）

按："屵"爲"歲"之簡省俗字。"二"爲常見簡省符號，如"蘭—兰"。見《古文四聲韻·去聲·祭韻》（116），《字彙補·二部》（4）。

《説文·之部》："屮，出也。象艸過屮，枝莖益大，有所之。一者，地也。"（123）"屵"爲"屮"之訛寫，屬變異俗字。

故"歲"和"之"之俗書爲偶合同形字。

（3）衛—衛；術—術

捍災禦患，衛眾保民。（11853）

女工兼備，儒術頗諳。（5137）

按："衛"爲"衛"之簡省俗字。"米"爲常見簡省符號，用來替換"韋"。此屬變異俗字。

"术""米"形近訛混，"術"爲"術"之增筆俗字。《隸辨·入聲·術韻》引《北海相景君銘》作"術"（169），《正字通·行部》於"術"字條下云："術，必訛文也，今不從。"（1018）

故"衛"和"術"之俗書爲偶合同形字。

3. 傳承避諱字

關於越南的避諱，《大越史記全書》載"夏六月，頒國諱廟諱。元祖諱李，因改李朝爲阮朝，且絕民之望李氏也"①。這是迄今在越南史書中發現的有關避諱的最早記載，時間爲陳朝建中八年（1232）。對於越南的避諱字，雖然具體用例并不一定見於中國，但避諱方式却與中國大同小異。陳垣認爲中國"避諱常用之法有三：曰改字，曰空字，曰缺筆"②。

改字法，即將需避諱的字改用另一字的方法。例如，阮朝紹治皇帝阮福暶另有一名爲"綿宗"，故其登基時"宗"字被頒爲國諱，并規定"宗"字一律改爲"尊"字。如"宗人府"改稱"尊人府"等。

空字法，即將需避諱的字改用"□"表示。例如，在黎朝聖宗皇帝黎思誠的陵墓昭陵，有一通立於黎憲宗景統二年（1499）的"大越藍山昭陵碑"，其上有銘文曰："帝姓黎諱思□，號南天洞主"。其中因避諱"誠"字留空。

缺筆法，即將需避諱的字某個筆畫留空。此避諱方式多出現在越南漢喃碑銘中，如"夫人生在世及長成之秋，孰無利鎖名韁所屈，而榮莊富貴所拘羨"（19328）中"華"作"莊"。查陳荆和編校《大越史記全書》附錄的《避諱欠劃或代字》表，其中一組爲"華（莊）"。又阮朝嗣德三十年（1877）柳幢藏板阮進卿輯丁丑科《會庭文選》卷一（11b）和同慶元年（1885）同文堂承抄丙戌恩科《鄉試文選·河南場合試》（5b）所列國諱條例中各有一條爲"原議人名不得冒用，臨文咱其行用。以下該肆十字：……莊花同，音巴"和"原議人名不得冒用，臨文咱其行用。以下共五拾三字：……莊花同，音巴"。校合本《大越史記全書》雖記載黎朝史實，但陳荆和采取不同版本互校，其中有一些阮朝抄本和順化國子監覆刻本對阮朝初期諸帝及親

① [越南]吳士連等：《大越史記全書》（內閣官版影印版），第118頁。
② 陳垣：《史諱舉例》，中華書局2004年版，第1頁。

屬進行了避諱①。因此,《大越史記全書》出現的"茟"爲阮朝避諱字, 其避的是"佐天儷聖恭和篤慶慈徽明賢順德仁皇后"胡氏華(1791-1807)之單字"華"諱。此外, 該碑刻年代模糊, 只寫了"辛亥年春月吉日新鐫", 但其收於《總集》第 20 册, 且《總集》按編年編排, 故此册多收阮朝(1802—1945)銘文。這樣, 該碑刻可能爲 1851 年或 1911 年所刻鏤, 在年代上亦符合避諱要求。綜上, 因"莘"爲"華"之俗書②, 故"茟"則由"華"之缺筆"茟"類推而成, 亦屬避諱字。

因此, 越南歷史上的避諱制度是漢文化影響下的產物, 正如〔越〕吳德壽認爲"我們有理由相信, 中國的移民給越南帶來了許多他們的風俗習慣, 其中包括避諱習俗"③。

三、變異字

"變異字", 是相對於"傳承字"而言, 指主要流行於域外的"國別字"。

(一)變異俗字

"變異俗字"包括局部變異和整體變異, 局部變異是相對於正字的域外變體, 整體變異則是漢字在傳播過程中的全新創造。④以下從局部變異視角考察越南漢喃碑銘俗字的幾種變異類型。

1. 形聲變異

在越南漢喃碑銘俗字中, 一些形體比較複雜或示意表音不明顯的義符或聲符, 往往更改爲書寫便捷或示意表音近似的義符或聲符。

(1)霸—霸

國威府慈廉縣霸陽社口長……全村等爲爲有修理廟宇二座。(3474)

按:《説文・月部》:"霸, 月始生 然也。從月霸聲。"(138)故"霸"上本從雨, 然則後世多訛爲"西", 如《廣碑別字》引《魏孝文帝吊比干文》作"霸"(766)。據王力《漢越語研究》, 霸, 幫母麻韻, 去聲, 對應漢越音聲母爲 [b](25), 韻母爲 [a](31), 合爲 [ba⁶]; 伯, 幫母陌韻, 入聲, 對應漢越音聲母爲 [b](25), 韻母爲 [ach](43), 合爲 [bach⁶]。二者音近。另,《故訓匯纂・人部》:"伯, 霸也。《文選・王褒〈聖主德賢臣頌〉》'必樹~迹'劉良注。"(104)諸侯之長叫"伯", 讀如"霸", 可見在中國"伯"同"霸", 二者亦音近。該字在傳播越南過程中, "霸"下部件改寫爲"伯", 以示字音。

---

① 郭振鐸:《越南〈大越史記全書〉的編撰及其若干問題》,《中國社會科學》1990 年第 1 期, 第 163 頁。

② 詳見下文。

③ [越南]吳德壽:《越南歷代避諱》, 文化出版社 1997 年版, 第 29—30 頁。

④ 何華珍:《俗字在韓國的傳播研究》,《寧波大學學報》(人文科學版)2013 年第 5 期, 第 53 頁。

（2）護—詝

十方諸佛扶詝，證明阮氏慈號盛年增壽。（14950）

按："護"之聲旁筆劃繁複，據王力《漢越語研究》，其漢越音與"戶"音同，皆爲［ho⁶］（15）。故爲求簡改換聲符作"詝"。

2. 增繁變異

文字是語言的載體，爲便於識認，要求音義明確，故又有繁化的趨勢。

（1）蕉—噍；衣—帗

早時忌日，玉□參拾品，香噍參斤，金銀五百，香燈供佛。（4201）

至忌日，猪價古錢貳，買粢價古錢大陌，酒價古錢三陌，金銀一千，并冥帗、芙蕾一匣敬祭在亭中。（12479）

按：《説文·口部》："噍，齧也。從口焦聲。嚼，噍或從爵。"（25）《集韻·去聲·笑韻》："噍，或作嚼。"（719）可知"噍"爲"嚼"之本字。但在此處，因受潛意識影響，香蕉爲食物，或與"喫"有關，故"蕉"累增"口"旁作"噍"。二者并無音義關聯，可看作偶合的同形字。同理，"巾"與"衣"義相關，"帗"爲"衣"之增旁俗字。

（2）闊—濶；流—輄；龍—虺；娘—嬓

濰水淵源偕海濶，瑯亭盤峙共天長。（19315）

系遞年其壹等田貳高，本社輪輄耕種。（12894）

山秀水清，虺彎虎伏。（12436）

皇以爺嬓夫人歲壽，期頤日旬朔望時，供伊蒲日登□芯。（5957）

按："闊""娘"分別受前文"海""爺"類化影響而增旁；"流"受前文"輪"而換旁；"竜"爲"龍"之古文，受後文"虎"類化影響而增旁。

（3）肉—胕

遞年系常新例，應敬俵壹盤，粢壹鬥，□壹件，酒壹壺白，或猪胕壹件。（10673）

按："胕"爲"肉"之增加聲符字。"肉"，如六切，日母屋韻，入聲，王力《漢越語研究》以其漢越音爲［zɔ¹］（16）。"由"，以周切，以母尤韻，平聲，漢越音爲［nhuc⁶］（42）。二者皆爲舌面後圓唇元音，只是舌位高低有些差別，故讀音相近。因此，"胕"爲准確表音而增旁。

3. 簡省變異

字形簡省是古今文字演變的一條規律，也是俗字產生的一條重要途徑。此類俗字，往往是簡省繁複結構中的某些部件，而其中的繁複結構又往往有一個或幾個過渡性俗字環節。

（1）發—叕

福祿基媷，善道緣修，菩提心叕。（7644）

按：《説文‧弓部》：“發，躲發也。從弓，癹聲。”（270）“發”簡省義符作“癹”，後“几”“口”形近，“癹”又訛作“登”。又“若或廢欠某節及欺侮，許本族經呈免狃覠玆端”（13183）中“廢”作“廌”，此爲其類推而來。具體演變過程爲：發→癹→登。

（2）彝—彑

一堂夫婦，萬古彑倫。（12820）

今而後，天理民彑，以時展拜，仰文風之不泯，想道統之如存。（14231）

按：《正字通‧彑部》：“彝，俗作彝，非。”（345）銘文中，“其天理之當然，民彝之自然乎”（7098）“彝”亦作“彝”。又《中華字海‧彑部》：“彝，同彝。”（658）“彝”又省“米”作“彑”。具體演變過程爲：彝→彝→彝→彑。

4. 草書楷化變異

草書楷化變異，屬於簡省俗字範圍。但書法藝術作爲漢語漢字傳播的載體之一，對越南漢喃碑銘用字産生了很大影響。尤其越南草書“又有與中國點畫撇捺、轉折之不同，蓋取其順便而已”。例如：

德—彳

玆民村竊念有功，神必有功於民，亦報彳於無窮，以酬恩之力舉。（15910）

按：“彳”爲草書楷化而成。《中國草書大字典》引（晉）王羲之《昨見帖》作“　”，（宋）趙佶《真草千字文》作“　”。（457-458）又“傷”，（隋）智永《千字文》作“　”（103），後楷作“傷”。二字右邊楷化後的部件相同，可互資比勘。

5. 符號變異

符號變異，不僅屬於簡省俗字範圍，而且多受草書楷化影響。其在漢字圈俗字衍生中，内容比較豐富，現象較爲突出，在此單獨討論。

（1）丷

a. 替换“彳亍”：衝—重（1949）

b. 替换“匸丨”：兜—兎（10051）

c. 替换“幺幺”：樂—楽（12543）

d. 替换“言寸”：謝—身（11100）

e. 替换“亻夂”：倣—方（4256）興

f. 替换“臼廾”：興—其（5152）　（7634）釁—釁（10524）

g. 替换“門”：簡—　（10992）間—日（6676）開—开（975）

h. 替换“囗”：圖—畾（1929）固—古（11754）圓—員（11092）園—桒（9354）

i. 替换“冂”：同—帀（11754）

j. 其他：辦—辛（11697）雞—　（7204）顯—　（6788）縣—　（7747）

（2）刂

a. 替換"金"：鉢—𬭊（10980）錢—𬮍（18675）銅—𬮦（11100）銀—𬮏（5474）

b. 替換"食"：餅—𬮸（11092）飪—𬮶（11142）飼—𬮦（16601）飲—欼（6490）

c. 替換"火"：燒—燒（5348）烌—𬮴（5440）

d. 替換"糸"：總—𬮬（7822）

e. 替換"君"：群—𬮻（4338）

f. 替換"藿"：觀—𬮥（1028）

（3）卜

規—𬮶（9008）韓—𬮽（6642）疆—𬮾（19489）巍—𬮿（16454）

（4）艹（卝）

a. 替換"維"：羅—𬯀（12821）囉—𬯁（10542）鑼—𬯂（11331）

b. 替換"羽"：翁—弇（9888）翁—弇（19992）

c. 替換"殳"：廢—𬯄（10625）

（5）夊

類—頪（12460）齡—𬯅（13376）數—效（10438）巍—𬮿（16454）

（6）𠂤（𠂤）

叁—𬯆（1594）擎—𬯇（11340）

（二）其他變異字

通假字、同形字、避諱字等其他用字雖在越南漢喃碑銘中的用例較少，但也同俗字一樣，有主要流行於域外的變異用字。

1. 變異通假字

（1）檳—并

內有古錢一貫捌陌，買猪一貫貳陌，作忌分爲五具，首猪供德官，四足爲四具，酒參陌，金銀、茶果、水鹹、并榔共參陌。（9047）

按：檳，必鄰切[①]，幫母真韻，平聲；幫母爲[b][②]（25），真韻爲[ən]（49），漢越音爲[bən¹]；并，幫母清韻，平聲，漢越音爲[tinh¹]（25）。二者音近。

（2）察—茶

左中宮侍仍侍茶指揮僉事寮壽侯陳廷爵。（2368）

按：察，初八切，初母黠韻，入聲，漢越音爲[sat⁵]（46）；茶，宅加

---

① 反切取自陳彭年等《宋本廣韻》，丁度等《集韻》。

② 漢越音取自王力《漢越語研究》。

切，橙母麻韻，平聲，漢越音爲［tra²］（18）。二者音近。

（3）道—刂

巍巍刂德，肫肫其仁。（7707）

按：道，徒晧切，定母晧韻，上聲，漢越音爲［dao⁶］（23）；刂（刀），都牢切，端母豪韻，平聲，漢越音爲［dao¹］（23）。二者音近。

2. 變異避諱字

越南的避諱方式雖是受中國影響，但仍有自己的獨特之處。其中，"增符避諱"是越南漢喃碑銘避諱用字的一大特色。下面我們就該類避諱字作簡要考察。

（1）ㄥㄥㄥ（〰〰〰）

"ㄥㄥㄥ（〰〰〰）"爲越南固有的一種避諱專用符號，多位於要避諱字的上部，且避諱字本身部件需左右顛倒。具體用例如下：

避諱字	本字	用例及編號	年代	避何人諱
鄭	陳	嘉定縣縣丞義舍男阮士字并妻鄭氏年，使錢五佰。（4566）	景治九年（1671）	黎太宗生母皇太后范氏玉陳（？-1425）之單字"陳"諱
芫	元	德芫貳年仲秋穀日。（7862）	德元二年（1675）	莫宣宗莫福源（？-1561）之單字"源"同音諱
鞮	提	前鞮督訓郡公愛女黎氏松號妙瑤花容德大善真人神位。（1445）	永治三年（1678）	官職名
郯	除	時而處方面鎮青藩，則掃郯姦凶，扶綏民庶。（1446）	正和二年（1681）	黎太祖黎利之二兄蘭國公黎除之單字"除"諱
薪	新	境界光明，人旺地靈，風純俗美，開薪制度，規模勝舊。（11599）	正和十六年（1695）	黎敬宗黎惟新（1600-1619）之單字"新"諱
玞玞玞	玖	皇朝正和拾玞年次在戊寅參月穀日。（6700）　景興參拾參玞月吉日。（1826）　黎朝景興萬萬歲之參拾玞年歲次戊戌肆月穀日。（1998）　景盛玞年伍月穀日吉旦造立碑記。（5464）	正和十九年（1698）　景興三十三年（1778）　景興三十九年（1778）　景盛九年（1800）	待考
潭	潭	清潭之水，其長湫也。（1127）	永盛十三年（1717）	黎世宗黎惟禪（1573-1600）之單字"禪"同音諱

避諱字	本字	用例及編號	年代	避何人諱
𥶑	利	暨余相觀古井，近於神亭，不𥶑人口，兼以火星。（1652）	龍德四年（1735）	黎太祖黎利（1428-1433）之單字"利"諱
𥙿	祥	慈恩荷法扶佛度，早徵羆虺之𥙿。（2962）	景興十六年（1755）	黎純宗黎惟祥（1732-1735）之單字"祥"諱
𡉞	誠	公有文武之才，腈緬之學，而忠𡉞自許。（2781）	景興二十四年（1763）	黎聖宗黎思誠（1460-1497）之單字"誠"諱
𨷡	邦	其所以裕澤垂功於我文獻之𨷡舊矣。（2765）	景興三十六年（1775）	黎英宗黎惟邦（1557-1573）之單字"邦"諱
𥝒	松	裁𥝒刻像，孝動見聞。（2499）	景興三十六年（1775）	成祖哲王鄭松（1570-1623）之單字"松"諱

　　按："𦬊"所在碑爲后黎朝德元貳年刻鏤，但却避莫朝莫宣宗諱，二者相差百年有餘，故此多爲人們受前朝避諱習慣使然。

　　［越］吳德壽認爲"𦬊"避的是"鄉試、會試體調官職名第一字"[1]。銘文中，"𦬊"是有避官職名的用法，但并非局限於"鄉試、會試提調官職名"。如例中的"提督"爲武職官名。且"王府出入禁闈，志成附鳳，綠契從龍，累陞司禮監右提點僉太監等職位侯爵"（1445）中的"右提點"屬司禮監官職。另同碑"陽德二年癸丑奉命提領四城職巡，……"和"奉差提領四城軍務兼涼山、海陽、安廣等處鎮守官後丙岢該官參督桂郡公阮德淵碑"（5087）中"提領"非官職名，其也作"𦬊"。因此，若黎朝時期官職名第一字爲"提"，臨文書寫就避作"𦬊"；後人們受潛意識影響，將非記錄官職名但與官職有關的"提"亦避作"𦬊"。

　　鄭松爲后黎朝權臣，因朝廷依鄭氏復國且賴其維持帝室，故這個時期也有對鄭氏避諱之例。

　　（2）丷

　　福─禠

　　恆産且有心，自發家資不吝，爲善而獲禠，必然天理無差。（1681）

　　按：除"𦬊（𦫳）"外，"丷"亦是"增符避諱"的常用符號之一，位於要避諱字的上部。與"𦬊（𦫳）"不同的是，其下的避諱字本身部件不需顛倒。上面二例所在碑的年號均被塗抹，無法辨認年代。但細察之下，"603號"碑年號第一字應爲"景"。再看碑文內容，"茲本坊人劉氏玄親夫阮登進孝心純至，善念油生，迺於癸丑年孟夏月日……"中"癸丑年"對應1913、

　　① ［越南］吳德壽：《整理漢文文獻與研究越南歷代避諱的一些通報》，《第一屆東亞漢文文獻整理研究國際學術研討會論文集》，臺北大學古典文獻學研究所，中國臺北，2011，第333頁。

1853、1793、1733、1673、1613 等年份，其中只有 1793 年對應爲西山朝“景盛”與碑文年號第一字相符。而西山朝有一個特殊的避諱例：阮惠兄弟在西山邑起義時，對阮福族政權十分憎惡。但由於西山兄弟也姓阮，故以“福”字來區別。西山朝時，凡地名有“福”字皆要改名。如海陽鎮嘉福縣改爲嘉祿縣；山西鎮福祿縣改爲富祿縣等。這種避諱方式被稱爲“惡意避諱”（因憎惡而避之）。而且從年號被塗抹也可看出，這是後來阮朝打敗西山朝的一種報復行爲。因此，“福”是受西山朝避諱例影響而加“丬”。

四、結語

越南漢喃碑銘用字研究是近代漢字學研究的重要内容，也是漢字域外傳播研究的重要内容。對於研究漢字在越南漢喃碑銘中的使用情況，抑或是漢字在其他域外漢籍中的使用情況，我們皆應先從字形入手，廣泛收集字樣，然後再對具體用字現象從不同角度進行全面測查和描寫。另外，“傳承”和“變異”不僅是探究越南漢喃碑銘用字的兩大線索，也應是整個漢字文化圈用字的基本趨勢。因此，漢字如何傳播至域外？東亞國際漢文如何共享與交流？漢籍傳播與人物交流在漢字流傳域外過程中起到什麼作用？域外漢字的模仿、承用、偶合、創新是一種怎樣的狀態？不同地域之間的用字現象是同步發展還是互有影響？域内域外用字具有何種共性和個性？凡此種種，亟須在既有基礎上加以填補與拓展。

參考文獻

專著

[1]《草書大字典》，中國書店 1989 年版。

[2]（宋）陳彭年等：《大宋重修廣韻》，江蘇教育出版社 2008 年版。

[3] 陳垣：《史諱舉例》，中華書局 2004 年版。

[4] 戴家祥：《金文大字典》，學林出版社 1999 年版。

[5]（宋）丁度等：《集韻》，上海古籍出版社 1985 年版。

[6] 馮其庸、鄧安生：《通假字彙釋》，北京大學出版社 2006 年版。

[7] 廣西壯族自治區少數民族古籍整理出版規劃領導小組：《古壯字字典（初稿）》，廣西民族出版社 1989 年版。

[8] 黃徵：《敦煌俗字典》，上海教育出版社 2005 年版。

[9] 李運富：《漢字學新論》，北京師範大學出版社 2012 年版。

[10] 李志賢等：《中國草書大字典》，上海書畫出版社 1994 年版。

[11] 劉復、李家瑞：《宋元以來俗字譜》，中央研究院歷史語言所 1930 年版。

［12］劉玉珺：《越南漢喃古籍的文獻學研究》，中華書局 2007 年版。

［13］毛遠明：《漢魏六朝碑刻異體字典．北京：中華書局 2014 年版。

［14］秦公：《碑別字新編》，文物出版社 1985 年版。

［15］秦公，劉大新：《廣碑別字》，國際文化出版公司 1995 年版。

［16］韋樹關、顏海云、陳增瑜：《中國京語詞典》，世界圖書出版公司 2013 年版。

［17］［越南］吳德壽：《越南歷代避諱》，文化出版社 1997 年版。

［18］（漢）許慎：《説文解字》，中華書局 2014 年版。

［19］張涌泉：《漢語俗字研究（增訂本）》，商務印書館 2010 年版。

［20］（明）張自烈、（清）廖文英：《正字通》，中國工人出版社 1996 年版。

［21］周志峰：《明清小説俗字俗語研究》，中國社會科學出版社 2006 年版。

［22］［日］竹内與之助：《字喃字典》，大學書林 1988 年版。

論文

［23］陳日紅、劉國祥：《〈越南漢喃銘文拓片總集〉述要》，《中南大學學報》2013 年第 12 期。

［24］［越南］郭氏娥：《越南北屬時期漢字文獻用字研究》，博士學位論文，華東師範大學，2013。

［25］何華珍：《俗字在韓國的傳播研究》，《寧波大學學報》（人文科學版）2013 年第 5 期。

（人大複印报刊資料《語言文字學》2013 年第 12 期全文轉載）

［26］何華珍：《俗字在日本的傳播研究》，《寧波大學學報》（人文科學版）2011 年第 6 期。

（人大複印报刊資料《語言文字學》2012 年第 2 期全文轉載）

［27］何華珍：《俗字在越南的傳播研究》中國文字學會第七屆學術年會，2013 年。

［28］何華珍：《域外漢籍與近代漢字研究》，中國文字學會第八屆學術年會，2015 年。

［29］何華珍、劉正印：《試論越南漢喃銘文中的“漢越通用俗字”》．全國首屆近代漢字學術研討會，2016 年。

［30］何華珍：《國際俗字與國別俗字——基與漢字文化圈的視角》，《譯學與譯學書》（韓國）2014 年第 5 期。

［31］李運富：《“漢字三平面理論”申論》，《北京師範大學學報》（社會科學版）2016 年第 3 期。

［32］劉正印、何華珍：《越南漢喃銘文酒器量詞用字初探》，《漢字研究》2016 年第 14 辑。

［33］羅長山：《古壯字與字喃的比較研究》，《東南亞縱橫》1992 年第 3 期。

［34］［越］阮文原：《越南銘文及鄉村碑文簡介》，《國立成功大學學報》2007 年第 17 期。

［35］王力：《漢越語研究》，《嶺南學報》1948 年第 9 卷第 1 期。

［36］［越］吴德壽：《整理漢文文獻與研究越南歷代避諱的一些通報》，第一屆東亞漢文文獻整理研究國際學術研討會論文集，2011 年。

越南瑶族民間古籍中的漢語俗字研究 *

[中國] 何婧 浙江財經大學

一、引言

《越南瑶族民間古籍（一）》由越南老街省文化體育旅游廳編著，後由我國民間出版社於 2011 年出版。具體内容包括：

（一）介紹性論文

該部分收録了五篇由 [越] 陳友山、李彩雲、玉時階等撰寫、翻譯、校對的關於越南瑶族民間古籍情况的介紹性文章，分別爲《古籍和瑶人保存古籍的問題》《瑶人和古籍》《瑶人古籍的價值》《保存瑶人古籍和瑶字的問題》《瑶人信歌概况》。前四篇較爲全面地介紹了瑶族歷史以及該民族在越南的分佈情况，摸清了越南瑶族古籍的分佈現狀，高度評價了這些民間古籍的價值，提出了切實可行的保護瑶人古籍的行動措施。第五篇則單獨對瑶族的信歌作了詳盡介紹。這些文章使我們對越南瑶族民間古籍的研究現狀有了更全面的認識。

（二）影印寫本

這部份爲廣西民族大學瑶學中心篩選的“僅中文部分原文”，包括瑶人故事書和瑶人信歌。瑶人故事書共收録 24 篇，主要以刻畫人物形象爲中心。如“生來端正似花佳”的八姐、“又能伶俐又高强”的九娘、“撚肉得塊骨”“撚肉得塊皮”的大嫂；該書所刻畫的人物形象不乏我們耳熟能詳的故事原型人物。如董永、買臣、舜、伯階等。本書所收録故事均繼承了中國寓教於樂的故事模式。如在故事末尾均指出該故事想要講述的人生哲理。這些人生哲理大多爲宣傳懲惡揚善，遵循社會道德的思想。如：“奉勸世間眾老少……男女得見過意了，情深愛意方成雙。”[1][頁59]故事講述時用到的諸多陳述性短語也和中國文獻講故事時的一致，如：“説元章”[1][頁52]，“説元因”[1][頁75]；“唱元章”；[1][頁86]“聽我元章”；[1][頁91]“説言章”；[1][頁133]“説行藏”；[1][頁207]

---

* 本文爲何華珍主持的國家社科基金項目（12BYY069）和教育部人文社科項目（12YJA740020）的階段成果。

"説元話"；[1][頁 219] "説來情"；[1][頁 219] "説根言"；[1][頁 223]《越南瑶族民間古籍（一）》常出現的這些短語，中國詩詞中也有相關的例證："南宮先生晚爲郎，學語小兒説元章。"（吳則禮・《贈元輝》）；"一切識身者，意地一切根相應者，既説根言。"《成唯識論掌中樞要》；① 瑶人信歌是指"由於瑶族遷徙游耕，居住分散，聯繫不便，易使親人之間隨著歲月的流逝失去聯絡。爲了保持聯繫，增進感情，交流資訊，尋找親友，瑶人就用詩的形式進行聯繫，記載在書信上的詩，即爲信歌。"②《越南瑶族民間古籍（一）》中收錄瑶人遷徙、歡苦信歌各 7 首，愛情信歌 2 首。瑶族信歌敘述的內容多爲遷徙者的見聞和近況。諸多瑶族遷徙原因、遷徙路徑以及他們對本民族的英雄的崇敬之情均散落於這些書信裹。如："殺人燒房不留樣，鋪天蓋地滿地煙。官府下言殺瑶子，路頭鎮隘水下流。能殺瑶人著多殺，十八不留三二人。官寫緝書放州縣，聞是瑶人個不留。不論男女不留命，殺死瑶子五萬多。從此瑶人散四方，半向雲南半海南。"[1][頁 447]通過該段信歌的記敘，我們不難發現瑶人遷徙的原因以及他們當時悲慘的生活狀況。

"這些越南瑶族民間文獻大多用漢字抄寫，亦有部分土俗字抄寫，這些土俗字多是仿效漢字創造，或借漢字爲表意符號，但在瑶族土俗字中讀音不同；或借漢字的形、音記瑶語的讀音或字義；或借用兩個漢字或漢字的偏旁部首組成新字，形成新的讀音和字義。越南學者則將瑶族民間文獻中的漢字與土俗字統稱'瑶字喃'。"③但於本文中均稱爲"瑶俗字"。《越南瑶族民間古籍（一）》爲越南瑶族民間文獻的組成部分。該書的用字情況和上文敘述的情況相同：大部分用字均借用漢字④以及在漢字基礎上變異的新俗字，包括方塊壯字和字喃以及在此基礎上變異后的新俗字。《越南瑶族民間古籍（一）》爲"民間性"文獻，在用字時借用漢語正字的同時，對漢語俗字的吸收也較多。

總之，該書對越南瑶族民間文獻中擁有漢語俗字、瑶俗字、方塊壯字和喃字，爲漢語漢字在越南的使用研究提供了真實可信的第一手材料。

二、瑶族文獻研究現狀

瑶族雖因戰亂四處遷移，文獻散落各地，但目前學界對它的研究却方

---

① 《詩詞檢索》，http://sou-yun.com/PoemIndex.aspx.

② 莫金山、李大慶：《中越瑶族信歌的作者、年代及寫作地點之考證》，載《廣西民族研究》2013年第 4 期，第 216—225 頁。

③ 玉石階：《越南瑶族民間古籍（一）・序言》，民族出版社 2011 年版，第 1 頁。

④ 本文主要考察的是漢語俗字在南方傳播時的借用傳承情況，將較少涉及漢語正字的探討，在此説明。

興未艾，并已形成"瑤學"。《越南瑤族研究回顧》[①]《三十年内國内學術界海外瑤族研究回顧與展望》[②]等已對"瑤學"的研究成果進行了總結綜述。此處，我們將側重介紹越南瑤族遷徙情況、瑤族文獻海外分佈情況、瑤族語言文字研究三部分的研究現狀。

（一）越南瑤族遷徙情況

　　瑤族以中國爲源，因戰亂不斷而四處遷徙。可以説，瑤族史就是一部漂流史。根據瑤人遷移的地域特徵可劃分爲：國境内遷徙、跨國遷徙和跨州遷徙三大階段，現主要分佈在中國、東南亞、歐美等地。

　　中越相鄰，越南自然爲瑤族遷徙地的首選。關於瑤族向越南遷徙的具體時間，史書并無記載。部分學者根據越南瑤族信歌和史詩的破讀，對瑤族遷入越南的時間和路線做了大致的梳理。如："其一爲南宋景定年（1260—1264）；其二爲明末至 19 世紀末 20 世紀初還有瑤人進入越南的老街、萊州兩省。"[③]莫金山先生在《中越瑤族信歌的作者、年代及寫作地點之考證》[④]《瑤族向越南遷徙的最早批次——〈周玄櫃信歌〉之考證》等文中，通過對越南信歌等民間古籍的破讀，與相關歷史文獻相互佐證後，認爲："明朝建文四年（1402）廣西泗城府（今廣西淩雲縣）周玄櫃與 60 戶瑤族遷入越南寶光省錫影地區居住，是瑤族向越南遷徙的最早且規模較大的批次。"[⑤]綜上，瑤族往越南遷徙的時間集中在明清兩朝。關於越南瑤族的遷徙路線目前認爲有三條路徑，其中具有代表性的爲《越南瑤族進入越南的時間及其分佈》。文章通過對中越兩國瑤族地區的田野調查，從流傳於瑤族民間的祖圖、信歌、族譜及口傳歷史爲契入口，總結了瑤族遷徙到越南的三條遷徙路線：1.從湖南、福建向廣東、廣西、越南遷徙；2.從廣西進入雲南，再到越南；3.由廣東沿海進入越南。[⑥]《中越邊境遷徙的實例原因路線及規律》通過立足於瑤族信歌的考證，參考其它歷史材料，以及在廣西邊境瑤族難民的采訪所得資料的基礎上，對越南瑤族遷徙時間分期研究（明清時期、

---

① [越南]陳友山、[越南]阮小虹：《越南瑤族研究回顧》，《廣西民族大學學報》（哲學社會科學版）2010 年第 6 期，第 7—9 頁。

② 張錄文、龍宇曉：《三十年内國内學術界海外瑤族研究回顧與展望》，《民族論壇》2015 年第 2 期，第 47—56 頁。

③ [越南]陳友山（撰），李彩雲（譯），玉石階（校）：《越南瑤族民間古籍（一）》，民族出版社 2011 年版，第 7—9 頁。

④ 莫金山、李大慶：《中越瑤族信歌的作者、年代及寫作地點之考證》，《廣西民族研究》2013 年第 4 期，第 216—225 頁。

⑤ 莫金山：《瑤族向越南遷徙的最早批次——《周玄櫃信歌》之考證》，《廣西民族研究》2013 年第 1 期，第 95 頁。

⑥ 玉時階：《越南瑤族進入越南的時間及其分佈》，《社會科學戰線》2013 年第 1 期，第 146—148 頁。

民國時期和新中國初期），以具體實例爲着立點，描述了各時期瑤族遷入越南的特殊原因和路線以及遷徙規律。①

（二）海外瑤族文獻海外分佈

大規模人口遷徙必將伴隨着文化遷徙。海外瑤族文獻則是瑤族文化的載體。瑤族在海外的分佈主要集中在東南亞、歐美等地。關於東南亞瑤族的研究我們主要關注越南瑤族的文獻研究。這一部分的研究現狀以及文獻分佈情況我們在上節《越南瑤族古籍》一節做過梳理，此處不再贅述。亞洲其他國家對瑤族文化也均有研究，如（韓）安東濬《韓國瑤族文化研究現狀與課題》②對韓國對瑤族文獻的研究做了階段性的總結，指明了韓國對瑤族文化進一步研究的方向。

歐美瑤族文獻的研究較爲成熟。李生柱先生在《瑤族抄本文獻在海外的典藏及其研究——以"瑤傳道教"經籍爲中心》③、《中國瑤族文化經籍的海外傳播及其意義》④兩篇文章從文獻學的角度將瑤族文獻在歐洲的分佈做了較爲全面的梳理。他介紹了德國歐雅典碧女士對瑤族文獻在歐洲分佈情況的研究，特別強調了德國學者對巴伐利亞州立圖書館館藏瑤族文獻系統整理後的成果。

何紅一先生對美國國家圖書館瑤族文獻的研究也較爲全面。如《美國國會圖書館瑤族文獻的整理與分類研究》⑤中闡述美國國會圖書館瑤族文獻整理與分類研究的迫切性與必要性。文章運用民族古籍分類知識以及文獻分類學理論，對這批館藏文獻進行考辨，在分析國內外已有瑤族文獻分類體系利弊的基礎上，將這批館藏瑤族文獻劃分爲六大類，評述劃分緣由及類型特徵。後又以報告的形式撰文《美國國會圖書館館藏瑤族"過山榜"的發現、修復及意義》⑥進一步提煉了美國國會圖書館對瑤族文獻的發現、修復經驗，以便爲其他新材料的發現提供方法。何先生對美國國會瑤族文

---

① 莫金山：《中越邊境遷徙的實例原因路線及規律》，《廣西民族大學學報》2015 年第 5 期，第 31—37 頁。

② ［韓］安東濬（著），崔元萍（譯）：《韓國瑤族文化研究現狀與課題》，《廣西民族大學學報》（哲學社會科學版）2010 年第 6 期，第 2—6 頁。

③ 李生柱：《瑤族抄本文獻在海外的典藏及其研究——以 "瑤傳道教"經籍爲中心》，《民族論壇》2016 年 2 期，第 84—88 頁。

④ 李生柱：《中國瑤族文化經籍的海外傳播及其意義》，《貴州師範學院學報》2016 年第 2 期，第 2—5 頁。

⑤ 何紅一、黃萍莉、陳朋：《美國國會圖書館瑤族文獻的整理與分類研究》，《廣西民族研究》2013 年第 4 期，第 119—125 頁。

⑥ 何紅一、［新加坡］黃儀敏：《美國國會圖書館館藏瑤族"過山榜"的發現、修復及意義》，《中南民族大學學報》2015 年第 1 期，第 61—64 頁。

獻的價值做了較爲全面的認識，撰寫了一系列文章，如《美國國會圖書館館藏瑤族手抄文獻新發現及其價值》①《美國瑤族文獻與世界瑤族遷徙地之關係》②《美國瑤族文獻與瑤族民族記憶》③《美國國會圖書館館藏瑤族手抄文獻的資源特徵與組織整理》④《美國國會圖書館館藏瑤族寫本俗字的研究價值》⑤《美國國會圖書館館藏瑤族寫本及俗字舉例》⑥，何先生就文獻學、遷徙史、圖書館學以及俗字幾個方面較爲全面地對美國國會圖書館館藏瑤族文獻做了評價，引起了學術界的重視。與此同時啓發了新一批年輕人投入美國國會圖書館館藏瑤族文獻的進一步研究中，如吳佳麗碩士學位論文《美國國會圖書館館藏瑤族蒙學讀本研究》⑦就瑤族蒙學讀本做了詳盡的介紹分析。余陽碩士學位論文《美國國會圖書館館藏瑤族手抄文獻俗字研究》⑧則將目光放在了瑤族文獻與漢語俗字的關係上，可謂爲瑤族文獻的研究開闢了新的領域，爲我們的文字研究帶來了諸多啓示。

（三）瑤族语言文字研究

　　國内關於瑤族語言的研究早就引起了學者關注。中國科學院民族研究所少數民族語言研究組：瑤語小組早在 1962 年於《中國語文》上發表了《瑤族語言概況》⑨，文章首先詳細介紹了中國瑤族在廣西、湖南、雲南、廣東和貴州等五個省（區）的部分山區，共七十四萬七千餘名瑤族人的分佈情況。又根據廣西興安勉話、都安布努話和大瑤山拉珈話爲例，列出了具體的聲母、韻母表。後又對這三種語言的構詞方法、語法要點、方言的具體分佈都做了詳細歸類。最後對這三種語言的系屬問題做了准確的分類。本文對國内瑤族語言情況作了較好的總結，爲後面的研究打下堅實的基礎。

---

　　① 何紅一：《美國國會圖書館館藏瑤族手抄文獻新發現及其價值》，《中南民族大學學報》（人文社會科學版）2009 年第 3 期，第 71—75 頁。

　　② 何紅一：《美國瑤族文獻與世界瑤族遷徙地之關係》，《中南民族大學學報》（人文社會科學版），2011 年第 5 期，第 58—63 頁。

　　③ 何紅一：《美國瑤族文獻與瑤族民族記憶》，《中央民族大學學報》（哲學社會科學版）2014 年第 5 期，第 101—107 頁。

　　④ 黃萍莉，何紅一：《美國國會圖書館館藏瑤族手抄文獻的資源特征與組織整理》，《圖書館學研究》2013 年第 24 期，第 82—86 頁。

　　⑤ 何紅一，王平：《美國國會圖書館館藏瑤族寫本俗字的研究價值》，《廣西民族大學學報》（哲學社會科學版）2012 年第 6 期。

　　⑥ 何紅一：《美國國會圖書館館藏瑤族寫本及俗字舉例》，《民族研究》2013 年第 1 期，第 94—126 頁。

　　⑦ 吳佳麗：《美國國會圖書館館藏瑤族蒙學讀本研究》，碩士學位論文，中南民族大學，2013 年。

　　⑧ 余陽：《美國國會圖書館館藏瑤族手抄文獻俗字研究》，碩士學位論文，中南民族大學，2011 年。

　　⑨ 中國科學院民族研究所：《瑤族語言概況》，《中國語文》1962 年第 3 期，第 141—148 頁。

後《論瑶族文化傳承的符號與媒介——語言文字》①等文介紹了現代瑶族語言習得的情況。瑶語屬於跨境語言研究的範疇。盘承乾先生《國外瑶族使用瑶語的情況》一文，通過越南、老撾、緬甸以及美國、加拿大等國瑶族相關情況的比較認爲："國外瑶語至今仍較好地保留着古瑶語語音、詞彙和語法的一些特點。"②《中越瑶泰族勉語的聲調比較》："瑶族是一個跨境民族，越南泰國的優勉瑶族，大多是明清時期從中國遷移出去的，與中國優勉同根同源，語言基本一致，但也表現出同中有異。"③《越南語言文字使用情況研究——以廣西龍勝瑶族爲例》一文則是通過社會調查對現今瑶族語言文字的使用情況作了總結：越南瑶族瑶語與漢語兼用，漢字依然爲越南瑶族的通用文字。④

學界對瑶族是否有本民族的文字問題仍存疑。對瑶族古文字的研究具有代表性的有周生來《瑶族古文字探析》一文，該文首先肯定了瑶族古文字客觀存在的事實，後對其古文字的形成和作用及特點做了探討⑤。《語言生態學視野下的瑶族女字和喃字》認爲瑶族聚居區曾流傳著似篆非篆、似漢非漢的圈印篆文，後分化爲兩種：螞蟻文，女字。另一種就是流傳在世界各地過山瑶中的喃字。⑥。何紅一教授的《瑶族"文字歌"的文化及當下意義》⑦以及吳佳麗的學位碩士論文《美國國會圖書館館藏瑶族蒙學讀本研究》⑧這兩篇文章則根據"文字歌"及蒙學讀本爲載體對瑶族文字進行了介紹分析。

何紅一教授在《美國國會圖書館館藏瑶族寫本俗字的研究價值》一文從民族語言學和瑶學兩個角度來闡述美國國會圖書館館藏瑶族寫本在俗字研究方面的價值。⑨後又有《美國國會圖書館館藏瑶族寫本及俗字舉例》一

---

① 徐小軍：《論瑶族文化傳承的符號與媒介——語言文字》，《玉林師範學院學報》（哲學社會科學版）2011 年第 4 期，第 18—21 頁。

② 盘承乾：《國外瑶族使用瑶語的情況》，載戴慶夏《跨境語言研究》，中央民族大學出版社 1993 年版，第 74 頁。

③ 盘美花：《中越瑶泰族勉語的聲調比較》，《百色學院學報》2013 年第 4 期，第 62 頁。

④ 楊軍：《越南語言文字使用情況研究——以廣西龍勝瑶族爲例》，《廣西民族師學院學報》2012 年第 5 期，第 90—94 頁。

⑤ 周生來：《瑶族古文字探析》，《清遠職業技術學院學報》2013 年第 5 期，第 1—5 頁。

⑥ 李慶福、李林津、王思齊：《語言生態學視野下的瑶族女字和喃字》，《湖北師範學院學報》（哲學社會科學版）2014 年第 3 期，第 1—5 頁。

⑦ 何紅一、王平：《瑶族"文字歌"的文化及當下意義》，《民族文學研究》2015 年第 3 期，第 21—30 頁。

⑧ 吳佳麗：《美國國會圖書館館藏瑶族蒙學讀本研究》，碩士學位論文，中南民族大學，2013 年。

⑨ 何紅一、王平：《美國國會圖書館館藏瑶族寫本俗字的研究價值》，《廣西民族大學學報》（哲學社會科學版）2012 年第 6 期，第 181—186 頁。

文，結合此文獻的實際用字來研究，例如："筌"與"爹"、"𠫤"與"⿱丷一"的等字的考證，明確瑶族文獻中俗字研究的價值，文末還從瑶族社會交際、教育、遷徙、歌唱、宗教五個角度分析了瑶用俗字流傳的原因。[1]余陽碩士學位論文《美國國會圖書館館藏瑶族手抄文獻俗字研究》根據張涌泉先生所提出的俗字十三種類型將美國國會圖書館館藏瑶族手抄文獻俗字做了細緻的分類，且與《宋元以來俗字譜》做了比較，認爲很多瑶族手抄文獻的俗字在宋元時代已經存在。[2]

綜上所述，越南瑶族遷徙情況、瑶族文獻海外分佈情況、瑶族語言文字研究均受到了學界廣泛的關注。但我們也發現，相比於瑶族建築、服飾、歷史等的研究成果，由於對瑶族文字的記錄較少等原因，瑶族語言文字的研究成果相對較少，很多問題還存在着商榷的空間，如瑶族是否存在古文字等。當然瑶族用字研究還存在着一些不足。如何紅一先生等人對美國圖書館館藏瑶族文獻的研究成果較爲豐碩，但在對美國圖書館館藏圖書俗字整理研究時做得還不夠深入，僅停留在對俗字分類以及《宋元以來俗字譜》的比較表層，且在與漢族文獻比較時，并未涉及第一手原材料。又如瑶族用字與漢字之間的關係，瑶族用字與方塊壯字以及字喃之間的關係問題，在很多文章中都有提及却并没有詳細的闡述。通過對瑶族語言文字研究成果的總結，我們不難發現學界對其歷時和共時兩個方面的研究還缺乏完整性和系統性。

三、越南瑶族民間古籍中的漢語俗字

《越南瑶族民間古籍（一）》借用了諸多漢語俗字。我們將其中的俗字字形與中國的漢語字書或俗字資料彙編作了比對，找出諸多漢瑶通用俗字。

（一）刻本通用俗字調查

《龍龕手鏡》[3]是遼代僧人行均編撰而成，收錄二萬六千四百三十餘字，反映了唐代前後人們使用俗字的情況。故我們將其與《越南瑶族民間古籍（一）》中的俗字比較，僅得出近 20 個通用俗字。

怪：惟（60）恐：恐（65）體：躰（161）輝：煇（180）

嫩：𡡾（187）插：揷（216）泥：坭（248）叫：𠮩（273）

笑：㖞（273）叩：叩（456）嫂：㛮（281）翅：翄（325）

---

[1] 何紅一：《美國國會圖書館館藏瑶族寫本及俗字舉例》，《民族研究》2013 年第 1 期，第 94—126 頁。

[2] 余陽：《美國國會圖書館館藏瑶族手抄文獻俗字研究》，碩士學位論文，中南民族大學，2011 年。

[3]（遼）釋行均：《龍龕手鏡》（高麗本），中華書局 2006 年版。

整：整（335）繼：継（402）齊：齐（405）遲：遟（490）

遠：逺（492）還：还（494）辭：辤（533）

劉復和李家瑞編著的《宋元以來俗字譜》[1]與《龍龕手鏡》同爲刻本，其收俗字字形能夠大概反映宋元以來俗字面貌。我們將其與《越南瑤族民間古籍（一）》中的俗字比較，得出近150個通用俗字，比《龍龕手鏡》所收錄的俗字多了許多。可見，《越南瑤族民間古籍（一）》的俗字受宋元以來的俗字影響較大。

命：肏（1）伕：伕（1）劉：刘（6）勸：勸（6）從：従（7）

微：微（8）嘆：嘆（12）妄：妄（14）娘：娘（15）

壇：坛（18）寶：宝（22）廳：厅（24）對：对（24）

會：会（27）桃：桃（29）棗：枣（29）榮：荣（30）

樂：乐（30）樓：楼（30）樸：朴（30）機：机（31）

櫳：橺（31）怪：怪（32）恩：恩（33）惡：恶（35）

插：揷（38）擅：挓（41）撥：撥（41）擠：挤（41）

攏：拢（41）數：数（44）歡：欢（44）永：求（45）

淚：泪（46）濟：济（48）濟：济（48）潑：泼（49）

濕：湿（50）灑：洒（50）點：点（52）爐：炉（53）

瓏：瓏（54）留：畱（54）畫：昼（54）當：当（54）

瓏：瑢（54）盡：尽（56）禍：祸（56）禮：礼（56）

窮：窍（56）等：苐（61）筆：笔（61）羅：罗（63）

聽：听（64）職：职（64）聲：声（64）肉：肉（65）

送：送（94）魯：鲁（65）腦：脑（66）臘：腊（66）

與：与（67）舉：举（67）舊：旧（68）處：処（68）

處：処（68）蠻：蛮（70）萬：万（73）葬：葬（73）

夢：梦（74）慈：慈（75）薄：薄（75）統：统（78）

繼：継（81）覓：覔（83）變：变（85）頭：头（86）

贊：贊（88）舉：举（93）逃：逃（94）過：过（94）

遞：递（95）遲：遟（95）遷：迁（96）邊：边（97）

---

① 劉復、李家瑞：《宋元以來俗字譜》，中央研究院歷史語言所1930年版。

銀：艮（97）鎖：鐵：鈇（98）鑼：鏍（99）鹽：塩（138）

降：阣（100）陽：阳（101）雄：雄（102）雙：双（103）

離：离（103）靈：灵（104）巔：巓（106）顯：顕（106）

體：躰（109）體：体（109）魂：蒠（110）雞：鸡（113）

龍：竜（114）龍：龙（114）龍：厐（114）朧：胧（115）

亡：亾（115）辰：辰（117）兒：児（118）兩：両（119）

拜：拝（121）拜（121）爲：为（121）飛：丟（122）

原：元（122）幽：㓜（124）鼎：鼎（127）鼠：鼠（127）

亂：乱（129）齊：齐（129）齊：朩（129）屢：屡（129）

幾：㡬（129）貌：皃（130）臺：台（131）辦：办（132）

學：学（132）齋：斋（132）戰：戦（132）齒：歯（132）

臨：临（133）临（133）獨：独（133）歸：帰（134）

歸：归（134）獻：献（135）斷：断（136）辭：辞（136）

辭：辞（136）彎：弯（137）

（二）寫本通用俗字調查

寫本通用俗字的調查，我們選取的是《敦煌俗字字典》①。該書所收俗字字形的材料的時間爲"早的有西晉，較早而量大的則是北魏時期的，最多的要算唐代和五代時期。"②我們將其與《越南瑶族民間古籍（一）》中的俗字比較，得出近100個通用俗字。

愛：爱（2）柏：栢（9）拜：拜（9）筆：笔（17）撥：撥（29）

插：揷（39）翅：翄（55）初：扨（58）船：舩（61）

辭：辞（65）從：従（66）等：等（80）遞：迊（83）

巔：巓（84）睹：覩（92）肚：肚（92）斷：断（93）

惡：悪（100）恩：恩（102）兒：児（103）發：發（104）

凡：凢（106）風：凨（113）鼓：鼓（134）怪：恠（136）

國：囯（143）回：囬（166）魂：甂（169）濟：済（179）

繼：継（180）降：降（191）劫：刼（196）今：今（199）

① 黄徵：《敦煌俗字字典》，上海教育出版社2005年版。

② 黄徵：《敦煌俗字字典》序言，上海教育出版社2005年版，第6頁。

京：京（203）　覺：覔（215）　叩：叩（224）　禮：礼（239）

梁：梁（243）　糧：粮（244）　兩：両（244）　亂：乱（259）

滿：滿（263）　美：美（270）　夢：夣（272）　腦：脳（286）

能：能（288）　攀：攀（299）　齊：斉（312）　全：仝（331）

肉：肉（340）　嫂：媉（349）　鼠：鼡（376）　數：数（377）

睡：睡（380）　送：送（385）　逃：迯（399）　體：躰（401）

庭：庭（406）　土：圡（409）　萬：万（417）　往：徃（419）

妄：忘（420）　微：微（421）　晚：脕（416）　笑：唉（454）

學：孝（468）　遙：遅（485）　永：永（508）　與：与（515）

園：蕳（520）　怨：怨（524）　災：災（531）　葬：塟（534）

振：振（548）　紙：紙（555）　州：州（560）　座：座（580）

（三）碑刻通用俗字調查

金石碑刻的文字不易磨損，保存時間長。在諸多碑刻中保留了諸多漢語俗字，後人輯錄之作諸多。本文碑刻通用俗字的調查選取字書爲秦公的《碑別字新編》[①]。其書收錄歷代近兩千種碑石中的別字。其共收字頭二五二八個，別字一二八四四個，時代則上起秦漢下訖民國。我們將其與《越南瑤族民間古籍（一）》中的俗字比較，得出近45個通用俗字。

叩：叩（12）　全：全（20）　初：初（32）　庭：迋（37）

私：私（43）　兒：兇（48）　空：空（71）　幽：出（87）

怪：怭（89）　拜：拜（90）　柳：柳（95）　美：美（101）

降：降（107）　兼：燕（111）　峰：峯（117）　恐：恐（120）

留：畱（130）　笑：唉（134）　從：従（158）　樑：檩（167）

處：處（182）　惡：惡（201）　筆：笔（217）　等：苧（218）

量：量（229）　亂：乱（232）　微：嵗（239）　滔：滔（247）

葬：塟（261）　夢：夢（281）　滿：滿（290）　遞：迊（307）

齊：斉（311）　樂：樂（323）　遲：迟（369）　龍：龙（374）

濟：濟（383）　斷：断（406）　禮：礼（412）　辭：辝（434）

離：離（437）　巔：顚（439）　繼：継（444）　蹐：蹐（455）

體：躰（471）

---

① 秦公：《碑別字新編》，文物出版社1985年版。

我們通過對刻本文獻《龍龕手鏡》《宋元以來俗字譜》，寫本文獻《敦煌俗字字典》，以及碑刻文獻《碑別字新編》的調查發現：《越南瑶族民間古籍（一）》中包含了大量的漢語俗字，即漢瑶通用俗字較多。從時間上來，《越南瑶族民間古籍（一）》中的俗字，受宋元以來漢語俗字影響較大。

四、通用俗字例釋

文字的發展與它所承載的文化有着緊密的關係，代表較高文化地位的文字向文化地位較低的地域傳播。漢字就憑藉着强大的文化氣場傳播到周邊的民族和國家，從"漢字"發展成爲"漢字系文字"。"漢字系文字都是在漢字的影響下產生的，且是漢字的衍生品。直接假借漢字或借用漢字的某些部件加以改造、組合，是它們構成自己文字符號體系的主要方式。"[1]在上文與中國字書對比中，發現了大量的漢瑶通用俗字。以瑶俗字爲中心來探討通用俗字，我們可以列舉出以下幾種情況：漢瑶壯越通用俗字、漢瑶越通用俗字、漢瑶壯通用俗字、漢瑶通用俗字。但從本質上來說，這幾類并無本質上的差別，即它們均受漢語俗字的影響，都屬於南方地域俗字的範疇。故我們在此不具體分類，只是根據筆者目前所見的資料，來列舉這些漢語俗字在"南方漢字文化圈"中的分佈情況。

1. 乑，乤

（1）心□[2]庇能樹葉亂，乑上青天無日良。[1][頁755]

（2）上也無兄下無弟，無衣無食是唯　　。[1][頁757]

（3）我相王蜂見粉好，欲要乤來樹上爭。[1][頁143]

（4）牛馬猪羊滿街巷，百雀乤來無萬千。[1][頁150]

（5）首務乤行尋娘去，黄鮮眼淚落漣漣。[1][頁154]；

按："乑""乤"兩字均爲"飛"的俗字，"乤"字則是在"乑"的基礎上簡省而來。兩字在"南方漢字系文字"中較爲常見。美國國家圖書館瑶族文獻中"乑"也爲"飛"的俗字。如"金雞錯（行）重得轉，乑入陽州不望歸（生）"。（《盤王歌》）[3]

《古壯字字典》收錄了"乤"字，釋義爲"飛"[頁317]。"乤"字具有較强的構字能力，可以作爲壯字的部件使用，諸如"翃"[頁317]等。"乑"雖沒有在該字典中收錄，但是和"乤"一樣具有構字能力，亦有其例。可見，"乑""乤"兩字均爲"飛"的俗字，在壯族文獻中較爲流行。

"乑"本爲"飛"的漢語俗字，收錄於《中華字海》："乑"，"飛"的簡

---

① 王鋒：《從漢字到漢字系文字——漢字文化圈研究》，民族出版社2010年版，第20頁。

② 本文"□"代指不清晰字樣。

③ 余陽：《美國國會圖書館館藏瑶族手抄文獻俗字研究》，碩士學位論文，中南民族大學，2011年。

體字，曾在新加坡通行，見新加坡《簡體字表》[頁1638]。又《宋元以來俗字譜》引《嶺南逸事》收"𠀤"。[頁122]"惊得魂𠀤天外"；[頁65]"𠀤起右手剑砍下"；[頁338]"只管𠀤跑，心中暗恨"[頁342]。

"𠀤""𠀤"兩個漢語俗字，在越南瑤族文獻、方塊壯字文獻以及新加坡漢籍文獻中較爲流行，該字形爲漢瑤壯越通用俗字。

2. 垴

（1）今早師在法**垴**廟，重見差發妹行鄉。[1][頁89]

按："**垴**"字爲"壇"的漢語俗字，流行於南方漢字文化圈。無論是在越南瑤族民間還是越南官方文獻該字形都常見。"郊**垴**曆象，欽恭通天地之誠，炳震奎於詩集，訓條文思，抉圖書之府昭"[《皇越詩賦》卷一][頁46]；"則夫子乃人物殊絕，泗水當年親炙耳題詩，褒之雅言杏**垴**，有日趨陪親睹文章之昭，揭之於性道不可得聞"[《皇越詩賦》卷一][頁66]；"诏阮公陶诣南雩**垴**"[2][頁40b]。《古壯字字典》中也收錄了該字形[頁113]。

該字形中"亶"被""玄"字所替代簡化，此現象在漢語俗字以及"南方俗字群"中均較爲普遍，如"**垴**"爲"擅"的俗字字形；《字喃字典》中的"**糧**"字的異體字爲"**垴**"。[頁62]

"**垴**"爲""壇"的漢語俗字，收錄於《漢語大字典》："**垴**"同"壇"。《宋元以來俗字譜》："壇"，《目連記》作"**垴**"。明徐元《八義記·宣子争朝》："（晉侯）要熊掌煮禦羹，**垴**臺上彈打人。"[頁466]

我們不難看出"亶"被""玄"字所代替的"**垴**"字憑藉著簡省，在南方漢字文化圈中被這些民族文獻中得到繼承。該字形爲漢瑤壯越通用俗字。

3. 仸

（1）道人過去也念**仸**，魯人過去也燒香。[1][頁106]

（2）前日祭得青堂**仸**，面前禦便娘結婚。[1][頁141]

（3）聞説看經**仸**法大，請歸地府去趙雲。[1][頁383]

按："**仸**"字隨著漢籍的傳播，在諸多域外漢籍中均出現該字。除了在越南瑤族民間古籍中該字的使用頻率較高外，該字還被越南官方所承認，在《大越史記全書俗字研究》[①]中列舉了大量關於該字的例句，在此不贅述。同樣，在越南科舉文獻中，該字頻繁出現在士子的文章中。如："**仸**老迭興，則昌黎原道之説。"[《策學提綱》卷二][頁141]"**仸**骨之表一上，而朝陽之遣隨之。"[《策學提綱》卷二][頁10]在壯族文獻中"**仸**"字直接被借用爲古壯字，收錄於《古壯字字典》釋義爲"佛"[頁150]。

---

① 賈蓋東：《大越史記全書俗字研究》，碩士學位論文，浙江財經大學，2014年。

"伕"爲"佛"的漢語俗字，在《宋元以來俗字譜》引《東總記》《目連記》收錄了該字形："**伕**"[頁1]同樣該字形收錄於《漢語大字典》：同"佛"。（明）鄭之珍《目連救母勸善戲文·觀音生日》："飽看仙花，遍問**伕**號。"《明成化説唱詞語叢刊·石郎駙馬傳》："東趨日出扶桑國，西趨彌陀**伕**國存。"[頁156]

"**伕**"作爲"佛"的俗字論述較多，在此處我們不一一論述。

綜上所述，"伕"字爲漢語俗字，同時被越南科舉文獻、史書以及越南瑶族民間古籍、壯字文獻所吸收和使用，爲漢瑶壯越通用俗字。

4. **夼**

（1）看天雞萬伕納叮，叫**夼**已納門雞吃。[1][頁540]

（2）天丞註分三等**夼**，注□下等淚雙流。[1][頁534]

按："**夼**"在南方漢字系文字中被大量借用。越南瑶族民間"命"字基本由"**夼**"所替代，出現頻次較高。同樣，該字形也分散在越南官方文獻中，如"殊不知四方有警，宜**夼**方伯連師以伐，而鄉遂之民以供貢賦不可妄用也"[《歷科會廷文選》卷一][頁15]，"伏以皇極建中，正日升月常之會，君**夼**無辱，慶内寧外晏之期，"[《會廷文選》][頁4]"十王即**夼**掌案的判官取出文簿來查"[2]①[頁68]。可見該字無論是在越南民間還是官方都極爲流行。同樣該字形在《古壯字字典》中也被收錄，釋爲"命"[頁327]。

"**夼**"爲"命"漢語俗字，收錄於《宋元以来俗字譜》引《白袍記》《東總記》等，作"夼"。[頁1]

綜上所述，"**夼**"爲"命"的漢語俗字，同時被越南科舉文獻、史書以及越南瑶族民間古籍、壯字文獻所吸收和使用，爲漢瑶壯越通用俗字。

5. 孝

（1）莫孝隴河張八姐，嫁夫不合自身亡。[1][頁59]

（2）奉勸世間男和女，莫孝兄婢惡心人。[1][頁126]

（3）長大便送他入孝，孝取通明學取閒。[1][頁77]

按："孝"在南方漢字系文字中極爲流行。同樣在談論國家倫理的科舉文獻中，士子們也經常使用該字。如："大孝之道大矣哉，義農以下，數聖人得其實。"[策學提綱·卷一][頁12]在《漢越語研究》②書末附有"省筆字"100例中，該字形就被收錄其中，可見該字因較爲流行而被最早注意越南文字的王力先生所發現。當然該字形在也爲古壯字，被《古壯字字典》所收錄，釋義爲"學，學校"[頁240]。

---

① 本文角標[2]爲《大越史記全書》的代稱。

② 王力：《漢越語研究》，《嶺南學報》1948年第1期，第95頁。

"孝"爲"學"的漢語俗字，收錄於《漢語大字典》："孝"同"學"。
敦煌寫本《太子成道經》："（太子）漸漸長大，習孝人間技藝，總乃得成。"
《清平山堂話本·西湖三塔記》："又有一個叔叔，出家在虎山孝道。"[頁2326]
通過舉例我們發現該字也爲漢壯瑶的通用俗字。

　　"文"作爲符號代替在漢語俗字中也較爲常見，得益於"文"代替了"學"
的上面較爲複雜的部分。如："舉"的俗字"夲"；"覺"的俗字字形"竟"；
"齊"的俗字"斉""斉""齊"；"齋"的俗字字形"齋"。這些漢語俗字和
"學"字一樣均在南方漢字文化圈中被傳承。

　　綜上，"孝"爲"學"的漢語俗字，同時被越南科舉文獻、史書以及越
南瑶族民間古籍、壯字文獻所吸收和使用，爲漢瑶壯越通用俗字。

　　6. 楽

　　（1）希望我夫生福楽，看教你兒與成人。[1][頁77];

　　按："楽"在"南方俗字群"中高頻次出現。如"其與齊王言楽，乃以
今楽無異於古楽"[《策學提綱》卷三][頁4]，"洛陽之少年，固不比於三代之遺直也，
是以禮楽言也"[《河南鄉試文選》（同慶）][頁28]。越南瑶族民間和官方都約定俗成用該
字。同樣，在《古壯字字典》收錄了該字形，釋義爲：熱情、歡樂、快
樂。[頁292]在古壯字中，該字具有較强的構字能力："綵"[頁428]"㩮"[頁295]
"㩮"[頁428]"㗊"[頁510]。

　　"楽"爲"樂"的漢語俗字。其收錄於《漢語大字典》：" '楽' 同 '樂' 。
《宋元以來俗字譜》：'樂'，《列女傳》《通俗小説》《古今雜劇》作 '楽' 。"
[頁1342]

　　綜上，"楽"爲"樂"的漢語俗字，同時被越南科舉文獻、史書以及越
南瑶族民間古籍、壯字文獻所吸收和使用，爲漢瑶壯越通用俗字。

　　7. 旧

　　"旧"爲"舊"的簡化俗字，收錄於《漢語大字典》："舊"的簡化字。
[頁1590]

　　"旧"爲簡化俗字，且爲這幾個民族的通用俗字，此處不贅述。我們在
此部分來探討"旧"代替"臼"和"旧"代替"日"兩種"南部俗字群"
中的通用現象。

　　（1）"旧"代替"臼"

　　因字音相同"旧"與"臼"兩字混用。在《干錄字書》中就有相關記
載"旧臼，并上俗下，正諸字從臼者，并准此"①。《漢語大字典》："旧"
同"臼"。朝鮮本《龍龕手鑑·日部》："旧"，同"臼"[頁1590]。可見"旧"

---

① 施安昌、顏真卿：《干祿字書》，紫禁城出版社1990年版，12B（上聲）。

與"臼"互爲異體字。

"旧"爲"舊"的簡省俗字，通過漢字的傳播，被"南方俗字群"吸收繼承。如"家財牛馬化去了，貧窮便相旧元時"[1][頁153]。同時，"旧"代替"臼"的現象也流行於南方漢籍之中，"舊"的俗字"宿"。如"每年伊如宿遵納，不欠銀不白欠錢"[1][頁454]。"鼠"的俗字"鼡"，如"又無銅錢相送弟，脱下鼡皮相送郎[1][頁206]。"兒"的俗字"兒"："爹娘見兒身細小，必定我兒難娶親"[頁51]。何紅一先生在《美國國會圖書館館藏瑶族寫本及俗字舉例》①一文中列舉了大量的"旧"代替"臼"的字例。

在越南官方文獻《大越史記全書》中我們也能找到諸多字例。如："滔—滔 謟—謟 蹈—蹈 餡—餡 陷—陷 舊—舊 稻—稻 韜—韜 春—春 椿—椿 睨—睨"等②。同樣，在《古壯字字典》中也收錄了"茜"[頁204]。可見，"旧"代替"臼"的現象在"南方俗字群"中屬於通用俗字現象。

（2）"旧"代替"日"

在諸多上結構的字中，常出現"旧"代替"日"字，在"南方俗字群"中這一現象也較爲常見。究其原因，是將"日"字增繁爲"旧"，可以保持上下結構更爲平衡。如"蹜"爲"踏"的俗字。"蹜上州門看下縣，州里也高景也遥"[1][頁621]。又如《大越史記全書》中"旧"代替"日"的例字也諸多，舉例如下：

曆—曆 耆—耆 嗜—嗜 奮—奮③。

綜上所述，"旧"爲"臼"和"日"的漢語俗字，同時被越南科舉文獻、史書以及越南瑶族民間古籍、壯字文獻所吸收和使用，爲漢瑶壯越通用現象。

8．泊

（1）西街有個萬兩弟，家中貧泊苦艱辛。[1][頁200]

（2）泊語陳情如此詒，略略點頭曾曉先。[1][頁581]

（3）前緣註得夫妻世，同與夫妻淺泊情。[1][頁253]

按："泊"爲"薄"的俗字字形。該俗字在"南方俗字群"中受到青睞。除了在越南瑶族民間古籍中高頻率出現之外，還在《良医家传外科治痈疽门》中大量存在。如："泊荷，麝香散束水嫩口鼻吹之。"[頁108]

"泊"是在同樣爲"薄"的俗字字形"萡"的基礎上演變而來。"萡"相比於原字該字不僅表音功能强，而且筆畫更爲簡略，在書寫過程中十分

① 何紅一、王平：《美國國會圖書館館藏瑶族寫本俗字的研究價值》，《廣西民族大學學報》（哲學社會科學版）2012 年第 6 期，第 181—186 頁。

② 賈蓋東：《大越史記全書俗字研究》，碩士學位論文，浙江財經大學，2014。

③ 同上。

便利。故"蒱"字在越南用字中也較爲流行。如在《良医家传外科治痈疽门》中："當歸、山枝、荆芥、蒱荷、生姜三片。"[頁5]；"蒱荷，杏仁，橘梗，玄參，砂仁，甘草右密造丸或病瘥後氣短及聲不出者，皆肺氣不行。"[頁31]；"蒱"字進一步簡省就變成了"泊"字。"蒱"爲漢語俗字，《正字通·竹部》：蒱各切，音泊簾也，正韻通作薄簿。[頁21]

"泊""蒱"兩個漢語俗字，在越南文獻中較爲流行，爲漢瑶越通用俗字。

9. 帰，𢇁

（1）太令聽得心寬喜，連忙帰報省家人。[1][頁54]

（2）不如你今早帰去，河邊立妙叩龍王。[1][頁71]

（3）人説看聖佛法大，請𢇁地府去趙雲。[1][頁375]

（4）枷也自開鎖自脱，各各都𢇁安樂府。[1][頁402]

按："𢇁"，"帰"兩字均爲"歸"的俗字字形。兩字形在"南方漢字系文字"中較爲常見。如："諸尊后爲民之表，維商之基，體菩仁心以周民，前後聯輝乘，令聞帰禪機而廣世。"[《越南碑刻總集》][6490號]在王力先生《漢越語研究》書末附有"省筆字"100例中就包含了"𢇁"爲"歸"的俗字。①在《良医家传外科治痈疽门》中"𢇁"爲"歸"的俗字的例句較多，如"當𢇁、山枝、荆芥、薄荷、生姜三片"[頁5]，"當𢇁，白芍，金銀、甘草……各味水煎服"[頁15]，"飲食閉塞難通，漸次腫破，化膿早治，得生宜服，當𢇁連翹散之"[頁69]。

"帰"爲漢語簡化俗字。《漢語大字典》："帰"同"歸"。《宋元以來俗字譜》："歸"，《取經詩話》《通俗小説》《古今雜劇》等作"帰"。《敦煌變文集·温室經講唱押座文》："頂禮上方大覺尊，帰命難思清淨衆。"[頁851]"帰"變爲"𢇁"皆需歸因於草書。《草書大字典》中"帰"被寫成"𢇁"（隋·智永·《千字文》），"𢇁"（元·趙孟頫·六體·《千字文》）[頁806]。這兩個草化字形均於"𢇁"字相近。

"𢇁"，"帰"兩個漢語俗字，在越南文獻中較爲流行，爲漢瑶越通用俗字。

10. 耺

（1）陳皇封耺爲王使，封職王使在文房。[1][頁234]

（2）夫今要去求官耺，去時何日去還郷。[1][頁262]

按：該字形在南方漢字文化圈中較爲流行"自丞相以下至六巨石爲外

---

① 王力：《漢越語研究》，《嶺南學報》1948年第1期，第95頁。

朝之官，光武并省官畋，廢丞相禦史，而以三司總理庶政"[《皇越詩賦》卷五][頁1]。在《字喃字典》中也收錄了"畋"[頁56]字字形。可見越南無論是民間還是官方都繼承該字形。

"畋"爲"職"的漢語俗字，收錄《漢語大字典》："畋"同"職"。（明）周嬰《厄林·解馮》："按樂師畋曰：'詔來瞽阜舞。'《宋元以來俗字譜》："職"，《通俗小説》《古今雜劇》作"畋"。"[頁2976]"畋"變爲"職"直接省略了"音"。

同樣省略了"音"的還有"識"的俗字"𢧵"。"不務好賢下士，而使無恥之風日盛，是誰之過歟？𢧵治者其思之。"[《皇越詩賦》卷五][頁11]該字形在《越南瑶族民間古籍（一）》使用頻率較高，如"山上作兵來字了，畫出面形不𢧵軍"[頁491]。

"畋"爲漢語俗字，在越南文獻中較爲流行，爲漢瑶越通用俗字。

11. 𥝝

（1）列憲大人退朝内，丟𥝝反民再俟愁。[1][頁556]

（2）嘆訴詳情遭成𥝝，也難開口歎官方。[1][頁580]

按："𥝝"爲"禍"的漢語俗字，收錄於漢語俗字字書《宋元以來俗字譜·示部》[頁58]。該字形將"咼"字演變成"長"，究其原因，我們認爲這主要是受到書法的影響。在《草書大字典》中，"禍"的字形和該字形較爲接近的有：（宋）趙構《真草千字文》作"𥝝"，（元）鄧文原《急就章》作"𥝝"[頁877]。可以看出，在草書中將"禍"字的"咼"字不斷虛化，草書楷化后就成"長"。在《越南瑶族民間古籍（一）》中保存了該字形。

"禍"字在越南傳播表現出的趨勢主要是簡省，最爲常見的字形爲"衬"，在越南的史書以及科舉文獻中均流行該字形。如"若政乖謬者有致衬之理，則天必降災以警之，所謂乖氣致殄也"[《會庭文選》(嗣德十八年)][頁14]。

"𥝝"作爲漢語俗字字形流行於越南瑶族民間古籍，故該字爲漢瑶通用俗字。

12. 翌

（1）不翌不老逢今世，且條祝報眾明人。[1][頁481]

（2）翌枝不得一日好，老來每日得含□。[頁530]

按："翌"該字爲會意字，有初生爲"嫩"之意，與"嫩"的其它兩個俗字"𡨥"和"𡶌"[《龍龕手鏡》(高麗本)][頁187]有著異曲同工之妙。在很多關於瑶族自造字的論述中都認爲"翌"爲瑶字。①但是據我們考證，該字形收錄於漢字字書且爲"嫩"的俗字字形。《漢語大字典》收錄該字："翌"同"嫩"。

---

① 王鋒：《從漢字系到漢字系文字》，民族出版社2010年版，第104頁。

《龍龕手鑑·生部》："𡥩，奴困反。正作嫩，弱也。"《字彙·生部》："𡥩，同嫩。俗字。"[頁2762]

"𡥩"作爲漢語俗字字形流行於越南瑤族民間古籍，故該字爲漢瑤通用俗字。

13. 唉

（1）老人過去聲聲唉，後生過去斷千腸。[1][頁106]

（2）"爲怨天生孤寒器，注陽空唉別人良。[1][頁533]

按："唉"爲"歎"的漢語俗字，由"嘆"字演變而來。《乾祿字書》：嘆歎，上俗下正。[頁14b]；《玉篇·口部》："嘆"與"歎"同[頁94]；綜上，即"嘆"爲"歎"的俗字字體。在漢字演變過程中，爲了便於書寫，"廿"經常被"丷"所代替，"嘆"將中間部份簡省掉，就形成了"唉"。

"唉"作爲漢語俗字字形流行於越南瑤族民間古籍，故該字爲漢瑤通用俗字。

14. 婊

（1）只有歌兄大婊見，連忙退步就歸房。[1][頁97]

按："婊"爲"嫂"的漢語俗字。《漢語大字典》："婊"同"嫂"。《集韻·皓韻》："嫂，或從叜，俗從更。"《後漢書·西羌傳》："十二世後，相與婚姻，父歿則妻後母，兄亡則納釐婊"[頁1124]。

我們認爲"婊"是在"嫂"字的基礎上簡省而來。"又"字經常簡省爲"×"，"叜"字的上部與"更"字的上部相似，抄書人在書寫時就將"叜"訛變成了"更"，因爲書寫方便，便於"嫂"字同時使用，形成了漢語俗字"婊"。在《越南瑤族民間古籍（一）》中保留該字形，"嫂"字除了因爲訛變而成的"婊"字形外，在壯字文獻以及越南瑤族民間用字時，將"叜"字直接換成了表音的"草"字，也爲"嫂"的俗字。在後面我們會涉及，此處不贅述。

"婊"作爲漢語俗字字形流行於越南瑤族民間古籍，故該字爲漢瑤通用俗字。

15. 躰

（1）集躰打獵齊平等，男女老少共吃完。[1][頁438]

按："躰"爲"體"漢語俗字。我們根據上面調查的漢語俗字字書，均收錄該字字形。《龍龕手鏡》作"躰"[頁161]。《宋元以來俗字譜》引《烈女傳》《取經詩話》作"躰"[頁109]，《敦煌俗字字典》作"躰"[頁401]，《碑別字新編》作"躬"[頁471]。在《漢語大字典》中對該字做了詳盡的介紹："躰"同"體"。《玉篇·身部》："躰，俗體字。"《大戴禮記·盛德》："以之道則國治……以之禮則國定，此御政之躰。"唐·皇甫湜《諭業》："躰無常軌，

言無常宗。"宋佚名《方圓菴記》："蓋宇宙雖大，不離其內；秋毫雖小，待之成躰。"[頁 4061]

"躰"作爲漢語俗字字形流行於越南瑤族民間古籍，故該字爲漢瑤通用俗字。

關於越南瑤族民間古籍中的變異俗字，另文討論。

參考文獻（按音序排列）

［1］陳重金（著），戴可來（譯）：《越南通史》，商務出版社 1992 年版。

［2］戴家祥：《金文大字典》，學林出版社 1999 年版。

［3］復旦大學文史研究院編：《越南漢文燕行文獻集成》，復旦大學出版社 2010 年版。

［4］馮春田、梁苑等：《王力語言學詞典》，山東教育出版社 1995 年版。

［5］范宏貴、劉志强：《越南語言文化探究》，民族出版社 2008 年版。

［6］郭振鐸、張笑梅：《越南通史》，中國人大出版社 2002 年版。

［7］廣西壯族自治區少數民族古籍整理出版規劃領導小組辦公室：《古壯字字典》，廣西民族出版社 2012 年版。

［8］黃現璠、黃增慶、張一民等：《壯族通史》，廣西民族出版社 1988 年版。

［9］何華珍：《日本漢字和漢字詞研究》，中國社會科學出版社 2004 年版。

［10］洪鈞陶：《草字編》，文物出版社 1986 年版。

［11］黃徵：《敦煌俗字字典》，上海教育出版社 2005 年版。

［12］［法］萊恩·汪德爾麥什：《新漢文化圈》，陳彥譯，江西人民出版社 1993 年版。

［13］劉復、李家瑞：《宋元以來俗字譜》，中央研究院歷史語言所 1930 年版。

［14］劉玉珺：《越南漢喃古籍的文獻學研究》，中華書局 2007 年版。

［15］陸錫興：《漢字傳播史》，語文出版社 2002 年版。

［16］覃曉航：《方塊壯字研究》，民族出版社 2010 年版。

［17］秦公：《碑別字新編》，文物出版社 1985 年版。

［18］裘錫圭：《文字學概要（修訂本）》，商務印書館 2014 年版。

［19］（遼）釋行均：《龍龕手鏡（高麗本）》，中華書局 2006 年版。

［20］施安昌（著），顏真卿（書）：《干祿字書》，紫禁城出版社 1990 年版。

［21］譚志詞：《中越語言文化關係》，軍事誼文出版社 2003 年版。

［22］王寧：《漢字構形學講座》，上海教育出版社 2002 年版。

［23］王元鹿：《比較文字學》，廣西教育出版社 2001 年版。

［24］王鋒：《從漢字系到漢字系文字》，民族出版社 2010 年版。

［25］吳士連：《大越史記全書（内閣官版影印版）》，社會科學出版社 1998 年版。

［26］楊寶忠：《疑難字考釋》，中華書局 2005 年版。

［27］玉石階：《瑶族文化變遷》，民族出版社 2005 年版。

［28］越南老街省文化體育旅游廳：《越南瑶族民間古籍（一）》，民間出版社 2011 年版。

［29］曾良：《俗字及古籍文字通例研究》，百花洲文藝出版社 2006 年版。

［30］張書岩等：《簡化字溯源》，語文出版社 1997 年版。

［31］張涌泉：《敦煌俗字研究》，上海教育出版社 1996 年版。

［32］張涌泉：《漢語俗字研究》，商務印書館 2010 年版。

［33］周志鋒：《明清俗字俗語研究》，中國社會科學出版社 2006 年版。

［34］張聲震：《壯族麽經布洛陀影印譯著》，廣西民族出版社 2004 年版。

［35］［日］竹内與之助：《字喃字典》，大學書林 1988 年版。

［36］周有光：《比較文字學初探》，語文出版社 1998 年版。

［37］周有光：《世界文字發展史》，上海教育出版社 1997 年版。

［38］周有光：《漢字和文化問題》，遼寧人民出版社 2000 年版。

［39］周有光：《語言文字學的新探索》，語文出版社 2006 年版。

馮克寬使華漢詩寫本疑難俗字考釋[*]

［中國］甄周亞 浙江財經大學

一、"𱂇" 字考

按：此字不易識別，需放回詩句中仔細品味、斟酌，此字共出現 6 次，如下：

（1）但把行𱂇安義命，莫將得失論男兒。——（《梅嶺》頁 108.6）

（2）粟米充飢無地種，藥苗扶病欠箱𱂇。——（《梅嶺》頁 119—120）

（3）名利𱂇堅能打破，魚樵路熟豈行嗟。——（《梅嶺》頁 128.1）

（4）天定行𱂇農用勞，耕雲釣月且啵啵。——（《梅嶺》頁 134.3）

（5）只懷貧索三千客，待到行𱂇十二秋。——（《梅嶺》頁 151.3）

（6）行𱂇若使都由我，窮達何勞更問天。——（《梅嶺》頁 151—152）

在這 6 句詩中，有 5 句是與 "行" 搭配成詞的，可知此字與 "行" 應是常見固定搭配。且從詩歌對仗的角度出發，知 "行𱂇" 可與 "得失" "雪釣" "貧索" "窮達" 形成對仗。對仗者，蔡元培在《國文之將來》中言及："舊式的五七言律詩及駢文，音調鏗鏘、合乎調試的原則；對仗工整，合乎均奇的原則，在美術上不能説毫無價值。" 而王力的解釋就顯得通俗易懂許多，他在《龍蟲并雕齋文集·語言與文字》曾説："對仗，就是名詞對名詞，動詞對動詞，形容詞對形容詞，數量詞對數量詞，虛詞對虛詞。"[3][頁 3040]因此，"行𱂇" 與所對仗的詞語詞性相同、義項相近（或相反）。"得失" 在此處作名詞，得與失，"猶成敗"[3][頁 4397]，《管子·七臣七主》："故一人之治亂在其心，一國之存亡在其主，天下得失，道一人出。" 尹知章注："明主得，闇主失。"[3][頁 4397] "雪釣" 應爲 "在雪天釣魚" 之意，疑爲 "獨釣寒江雪" 之化用，在此作動詞。"貧索" 即貧窮義，宋朱彧《萍洲可談》卷三："胥無所歸，貧索無聊，悔悟而卒。"[3][頁 14083]，爲名詞。"窮達" 意爲 "困頓與顯達"，《墨子·非儒下》："窮達、賞罰、幸否，有極，人之知

---

* 本文爲何華珍主持的國家社科基金項目（12BYY069）和教育部人文社科項目（12YJA740020）、重大項目子課題（11&ZD126）的階段成果。

力，不能爲焉。"[3][頁 11624]，在此作名詞。由此可知"行·𧷤·"應是個兼具動詞詞性與名詞詞性的詞。

第二聯中，"無地種"與"欠箱·𧷤·"對仗，可知"·𧷤·"是動詞，又可與"箱"搭配，且前一句詩句爲"顏淵樂地還誰樂，曾點狂歌到我狂。"押"ang"韻，易想到"藏"字，因只有"藏"字可與"箱"搭配且將"病苗""藏"在其中，且也和韻。因此，考慮"行·𧷤·"爲"行藏"。"行藏"語出《論語·述而》："用之則行，舍之則藏。"[3][頁 4328]可作"出處或行止""行迹、來歷""攻守或出沒"等義解，上文中的行藏，皆作"出處或行止"解，與唐·岑參《武威送劉單判官赴安西行營便呈高開府》①詩中的"功業須及時，立身有行藏"同義。如第一句中，義命作天命、正道解，如宋·曾巩《答王深甫論揚雄書》："又謂雄非有求於莽，特於義命有所未盡。""但把行藏安義命"句其義爲"是建功立業，還是隱退朝堂，這要看天命，男子漢的成功與否不是通過他的得失來判斷的。"第四句中的"行藏"則作隱瞞蹤迹、隱退解，即"隱居后在農田裏勞作耕地，在哀鳴聲中和月光下在雪天釣魚"。

對上述詩句進行搜索時我們發現，其中有幾聯詩句直接化用自明代詩人李孔修的詩文。如"但把行藏安義命，莫將得失論男兒"取自《貧居自述·其一》第三聯原句："但把行藏安義命，莫將得失論男兒。""行藏若使都由我，窮達何勞更問天"取自於《貧居自述·其九十八》第二聯原句："行藏若使都由我，窮達何勞更問天""只懷貧索三千客，待到行藏十二秋"取自於《貧居自述·其一〇一》第四聯原句："行藏若使都由我，窮達何勞更問天。"多例可證，"·𧷤·"確爲"藏"字。且我們以"行藏"爲關鍵詞進行搜索時可在電子詩詞數據庫中得到與"行藏"（藏念平聲）相關的用例多達524 例，最早的是南北朝·鄭道昭的"栖槃时自我，岂云蹈行藏。"②可見"行藏"確爲常用固定搭配。

那麼"藏"字何來此種寫法呢？藏，《説文》新附："藏，匿也。"徐鉉等注："《漢書》通用臧字。从艸，後人所加。"[34][卷 1 頁 9]又鈕樹玉新附考："漢碑已有藏字，知俗字多起於分隸。"[5][頁 3531]"藏"字金文作"𧷤"，小篆作"藏"，《六書通》中有从艸之"藏"形作"藏"，亦有去艸之"藏"形作"藏"或"匨"，《古文四聲韻》中又有作"𢆷"[19][頁 588]或"𢆷"[19][頁 588]，可知"藏"字可从艸亦可不從。"藏"之部件"臧"字，《説文·臣部》："从臣戕聲。"[6][頁 119]可知"臣"爲意符，"戕"爲聲符，俗寫之"·𧷤·"形，保

---

① 本文中的詩詞皆來自"詩詞索引電子數據庫"，下文同。具體網址請參見參考文獻電子文獻部分。

② 南北朝·鄭道昭《於萊城東十裏與諸門徒登青陽嶺太基山上四面及中嶺掃石置仙壇詩》，搜索自詩詞索引數據庫。

留其草字頭俗寫成"艹"，并將"戕"符簡化爲"一"加左右兩點保留其大致輪廓，又將"臣"符草寫爲"✦"形，得到"✦"字。

我們知道，"臣"有多種俗字字形，如作"目"，見於《字鑑·真韻》："偏旁俗作目，誤。"[42][頁 21] 又如《草字匯》作"臣"，亦可作"臣"，見於《孔廟百石卒史碑》。《説文·𠂤部》釋"官"："史，事君也。从宀从𠂤，猶眾也。此與師同意。"[6][頁 737] 因而"𠂤"爲意符。"臣"之俗體"目"，與"官"之意符"𠂤"形體相近，因此"𠂤"常訛變作"目"，如柳公權行書書法中作"官"，王鐸行書書法中作"官"，而"官"之"𠂤"部件，又可草寫爲"✦"，如官—宧、遣—遣、管—管、館—館等字，馮克寬漢詩寫本中所有含"官"部件的字，"𠂤"部分皆可作此類草寫。"官"的此類寫法亦可見於米芾《伯充帖》和《向亂貼》中，作"官"，所以確是草寫無誤。大概是受形似構件"𠂤"的影響，"臣"亦可改寫爲"✦"形。

因此，無論是從文獻的角度，還是字形的角度，"✦"爲"藏"之俗體當爲確證。

二、"撫""撫""斯"字考

"撫"字系列是所有右旁寫作"无"而左旁有所變化的俗字，具體指"撫""撫""斯"三字，其中"斯"字略有不同，中間無短橫，而另兩字中有短橫。初看這三字都很像"無"字加上一個偏旁，尤其"撫"確可理解成"撫"字，且詩句通暢曉達。但若把這三個字的右旁皆統一看待，又彷彿不能成字，例如"嫵"字，字書中并未收錄，也未找到相關用例，所以仍然需要回到材料中去。具體如下：

（1）皇朝撫邦之初，天庭貢款之日。　　——（《梅嶺》頁 76.2）
（2）撫華便是深恩布，致遠尤弘令德昭。——（《梅嶺》頁 91.3）
（3）窮經空自老儒林，撫節長歌是賞音。——（《梅嶺》頁 112.7）
（4）不愁倉斯兩空虛，半事鋤頭半讀書。——（《梅嶺》頁 137.3）
（5）敝廬不改舊家風，山色朝昏淡撫濃。——（《梅嶺》頁 141.5）

按：首先，因爲"无"與"無"字形相近，考慮"无"與"無"的關係，經查詢我們發現，"无"當是"無"的草寫俗字。"无"中的"忄"是一個代替性符號，以代替"無"的"灬"，這在前文中已經提過，是馮克寬漢詩寫本中最爲常見的符號之一。同時也能在中國傳統草書作品中得到印證，例如王鐸的行書中"無"作"無"，就能夠非常明顯地看到這個類似於折的符號，米芾的《聞張都大宣德尺牘》則對"無"進行了再一步的簡省作"無"，董其昌的《白羽扇賦》與之類似作"無"，但兩者皆保留了這個符號，由此可證"无"是"無"的俗字。

"无"爲"無"之俗，那麼"抚"就是"撫"字。帶入詩歌可得：

撫華便是深恩布，致遠尤弘令德昭。

窮經空自老儒林，撫節長歌足賞音。

"撫節"一詞爲"擊節"之意，《列子·湯問》："餞於郊衢，撫節悲歌，聲振林木，響遏行雲。"且該句又直接化用自李孔修的《貧居自述·其一十一》第一聯原句："窮經空自老儒林，撫節長歌足賞音。"

"撫華"一詞，詞典中未收，一時也難以明確其意義，需要在詩句原文中進行推敲，其詩句原文如下：

聖節欣逢賦蓼簫，澤加四海仰天朝。

撫華便是深恩布，致遠尤弘令德昭。

合九州歸同一軌，卓千古冠百王超。

遠臣喜近陷三尺，願效封人祝壽堯。

——（《梅嶺》頁 91）

"撫華"一詞所在的詩句是第二聯，綜合全詩來看，此詩的創作主題是萬國齊祝萬曆帝大壽，這可以從"聖節""四海""天朝""九州""壽堯"等關鍵詞中知曉，且因爲是賀壽之詩，所以詩文中特意描寫了彼時明朝在領國中的超然地位和絕對權威，想是用來博得萬曆帝之歡心。了解過主題后，再分析具體詩文，"深恩"一詞我們并不陌生，意爲"深厚的恩惠"，馮克寬漢詩寫本中另有一處也使用了"深恩"一詞，詩句爲"雲殿月階凝瑞氣，冰天桂海沐深恩"，與此處"深恩"的含義一致。所以"深恩布"即爲"布深恩"，即爲"廣施恩施"之義。"撫"一詞，最常見的爲安撫、撫摸之意，此處自然不能作安撫義解，與文義不符。結合上下文來看，此處的"撫"應作"治理"義解，《漢語大字典》收錄此義項，并舉《書·洛誥》例："厥若彝，及撫事如予，惟以在周工。"[3][頁 2075]孔傳："其順常道及撫國事如我所爲，惟用在周之百官。"[3][頁 2075]又宋·王安石《寄吴沖卿》："讀書謂已多，撫事知不足。"[3][頁 2075]因此，"撫華"應爲"治理中華"之意，詩意爲"治理中國即是廣施恩德，即便路途遙遠恩惠依然宏大而令道德彰顯"。《漢語大詞典》收錄了"撫世"[3][頁 8856]一詞，意爲"治理天下"，如《庄子·天道》："以此退居而閒游，江海山林之士服；以此進爲而撫世，則功大名顯而天下一也。"[3][頁 8856]又明·王世貞《淨樂宮》詩："神農昔撫世，淨樂已名都。"[3][頁 8856]"撫世"與"撫華"意思相近，只因爲馮克寬是外邦人士因此使用"撫華"一詞。

因此，"抚"當爲"撫"無誤。

其次，因爲"無"與"彳"、"月"皆無法構成漢字，所以需另行討論。第五聯詩句："不愁倉𣲲兩空虛，半事鋤頭半讀書。"由詩意可知，由於詩人"半作農戶半讀書",因而不愁"倉庫"和"𦜕"兩處是否空虛,即豐沛無憂之義。又"腹"與"𦜕"皆爲"月"旁,考慮"𦜕"爲"腹"字。若"𦜕"爲"腹"字,那麼詩文爲"不愁倉腹兩空虛,半事鋤頭半讀書"分別與"倉"和"腹"相對應的,是"鋤頭"和"讀書"。因爲從事農作因此倉庫不會空虛很好理解,那麼爲什麼"讀書""腹"也不會空虛呢?通過查閱相關資料我們發現,此處"腹"不作常規的"腹部"解,而作"内心"解,取"讀書會使内心充實"之意。"腹"作"内心"解,典籍中不乏用例。如《漢書·食貨志下》:"湯奏當異九卿見令不便,不如言而腹非,論死。"[5][頁2248]明·劉基《贈周宗道六十四韻》:"披衣欻軍門,披腹陳否臧。"[5][頁2248]由此,"𦜕"當爲"腹"。

若"𦜕"爲"腹"字,則"𡵂"爲"復"。第三聯詩句爲:"敝廬不改舊家風,山色朝昏淡復濃。"同樣化用自李孔修《貧居自述·其七十八》第一聯原句:"敝廬不改舊家風,山色朝昏淡復濃。"且《全唐詩·卷五百四十三》中,亦有"戍路少人蹤,邊煙淡複濃。詩寧寫別恨,酒不上離容"的詩句(喻鳧《送武毅之邠寧》),因此"淡復濃"是詩句中的常見表達。第四聯"皇朝𡵂邦之初,天庭貢款之日","𡵂邦"即爲"恢復邦交"之意,與馮克寬來華向萬曆皇帝求取明朝政府對越南新政府認同的使命不謀而合,所以"𡵂"當爲"復"字。確認"𡵂"爲"腹"字,寫本中還有一例旁證,即"履"字。寫本中"履"字即俗寫成"𡳾"字,可見"復"確可作此類俗寫,應爲無誤。

"腹""復"之所以能够俗寫爲"𦜕""𡵂"大概和語音相關。復,《説文·彳部》:"往來也。从彳复聲。房六切。"[6][頁76]腹,《説文·肉部》:"厚也。从肉复聲。方六切。"[6][頁172]因此兩字同以"复"爲聲符,是諧聲字。其俗寫部件"𣠓"查《説文·夊部》:"豐也。从林;夷。……林者,木之多也。"[6][頁235]因此是個會意字,"無"字上古音音韻地位是微母虞韻,合口三等字,而"復"字音韻地位同樣是微母虞韻,合口三等字,所以兩者爲諧聲聲符(另有一音亦同爲明母模韻)。俗字諧聲聲符可相互替換,所以以聲符"𣠓"替換"复"作"𦜕"和"𡵂"。

據此,"𢭮"爲"撫",因草書而成俗;"𦜕"爲"腹","𡵂"爲"復",因諧聲聲符替換而成俗,確證。

三、"𩺳"字考

"𩺳"字結構較爲複雜,不易辨識,需置於原文中加以分析,出現"𩺳"字的詩句僅有 1 处,如下:

佳賓厚惠方𩺳楊,窮鬼無情戀我家。——(《梅嶺》頁 127—128)

按：留，《説文・田部》："止也。从田戼聲。"[6][頁704]因此"戼"爲聲符，"戼"字；訛變作"㽞"作"㽞"，《干祿字書・平聲》："㽞留，上通下正。"[13][頁9]《宋元以來俗字譜・田部》"留"[1][頁55]下，《太平樂府》《古今雜劇》有作"㽞"者，《嶺南逸事》則全作"㽞"。《中國書法大字典・田部》"畱"下，褚遂良作"㽞"。可知"留"之作"㽞"。

"留"還有一俗字變體，作"㽞"，此變體亦爲俗體"㽞"的最初形體來源。《宋元以來俗字譜・田部》"留"字條下，《通俗小説》作"㽞"[1][頁55]。《中國書法大字典・田部》"留"字，王羲之書帖作"畱"[43][頁1052]。碑刻中也有不少例證，如《興福寺斷碑》作"畱"，《王忠嗣神道碑》作"畱"，可證"㽞"爲"留"之俗字。即"留"之構件變體"戼"可作"㣺"。

隨後我們發現在馮克寬漢詩寫本中，帶有"田"部件的字常可將"田"訛寫作"㽞"。如"當"—"㽞"等。因此，"㽞"的下半部分應爲"田"的草寫。

至於在"留"之俗字旁加上兩點，应是屬於增加飾筆。漢語俗字常會在原有筆畫外增加裝飾性的成分，所以在成俗時加上了正體"留"本身并不具備的兩點，來表示其字體結構。

但在這裏需要説明的是，并不是所有的"田"部件都可作此類變形，例如寫本中的另一"留"字和"溜"字，皆完整保留了"田"部件，分別作"畱"和"溜"，也可作另一形態，如"福"—"福"、"富"—"富"、"逼"—"逼"、"副"—"副"、"富"—"寨"等，又如"異"中的"田"字頭，可變爲記號性符號，作"異"；或簡省部件作"異"；或保留原形作"異"。因此，部件"田"有多種部件變體，在不同的漢字中擔任不同的角色，其演變方式也是不同的，不可過度類推，造成訛誤。

最後我們將"留"帶入詩歌中進行驗證，詩歌爲"佳賓厚惠方留榻，窮鬼無情戀我家"取自於明李孔修的《貧居自述・其四十六》第二聯原句："佳賓厚惠方留榻，窮鬼無情戀我家"，所以爲"留"字无误。

此字的演變方式爲"畱"（小篆）—"㽞"（俗寫戼符）—"㽞"—"㽞"（受聲符影响加兩點）。

四、"㽞"字考

寫本中還有另一字形作"㽞"，它與"㽞"字形十分接近，導致我們在一開始時將兩者視爲一字，但在考證"㽞"字爲"留"字後將它帶入"㽞"字所在的詩句發現極不通順，甚至難以理解，遂重新觀察兩字的字形，發現兩者形態的確存在一處微小的差別，即"㽞"字在字體下方比"㽞"多一短橫，所以應爲另一字，需另行考釋。

"⿰" 字共出現 4 次，具體如下：

（1）五樓鐘鼓仙班杖，萬國衣冠王會⿰。——《梅嶺》頁 87.2）

（2）天高地厚⿰慧報，□君聖賢福享兼。——《梅嶺》頁 96.5）

（3）做到尚書⿰閣老，得爲皇帝望升仙。——《梅嶺》頁 127.5）

（4）古希誰道爲高壽，纔向⿰南一覺眠。——《梅嶺》頁 150.1）

按：首先從最簡單的第三聯詩句出發：做到尚書⿰閣老，得爲皇帝望升仙。"⿰" 與 "望" 相對，且表達的是人心慾望難以滿足之意，所以此字應是動詞，且含有 "渴望" 之意，因 "思" 字常在古詩中常與 "望" 相對，考慮此字爲 "思" 字，最典型的莫過於李白的千古名句 "舉頭望明月，低頭思故鄉"。隨後將 "思" 字帶入詩句中可得："王思會"、"思慧報"、"思閣老" 和 "思南"。"思慧報" 與 "思閣老" 結合詩文較好理解，"思南" 與 "王思會" 則不易理解，需作簡要釋義。

"王思會"，即爲 "思王會" 的倒裝。王會，《漢語大詞典》："舊時諸侯、四夷或藩屬朝貢天子的聚會。語本《逸周書·王會》："成周之會，墠上張赤帟陰羽。"孔晁注："王城既成，大會諸侯四夷也。"[3][頁 5536]唐·魏徵《奉和正日臨朝應詔》："庭實超王會，廣樂盛鈞天。"[3][頁 5536]宋·黃庭堅《和答錢穆父詠猩猩毛筆》："物色看王會，勳勞在石渠。"[3][頁 5536]明·徐孚遠《在交日久傳語日變》詩："雖然周室非全盛，王會開時南海清。"[3][頁 5536]清·王韜《變法中》："雖疆域漸廣，而登王會、列屏藩者，不過東南洋諸島國而已。"[3][頁 5536]因此，所謂 "王會"，即爲諸侯番邦來向天子朝貢的聚會。古詩中有許多 "思王會" 的用例，如清·陳允頤的《東游》："秋津浩蕩疑無地，富嶽恢奇別有天。南望中山北平壤，我思王會一怦然。"清·舒位《禹陵》："先甲痛心占幹蠱，後期揮手戮防風。萬重玉帛思王會，一卷金書鑿鬼工。"又如吳壽彭的《自於潛到景寧》："殘山禹穴思王會，陰雨秦關邐迤耕。欲致時情非造次，當同戮力洗膻腥。"因此 "五樓鐘鼓仙班杖，萬國衣冠王會思" 描繪的正是一幅鑼鼓喧天、各國來使著華裔而聚的非凡景象，詩意順當，可釋爲 "思"。

通過以上詩文我們能够發現，"王會" 與 "思" 連用時多作 "思王會" 而不作 "王會思"，且作 "王會思" 時亦不押韻，因此顯然不是出於音韻上的考慮。我們認爲，可能是出於表達感情上的需要而特意作此倒裝，強調動詞 "思" 以表達對舉辦 "王會" 的欣喜和無限期盼之情。古詩中常有此類倒裝，北宋·葉夢得《水調歌頭·秋色漸將晚》中 "秋色漸將晚，霜信報黃花" 兩句，後一句應爲 "黃花報霜信"。此處將 "霜信" 提前，表面上是寫景物的淒涼，實際上是爲了強調突出自己晚年生活的 "悽楚" 情懷。

又如王昌齡的《從軍行》中"青海長雲暗雪山，孤城遙望玉門關"兩句，後句應爲"遙望孤城玉門關"。"遙望"爲"遠遠地望"，此處突出強調了在外守衛邊疆城池的士兵遙望著内地，想念家鄉親人的情懷。因此此處的"王會思"作倒裝與"黃花報霜信"作倒裝的原因類似，皆是爲了突出表達詩人的情感。

　　"思南"，取自"古希誰道爲高壽，纔向思南一覺眠"，我們發現實際上這首詩仍然化用自明·李孔修的《貧居自述·其九十七》第四聯："古稀谁道爲高寿，纔向義皇一觉眠。"但與之前的直接化用原句、一字不改有所不同的是，這一次馮克寬作了微小的改動，替換了其中一個意象。詩歌原文爲"古稀谁道爲高寿，纔向義皇一觉眠"。而馮克寬則將"義皇"改成了"思南""思南"，《漢語大詞典》及其他辭書皆未收，但我們可從"義皇"一詞得到些許啟發。義皇，即伏義氏。《文選·揚〈劇秦美新〉》："厥有云者，上罔显於義皇。"李善注："伏義爲三皇，故曰義皇。"[3][頁 12709]因此可知與"義皇"相對的"思南"亦爲名詞，且意義與"義皇"相近。伏義是中國傳統帝皇的象徵，作爲使臣的馮克寬"向義皇而眠"的確不合常理，又加之彼時他身在異響，必思念故土家邦，考明朝萬曆年間越南之稱謂，爲"安南"。"安南"與"思南"僅差一字，因此疑"思南"爲"安南"。

　　以"思南"爲關鍵詞，我們在數據庫中找到了與"思南"相關的詩句（思南作名詞），共兩首，分別爲明·金大车的《送汪汝玉守思南》和明·顾璘的《送祝时泰守思南》。從這兩首詩的標題中，我們不難發現，"思南"應該是個地名，作動詞"守"的賓語，這一點與我們的猜測不謀而合。進一步查閱其詩文，《送汪汝玉守思南》中有"中原万余里，後會是何年"的詩句，表明作者送的對象要去的目的地離中原很遠，到了不知何日再相會的程度，且與其相比照的地域爲"中原"，則表示彼處應是番邦國家，否則不成其爲"中原"。在另一首《送祝时泰守思南》中，則提到"朱轓南去领提封，清代蛮荒聖澤浓"，"朱轓"即"车乘兩旁之红色障泥"，後常以"朱轓"代指"貴顯者之车乘"，表明"祝时泰"所去之地雖是"蠻荒之地"但却因身在"清代"（意爲"清明的朝代"）而"聖澤浓"，暗示此蠻荒之地與明朝政府的關係應是朝貢與被朝貢的依附關係，且此去方位是"南去"。另有一句"云轉舟车通万里，烟含城郭拥千峰"表明此行舟車勞頓，路途遙遠。且金大车、顾璘同爲同時代詩人，兩人還有師承關係。以上種種，表明所去之地是地處南方的蠻荒番邦之國，且與明朝是朝貢關係，皆可表明"思南"即爲"安南"。

　　如此，"𮣠"可確定爲"思"字。而"𮣠"之爲"思"，當與草書有關。思，《說文·思部》："容也。从心囟聲。凡思之屬皆从思。"[6][頁 506]字書未載此種寫法，但查閱相關資料，"思"有一草體作"⿰"，文天祥亦有一"思"之草體作"⿰"，可見"思"之"心"底可草寫成"一"，且"思"之意符"田"的草寫與"留"之部件"田"的寫法類似，大大加快了書寫速度的同時也大幅度地改變了"思"的字形面貌。而"⿰"亦在"⿰"的上方及兩旁加點，是因爲"思"有一異體作"⿰"，上部分的兩點應是部件"⿰"的簡化，而旁邊的兩點則是飾筆。

五、"⿰"字考

"⿰"字出現的詩句共 3 處，如下：

（1）⿰從何處舒高眼，笑把浮名挂挂丁。——（《梅嶺》頁 133.3）

（2）汲汲要償詩社債，區區⿰辦酒車錢。——（《梅嶺》頁 140.1）

（3）欲釣無錢買釣舟，⿰耕無劍買耕牛。——（《梅嶺》頁 151.1）

按：觀察這三句詩，我們發現第三句詩文對仗相對工整，因此從第三句尋找突破口。考慮"⿰"爲"欲"字，將"⿰"字帶入其他詩句發現不僅語義通順，而且詞性一致，"欲"與"笑"相對，"要"與"欲"相對。因此"⿰"爲"欲"字的可能性較大。

另外，將詩句進行搜索我們發現這一句詩化用自明·李孔修的《貧居自述·其一〇一》第一聯原句："欲釣無錢買釣舟，與耕無錢買耕牛。"由此幾乎可確定"⿰"之正字爲"欲"。

欲，《説文·欠部》："欲，食欲也。从欠，谷聲。"段玉裁注："从欠者，取慕液之意；从古者，取虛受之意。"[6][頁415]徐灝注箋："从欠，非'慕液'也。人心所欲，皆感於物而動，故从欠。欠者，气也。欠之義引申爲欠少，欲之所由生也。"[34][卷8頁4]邵瑛羣經正字："此字經典本多不誤；然往往有作"慾"者……説文無'慾'字，統當作'欲'字爲正。"[5][頁2294]因此，"欲"爲形聲字，寫作中"欲"之作"⿰"者，蓋保留意符"欠"而以兩點代"谷"也。

前文中在提到"變異俗字"一節時，我們曾特別討論過這一兩點符號，它在馮克寬漢詩寫本中不僅能夠代替對稱性的部件，如"門""風""口"部件等，也能夠代替單邊構件，如"離"之"佳"部件等。因此，以兩點代替"谷"這一單邊部件亦是完全可能的。加之有李孔修的詩句作旁證，馮克寬又多直接化用李孔修詩文原句（僅一例略作修改，其餘詩句均未作絲毫修改而直接使用），因此"⿰"之爲"欲"字，當爲無誤。

"欲"之《詛楚文》作"⿰"[5][頁2294]，《説文》小篆作"⿰"[5][頁2294]，《睡虎地簡一二·四八》[5][頁2294]作"⿰"，"欲"之字形并無太大改變，"欲"之草書有作"⿰"者（王羲之），有作"⿰"者（張瑞圖），亦有作"⿰"

者（王獻之），并無看到寫本中作 " 𣎳 " 的寫法，可見這應該是一個富有越南特色的一個俗字。

參考文獻

［1］劉復、李家瑞：《宋元以來俗字譜》，中央研究院歷史語言研究所 1930 年版。

［2］焦竑：《俗書刊误》，載《四庫全書》，臺湾商務印書館 1983 年版。

［3］羅竹風：《漢語大詞典》，漢語大詞典出版社 1986—1993 年版。

［4］中國社會科學院语言研究所：《現代漢語詞典》，商務印書館 2012 年版。

［5］徐中舒：《漢語大字典》，湖北辭書出版社、四川辭書出版社 1986-1989 年版。

［6］许慎撰，段玉裁註：《説文解字註》，黎明文化事業公司 1988 年版。

［7］邢澍撰，劉世珩校勘：《金石文字變異》，載《聚學刊叢書》第一集，百亭書屋 1999 年版。

［8］秦公：《碑別字新編》，文物出版社 1985 年版。

［9］顧藹吉：《隸辨》，大孚書局 1982 年版。

［10］（梁）顾野王編，（宋）陳彭年等：《大广益會玉篇》，臺湾商務印書館藏。

［11］丁度：《集韵》，學海出版社 2011 年版。

［12］張自烈：《正字通》，國際文化出版公司 1996 年版。

［13］顏元孫：《干祿字書》，臺湾商務印書館 1942 年版。

［14］韓道昭、韓孝彥：《四聲篇海》，臺湾圖書館藏。

［15］《康熙字典》，中華書局 2004 年版。

［16］梅膺祚：《字彙》，臺湾圖書館藏。

［17］黃徵：《敦煌俗字典》，上海教育出版社 2005 年版。

［18］章黼撰，吳道長重訂：《重訂直音篇》，臺湾圖書館藏。

［19］李圃：《古文字诂林》，上海教育出版社 1999 年版。

［20］陳彭年等：《廣韻》，黎明文化事業公司 1999 年版。

［21］唐玄度：《新加九經字樣》，載《叢書集成新編本》，新文豐出版公司 1985 年版。

［22］王夢鷗：《漢簡文字類編》，藝文印書館 1974 年版。

［23］范韧庵：《中國隸書大字典》，上海書畫出版社 1991 年版。

［24］畢沅：《經典文字辯證書》，載《百部叢書集成》，臺湾藝文印書館 1965 年版。

［25］司馬光等：《類篇》，中華書局 1984 年版。

［26］鐵珊：《增廣字學舉隅》，天一出版社 1984 年版。

［27］顧雄藻：《字辨》，商務印書館 1949 年版。

［28］沈富進：《匯音寶鑒》，文藝書社 1954 年版。

［29］行均：《龍龕手鏡》，中華書局 1985 年版。

［30］吳任臣：《字彙補》，清康熙五年（1666）版。

漢字在域外的功能拓展

［中國］俞忠鑫 浙江大學

　　漢字是一種高度發展的文明的標志，有十分悠久的歷史。作爲漢文化的重要載體，同時又是漢文化的重要組成部分，很早就已經從中原地區傳播到周邊的少數民族地區，并且爲許多少數民族長期使用。在少數民族地區，漢字的功能得到了很大的拓展，産生了很多不同的少數民族文字。

　　在朝鮮、韓國、越南和日本等周邊國家，漢字的使用也有悠久的歷史。由於漢字不能直接記錄他們的民族語言，在長期使用漢字的過程中，他們各自拓展了漢字的功能，巧妙地創製了他們自己的民族文字。

　　現在的朝鮮和越南，已經完全廢除了漢字，只有韓國和日本還在繼續使用漢字，其中日本使用漢字的頻率，要比韓國高很多，而且對漢字功能的拓展，也是獨樹一幟。

　　日本是與我國隔海相望的鄰邦，自古以來就和我國有着密切的聯繫。日本和中國的文化交流開始得很早。在《山海經》中已經有關於"倭"的記載。《山海經·海内北經》："蓋國在鉅燕南，倭北。倭屬燕。"①《漢書·地理志下》："樂浪海中有倭人，分爲百餘國，以歲時來獻見云。"②從中國的文獻記載和日本的考古發現可以知道，至遲在公元前 1 世紀，漢字就從遼東和朝鮮傳到了日本。三國時期的魏國與倭國已經有表奏往來，説明日本已經有人掌握了漢語漢文。

　　日本長期以來一直用漢文作爲官方的書面語言，而對於絶大多數日本國民而言，漢語文畢竟是外來的語言和文字，漢語文不可能在全社會得到普及和應用。創製一種能够書寫日本語言的文字，逐漸成爲廣大下層社會的普遍要求。

　　日本古代有語言，没有文字。漢字傳入之後，在長期使用漢語漢字的過程中，逐漸發展到用漢字記錄他們的語言。有些漢字取義，有些漢字取音，有些音義兼取。如公元 596 年的《元興寺盤露銘》：

---

① 《山海經·海内北經》，上海古籍出版社 1986 年版，第 1376 頁。

② 《漢書·地理志》第三册，中華書局 1964 年版，第 1658 頁。

　　難波天皇之世辛亥年正月五日授塔露盤銘大和國天皇斯歸斯麻宮治天下名阿末久尒意斯波罗岐比里尒波於己……①

　　其中"斯歸斯麻"和"阿末久尒意斯波罗岐比里尒波於己"就是用漢字記錄日本語言的詞匯。

　　但是這樣的文體畢竟不便於使用，而且，哪些漢字是記錄漢語、哪些漢字是記錄日語，有時候會造成混淆。

　　爲了便於識別，於是有人就把記錄日語詞匯的漢字寫得筆劃少一點或者草一點，以志區別，如：

　　難波天皇之世辛亥年正月五日授塔露盤銘大和國天皇斯归斯麻宮治天下名阿末久尔意斯波罗岐比里尔波弥己……

　　他們把這些比較特殊的漢字稱爲"假名"，意思是臨時借用的文字。久而久之，筆劃少的漢字逐漸演變成片假名，草體的字逐漸演變成平假名。假名形成以後，就跟漢字合在一起使用，各司其責。

　　有一本日本古書，叫《朝鮮物語》。書名中"朝鮮"（ちょうせん）二字是音義兼用，"物語"（ものがたり）則是取音不取義。有趣的是它的書名各卷的不同寫法：②

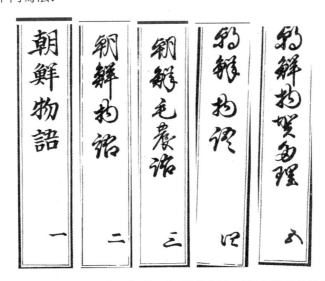

　　第一、第二、第四這三卷，都是"朝鮮物語"。第三卷叫"朝鮮毛農語"，第五卷叫"朝鮮物賀多理"。"毛農"即もの，"賀多理"即がたり。

　　日本古代詩歌集《萬葉集》原文全部用漢字寫成。其中有一些漢字，

---

①《國語史要說》，日本修文館出版株式會社平成三年，第9頁。

②《朝鮮物語》，昭和四十五年京都大學文學部限量版各卷首頁。

只記錄漢字的讀音而不涉及漢字的字義。如第一首：①

　　[原文] 籠毛與　美籠母乳　布久思毛與　美夫君志持　此岳爾　菜采須兒　家告閑　名告紗根　虛見津　山迹乃國者　押奈戸手　吾許曾居師吉名倍手　吾己曾座　我許背齒　告目　家呼毛名雄母

　　[訓讀] 籠<ruby>こ</ruby>もよ　<ruby>みこも</ruby>御籠持ち　<ruby>ふくし</ruby>堀串もよ　<ruby>みぶくしも</ruby>御堀串持ち　此岡に<ruby>このをか</ruby>
菜摘ます兒<ruby>なつ</ruby>　家告らせ<ruby>いへの</ruby>　名告らさね<ruby>なの</ruby>　虛空見つ<ruby>そらみ</ruby>　大和國は<ruby>やまとのくに</ruby>
押并べて<ruby>おしな</ruby>　我<ruby>われ</ruby>

こそ居れ<ruby>を</ruby>　敷并べて<ruby>しきな</ruby>　我こそ座せ<ruby>われ</ruby><ruby>いま</ruby>　我こそば<ruby>われ</ruby>　告らめ<ruby>の</ruby>
家をも名をも<ruby>いへ</ruby><ruby>な</ruby>

　　[漢譯] 美哉此提籃，盈盈持左手；美哉此泥鋤，輕輕持右手。爾是誰家女，摘菜來高阜？爾名又若何，爾能告我否？大和好山川，向我齊俯首。全國眾臣民，聽命隨我走。爾家與爾名，爾能告我否？

　　其中“毛、與、母、乳、布、久、思、夫、毛、與、君、志、爾、須、閑、紗、根、津、山、迹、乃、奈、戸、手、許、曾、師、吉、名、倍、手、己、曾、座、許、背、齒、目、呼、毛、雄、母”等字，只取讀音，不管字義。由於這些最早都出現在《萬葉集》，就稱爲萬葉假名。

　　日本的人名、地名裏有不少是萬葉假名。如地名的“奈良、富士”，人名的“安倍、真由美”等等。書名“朝鮮物語”中的“物語、毛農語、物賀多理”也是萬葉假名。

　　日本人使用漢字，有所謂音讀和訓讀。《萬葉集》第一首的“布久思毛與”是音讀，“虛見津”是訓讀。“朝鮮（ちょうせん）”是音讀，“物語（ものがたり）”是訓讀。

　　在日本，漢字的功能得到了極大的拓展。日本人還利用漢字的造字理據，創造了許多專門記錄日語詞的漢字，稱爲“國字”，如峠、凧、畑、腺等。而“腺”字又被中國人長期使用，現在已經成爲常用漢字，收錄在前幾年公佈的《通用規範漢字表》的一級字表 3500 字當中。

　　漢字傳入朝鮮，最早可以追溯到戰國時期。在流入朝鮮的戰國錢幣上，刻有漢字銘文。朝鮮考古出土的銅鐘、銅鏡、封泥、碑刻、印章、木簡、

____

① 《新校萬葉集》，日本創元社昭和四十九年版，第 1 頁。

漆盤等大量文物的銘文，都用漢字書寫。

從漢朝末年朝鮮開始用漢語進行教育起，一直到 1910 年朝鮮被日本并吞時止，漢文一直是朝鮮官方的書面語言。但是在朝鮮民間，文字的使用情況有所不同。由於漢字是用來記寫漢語的，不可能直接記錄朝鮮的語言。於是他們就用假借的方法，利用漢字的音義來標記朝鮮語言，稱爲"吏讀"，也叫"吏道""吏吐""吏頭"等。廣義的"吏讀"還包括"吏札""鄉札"和"口訣"。

"口訣"實際上就是表示語法意義的附加成分。"口訣"主要用於讀漢文，在漢文的句讀、段落之間插入一些表示語法關係的附加成分。那些語法成分的符號跟日文的片假名很相似，作用跟返點相近。

下面是金相大《口訣文의研究》引用韓國古籍《大明律直解》的一段話①。把"口訣文"中的口訣移除，剩下的文字就是"漢文"。

(漢文) 凡奴奸良人婦女者 加凡奸罪一等 良人奸他人婢者 減一等 奴婢相奸者 以凡奸論

(吏讀文) 凡奴子亦(가) 良人矣(의) 婦女乙(를) 犯姦爲在之良(하거든랑) 凡姦罪良中(에) 加一等齊(하고) 良人亦(이) 他矣(의) 婢子乙(를) 行姦爲在乙良(하거든랑) 減一等齊(하고) 奴婢亦(가) 相姦爲在乙良(하거든랑) 凡姦例以(로) 論爲乎事(할일)

(口訣文) 凡奴奸良人婦女者 ア(면) 加凡奸罪一等 ソロ(하고) 良人奸他人婢者 ア(면) 減一等 ソロ(하고) 奴婢相奸者 ア(면) 以凡奸論 ソ 수(하라)

廣義的"吏讀"，包括借用漢字的音義來記錄朝鮮語言的一切形式。如音讀、訓讀、音訓結合，另外還有少量的做造字等等。音讀字多用於人名地名以及表示語法意義的附加成分。如"赫居世"（人名）、"徐那伐"（國名）、"阿斯達"（地名）、"太豆"（牛腎）等。韓國人使用漢字，現在基本上只用音讀，不用訓讀。但是在古代，韓國人也曾經使用漢字的訓讀。訓讀字主要用來記錄朝鮮語中的固有詞，如"水"讀作믈，"世"讀作누리，"游行"讀作노니（《龍飛御天歌》第五十二章）②等等。

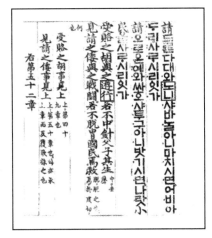

---

① 金相大：《口訣文의研究》，韓國翰信文化社 1993 年版，第 9 頁。

② 《龍飛御天歌》，韓國萬曆四十年內賜五臺山本，第 16 頁前後。

跟日本人一樣，韓國人也創造了許多記錄自己語言的詞匯的漢字，他們稱爲"韓國固有漢字"。如乭、畓、鯿、涏、朶、昆等。這些"韓國固有漢字"，在有些書中也稱爲"國字"。跟日本的"國字"一樣，它們通常都不是一字一音。

在韓國古代，也曾經使用過類似於日本萬葉假名的漢字。左圖是韓國古籍《牛馬羊猪染疫病治療方》[①]的一段。"汝古里古其"的每一個漢字都是音讀，即너고릭고기，"너고릭"即"水獺"，"고기"即"肉"。而"汝古里叱同"即너고릭똥，"汝古里"是"水獺"，"똥"是"糞便"的意思，現代韓國語寫作똥。不過，這種"韓國的萬葉假名"在韓國古籍中并不多見。

現代的日文裏，漢字的音讀、訓讀并用，而在現代的韓國語裏，漢字就只用音讀，不再使用訓讀，更不用"汝古里古其"這樣的"音假名"。

幾乎跟漢朝同時建立的南越國，一直使用漢字，跟北方的漢朝完全一樣。到公元968年正式脫離中國獨立建國，已經是五代末期了。在長期使用漢字記錄越南語言的過程中，逐漸產生了專爲記錄越南語言的"喃字"，也叫"字喃"。有關喃字的最早史料是11世紀李代1076年的雲板鐘銘文。起初，喃字常用來記錄人名、地名，後來逐漸普及，進入國家的文化生活。14世紀胡朝、18世紀西山朝年間，出現了在行政文書中用喃字的傾向。

喃字是一種孳乳仿造的漢字型文字，大致借用漢字十分之七八，補充喃字十分之二三。借用的漢字方法有：1. 借詞，形音義全借；2. 音讀，借音改義；3. 訓讀，借義改音；其他。新造喃字的方法有：1. 造會意字；2. 造形聲字；3. 其他。如：

巴（ba¹，三） 㐮（tram²，百） 㙥（con，子） 㳥（rung，落）

---

① 《牛馬羊猪染疫病治療方》，韓國萬曆六年内賜本，第1頁前。

薛（nAm^1，年）　逬（$choi^4$，游）
㳠（$đên^2$，至）　瓲（nam^1，五）丕（$trai^2$，天）　唻（lai^2，話語）

　　喃字結構複雜，難學難認，而且寫法因人而異。如"薛"也可以寫作"軬"，"㠪"也可以寫作"圯"等等。它本身的缺陷没能得到有效的剋服，就難以發展成爲全民族的通用文字。喃字是一種民間文字，在過去，越南的正式文字是漢字文言。除了短暫的時期曾經提升爲正式文字、與漢字文言并用以外，喃字并不用於官方文件。現存的喃字讀物一千多種，多爲民間的文學作品。左圖的《征婦吟曲》共有 408 列，左圖只用 18 列作爲示意。譯成漢文，大意是：

　　天地風塵，紅顏多屯。悠悠彼蒼誰造因？

　　鼓鼙聲動長安月，烽火影照甘泉雲。

　　九重按劍起當席，半夜飛檄傳將軍。

　　清平三百年天下，從此戎衣屬武臣。使星天門催曉發，行人重法輕離別。

　　弓箭兮在腰，妻孥兮別袂。獵獵旌旗兮出塞愁，喧喧簫鼓兮辭家怨。

　　有怨兮分攜，有愁兮契闊。良人二十吳門豪，投筆硯兮事弓刀。[1]

　　應該説，喃字是漢字在越南的另外一種形式的功能拓展。

　　越南在 1882 年廢除漢字，改用 17 世紀由西方傳教士創製的拼音文字，一直沿用至今。

　　其實，運用漢字只取音不取義的方法，最早是中國人自己在翻譯佛經時使用的。如《般若波羅蜜多心經》[2]（唐三藏法師玄奘譯）：

　　觀自在菩薩，行深般若波羅蜜多時，照見五蘊皆空，度一切苦厄。舍利子，色不異空，空不異色，色即是空，空即是色。受想行識，亦復如是。舍利子，是諸法空相，不生不滅，不垢不淨，不增不減。是故空中無色、无受想行識、無眼耳鼻舌身意、无色聲香味觸法，无眼界、乃至無意識界、无無明、亦无無明盡，乃至无老死、亦無老死盡，無苦集滅道，無智亦无得。以無所得故，菩提薩埵依般若波羅蜜多，故心無罣㝵。无罣㝵，故無

---

①　《征婦吟曲》，日本大學書林昭和五十九年版，第 182 頁。

②　《高麗大藏經》，線裝書局 2004 年版，第 10 册，第 139 頁。

有恐怖，遠離顛倒夢想，

究竟涅槃。三世諸佛依般若波羅蜜多，故得阿耨多羅三藐三菩提。故知般若波羅蜜多是大神咒，是大明咒，是無上咒，是無等等咒，能除一切苦，真實不虛，故説般若波羅蜜多咒。即説咒曰：揭帝，揭帝，波羅揭帝，波羅僧揭帝，菩提僧莎訶 T。此咒句梵文本作：gate gate pāragate pārasaṃ—gate bodhi svāhā.

其中"觀自在"是意譯，"菩薩"是音譯。"般若波羅蜜多""舍利子"等等是音譯，"照見五蘊皆空""度一切苦厄"意譯等。但是有些漢字究竟是音譯還是意譯，有時候會使讀者産生誤解。如"三世"的"三"就不會是音譯，但是"三藐三菩提"的"三"就不是意譯，而是音譯。"三藐三菩提"是梵語 samyak—sambodhim 的音譯，并没有"二藐二菩提"。還有，"波羅僧揭帝"的"僧"也是音譯，并不是指"和尚"，也没有"波羅尼揭帝"，對應的梵文是 pārasaṃ—gate。"僧"是 saṃ 的音譯。唐沙門智慧輪譯的《般若波羅蜜多心經》中，這一句就譯作"播 TP 囉散 T 誐 T 帝"。把 saṃ 譯作"散"就不會引起誤解。

日本、韓國和越南三個國家，都曾經使用過漢字，而且對漢字功能的拓展有着很大的貢獻。現在，越南和朝鮮已經不再使用漢字，但是他們的語言中，漢語詞所佔的比例幾乎有一半左右。韓國和日本至今仍然使用漢字，但是韓國語裏的漢字詞都是音讀，不用訓讀。只有在日本語裏，漢字既有音讀，也有訓讀，日本人對漢字功能的拓展，功不可没。

參考文獻

[1]《山海經》，上海古籍出版社 1986 年版。

[2]《漢書》，中華書局 1964 年版。

[3]《國語史要説》，日本修文館出版株式會社，平成 3 年版。

[4]《朝鮮物語》，昭和 45 年京都大學文學部限量版。

[5]《新校萬葉集》，日本創元社昭和 49 年版。

[6] 金相大：《口訣文의研究》，韓國翰信文化社 1993 年版。

[7]《龍飛御天歌》，韓國萬曆 40 年内賜五台山本。

[8]《牛馬羊猪染疫病治療方》，韓國萬曆 6 年内賜本。

[9]《征婦吟曲》，日本大學書林昭和 59 年版。

[10]《高麗大藏經》，線裝書局 2004 年版。

[11] 王鋒：《從漢字到漢字系文字——漢字文化圈文字研究》，民族出版社 2003 年版。

[12]《中國民族古文字研究》，中國社會科學出版社 1984 年版。

東亞漢文小説寫本研究例説*

［中國］王曉平　天津師範大學

　　東亞漢文小説誕生於寫本時代，也就是説，最初的漢文小説都是以寫本流傳的，寫本是最古老的漢文載體，今天我們看到的古代漢文小説，無不是依據當年的寫本經後人整理而形成的。以刊本流傳的 20 世紀前的東亞漢文小説，僅是成篇漢文小説中很小的一部分，更多的小説寫本還没有經過現代處理；前近代雕版或活板印刷的漢文小説，也與今天看到的統一印刷體文字的本子很不相同，更多地保存着寫本時代的遺迹。在整理古代漢文小説時，不能不研究古代寫本的體制、文字現象和流傳特點，而這些都離不開對寫本這一特殊文本形式的研究。

一、東亞漢文小説的寫本視角

　　日本最早的漢文小説，可以追溯到《懷風藻》《萬葉集》中漢詩和歌前小序中的人物傳和各類風土記中的神話傳説，韓國則可以追溯到《三國遺事》之前，追溯到《東文選》所載假傳體小説産生之前，越南也相當早。有一些短篇作品，分散在作者的文集中，還没有彙集起來。東亞漢文小説，作者來自不同民族，時間跨度長達千年以上，内容包括史傳、神怪、筆記、笑話等各種類型，文體既有文言，也有白話，以短篇爲主，亦不乏長篇，寫作目的也不盡相同。流傳至今的版本，或許不及作者創作之萬一。

　　漢文小説寫本散佚者衆而存留者少，除了傳統評價體系重詩文而輕小説，小説處於邊緣地位之外，還與有些作者的寫作意圖有關。早稻田大學藏《花間笑語》寫本有作者三村其原的序言説："余成童學文辭，苦記事之難焉，耳目所接隨筆之者三十年於今矣。頃者偶探籠，累累數百十紙，積暑稍退。燈火可親，乃擇其涉乎戲謔者，整頓次第之，以示幼學弄筆者矣。本非有意於編輯，始不擇於新奇與陳腐。其必有掩目發欠者。蓋事無今夕，而耳目有生熟。昔日之新，即今日之陳；今日之奇，即來日之腐。"三村其

＊ 本文爲國家社科基金重大項目 "東亞漢文小説文獻整理與研究"（13&ZD113）階段成果。

原將隨筆記錄見聞的敘事文字，抄寫下來，准備作爲幼學練筆的參考，似乎并非有意作小説刊行銷售。

誠然，也有一些作者選取歷史或當時發生的重大事件，編爲戲作，在印刷興盛之後，自然也有應書商之約而創作的。不論是哪種情況，都是在中國小説類型的框架之下講述本民族故事的嘗試，即便是將背景放在中國，或者將中國故事置於本民族語境，也都是兩種語言、文化交匯的産物，即便是同樣使用漢字，其中也包藴着相當豐富的民族性因素。如果不以是否刊行論高下，我們就會對寫本中的文化資源采取更爲開放的態度。

在那些没有刊行過的寫本中，包含許多漢文化與各本土文化交流的資料。從神話傳説、唐宋傳奇，到明清白話小説在域外的傳播，在這些寫本中都有清晰的投射。早稻田大學圖書館藏《忠臣庫演義》寫本采用白話章回體小説體，描述了元禄年間震驚日本的四十七赤穗義士復仇故事，其最後的第十回結尾如下："嗚呼哀哉！衆人看他力彌，喝彩不已。必竟這夥英雄千苦萬難，報了冤仇，剿滅了奸惡之徒，盡忠竭義。天下人民無不感傷，直教名標千古，聲播萬年，從此天下太平，國家安寧。正是：人死留名，虎死留皮。"作者模仿着説書人的口吻，與室鳩巢《義穂義士傳》的史傳筆調大不相同，預想讀者實爲熟悉明清白話小説的中國人。作者很可能是江戶末期或明治初年人。

對於東亞漢文小説寫本，考訂作者與撰寫年代，在辨僞、編年和釋讀工作的基礎上，進行内容與物質性的詳盡描述，正是寫本研究的任務。

圖 ·日本早稻田大學藏寫本《忠臣藏演義》

寫本書寫與閱讀是一個流動過程。寫本反映了不同民族、不同時期、不同個體的漢文書寫與閱讀方式與習慣，更具體一點説，至少反映了抄寫者閱讀漢文小説的方式與習慣。韓國寫本《崔陟傳》用"＜"來句讀，置於兩字右側的間隙，其作用相當於句讀號"、"。在有些俗字或字迹不甚清晰的字的旁邊，有別樣字體書寫的正字，或寫得清楚的字。這恐怕是後來的閱讀者所加。如《崔陟傳》："此等何時，而敢求婚娶乎？君父蒙塵，越在草莽，臣子當枕戈之不暇，而汝未及有室内之年，滅賊而圖婚亦不晩也。""莽"字右側書一"莽"字。不過，所加的字未必與原字一致，有時反而成了異文。更多的寫本或刻本，并没有標點和斷句，這就要求閱讀者具有相當豐富的漢語閱讀經驗。從漢文小説的用語和文筆來看，作者顯然多數是受到漢唐經史教育的文章之士，而讀者的主體也是他們或與之關係密切的人，即便到了印刷文化相對發達的近世，其讀者面也不會很寬。

在版本取代寫本之後，作者與出版者也不忘給寫本留一個空間，那就是作者或作者請人撰寫的序言。這些序言的墨蹟，或出於撰寫者之手，或出於其書法上乘的友人之手。這些墨蹟的存在，既是書商行銷的一個手段，也反映了作者對寫本的眷戀。他們都相信，比起刻工的筆迹，這些手澤文墨更能體現作者的個性，拉近其與讀者的心理距離。就是在印刷興盛的前近代，那時的刻本文字，也不同於鉛字排版書籍的整齊劃一，所保留的寫本文字因素會更多些。如果今天整理的底本是寫本，那就需要充分瞭解寫本的文字特點，切實將其當作寫本來看待，而那些根據寫本整理的刻本，在校勘過程中，有時也需要考慮其原來從寫本到刻本的變革中是否有忽略寫本特點的情況存在。反過來説，東亞漢文小説整理工作，可以與寫本文獻研究相輔相成。

潘伯鷹先生在《中國書法簡論》一書中説："欣賞者在塵封的叢殘的無首尾的幾行墨蹟中能够發現歷史上的許多書家，在一般觀者心中以爲是死了的，原來仍是活生生的！"寫本既是文學遺產，也是書法遺產。世世代代傳存下來的漢文小説寫本，爲古代東亞文化交流留痕存檔，珍視本國傳統文化的人們，不會摒棄這一份可貴的文化資源，它們的價值不會因時世的推移而消失在後人的文化記憶中。

二、解決釋讀中的難點與疑點

寫本中的一切文字，包括後加上去的眉批、批註、評點，都是寫本文字研究的對象。解決所有文字的釋讀問題，自然成爲寫本研究的重點。漢文小説中有些簡筆字，多在下層知識份子中流行，僅用於日常生活而不登大雅之堂，經師不睬，官方不認，字書無載。小説中還會出現一些由這些簡筆字引起的誤書，更使文意變得撲朔迷離，單純依靠字書有時難以讀通。這些疑難字既是整理漢文小説時繞不開的，也是研究漢字的異國演進不宜忽視的材料。

　　以下從各國各地近年出版的漢文小説整理著作中，摘取若干疑點，利用寫本學的原理和知識，試圖尋求解决的途徑。舉證的本意，并非指出整理中的瑕疵，而是在於探索寫本學視點對於整理工作的實踐意義。

　　1. 寠《日本漢文笑話叢編》（二）載《青眠餘言》批註：“下水之女，以夜望之寠隔之間，眉目如畫，温柔消魂，然而非花子之子，則亡隸之女，不疾癘風，必患梅瘡。如以心火照之，則莫不没趣，何必齒落，而後爲奇哉？”①

　　“寠”，窗也。窗，日本漢字作“窓”，亦作“窻”，而“惠”日本漢字作“惠”。原寫本字本當作“窻”。“以夜望之寠隔之間”當作“以夜望之，窗隔之間”，即隔着窗戶，夜晚往遠處看。窗，亦有窻、囱、牎、囧等寫法。

　　2. 結上書（二）《青眠餘言》第 40 則：“或謂友人曰：‘我有一種奇草，葉間結人，至數十口之人也，不食五穀，意者其吸風飲露與。’友人謂：‘此必神人。’因與其人偕行，其人道至後園，指示之，友人視之，則南瓜也。大怒曰：‘此果實耳！子何欺人？’其人曰：‘此亦果實耶！我誤以爲曇摩和尚也。’”②

　　按：“結”，結。日本寫本中“告”“吉”多相亂。太宰春臺《倭楷正訛》：“結，結：右從吉凶之吉。”③就是糾正俗寫將“結”誤作“結”。“葉見結人”，就是説在葉子裏結出了人。這是笑話中的愚人將南瓜説成是葉子裏結出的人。有眉批作：“達摩面壁九年，學無心。南瓜生而無心，均之無心，其人誤認，不亦宜乎？”明治時代刊本《本朝虞初新志》卷下“觀不知火記”末尾欄上評點：“一結杳然，曲盡歌歇，見天青水碧耳。”④“結”，結也，這是稱揚文章的結尾精彩。這是明治時代刊本殘存寫本文字影響的實例。

　　對寫本中殘損文字，經常需要根據文意與殘留的點點畫畫，作些補字工作。不論是刊本正文，或者欄上的評點，在文字磨滅的情況下，恢復原貌也需要寫本補字的經驗。上述《本朝虞初新志·浮島記》欄上有評點：“與前囗囗棣花相映帶，囗囗極致”，根據缺字殘存的筆劃，以及前篇的内容，可以補齊所缺文字，原文當爲“與前文棠棣花相映帶，文情極致。”⑤

---

　　① 王三慶主編：《日本漢文笑話叢編》（二），臺北樂學書局 2014 年版，第 113 頁。

　　② 王三慶主編：《日本漢文笑話叢編》（二），臺北樂學書局 2014 年版，第 115 頁。

　　③ 太宰春台：《倭楷正訛》，大阪河内屋儀助 1766 年版，第 4 頁。

　　④ 池澤一郎、宮崎修多、德田武、ロバートキャンベル校注：《漢文小説集》，汲古書院 2005 年版，第 422 頁。

　　⑤ 池澤一郎、宮崎修多、德田武、ロバートキャンベル校注：《漢文小説集》，汲古書院 2005 年版，第 423 頁。

3．眴《本朝虞初新志·臙脂虎傳》："一日值吉藏於途，同車詣於庫車逆旅。凡竹氏爲命酒饌，與吉藏同飲。吉藏淵醉困臥。男傳眴其睡熟，徑引剃刀，剔其咽喉。"① "眴"，《漢文小説集》注："眴之誤刻。眴，左右環視之意。"②

按：眴，有看；眨眼；目轉動示意；驚貌等意，均不甚符文意。疑 "眴" 爲 "眮" 字之訛。《説文·目部》："眮，吴楚謂瞋目顧視曰眮。"清龔自珍《乙丙之際箸議第九》："夫悖且悍，且眊然眮然以思世之一便己，才不可問矣，曏之倫愍有辭矣。"日本寫本中 "向""同" 多相混。"男傳眴其睡熟"云云，是説男傳瞪眼四顧，看吉藏一個人爛醉熟睡就下了毒手。

4．欉《譚海·佛國演戲》："僕曰：'奴昨見業欉者，竊約以一千金。三日夜可以達鄰境矣。諸公速去。奴請留烏刺西密與瑪幾斯先逸。'"③《漢文小説集》注："底本作 '欉'，依意改作 '攛'，趕出，放逐。西伯利亞或有以援助抑留者逃脱爲業的人。"④

按：此説無確證。"欉"，"輦"的增筆字。《日本漢文小説叢刊》亦作 "攛"。"以欉爲業"，"以輦爲業"，即以運送爲業。《龍龕手鏡·車部》："輦，力展反。輿也。人挽車也。又姓。"因 "人挽車" 之意而增 "扌"，"扌""木" 相混而爲 "欉"，仍爲車之意。

5．搜《情天比翼緣》第四回："柳翠郎得香玉的答簡，和昆山拾玉、瑤池得桃一般，或靠着窗端，或徘徊庭上，算漏刻，搜指端。"⑤《漢文小説集》改 "搜" 爲 "僂（かがめ）"。注："屈指數時刻。'僂' 底本作 '搜'"⑥

按："搜"，核算。搜算，搜賬。不必改 "搜" 爲 "僂"。

漢文小説表現社會生活與精神生活的方方面面，用字類別繁多，而求書寫快捷美觀的傾向，又使字形多變。在各國漢文小説中，都有一些俗字不見於現存 "俗字譜""異體字典" 之類的字書中。以韓國爲例，《韓國俗

---

① 池澤一郎、宮崎修多、德田武、ロバートキャンベル校注：《漢文小説集》，汲古書院 2005 年版，第 429 頁。

② 池澤一郎、宮崎修多、德田武、ロバートキャンベル校注：《漢文小説集》，汲古書院 2005 年版，第 92 頁。

③ 池澤一郎、宮崎修多、德田武、ロバートキャンベル校注：《漢文小説集》，汲古書院 2005 年版，第 444 頁。

④ 池澤一郎、宮崎修多、德田武、ロバートキャンベル校注：《漢文小説集》，汲古書院 2005 年版，第 132 頁。

⑤ 池澤一郎、宮崎修多、德田武、ロバートキャンベル校注：《漢文小説集》，汲古書院 2005 年版，第 469 頁。

⑥ 池澤一郎、宮崎修多、德田武、ロバートキャンベル校注：《漢文小説集》，汲古書院 2005 年版，第 203 頁。

字譜》收錄的俗字多來源於韓國筆記小說，但仍有很多漢文小說中出現的俗字沒有收入該書。整理這些小說時常常碰到俗字問題。反過來說，通過這些小說的整理所積累的資料，可以編纂一部更爲完備的《韓國俗字譜》。

下以金起東主編《筆寫本古典小説全集》卷三所載寫本爲底本（以下簡稱《筆寫》本），討論幾個整理本中的不同釋讀。其中包括金起東編《漢文小說選》（以下簡稱《小説選》本）①、林明德《韓國漢文小說全集》（以下簡稱林本）②、朴熙秉標點校釋《韓國漢文小説校合句解》（以下簡稱《校合句解》本）③等。例句引文後括弧所標爲《筆寫》本一書的頁碼。

6. 悰《崔陟傳》："陟獨倚蓬窗，感念身世，即出裝中洞簫，吹介面曲一首，以舒胸中哀怨之氣，時海天悰色，雲煙變態，舟中驚起，莫不愀然。"（183 頁）

按："悰"，《小説選》本、林本作"探"，於意不穩。《校合句解》本作"慘"，是。寫本中"多"作"木"，如醳作"醭"、戮作"戕"。早稻田大學圖書館藏《漢譯竹取物語》第 3 頁："開琪席，藉華筵，陳銀盤，旅肥鮮，傾金釭，酌醇醭，張盛宴，設百戲樂，盡高山流水霓裳羽衣之曲。""酌醇醭"，酌醇醪，飲美酒也。此"悰"乃"慘"之俗寫。"悰色"，慘，通黲，昏暗。"慘色"，變得昏暗。這裏說聽到崔陟的洞簫聲，天地變色，舟人震驚。

7. 恫《崔陟傳》："春生張目見之，喉中作語，曰："郎君！郎君！主家皆爲賊兵所掠而去，吾負阿釋，不能趨走，賊引兵斫殺而去。吾僵僕即死，半日而蘇，不知背上之兒生死去留。'言訖而氣盡，不復生矣。陟搥胸頓足，恫絕而僕。"（179 頁）

按："搥胸"，《小説選》本作"扣胸"，誤。"恫"，《小説選》本、林本與《校合句解》本皆作"憫"。憫有憂傷、憂愁；憐恤，哀憐意，但於此處，不足以見崔陟之慟。"恫"，恫，哀痛。《詩・大雅・思齊》："神罔時怨，神罔時恫。"《毛傳》："恫，痛也。"漢張衡《思玄賦》："尚前良之遺風兮，恫後辰之無極。""恫絕"，極度悲痛。

8. 傍《崔陟傳》："陟大慟，無念獨全，將欲自裁。被傍人救止，傍江頭，而去吾所之。還尋得路，三晝夜，至其家。頹垣破瓦，餘燼未息，積骸成丘，無地著足。"（179 頁）

按："傍"，林本作"得"。"被得人救止"，於意不穩。校合句解本作"傍"，可從。《筆寫》本"傍"字右側有後人所添書"踐"，林本或據此釋讀作"踐"，

---

① 金起東編：《漢文小説選》，大提閣 1979 年版，第 165-176 頁。

② 林明德主編：《韓國漢文小説全集》（第三卷），韓國國學資料院 1999 年版，第 269-282 頁。

③ 朴熙秉標點校釋：《韓國漢文小説校合句解》，韓國昭明出版 2005 年版，第 421-451 頁。

“踽〻”作“踐踐”，文意不明。“踽〻”，《校合句解》本作“踽踽”，是。“踽”爲“踽”之草書而增一點。踽踽，獨行貌。《詩・唐風・杕杜》：“獨行踽踽”。《毛傳》：“踽踽，無所親也。”

9．藐少《崔陟傳》：“玉英謬曰：‘我本藐少男子，弱骨多病，在本國不能服役丁壯之事，只以裁縫炊飯爲業，餘事固不能也。’”（182 頁）

按：“藐少”，小説選本、林本作“貌少”，校合句解本作“藐少”。案：寫本中“少”“小”多相亂。“少”乃“小”字之訛。“藐少”，當作“藐小”。藐小，微小。

在整理東亞漢文小説時，寫本的眼光是不可或缺的。對於寫本文字，宜切實將其作爲寫本文字來處理。如《日本漢文笑話叢編・青眼餘言》第 3 則眉批“人情皆然，㑑不出諸口耳”，“㑑”，但也。寫本中“且”“旦”相混。録作“但”可也。同書《譯准笑話》第 37 則：“有一稚兒，以屐爲枕；一夕索之，莫有。婦曲肱而枕之。”編者注：“原作‘肬’，據文意當作‘肱’”。[①]考寫本“厷”部件與“尤”不分，“肬”亦“肱”之俗字。則“曲肬”，即“曲肱”也。

三、東亞漢文小説寫本俗字的“兩多一合”

東亞漢文小説寫本中存在數目可觀的俗字，漢語俗字通例普遍適用於對這些俗字的分析。

10．姤《九雲夢》“倩女冠鄭府遇知音，老司徒進幫得快婿”：“夫人詔小姐乳母錢姤謂之曰：‘今日道君誕日，汝持香燭，往紫清觀，傳與杜煉師，兼以衣緞茶果，致吾戀戀不忘之意’錢姤領命乘小轎至道觀。”“錢姤停轎而立，側聽頗久”[②]。“錢姤”，林本作“錢坧”[③]。

案：“姤”，“嫗”的俗字。“嫗”作“姤”，如“驅”可作“馸”，“軀”亦作“躯”。

東亞漢文小説寫本多用楷書，有些雜用一些草體字，也個別雜用古字，但純用草書抄寫的很少見到，這反映了漢字書法在域外傳播的一般狀況。如果用一句話來概括其俗字特點德話，那就是“兩多一合”，即簡筆字多，位移字多，偶有合字。

簡筆字與位移字較多，是漢文小説俗字的顯著特點，這都與書寫者與閲讀者的身份有關，儘管小説具有通俗文學的特點，但也只有誦讀過詩書

① 王三慶主編：《日本漢文笑話叢編》（二），臺北樂學書局 2014 年版，第 239 頁。

② 《古本小説集成》編委會編：《九雲夢》，上海古籍出版社 1994 年版，第 65-66 頁。

③ 林明德主編：《韓國漢文小説全集》（三卷），韓國國學資料院 1999 年版，第 350 頁。

的人才能成爲作者和讀者，是他們消遣的閱讀材料，這在域外更是如此。使用簡省字，爲的是減少書寫與閱讀的時間成本，一字之省尚嫌不足，將其擴展到常用詞合寫成一字，就産生了合文。而位移字的使用則更多出於書寫順手與美觀的考慮。

簡筆字，或稱省文，亦稱略字，是解讀東亞漢文小説時最常遇見的俗字類型。簡筆字最重要的優點是節約書寫的時間成本，而最容易感受到這種必要的，無非是速記與長篇著述。日本根據聽課記録整理的所謂"抄物"中的速記體和經學校勘的所謂"正本"，都可以看到不少這樣筆書極少的字。這些簡筆字的寫法在通俗書中也經常使用。如"大納言"作"大糸言"，"中將"作"中刂"，"應永"作"応永"，"元和"作"元禾"，"五穀"作"五壳"，"论语"作"仑吾"，"凤凰"作"几几"，"嵯峨"作"山山"，"納言"作"糸言"，反切之"反"作"ヘ"，亦作"乙"。其中多夾半字。

韓國也有一些特色簡筆字。如"發"作"尒"，"廢"作"庎"，如只寫偏旁或只寫聲符者，可以説是省筆的極致。它們對字砍枝剝條，去葉除花，只給它們留下光禿禿的主幹。

同一漢字，常見簡筆方式或有不同。同一漢字或有多個俗字，以下僅舉漢文小説中所見筆劃最簡者，相同者不列。如嚴，日作"厶"，取"嚴"的俗字"嚴"首個部件，韓作"吅"，取"嚴"字上部。國，日作玉，韓作"囯"；氣，日作"気"，韓作"氕"；圖，日作圖，亦作"図"，韓作"僉"；樂，日作"柔"，韓作"爭"；陰，日作"阩"，韓作"陰"，亦作"隂"；獨，日作"犸"，韓作"狪"；實，日作"実"，韓作"寀"，亦作"宲"；寂，日作"宋"，亦作"家"、"宬"，韓作"宋"；靈，日作"亚"，韓作"灵"；畢，日作"旱"，亦作"尋"，韓作"甼"；深，日作"深"，韓作"罙"；禍，日作"衶"，韓作"秋"；鼎，日作"斳"，亦作"鼎"，韓作"昇"；堂，日作"坒"，韓作"仝"；賢，日作"夌"，亦作"夆"，韓作"夂"；儒，日作"儚"，亦作"仟"，韓作"仪"；堅，日作"堅"，韓作"坒"；暮，日作"暮"，韓作"合"；譽，日作"誉"，韓作"룺"："賞"，日作"賞"，韓作"买"；髮，日作"髮"，韓作"髮"；畫，日作"亘"，韓作"亜"；廣，日作"広"，韓作"庋"；鳴，日作"鳴"，韓作"唄"；雁，日作"厰"，韓作"鴈"，娘，日作"娌"，韓作"妷"；肉，日作"肉"，韓作"肉"；帶，日作"帯"，韓作"帝"；插，日作"挿"，韓作"抻"；幾，日作"戈"，韓作"彴"。這些不同的簡筆字，都以最大限度地精簡筆書爲目標，其共同的特點是不在乎本字各部件原有的音形關係，即只問"今生"，不顧"前世"。恰與日本改編中國的《西游記》等古典小説相似，不顧距離"原作"多遠，一味順應本地口味。在漢字思維的靈活性與整體性給予的空間，不同民族、不同時期的書寫者展

現了自己的想像力與審美趣味。

　　面對東亞漢文小説漢字同中有異、異中有同的整體狀況，我們不妨將它們放在一起，在比較中分析省文與合文等文字現象。在總結共性的同時，來解決釋讀中的具體問題。除標注外，以下仍以《筆寫本》第三卷中的句例，略加分析。

　　11. 𢁨《崔陟傳》：“母親爲我擇婿，心欲求富，其情則憾矣。第惟家富而婿賢，則何幸；而如或雖足食，婿其不賢，則難保其家𢁨。”（173 頁）“適有宋佑者，號鶴傳，家在杭州湧金門内，博通經史，不謝功名，以著書爲𢁨。”（182 頁）“陟娶婦之後，所求如意，𢁨稍足，而常患繼嗣之尚遲。”（177 頁）

　　按：“𢁨”，業也。這是將“業”的上下兩部分都符號化的一個草書楷化字。“𢁨”字不見於《韓國俗字譜》。日本略字作“业”。

　　12. 𠆏《崔陟傳》：“陟載妻與沈氏歸於其家，入門而𠆏隸歡悅，上堂而親戚稱賀，慶溢一家，舉洽四鄰。”（176 頁）“淑既得孫兒，與沈氏遞負而歸，收集奴𠆏，經紀家事。”

　　按：“僕”之俗字或者作“儌”，故簡化作“𠆏”。“𠆏”字不見於《韓國俗字譜》。日本亦俗作“儌”。

　　13. 𢏚《崔陟傳》：“頓於愛玉英機警，唯恐見逋，給以善衣𢏚食，慰安其心。”（273 頁）

　　按：“𢏚”，美也。草書楷化。“𢏚”字，《韓國俗字譜》未收。日本假名作“み”，亦取其略字草體。

　　14. 𠁣《崔陟傳》：“此等何時，而敢求婚娶乎？𠁣父蒙塵，越在草叢，臣子當枕戈之不暇，而汝未及有室内之年，滅賊而圖婚亦不晚也。”（175 頁）

　　按：“𠁣”，君也。草體字，且以“丶”代“口”。此寫法亦見於日本寫本。

　　15. 卟《崔陟傳》：“賊去，行乞村閭，轉入燕谷寺，卟僧房間有孫兒啼哭之聲。”（180 頁）“但卟日本舟中念佛之聲，聲甚悽惋。”（183 頁）

　　按：“卟”，聞也。草體楷化。草體作“𢁦”。“卟”字，《韓國俗字譜》失收。日本有作“畨”“聦”“聞”“閗”者。

　　16. 𡰪《崔陟傳》：“𡰪伸盈靈，天道之常理；吉凶悔吝，人事之當然。”（178 頁）

　　按：“𡰪”，屈也。以“ノ”省代部件“尸”。“𡰪”字《韓國俗字譜》失收。

　　17. 嘈《三韓拾遺》：“或爲射工，含沙吹影，或爲蚊虻，嘈人肌膚，或爲蟊賊，蝕苗傷稼。”（132 頁）

　　按：“嘈”，嘈也。《莊子・天運》：“蚊虻嘈膚，則通昔不寐矣。”郭慶藩疏："蚊虻嘬膚，膚痛則徹宵不睡，是以外物雖微，爲害必巨。""嘬"字《韓國俗字譜》失收。

18.㭉《筆寫本古典小説全集》卷一所收《六美堂記》："顧今裴丞相之富貴㭉勢當朝第一，姊氏君乘少傅之出外，退金家之婚，與裴家結婚，則少傅可還，富貴可得，此非兩得其美乎。"（337頁）"今裴家㭉勢雖若可畏，以小女視之，猶冰山耳。若太陽一照，煥然自頹矣。"（338頁）"文賢爲當朝㭉凶所捏，竄逐荒徼，宥還無期。"（361頁）

按："㭉"，權也。"㭉"字《韓國俗字譜》失收。日本略字"權"作"权"，作"権"亦作"才"。

19.卆日本早稻田圖書館藏《漢譯竹取物語》寫本："卆人中有以好色聞者五人，惓惓盡心，旦暮彷徨。"

按：卆，衆也。

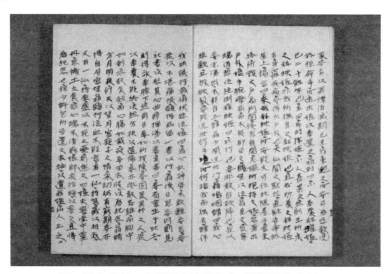

圖二日本早稻田大學圖書館藏寫本《漢譯竹取物語》

20.焉成島柳北《柳橋新志》："昔靜軒翁著《繁昌記》，當時幕吏怒其誹謗之語，繫翁於獄，焚其書，鳴其罪，竟逐之。世笑其吏局量偏隘，而翁之書猶行於今焉。""而君子不罪，官吏不咎，君子不怒，小人不怨，爭而讀之，以博聞見，以知警戒焉。"[1]

按：焉，焉也。韓國漢文小説中亦多此字形。

21.焉《漢譯竹取物語》："不論男女，招鄉鄰，大聲歡飲豪游焉。"（3頁）

---

[1]　日野龍夫校注：《江戶繁昌記　柳橋新志》，岩波書店1996年版，第568頁。

按：⿱丆爲，焉也。可視爲“⿱丆爲”的二次簡筆。韓國漢文小説中亦多此字形。

22．毁《漢譯竹取物語》：“皇子憤恚，使人要途以楚撻之，體軀毁傷，流血而逃散。”（17 頁）“中納言大嘉其畫策，於是使盡毁棧，人皆歸館。（30 頁）

按：毁，毀也。以“丷”省代“臼”部件。亦作“毀”“毀”。韓國漢文小説尚作“毀”“毁”。

所謂位移字，也就是變换結構的字。在東亞漢文小説寫本中，有不少看來“面生”，實爲位移字。

23．⿱習言讗《譯准笑話》：“婢子饒舌⿱習言讗，人至輒輟業，便便農觜不已。鄰婦問閑過從，婢進説時令，曆敘俗節，聒絮蟬連，祝福不耐煩，遂假寐。乃寤，不見客。問之，婢曰：‘方端午立幟縛糉之類，既已去矣。”[①]

案：“⿱習言”，“謵”的位移字。謵，《康熙字典》：“《玉篇》他盍切。《廣韻》吐盍切。《集韻》讬盍切，并音榻。《類篇》謵讗，多言也。”“⿱習言讗”，謵讗，多話。這是一個婢女多話的故事。同一類型的位移字，如護作“⿱蒦言”等。

24．娵《崔陟傳》：“此等何時，而敢求婚娵乎？君父蒙塵，越在草莽，臣子當枕戈之不暇，而汝未及有室内之年，滅賊而圖婚亦不晚也。”（175 頁）

按：“婚娵”，婚娶。

25．暯《玉麟夢》：“薛生欲詳問，則蒼黄出門而去。薛生大加疑訝，如是之際，日色向暯，一人始來。”[②]

按：暯，暮也。“日色向暮”，天要黑了。

位移字是在不改變原字部件的前提下，對各部件的相對位置加以調整，以適應其在字行中的地位。現分類舉例説明。其中有些屬於古字，這裏暫不區分，僅從位置不同的意義上，將其也列爲位移字。

變横爲豎（變横向結構爲縱向結構）：

如“謝”作“⿱射言”，“曄”作“曅”，“梅”作“⿱每木”，“松”作“枩”，“柳”作“⿱卯木”，“枝”作“⿱支木”，“桃”作“⿱兆木”，“樹”作“⿱尌木”，“極”作“⿱亟木”，“海”作“⿱每水”，“酒”作“⿱酉水”，“浴”作“⿱谷水”，“峰”作“峯”，“烽”作“⿱夆火”，“蚊”作“蚉”，“虻”作“⿱亡虫”，“塚”作“⿱冢土”，“幻”作“⿰幺𠃌”，“幼”作“⿰幺力”，“謨”作“謩”，“鵝”作“鵞”，“鳩”作“⿱九鳥”，“燧”作“⿱遂火”，“憐”作“⿱粦心”，“憚”作“⿱單心”，“稿”作“稾”，“詞”作“⿱司言”，“慟”作“⿱動心”，“蛤”作“⿱合虫”，“鍬”

① 王三慶主編：《日本漢文笑話叢編》（二），臺灣樂學書局 2014 年版，第 238 頁。

② 金起東編：《筆寫本古典小説全集》（四），首爾亞細亞文化社，第 73 頁。

作"鏊","魂"作"覔","概"作"槩","慚"作"慙","胸"作"臅","町"作"甼"等。

變豎爲橫（變縱向結構爲橫向結構）：

如"晃"作"晄","界"作"畍","盲"作"眊","舅"作"朖","堡"作"坲","嶺"作"嵿","羈"作"翱","壅"作"壈","贅"作"瞰","懇"作"懇","坙"（塵）作"坋","愍"作"憗","壼"作"壷","巌"作"巘","幕"作"幙",亦作"慔","駕"作"馭"等。還有換形而後位移的，如"駕"作"駑"，再作"鴽"。

左右對換（左右結構互換）：

如"蘇"作"蘓","秋"作"秌","姓"作"牪","鄰"作"隣","和"作"咊","鵝"作"鵤","綿"作"緜","甥"作"牲","愁"作"惁","夥"作"夥","飄"作"飀","朔"作"朋"等。

上下對換，如"嶽"作"嶽"。

由外入內（將外部部件移至一部件內）：

如"岱"作"岻","貸"作"貣","袋"作"岱",亦作"岻",等。

由內出外（將內部部件移至部件外）；

如"國"作"旺",等。

所謂合文，亦稱合字，就是兩字合寫成一字的字，所以也就是一般讀的時候要一字讀作兩音的字。佛書中這樣的字最多，敦煌寫本中有"丗"（菩薩）、"菩"（菩提）、"卌"（涅槃）、"乞"（某乙）、"廿"（二十）、"卅"（三十）、"卌"（四十）、"營"（營田）等合文①。這些合文，一般是兩字各取一個部件拼在一起構成，可以説是"拼字"。日本的合文，大致可以分三種。

一種來自佛書。如"釋迦"一詞，由於"釋"一般用同音的"尺"來代替，與"迦"字去偏旁的"加"合二而一，就寫作"舀"。"灌頂"一詞，各取其偏旁，就合寫作"汀"了。這一類字有："菩薩"作"丗","菩提"作"菩","釋迦"作"舀","涅槃"作"卌","我等"作"㝵","和尚"作"歪","毗登"作"豎","金剛"作"介","瓔珞"作"珪","瑠璃"亦作"珪","薩埵"作"荆",亦作"苲","灌頂"省文作"㝵",合文作"汀","華嚴"作"芸"。"聲聞"作"㐱","讀誦"作"喜","聞書"作"闇","佛頂"作"㑏","林泉"作"槑","栖","醍醐"作"酉酉","煩惱"作"兇","華臺"作"荃"。

第二類合文，是日本本土產生的漢語詞彙。如"麻呂（まる）"作"麿","室生（むろう）"作"宀","采女（うねめ）"作"㛮","久米（くめ）"作

---
① 張涌泉：《漢語俗字研究》，商務印書館 2010 年版，第 117-121 頁。

"柔"，亦作"欶"，"日下"（くさか）作"杲"，"忌寸（いみき）"作"尋"，
"贔贔（ひいき）"作"贔"。

第三類是近代以來產生的合文。"權利"作"杊"，"電氣"作"氚"，"電
車"作"軕"，亦作"軞"。其中"權利"的合字，是取"權"字的偏旁加"利"
字的日語讀音"り"的片假名"リ"而形成的，可謂音義結合型。意思爲
算帳的"勘定"作"賑"。"貝"字日語讀作"kai"，"長"讀作"tyou"，與
"勘定"的讀音"kantyou"相近，故將"勘定"寫成"賑"。

在東亞漢文小説中，這些合字也偶有出現。日本平安時代大江匡房《狐
媚記》："明年，除書任圖書助，主人依造禦願寺，不滿卅夜，有避方忌之行
幸。"①卅，即四十之合文。

從 20 世紀 80 年代《越南漢文小説叢刊》刊行，陳慶浩、王三慶等
學者提倡對漢字文化圈的漢文學進行整體研究以來，中外關注漢文學研
究的學者越來越多。這種"一眼看四方"（中、日、韓朝、越）的思路，
有助於擴大漢字文化研究的眼界，擴展思路。對於漢字研究來説，也是
一種擴容與升級。潘伯鷹先生在《中國書法簡論》中説："一個字譬如一
個戰士，一個戰士固然要威猛矯健。一篇字則譬如一支部隊。一支部隊
則必須陣容嚴整，旗幟飛揚。"如果説寫一個字是練一個兵，那麼寫一篇
字就是布一個陣了。在我們爲寫本釋讀解決難題的同時，也在爲漢字數
據庫建設清點資源；在我們解讀寫本內容的時候，也在欣賞書家的書寫
藝術，而這正是寫本研究的樂趣。注重字形和筆勢的分析，緊扣文體和
文意，提高釋讀的准確性，減少誤讀誤釋，這正是東亞漢文小説整理中
所需要的寫本意識。

---

① 塙保己一編纂:《群書類從》第九輯，平文社 1992 年版，第 319 頁。

《新撰字鏡・序》校釋*

［中國］張　磊　浙江師範大學
［中國］吳美富　浙江師範大學

　　《新撰字鏡》十二卷，是日本昌泰年間（898—901）釋昌住編撰的一部漢文字書。其書序言介紹了寫作的緣由、過程以及當時俗字盛行的一些情況，對研究此書的重要性不言而喻。但由於輾轉傳抄，此篇序言已經訛誤百出。筆者在《〈新撰字鏡〉研究》中曾説："本篇序文錯訛甚多，楊守敬《日本訪書志》在《新撰字鏡・序》末尾亦云：'序文佶屈難通曉，僧徒文理本疏，又展轉傳鈔，遂不可讀，聊出之以俟善思者。'"[①]故不可不校。前人對《新撰字鏡・序》做過不少研究，如青木孝（1961）[②]，湯淺幸孫（1982）[③]，林忠鵬（2005）[④]，高橋忠彥、高橋久子（2006）[⑤]，大槻信、小林雄一、森下真衣（2013）[⑥]等，都對《序》進行了不少的校勘或研究，取得了很多成果，但仍有不少問題没有解決。

　　《新撰字鏡》的版本主要有現存最早最完整的抄本天治本，本文校釋即據以爲底本[⑦]，其他參校本有群書類從本[⑧]、享和本、大東急本[⑨]、石橋本[⑩]、

---

　　* 本文爲國家社科基金項目"《新撰字鏡》與古寫本辭書比較研究"（14CYY027）階段成果。

① 張磊：《〈新撰字鏡〉研究》，中國社會科學出版社 2012 年版，第 318 頁。

② 青木孝：《新撰字鏡（序）》，載《國語國文學研究史大成十五 國語學》，三省堂 1961 年版。

③ 湯淺幸孫：《新撰字鏡序跋校釋》，載《國語國文》51（7），1982 年，第 1-21 頁。

④ 林忠鵬：《〈新撰字鏡〉的成書过程及其語言史意義》，《日本學論壇》2005 年第 1 期，第 33-37 頁。

⑤ 高橋忠彥、高橋久子：《日本の古辭書 序文・跋文を読む》，大修館書店 2006 年版。

⑥ 大槻信、小林雄一、森下真衣：《新撰字鏡序文と法琳別伝》，載《國語國文》82（1），2013 年，第 34-48 頁。該文發現并比對了《新撰字鏡序》和《法琳別傳》的關係，調查了日本現存《法琳別傳》古寫本的情況，但未發現敦煌文獻 P.2481v 實爲李懷琳的《法琳別傳序》。

⑦ 吳立民主編：《佛藏輯要》第 33 册，巴蜀書社 1993 年版。

⑧ 塙保己一：《群書類從》第 497 卷（雜部第 52）。書影見 http://dl.ndl.go.jp/info:ndljp/pid/2580895。

⑨ 昌住著，古辭書叢刊刊行會編：《新撰字鏡（原裝影印版）》，大東急紀念文庫 1976 年版。

⑩ 天保六年石橋真國以享和本校之狩谷本、群書類從本。書影見 http://dl.ndl.go.jp/info:ndljp/pid/2533350。

狩谷棭齋的抄校本（下簡稱"狩谷本"，校語簡稱"狩谷校"）①、《新撰字鏡考異》（下簡稱《考異》）②、《新撰字鏡師説抄》（簡稱"《師説抄》"）等。除天治本之外的版本，主要是享和本和群書類從本，二本相差不大。林忠鵬説"《群書類從本》基本是和《享和本》屬同脉相傳"③，是有一定道理的。其他諸本多是其衍生本，但也偶有異同。

以下就一句或幾句加以校釋，原文加粗顯示，【校釋】以下爲筆者校釋，"（　）"内表示當作之字，"[　]"内表示補字，"張校"皆引自《〈新撰字鏡〉研究》第318—320頁。序言第一段本自唐李懷琳爲彦琮《唐護法沙門法琳別傳》所作的序（即《琳法師別傳序》，下稱"《琳序》"），今據以校勘。《琳序》今《高麗藏》本有收錄，此外敦煌文獻 P.2481v 也有《琳序》（下簡稱"敦煌本"），但與《高麗藏》本有不少文字差異，故錄此二種，以資比勘（括號内爲 P.2481v 的異文及筆者的按語）：

> 詳夫（"詳夫"二字作"聞"）太極元氣之初，三光尚匿（并耀）。木皇火帝之後，八卦爰興。是知仁義漸開，假（澤）龍圖而起字。道德云（玄）廢，因鳥迹以成書。所以左（右）史記言，夏商（禹）備（被）於誥誓（詰撫，當作誥誓）。右（左）史記事，唐虞流於典謨（共謀，當作典謨）。暨乃史遷綴史記之文，班固嗣班彪之作。英雄（髦）高士，耆舊逸人。傳記之興，其來尚（久）矣。

二者異文可能是由於不同版本系統所致，《新撰字鏡・序》所據很明顯是《高麗藏》本《琳序》，今以《高麗藏》本爲主要參考，敦煌本亦有不凡的價值，故以下參互校之。

詳夫大極元氣之初，三光尚匿；

【校釋】詳夫，群書類從本、享和本皆作"倩以夫"，敦煌本作"聞"，皆句首發語詞，義近可通。《文心雕龍・誄碑》："詳夫誄之爲制，蓋選言錄行，傳體而頌文，榮始而哀終。"《文心雕龍・雜文》："詳夫漢來雜文，名號多品。"《大唐西域記・序》："詳夫天竺之爲國也，其來尚矣。"《大唐西域記》卷二："詳夫天竺之稱，異議糾紛。""詳夫"二字冠於句首，佛經中尚有多例，當是魏晉以來一常用語也。又與"原夫"義近，"原夫"爲"探求本源"，則"詳夫"蓋是"詳細追述"之義。"倩以夫"或"倩以"，中國典籍未見，林忠鵬説"作爲日本的漢文有用'倩以'的例子，從文邁（按，當作脉）上也比較通順"。筆者在《續群書類從》第 28 輯下《長弁私案抄》

---

① 書影見 http://mahoroba.lib.nara-wu.ac.jp/y05/html/675/l/p001.html。

② 此爲享和本所附《考異》。

③ 林忠鵬：《〈新撰字鏡〉的成書过程及其語言史意義》，《日本學論壇》2005 年第 1 期，第 34 頁。

發現一例，"倩以夫般若之惠日高照而耀無明煩惱之迷暗"①，"倩以夫"似不誤。

又"大"同"太"。"匱"，《高麗藏》本《琳序》同；各本作"遥"，誤。"匚"旁"辶"旁俗寫形近相混，且二者草書寫法相近，如"匱"字草書有"𨑏"（趙構）、"𨖉"（《字匯》）②等形，"遥"字草書有"𨖳"（唐·歐陽詢）、"𨖲"（元·鮮於樞）③等形，故易相訛也。"尚匱"敦煌本作"并耀"，語義相反，此講"元氣之初"，疑當用"尚匱"。《爾雅·釋詁下》："匱，微也。"《國語·周語中》："武不可覿，文不可匱。"韋昭注："匱，隱也。""三光"者，日、月、星也。"太極元氣之初，三光尚匱"，謂天地開闢之時，混沌不明。

木皇火帝之後，八卦爰興。

【校釋】木，群書類從本、享和本等訛作"水"、"未"（狩谷本）、"朱"（《考異》一作），皆形近而誤。木皇，伏羲；火帝，炎帝也。

是知仁義漸開，假龍圖而起文；

【校釋】假，敦煌本作"澤"，此字與下"因"對文，則"假"字當是，"澤"疑是"假"的草書之誤。又"文"《琳序》作"字"，下句"字"字《琳序》作"書"，蓋本書序專講文字，故易字如此。龍圖，即河圖。《易·繫辭傳》："河出圖，洛出書，聖人則之。"相傳伏羲因河圖洛書而作八卦。希麟《續一切經音義·序》："蓋聞殘純樸而薄道德，仁義漸開。廢結繩而定蓍龜，文字乃作。"與此義近。

道德云廢，因鳥迹以成字焉。

【校釋】云，敦煌本作"玄"，疑"玄"字是。《廣韻·先韻》："玄，幽遠也。"《莊子·天地》"玄古之君天下"，成玄英疏："玄，遠也。""遠"與"久"義近。《廣韻·宕韻》："曠，遠也，久也。"《廣韻·陽韻》："長，久也，遠也。"《詩·小雅·鴛鴦》："君子萬年，宜其遐福。"鄭玄箋："遐，遠也，遠猶久也。"故二義可通。此"玄"與上"漸"對文，訓"久"正合。《廣雅·釋詁一》："云，遠也。"王念孫疏證："《爾雅》：'仍孫之子爲雲孫。'雲孫，遠孫也。雲、云古同字。説者以爲輕遠如浮雲，則於義迂矣。"④王氏此説亦不够有力，且無直接書證，其説恐誤，疑此"云"亦是"玄"字

---

① 花光坊長弁：《私案抄》，載太田藤四郎《統群書類從》第 28 輯下，卷第 833，統群書類從完成會，1926 年，第 126 頁。書影見 https://books.google.co.jp/books?id=1n-H02U2uOoC&printsec=frontcover&hl=ja#v=onepage&q&f=false。

② 洪鈞陶：《草字編》，文物出版社 1984 年版，第 142 頁。

③ 李志賢等：《中國草書大字典》，上海書畫出版社 1994 年版，第 1170-1171 頁。

④ 王念孫：《廣雅疏證》，中華書局 1983 年版，第 13 頁 a。

之誤。《文選・張衡〈東京賦〉》"睿哲玄覽"、《文選・陸機〈演連珠〉》"器淺而應玄"，李善注并引《廣雅》"玄，遠也"。

因鳥迹以成字，即古代"倉頡造字"的傳説。許慎《説文解字・叙》："黄帝之史倉頡，見鳥獸蹏迒之迹，知分理之可相别異也，初造書契。"下文"倉頡見鳥迹以作字"同。

然則曁如倉頡見鳥迹以作字，史遷綴史記之文從。

【校釋】《琳序》作"曁乃史遷綴史記之文，班固嗣班彪之作"，此則因講文字之起源，故引倉頡造字，而史遷班固皆作文，其質一也。但上文已講"因鳥迹以成字"，此略重複。

先有"字"，繼之有"文"，故"史記之文"後加"從"字。"從"字各本及各前賢論文皆屬下讀（除群書類從本無句讀），皆不太符合語言習慣。《琳序》無此字，或是衍文。"曁如倉頡見鳥迹以作字"，《考異》與狩谷校皆以爲是"後人傍書"，但本序無"班固嗣班彪之作"，則似有意爲之，當非傍書誤入也。

英雄高士，耆舊逸民，文字傳來（興），其興（來）尚矣。

【校釋】雄，敦煌本作"髦"，皆指俊才。耆舊，年高德重者。逸民，遁世隱居者。民，《琳序》作"人"，或是因爲避唐太宗李世民諱。尚，敦煌本作"久"，義同。《吕氏春秋・古樂》："故樂之所由來者尚矣，非獨爲一世之所造。"高誘注："尚，久也。"

後句《琳序》作"傳記之興，其來尚（久）矣。"此則因講文字而改作"文字傳興"。又"興""來"二字顛倒。上舉《大唐西域記・序》："詳夫天竺之爲國也，其來尚矣。"《史記・曆書第四》索隱述贊："曆數之興，其來尚矣。"皆云"其來尚矣"，例多不備舉，此當是二字誤倒。又，《琳序》此處或當改作"文字之興"，以"文字"易"傳記"方才通順。

如今愚僧生蓬艾門，難遇明師；長荆棘廬，弗識教誨。於是書疏閉於智臆，文字闇諸心神也。

【校釋】蓬艾、荆棘，皆雜草，喻貧窮簡陋也。各本作"於是瞻見書疏，閉於胸臆；尋讀文字，闇諸心神也"，二者似皆可。

況取筆思字，蒙然如居雲霧中；向昏認文，芒然如日月（冒）盆窺天。

【校釋】張校："蒙然，迷糊、蒙昧的樣子；'蒙'字享和本、群書類從本作'宛'，臆改不可取。'日月'蓋爲'冒'字誤分爲二，享和本、群書類從本作"日'一字，蓋臆删，不可取。此當取自'戴盆望天'之義。"

其中，"日月"二字，大東急本作"冐"，即"冒"的俗字。《玉篇・冃部》："冒，覆也。"《小爾雅・廣詁》："戴，覆也。"二字義同。蒙然、芒然，義同。昏，同紙。中，各本作"間"，義同。

搔首之間，歎懘之頃，僅求獲也《一切經音義》一帙廿五卷。雖每論字，音訓頗覺得；而於他文書，搜覓音訓，勿勿易迷，茫茫叵悟也。

【校釋】此段各本作"搔之間，歎懘之經，誦詁（享和本只存"言"旁，右闕）訓頗覺，而於他文書，搜覓音訓，勿勿迷□，□叵（享和本誤作區）悟也"，多有奪字，不如原文流暢。但觀原文，似亦有奪，惜無從是正。

《一切經音義》，此即唐釋玄應所撰《大唐衆經音義》，又稱《玄應音義》。勿勿、茫茫，皆昏昧貌。張校："勿勿，楊守敬引作'匆匆'，不妥。"此指《玄應音義》隨經文訓釋，雖訓釋頗得當而難於檢索也。

所以然者，多卷之上，不錄顯篇部；披閱之中，徒然晚日。

【校釋】難於檢索是因爲不按部首編排，翻閱之時徒費工夫。張校："晚日，使日晚，指耗費時光；楊守敬引作'玩日'，不妥。"

因爲俾易覺於管見，頗所鳩纂。諸字音訓，粗攸撰録。群文倭漢，文文弁部，字字搜篇。

【校釋】俾易覺於管見，使管見者亦易覺也。管見者，見識狹隘者。鳩纂，聚集編纂也。攸，所也，與上"所"字對文。倭漢，各本作"漢倭"。弁，各本作辨，張校："弁，同'辨'；楊守敬徑録作'辨'，不妥。"

《新撰字鏡》在一條目後有加萬葉假名，且《小學篇》等處列有國字，故稱"倭漢"或"漢倭"。全書按部首排列，分爲160部，故説"文文弁部，字字搜篇"。

以寬平四年夏，草案已畢（竟），號曰《新撰字鏡》，勒成一部，頗察泰然，分爲三軸。

【校釋】寬平四年，日本平安時代，即公元892年，狩谷校"當唐昭宗景福元年壬子"。夏，各本作"夏中"。張校："'竟'字原書本作'畢'，旁注'竟'字，兹從校。""畢""竟"同義，皆可。泰然，安然貌。此是《新撰字鏡》初稿三卷，據《玄應音義》寫成。

自爾以後，筆幹不捨，［尚隨見得，拾］集無輟。

【校釋】張校："幹，從事，做，'筆幹'猶'筆耕'；楊守敬引'幹'作'翰'，不妥。""捨"下各本作"尚隨見得，拾集無綴"，兹據校補。

因以昌泰年中問得《玉篇》及《切韻》，捃加私記，�（脱）泄之字，更增花麗。

【校釋】狩谷校"元年，當同帝（唐昭宗）光化元年戊午"。"昌泰"與"光化"，皆898—901年前後。問，各本作"間"，疑當作"問"。《新撰字鏡·門部》："問，訪也。""中間"語義稍覺繁複。捃，拾取也。私記，指私人記錄①。張校:"晚,享和本、群書類從本、楊守敬引均作'脱','晚'當是'脱'字之俗。"脱泄之字,蓋指《玄應音義》所無之字,由二書及私記補之,則《新撰字鏡》一書"更增花麗"。

亦復《小學篇》之字及《本草》之文,雖非字字(之)數[內],等閑撰入也。

【校釋】復,加也。二書見《〈新撰字鏡〉研究》的《小學篇》考證②與《本草》研究③。張校:"雖非字字數,享和本、群書類從本、楊守敬引均作'雖非字之數內',底本第二個'字'蓋爲'之'字之誤,'非字之數'指《小學篇》國字以及本草名稱這類原書未計入單字字頭數的部分。"今按,"之"蓋誤爲重文符,後誤回改爲"字"字也。疑當從各本補"內"字,字之數內,即計入單字字頭數也,"字"字當動詞解。等閑,《漢語大詞典訂補》有"時常;經常"義,引《敦煌變文集·父母恩重經講經文》:"日夜專憂分娩苦,等閑惆悵泪雙垂。"④即這些不計入字頭數的字,亦時常加以收錄。

調聲之美,勘附改張,乃成十二卷也。片數壹佰陸拾末在部字等,文數貳萬九百卅余字又《小學篇》字四百余字。

【校釋】調聲之美,蓋使音韻和諧,本書經常有對反切進行簡省,如"胡"省作"古"、"蒲"省作"甫"者,疑因二字日文音讀皆同,故隨意簡省。勘附改張,蓋指校勘及更改文字所屬部首等。片數,指 160 個部首。

張校:"末在部字等,'末在'指在最後,享和本、群書類從本、楊守敬引此句均作'末在臨時部等,不入數',疑有後人增字。"又"'四百余字'之後享和本、群書類從本、楊守敬引尚有'不入數'三字,疑後人所增。"

從此之外,連字并重點字等,不入於數。如是二章內字者,依煩不明音反音反者各見片部耳。

【校釋】"連字"及"重點字"等,在卷十二,多非單字,故不計入字數。此二部內之字,多已出現在所屬各部之下,所以多不再加反切,各字反切可於所屬部首下的字查找。"入",各本作"載",義同。

亦於字之中,或有東倭音訓,是諸書私記之字也。或有西漢音訓,是數疏字書之文也。

【校釋】東倭音訓,指萬葉假名,即用漢字表示日本的讀音。私記,見上。西漢音訓,與"東倭音訓"相對,指漢語的反切與訓釋。數疏字書,

---

① 張磊:《〈新撰字鏡〉研究》,第 3 頁。

② 張磊:《〈新撰字鏡〉研究》,第 3 頁。

③ 張磊:《〈新撰字鏡〉研究》,第 259-266 頁。

④ 漢語大詞典編纂處編:《漢語大詞典訂補》,上海辭書出版社 2010 年版,第 1016 頁。

指中國的一些注疏及字書，如《玄應音義》、《切韻》、《玉篇》等。

或有著平、上、去、入字，或有專不著等之字，大概此趣者，以數字書及私記等文集，混雜造者也。

【校釋】本書一些字有注聲調。專不著，疑當作"不專著"，蓋指日本國字之類，非專著於某一書也。趣，趣向，類別也。即以字書與私記混雜在一起記錄。

凡《孝經》云"文字多誤，博士頗以數（教）授"者，亦云"諸儒各任意"。

【校釋】張校"'云'疑爲'之'字之誤，楊守敬引作'古'，不妥。"今按，"云"字不誤。孔安國《古文孝經·序》："至漢興建元之初，河間王得而獻之，凡十八章，文字多誤，博士頗以教授。"又"故古文孝經，初出於孔氏，而今文十八章，諸儒各任意巧説，分爲數家之誼。"[1]實則出自孔安國《古文孝經·序》也（《古文孝經》日本現存有多種刻本、寫本），故前人多誤改。張校："'數'字享和本、群書類從本、楊守敬引均作'教'，兹從校。"群書類從本亦作"教"，《古文孝經·序》正作"教"，當改。

或以正之字論俗作，或以通之字論正作。加以字有三體之作，至讀有四音及巨多訓。

【校釋】或把"正字"當作"俗字"，或把"通行字"當作"正字"。三體，魏三體石經用古文、小篆和漢隸三體。四音，平上去入四聲也。張校："巨多，極多；下同。楊守敬引皆作'叵多'，臆改不可從。"下"論"字各本作"諍"，此二句形式相同，疑當從"論"。

或字有異形同字，崧嵩、流沠、巛坤、憐怜、叁三、予余、姦奸、咂哾、飜翻如是巨多，見《正名要録》。是等字雖異形，而至讀作及讀皆同也。或字有形相似，音訓各別也，專専、傳傅、崇崈、盂孟、軽軽如是巨多，見《正名要録》。如是等字，形相似而音訓各別也。

【校釋】張校："斯388號《正名要録》'字形雖別，音義是同，古而典者居上，今而要者居下'類：崧嵩；巛坤；沠流；翻飜；憐怜；叁三；予余；姦奸；咂哾。即《新撰字鏡》所本。"各本"至"下無"讀"，疑當從，此涉下"讀"字而衍。

或有字之片同，相見作別也。忄巾、王玉、壬［壬］、月肉、丹舟、角甬，如是等字，片者雖相似而皆別也。

【校釋】片，即部首。張校："《佩觿》卷中：'壬壬，上如林翻，下他

---

① 宮内庁書陵部収蔵漢籍集覽有日本永仁二年寫、日本元德二年寫（良賢）、鎌倉末寫等三種《古文孝經》。書影 http://db.sido.keio.ac.jp/kanseki/T_bib_line_2.php。

頂翻。'壬'、'壬'二字形近，兹據上下文補'壬'字。"忄巾"，各本作"十卜"，狩谷校"卜"爲"忄"，俗字"十忄"、"忄巾"皆相混，如"愽愽"、"慢幔"等，但以"忄巾"相混爲多，疑當從天治本。

或有字點相似而亦別也，馬、魚、爲等字從四點，焉、鳥、與此等字從一點，觀、舊等字從少，大略如是。

【校釋】張校："享和本、群書類從本'馬、魚、爲'之前尚有'相捫、侵（案，應作傻）慢等字也'數字，底本無。又斯388號《正名要録》'各依脚注'類：'馬魚四點。'此爲《新撰字鏡》所本。斯388號《正名要録》'各依脚注'類：'焉鳥一畫。'……斯388號《正名要録》'各依脚注'類：'觀舊不須卄。''不須卄'疑當作'不從卄'。'觀'左上部、'舊'上部本從'卄'，隸變又與卄旁相混。《新撰字鏡》此云'從少'之'少'，當爲'卄'之訛。"按，"傻慢"，形不至相混，疑是"幔慢"。狩谷本抄作"慢慢"，下"慢"字校云"漫歟？"石橋本原文作"傻慢"，在"馬魚爲"上，但發現是亂簡，故移到"或有字點"上，而後移之處作"慢慢"。前已講到"忄巾"相混，此即其例也，且與"相捫"正相對，俗字此二種皆易混也。"從少"是因"卄"旁與"隹"旁之撇劃連寫而相似。如"觀"作"觀""觀"[1]，"吅"旁寫作一横或兩點，不甚明顯，故可認作"從少"。"舊"作"舊""舊"[2]，下字見S.388《正名要録》，尤似"從少"。

至書人而文作者，皆謬錯也，至内悉見悟耳。雖然，[顓暗之意]，部文之内，精不搜認。

【校釋】以至於抄寫的人和作文的人皆有錯謬，而在文内一見就會明白了（指上所云俗字形近訛誤之事）。即使這樣，同一部首之内，難以字字准確。

内悉，各本作"片部"，皆可。"雖然"下各本有"顓暗之意"。認，各本作"辨"，似皆可。

若有等閑［可見］用也，後達者普加諧紏（糾），流布於後代，聊隨管神（視）所撰集字書，敢爲若（苦）學之輩述亂簡（幹），以序引耳。

【校釋】如果有平常可見的俗字，後來的通達者再三勘正，使本書流傳於後代，我便姑且管窺所見撰集，冒昧地爲苦學之人傳述亂記，所以作了這篇序罷了。

"用"上各本有"可見"，疑當從之。"用也"之"也"各本作"者"，二"者"字似不太連貫。"後"下群書類從本有"覺"，享和本有"覽"，作

---

① 黄徵：《敦煌俗字典》，上海教育出版社2005年版，第137頁。

② 黄徵：《敦煌俗字典》，上海教育出版社2005年版，第207頁。

"覺"是，不加亦可。

"神"，各本作"軸"，恐誤。石橋本批注"當作視"，《師説抄》亦云"當作視"，是也。管視，即"管窺"之意。《後漢書·王充王符仲長統傳贊》："管視好偏，群言難一。""神"字手寫習慣在"申"右下角加一點，如"神"①，草書這一寫法有"神"（唐李世民）、"祆"（元趙雍）②等，而"視"的草書寫法即簡體"视"所本，如"视"（晉王羲之）③，二形相似故訛誤也。"軸"字同理。

"軸"下各本有"而"字，無"字書"，"字書"二字不諧，疑衍。"若"，群書類從本作"苦"，疑是。"簡"，各本作"幹"，疑當作"幹"，與上"筆幹"義同。

參考文獻

[1] 張磊：《〈新撰字鏡〉研究》，中國社會科學出版社 2012 年版，第 318 頁。

[2] 湯淺幸孫：《新撰字鏡序跋校釋》，載《國語國文》51（7），1982 年。

[3] 大槻信，小林雄一，森下真衣：《新撰字鏡序文と法琳別伝》，載《國語國文》82（1），2013 年。

---

① 黃徵：《敦煌俗字典》，上海教育出版社 2005 年版，第 359 頁。

② 李志賢等：《中國草書大字典》，上海書畫出版社 1994 年版，第 874 頁。

③ 同上書，第 1217 頁。

日本古辭書與漢字變異研究[*]

——以觀智院本《類聚名義抄》爲例

［中國］方國平 杭州市市場監督管理局

　　漢文化東傳，對日本社會産生了深遠的影響，爲了學習漢文的需要，日本在積極引進漢文典籍的同時，對中國的辭書也格外關注，除了對中國傳統辭書進行傳抄之外，也結合了本民族自身特點，對中國辭書進行了改編創新，以方便日常的學習使用。在改編的過程中，一方面吸收了中國傳統辭書的內容，另一方面根據實際的用字情況，增添了一些字頭、讀音、義項，可以説日本對中國辭書的改編過程是一個再創造的過程。日本古辭書是開展漢字在日本的變異研究的重要材料，它可以爲我們探討中日漢字演變規律提供重要的線索，對中日漢字比較研究以及近代漢字研究也都有着十分重要的參考價值。

　　早期的《篆隸萬象名義》《新撰字鏡》等日本古辭書多以中國傳統的字書、韻書或佛經音義爲藍本，體現的是對漢文化的吸收、繼承。如《篆隸萬象名義》中雖然已經出現了假名（㸌，尹世反。合板除［際］也。或笘，ヘク、ヒュ），但這也是書中唯一的一處日文；《新撰字鏡》雖也用萬葉假名等標注了訓讀以及和音反切，但其主體仍然照搬是漢語辭書的內容加以整合而成的。而之後的《倭名類聚抄》、《類聚名義抄》（以下簡稱《名義抄》）、《色葉字類抄》等古辭書中的假名標注較之前的辭書有了大幅度的增加，體現了日本辭書編纂由漢語辭典向漢和辭典的轉變。《倭名類聚抄》按中國類書的方法以意義分類，而《名義抄》沿襲字書的做法按部分類，雖説是漢和辭典，但是漢語的成分仍然多一點。而後的《色葉字類抄》，內容上雖和《名義抄》有着諸多的相似，但是編排上却帶上了濃厚的日語色彩，它把日本漢字詞按和訓讀音"イロハ"順序加以編排。此後，日本辭書逐漸向着國語辭書的發展，內容上主要以和訓爲主，漢語注釋的內容大大減少，甚

　　* 本文爲何華珍主持的國家社科基金項目（12BYY069）、教育部人文社科項目（12YJA740020）、重大項目子課題（11＆ZD126）的階段成果。

至消失，如《字鏡》、《倭玉篇》、《節用集》等。

《名義抄》作爲日本古辭書轉型時期的重要代表，一般認爲是平安時代（794—1184 年）後期法相宗僧侶爲了學習佛典和經文的需要，匯總字典和佛經音義等書内容編纂而成的一部漢和辭典。原撰本《名義抄》，很好地吸收了《説文》《玉篇》《倭名類聚抄》《篆隸萬象名義》等中日傳統辭書的内容。同時，在改編的過程中又大量吸收《龍龕》《干祿字書》等字樣學著作的成果，保存了大量的異體字，并標明了俗字類型，對日本後世的辭書編撰産生了重要的影響，也是中日語言接觸研究的重要材料。

觀智院本《名義抄》是目前發現的唯一的足本，抄於鐮倉時代（1185—1333 年）初、中期，收字 32000 餘個，是日本收字最多的古辭書之一。體例上，它參照《玉篇》按漢字偏旁部首排列的方式，分爲 120 部，將異體字編排在一起，"於次第取相似者置鄰也"，并用"正""俗""通"等術語加以區別，全書分佛、法、僧三卷，故又稱《三寶名義抄》《三寶字類抄》《三寶類字集》《三寶名義類聚抄》等。内容編排上，一般先在字頭下用反切注音，然後釋義，最後列出假名訓讀。

從漢字傳承的角度而言，《名義抄》在繼承、使用漢字的過程中，大量吸收漢字的形、音、義，并加以擴散、利用，其中也包括了很多的歷代俗字，保留了不少可以與中國現存古辭書形成互補的文字資訊，甚至一些用來標注異體字類型的"正""俗""通"之類的概念也很好地保存了下來。在《名義抄》中我們發現了：俗，或作、或，古文、古，并正、正、同正，同，今作、今，又、又作，俗通，本，誤作，籀文，多作，亦、亦作，相承，通等，至少 15 個（組）用以標注異體字類型的術語。這些術語的存在既反映了日本對漢語俗字相容并蓄的態度，又爲我們探討漢字的演變提供了新材料。①

除了亦步亦趨地學習漢字外，爲了更好地提高書寫效率或適應自身的書寫習慣，日本方面也會有意地通過簡省筆書、符號代替、同音替代等簡省方式，對漢字形體加以改造、創新，進而形成了眾多獨具風格的變體俗字；同時，爲表達日本的特殊概念，也利用漢字部件，仿照傳統"六書"，創造了一批日本獨有的"國字"，并大量地運用到日常生活中。在辭書編纂過程中，也會相應地將這些創新或改造盡可能全面、詳盡地記錄起來，以符合實際的使用。將《名義抄》等日本古辭書與中國現存古辭書進行對比，

---

① 關於《名義抄》在近代漢語研究中的價值，此前筆者梳理出：爲既有争鳴提供新的線索、爲已有論斷補充新的材料、厘定字形的正俗對應關係、展示字形演變軌迹、祛除前人的疑惑、有助古籍校定、提升辭書編纂水准等七方面作用。（詳見《日本古辭書在近代漢字研究中的價值——以觀智院本〈類聚名義抄〉爲例》，《漢字文化》2010 年第 1 期，第 51-56 頁。）

考察兩者的不同之處，我們可以大致瞭解當時日本社會的語言風貌，也可以對漢字對外傳播過程中的變異有更多的認識。

一、文字的變異

日本古辭書雖然在某種程度上是對漢語辭書的一種模仿、翻版，但也有着自身鮮明的特點，其中最顯的一個特點就是它記錄了日本民族獨創的"國字"。《大漢和辭典》中不少所謂的"國字"在《名義抄》中都能找到蹤迹，如：俣、込、辻、軈、听、岾、枡、朳、樫、杣、悆、襷、褌、籾、匂、閊、蕢、苲、釻、硴、鞆、鴫、鵆、鳰、雈、鰯、鮏、鯐等。

雖然，"匀"寫成"匂"是中國早有的俗寫方式，"枡""籾"爲中日同形字，而"閊，俗澇字，力到反""苲，俗用之，音宅，草葉""釻，俗丸字，胡官反""雈崔，今正，苦角反，高至，又火沃反""鮏，音渠"之類的記載，則可對閊、苲、釻、雈、鮏等字的創字權問題提出質疑。這類"國字"在《名義抄》中雖然只占很少的份額，但反映出了日本在辭書編纂過程中開始對本民族語言文化日益重視，是日本古辭書轉型的一個重要特徵。

除了日本"國字"，《名義抄》還收錄了不少中國辭書失載的"佚存俗字"，包括相關的字形、讀音和釋義等佚存海外的漢語用法。中國部分文獻在時代變遷中逐漸湮佚，或者一些口語用法由於辭書編纂的滯後性而未能見諸文字，另有一些典籍在流傳的過程中又脫落了部分的內容，因此不少語言現象未能體現在現存文獻之中。而《名義抄》等日本古辭書在編纂過程中，引用了大量漢語典籍的內容，之後又作爲一個域外分支走上了獨立發展之路，其中就可能存在著中國佚失文獻的內容或現存文獻較早的版本資訊，中日古辭書之間的這種差異，也是我們應該格外關注的。

"佚存文字"，是日本學者笹原宏之先生仿照"佚存叢書"的叫法而提出的一個概念。它指的是某些漢字本來是中國製造，但在中國幾乎不使用，而且造字書證也已佚失，但由於這些文字早期傳入日本，相關概念在日本文獻中得以留存，此類文字被稱爲"佚存文字"。[①]在創字權的問題上，對於中日兩國仍在使用的漢字，一般我們主要依靠現有文獻調查爲基礎，以文獻用例中字形出現時代的早晚及使用的廣泛程度爲依據。而佚存文字，它既已絕迹於本土現存的文獻之中，所以在過去的研究中往往忽視了對這部分的文字的關注。儘管對某一字是"佚存文字"還是"國字、國訓"的判斷上有著諸多的困難，但是它涉及中外漢字的源流本末問題，所以不得

---

① 笹原宏之：《國字の位相と展開》，三省堂 2007 年版，第 88-110 頁。

不加以重視。

爲了行文的方便，我們以《漢語大字典》和《中華字海》爲參照，只要未見於這兩本辭書的漢字形、音、義，我們就將它視爲佚失，而暫不考慮在中國其他文獻中是否存在相關用例。爲了表示與笹原先生"佚存文字"的概念有所區別，在文中我們將之稱爲"佚存俗字"。需要説明的是，"佚存俗字"可能包括了某些字在中國其他文獻（如佛經音義等）中仍有留存，而只是《漢語大字典》《中華字海》二書失收的情況。

（一）字形未收

儶（儶）[1]、伆（恊）、傠（纖）、儚（蒙）、劈（僻）、侣（勤）、傫（棄）、偒（助）、俹（掠）、衒（衒）、忇（衍）、伹（蛆）、憷（態）、逯（遼）、遉（甚）、趏（趍）、赻（爐）、趍（贅）、刻（劇）、麵（穌）、莘（醉）、睧（聖）、聱（齬）、姍（孀）、嫝（産）、嬟（懷）、軟救（頓）、姿（蚩）、嘟（譁）、咎（咎）、嶙（黔）、吐（柱、拄）、隓（髓）、阫（攫）、啧（箣）、旪（蛆）、劯、劯（勸）、貲（貲）。

（二）讀音未見

《名義抄・人部》："伓伓，二俗无字，五骨反。"（p.29）《龍龕・人部》："伓伓，二，音元。"（p.27）《敦煌俗字典》："伓，P.3666《燕子賦》：'雀兒自隱欺負，面孔終是攢伓。'按：'伓'字《漢語大字典》所不載，據《燕子賦》別卷 S.5540 與此相同而 P.2653、S.6267 作'沉'，當與'沉'同音。或即'沉'字之異體。P.2491 卷字形在'沉'、'阢'之間，當亦'沉'字之變。"（p.523）《名義抄》與《龍龕》等讀音不同，待考。[2]

又如，"丘豉反"的"伱"、"時紙反"的"妭"、"父風反"的"姅"、"醜更反"的"噪"、"音契"的"嫛"、"見音"的"靚"、"吊音"的"匯"等，這些讀音既是《龍龕》等古辭書失載的，又未見於《大字典》等現代辭書。

（三）義項未見

《名義抄》中侶侃："如也、大也、夕也"、赻："乾也"、睷："迎視也"之類的義項，是中國古辭書失載的用法，還是漢字東傳日本後產生的新用法，值得今後更進一步地考證。而更多的情況是，一些俗字所標注的正字，和中國辭書記載有較大出入，可能是辭書失載的用法，我們暫且將它視作該字形的新義項，如：

---

① "（ ）"内爲《名義抄》所標示的正字，下同。

② "攢沉：音 cuán yuán，刁钻，奸滑。"見劉堅《古代白話文獻選讀》，商務印書館 1999 年版，第59 頁。

偲（涴）、偄倆（誵南）、侌（佡）、化（叱）、倬（掉）、迆（地）、逗（頣）、逮（律）、趨（儻）、叧（了）、艇（艇）、嗡（衜）、咾（嘐）、嗦（嘽）、嗰（面）、嚁（矅）、嗦［嗦］（寐）、呚（訪）、哌（肢）、咁（甜）、嗒（啾）、嗂（蹈）、嚷（讓）、哵（倗）、嚁（經）、晔（讀）、睛（疇）、覞（覞）、貶（俺）、覽（鑒）、晃（晃）、喁（隅）、瞶（憒）。

（四）正字不明

除了字形、讀音、義項不見於中國文獻記載外，有一類較特殊的是《龍龕》等字書中正字不明的俗字，這些字形多有讀音或義項，也都標注出了異體字的類型，但其所對應的正字不明，在《名義抄》却記錄了相應的正字，我們可以把這種情況看作字形正俗對應關係在域外的佚存，如：

佂（眠）、僇傪傍（遽）、偊（囑）、僪僪（蔄）、僓僓僓（貧）、俠（突）、傾（擷）、偖（搼）、僩（讕）、僱（輩）、傾（頬）、傑（爍、樂）、迯（濟）、逌（脩）、嶉（摧）、迷遮遞（轂）、趍（遊）、鬑（鞴）、躳（聹）、嗚（呻）、咾（恾）、吱（岐）、嗯（澀）、嚵（鱣）、咟（詎）、嗢（醯）、咪（課）、唁（劇）、嗷（謷）、呦（默）、矙（轙）。

同時，《龍龕》中有很多以正字爲俗字注音的例子，很多“A，俗音B”的字條在《名義抄》中就體現爲A、B字形的正俗對應，如：

偙（帶）、仏（徒）、仞（初）、侪（奔）、仯（沙）、敀（政）、佲（名）、偎（貌）、俳（悲）、倘（商）、街（街）、佹（厄）、傞（差）、偳（端）、僟（飢）、偍（體）、倡（習）、傾（頭）、迸（恭）、逬（競）、遯（緣）、遡（親）、邃（蒙）、趚（了）、趜（到）、躿（貌）、躳（眉）、躳（自）、躴（聊）、軀（獨）、躳（母）、躿（俄）、躶（脱）、躳（引）、毰（毛）、躡（躡）、矆（瞍）、舑（話）、嗷（致）、嚪（闍）、嘜（忽）、吅（细）、嗇（悉）、啡（悲）、嚦（鹿）、唲（脱）、嗓嚓（渠）、鷖（雌）、瞀（貪）。

需要重申的是，我們定義的“佚存俗字”，主要爲了行文的方便，以《大字典》和《字海》爲參照，只要未見於二書的形音義，我們就將它視作已經佚失，而暫不考慮在中國其他文獻中是否存在相關用例。“佚存漢字”中肯定包含着很多散見於各種典籍而未被這兩部辭書的收錄的漢字，我們將《名義抄》中的這部分“佚存俗字”羅列出來，只是爲了便於辭書編纂或者修訂時候增補相關的形音義。如果在其他文獻中找到用例，則更能説明《名義抄》解説的可靠性，和我們所説的“佚失”并不矛盾，我們的講的“佚失”，側重點是這兩部字典的失收。

此外，《名義抄》還收錄了一些“則天文字”，如一部：“𤯔，則天作人字。”丨部：“𠃊，則天作此。”大部：“𠀑，大周作天。”此外，一些字形雖然未明言是"則天作"，但與公認的"則天文字"十分相近，如一部："圀圙，初"、"圁圂，君"、"恵，臣"。十部："黁甭，載"等。這些字與傳統的"則天文字"在字形筆劃上略有差異：平—平、乖，爪—丙、兂，圀圙—圀、圙，圁圂—圉、圙、圚，黁甭—黁、黁。又如，"則天文字"中"月"作"囝""囜"，俗書"匚"常作"辶"，故"囜"可作"迊"，《龍龕·辵部》："迊，魚厥反"。此外，《龍龕·辵部》中另有"迊，音月"，《名義抄·辵部》："迊，月。"而在日本佛經音義《新譯華嚴經音義私記》中作"迊，月"，一字多形。簡而言之，《名義抄》中與我國現存辭書所記不一致之形、音、義，這些"佚存漢字"是在傳抄過程中產生的變異，還是保留了漢語的原始面貌，是一個可以繼續深入探討的話題。

二、術語的差異

《名義抄》除了記錄、保存眾多中國佚失的漢字形音義外，在漢字正俗關係的判斷上也與中國辭書出現了差異，反映了日本在使用、改造漢字的過程中對某些漢字形體正俗關係的重新理解。我們將《名義抄》中標注異體字類型的字條，與中國傳統辭書的記載相比較，可以發現日本在繼承漢語俗字的同時，也對其進行了一些改造，使得《名義抄》反映出來的正字和異體字之間的對應關係，與中國文獻記載多有出入。以《名義抄》中標注異體字類型術語的字條爲對象，將之和《龍龕》的記載進行比較，主要存在以下幾種情況。

（一）二者正字、異體字間的字形和術語都對應

《名義抄》："停，俗停字。"《龍龕》："停，俗；停，正。"

《名義抄》："徽，俗徵[徽]字，暉音。"《龍龕》："徽，俗，音暉，正作徽，美也。"

《名義抄》："傗，俗窳字，弋主反。"《龍龕》："傗，俗，羊主反，正作窳。"

《名義抄》："衢衢，二俗衢字。"《龍龕》："衢衢，二俗，音劬，正作衢。"

（二）二者正字、異體字間的字形相對應，但所用術語不同或缺失

《名義抄》："似，徐姊反，辰巳之巳。佀伬，上或下俗。"《龍龕》："伬俗，佀或作，徐姊反。正作似。"

《名義抄》："俶俶，下正，昌六反。"《龍龕》："俶，俗；俶，正，昌六反。"

《名義抄》："俊傊傋，中通下正，亦作俊，音駿，智出萬（千）人。"《龍龕》："俊，子峻反。尅明俊德也。傊，或作；傋，正，……傊，俗，上同。傋，俗，俊、惡二音。"

《名義抄》:“佝佝,二正,詞駿反。儁,或。”《龍龕》:“佝,俗;儁,古;佝,今。”

《名義抄》:“偲倨,二正,屑音,小聲也。”《龍龕》:“偲,俗;偲,正;倨,或作,先結反。”

《名義抄》:“倓,今作淡,音淡,倒,二正。”《龍龕》:“倒,或作;倓,今,談、淡二(音)。”

(三)二者異體字的字形和術語都對應,但《龍龕》未言正字

《名義抄》:“倍,俗懕字。”《龍龕》:“倍,俗,於廉反,淨也。”

《名義抄》:“倂,俗弈字。”《龍龕》:“倂,俗,音亦。”

《名義抄》:“仯,俗滲字。”《龍龕》:“仯,色禁反,俗。”

《名義抄》:“侚,俗向字。”《龍龕》:“侚,俗,許亮反。”

《名義抄》:“伆,俗初字。”《龍龕》:“伆,俗,音初。”

(四)二者異體字字形相同,但《龍龕》未説明類型及正字

《名義抄》:“傗[傗],俗;搐,正,畜音,又許究[突]反。”《龍龕》:“傗俶,上丑六反,下息逐反。傗俶,不伸也。”

《名義抄》:“俏,俗肖字。”《龍龕》:“俏,七笑反,俏醋,好皃。”

《名義抄》:“偝,背巠[經]多作偝。”《龍龕》:“偝,蒲昧反,偝偭,向偝也。”

《名義抄》:“侹,俗誕字。”《龍龕》:“侹,徒旱反,大也。”

《名義抄》:“侐,或閾字,况域反。”《龍龕》:“侐,許逼反,清淨也。”

(五)《名義抄》中某些異體字未見於《龍龕》

《名義抄》:“儚,俗蒙字。”

《名義抄》:“倨,俗勤字。”

《名義抄》:“御,俗卿字。”

《名義抄》:“傁,俗助字。”

《名義抄》:“伹,俗蛆,七余反。”

《名義抄》:“聑,諸書并無,應是聖字。”

(六)異體字、術語相同,但正字不同

《名義抄》:“蓮,俗槤字。”《龍龕》:“遵蓮,二俗,力展反。正作輦。”

《名義抄》:“艇,俗艇字。”《龍龕》:“艇艇,二俗,他頂反,正作侹,身長直也。”

《名義抄》:“唰,俗潄字。”《龍龕》:“唰啈[1][啐],二俗;啐[啈]啈,

① 本條兩個“啈”字,《四庫》本分别作“啐”“啈”,可從。

二或作；嚧，今，才葛反，嘈嚧，鼓聲也。又五葛反。"同部又云："唰，俗，苦葛反。"

《名義抄》："㡪，俗疇字。"《龍龕》："㠯㡪，二古文，同俟。"

《名義抄》："䀔哮影斜，四俗幹字，烏活反。"《龍龕》："䀔，俗，古洽反，正作䀔。"同部又云："䁖，俗，呼交反，正作䀼。"

《名義抄》："皐，俗鼻字。"《龍龕》："皐，音運，同皐。"

日本學者田村夏紀先生在比較二書記載字形關係的異同時，曾做過全面的調查，并做了相關的數據統計，轉引如下①：

表一　　　　《名義抄》和《龍龕》記載内容的比較②

類型	A	B	C	D	E	合計
正字	√	√	×	×	×	
異體字	√	√	√	√	×	
標注術語	√	×	√	×	×	
用例數	403	211	361	529	784	2288
比例（%）	18	9	16	23	34	100

表二　　　　《名義抄》和《龍龕》記載形式的比較③

類型	A—a	A—b	A—c	A—d	A—e	合計
記載形式	○★□字	○★音□	○★…正作□	□…○★	其他	
用例數	8	242	103	34	16	403
比例（%）	2	60	26	8	4	100

表三　　　　《名義抄》和《龍龕》標注術語的異同比較

類型	標注術語相同	標注術語不同	標注術語缺失	合計
用例數	764	157	583	1504
比例（%）	51	10	39	100

---

① 本節四表出自田村夏紀.観智院本『類聚名義抄』と『龍龕手鑑』の正字・異體字の記載の比較[J].鎌倉時代語研究第二十輯，1997年。轉引過程中，我們對表述、格式等重新進行了編譯和調整。

② 表中"A～E"的五種類型大致分別對應上文"（一）～（五）"，"√"表示二書相合，"×"表不同或缺失，其中"C""D"列的"×"只表示缺失，田村先生未對第六種進行考察。

③ 本表用《名義抄》中以"○，★□字"形式出現的字條爲對象，比較與《龍龕》中的記載方式的不同。其中，"○"表異體字，"★"表標注異體字時所用的術語，"□"表正字。

表四　　　　　　　　　《名義抄》和《龍龕》標注術語的內涵比較

名義抄	俗	俗	俗	俗	俗	俗	俗	俗	俗	俗	俗	俗
龍龕	俗	同	或	正	古	通	誤	又（亦）	今	籀文	俗或	俗通
用例數	723	32	14	11	10	7	3	2	2	1	1	1
名義抄	俗	古	古	古	古	古	古	又	亦	亦	亦	亦
龍龕	舊	古	通	正	籀文	亦	亦同	又	同	今	古	或
用例數	1	23	1	1	1	1	1	1	2	1	1	1
名義抄	籀文	籀文	或	或	或	或	或	或	或	或	或	今
龍龕	籀文	古	或	同	俗	正	古	今	舊	字林	又	俗
用例數	1	1	16	17	12	7	2	2	1	1	1	5
名義抄	今	通	通	通	俗通	俗通	俗通	俗通	俗通			
龍龕	同	俗	正	同	俗	正	同	亦	古			
用例數	2	4	1	1	1	1	1	1	1			

　　田村先生的比較是以《名義抄》中以“○，★□字”形式出現的字條爲對象的，以其他形式出現的字條暫未列入考察範圍，如“倜侃，上俗下正”“偳偳，二俗”之類，因此不可避免地會帶來統計數據上的偏差。此外，在統計的過程中也不可避免地存在着一些瑕疵，如表四中一項《名義抄》中用術語“或”，而《龍龕》中標注爲“字林”，“字林”顯然是表出處的，不應該看作用來標注異體字的術語。田村氏的數據儘管有着一定的片面性，但是管中窺豹，我們也能夠大致看到《龍龕》和《名義抄》之間的傳承變異關係。

　　《名義抄》和《龍龕》相同的記載，可以把它看作日本對我國傳統正俗觀念的傳承，而二者相異的記載，我們不妨將之視爲漢語俗字在日本流傳過程中產生的變異。通過二書的比較，我們可以發現中日兩國在分析異體字關係時的一些差別，主要可以概括爲以下幾點。

　　（1）從術語的種類來看，日本繼承了我國大部分的術語，儘管個別的術語未見，但是可以確認的是在漢語俗字東傳的同時，我國用於標注異體字類型的“正”“俗”“通”等概念也隨之傳入了日本，并得到了認可，因此才能夠大批量、成系統地出現在日本人編纂的辭書中。

　　（2）從兩書記載的內容來看，《名義抄》時代日本辭書的編纂在照搬漢語辭書內容的基礎上，開始結合自身理解，從形式到內容都進行了相應的調整和改訂，呈現出與漢語辭書互證互補的局面。以田村氏的調查爲例，雖然“表一”中“A 至 D”項的內容，其形音義基本上是源自漢語辭書或和漢語辭書存在着一定聯繫的，總數將近 70%，但正字、異體字以及標注所用術語完全相符的僅占了 18%，更多的情況是《名義抄》對漢語辭書的改訂以及對異體字所對應正字的增補。

　　雖然田村氏的統計帶有一定的片面性。比如：他只選取《名義抄》中某一類型的字條爲考察對象；只和《龍龕》進行比較，而未和前代《干祿字書》等字樣學著作進行對比。其實，《名義抄》中一些字條雖然與《龍龕》不合，但是和《干祿字書》的内容完全一致，如《名義抄·辵部》："迊，通帀字。"又同部："逦，通匣字。"（p.80）《干祿字書·入聲》："迊帀、逦匣，竝上通下正。"（p.63）這可能和它匯集中日兩國前代字書成果有關。因此，只有比較全面地對《名義抄》和前代辭書進行比較，才能較清晰地勾勒出中日兩國間字形傳承變異的軌迹。我們不能過於苛責田村先生的統計，因爲其本身僅僅是基於對《龍龕》《名義抄》二書傳承關係的考察，并不是全面探討中日兩國之間的字形演變。正是借助他的個案研究，我們才得以對兩書間的異體有個直觀的了解。中日文字交流史的構建，也必須建立在個案研究的基礎之上。

　　（3）從兩書的記載形式來看，正字、異體字和標注術語的位置排列雖然多有不同，但是其實質還是可以相互對應的，從"表二"我們可以看出，在三者都對應的字條中，我們可以發現《龍龕》中以"○，★音□"形式出現的次數占了 60%，這充分證明了張涌泉先生"《龍龕》有以正字爲俗字注音的通例"的觀點，這對於《龍龕》俗字研究中，"因聲求義"方法的運用有着重要的啓示。

　　（4）就中日兩國術語的内涵而言，日本在吸收我國所用術語名稱的同時，也基本上沿用了其既有的内涵，術語相同的超過了一半，除去術語缺失未標注的部分，兩國對同一組字形所用術語不同的僅占調查總數的 10%。

　　（5）儘管在解釋字形關係時，《名義抄》大多是沿用了漢語辭書中的概念，但也存在着一些術語不同的字條，從中我們可以發現日本在接受這些術語時，對其内涵也進行了一些新的理解。如"俗"的概念，相比漢語辭書，其範圍更廣，《龍龕》中不少標注"同""或""正""古""通"等術語的字形，在《名義抄》中都標爲"俗"。又如《名義抄》中的"或"，《龍龕》中相應字形標爲"或"、"同"，且兩者的數量相當，可見《龍龕》中的"同"，在《名義抄》中的内涵幾乎與"或"相同了。我們可以推斷，日本編纂辭書時，在繼承術語名稱及其内涵的同時，也根據自身的理解對一些異體字的類型進行了判斷，這也可以説是日本在接受漢語俗字時的一種吸收和創新。當然，這裏面也可能包括一些在歷代正俗觀念的變化中，我國辭書中既存的不同，《名義抄》在編纂過程中對其進行了取捨。

三、傳抄的訛變

除了文字的變異、術語的差異外，《名義抄》等日本古辭書中還有一類特殊的變異就是在傳抄過程中產生的訛變。在編纂、傳抄過程中產生的訛變，既增加了習讀的困難，又在一定程度上影響了《名義抄》的利用價值。這些在字頭、注音、釋義中出現的訛變，雖然表現了中日辭書間的差異，但對於中日漢字變異研究并無太大的幫助。只要利用傳統辭書與之對勘，將辭書對比和文獻考證相結合，采用"取異族之故書與吾國之舊籍互相補正"的對比法，我們就發現不少在《名義抄》編纂、傳抄過程中產生的訛變，對此類錯誤進行總結、糾正，可以提高其作爲漢語史研究材料的准確性。

編纂、傳抄過程中產生的訛變，其中絕大多數是由於不明俗字或字形相混而產生，如：迷—迷/逆[①]、迋—迍、趜—趜、赵—赵、赴—赴、趚—越、趙—趞、玄—勾、徒—婆、力—刀、扶—扶、了了—小子、乞—乾、村—柯、衿—初、窈—窈、君—尹、日—丑、帝—常、刃—丑、札—孔、達—逵、大—火、師—帥、庚—庚、士—土、真—頁、令—含、慈—戀、大—犬、麥—婁、下—丁、号—兮、墜—墼、十—千、腕—脆、舟—丹、火—水、貝—負、好—奴、受—愛、武—盛、侄—徑、傹—佺、點—點、健—健、眉—肩、地—蚍、絶—施、邐—匯、表—麦、筒—筲、籔—籔、任—狂、狚—蕤、番—糞。

除了字形相近致誤之外，某些字形的訛誤是由於抄寫者不熟漢字結構而產生的，多體現爲將上下結構的漢字一拆爲二，如：此女—娑、市人—吏、宀力—分、前羽—翦、六允—兗、而而—需、催问—傭、竹榴—籀、粥鬲—鬻、號食—饕。

《名義抄》中還有不少的音義相互雜糅混淆，或將釋義誤作反切，或將反切混入釋義。如：

《名義抄》："怀，普悲反，有力反，眾也。佰，俗。""反"當是"也"之誤，《篆隸萬象名義》："怀，普悲反。眾也，有力也。"

《名義抄》："絛絛，今正，他力反，又絲繩反歟？"反切下字"力"，爲"刀"之誤。《大廣益會玉篇》："絛，他刀切，纓飾也。"《廣韻》土刀切："絛，編絲繩也。"《龍龕》："絛，吐刀反。編絲繩也。"可見，"絲繩反"是誤字義爲字音。

《名義抄》："赶，俗踔字，才恤也。""也"爲"反"之誤。"才恤"爲

反切，《名義抄》誤爲義項。《龍龕》："赶，俗，才恤反。正作踤，摧赶。"

此外，《名義抄》釋義中的脱文、衍文也增加了我們閱讀的難度。如：《名義抄》："㥤㥎，二俗；貸，正。他得，從人求也。"（p.33）"他得"表讀音，應該添加注音符號"反"，否則易混入釋義部分。"從人求"後，可從《廣韻》補一"物"字。《廣韻》他得切："貸，從人求物也。"又徒得切："貸，假貸謂從官借本賈也，亦從人求物也。又音忒。"

《名義抄》："麧，正；𪍦，或，胡骨反，麥糠中不者也，音紇，麥糠也。麧，正。"釋義中脱一"破"字。《大廣益會玉篇》："麧，下没切，堅麥也，孟康曰：麥糠中不破者也。"《附釋文互注禮部韻略》："麧，下没切，堅麥也。釋雲麥糠中不破者，《漢書》食糠麧，今京師人謂麤屑爲麧頭。"

《名義抄》："囃，音雍，鳥音。囃，正。囃，俗，ナク，鳥。"字頭"囃"當是"㘈"之誤，而釋義部分"鳥"字後脱一"聲"字。《龙龕》："囃，或作；囃噰，二今；囃，正，於容反。囃，鳥聲也。"

《名義抄》："喈嘻，俗齘字，卓反，齘。"此處反切下字缺，當是"皆"。《龍龕》："喈喈，二俗，卓皆反，正作齘。"

《名義抄》："逌逌，音由。逌，同音，形䣋也，小咲也。"《名義抄》釋義漏一"中"字，另外義項"小咲也"，所出未詳。《龍龕》："逌逌，二俗；逌，古；逌，通；逌，今；遶，正，音由，遠也。又氣行，亦行皃也。又與卣同，中形樽也。"《龍龕》："卣，俗；卣，正，音酉，中形樽也。又音由。"

《名義抄》："僵僵僵，中今下正，音誕，又禪音，態也，何也，能也。"義項"能也"，誤衍。《龙龕》："僵，市連反，態也。又徒旱反，何也，又疾也。""能也"當是在吸收《篆隸萬象名義》的過程中產生的訛誤，《篆隸萬象名義》："僵，徒安反。何也，能。"吕浩《篆隸萬象名義校釋》："《名義》'能也'即'態也'。《廣韻·仙韻》：'僵，態也。'"《篆隸萬象名義》中"能也"即"態也"之誤，而《名義抄》不知其誤而沿用之，又據它書收"態也"一義，從而造成義項的增衍。

《名義抄》也時有誤釋的現象發生，如《名義抄·人部》："俊傛傛，中通下正，亦作俊，音駿，智出萬人。""万"當作"千"爲是。《廣韻》："傛，智過千人曰傛。又羌複姓有傛蒙氏。子峻切。十二。俊，上同。"《龙龕》："俊，子峻反，尅明俊德也。傛，或作。僎，正，子峻反，智過千人曰僎。又羌複姓。下又俗音惡。二。傛，俗，上同。僎，俗，俊、惡二音。"所謂"智出萬人"則多指"英"，六臣注《文選》卷一："文子曰：智過萬人謂之英，千人謂之俊。"《通玄真經》卷十二："智過萬人者謂之英，千人者謂之俊，百人者謂之傑，十人者謂之豪。"

又如，《名義抄》："趦，勑刃反，又陣音。"刃當是去聲，而《名義抄》誤標作上聲；"勺，止約反"後面緊跟的"已～，同"、"向～"，其中的省文符號"～"代表前文的"後"，不當按全書體例理解爲"勺"；"赾，音謹，行難。""赾"，作爲字頭，按照全書的體例應當用大號字體來書寫，而《名義抄》作小字，易與前文"趑跌二正，疾步，音决"相混，引起意義的混淆及字頭數量統計的偏差。另外，字頭重出、檢字不便等體例上的不足在《名義抄》中也是客觀存在的。這些在編纂、傳抄過程中因爲不明俗字等原因産生的訛變，是我們在利用《名義抄》等域外材料時應該注意甄別的。

通過對《名義抄》的考察，我們可以對日本古辭書在漢字傳承變異研究中的價值有一個初步的瞭解。隨着中日漢字比較研究的拓展和深入，以中日兩國漢字研究的前沿成果爲基礎，以《名義抄》等日本古辭書爲綫索，以木簡、金石、寫刻本等不同載體的日本文獻爲材料，開展專書、專題、斷代以及漢字交流史的研究，將是中日漢字傳承變異研究的重要內容，也是進一步完善近代漢字研究理論的有效手段。

參考文獻

［1］（遼）釋行均：《龍龕手鏡》，中華書局 1985 年版。

［2］漢語大字典編輯委員會：《漢語大字典》（縮印本），四川辭書出版社、湖北辭書出版社 1993 年版。

［3］［日］釋空海：《篆隸萬象名義》，中華書局 1995 年版。

［4］［日］正宗敦夫：《類聚名義抄》，風間書房 1996 年版。

［5］冷玉龍等：《中華字海》，中國友誼出版公司 2000 年版。

［6］張涌泉：《漢語俗字叢考》，中華書局 2000 年版。

［7］何華珍：《日本漢字和漢字詞研究》，中國社會科學出版社 2004 年版。

［8］鄭賢章：《龍龕手鏡研究》，湖南師範大學出版社 2004 年版。

［9］楊寶忠：《疑難字考釋與研究》，中華書局 2005 年版。

［10］吕浩：《篆隸萬象名義研究》，上海古籍出版社 2006 年版。

［11］鄭賢章：《新集藏經音義隨函錄研究》，湖南師範大學出版社 2007 年版。

［12］梁曉虹：《佛教與漢語史研究——以日本資料爲中心》，上海古籍出版社 2008 年版。

［13］潘鈞：《日本辭書研究》，上海人民出版社 2008 年版。

慶大本《百二十詠詩注》俗字研究*

[中國] 李建斌 浙江財經大學

一、引言

鄰邦日本，原本只有語言而無文字。據已有史料，至少在漢光武帝時期（西元 25—57）漢字已東傳日本。此後，日本一直借用漢字來記錄自己的語言。隋唐之際，日本先後二十余次派遣使者來到中國學習，大量古籍傳入日本，大量漢字亦傳入日本。

初唐詩人李嶠寫有百二十首詠物詩，分作十二部，從乾象、坤儀至音樂、玉帛，每部十首，頗像一部小型類書，後張庭芳爲其作注，信息大增，書成未久即東傳日本。此書中國後世罕見，而在日本得以較好保存，室町時期寫本慶應義塾大學藏本（簡稱慶大本）尤爲善本①。該本題云《百二十詠詩注》（以下簡稱《詩注》），經胡志昂先生回傳中國，本文以該本中俗字爲研究物件，旨在初探漢字東傳的傳承、擴散及變異問題。

二、《詩注》俗字的分類

漢字東傳相比紙張與印刷之術的發明均較早，傳抄過程沒有准確的“正本”可以依照，字形的差異隨著抄本轉手的次數不斷擴大，俗字因“書手之任意性無限大”而呈現繁多雜亂面貌。張涌泉先生在其《漢語俗字研究》中，歸納出俗字形成的十三種基本方法，并以此將俗字分爲十三類②，充分説明俗字其實“有章可循”。本文以張涌泉先生分類法爲宗，聯繫《詩注》實際做出一些小“改”和小“并”，將《詩注》中俗字分爲簡省、符號代替、增繁、變換結構、變換偏旁、書寫變異六大類。

---

* 本文爲何華珍主持的國家社科基金項目（12BYY069）、教育部人文社科項目（12YJA740020）、重大項目子課題（11＆ZD126）的階段成果。

① 胡志昂：《日藏古抄李嶠咏物詩注》，上海古籍出版社 1998 年版。

② 張涌泉：《漢語俗字研究》，嶽麓書社 1998 年版，第 46 頁。

（一）簡省

字是記錄和傳遞語言的書寫符號，爲了便捷有效地記錄語言以利於交際，字形的簡省便成了古今文字演變的主流。

1. 合并相同或相近部件

有些漢字的内部有兩個或兩個以上相同或相近的構件，俗文字往往把這種相同或相近的構件予以合并。

（1）"品"作"吕"

操：作曹**㯺**赤壁行。（《霧》）

漚：茅屬菅者，已**漚**之名，未漚但名爲茅。（《茅》）

臨：《**臨**海記》：郡西有鶴山。（《布》）

（2）"僉"作"贠"

劎：移獄屋，得掘寶**劎**也"（《星》）

撿：劍者，**撿**也，所以防撿非常也（《劍》）

儉：堯爲君**儉**約，茅茨不剪，材椽不削（《茅》）

（3）"巽"作"异"

噀：含酒東北三**噀**，云：齊國失火。（《酒》）

選：《文**選**》曰：梢雲以無蹊（《井》）

按：《宋元以來俗字譜·辵部》引《通俗小説》《古今雜劇》《三國志平話》三書作"**選**"。

2. 省略某些"不重要"部分

有些漢字字形構造比較繁雜，或構件較多，俗書往往省略人們認爲相對不重要的構件。

（1）"㐬"作"㐬"

流：光迹相連曰**流**星，亦曰奔星（《星》）

按：《干禄字書·平聲》："流流，上俗下正。"

疏：習坎**疏**丹壑坎位下水則飯（《海》）

（2）"鬼"作"鬼"

嵬：石戴土曰岨，土戴石曰崔**嵬**。（《山》）

按：《集韻·上聲·賄韻》收左右結構之"魂"，且無"鬼"字頭部一撇，釋爲"山貌"。

（3）"甫"作"甫"

薄：朎朧鑒薄帷：阮嗣宗詩曰"**薄**帷鑒明月"。（《月》）

以上主要省略"不重要"筆劃，下面爲省略"不重要"偏旁等構件。

（4）省"廠"

騂：赤色曰騂犅，黄色曰騂，白色曰雒，黑曰**驖**，純色曰犧牷，雜色曰

牨，水牛青色也。(《牛》)

　　按：《説文‧犛部》篆書作"犛"，"西南夷長毛牛也。凡犛之屬皆從犛。"
《龍龕手鏡‧牛部》以"犛"爲正字，寫本左上部訛而爲"牙"。

　　(5) 省"灬"

　　鳶：左思《蜀都賦》曰：晨鳧旦至，候雁銜蘆。(《雁》)

　　(6) 省"八"

　　夔：王子晉，董雙成，漢(桓)帝，魏杜夔。(《笙》)

　　俗書爲求簡省，多有所省，一般省去人們認爲不重要的部分。雖有時
難免與他字同形，但一般不會與當時所用字衝突。此類字頗眾，但一般不
難分辨，不再贅例。

　　(7) 省"升"

　　飛：鸎囀合枝新。鸎蝶飞時，花葉正新。(《李》)

　　按：《偏類碑別字‧飛部》引《唐杜君妻崔素墓志》作"飞"。

　　(8) 省"心"

　　寧：寧知帝王力，撃壤自安貧。(《田》)

　　曖：曖睷籠珠網，纖纖上玉鉤。(《簾》)

　　(9) 省"殳"

　　聲：《四聲声字》曰：草也。(《竹》)

　　按：《敦煌俗字典》引 S.2073《盧山遠公話》作"声"。

3. 草書楷化

　　張懷瓘《書斷》中説："(章草)存字之梗概，損隸之規矩，縱任奔逸，
赴速急就者是也。"草書結構簡省、筆劃連綿，應該説是最易於書寫的字體。
草書的一些優點使得"草書楷化是簡體俗字滋生的主要來源之一"[①]。《詩
注》中有很多筆劃或整字是承自草書的，相關的這些字經楷化即進入俗字
範圍。

　　(1) 顯：江淹，字文通。以文章顕，仕齊爲侍中。(《筆》)

　　按：《新編中國書法大字典》引《集字聖教序》王羲之書作顕，《宋元
以來俗字譜‧頁部》引《列女傳》作等作"顕"，引《太平樂府》等作"顕"。

　　(2) 復：滿克洔缺，名夜光月，禦望舒也。(《月》)

　　按：《佛教難字字典‧彳部》收此形。中國歷代草書往往將此字右部書
作似"攵"。(見《新編中國書法大字典》"復"等字)

　　(3) 開：已閞封禪處；《述異記》曰"花岳對黄河東首陽山，……"(《山》)

　　按：居延漢簡已有"門"簡作"門"的，如《漢代簡牘草字編》"門"

---

　　① 張涌泉：《漢語俗字研究》，嶽麓書社 1998 年版。

字下收"疒"。《新編中國書法大字典》引《集字聖教序》王羲之"門"字作"门"，"開"字作"开"。《宋元以來俗字譜・門部》引《通俗小説》亦是。

（二）符號代替

"符號代替"也是一種簡省方法，但因其個性突出、小類繁多，故單立一節。

1."、"

（1）"虫"字作一點

蜀①：以支機玉石與人，令問㕤郡岩君平。（《星》）②

濁：主引穢污，其水黑而晦。（《海》）

按：居延漢簡中就已經出現這樣的寫法，如《漢代簡牘草字編》③中的"獨"字作"犭"。又："罜"音dí，《廣韻・錫部》"罜，魚擊網也"，都歷切。《集韻》："魡，系魚也，或作罜"，丁歷切。"蜀"，《説文》："葵中蠶也。從蟲，上目象蜀頭形，中象其身蜎蜎。"二字音義完全不同。

（2）"同"内作一點

同：七戎六蠻九夷八狄，形類不同……《海》

銅：一本《洛陽記》曰：洛中銅駝道……（《道》）

（3）"口"字作"、"

過：和帝南巡過汝南，何敞有刻畫屏風爲帝設。（《屏》）

駒：此兒若非龍駒，當鳳凰。言有龍章鳳姿也。（《龍》）

極：聊暇日以消憂，又曰：平原遠極目。（《原》）

2."ミ"與"丷"

（1）"ミ"

暮：朝發黃牛，寒宿黃牛，三日將暮，黃牛如故也。（《江》）

按：馬王堆帛書《老子》乙本前古佚書中可見這種書寫方式④。"暑""諸""者"中的"日"字都是如此。④但今草中這種寫法頗不常見，因爲這種草法在漢初以後就趨於消亡了。⑤

氣：積陰之寒氣久者爲水，水氣之精者爲月。（《月》）

按：《説文・米部》篆體作"氣"，"饋客芻米也，從米气聲"，又《説

---

① 爲便於直觀比較，例字用繁體字標於例句之首，下同。

② 括弧内爲例句所在或所注詩的題目，下同。

③ 陸錫興：《漢代簡牘草字編》，上海書畫出版社1989年版，第197頁。

④ 陸錫興：《急就集：陸錫興文字論集》，中國社會科學出版社2002版，第170頁。

⑤ 陸錫興：《急就集：陸錫興文字論集》，中國社會科學出版社2002版，第180頁。

文·氣部》篆書作"⻟","雲氣也,象形"。《宋元以來俗字譜·十畫》引《古今雜劇》等作"气"。

　　倦:往還**俙**南北,朝夕苦風霜。(《雁》)

　　卷:雲薄衣初**关**。(《羅》)

　　按:《旗》"縱橫齊八陣,舒卷列三軍"中卷字爲"**叁**"。

　　(2)"丷"

　　冀:既能甜似蜜,還**菓**就王舟。(《萍》)

　　按:同《龍龕手鏡·雜部》"冀"之俗字。

　　罨:舉桂枝兮聊淹**罨**也。(《桂》)

　　按:《新編中國書法大字典》引王安石作"**罨**"。

　　3."ミ"與"ソ"

　　與上文的"ミ"不同,這裏探討的是重文符號的兩點。《詩注》中的重文符號似乎只限於作兩點者,未見作"々"等者。

　　(1)"ミ"

　　繰:生不逢於堯與舜禪,短布短衣**繰**至骭,長夜漫漫何時旦。(《牛》)

　　按:《龍龕手鏡·系部》收"繰"俗字"**繰**"。

　　(2)"ソ"

　　品字形、叕字形結構下部多簡省作ソ。疑因出於對稱美,不作"ミミ"。

　　躡:屜,不躡**張**距也。《萱》

　　疊:素絲光易染,皂**疊**映逾沉。(《墨》)

　　機:又一人牽牛,以支**機**玉石與人。(《機》)

　　綴:網戶珠**綴**也。(《簾》)

　　4."⺍"

　　(1)代"火火"

　　撈:河水涸則**撈**焉。(《玉》)

　　(2)代"卯"

　　留:願君期道術,攀折可淹**留**。(《桂》)

　　按:《新編中國書法大字典》王羲之作"畱",《宋元以來俗字譜·田部》引《通俗小說》作"畱"。

　　(3)代"口口"

　　獸:祥**獸**十首。(《祥獸十首》標題)

　　戰、單:齊與燕**戰**,田**單**取千頭牛。(《牛》)

　　嚴:解**嚴**毅之顏,開難發之口。(《錢》)

5. "关"

（1）代"莫"

歎：見趙遁朝服假寢，麾[欸]曰：不怠恭敬，民之主也。（《槐》）

難：方知急[難]響，長在鶺鴒篇。（《原》）

按：唐代歐陽詢、陸柬之"難"字左旁皆作"關"（《新編中國書法大字典》P1641）。

漢：後[㳤]張顥爲梁相。（《鵲》）

按：《龍龕手鏡·水部》收"㳤"，謂爲"洟"字之俗字。

（2）代"絲"

關：敦煌郡玉[関]地塞道路蒼茫。（《道》）

按：《説文·門部》："關，以木横持門戶也。從門絲聲。"《玉篇·門部》："關、古鐶切，以木横持門戶也，扃也。関，同上。"《宋元以來俗字譜·門部》引《通俗小説》等多部書作"関"。"絲""關"二字除形體略近外，可以説没有其他什麼關係，後者不爲説文所收，《集韻·去聲·笑韻》謂"關"爲"笑"字的俗體。《字彙》："关，與笑同，亦作關"。"関"中之"關"，疑是"絲"形體多重訛變而致。

6. "文"

（1）代"學"頭

學：正月，硯水凍釋，童子初入小[𡥉]也。（《硯》）

（2）代"舉"頭

舉：金薄綠羅帷，因風時暫[举]。（《帷》）

（3）代其他

劉：[刘]公幹詩曰：亭亭山上松……（《松》）

按："學"，《敦煌俗字典》（p.468）"學頭"三例作"文"。《宋元以來俗字譜》引《列女傳》等作"斈"，其實此字"六朝時已見，唐宋以後仍沿用不絕"[1]；"舉"，《宋元以來俗字譜·臼部》引《列女傳》等作"举"；"齊"，《六朝別字記新編·修寺頌》作"斉"，定爲俗體。《宋元以來俗字譜·十三畫》引《列女傳》等，"齊"也作此。"刘"字唐以前字書鮮見收錄和用例，金《四聲篇海》《五音集韻》皆有收錄，《宋元以來俗字譜》引《通俗小説》等 8 部書收錄此字。張涌泉先生在《漢語俗字研究》（p.73）中提到：畢沅以"竟"爲"覺"的省筆訛字是不對的。四個不同的偏旁，用同一個不相關的符號替代，誠然。

---

① 張涌泉：《漢語俗字研究》，嶽麓書社 1998 年版，第 164 頁。

7. "乁"

還：嘗清潔，行改之，期年間，去珠更也。（《珠》）

按：此代替符號，寫本僅見於"還"作"<img_inline>"。《宋元以來俗字譜》僅引《古今雜劇》作"<img_inline>"，此字當是草書楷化。查《新編中國書法大字典》（P.1542），王羲之作"<img_inline>"，黄庭堅作"<img_inline>"，明代王鐸作"<img_inline>"，上部都極似"乁"。相似的有《宋元以來俗字譜》引《古今雜劇》"要"作"<img_inline>"。

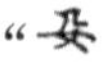

8. "厶"

佛：《造天地經》云："令寶應菩薩造日也。"《日》

按："仏"即"佛"字，現代日語采用的簡體字即作"仏"。此字中國古已有之，敦煌寫卷中即大量存在。《改并四聲篇海·人部》引《川篇》："仏，西域聖人，有六通也。"實即"佛"字。"厶"大約是一個簡化標記。《正字通》以"仏"爲"佛"的古字，張涌泉先生認爲恐怕是靠不住的。因爲"厶"古或用同"某"，也許是佛教徒爲表示恭敬，不便直書"佛"字，故以"厶（某）""人"合成"仏"字來代表"佛"字。①

9. "尺"

書：《漢》云："星者，金之散氣。"（《星》）

盡：海中三神山，以白銀爲宮闕。（《銀》）

按：《詩注》中"聿"頭或與之十分相似的"⺻"頭等普遍書作"尺"，如"書""畫""晝""爐"等字都是這樣，少有例外。"聿"、"⺻"變爲"尺"，當是草書楷化結果，歷代書家多有形體近似者，詳見《新編中國書法大字典》756 頁"書"、1054 頁"畫"、1084 頁"尺"等。"晝"字，《四聲篇海》："晝，音畫，義同"，《宋元以來俗字譜》引《通俗小説》等也作此。"畫"字，《宋元以來俗字譜》所引 12 部書中只有 3 部不是把上部寫作"尺"，但同書"書"字上部沒有作"尺"的。

10. "舌"

亂：陰陽怒而爲風，而爲霧。（《霧》）

按：《干祿字書·去聲》："乱亂，上俗下正。"

辭：將軍第初：霍去病將軍伐匈奴有功……（《宅》）

11. "夕"

羅：羅，綺也，古者芒氏初作也。《爾雅》曰：鳥罟謂之羅。（《羅》）

按：《宋元以來俗字譜·網部》引《通俗小説》等作"罗"。"羅"字，《説文·網部》："以絲罟鳥也。從網從維。""維"寫作"夕"，便既不再表聲又不再表意，當屬符號化。又寫本"樂"又寫作"<img_inline>"，凡從"樂"者都

---

① 張涌泉：《漢語俗字研究》，嶽麓書社 1998 年版，第 37、44 頁。

如此，疑也是符號代替。

（三）增繁

文字爲便於書寫，要求形體簡略，於是有簡化趨勢，但同時文字要求便於識認，要求音義明確、美觀大方，還要符合寫字習慣，文字就有了繁化趨勢。

1．添加筆畫

（1）"土"作"玊"

土：《物理論》云："水圡之氣升爲天。"（乾象十首）

按："土"加點成爲俗字"玊"，具有區別形近字的作用。《隸辨·上聲·姥韻》引《衡方碑》土字加點作"玊"，按語有："土本無點，諸碑士或作玊，故加點以別之。"《干祿字書·上聲》："玊、土，上通下正。"

（2）"丈"作"杖"

丈：海中有三山，蓬萊、方丈、瀛州。（《海》）

杖：公以青竹杖杖與之騎。（《竹》）

按：《玉篇·木部》"杖"字下收有加點字。

（3）"大"作"夾"

夵：常恐秋節至，動搖微風發，涼風奪炎熱也。（《風》）

按：《干祿字書·入聲》："棄、奪，上俗下正"。《金石文字辨異·入聲·曷韻》引《唐孔府君墓志》作"棄"。"大"寫作"夾"，大概是受"僚""燎"等字的影響。

媌：夸雄豔之媌姿。（《雉》）

奮：一本滿奮侍晉武帝。（《屏》）

按：《干祿字書》謂"奮、奮，上俗下正"。又，《龍龕手鏡》："奮，俗。奮，古朗反，今作眈，鹽澤也，又音本。"《金石文字辨異·去聲·問韻》引《唐圭峰禪師碑》變"大"作"夾"。

2．改換偏旁

（1）粲：王粲《登樓賦》曰："聊暇日以消憂。"（《原》）

按：《詩注》中"粲"字中"歺"作"歩"，《干祿字書·去聲》謂從"歺"者爲俗字，《龍龕手鏡·米部》以從"歩"爲正字。

（2）壇：有龜負文，背甲赤綠字上於壇也。（《洛》）

按：俗書多回、囬不分，當其上面再有橫筆時，一般再加短撇構成面字，蓋以"面"爲常見。

（3）竊：述古不作，竊所跂慕。（張庭芳詠并序）

按：《偏類碑別字·穴部》引《齊李清爲李希宗造象記》，"竊"字"穴字頭"下部分，右邊即作"禺"。《干祿字書·入聲》"竊、竊，上通下正"。

3．增加偏旁

（1）采：上有火山鼠，毛長數尺，仙人[采]毛爲布，名曰火浣布。（《布》）

按：《隸辨・上聲》采字下按"説文：采，捋取也。從爪從木，《增韻》曰'後人加手作採'"。《干祿字書・上聲》："採、采，上通下正"。

（2）休：[烋]氣四塞，龍銜甲。（《河》）

按：《金石文字辨異・平聲・尤韻》引《北魏司馬昞墓志銘》作"休"，引漢《費汛碑》作"[烋]"。《干祿字書・平聲》："烋、休，上通下正。"

（3）宴：願陪北堂[宴]，長賦西園詩。（《月》）

按：《隸辨・去聲・霰韻》引《東海廟碑》作"讌"。《金石文字辨異・去聲・霰韻》引《唐克公頌》作[宴]。《干祿字書・去聲》："宴、宴。上通下正。"《五經文字・宀部》："宴、宴。上《説文》，下《字林》。"

（四）變换結構

漢字經過隸變之後，字形結構變得相對穩定。不同的結構往往代表著不同的文字，但俗寫文字中仍然保存著許多字形結構變化的現象。

1．變爲包圍結構

（1）耀：明鏡亭亭，萬象含其朗[耀]。（張庭芳詠并序）

按：《重訂直音篇・卷五・光部》收。

（2）冠：故燕公《刺異詞》曰："夫新詩[冠]宇宙。"（張庭芳詠并序）

按：《字學三正・體制上・俗書簡畫者》收。

（3）鼹：[鼹]文闔大猷。象君子豹變，言其文以開大猷。闡，開也。（《豹》）

按：《龍龕手鏡・鼠部》收。

2．變爲上下結構

（1）潔：皎[潔]臨踈牖。（《月》）

按：《碑別字新編・十五畫》引《唐河陽軍節度押衙張亮墓志》"潔"字即如寫本的上下結構。

（2）稽：一本，王羲之會於會[稽]山陰之蘭亭也。（《蘭》）

按：《金石文字辨異・平聲・齊韻》引《唐臨清驛長孫氏石像碑》稽字即是如《詩注》的上下結構。

（3）裹：以蒲輪迎枚乘，以蒲[裹]輪取其安穩也。（《車》）

按：《龍龕手鏡・衣部》謂上"果"下"衣"爲"裹"俗字。

3．變爲左右結構

（1）壑：習坎疏丹[壑]坎位下水則飯。（《海》）

按：《偏類碑別字・土部》引《齊李琮墓志銘》"壑"作左右結構。

（2）染：湘夫人淚[染]斑竹。（《竹》）

按：《玉篇・水部》收有此字。

（3）翼：柳條似鳳羽 𦐊。（《柳》）

按：《龍龕手鏡·羽部》：“𦐊、翼，羊即反，輔也，翅也，助也，美也，恭也。又州名。又姓。二。”《詩注》蓋在此基礎上又增筆。

4．互換

（1）颯： 飈 遝睢陽涘。（《鼻》）

按：《龍龕手鏡·風部》收“颰”。

（2）飄飂：歌有羅扇、羅衣，曰 飂飈 也。（《羅》）

5．局部結構改變

（1）尤：黃帝與蚩 尤 戰於涿鹿野，三日三夜大霧也。（《野》）

按：《宋元以來俗字譜》引《古今雜劇》與寫本同。

（2）剛：一本，《幽明錄》曰：楚巴丘縣自金 剛 以上廿裏有黃金潭。（《牛》）

按：《廣碑別字·十畫》引《唐沈士公墓志》“剛”字左部作上下結構。

（3）花：張 苍（當作：華）詩曰：利劍嚴秋霜。（《劍》）

按：《四聲篇海·艸部》作“苍”。

（五）變換偏旁

變換偏旁是產生俗字的常見方法，本文論變換偏旁，專指按音、意分析，俗字與原字有一定關係的情況。因變換偏旁而產生的簡省或增繁只計在此類，不計入簡省或增繁類。

1．改變意符

（1）“宀”作“穴”

寐：夜中不能 寐，起坐彈鳴琴。（《帷》）

按：《干禄字書》謂此字“穴”旁爲俗寫。《說文·宀部》：“宀，交覆深屋也。”穴部：“穴，土室也。從宀八聲。”可見宀、穴義相近，且都能“寐”。

（2）“月”作“肉”

膚：觸石而出，雲霧 膚 寸而合。（《雨》）

按：楷化後“肉”作偏旁時多作“月”，《詩注》中回改爲“肉”。

（3）“旨”作“甘”

嘗：神農 嘗 藥罷。（《藤》）

按：《說文·旨部》：“嘗，口味之也。從旨尚聲。”同部：“旨，美也。從甘匕聲。”甘部：“甘，美也。從口含一。”可見“旨”作“甘”更淺顯易懂。

2．改變音符

（1）蘆：《古詩》曰： 户家蘭室杏爲梁。（《雀》）

按：蘆，《廣韻》音落胡切；戶，《廣韻》音侯古切，韻相近。

（2）蟻：三清 蟻 正浮：三清，酒名。《南都賦》曰“浮 蟻 如萍。”（《萍》）

按：《集韻·上聲》收“蟣”：“一曰齊人謂蛭曰蟣”。日本書手又多簡“幾”作“㡬”，例句中第二張圖片即是進一步將“㡬”上部符號化作“丷乀”。

（3）翼：柳條似鳳羽𦏧，若映池有鳳文彩也。（《柳》）

按：《龍龕手鏡·羽部》：“𦏧、翼，羊即反，輔也，翅也，助也，美也，恭也。又州名。又姓。二。”《玉篇·羽部》：“𦏧，同翼”。翼，《廣韻》音與職切，弋，《廣韻》音與職切，皆爲入聲字；“異”，《廣韻》音羊吏切，爲去聲字。由此，“弋”比“異”更能反映“翼”之讀音，且簡省很多筆畫。“𦏧”增筆則成“𦏧”。

（六）書寫變異

在漢字的使用過程中，因各種字體間的學習吸收、相互影響而產生文字的變異也是不可避免的。加之人們對筆勢和字形結構的不同理解與安排，書寫變異的俗字由此而生。

1. 筆勢理解不同

（1）“彳”作“氵”

得：移獄屋，氵掘寶劍也。（《星》）

按：《宋元以來俗字譜·彳部》引《古今雜劇》等作“淂”。淂字又爲“淂水”之淂的正字。

（2）“卒”作“卆”

醉：山濤每往高陽習都，（郁）家池飲酒，大醉而皈也。（《酒》）

（3）晚：松篁暗晚暉。（《煙》）

按：《宋元以來俗字譜·日部》引《太平樂府》等，“晚”字中“免”作“丷”。

2. 形近相亂

（1）“阝”“卩”相亂

郎：登仕郎守信安郡博士。（張庭芳詠并序）

按：俗書阝、卩相亂，後者因便寫而更常見。《詩注·月》“名夜光月，禦望舒也”將禦字“卩”作“阝”。

（2）“十”作“忄”

博：前漢朱博，字子元，爲御史大夫。（《烏》）

按：《隸辨·入聲·鐸韻》引《孫根碑》作心旁，并按：“說文博從十，碑訛從心”。《干祿字書·入聲》“愽博，上通下正”。

（3）“火”作“大”

靈：宏溢逾於炅運，緻密掩於延年。（張庭芳詠并序）

聯：梢竹無以踰，巉穀不能聇。（《竹》）

按：“靈”字，《佛教難字字典·雨部》作“灵”。張涌泉認爲靈字到靈字經過一個"霛"字,靈最初表音,進而簡化掉雨字頭。《佛教難字字典》將"灵"字歸雨部,似乎印證這一説法。

3. 多用常見字

(1)"覇"作"西"

覇:[覇]者獲之,其大如鬥,赤如日,割而食之,甜如蜜也。(《萍》)

(2)"丞"作"丞"

蒸:或四角,或三角;或紫苞或青苞,肉白,生噉甘脆,[丞]熟能飽人。(《菱》)

按:此字當是先省去了草字頭。

(3)"夌"作"麥"

陵:王者,德至山[陵],則慶雲出。(《雲》)

按:《漢簡文字類編・阜部》作"陵"。《干祿字書・平聲》"陵、陵,上通下正"。

4. 來源不同

(1)"豐"或"丰"作"ユ"

害:不顧後[害],王乃不伐晉也。(《彈》)

按:《説文・宀部》作"害":"傷也。從宀口,言從家起也。豐聲。"《隸辨・去聲・泰韻》引《漢桐柏廟碑》作"[害]",并按:"説文害從豐,豐讀若介,碑省作土。"《金石文字辨異・去聲・泰韻》引《唐圭峰碑》作"宦"。《敦煌俗字典》引《妙法蓮華經・觀世音顯聖圖》與寫本同。可見此字演變軌迹大致如下:害→[害]→宦→害。

寒:漢武帝接幸人韓,以金作彈丸,人逐長安,語曰:苦饑[寒],逐彈丸也。(《彈》)

按:《宋元以來俗字譜・宀部》引《通俗小説》與寫本同。

(2)"龍"作"竜"

龍:花搖丹鳳色,雲浮濯[竜]影。(《池》)

按:《康熙字典》"龍"字古文有多個形態:竜苀龍龛龒龗龓龗。《龍龕手鏡・立部》:"竜,古文龍字。"《宋元以來俗字譜・龍部》引《古今雜劇》等作"竜"。

(3)"處"作"処"

處:百物始交代之処。(《山》)

按:《説文・几部》:"処,止也。得几而止。從几從夂。"中國繁體字多見爲"處",《詩注》幾乎全部寫作"処"。

可以看出,俗字整體是趨於簡化的,除"增繁"類俗字,其餘類別絕大多數字例是或多或少減少了筆畫的。對於減少筆畫貢獻最大的,莫過"符號替代"類俗字。除分類外,字例又多給出《詩注》之前的中國字書典例,我們不但直觀一些俗字現象,還可以推究其中一些規律。

三、漢字在日本的傳承與變異

前文對《詩注》俗字分類,例句中除剪切《詩注》呈現給讀者的圖片外,其他字多與中國歷代沿用的正體字(主要指繁體字)相同。雖俗字滿目,"正字"始終還是占主導地位,大多數字是日本對漢字的直接傳承、直接使用。

漢字發源於古代中國,是漢民族創造的文字。在中日漫長的交流過程中,日本學習漢語、漢字來記錄自己的語言,漢字在日本的文字中長期佔有支配地位,在學習漢字過程中,許多我國歷代的俗字也得以在日本傳播。一方面一些俗字被日本加以繼承,其中一部分成了日語正式漢字,另一方面俗字在演變過程中不斷當代化、當地化,出現了變異,屬於日本的創造,其中的一部分也成了日語規範漢字。今天,如果我們不習日語,恐怕很難知道,那些看似外文的日語平假名、片假名,其實是日本在漢字基礎上創造的,很多是取自漢字草書或是草書的局部,這是比較極端的例子,無須多說。

爲看清漢字在日本的傳承與變異,我們不妨拿《詩注》與中日現行簡化字作個比較。以日本 2010 年改定的《常用漢字表》與中國現行的簡化字相比較,字形相同或近似者有 73 個,這些字大多出現於古典文獻中。例如蟲、爾、麥、萬、當、號、來、禮、隨、斷、國、亂、學、參、盡、辭、獨、聲、區等,多能在《詩注》中找到蹤迹,上文多有論及,不再贅述。

在《常用漢字表》中,有 235 個簡體字與中國簡化字不一樣。這些簡俗字,在域外變體并歷代相傳,而其源頭大多存在於中國歷史文獻中。例如德、懷、步、乘、遲、豐、專、蔵、帯、漢、惠、継、栄、労、厳、黒、拝、咲、恥、霊、穏、隠、縁、隣、聴、聡、処、仏、関、塩、銭、逓、児、陥、収、従、竜、壱、覇、氷、歯、窓等。何華珍師稱這種"源頭在中國,發展在域外"的俗字爲"擴散性俗字"[1],其所舉諸例如俭、剣、検、険、驗步等,《詩注》中多有涉及。

山田忠雄先生在 1958 年著《當用漢字の新字體:製定の基盤をたづねる》(新生社 1958 年版),對當用漢字中的簡俗字進行了全面調查,指出以下 67 字不見於《宋元以來俗字譜》,而見於日本漢籍寫本:"囲、衛、偽、円、釈、駅、択、沢、訳、応、読、続、売、届、區、駆、歐、殴、茎、

---

[1] 何華珍:《俗字在日本的傳播研究》,《寧波大學學報(社科版)》2011 年第 6 期。

鵄、欠、横、國、嶽、剤、実、寫、觸、窓、総、証、闘、仏、払、辺、様、糸（絲）、厳、単、弾、禅、戦、湿、栄、労、営、學、覚、與、譽、乗、剰、参、弁（辨、辯、瓣）、卆、粋、雑、摂、渋、塁。”

山田氏進一步指出：“圧、壱、仮、価、気、犠、樞、渓、芸、広、鉱、拡、団、伝、転、疎、対、図、弐、拝、浜（濱）、予（豫）、獣、桜、挙、猟、悩、脳、焼、畳”等 25 字，既不見於《宋元以來俗字譜》，也不見於日本文獻。進而對這些字源不明的俗字進行了分析説明，認爲“圧、価、気、茎、実、団、対、図、脳、浜、猟、桜、挙、焼、畳、弐”等16字，在《宋元以來俗字譜》及日本俗字語料中，出現有近似字形，可以窺見字形之源。然後，重點對“壱、弐、芸、広、鉱、拡、伝、転、拝、予”等 10 字進行了字理分析和文獻考察，尚未得出最後結論。

無論最後的結論是什麼，有一點是肯定的，漢字在日本出現了變異。漢字筆畫、結構的多變，使得漢字的張力幾乎無窮大，日本在吸收漢字文化的同時，結合自身需求而改變、創造漢字也是情理之中、自然而然，假名的創造即是明證。

我們看到，《詩注》中有極富個性的俗字群，命運也不同：

釈：《釈名》曰：“月者，闕，太陰精，滿克復缺，名夜光月，欒望舒也，亦曰纖阿。（《月》）

《詩注》“擇”“澤”“鐸”分作“択”“沢”“釞”。何華珍師通過大量論證，明確指出：以“尺”易“睪”，“源出同音借用”。[①]

時：蓂開二八時：《瑞応圖》曰“堯時蓂莢生庭，從朔至十五日，日生一葉，從十六日，日落一葉也”。

《詩注》從“寺”字之“詩”、“時”等字皆從“之”，幾無例外。方國平謂“寺”字“随着語音的變化已經不能代表當時社會的讀音了，所以抄寫者借用讀音更爲相近的“之”字來表音，同時簡化字形”[②]。

日本《常用漢字表》前者沿用《詩注》情形，而後者不用，也可見傳承與變異之微妙。

四、小結

綜上，俗字的存在與發展，必定是相關因素的合力作用。一方面，文字體系的穩固性和人們交流的約定性甚至政治、經濟的發展都要求文字不

① 何華珍：《日本漢字和漢字詞研究》，中國社會科學出版社 2004 年版，第 165-171 頁。

② 方國平：《漢語俗字在日本的傳播——以〈日藏古抄李嶠詠物詩注〉爲例》，《漢字文化》2007 年第 5 期。

能隨意改變自己的形態；而另一方面，人類對簡便易寫的追求、語音的變遷、政治軍事對文字改變的影響則會讓文字難以穩固，各個因素拮抗作用[①]，文字便在規範與改變中不斷行進。

　　近代，日本發展早於中國，漢字詞大量由日本回傳中國，漢字的簡化也是日本先行，中國也有參考。兩國漢字今後是怎樣的發展？能否向着利於兩國交流方向？各方力量、各種因素將發生怎樣的拮抗作用？值得人們深思。

參考文獻

專著：

[1] 陳彭年：《宋本廣韻》，江蘇教育出版社 2002 年版。

[2] 陳五雲：《從新視角看漢字：俗文字學》，河南人民出版社 2000 年版。

[3] 丁度：《宋刻集韻》，中華書局 1963 年版。

[4] 董明：《古代漢語漢字對外傳播史》，中國大百科全書出版社 2002 年版。

[5] 顧頡剛、顧廷龍：《尚書文字合編》，上海古籍出版社 1996 年版。

[6] 顧頡剛、劉起釪：《尚書校釋譯論》，中華書局 2005 年版。

[7] 顧野王：《大廣益會玉篇》，中華書局 1987 年版。

[8] 漢語大字典編寫組：《漢語大字典》，湖北辭書出版社、四川辭書出版社 1990 年版。

[9] 何華珍：《日本漢字和漢字詞研究》，中國社會科學出版社 2004 年版。

[10] 胡志昂：《日藏古抄李嶠詠物詩注》，上海古籍出版社 1998 年版。

[11] 黃征：《敦煌俗字典》，上海教育出版社 2005 年版。

[12] 冷玉龍：《中華字海》，中華書局 1994 年版。

[13] 林志強：《古本〈尚書〉文字研究》，中山大學出版社 2009 年版。

[14] 曾榮汾：《字樣學研究》，學生書局 1988 年版。

[15] 張書岩主編：《異體字研究》，商務印書館 2004 年版。

[16] 張涌泉：《敦煌俗字研究》，上海教育出版社 1996 年版。

[17] 張涌泉：《漢語俗字叢考》，中華書局 2000 年版。

[18] 周志鋒：《明清小説俗字俗語研究》，中國社會科學出版社 2006 年版。

---

① “拮抗作用”是藥理學、生物學等學科的術語，指各個因數聯合作用時，一種因數能抑制或影響另一種因數起作用，我們不妨引入俗字研究。

接續薪火：久保天隨的著述與明治漢學

［中國］胡夢穎 浙江財經大學

一、前言

　　久保天隨（1875—1934），名得二，十四五歲時有感於《莊子·在宥》中的“神動而天隨”，自號天隨，別號青琴、兜城、秋碧吟廬主人等。在東京完成初級中學學業，赴仙台第二高等學校就讀高中，之後報考東京帝國大學，入讀漢學科，於 1896 年（明治三十二年）獲得學士學位後入大學院就讀，因性不慣拘束，且患有口吃，頗避世間之交際，故大學畢業後不就定職，賣文爲生，著述頗豐，1898 年成爲《帝國文學》[①]的編委，被認爲對該志有極其重要的貢獻。近二十年後的 1915—1916 年才迫於生計擔任内閣文庫大禮記編纂委員會委員等職，1929 年舉家移居臺北，任臺北帝國大學教授，負責講授東洋文學，後卒於臺北。久保一生所著漢詩集、漢文漢詩評釋、紀行文集、西歐作品翻譯集等共約一百四十部。其中漢詩之作乃精力所萃，有《秋碧吟廬詩鈔》五帙十四卷等刊刻行世。[②]著名明治漢學研究者町田三郎認爲“天隨在中日古典研究、戲曲研究、漢詩創作三方面，都相當有成就”[③]。和天隨同時代的詩人、隨筆家大町桂月則評價他爲“當今文士中，最具有漢詩和漢文素養的一位”。[④]大正昭和時期的東洋學學者神

---

　　① 東京帝國大學文科大學師生組織的帝國文學會之機關志，以高山樗牛和桑木嚴翼等爲中心，井上哲次郎、上田敏及上田萬年等共同發起。1895 年創刊，1920 年停刊。久保天隨亦爲其重要的主編，因天隨的關係，該志始終對漢文學保持一定的關注。

　　② 以上久保天隨生平的介紹，參考張寶三《久保得二先生傳》，載《國立臺灣大學中國文學系系史稿》，臺灣大學中文系 2002 年版，第 185 頁。町田三郎：《久保天隨的學術成就——以漢學史研究爲探討重點》，載成功大學中文系主編《第一屆臺灣儒學國際學術研討會論文集》，臺南市文化中心 1997 年版，第 51 頁。久保舜一：《久保天隨》，載《塩井雨江、武島羽衣、大町桂月、久保天隨、笹川臨風、樋口龍峡集》，《明治文學全集·41》，筑摩書房 1971 年版，第 384 頁。

　　③ 町田三郎著：《久保天隨的學術成就——以漢學史研究爲探討重點》，陳瑋芬譯，載成功大學中文系主編《第一節臺灣儒學國際學術研討會論文集》，臺南市文化中心 1997 年版，第 52 頁。

　　④ 大町桂月：《赤門文士に就いて》，載《塩井雨江、武島羽衣、大町桂月、久保天隨、笹川臨風、樋口龍峡集》，《明治文學全集·41》，筑摩書房 1971 年版，第 380 頁。

田喜一郎則在悼念久保天隨的時候作了一首五律，詩中可見久保天隨在明治大正文壇的地位：

> 海內推盟主，騷壇老斫輪。
> 乾坤供放眼，書卷盡隨身。
> 偃蹇詩爲命，縱橫筆有神。
> 那堪荒裔地，執紼送斯人。①

　　"明治漢學"本身就意味着有幕末的儒學在明治時期的近代化，學者認爲，"'漢學'面臨明治維新後的西化政策，由高高在上的官學地位滑落成乏人問津，它的生存策略就是捨棄過去舊的'儒學'，主張直接參與社會的方式，轉變成爲'近代的'學問。也就是企圖對應於西洋的文學、歷史學、哲學等學科分類，引進西歐新的科學方法，將舊的漢學解體"。②而東京大學古典講習科所培養的四十多名學者被認爲是明治甚至之後日本漢學研究的中流砥柱，隨着古典講習科和漢學團體諸如斯文會等在明治二十年代後的停廢，本就不如幕末儒學興盛的明治漢學進一步陷入低谷，分析處於這一低谷時期的漢文學家久保天隨的學術成果，可以幫助我們進一步理解明治漢學的生存狀態。

二、引西洋入東洋：古典講習科的傳統與久保天隨的《支那文學史》

　　1877 年（明治十年）前後，一方面，活躍於幕末的漢學者相繼逝去，社會充斥着歐化主義至上的潮流。因此在加藤弘之的建議下，1877 年文部省於東京大學文學院設置和漢文學科，企圖振興衰退的漢學。1881 年（明治十四年）5 月以附屬的名義在文學院開設了古典講習科，同年 11 月又設置了專攻漢文學的講習科，前者稱甲部，後者稱乙部，中村正直、島田篁村和井上哲次郎等知名學者都爲其中的教師。因此 1881 年和 1882 年時全國彌漫着反潮流的保守主義氣息，漢學者再次受到重視，雖然歐化主義的風潮依然盛行。

　　另一方面，明治十年前後，"報章雜志等出版事業勃興，都市人口迅速激增，各項訊息的需求亦隨之而至。最值得一提的是，報紙'文藝版'的出刊。舉凡日常的感懷，新鮮的經歷，如刊載以漢詩歌頌西歐異國的風物及對此詩的評論，即廣受讀者的喜愛"，是以到了二十年代，"漢學熱達到頂點。當時文人尚能以漢詩的形式來表達自己的感情，故漢文結社亦熾盛

---

① 《隨鷗集》，第 357 號，轉引自川合康三編《中國の文學史観・資料編》，創文社 2002 年版，第 66 頁。

② 陳瑋芬：《近代日本漢學的〈關鍵字〉研究：儒學及相關概念的嬗變》，"國立"臺灣大學出版中心 2005 年版，第 15 頁。

於此時。而明治的輔弼大臣於漢詩文頗爲嗜愛，或助長漢學熱發展的原因之一。"①

　　而在這段繼幕末漢學衰退、明治初年歐化之風漸長後，漢學重新興起的明治十到二十年代初的時間段裏，久保天隨正處於其初高中時代。他聲稱自己"兒時甚喜小説，稍解文學的趣味，很早就開始利用課餘時間從事漢詩文寫作了，十四歲時（1888 年）就開會寫作漢詩，十七歲到了仙台後，更是積極投身寫作，因爲數學和英語已經在東京學得很好了，就有了很多閒置時間，基本每天作一首詩"。②於仙台第二高等學校就讀時，在時代風潮的影響下，17 歲的天隨在雜志首次發表了漢詩，即《鷗夢新志》第 55 集（1891 年 2 月）所刊載的《柳橋竹枝》。③

　　然而由於經費拮据，東京大學古典講習科才辦了兩屆就被迫停辦，於1888 年（明治 21 年）全面廢止。明治二十年代前後的這種漢學熱持續了幾年後，也隨之結束了。"漢學再次像伏流似地潛伏於社會的各階層中，於後來的時代展現其新的面貌。"④當然，雖然東京大學古典講習科只有兩屆四十多名學生，但"所謂日本東洋學黎明期，即明治後期到昭和初期的代表學者，卻幾乎都是出身於古典講習科"，"於日本漢學界有極爲深遠的影響"。⑤根據學者的分析，古典講習科諸子的學術，對於日本的漢學研究有三方面的影響：第一，學問的目的不在政治，也不在道德，而在於成就學者之純粹性學問之道；第二，在擴大漢學研究的領域，創造出新的學問，可以説受到西洋學術研究的引發，而着手於本國漢學史的研究，乃始於古典講習科的師生；第三在於承先啟後的意義，即明治期漢學日漸衰落的情況下，一方面要繼承江戶時期的優異成果，一方面還要推陳出新，這些基本都有賴於這一批古典講習科師生。⑥

　　其實久保天隨作爲古典講習科諸子的後輩，其學問亦繼承其傳統，具有以上一、二點的特點。此外，久保於明治二十年代末進入東京帝國大學漢學科學習時，東京帝國大學"以漢學爲專攻的學生是微乎其微的，俊秀都以歐洲西洋爲指向"。⑦從文科大學漢學科畢業生名錄中可以看到，和久

---

　　① 町田三郎著：《明治的漢學家》，連清吉譯，臺灣學生書局 2002 年版，第 231 頁。

　　② 新聲社編：《創作苦心談》，載白井吉見編《明治文學回顧錄集》（明治文學全集・第 98-99 卷），筑摩書房 1980 年版，第 319 頁。另，括弧内的西元紀年爲筆者所加。

　　③ 神田喜一郎：《神田喜一郎全集・第 7 卷》，同朋舍 1985 年版，第 404 頁。

　　④ 町田三郎著：《明治的漢學家》，連清吉譯，臺灣學生書局 2002 年版，第 16 頁。

　　⑤ 同上書，第 13 頁。

　　⑥ 同上書，第 163-164 頁。

　　⑦ 同上書，第 164 頁。

保同一個專業的有“1894 年畢業的選科生田岡嶺雲、中野逍遙兩位，1895
年本科生畢業的藤田劍峰，有 1897 年畢業的白河鯉洋、1900 年畢業的鈴木
豹軒”。①他們被世人歸爲赤門派文士，這批學者基本上選擇在野的態度，
大町桂月於 1901 年稱，久保是其中最爲傑出的後輩。②可以説繼古典講習
科諸子後，久保天隨和這幾位東京帝國大學漢學科的爲數不多的同學一起，
實際上繼續承擔著接續日本漢學研究薪火的任務。

　　在明治初年過度歐化之後，日本學者普遍在思考如何建成自己本國的
學問。正如町田三郎所説，明治漢學可以分爲四個時期，其中第三期從 1891、
1892 年到 1902、1903 年（明治二十四、二十五年到三十五、三十六），爲
“東西哲學的融合與對日本學術的重視”時期。③ 如在 1890 年（明治二十
三年），36 歲的井上哲次郎從德國留學歸國，升任東京帝國大學文科大學教
授，被委任負責解説明治天皇頒佈的《教育敕語》，他所“背負的責任是用
西洋的學術，特別是西洋哲學的觀點，檢討東洋學術，進而超越保守落伍
的漢學藩籬，重新架構東洋的學問，換句話説，是以融合東西哲學爲究極，
樹立新的學問體系”。④和井上一樣，其他東京大學的學者，又何嘗不是具
有這樣的責任？那麼，久保在學問上是否有新的生髮呢？

　　久保天隨在此時（1903 年，明治三十六年），將其在早稻田大學任教的
講義整理出版，名爲《支那文學史》，前後出版有多個版本，⑤該書充分反
映了引西洋學問來建立日本本國學術的特點。

　　首先文學史的形式就是近代才有的。在久保之前已有一些日本學者開
始寫作中國文學史，⑥一般認爲，日本學者的中國史寫作，是受了西方通史
寫作的影響。“西歐十九世紀成立了近代歷史學，而文學等各個領域也都隨
之開始撰寫通史，文學史由此誕生。受到西歐國別文學史的刺激後，三上
參次和高津鍬三郎寫了《日本文學史》，之後受此影響，開始有學者嘗試寫
作以中國文學爲物件的通史”。⑦而世界上最早的中國文學史，一般要從 1897

　　① 芳村弘道：《久保天隨とその著書〈支那文學史〉》，載川合康三編《中國の文學史觀・資料編》，
創文社 2002 年版，第 64 頁。
　　② 大町桂月：《赤門文士に就いて》，載久松潛一編《塩井雨江、武島羽衣、大町桂月、久保天隨、
笹川臨风、樋口龍峽集》（明治文學全集・第 41 卷），筑摩書房 1971 年版，第 379 頁。
　　③ 町田三郎：《明治の漢學者たち》，研文出版社 1998 年版，第 3 頁。
　　④ 町田三郎著，連清吉譯：《明治的漢學家》，臺灣學生書局 2002 年版，第 17 頁。
　　⑤ 久保天隨：《支那文學史》，人文社 1903 年版。此外，1907 年在平民書房再版，久保天隨：《支那
文學史》，平民書房 1907 年。另，還在早稻田大學出版有多個版本的《支那文學史》。
　　⑥ 根據和田英信《明治期刊行の中國文學史──その背景を中心に》（載川合康三編《中國の文學史
觀》，第 157-159 頁）一文，明確在久保之前刊行的支那文學史至少有 9 部。
　　⑦ 川合康三：《唐代における文學史の思考（上）》，《京都大學文學部研究紀要》第 37 號，第 32 頁。

年日本學者古城貞吉所著《支那文學史》開始。

　　天隨的《支那文學史》和其他日本學者所著中國文學史相比自有特色，學界認爲其"在吸收藤田劍峰、古城坦堂、笹川臨風著書成果的基礎上，選取這三位未能論及的文學體裁和作家，内容廣泛，甚至涵蓋執筆當時的文學情況，同時敘述也非常詳細"，此書"是日本向近代過渡的明治末期中《支那文學史》的集大成之作，爲時代增輝"。[1]比如藤田豐八是最初提出中國文學南北風土差異對於思想和文學的形成及展開有極大影響觀點的學者。此後，古城坦堂和笹川臨風以及久保天隨繼承了這一論點，在天隨的《支那文學史》中，上古文學部分，第一章三代文學部分的第一節即爲"北方文化的發展"，第二章周末文學的部分則有"北方思潮的餘派"，"南方的天然和南人的性格"，"南方思潮的餘派"，"中部思潮的起源"等。[2]然而關於南北方風土差異對於文學的影響，天隨却在繼承的基礎上又有新的生髮，他"反對將文學作爲道德教化手段的儒家文學觀"，認爲文學脱却了"實際傾向"的束縛，才有價值，[3]也因此批評"北方思潮"的"實際的傾向"。這類關於藝術和道德關係的問題是非常近代的論題，天隨能够討論到這些是很有價值的。

　　芳村弘道推測天隨"對於北方傾向批判的姿態，是以其西歐文學的造詣爲根柢生發出來的"。[4]的確，天隨德文和英文水准都相當不錯，且在明治末年翻譯有一些西方文學，如裴斯泰洛奇的《醉人妻》，[5]歌德的《少年維特之煩惱》，[6]哥德斯密的《寒村行》等。[7]而天隨在《支那文學史》中也確實基於希臘文學的特點，來批判北方思潮的實際傾向，認爲"漢族祖先上古北人的實際傾向，使得萬事更爲明晰，但是涉及到文學，則是件悲慘的事情。和希臘時代，學者討論詩歌，模仿自然界，描寫人類正好相反，中國人寫詩專門爲教化之用"。[8]

　　① 芳村弘道：《久保天隨とその著書〈支那文學史〉》，載川合康三編《中國の文學史観・資料編》，創文社 2002 年版，第 76 頁。

　　② 參考久保得二《支那文學史》，人文社 1903 年版。

　　③ 芳村弘道：《久保天隨とその著書〈支那文學史〉》，第 75 頁。

　　④ 同上，第 76 頁。

　　⑤ ペスタロチ（Johann Heinrich Pestalozzi）：《醉人の妻》（*Lienhard und Gertrud*），久保天隨譯，育成會 1901 年版。

　　⑥ ゲエテ（Johann Wolfgang von Goethe）：《うえるてる》（*Die Leiden des jungen Werthers*），久保天隨譯，金港堂 1904 年版。

　　⑦ ゴールドスミス（Goldsmith）：《寒村行》（*The Deserted Village*），久保天隨，天野淡翠譯，鐘美堂 1903 年版。

　　⑧ 久保天隨：《支那文學史》，早稻田大學出版部 1910 年版，第 53 頁。

此外，天隨對於小説戲曲等"輕文學"予以高度重視。甚至其博士學位論文的題目也爲《西廂記的研究》，并將其和天隨在其它雜志上刊載的戲曲介紹一起整理成書，名爲《支那戲曲研究》。

三、引漢詩文入儒學：作爲日本漢學通史嚆矢的《日本儒學史》與《近世儒學史》

那麼，久保天隨在支那文學的寫作之外，還有什麼樣學問上的建樹呢？

學者認爲，明治三十年代寫作的日本儒學史中，對今日仍有啟發意義的有内藤湖南的《近世文學史論》，久保天隨的《日本儒學史》和《近世儒學史》，以及井上哲次郎的儒學三部作，[①] "有志於學習日本漢學的人，讀内藤湖南的《近世文學史論》可以知江戶漢學之大要，從井上哲次郎的漢學三部作可以瞭解三大學派的思想流向。而如果想要把古代到幕末的儒學史連貫起來瞭解的話，就非得佐以天隨的這兩本書（《日本儒學史》和《近世儒學史》)"，因此這兩本書是"日本漢學通史的嚆矢"。[②] 久保在 1904 年寫作有《日本儒學史》，後於 1907 年又在博文館出版了《近世儒學史》，這兩部著作評價甚高。内藤的日本儒學史只是簡單歸納總結了藤原惺窩以前宋學隆盛期的學者和學僧，此後就從惺窩及羅山開始簡明論述德川時期的儒者，但并沒有論述得太具體。井上哲次郎的儒學史則在此點上進行了補充，在細緻的實證調查和資料收集的基礎上，進行了包括性行、思想、著述、後繼者、諸家的批評等在内的學案體的分析。雖然内藤和井上都對德川時期的朱子、陽明和古學三派進行了整理研究，但他們都沒有論述古代和中世的儒學部分，這部分則由天隨在其兩部儒學史中很好地進行了補充。

天隨的《日本儒學史》，就從古代一直論述到近代，貫穿了日本儒學發展的整個脉絡，在這個意義上，是具有首創之功的。"維新後，日本的中國學家受到西學方法的影響，開始編纂中國文學和中國哲學的學術史。至於漢學的學術史，則受到西方文學史著作的啟發，在明治二十年代初期，由黑木安雄、島田重禮、安井小太郎等東大古典講習科的師生們着手研究；沿至明治末年，便累積了些成果"，然而在這些著作中，對古代到近世作通盤研究的，可以説"只有久保得二的《日本儒學史》而已。其他都僅限於古代、平安時代、或者五山時代、近世，而未及明治時期。"[③]

---

① 陳瑋芬:《日本儒學史の著述に関する一考察——德川時代から一九四五年まで》,《中國哲學論集》1997 年第 23 號，第 77 頁。

② 町田三郎:《久保天隨の業績——その漢學史研究史を中心に》，載成功大學中文系主編《第一節臺灣儒學國際學術研討會論文集》，臺南市文化中心 1997 年版，第 66 頁。

③ 三浦叶:《明治年間における日本漢學史の研究》,《斯文》第 53、54 合并號，第 16 頁。

　　而天隨自己也在書中提到，"雖然自古以來，即不乏如河口靜齋的《斯文源流》、那波魯堂的《學問源流》，和杉浦正臣的《儒學源流》等探討儒學原委的書籍。但是這些著作，都是從惺窩羅善之後開始論起、止於霸府時期，而且也沒有上溯古代。其中，記載王朝之事的，只有天寶年間，薩摩藩伊地知季安所作的《漢學紀源》一書。雖然時有訛誤或缺漏，但其中對五山學術的描述，頗爲可觀。可惜的是，知道這本末竟之書的人很少。因此我創作此書，著眼於漢宋二學的輸入、講習與弘布，力求記述的精確齊整。希望能盡綿薄之力，補救學界之缺憾"。[①]

　　一方面正如上文所説，天隨的《日本儒學史》作爲通史，有别於以往斷代的日本儒學史，另一方面，作爲漢詩人的天隨，本身富有詩才，以此聞名，他能够在寫作儒學史的時候基於自己的學術背景，注意到儒者文人的詩作，及這些漢詩文創作對於儒者文人們思想發展的重要性，這是非常有價值的。學者認爲，天隨的兩部儒學史（《日本儒學史》及《近史儒學史》）"可以窺見内藤湖南《近世文學史論》的影子。湖南由'儒學'、'醫術'和'國學'三方面架構了'德川學術史'；天隨則以由思想和文學二者交織而成的儒學，來闡明'德川學術史'，這也正是本書最突出之處"。[②]也就是説，在内藤湖南的影響下，天隨基於自己的知識儲備有所生髮。比如在元禄期與化政期，天隨討論了詩文的興起與流行，認爲"日本漢學是透過古典注釋學，以及漢詩文兩個領域而展開"。[③]可以説他的儒學史，在注重從漢詩文的角度去理解日本儒學，是發前人之所未發的。

四、結語

　　天隨在漢學方面的學術貢獻和價值讓我們看到，明治的漢學研究，并不是在古典講習科諸子之後就後繼乏人了，哪怕在日清戰爭之後漢學最爲凋敝的時刻也依然香火不斷，有天隨和他的漢學科諸位師生在爲此付出努力，一直未曾停止過推陳出新。天隨繼承了從古典講習科到赤門文士的傳統，即在吸收西方學術研究方法的基礎上，努力構建本國的學問，還將自己對漢詩的體悟融入到日本儒學史的寫作中，提供了理解日本儒學的新視角，其寫作的儒學史更是成爲了日本最早的儒學通史。由天隨的學術成就可以看到，明治漢學自始至終存在於日本的文化命脉中，不管

---

　　① 久保天隨：《序》，載氏著《日本儒學史》，博文館 1904 年版，第 1-2 頁。

　　② 町田三郎：《久保天隨の業绩——その漢學史研究史を中心に》，載成功大學中文系主編《第一節臺灣儒學國際學術研討會論文集》，臺南市文化中心 1997 年版，第 66 頁。

　　③ 町田三郎：《久保天隨の業绩——その漢學史研究史を中心に》，載成功大學中文系主編《第一節臺灣儒學國際學術研討會論文集》，臺南市文化中心 1997 年版，第 65 頁。

是作爲潛流還是作爲顯學，也因爲此，才促成了整個 20 世紀日本中國學研究的輝煌。

參考文獻

［1］臼井吉見編：《明治文學回顧録集》，載《明治文學全集・第 98—99 卷》，筑摩書房 1980 年版。

［2］大町桂月：《天隨の支那文學史を評す》，《太陽》1903 年 10 卷第 1 號。

［3］川合康三：《中國の文 學史観》，創文社 2002 年版。

［4］神田喜一郎編：《明治漢詩文集》，載《明治文學全集・第 62 卷》，筑摩書房 1983 年版。

［5］三浦叶：《明治の漢文學史》，汲古書院 1998 年版。

［6］三浦叶：《明治の漢學》，汲古書院 1998 年版。

［7］久松潜一編：《塩井雨江、武島羽衣、大町桂月、久保天随、笹川臨風、樋口龙峡集》，載《明治文學全集・第 41 卷》，筑摩書房 1971 年版。

［8］町田三郎：《明治の漢學者たち》，研文出版社 1998 年版。

［9］町田三郎：《久保天隨的學術成就——以漢學史研究爲探討重點》，陳瑋芬譯，載成功大學中文系主編《第一節臺灣儒學國際學術研討會論文集》，台南市文化中心 1997 年版。

［10］村山吉廣：《久保天随の生涯と詩業》，載中國古典學會編《中國古典研究》2006 年第 51 號。

［11］森岡ゆかり：《近代漢詩のアジアとの邂逅——鈴木虎雄と久保天随を軸として》，勉誠出版 2008 年版。

［12］陳瑋芬：《近代日本漢學的〈關鍵字〉研究：儒學及相關概念的嬗變》，“國立”臺灣大學出版中心 2005 年版。

［13］黄得時：《久保天随博士小传》，載廣島大學文學部中國中世文學研究會編：《中國中世文學研究》1962 年第 2 號。

［14］李慶：《日本漢學史》（三卷），上海外語教育出版社 2001、2004 年版。

［15］劉嶽兵：《日本近代儒學研究》，商務印書館 2003 年版。

［16］陶德民：《明治の漢學者と中國：安繹・天囚・湖南の外交論策》，関西大學出版部 2007 年版。

［17］張寶三：《久保得二先生傳》，載臺灣大學中文系《“國立”臺灣大學中國文學系系史稿》，2001 年，第 185-188 頁。

朝鮮後期漢語教科書中的"非漢語用法"

［中國］任玉函 浙江財經大學

從《老乞大》《朴通事》開始，朝鮮時代漢語教科書便以其獨特的語料價值，成爲研究近代漢語的一種重要文獻。但由於作者是朝鮮人，不可避免的會受作者母語的影響而產生一些"非漢語用法"[①]，劉堅（1992）、張美蘭（1998）、汪維輝（2003）等曾指出《訓世評話》中存在一些"非漢語用法"。何亞南、蘇恩希（2007）指出《你呢貴姓》《學清》）在語法、詞彙、語音諸方面都留有韓語影響的痕迹。岳輝、李無未（2007）指出《華音啓蒙諺解》和《你呢貴姓》兩部材料中存在一些"非常規漢語現象"。《騎着一匹》系列、《華音撮要》等朝鮮後期漢語教科書的作者雖然精通漢語東北方言，但中文水平不是太高，早期抄本中有許多字寫不出來，或用同音字替代，或徑以諺文記音（汪維輝等2012）。這些"非漢語用法"值得我們注意。

《騎着一匹》系列、《華音撮要》等朝鮮後期漢語教科書中的"非漢語用法"，與早期《老乞大》《朴通事》中的"漢兒言語"不同，"漢兒言語"儘管與當時的漢語不同，但却是元代這一特殊的歷史背景下蒙漢語言接觸和滲透的產物，是"漢兒言語"客觀真實的反映。而《騎着一匹》系列等後期教科書中出現的"非漢語用法"多是在二語習得的過程中產生的一種偏誤。一般來説，在二語習得的過程中產生偏誤的原因主要有兩個方面：一是受母語負遷移的影響；二是過度的使用（泛化），原因是目的語知識掌握得不准確、不全面。朝鮮後期漢語教科書中出現的"非漢語現象"，則主要是受母語負遷移的影響而產生的。

語言遷移在二語習得的過程中是一種常見的現象，指學習者在運用目的語進行交際時，試圖借助母語的語音、語義、結構或文化來表達思想的一種現象。據 Lado 的對比分析假設，當母語的某些特徵與目的語相類似或一致時，容易產生正遷移（positive transfer）；而當母語與目的語的結構差

---

① 汪維輝（2003）將這種現象稱爲"非漢語用法"；劉堅（1992）稱其爲"外語對漢語的影響痕迹"；張美蘭（1998）稱之爲"混合漢語"。

異增大，則會産生干擾，發生母語的負遷移（negative transfer）。

一、副詞"就"的錯序

副詞"就"的錯序主要表現在與主語的位置用錯。現代漢語副詞"就"的義項較多，用法複雜，是"外國人學習漢語的難點之一"（王還 1992）。在各類偏誤分析的研究中，常涉及副詞"就"偏誤的討論，如佟慧君（1986）、李大忠（1996）等等。這也是目前韓國留學生在學習漢語的過程中常常出現的一個錯誤。《騎着一匹》《華音撮要》等朝鮮後期漢語教科書中已經記錄了這種現象，例如：

（1）一説<u>就</u>你却是必明白著：江南、江西、蘇州、胡（湖）南、泗（四）川、福建、廣東地方，離這裏道路遥遠，起旱走不到，都是上船纔到得呢。（《騎着一匹》3a）

（2）啊（阿）哥敢（趕）明個一走<u>就</u>横竪各人必明白著，咳用問嗎？（《騎着一匹》4b）

（3）按信收明好，實在不拿，<u>就</u>我也心裏下不去。（藏書閣本《中華正音》8a）

（4）人家説你發財<u>就</u>你就粧發財咧？（《華音撮要》29a）

（5）我打听別處的信一兒，誤一候一し<u>就</u>你却是連骨頭也不得吃咧，快呌他停儅去就是咧。（《華音撮要》37b）

（6）那嗎<u>就</u>我坐你的車罷。（《關話畧抄》9b）

（7）萬一他不付這箇銀子，<u>就</u>我再到上海本鋪裏能要得來。（《華音啓蒙諺解》上 35b）

（8）那麼<u>就</u>咱們不必打賭，你篩我敬，盡量兒哈罷。（《華音啓蒙諺解》下 10b）

（9）我没有別的東西，只有一千多張牛皮，你要使换，<u>就</u>咱們先講價錢罷。（《你呢貴姓》11a）

（10）王大哥，你這嗎著，我也勾你寔在難得找嚷（讓），每一張牛皮我給你讓二戔銀子，你打你的筭板，若願意<u>就</u>咱們嗎嗬停當，若不願意就罷。（《你呢貴姓》13a）

漢語中的副詞"就"在句中多作狀語，句法位置一般位於主語之後。但在韓語中，這個"就"大多要用連接詞，而連接詞的句法位置是在主語之前，因此朝鮮人像使用自己母語中的連接詞那樣使用漢語的"就"，自然就造成了位置偏誤。例如：

（11）밥을 먹자마자 그가 바로 와ㅆ다. 吃了飯他就來了。

其中的"…마자…바로"對應漢語的"就"，"그"對應"他"。

二、將漢語的 V+O 誤變成 O+V

韓語和漢語屬於兩種不同的語言體系,漢語爲孤立語,語法順序爲 S+V+O;韓語則爲黏著語,語法順序爲 S+O+V。朝鮮後期漢語教科書的作者由於其母語的影響,誤將漢語中的 S+V+O 變成了 S+O+V。例如:

(12)東昶家底根有的存貨是,先不箅艮數兒,只有三四十大堆子,自己的連一丈(張)皮貨賣不出去咧,爲甚嗎收買人家的呢?(《騎著一匹》11b)

(13)這裏街傍(坊)住家的也今年都不養活鷄。這樣黑麼古董的時候,那裏找去呢到底是?(《騎著一匹》41a)

(14)這門上的生意是別人辦不來的,他就辦得來的本事有呢。(《華音撮要》28a)

(15)他説:"没有廣東去的,只有一箇天字號大船,明兒箇要去海外呢。"(《華音啓蒙諺解》下31a)

(16)甚嗎嘀咕①。(《你呢貴姓》21a)

《騎着一匹》系列、《關話畧抄》《華音撮要》等教科書中包含了大量的記音字,如:惱(鬧)、啊(阿)哥、道裏(理)、并一(便宜)等。其中有些字是由於韓語語音的負遷移而誤,如 n、l 不分、b、p、f 的混淆等。

三、b、p、f 的混淆

漢語將唇音分爲雙唇音 [p]、[p'] 及唇齒音 [f],而韓語中没有唇齒音 [f],只有雙唇音 [p]、[p'],因此韓國人在發漢語的 [f] 時,常常用與之極爲相似的,母語中的唇音 [p]、[p'] 來替代。例如:

(17)比謗(方)説是我出頭多出幾兩銀子咧,他們車上也不得不出。(《騎着一匹》31a)

(18)這裏街傍(坊)住家的也今年都不養活鷄。(《騎着一匹》41a)

(19)這個旁(房)子幾個月不燒的緣故,屋裏都凍,外風很大,叫人交冷坐不下。(《關話畧抄》7b)

四、n、l 不分

(20)可惜了一年講挪(張羅)的生意,却不成白嗎?(《騎着一匹》16a)

(21)不是別的,瞧々你那個牛皮,言明價錢,攄挪(張羅)車,纔明

---

① "嘀咕","小聲説;私下裏説"之義。原寫作諺文"디구"。

天好進貨呢。(《華音撮要》41b—42a)

　　(22) 從小的時候兒,老父母去世,也没有親弟兄,也没有親戚,也没有遠近的朋友,獨木過日字(子),只是講挪(張羅)趕牲口的枉宴(玩藝)。(藏書閣本《中華正音》15a)

　　(23) 對著老賊説個半天的話,終是説不過老業障。拿倒々々(拉倒拉倒)罷。(順天本《中華正音》34b)

　　(24) 你的寔真要調買,就寧可咱們拿倒生意是得,再不用冒出這個緣故來。(《你呢貴姓》18b)①

　　(25) 餘外還有一筆賬,酒錢、燭錢、借用的錢,連各人家那裏對賬的,一共老兒(一股腦兒)筭起來嗎,迭②個二十五吊來的錢,狗錢却是不在内啊。(《華音撮要》9a—9b)

　　(26) 老爺要拿(拉)尿(屎)③嗎?西邊月墻底些好拿(拉),照著燈籠往那邊拿(拉)罷。(《關話畧抄》11b)

　　(27) 掌櫃的,囬來再惱(嘮)罷。(《華音啓蒙諺解》上 18a)

　　據岳輝(2008),之所以出現 n、l 不分的現象,很可能是因爲韓國漢字音的干擾根據頭音法則,來母[ㄹ]在做第一個音節的初聲(聲母)的時候,詞頭迴避[ㄹ]發音,皆發成娘母[ㄴ]。在母語的負遷移下,便出現了 n、l 不分的情況。

　　朝鮮後期漢語教科書中存在的一些特殊語言現象,除了受我國當時東北官話的影響外,主要受編寫者的母語影響,弄清楚這些語言現象,對語言接觸的研究以及第二語言教學無疑是具有巨大研究價值的。

參考文獻

　　[1] 何亞楠、蘇恩希:試論《你呢貴姓》(學清)的語料價值,《南京師大學報》2007 年第 2 期。

　　[2] 汪維輝:《朝鮮時代漢語教科書與近代漢語研究》,《人文科學》(韓國延世大學校),2002 年第 84 期。

　　[3] 汪維輝:《關於〈訓世評話〉文本的若干問題》,《語言研究》2003年第 4 期。

　　[4] 王還:《漫談漢語一些副詞》,《語言教學與研究》1992 年第 1 期。

---

　　① 何亞楠、蘇恩希《試論〈你呢貴姓〉(學清)的語料價值》[《南京師大學報》(社會科學版) 2007 年第 2 期] 已指出"拿倒"就是"拉倒"。

　　② 原作"這",紅筆點去,旁改作"迭"。阿川本作"著"。

　　③ 諺文注音爲×,應是 si,當作"屎"。《漢談官話》有"要拉屎麼"條,可參。

［5］劉堅：《〈訓世評話〉中所見明代前期漢語的一些特點》，《中國語文》1992 年第 4 期。

［6］岳輝、李無未：《〈華音啓蒙諺解〉〈你呢貴姓〉的語言基礎》，《吉林大學社會科學學報》2006 年第 4 期。

［7］岳輝、李無未：《19 世紀朝鮮漢語教科書語言的干擾》，《民族語文》2007 年第 5 期。

［8］張美蘭：《〈訓世評話〉詞語考釋》，《南京師大學報》1998 年第 3 期。

試論朝鮮時代漢字親屬稱謂詞語的變異與革新[*]

——以韓國漢文小説爲例

［中國］鐵徽　浙江財經大學

一、引言

近年來，隨着對漢字域外傳播研究地不斷深入，圍繞如何研究漢字的域外傳播的問題，學者們紛紛提出了不同的見解。王曉平認爲應加强域外寫本漢字研究，這不僅是古籍整理和文學研究的需要，也是構建漢字寫本學的必經之路。[①]何華珍立足於漢字域外傳播史的視角，指出可以從傳承的階段、載體、途徑、方式等不同角度研究漢字在韓國的傳播軌迹，也可以從漢字圈層面進行宏觀或微觀的多維考察。

韓國漢文小説流傳下來的數量居東亞各國之首，其中不乏大量抄本、木刻本、活字本。事實上，韓國學界曾一度偏重於現代文學的研究，研究古代文學的學者又因漢文小説的書寫字體爲漢字而未將其列入研究範圍。朝鮮時代學者徐居正在《東文選·序》中指出"是則我東方之文，非宋、元之文，亦非唐漢之文，乃我國之文，宜與歷代之文并行於天地間，胡可泯焉而無傳？"[②]而對於中國學者而言，研究韓國漢文小説"既可探討中國文化、文學對韓國之影響，亦可兼做各種比較、研究工作，復能體認韓國

＊ 本文爲杭州市哲學社會科學規劃常規性課題"漢字域外傳播視閾下的朝鮮時代漢字親屬稱謂詞語研究"（Z15JC077）、浙江省社會科學聯合會研究一般課題"漢字詞彙在朝鮮半島的傳承及應用——以韓國漢文小説爲例"（2014N084）、浙江財經大學漢字國際傳播與書法產業協同創新"漢字在朝鮮半島的傳播"階段性成果。文中部分語例曾得到浙江大學俞忠鑫教授的指正，特此致謝！

① 王曉平：《朝鮮李朝漢文小説寫本俗字研究》，《上海師範大學學報》（哲社版）2013 年第 2 期，第66 頁。

② 轉引自林明德《韓國漢文小説全集·序》，國學資料院 1999 年版，第 11-12 頁。

文學之本質，且可窺見昔日友邦漢文大家之才華，及東洋文化之偉大"。[①]朝鮮歷代統治者皆非常重視漢字漢語的學習，一度將其列爲國策。朝鮮《太祖實錄》卷六中明確指出："我國家世事中華，言語文字不可不習，是以殿下肇國之初，……使習中國諺語音訓文字體式，上以盡事大之誠，下以期易俗之效。"朝鮮中宗時期也屢次指出學習漢語的重要性："我國事大爲重，吏文漢語，不可不敦勸也，事大交鄰，乃大事，吏文漢語，重事也。"受上述政策的影響，朝鮮時代的士大夫皆自幼研習背誦漢文，且運用自如。正是由於漢文小説作者高超的漢字書寫能力，導致中韓學界曾對《九雲夢》究竟是中國人所書還是朝鮮人[①]所撰產生分歧。

　　汪燕崗曾將韓國漢文小説發展分爲四個階段[②]，第一階段是新羅、高麗時期，是漢文小説的萌芽階段；從第二階段朝鮮王朝初期（1392—1592）開始，出現了《金鰲新話》《月團團》《何生奇遇記》等具有真正意義上的漢文小説；第三階段朝鮮王朝中期（1592—1724）是漢文小説的蓬勃發展期，代表作品有《九雲夢》等；至第四階段朝鮮王朝後期（1725—1910）韓國漢文小説達到鼎盛期，有被譽爲朝鮮時代漢文小説巔峰之作的《玉樓夢》等。本文分別以朝鮮時代初期《金鰲新話》（朝鮮刻本），中期《九雲夢》（哈佛本、韓國國立圖書館本）和後期《玉樓夢》（匯東書館本、德興書林本）爲底本，選取韓國漢文小説中具有民族性特徵的親屬稱謂詞語爲研究對象，對各階段的出現的親屬稱謂詞語進行描寫、分析。從其歷時發展變化過程窺探漢字詞彙在朝鮮半島變異及革新的特點。

二、朝鮮時代漢字親屬稱謂詞語概況

　　朝鮮時代初期作品因其篇幅和題材的限制，親屬稱謂詞語種類和數量并不多，因此除《金鰲新話》外，我們也將朝鮮時代初期的漢文小説《月團團》、《何生奇遇記》（以下簡稱"何生"）納入到考察範圍。朝鮮時代中期的《九雲夢》與後期的《玉樓夢》均屬家庭夢幻類小説，依照親屬稱謂"三系"原則排列如下[③]：

　　1. 父母系親屬稱謂詞語：

　　（1）《金鰲新話》（6個）：父、父親、母親、父母、爺孃、家君；

----

① 林明德：《韓國漢文小説全集・序》，國學資料院 1999 年版，第 12-13 頁。
② 汪燕崗：《韓國漢文小説研究》，上海古籍出版社 2010 年版，第 12 頁。
③ 馬宏基、常慶豐提出"三系（父系、母系、夫妻系）爲總的框架，以'男女''長幼''行輩'爲參數，以'自己'爲參照點，取上下三代"。馬宏基、常慶豐：《稱謂語》，新華出版社 1988 年版，第 38 頁。本文在選取時以三系爲主要劃分依據，同時將兄弟系稱謂和子女系稱謂單列爲考察對象，受篇幅所限，關於出現詞頻將附另文討論。

（2）《九雲夢》（12個）：嚴父、乃父、家嚴、尊君、家親、老父、慈母、老母、北堂、老親、父母、叔父；

（3）《玉樓夢》（15個）：祖父、乃父乃祖、乃父、父、父親、爺爺（表父親義）、母、母親、北堂、漂母、尊堂、爺孃、父母、兩親、雙親。

2. 夫妻系親屬稱謂詞語：

（1）《金鰲新話》（6個）：冰姑（《月圍圍》）、妻、妻子、娘子、夫婦、妻弟；

（2）《九雲夢》（17個）：大夫人、岳丈、丈夫、妻、夫人、室人、左夫人、右夫人、正妻、老妻、副室、媵妾、小妾、姬妾、小室、夫妻、夫婦；

（3）《玉樓夢》（20個）：舅姑、媤母、岳翁、岳丈、岳母、聘母、相公、君子、家君、家夫、妻、婦、夫人、妻子、室人、主母、正室、妾、小室、男妹。

3. 兄弟系親屬稱謂詞語：

（1）《金鰲新話》（3個）：表兄弟、中表兄弟、表妹；

（2）《九雲夢》（9個）：兄、大兄、令堂姐姐、姐姐、小弟、娣妹、妹子、妹氏、兄弟；

（3）《玉樓夢》（10個）：哥哥、兄、男兄、兄嫂、嫂氏、弟、弟嫂、妹、妹婿、妹夫。

4. 子女系親屬稱謂詞語：

（1）《金鰲新話》（6個）：男、甥（《何生》）、女、豚犬、令嗣、贅郎；

（2）《九雲夢》（14個）：小子、兒子、令郎、女、女兒、令愛、快婿、東床之客、小婿、賢婿、賢郎、女婿、姪子、小侄；

（3）《玉樓夢》（13個）：子、兒、兒子、子婦、婦、女、女兒、女子、女息、婿、嬌婿、賢壻、姪女。

綜觀朝鮮時代漢文小説出現四大類總計 131 個稱謂詞語，核心稱謂詞語"父、母、父親、母親、父母、兄、弟、妹、男、女、子、女、女兒、兒子"等地位穩固。就構詞而言，主要以雙音節詞爲主，單音節詞、三音節詞和四音節詞用例較少。就語源而言，主要以漢源詞爲主，出現的韓語式親屬稱謂詞語[①]有：乃父乃祖、冰姑、媤母、聘母、男妹、甥、弟嫂、快壻、女息、姪等，約佔親屬稱謂詞語的 10%。篇幅所限僅舉部分韓語式親屬稱謂詞語，簡要説明其用法。

[①] 本文所指韓語式親屬稱謂詞語指經過改造后的漢字詞語，其用法上與漢源親屬稱謂詞語不同。如"甥"雖爲漢字，但其用法與漢字不同。另一方面，韓語式親屬稱謂詞語與現代韓國語中保留的詞語方式也不盡相同。

【乃父乃祖】《玉樓夢》中共出現 3 例：

是故로　閭巷民家에　守成先業하야　扶持門戶者는　必十分操心하야
加於乃父乃祖의　赤手起家之心……（《玉樓夢》）

按：唐代墓志彙編續集中最早見到"乃祖乃父"的用例，至宋代《朱子語類》中延續"乃祖乃父"的用法，明代《包公案》中仍以"乃祖乃父"格式爲主。但是在韓國漢文小說中皆以"乃父乃祖"的形式出現，僅見於朝鮮後期漢文小說中。根據《承政院日記》記載，最早出現"乃父乃祖"一詞，是在仁祖十六年（1638）：

予無才德，雖有愛慕之心，國事艱危，宜無願仕之念，而倘且乃
父乃祖曾受國恩，且念分義之不當然，則豈至如此？……

至朝鮮時代高宗時期仍在使用：

爾等，以乃父乃祖之子若孫，亦豈忍負國家而害生民乎？（《朝鮮
王朝實錄·高宗 32 卷》）

【冰姑】《月團團》中出現 1 例：

語妻弟柳上舍曰："冰姑大夫人，年高無恙，……第恨無聲色可娛。"
（《月團團》）

按：《東韓譯語》《芝峰類説》《字典釋要》《標准韓國語詞典》《漢韓大詞典》等字書或詞典均未見"冰姑"。"冰姑"僅見於徐居正的《月團團》。李舜臣《亂中日記》有類似用法，寫作"冰母"。樸熙秉將"冰母"注爲"장모"（丈母）[1]。

二十九日丙午，朝雨晚晴，以冰母忌不坐，……故捉因。（李舜臣
《亂中日記》）

"冰"表"媒人"、"媒人説的話"用法始見於《詩經·邶風》："士如歸妻，迨冰未泮。"《晉書·索紞傳》"孝廉令狐策夢産冰上，與冰下人語，紞曰：'冰上爲陽，冰下爲陰，陰陽事也；士如歸妻，迨冰未泮，婚姻事也；君在冰上，與冰下人語，爲陽語陰，媒介事也。君當爲人作媒，冰泮而婚成'"。"冰人"指"媒人"，由此衍生出"冰語"表"媒人説的話"。《玉樓夢》曾有 1 處用例：

"公子ㅣ　年既長成하시니　宜抱高門甲第之雁이라　已有冰語之定
乎잇가？"（《玉樓夢》）

綜上可知，"冰姑"由表示媒人之語的"冰"與表示婆婆之義的"姑"組合，表"岳母"義。

【媤母】《玉樓夢》中出現 1 例：

---

① 樸熙秉：《韓國漢文小説校合句解》，소명출판 2007 年版，第 156 頁。

樂城이 笑曰：“今日以新婦之德으로 將欲儼然作媤母體統이러니相公이 又爲沮戲로다.”(《玉樓夢》)

按：“媤母”意爲“婆婆”。《雅言覺非》“媤者，女字也。古婦人笄而字以稱，舅家曰媤父，姑曰媤母類。”《五洲衍文長箋散稿》：“媤音偲。俗訓夫家曰媤家。見宮簿俗書。”韓國學者魯明熹（音譯）認爲“媤”是韓造字。[①]“媤”在傳播過程中詞義發生改變，由原來表“女字”引申爲“婆家”之義。《新字典》中將其列爲“國音字”[②]：

媤［시］音偲俗訓夫家曰媤家〈五俗〉舅曰媤父姑曰媤母〈雅言〉媤시夫家시집〈字典〉〈俗字考〉

“媤”作爲後起字體現出的强大生命力，離不開統治階層的推廣使用，如《承政院日記》：

“乙未年分，遭其媤母喪，……”。(《承政院日記·正祖二年》1778年）

現代韓國語中“媤”固化爲表“婆家”義的詞綴，如“媤宅”“媤家”“媤父”“媤叔”等。

【聘母】《玉樓夢》出現1例：

聘母丨 或知江南紅之事乎잇가? (《玉樓夢》)

按：聘母表岳母義。《雅言覺非》曾記載“聘君者，徵士也。朝廷以玉帛聘之，故謂之聘君也。朱子娶令人劉氏，劉氏之父亦本徵士，故朱子稱之曰劉聘君。東人錯認，遂以妻父爲聘君，有轉爲聘父，以妻母爲聘母。”儘管“聘母”是“聘君”的轉寫誤用，但是却被朝鮮人民廣泛接納。

【弟嫂】《玉樓夢》中出現1例：

昔者에 宋太祖以微行으로 數臨丞相趙普家되 趙普之妻丨親行酒盃니 太祖丨呼以兄嫂야 便同家人니 此千古美事라.今朕이雖無宋太祖之德이 樂城之賢淑은 過於趙普妻리니 朕이 以弟嫂로待之리라. (《玉樓夢》)

按：《雅言覺非》：“嫂者，兄妻也。東俗弟妻亦謂之弟嫂。”漢語中多用“兄嫂”，此處爲仿造詞。“弟嫂”與“兄嫂”對應使用。

【贅郎】《金鰲新話》中僅見1例：

李生之父曰：“豈以一介寒儒，留意爲贅郎乎？”(《金鰲新話·李生窺墻傳》)

按：“贅郎”表女婿義。筆者目力所及暫未在國內典籍中找到用例。據上

---

① 魯明熹（音譯）：《현대한국어 한자어 연구》，國語學會2005年版，第121頁。

② 金鐘塤：《韓國固有漢字研究》，第15、44頁。

下文語境可知，李生之父故意貶低自己的家門，"贅"應爲"贅婿"義，"郎"僅指男稱，不具其他意義。"贅郎"也應爲"贅婿"的另外一種説法。不過"贅郎"一詞僅在《金鰲新話》中出現，并未在朝鮮中後期漢文小説中出現。

【娚】《何生奇遇記》中僅見 1 例：

> 初有五子一女，而五娚皆先父夭折，妾獨在側，今又至此。

按："娚"表婦女稱男兄弟義。《字典釋要》《新字典》中將其列爲國義字。《雅言覺非》記載："婦人謂其兄弟曰娚。（《雅言覺非》卷二）"《晝永篇》中也曾有關於"娚"的記載："我國多字書所無之字……女之男兄弟稱娚，音남。故安有娚妹島……娚芀二字雖載於字書俱非……"

【女息】《玉樓夢》中僅見 1 例：

> 老夫ㅣ 雖不甚富貴亦不甚貧寒고 女息爲人이 從無學識이 容貌凡節이 不甚醜陋니 可謂門當戶對라 庶無他意오리니 何時成禮可乎잇가?

按："息"《説文・心部》："喘也。從心從自，自亦聲。"本義爲氣息，引申爲生殖繁衍，由此引申出兒子之稱。先秦已見，後世沿用，例多不舉。"兒息"稱呼兒子，見於晉李密《陳情表》："門衰祚薄，晚有兒息。""子息"爲同義連文，《三國志・蜀志・張裔傳》："事恭母如母，恭之子息長大，爲之娶婦。""女息"用法見於北宋《册府元龜》、《二十五史・金史》和清代小説《繡雲閣》。現代韓國語中漢字詞"자식"（子息），意爲"孩子"，作貶詈稱謂時僅指"男孩子"。"女息"在現代韓語中仍在使用，韓語爲"여식"，表示"不成器的女兒"。多用於在別人面前稱自己的女兒。

三、親屬稱謂詞語的變異與革新

漢字進入朝鮮半島後，其傳播形式實際上經歷了或直接照搬，或假借標注，或轉注仿製，或改創變異等階段。朝鮮時代李義鳳編纂的《古今釋林・東韓譯語》收錄了 13 個親屬稱謂詞語，其中有"古佛"釋作"父親"。朝鮮時代《芝峰類説》《星湖僿説》中雖出現過此類用法的記載，遍查受眾廣泛的韓國漢文小説却未見用例。朝鮮人民在選擇漢字親屬稱謂詞語時有傳承，也有創新：或以語言自身條件爲准，如同音異義、一語多釋；或以社會風俗制度爲尺，如社會稱謂逆襲爲親屬稱謂。通過對朝鮮時代漢文小説中漢字親屬稱謂詞語的考釋，我們總結了朝鮮時代親屬稱謂詞語的變異特點。

（一）音近轉寫，借義創新

漢字在朝鮮半島佔據舉足輕重的地位，隨着朝鮮世宗大王命集賢殿大臣創製韓文后，結束了朝鮮半島文言不一的局面。但在一定程度上也對詞彙的使用帶來了衝擊，面對韓語音同漢字不同的情況，究竟該如何選擇？

12 世紀北宋孫穆編纂的《雞林類事》以漢字記音的方式記錄了 356 個

高麗時代語彙的讀音，其中包括 22 個親屬稱謂詞語，如"祖曰汗了秘，祖母曰汗阿彌，舅亦曰漢了秘，姑曰漢了彌"。"汗""漢"是高麗時代親屬稱謂詞語中較爲常見的漢字標記字，借字標記時所用漢字的聲母或者韻母要遵守相同或相似的原則，"東俗呼爲漢爲汗爲幹爲翰爲餐爲建，或以初聲同，或以終聲同，字雖變而義實通，此與蒙古女真最相近者……"[①]音同是前提，義別是結果。爲區別輩分，祖輩多用"汗"，取其"首領、可汗"之義；父輩、子輩多用"漢"，取其"天、大"之義。

再以上文所談"冰母""聘母""媤母"爲例。

"冰母""聘母"韓語音皆爲"빙모"，均表"岳母"義。就詞語産生時間來看，"冰母"在前，"聘母"在後。二者爲同音同義詞，但是在承襲過程中，"聘母"得以進入韓語系統。實際上，"聘母"乃是"聘君"的誤用轉寫，但是因其爲朝鮮半島人民仿造，因此得以優先承襲。在對待漢語同音字的選擇時，朝鮮人民也有自己的區分標准。如針對核心詞"母"，"冰母""聘母"偏重於漢源漢字詞，因此"母"的韓語對應音也爲漢字音"모"，而帶有明顯韓語特色的"媤母"中的"母"則對應韓語固有詞"어머니"。

可見，朝鮮半島人民處理傳承詞和變異詞時，也是以漢字詞彙對應的韓語語音來區分其承襲與變異的身份。

（二）正俗兼有，正字優先

漢字形體的演變在朝鮮時代的親屬稱謂詞語中也有體現。

1. 時丁卯乙科安先生者，……即通判姪子也，亦在座，生辛酉同年也。（《月圍圍》）

2. 蓋司徒諸姪子中，有十三郎者，……真莫逆交也。（《九雲夢》）

3. 生曰："小侄非敢爲誇大之言也。"（《九雲夢》）

4. 李小姐起而再拜乃敬告曰："小侄別母離兄……"（《九雲夢》）

5. 楚玉郡主亡 朕之姪女。（《玉樓夢》）

按：《説文解字》："姪（𡛷），兄之女也。從女至聲。徒結切。"段玉裁《説文解字注》指出"今世俗男子謂兄弟之子爲姪，是名之不正也。"《朱子家禮》《大明律》《經國大典》《四禮便覽》釋"姪"如下：

親族員	《朱子家禮》	《大明律》	《經國大典》	《四禮便覽》
姪	兄弟之子	姪	姪	兄弟之子
甥姪	甥	姊妹之子；外甥	姪（外親）	甥

① 金柄均：《華音方言字義解에 나타난 漢字借用語의 語源研究》，《語文論集》，1990 年，第 94 頁。

在四部典籍中只有《經國大典》中的"姪"和"甥姪"都稱作"姪"，《朱子家禮》和《四禮便覽》側重稱呼的實體，《大明律》和《經國大典》側重稱呼的方式。

但是有稱呼主體的實質上內外之分，與現代韓國語中的稱謂方式一致，即"조카"（姪子）、"외조카"（外甥）。"侄"爲"姪"的俗字。"侄"在朝鮮半島 漢文小説中的使用頻率較低，但在稱謂主體上沒有性別限制，既可以用來指稱男性，如例 4 中指稱男主人公楊少游，也可以用來指稱女性，如例 5 中指稱李小姐。

與之相似的還有"壻"與"婿"的選擇。《説文解字》："壻，夫也。"《爾雅》："女子之夫爲壻。"本義指女子稱呼自己的丈夫，亦寫作"婿"。據考，《史記·秦始皇本紀》："發諸嘗通亡人、贅壻、賈人略取陸梁地，爲桂林、象郡、南海，以適遣戍。"《資治通鑒·後晉高祖天福六年》："知遠微時，爲晉陽李氏贅壻。"《史記》《資治通鑒》都曾在朝鮮半島廣泛流傳，因此朝鮮後期的李鈺在《沈生傳》中使用了"贅壻"而非"贅婿"。相同的用法還有《九雲夢》中的"快壻"和《玉樓夢》中的"賢壻"。現代韓國語中"사위"的漢語義標注爲"女壻"，沿用"壻"字。

通過對朝鮮時代漢字親屬稱謂詞語的考察，其在漢字書寫方面多以正字書寫爲主，正俗字混用的例子較少，僅見"快壻"和"小婿"、"乃父"和"迺父"、"嚴父"和"𠙴父"、"姪子"和"小侄"等，可見漢字親屬稱謂詞語中正字傳承是主流。

（三）借字造詞，穩固延續

現代韓國語中有稱謂性別的要求，如男稱姐姐爲누나，女稱姐姐爲언니。這一用法并非始於現代韓國語。早在朝鮮時代漢文小説稱謂詞語中已經出現了相關用例：

　　1. 誇張於宮中諸娣妹不亦快乎。（《九雲夢》）

　　2. 春月이 乃辟左右曰："賤婢ㅣ하니之男兄春成이放蕩無賴하야廣交長安人하니其中에有一個放蕩者호되姓은虞요名은 格이라。"（《玉樓夢》）

　　3. 答曰："小姐李通判妹氏也。"（《九雲夢》）

按：《説文解字》："娣，女弟也。從女從弟，弟亦聲。從禮切。妹：女弟也。從女未聲。莫佩切。""娣妹"專指妹妹。"男兄"其稱謂主體爲女性，而如果是男性之間的稱謂，則直接稱"兄"。這一用法與現代韓國語的用法是一脉相承的。韓國語親屬稱謂詞語中有性的差別，"언니"（姐姐）、"오빠（哥哥）"稱謂主體的要求是［+女性］、［-男性］；"누나"（姐姐）、"형（哥哥）"爲［-女性］、［+男性］。對於弟弟和妹妹的稱呼，則直接將表性別的

語素附加在詞根上，"남（男）+동생（弟弟）"、"여（女）+동생（妹妹）"，不加性別的"동생"，一般指稱"弟弟"。"妹氏"一詞曾見於《鄭所南集》"文丞相家人皆落元人手，獨妹氏更不改嫁，謂：'我兄如此，我寧忍耶！'"詞綴"氏"（씨）曾在朝鮮半島用來區分家族部落，如"金氏""樸氏"等，朝鮮時代"氏"與韓國語中的"님"均表尊稱稱謂。因此在朝鮮時代中後期漢文小説中對比自己年紀小的人使用尊稱時稱其爲"一氏"，這一用法與"嫂氏"相似。

可見，朝鮮人民在使用漢字親屬稱謂詞語時，將已有漢字與韓語語法相結合，這一結合既滿足了上層奉行事大中華政策的需要，也滿足了下層百姓對日常生活解讀的需求。這一類詞語的用法穩固延續進入現代韓語系統。

四、結語

韓國漢文小説保有量居亞洲之首，漢字在朝鮮半島以漢文小説爲載體進行傳播時，小説的作者們是漢字傳播的中堅力量。他們在選擇漢字詞彙時的主要原則是：

1. 秉承漢學精華，使用大眾傳播廣、書寫規範的漢字詞彙爲主。在選擇漢字稱謂詞語時，朝鮮的漢學者們多選擇經、史、子、集中的經典語彙，一方面是尊重原典，另一方面彰顯自身的博學。

2. 彰顯自身才華，選用艱澀難懂的詞語撰文。這類漢字詞彙在歷史變遷中，因其生僻使得傳抄者訛誤增多，造成漢字詞彙的形體變異。這也是漢字變異的主要方式之一。

3. 優先承襲朝鮮官方詞彙。進入朝鮮官方如《承政院日記》《朝鮮王朝實錄》的親屬稱謂詞語也受到小説作者青睞，通過這一途徑變異的詞彙多數進入到現代韓國語系統，并沿用至今。

親屬稱謂詞語具有約定俗成性，朝鮮時代漢文小説的變遷以照搬傳承漢語漢籍爲主，變異革新爲輔。

參考文獻

［1］韓國學文獻研究所編：《金鰲新話》，亞細亞文化社 1973 年版。

［2］金萬重：《九雲夢》，上海古籍出版社 1990 年版。

［3］哈佛大學圖書館藏：《九雲夢》，http://pds.lib.harvard.edu/pds/view/11254542.

［4］吉川文太郎：《原文諺吐玉樓夢》（1—3），積文書館 1924 年版。

［5］張孝鉉等：《校勘本韓國漢文小説·英雄小説②》，高麗大學校民族

文化研究院 2007 年版。

　　［6］鐵徽、劉一雙：《〈東韓譯語·釋親〉研究——以親屬稱謂詞彙爲中心》，《中國語文論譯叢刊》2014 年第 34 期。

　　［7］丁若鏞：《雅言覺非》，朝鮮光文會 1912 年版。

　　［8］崔在錫：《韓國家族制度史研究》，一志社 1983 年版。

　　［9］趙麗明、黃國營：《漢字的應用與傳播》，華語教學出版社 2000 年版。

朝鮮寫本與漢語俗字*

［中國］周玟 浙江財經大學

　　隨着學界對域外漢籍的整理與研究不斷深入推進，"漢文化圈""東亞學""東亞寫本學"等新概念、新學科成爲學界關注的熱點。2012 年，張伯偉在其著作《域外漢籍研究入門》的導言中指出：

　　　　在中國歷史上，漢文化曾經給周邊國家、民族和地區以很大的影響，以漢字爲基礎，從漢代開始逐步形成了漢文化圈，直到 19 世紀中葉，在同一個文化精神的薰陶下，表現出驚人的内聚力。今天，我們將歷史上主要以漢字爲書寫工具的國家和地區，稱之爲"漢文化圈"。它不僅包括中國，同時也包括朝鮮—韓國、日本（含歷史上的琉球）和越南等國家。①

　　而"東亞學"這一概念則反映了漢文化圈各國在歷史、文化、語言、文字、民俗等多個學科領域的不同特徵，但其内核仍凝聚於中華。王勇曾這樣闡釋"東亞學"：

　　　　所謂"東亞"，并非無邊無際；外延雖然伸縮流動，核心則凝聚於中華。就中國言之，華夏文明先點狀傳播，再串點成線，繼而網線環繞爲面；在此過程中，化個性爲共性，棄小異存大同，造就共同的文化圈。從域外觀之，先接受漢字，再使用漢語，繼閱讀漢籍；在此過程中，由模仿而揚棄至創新，催生出大量"域外漢字"、"域外漢語"、"域外漢籍"。

　　值得我們思考的是，域外原創的一些漢字、漢語、漢籍已經融入中國文化，故而只能置之於"東亞"，方能窮盡其内涵與外延。這便是"漢文化"存在之證據，亦是"東亞學"成爲學科之基礎。②

---

　　* 本文爲何華珍主持的國家社科基金項目（12BYY069）、教育部人文社科項目（12YJA740020）、重大項目子課題（11&ZD126）的階段成果。

　　① 張伯偉：《域外漢籍研究入門》，復旦大學出版社 2012 年版，第 5 頁。
　　② 王勇（主持人）語，《浙江大學學報》（人文社會科學版）第 41 卷第 6 期，主題欄目："東亞學"與"漢文化"研究，2011 年 11 月。

　　而在域外漢籍這一方興未艾的研究領域中，王曉平較早關注"東亞寫本"，致力於創立"東亞寫本學"，他認爲："陳寅恪先生所説的'取異族之故書與吾國之舊籍互相補正'，其中東亞寫本應該説是其主體。"①

　　東亞漢字文化圈國家與地區留存至今的漢文手寫文獻，不同於刻本、印本、碑刻等形式的文獻，具有唯一性、不可複製性，包含着大量從未破譯的文化資訊密碼，具有舉足輕重的學術價值。

　　基於前人爲我們開墾的"新天地"，我將選題的視野投向東亞寫本學這一領域。

　　在東亞漢字文化圈中，朝鮮半島具有特殊的地位，它與中土一衣帶水，歷史淵源頗深，而且所保留的漢文文獻資料也是最多的。

　　另外，現代人慣用鋼筆、中性水筆等硬筆寫字，書寫攜帶都十分便捷，符合快節奏的生活方式和高效率的社會要求。然而中國古代文人把用柔軟的毛蘸墨水寫字的方式運用得爐火純青，最終發展成了一種崇高的藝術——書法。書寫者在運筆的過程中，通過調節墨的流量、筆鋒的用力以及筆的傾斜度來完成不同粗細圓轉的筆畫，字字不同，筆隨心動，筆帶感情。令人心靜沉醉的書法藝術自然也在東亞漢字文化圈內流傳開來，日本有書道，韓國有書藝，越南文字字喃也用毛筆書寫，并且各自孕育了不同的書風。古代東亞漢字文化圈的文人漢學水准參差不齊，有藝術水准極高的書法名作流傳於世，而更多的手寫文獻中則出現許多因個人書寫習慣或地域差異而形成的俗字。

　　那麼，從書體角度探索朝鮮時代漢文寫本中漢語俗字的傳播過程與規律不失爲一個有意義的角度。通過對域外漢籍寫本中的俗字進行書風書體研究，結合對域內中原書家的字體特點、中原書風的時代沿革的對比研究，探索朝鮮寫本俗字的流播路徑以及變異規律。

一、朝鮮寫本中的國際俗字

　　選取朝鮮寫本中代表性國際俗字 2 例，參考《異體字字典》②《韓國漢文古文獻異形字研究之異形字典》③《漢字略體調查研究》④（以下簡作《略

---

　　① 王曉平：《從〈鏡中釋靈實集〉釋錄看東亞寫本俗字研究——兼論東亞寫本學研究的意義》，《天津師範大學學報》（社會科學版）2008 年第 5 期。

　　②《異體字字典》編委會、臺灣省國語推行委員會，2002 年，http://pds.lib.harvard.edu/pds/view/11254542。

　　③ 吕浩：《韓國漢文古文獻異形字研究之異形字典》，上海大學出版社 2013 年版。下文如有摘自此成果的文獻皆在正文中直接標注簡稱和頁碼，如：《異形字典》第 81 頁。

　　④ 韓國國立國語研究院：《漢字略體調查研究》，1993 年。下文出現再次引用，則在正文中直接標注頁碼。

體》），查閱韓國字書《韓國俗字譜》①（以下簡作《俗字譜》）以及中國歷代字書，如《敦煌俗字典》②（以下簡作《敦煌》）、《宋元以來俗字譜》③（以下簡作《宋元》）等，與其進行字形對比，淺探流變軌迹。

貌—皃—兒

皃1. 有小閭利名性真者，～瑩冰雪，神凝秋水，年僅二十歲。（《九》p.3）

　　2. 爲人英雋，容～巖巖，其之中國亦遇舊識。（《説話全集六・於於野談卷一》p.92）

兒1. 春云與女兒才相似，而～相若也，情愛之篤亦相同也。（《九》p.88）

2. 宜請容～不揚者爲座客。（《説話全集七・東國滑稽傳》p.213）

3. 何幸彼船逼島而過，可以叫呼相聞，而形～可辨也。（《漂》p.174）

4. 彼人輩皆相顧喧笑，指我而云云，指二十七人而云云，蓋稱歎我國之禮～也。（《漂》p.178）

按：《略體》（p.80）引《玉樞經》（1733）、《三國遺事》《杜詩諺解》收"貌"作"皃"，引《杜詩諺解》《正音通釋》《華東協音通釋》《才物譜》作"兒"。

《敦煌》（p.268）引《大目乾連冥間救母變文》《太子成道經》《九相觀詩一本・嬰孩相第一》俗作"皃"，引《啟顏錄》《正名要錄》俗作"兒"。《干祿字書》（p.13）云：皃兒貌，上俗中通下正。《五經文字・兒部》（p.76）云：兒貌，二同，上說文下籀文，今經典用下字。故今以"貌"爲正，"皃"、"兒"爲俗。

逃—迯

1. 昔在宋天聖己巳，耽羅人貞一等，漂到巨人島，爲島人所刧留，～躲生還者纔七人，此則在東史矣。（《漂》p.157）

2. 余疑其爲大明遺民也，以書答曰："皇明遺民果多～入我國者，而國俗崇尚禮儀，莫不厚待自朝家，錄用其子孫矣？吾屬僻居海曲，明人散在遠近，未嘗記其數矣。不知相公居何國，往何方？"（《漂》p.175）

3. 李土亭與之交厚，是日握手相決於道，遂裂裳裹足而～，命世之妻子病爲奴。（《説話全集九・青野謾輯卷四》p.272）

---

① 金榮華：《韓國俗字譜》，亞細亞文化社 1986 年版。下文出現再次引用，則在正文中直接標注頁碼。

② 黃徵：《敦煌俗字典》，上海教育出版社 2005 年版。下文出現再次引用，則在正文中直接標注頁碼。

③ 劉復、李家瑞：《宋元以來俗字譜》，中央研究院歷史語言研究所 1930 年版。下文出現再次引用，則在正文中直接標注頁碼。

4．然則何不竊負而～乎？（《筆寫本卷二・云英傳》p.48）

按：《略體》（頁 51）引《東國新續》《才物譜》《吏文雜例》收"逃"作"迯"。

《說文・辵部》（卷二下，頁 2）云：𨑃，亡也。從辵，兆聲。《四聲篇海・辵部》（卷五，頁 194）"逃迯"下云：徒勞切。遁也，避也。《字鑒》（卷二，頁 31）"逃"下注云：俗作迯。《敦煌》（頁 399）引《伍子胥變文》、《宋元》（頁 94）引《通俗小説》《古今雜劇》等"逃"皆作"迯"。《字彙・辵部》（卷一一，頁 88）"迯"下云：俗逃字。"迯"字當從辵從外，爲一後起會意字，音義與"逃"同。依文獻所載，乃"逃"之俗體。

二、朝鮮寫本中的國際俗字構形特點

利用中華全國圖書館文獻縮微複製中心影印 1440 年韓國官刻本《朝鮮刻本樊川文集夾註》（以下例句出處簡作《樊川》）與《朝鮮時代漢語教科書叢刊續編》（以下例句出處簡作《教科書》）兩本同時代非寫本文獻中的例證補充展示，力求在寬廣的時代背景下，聚焦異構俗字，厘清朝鮮寫本中的國際俗字構形特點。

（一）簡存輪廓

簡存輪廓，是指對原初形態的字形筆劃進行刪減，留存基本的字形輪廓，簡省複雜筆劃而成其俗字，使字形便於書寫傳抄，符合漢字化繁趨簡的歷史大勢。

A．整體輪廓化

畫—亘

1．餘命舟人伐竹爲竿，裂衣爲旗，立於高峰之上，又積柴峰頭而燃之，使煙火不絕於～夜。（《漂》p.167）

2．吾近來數日徨彷，～思夜度，心勞意瘁者，皆以呂之故也。（《筆寫本卷二・紅白花傳》p.206）

按：《俗字譜》（頁 98）引《海東異迹》收"畫"爲"𡨴"。

"畫"俗作"𡨴""亘"皆爲省上形"聿"，留存整體輪廓而成。中國歷代字書方面，《正字通・日部》（卷八，頁 19）、《中華字海》（頁 835）等皆出現"面"字形，亦與"亘"字形接近，基本可合爲一字。

B．簡化左邊

獻—猷

1．鄭寶成挹而取之，以～於吾，曰："此乃濟州所産之物，何爲而至此哉？"（《漂》P.166）

2．殿下以善道事，收議於大臣，欲知其物議之如何，而領議政奇自～

怵於兇焰，稱病不議。(《説話全集十·青野謾輯卷八》p.274)

　　按：《略體》(頁 247) 引《地藏經》(1478)、《七大萬法》(1569)、《法華經》(1632)、《三國遺事》收 "獻" 作 "獻"。《俗字譜》(頁 137) 引《罷睡錄》亦作 "獻"。

　　《説文·犬部》(卷一〇上，頁 6) 云：𤞷、宗廟犬名羹獻，犬肥者以獻之。從犬，鬳聲。《字學三正》《字汇·犬部》(卷七，頁 84) 皆注 "獻" 爲 "獻" 俗書。

　　C. 簡化右邊

　　雕—彫

　　1. 頗有～篆之才，能摸月露之形，其中亦有可觀者矣。(《九》p.143)

　　2. 其中適有玉人，午睡方濃，忽然驚覺，推枕起坐，拓開繡戶，徙倚～欄，流眄凝睇，四顧尋聲。(《九》p.20)

　　按：《説文·佳部》(卷四上，頁 5) "雕" 下云：雕，鷻也。從佳，周聲。鵰，籀文雕，從鳥。《説文·彡部》(卷九上，頁 3) "彫" 下云：彫，琢文也。從彡，周聲。《敦煌》(頁 85) 有 "彫" 作正體者，引《正名要錄》云：彫：飾。顏元孫《干祿字書》(頁 6) 云：彫凋，上彫飾，下凋落。《敦煌》(頁 86) "雕" 下引《正名要錄》云：鳥也。并都遼反。相承用上雕字作彫飾字。又引《干祿字書》(頁 6) 云：并正。由此，"雕" "彫" 互爲正俗。

　　D. 簡化上部

　　覽—覧

　　1. 欲周～船製，則軒櫳稠疊，莫知其端倪也。(《漂》p.178)

　　2. 唐宋詩話，杜紫薇～趙魏南卷。(《樊川》p.248)

　　按：中國歷代字書方面，《宋元》(頁 82) 引《目連記》《嶺南逸事》以及《字學三正》皆收 "覽" 作 "覧"，用簡單筆劃點、豎來代替複雜部件，簡化字形。

　　E. 簡化下部

　　鼎—鼡

　　1. 鄭小姐與李小姐侍坐夫人至半日，仍請李小姐歸其寢房，與春云～足而坐，嬌聲嫩語，昵昵相酬，氣已合矣，情亦密矣。(《九》p.204)

　　2. 學易齋家與高奉常臺～友人金姓人第隔墙，高即其門呼僮曰："汝主速出也。"(《説話全集五·記聞業話下》p.245)

　　按："鼎" 下半部件筆畫曲折難寫，訛變成兩橫兩豎之 "井" 字，便於記憶。

F. 簡化内部

國—囯

1. 沙工曰："若到西蜀，永無回還之期，寧不如葬身於我～之海云爾，故今謂之畏蜀如虎也。"(《漂》p.153)

2. 史記・始皇本紀　始皇享～三十七年，葬驪邑。(《樊川》p.6)

按：韓國上代古文獻《淨兜寺五層石塔造成形止記》(1031)、《長谷寺藥師如來坐像腹藏發願文》(1346)，韓國文獻《物名考》(1802)收"國"作"囯"(《異形字典》頁 121)。《略體》(頁 32)引《達摩大師》(1473)、《圓頓成佛論》(1604)、《造像經》(1746)、《才物譜》《三國史記》作"囯"。《俗字譜》(頁 38)引《海東奇話》亦作"囯"。

《説文・囗部》(卷六下，頁 3)云：圀，邦也，從囗從或。"囯"見於北齊天保八年《賈思業造象記》，爲《碑別字新編》(頁 151)所引。字書則見於《龍龕手鑑・囗部》(卷一，頁 60)、《四聲篇海・囗部》(頁 532)、《字彙・囗部》(卷三，頁 39)、《正字通・囗部》(卷四，頁 99)等，《敦煌》(頁 142)引《雙恩記》《廬山遠公話》作"囯"，引《正名要錄》云：國囯，右正行者正體，腳註訛俗。"囯"更於宋元小説大量使用，見《宋元》(頁 14)引《列女傳》《取經詩話》《古今雜劇》等，字或以王者之邦域，故從王從口。

(二)符號代替

符號代替，是指對結構複雜或重複出現的構字部件，用固定的書寫簡易的符號去替代，這些簡單符號，既不表音又不表意，利於便捷有效地記錄語言。

A."文"字符號

覺—竟

1. 衆皆服其明悟，而金瑞一亦笑而言曰："吾之此行，自有倀鬼，非不欲疾怨於執事，而每聞執事之言，則不～胸襟之開釋矣。"(《漂》p.164)

2. 三年一～楊州夢，贏得青樓薄行名。(《樊川》p.469)

按：韓國上代古文獻《淨兜寺五層石塔造成形止記》(1031)出現"竟"字形(《異形字典》頁 192)。

"覺"之篆文作"覺"，《説文・見部》(卷八下，頁 4)云：悟也。從見學省聲。一曰發也。"竟"字見《敦煌》(頁 215)所引《雙恩記》《十無常》，亦見《宋元》(頁 82)所引《列女傳》《取經詩話》等。"覺"字，書家傳寫，其上或多省作"𫄧"，其後或訛作"文"，故字書以爲俗是也。"竟"雖是俗訛，然文獻有據，故其爲"覺"之俗體可從。

B."又"字符號

罔—冈

1. 賤妾僭越，實多欺～之罪，惟相公寬假之。（《九》p.118）

2. 恩未報，修夜隔紙，余非木石，非不摧肝裂腸，情理～極，而所以矯情抑懷，不示幾微色於人者，莫非慰衆心而得死力之計也？（《漂》p.154）

按：韓國上代古文獻《紺紙金字大方廣佛華嚴經行願品寫經跋文》（1334）、韓國文獻《物名考》（1802）皆作"冈"（《異形字典》頁378）。

《敦煌》（頁419）引《禦注金剛般若波羅蜜經宣演卷上》《語對》《大方等大集經》《失名類書》"罔"俗作"冈"。"冈"字亦作"網"字用，"網"字作"冈"，與此同形。

C."〉〈"字符號

森—𣛧

1. 老爺歌勝戰曲，命諸將各設陣而鎗劍～羅前後。（《筆寫本卷二·林忠臣傳》p.317）

2. 則天旋地轉，風雷飛動，劍戟～嚴無路可出，其人魂迷神昏僕於地也。（《説話全集一·溪西野譚卷一》p.52）

按：《俗字譜》（頁106）引《溪西野譚》"森"作"𣛧"。"〉〈"字元號代替品字形下位部件。品字形之下位重複部件，我國多用"雙"字代之，如"聶""躢""嘱"之類，但亦有"〉〈"形代用之例，如《草書韻會》"𣋁"（晶）、"𡗜"（轟）等字。此類構形，在韓、日域外文獻中，擴散十分普遍。①

D."米"字符號

幽—㡵

1. 翌朝，特命降分付別於～閒之處，溉掃一堂，備儲五車，使生靜居。（《筆寫本卷二·烏有蘭傳》p.268）

2. 由限已滿，梅花將還向～門，本倅戀戀不忍捨，曰："從此一別，後會難期，將若之何？"（《説話全集一·溪西野譚卷一》p.18）

按：《俗字譜》（頁63）引《海東野書》"幽"作"㡵"，由中土擴散至日本、越南，使用普遍。《碑別字新編》（頁87）引《唐李術墓志》作"㡵"，《宋元》（頁124）所引《通俗小說》《古今雜劇》《嬌紅記》《東窗記》《目連記》亦收錄"㡵"字。

E."乁"字符號

置—甩

1. 一老宰爲海伯巡到時嬖之，率～營下，寵幸無比。（《説話全集一·溪西野譚卷一》p.17）

按："乁"字元號代替上位構件"罒"，"置"俗作"罝"。《説文·網部》（卷七下，頁 8）云：圕，赦也。從網、直。周志鋒《大字典論稿》引《法苑珠林》數例考證"罝"爲"置"之別構[1]，其上部"乁"當由"罒"之草書演變而來，"乁"字元號較"罒"構件更似從網，後"乁"逐漸成爲替代符號，故以"罝"爲"置"之俗體，可從。

（三）形聲變異

A.改換聲符

漢字中很大一部分是形聲字，即由形符和聲符組合起來造字，形符表意，聲符表音，這就是我們經常可以歪打正著地通過"認半邊""讀半邊"來識字、讀字的原因。然而，漢字發展軌跡在隨著歷史的變化而演進，有些字的聲符已不適應這個普遍規律，甚至與整字讀音漸漸相去甚遠，這時俗書往往換用另外一個與當下整字讀音接近或相同的聲符來另造新字，我們稱這種方式爲改換聲符。

輩—軰

1. 此島乃耽羅朝元時設水驛處也，吾～必有可生之路，豈非天佑乎？（《漂》p.149）

2. 咱們是兩～子的交情，彼此忘不了！（《教科書·關話略抄》p.469）

按：韓國文獻《全韻玉篇》（1796）、《物名考》（1802）等收錄"軰"字。《略體》（頁 89）引《東國新續》《杜詩諺解》《儒胥必知》亦收"軰"字。

《説文·車部》（卷一四上，頁 7）云：輩，若軍發車，百兩爲輩。從車，非聲。補妹切。《碑別字新編》（頁 338）引《魏司馬昇墓志》作"軰"。《集韻》（頁 531）云：輩、軰，《説文》若軍發車，百兩爲一輩也，或從北。《宋元》（頁 92）引《通俗小説》等多書作"軰"。《字彙·車部》（卷一一，頁 74）、《正字通·車部》（卷一五，頁 7）皆注"軰"爲"輩"之俗體。"輩"字從車，非聲，俗誤以爲"北"聲，遂作"軰"。

B.意符類化

漢字是一種會意文字，或者説是一種表意文字，其中意符承擔著漢字的表意功能，但隨着社會歷史的繁榮發展，一個意符承擔的多種含義由越來越多的新生意符來分擔，而能表達同種含義的意符也越來越多，即它們的功能有重合或相似的情況。俗書往往選用更貼近整字含義的意符替換掉表意功能不明顯的意符，以增加該字的識讀性。

杯—盃

1. 以兩兄言觀之，則今日之會，非但以酒～留連而已，必結詩社而較

---

[1] 周志鋒：《大字典論稿》，浙江教育出版社 1998 年版。

文章也。(《九》p.42)

　　2. 仲容多興索饗～。(《樊川》p.478)

　　按：《略體》(頁88)引《正音通釋》"杯"作"盃"。

　　《廣韻》(卷一，頁98)云：桮杯同，盃俗。《集韻》(頁110)云：桮，或作杯盃。"杯"字從木，就其原料而造字；"盃"字從皿，就其器類而造字。"盃"亦有爲正體者，如：作爲量詞，以盃的容量作爲計算的單位。見於嵇康《與山巨源絕交書》：濁酒一盃，彈琴一曲，志願畢矣![①]量詞之"盃"與"杯"之俗體爲同形字。

　　(四) 變換結構

　　當今社會有規範簡體字表來限定一個明確的正字集合，每個規範字的字形結構都不可以依據個人書寫習慣而隨意改變，結構變動導致字不成字，將會嚴重影響社會交流溝通效率。然而，古代漢字的字形結構不太固定，根據執筆者的書寫習慣時有構件異位元的情況發生，這類情況而成其俗字的方法，我們稱之爲變換結構。

　　峰—峯

　　1. 自東萊而距日本，自海南而距耽羅，其間雖隔之以數千里大海，海底之千～萬壑，自是朝鮮促密之山川。(《漂》p.170)

　　2. 山頂上有五～角，岩子頂上老松樹長的好看哪。(《教科書·中華正音 (研究院本)》P.289)

　　3. 寂寥四望，蜀～聯嶂。(《樊川》p.12)

　　按：韓國上代古文書《長谷寺藥師如來坐像腹藏發願文》(1346)、《白衣觀音像畫記》(1377)"峰"作"峯"(《異形字典》頁94)。

　　《說文·山部》(卷九下，頁1)篆作"峯"，云：山耑也。從山夆聲。敷容切。《玉篇·山部》(頁314)"峰"字作"峯"，云：孚容切。山高尖。《集韻》(頁37)云：峯，或書作峰。《正字通·山部》(卷六，頁12)云：峰，俗峯字。"峯"字當從篆楷化而得，又橫直異結分化爲"峰"，然今皆作"峰"，以"峯"爲之俗體。

三、朝鮮時代漢文寫本中的國別俗字

　　俗字的產生及使用伴隨漢字產生發展傳播過程的始終。漢字在傳播到韓國的過程中，作爲其重要組成部分的俗字必將隨之而傳入，由此形成了"韓國俗字"。而"韓國俗字"又可細分爲"漢語固有俗字"與"韓國特有

---

① 《異體字字典》編委會，臺灣省國語推行委員會，2002年，http://pds.lib.harvard.edu/pds/view/11254542。

俗字"。前者指漢語俗字傳入韓國之後在韓國使用之時字形未發生變異的俗字，後者指漢語俗字傳入韓國之後在韓國使用之時字形發生變異的俗字。[①]本文所討論的韓國"國際俗字"的概念與"漢語固有俗字"相當，韓國"國別俗字"的概念與"韓國特有俗字"的概念無異。俗字在韓國的流播與變異，是從"國際俗字"到"國別俗字"的變化發展。抽絲剝繭，發現此類俗字，輻射源在中國，輻射到中國周邊國家和地區則發生了變異，是謂擴散性俗字。

下文選取朝鮮寫本中代表性國別俗字[②]2 例，淺探變異軌迹。

獨—狋

1. 處～則伸其脛而偃臥於山椒，見人則縮其躬而潛藏於木葉田間。(《筆寫本卷二・鼠獄記》p.423)

2. 且今人纔學語便讀通史，能説中國事，而～於吾東。(《説話全集九・青野謾輯卷一》P.1)

按：《俗字譜》(頁 136) 引《海東野書》收"獨"作"狋"。

《説文・犬部》(卷一〇上，頁 5) 云：獨，犬相得而鬥也。從犬，蜀聲。羊爲群，犬爲獨。一曰北嚻山有獨狋獸如虎白身、豕鬣、尾如馬。《玉篇》(頁 334) 云：狋，并古又獨。《四聲篇海・犬部》(卷二，頁 92) 云：音獨，義同。《字彙補・犬部》(頁 125) 引《玉篇》之説，云：古文獨字。故"狋"爲"獨"之古文無疑。蓋"弔"訛作"市"，如同"姊"作"姉"。[②]"狋"爲"獨"之訛俗字。同系列訛俗字還有"燭"作"炋"、"觸"作"觔"。《俗字譜》(頁 131) 引《選諺篇》收"燭"作"炋"。

發—𥇒—𥇒

𥇒1. 太祖忽撥馬右出，從後射之，皆應絃而倒，左右伏俱～，合擊大破之。(《説話全集九・青野謾輯上》p.23)

𥇒1. 李施愛之亂～於倉卒，無以應變，投入於廳上曲樓之隙，凶卒尋之不得將去。(《説話全集八・楓巖輯話》p.11)

2. 我船人叫呼大哭，聲動海天，忽自彼船上，～送小艇於本島。(《漂》p.171)

3. 諸人見沙工之如此，一倍驚痛，哭聲齊～，無復可生之望。(《漂》p.185)

4. 浦邊有數三人，相與偶語於暗中曰："明日必逢好風而～船矣。"(《漂》p.210)

按：《略體》(頁 87) 引《法華經》(1764)、《地藏經》(1879)、《吏文

① 王平：《韓國寫本俗字的類型及其特點——以〈韓國俗字譜〉爲例》，《中國文字研究》2011 年。
② 僅指在某一個國家或地區普遍使用且帶有本民族造字特點的、其他地區可能零星使用的俗字。

雜例》收"發"作"𤼲"。《俗字譜》（頁 144）引《野錄》作"𤼲"。"發"
俗作"𤼲"，在韓國漢文文獻中較常見。周志锋在其專著《明清小説俗字俗
語研究》（頁 70）中，考察了省筆符號"刂"，該符號可以替代很多複雜的
漢字構件。在韓國漢文文獻中，這一符號發生變異作"刂"，常代複雜部件
"殳"。如"廢"俗作"𤻀"。

四、朝鮮寫本中的國別俗字構形特點

俗字變異，包括局部變異和整體變異，局部變異是相對於正字的域外
變體，如漢語的"釋"在日本變異爲"釈"，在韓國變體爲"秡"；整體變
異則是漢字的全新創造，如韓國和日本的"國字"，越南的喃字，亦即域外
新字。[1]本文所討論的"國別俗字"概念只涉及局部變異的異體俗字，韓國
國字（或稱韓國固有漢字）不在本文討論範圍內。

（一）任意性強

朝鮮寫本俗字主要體現在俗文學作品中，由於是執筆者手抄書寫，因
而具有濃厚的主觀色彩，字形任意性強。

1. 多形并用

由於沒有一個相對權威的正字集合來約束俗寫文字，因而"漢文化圈"
內的國家和地區出現了許多截然不同的國別俗字，帶有明顯的本民族特色，
這些"國別俗字"有時會在共時層面上通行并用。

通過調查基礎語料，我們發現有不少國別俗字存在多形并用的現象。
在我們統計的 43 組國別俗字中，存在兩個俗體字形通行并用的有 8 組，占
18.6%，存在三個及以上俗體字形通行并用的有 5 組，占 11.63%。如：

廢—𤻀—𤼲關—𡆢—関鬱—杰—杰擅—揎—撑廣—庀—庞
歸—歫—歫儒—仗—侕嚴—皿—厸
發—𤼲—𤼲—𤼲—𤼲貓—猫—猫—貃—猫聲—𦔻—𦔻—𦔻—洋
羅—罖—罗—罗—罗—罗雙—𩀱—𩀱—𩀱—𩀱—雙—雙—双

造成這種現象的原因，一是由於寫本爲執筆者手抄書寫，因個人書寫
習慣而造成筆畫、筆勢、結構等方面的不同；二是組字的構件不同而造成
不同的俗體字形出現。

2. 多訛俗變異

漢文典籍在傳入朝鮮半島後，學人在傳抄時往往會無意識地對其中一
些字形加以改造，形成具有韓國特色的訛俗變異字形，這些獨特的訛俗變
異字形蘊含着寶貴的文化資訊。如：

---

① 何華珍：《俗字在韓國的傳播研究》，《寧波大學學報》（人文科學版）2013 年第 5 期。

邊—過燭—炽觸—觕竁—宿
歸—敀—敀擡—捦—撜貓—猫—猫—貚—猫

（二）識讀性强

歷史上相當一段時間内，漢字是朝鮮半島上的官方通用文字，政府文書、重要史料都是用漢字記載的。而對於底層老百姓來説，學習漢字是一件很奢侈也很困難的一件事。古代韓國只有政界名流、文人學者、富貴巨賈這些上層階級可以有權力、有機會學習漢字漢語，這被看作上層階級的特權與榮耀。

15 世紀中葉，朝鮮王朝世宗大王李祹在朝廷中提出要全面廢止使用漢字，改用諺文，受到當時兩班貴族的激烈反對。他們認爲，廢止漢字就是抛棄他們千百年來奉如圭臬的中原漢文化，自甘墮落成蠻夷落後民族。

由此可見，博大精深的漢字在朝鮮半島的推廣普及與上層階級維護文化特權之間的確存在不可調和的矛盾。作爲被打上韓國本國烙印的"國别俗字"，在局部變異的過程中自然傾向於提高字形的識讀性，以便於其在更大範圍内更快速的流播，主要變異方法就是形聲變異與會意變異。

1. 多形聲變異

形聲變異大致可以分爲兩類：一種是改換聲符，另一種是形符類化。這兩類在上文中已有描述，這裏補充一例國别俗字。

嫗—姵

（1）錢～領命，乘小轎至道觀。（《九》P.65）

（2）有老～迎餘曰："郎子遠客也。我有旨酒，豈無待賓之禮乎？"（《漂》p.201）

按：《説文·女部》（卷一二下，頁 1）釋形曰：嫗，母也。從女，區聲。"嫗"作"姵"，改換聲符，然而其聲旁"丘"和整個字的字音似乎很有些距離。參考張涌泉《漢語俗字研究（增訂本）》考證"驅"俗作"駈"：《干祿字書》："駈驅：上通下正。"唐代碑刻及敦煌寫本中"駈"字經見。據《廣韻》，"區"字豈俱切，與"驅"同音；而"丘"則音去鳩切，聲、調雖則相同，而韻母則有較大區别（"區"爲遇攝字，"丘"則爲流攝字）。"驅"字俗字以"丘"代"區"，似乎缺少根據。其實"丘""區"古音十分接近。"區"字上古音屬侯部，"丘"字屬之部，之侯通轉，故"丘"讀音與"區"同。《禮記·曲禮》"禮不諱嫌名"下鄭玄注："嫌名謂音聲相近，若禹與雨、丘與區也。"陸德明《經典釋文》云："丘與區，并去求反。"此皆"丘""區"古音相同相近之證。故"驅"字俗寫作"駈"，也是聲旁同音或近音替換的結果。只是到了唐代前後，丘、區讀音漸漸拉開距離，以致爲《禮記》作正義的孔穎達等人已不知"丘""區"古音相同，而曲解鄭注的意思爲"丘與區音異而義同……有同義嫌疑"云云，今天的讀者自然更難明白"驅"俗字作"駈"的因由何在了。①由此可推證，"嫗"俗寫作"姤"是聲旁同音或近音替換的結果，屬於"形聲變異"中"改換聲符"一類。

2. 多會意變異

韓國國別俗字中多有會意變異，即改形聲爲會意，用最簡單的部件傳達最精准的字義，方便書寫，又易識讀。

墓—坌

（1）俞大修故判書俞絳之孫，官至正，嘗居盧守喪於～下。（《说话全集六·於於野谈卷一》p.9）

（2）今者監司將修各～邑，宰獨不知乎？（《说话全集八·鹤山闲言》p.437）

按：在韓國文獻中，以"入"代替"莫"，形成"入土爲墓、入日爲暮、入巾爲幕、入心爲慕"一系列會意俗字。②

3. 書寫性强

文字是記載和表達語言的書寫符號。千百年來，爲了更加便捷地記錄語言，字形化繁爲簡以增强書寫性成了古今漢字發展演變的潮流趨勢。

漢字在朝鮮半島的變異過程自然也順"化繁爲簡"之大勢，簡省筆劃、簡省部件、整字簡化皆有之，簡化後的字形書寫性强。

懷—忱

（1）意外相逢，幸結一宵之緣，遽爾相分，後會難期，別～何言，行中別無他情表之物，可留一詩。（《说話全集一·溪西野譚卷一》p.44）

（2）論語　孔子曰："仕邦兼道，則可卷而～之。"（《樊川》p.230）

按：《俗字譜》（頁79）引《啖蔗》收"懷"作"忱"。"忱"還出現於越南文獻。其間爲偶合或是互有影響，待考。"懷"，簡省中間複雜部件"罒"，俗寫作"忱"。

五、朝鮮時代漢文寫本俗字書體特點

從書法角度切入，淺析朝鮮寫本俗字，實際上升範疇屬於文字與書法的關係。文字與書法的關係應當是相互交融的辯證關係；文字學與書法理論的研究應該統籌兼顧，兩手都要抓、兩手都要硬。正如齊沖天在《書法文字學》裏所説：書法的藝術之宫，建立在文字的基地上，而文字接受了書

---

① 張涌泉：《漢語俗字研究（增訂本）》，商務印書館2010年版，第61-62頁。

② 何華珍：《俗字在韓國的傳播研究》，《寧波大學學報》（人文科學版）2013年第5期。

法藝術規律的經營與安排。①

因而當我們進行文字形體研究時，書法因素也是不可避免應當考慮的。因爲文字形體的歷史沿革始終是在人們書寫的過程中醞釀發酵的，而書法藝術的發展演進反過來也在影響著文字形體的變異過程，這種相互影響的過程是并行不悖、相得益彰的。

而俗寫文字更是極大地受到執筆者書寫習慣、流行書風書體的影響，包含了更多寶貴的時代資訊、文化資訊。從書法文字學的角度，探索朝鮮時代漢文寫本俗字的書體特點，大有研究之必要。

總體上，從書法文字學的角度，朝鮮寫本俗字基本是由兩種途徑變異得來，一是草書楷化；二是符號代替。"符號代替"已在上文中有所描述。

唐代書法家張懷瓘在《書斷》中所説：存字之梗概，損隸之規矩，縱任奔逸，赴速急就，因草創之意，便得草書之謂。②草書從産生之時就承擔着簡約字形、便於書寫的使命。這一使命與俗文字的本質屬性、根本目的不謀而合。因而草書楷化也是漢語俗字産生的重要手段之一。

選取朝鮮寫本中代表性俗字 2 例，參考《異體字字典》《韓國漢文古文獻異形字研究之異形字典》《略體》，查閱吳澄淵主編《新編中國書法大字典》③（以下簡作《新編》）、于右任主編《標准草書》④（以下簡作《標准》）、杭迫柏樹編《王羲之書法字典》⑤（以下簡作《王羲之》）、韓國字書《俗字譜》以及中國歷代字書，如《敦煌》《宋元》等，與之進行字樣對比，探究其流播變異規律。

亦——⿱

1. 秦小姐～入於其中矣。（《九》p.38）

2. 吾屬～是皇明赤子也。（《漂》p.175）

3. 皇朝孝宗～以其所生母，追稱爲皇太后而享。（《説話全集十·青野謾輯卷七》p.177）

按：《俗字譜》（頁 4）引《罷睡錄》收"亦"作"⿱"，引《青邱野説》作"⿱"，韓國古文書中亦有"⿱"者。《敦煌》（頁 495）收"亦"作"⿱"。《新編》（頁 35）引《隋智永真草千字文》《晉索靖月儀帖》收"⿱"，而《標准》（頁 63）則收"⿱"。

齊沖天認爲：草書的點是十分神奇的。"學"字中的三個點，也是每一

① 齊沖天：《書法文字學》，北京語言文化大學出版社 1997 年版，第 4、7 頁。

②《歷代書法論文選》，上海書畫出版社 1979 年版，第 162 頁。

③ 吳澄淵主編：《新編中國書法大字典》，世界圖書出版公司北京公司 2001 年版。

④ 于右任主編：《標准草書》（第十一次本），上海辭書出版社 2015 年版。

⑤ 杭迫柏樹編：《王羲之書法字典》，周培彥譯，天津人民美術出版社 2004 年版。

個點就代替了一個偏旁，興、舉二字的上部三個點也是如此。這是書法問題。據此推斷，"亠亠"的中間兩點代替"亦"的中間兩筆，後"亠亠"四點訛爲"亠"三點，或成連筆"亠"。

恐—乜

1. 第我本貧秀才也，且堂有老親，與桂卿偕老，恐不慨於老親之心，若具妻妾，則亦～桂娘之不樂也。（《九》P.44）

按：《標准》（頁 113）引《王獻之【勿動小行】淳化（李本）》作"乜"，《新編》（頁 572）引《元 鮮於去矜停云縮法帖》《米芾三希堂法帖》等亦作"乜"，《王羲之》（頁 249）引《澄清堂帖（廉南湖本）》《智永千字文（関中本、穀氏本）》等皆有"乜"者。齊沖天認爲："心"字行草書中作三點，也往往寫作一橫。在本例中可證明，"心"草書作一橫，而上邊部件整體簡化，留存基本輪廓，成其俗體。

六、結語

在"書同文"的歷史階段中，漢字作爲東亞地區通行的"文化鑰匙"，其發展沿革不僅表現爲單個漢字的歷時性形態變化，還表現爲漢字體系的共時性變異演進。

對於中國文化研究來說，由於域外文化與中華文化發展的非同步性，相互的距離，造成了傳播上的差異，中國學風變化帶來的舊典籍遺失現象，可以通過保存在外部而更接近於原初形態的寫本，得到某種補闕，幫助我們恢復文化記憶。其次，這些寫本中保存的有關各民族間文化交流、融合、移植、變異的資訊，又是我們在新的國際化浪潮中溫故知新的材料。總之，東亞漢籍寫本，對於"前印刷時代"的文化研究，對於東亞比較文化和比較文學的研究，對於亞洲歷史的研究，都是一座尚未充分發掘的寶庫。

在"漢字文化圈""東亞寫本學""書法文字學"的視域下，通過對朝鮮時代漢文寫本中的國際俗字、國別俗字的源流探析以及對其中一些俗字的書體特點的描述，并結合韓國刻本文獻中出現的相關俗字，發現在漢語俗字圈"同"的背後，還是存在不少"異"的因素。同時，無論是中國書法還是韓國書法，書風的變革都對漢字形體的演變有著不可估量的隱形影響，其中尤以對缺乏官方約束的俗文字的影響最大，甚至成爲俗字產生的途徑之一。

以漢文寫本俗字爲中心的中韓漢字比較研究，是近代漢字研究的新方向，也是漢字本體研究的重要内容。今後，在充分搜集域内域外前沿學術成果的基礎上，進行拓展研究和深入探討，切實推動東亞漢字文化圈的中韓俗字比較研究。

參考文獻

期刊論文

[1]儲小昆、張麗:《宋元以來契約文書俗字在大型字典編纂中的價值》,《中國文字研究》2014 年第 1 期。

[2]河永三:《朝鮮後期民間俗字研究》,《中國語文學》1996 年第 27 期。

[3]河永三:《韓國固有漢字國字之結構與文化特點》,《中國文字研究》2005 年第 6 期。

[4]何華珍:《俗字在日本的傳播研究》,《寧波大學學報》(人文科學版)2011 年第 6 期。(人大複印資料《語言文字學》2012 年第 2 期全文轉載)

[5]何華珍:《俗字在韓國的傳播研究》,《寧波大學學報(人文科學版)》2013 年第 5 期。(人大複印資料《語言文字學》2013 年第 12 期全文轉載)

[6]何華珍:《國際俗字與國別俗字——基於漢字文化圈的視角》,《譯學與譯學書(韓國)》2014 年第 3 期。

[7]井米蘭:《韓國漢字及俗字研究綜述》,《延邊大學學報》(社會科學版)2011 年第 1 期。

[8]毛遠明:《漢字源流與漢字研究的新視角》,《西南大學學報》(社會科學版)2013 年第 6 期。

[9]任平:《唐代書法對統一新羅時代書法的影響》,《當代韓國》1997 年第 1 期。

二、著作

[1]安炳浩:《朝鮮語發達史》,遼寧人民出版社 1983 年版。

[2]朝鮮古迹研究會:《樂浪王光墓》,桑名文星堂 1936 年版。

[3]陳尚勝:《中韓交流三千年》,中華書局 1997 年版。

[4]陳寅恪:《金明館叢稿二編》,上海古籍出版社 1980 年版。

[5]杜佑:《通典》,中華書局 1988 年版。

[6]葛兆光:《想像異域——讀李朝朝鮮漢文燕行文獻札記》,中華書局 2014 年版。

[7]韓國國立國語院編:《訓民正音》,世界圖書出版公司北京公司 2008 年版。

[8]韓國精神文化研究院編:《古文書集成》,韓國精神文化研究院 1992 年版。

[9]韓國文學研究所編:《韓國文獻説話全集》,韓國文學研究所

1991 年版。

　　[10] 黃卓明：《朝鮮時代漢字學文獻研究》，上海古籍出版社 2013 年版。

　　[11] 金起東編：《筆寫本古典小説全集》，亞細亞文化社 1980 年版。

　　[12] 金萬重：《九云夢》，上海古籍出版社 1990 年版。

　　[13] 李基白：《新羅上代古文書資料集成》，一志社 1987 年版。

　　[14] 柳鐸一：《韓國文獻學研究》，亞細亞文化社 1989 年版。

　　[15] 陸錫興：《漢字傳播史》，語文出版社 2002 年版。

　　[16] 吕浩：《韓國漢文古文獻異形字研究》，上海世紀出版集團 2013 年版。

　　[17] 吕浩：《韓國漢文古文獻異形字研究之異形字典》，上海大學出版社 2013 年版。

　　[18] 毛遠明：《漢魏六朝碑刻異體字研究》，商務印書館 2012 年版。

　　[19] 齊沖天：《書法文字學》，北京語言文化大學出版社 1997 年版。

　　[20] 裘錫圭：《文字學概要》，商務印書館 1988 年版。

　　[21] 唐蘭：《中國文字學》，上海古籍出版社 1949 年版。

　　[22] 汪德邁：《新漢文化圈》，江西人民出版社 1993 年版。

　　[23] 汪維輝主編：《朝鮮時代漢語教科書叢刊續編》，中華書局 2001 年版。

　　[24] 王寧：《漢字學概要》，北京師範大學出版社 2001 年版。

　　[25] 王寧：《漢字構形學講座》，上海教育出版社 2002 年版。

　　[26] 王平：《韓國現代漢字研究》，商務印書館 2013 年版。

　　[27] 王鑫磊：《同文書史——從韓國漢文文獻看近世中國》，復旦大學出版社 2015 年版。

　　[28] 張伯偉：《域外漢籍研究入門》，復旦大學出版社 2012 年版。

　　[29] 張漢喆：《漂海録》，新幹社 1990 年版。

　　[30] 張涌泉：《漢語俗字研究（增訂本）》，商務印書館 2010 年版。

　　[31] 張涌泉：《敦煌寫本文獻學》，甘肅教育出版社 2011 年版。

　　[32] 中華全國圖書館文獻縮微複製中心編：《朝鮮刻本樊川文集夾註》，中華全國圖書館文獻縮微複製中心 1994 年版。

　　[33] 周志鋒：《大字典論稿》，浙江教育出版社 1998 年版。

　　[34] 周志鋒：《明清小説俗字俗語研究》，中國社會科學出版社 2006 年版。

哈佛大學藏本《九雲夢》草書字形探析*

［中國］熊英姿 浙江財經大學

　　韓國漢文小説《九雲夢》是最早使用朝鮮本民族文字創作的古典小説之一，由［韓］金萬重寫成。全書文字娟秀，書法精美，除了前面一小部分爲筆畫規整的楷書外，其他都由筆法成熟的草書寫成。故我們立足字形，探求《九雲夢》的草書用字特點。

一、草書概説

　　草書有狹義和廣義之分。啟功先生認爲：“廣義的，不論時代，凡寫得潦草的字都可以算。”[①]廣義草書是對字體風格的總稱，也可以稱爲草體。草，是相對“正”而言的。廣義草書，包括草篆、草隸、章草、今草等。[②]我們平常所説的草書實際上是狹義草書，它是指今文字階段依附於漢字主流字體（包括八分書和楷書）的一種變異度最大的速寫字體。與廣義草書不同的是，它已成爲一種專門的字體，爲文字學家和書法學界所普遍承認，“是一種與篆書、隸書、楷書、行書并列的形體獨特的字體”[③]。狹義草書經過古今字體變革之後逐漸發展成熟。裘錫圭先生認爲：“草書作爲一種特定字體，在漢代逐漸形成。”[④]要把握草書形體特點，須推流溯源，回顧草書産生過程。

　　草書産生過程決定了它在形體上的特點。孫星衍《〈急就章〉考異序》就提出“草從篆生”的觀點。[⑤]筆畫繁多的篆書不便於日常書寫，易識與易寫之間的矛盾由較爲簡捷的草篆解決。同時，在民間興起的隸書也因簡易而备受推崇。衛恒在《四體書勢》中稱：“隸書者，篆之捷也。”隸書從篆

　　* 本文爲何華珍主持的國家社科基金項目（12BYY069）、教育部人文社科項目（12YJA740020）及作者主持校級課題的階段成果。

　　① 啟功：《古代字體論稿》，文物出版社 1999 年版，第 32 頁。
　　② 秦曉華：《漢字與書法藝術》，暨南大學出版社 2015 年版，第 56 頁。
　　③ 李洪智：《漢代草書研究》，北京師範大學出版社 2014 年版，第 35 頁。
　　④ 裘錫圭：《文字學概要》，商務印書館 1988 年版，第 35 頁。
　　⑤ 劉東芹：《草書字法解析·文字學視角下的草法研究》，高等教育出版社 2015 年版，第 4 頁。

書的草體演變而來。早期的草書是跟隸書的産生時間相平行的一種草寫書體，往往夾雜著一些篆草的形體。①草書誕生過程一直伴隨著多種字體的交叉變化，是一個漸變的字體簡化過程，"草書字形往往出自篆書俗體的古隸草體演變而成，而不是由成熟的隸書草化而成的"②。

　　漢字在隸變之後，逐漸穩定爲由线条組成的方塊結構，這給草書符號化奠定了基礎。草書在漢代脱離了其他字體，獨立成章草。"章"即有章程法則之意，區別與筆法流暢、牽連的今草。章草與今草爲追求書寫速度與審美效果，在實踐中創造出相應的草書筆法。從最初産生的時候，草書一直在追求漢字簡化，"漢字的草體有兩種性質：一是簡，一是連"③。草書筆法的成熟加速了這個過程。

二、《九雲夢》草書的草化方式

　　漢魏之際，草書受到眾多書法家追捧。草書線條在象形表意的路上漸行漸遠。它逐漸失去作爲文字的作用，成爲書法家追求裝飾與審美的符號。草書的符號化和書法藝術的發展密切相關。書法中任何筆畫的變化都影響漢字的形體，這種相互關係在草書中表現得尤爲明顯。"點畫形體的豐富性，把書法的技法引向一個鮮活的世界，使書法中的點畫形態具有一種生命的活力和情趣。"④

　　然而，以往的草書研究側重從書寫角度闡釋其作爲一種書體的審美價值，忽略了它作爲一種字體的筆畫組織構造方式。劉東芹認爲："對草書而言，筆法與字法的關係其實是可以各自獨立，分開研究的。筆法研究更傾向於書法風格範疇，是草書的藝術屬性研究；而草法即字法，屬於草書的文字屬性研究。也就是説，研究草法必須借助於文字學領域的方法。"⑤

　　我們從文字學角度出發，分析《九雲夢》草書的筆畫與結構，將草化方式歸納爲以下三種。

（一）草書簡法

1. 用點

　　任何筆畫起於點也終於點。點畫在草書中具有極强的靈活性，它能够以簡代繁，代替許多筆畫、部件。

（1）實—𡨦、𡧛

　　李小姐所謂，若系等閒之列，則～難奉副。（p.204）

---

① 秦曉華：《漢字與書法藝術》，暨南大學出版社 2015 年版，第 56 頁。

② 劉東芹：《草書字法解析·文字學視角下的草法研究》，高等教育出版社 2015 年版，第 4 頁。

③ 郭紹虞：《草體在字體演變上的關係（上）》，《學術月刊》1961 年第 11 期，第 47-51 頁。

④ 朱天曙：《中國書法史》，文化藝術出版社 2009 年版，第 2 頁。

⑤ 劉東芹：《草書字法解析·文字學視角下的草法研究》，高等教育出版社 2015 年版，第 4 頁。

前日之累抗嚴教，～有所拘於人倫。（p.243）

此～凶征也。（p.261）

道人～非凡人也。（p.66）

哀樂有數，天～爲之。（p.232）

按：寅、寅 皆是"實"草寫字形，寅 簡寫了"實"，把寶蓋裏面的構件分別簡寫爲三點和"貝"，現代楷書的"貝"字形。在此基礎上，寅 把寶蓋裏面的三點與"貝"字連寫，從而簡寫爲現代的"實"。《説文解字》（頁147）："實，富也。"《漢語大字典》（頁 990）："实，實的簡體字。"《漢字字源》（頁 658）只收錄了"实"，并没有説明其簡化過程。《草書大字典》（頁310）引智勇草書作"寅"，王羲之作"實"，敬世江作"寅"。《標准草書》引王羲之《草決辨疑》作"寅"。可見"實"的簡體字形取自草書。類似的草體字形還有：翼一翼，如"言其義則無～於生我育我"（p.15），"非具羽～不可越也"（p.58），"而小妹處身～於平人"（p.199）。

（2）辨一办

豈臣能立一策～一謀而致此哉？ （p.268）

按：《草書大字典》（頁 1235）引米芾作"办"。《新編中國書法大字典》（頁 1504）引明徐浩行《草詩卷》作"办"。草書直接把部件"辛"簡寫爲點。

（3）君一尺

臣亦擇～。（p.26）

道人指壁上玄琴，而問曰："～能解此乎？"（p.33）

妾之一身，自今日已託付於郎～矣。（p.47）

按：《草書大字典》（頁 206）智勇、王羲之草書均寫爲"尺"。《新編》（頁 253）引智勇《真草千字文》字形相同。草書直接把部件"口"簡寫爲"點"。

（4）封一专

列土～王。（p.230）.

按："专"把部件"寸"直接簡寫爲點，《草書大字典》（頁 355）引懷素《小草千字文》作专。

2. 符號替代

草書常用交叉的筆畫來代替原來原字比較複雜的寫法，往往與原來的字形無關系，僅僅是示意而已。[4]

---

[4] 陸錫興：《漢代簡牘草字編》，上海書畫出版社 1995 年版，第 10 頁。

（1）鄉—ロ

故～無貽北堂之憂。（p.34）

按：《草書大字典》（頁 1256）黃象寫爲ロ。《新編》（頁 1555）引晉王羲之《澄清堂貼》爲"ロ"。《標准草書》亦引《淳化閣》作"ロ"。鄉字的這個草化字形只是一個草書符號，沒有廣泛投入文字應用，從而并不多見。

（2）雙—双

亂垂～鬢。（p.24）

按：大徐本《説文》（頁 73）："从雔，又持之。""雙"先省略了上半部分的構件"雔"，再增加表示"手抓"意的符號"又"。《新編》與《標准》均不見"双"字形。

3. 直接簡寫部件

（1）懷—怀

惟君無用傷～。（p.32）

置之～中。（p.148）

丞相見春雲如見小姐，尤切悲。（p.233）

按：《説文解字》（頁 218）："懷，念思也，從心襃 聲。"《新編》（頁 623）引王義之《淳化閣貼》作"襃"，直接把部件"襃"簡寫爲"衣"。故"懷"作"怀"。

（2）偉—伟

豈不誠～哉。（p.124）

按：《漢語大字典》（頁 150）"偉，偉的簡化字"。《草書大字典》（頁 97）引文徵明《滕王閣序》作"伟"。"偉"的簡化字"伟"便是從草書楷化而來。1986 年發佈的《簡化字總表》中是漢字規範的主要標准之一。《總表》中簡化方法之一便是"草書楷化"。①按照此方法類推的還有：違—违，如，"何敢有～"（p.62），"丞相頗以交～未悵缺"（p.273）。圍—围，如，"三匝～坐前者"（p.125），"女樂數千，三匝四～"（p.289）。"衛—卫"，如，"鄭氏設有殘魂餘魄，九重嚴邃，百神護～"（p.262）。

（3）莊—庄

忽見一區幽～。（p.23）

寂寞薛濤～。（p.91）

幻仙～成就小星緣。（p.73）

按：《新編中國書法大字典》（頁 1320）引智勇《真草千字文》作"庄"。

《標准草書》（頁 126）引饒介《三希堂帖》作""。"莊"的"草字頭"和部件分別簡化成點畫和撇。

（二）草書省法

省法是一種重要的草書筆法。對楷書一筆一畫的省略時長改變漢字結構。草書省法可以分爲省筆畫和省部件兩種。下面舉例爲省略部件。

（1）頓—頃、頃、

 無行意。（p.17）

楊生自洛陽抵長安，定其旅社， 其行裝。（p.54）

得見道人清像， 覺俗慮之自消。（p.62）

按：""筆劃連寫爲""。《新編》（頁 1673）引王羲之《快雪堂帖》作""，""則是""進一步簡化，直接省略了"頁"這個部件。

幾個不同的楷書構件經過草書筆法的簡省，混同爲一個部件的情況也時有發生。如："、—"，"講論婦德"（p.201）中"講"作""；"欲尋於南郊墓"（p.112）中"墓"作""。"、—"，"天地搖落，霜花釀感，斷雁鳴哀"（p.227）中"霜"作""，"兩公主秉塞淵之德，有琴瑟之和"（p.310）中"塞"作""。

（三）草書連法

1. 連書筆畫

（1）忽—

～見一區幽莊。（p.23）

凝睇四顧，～與楊生四目相對。（p.25）

按：《新編》（頁 563）引王獻之《忽動貼》作。劉東芹："'心'的另一種草法作一橫畫，表示，此草書偏旁符號應用廣泛。"① 《九雲夢》中此類例子還有：患—，"如奇才美品何～不得"（p.52）；慮—，"何足煩相公之～哉"（p.170）；意—，"以此～言於老母"（p.207）。

2. 連書分散的部件

（1）動—

天顏～色。（p.142）

時月光窺簾，樹影滿窗，聲～已息。（p.95）

按：《新編中國書法大字典》引明文征明《西苑詩》作""，已經將左右兩個部件連爲一個。""不僅連爲一個部件，還改原字的左右結構爲上下結構。如，職—。此外，我們發現，一個字形體上的變異不單

---

① 劉東芹：《草書字法解析》，高等教育出版社 2015 年版，第 42 頁。

是由一種草書筆法導致的，往往是因爲同時出現“簡法、省法、連法”的交叉現象，如，頭—𡗜，既簡寫了部件“豆”“頁”，又連寫了兩個部件。

（2）尋—𡗜

問其來～之意。（p.27）

按：簡寫部件“工、口、寸”爲點，又用牽絲連寫了三個部件。相似的例子還有：喜—喜。

三、《九雲夢》草書字形釋例

哈佛本《九雲夢》產生於朝鮮李朝時期，書中的草書形態活潑。這和當時朝鮮半島的文化氛圍密切相關。整個李朝時代，就書體而言，既有楷體，又有草書、行書、隸書、篆書。① 草書，作爲常見字體，因其書寫便捷而得到廣泛使用。寫本中的草寫字不勝枚舉，下文列舉幾例分析。

（1）愛—愛

父母鐘～甚篤。（p.60）

吾～身如玉。（p.71）

按：《說文解字》（頁 107）：“愛，從夂㤅聲。”《漢魏六朝碑刻異體字字典》（頁 3）爲“愛”。隸書“愛”保留了篆書“愛”的字頭“生”部分。《敦煌俗字典》（頁 2）引《法句經》爲“愛”，是隸書楷化字形。引《太上洞玄靈寶秒經眾序章》爲“愛”。後代字書《宋元以來俗字譜》（頁 34）引《通俗小說》爲“愛”。《韓國俗字譜》（頁 75）也記“㤅”爲俗體字形。“愛”的寫法逐漸沉澱，近而變成正體字形。那麼“愛”的草體字形“愛”從何而來？受到哪些因素影響？

《隸辨》（頁 139）引《張遷碑》寫爲“愛”。《新編中國書法字典》（頁 600）引《王羲之澄清堂帖》寫爲“愛”。我們發現，“愛”和隸書“愛”寫法接近，而隸書字形則直接傳承了小篆“愛”。字形變化是從“生”到“㤅”，最後到草書“愛”。《草書大字典》（頁 529）引明朝宋克《急就章》爲“愛”。韓國老尊本《九雲夢》中的字引用《急就章》草字寫法，可見其受深受中國草書的影響。

（2）春—萅，春

弟子服事師父十閱萅秋。（p.14）

春雲曰。（p.234）

按：“萅”是“春”的俗字。《漢語大字典》（頁 1605）引《字彙補·日部》：“萅，《六書統》：與春同。”“萅”改變“春”的字頭部分，造

---

① 楊昭全：《韓國文化史》，山東大學出版社 2009 年版，第 203 頁。

成這種現象的原因是篆書"![图]"的部件"![图]"有弧度，書寫不便。爲了便捷起見，把它寫直，於是就成了"![图]"。"![图]"在"![图]"的基礎上再次變異，經連寫與省略後形成。

（3）樂—![图]

快～之不可勝喻。（p.41）

座上唱～非不足也。（p.46）

按：《漢語大字典》（頁 42）："樂，樂的簡化字。""樂"爲何會簡化爲乐？我們從草書角度尋找其簡化過程。《書法大字典》（頁 1046）引（唐）陸柬之草書作："![图]"。"![图]"因此字形簡潔而廣泛使用。《宋元以來俗字譜》（頁 30）引《嶺南逸史》作："樂"。故而"樂"簡化爲"![图]"。

（4）桑—![图]

一若～榆，三閱春秋。（p.227）

按：《漢語大字典》（頁 1260）："桑，同'![图]'。""![图]"把"桑"的"又"簡寫爲"十"，從"![图]"到"![图]"，改變了兩個短豎的位置，同時采用了草書筆法中的簡法，用點代替了豎畫。受此影響，桑的俗字也爲"![图]"。①

（5）多—![图]

今朝官人押今罪人等數～。（p.36）

按："![图]"是"多"的俗字。《正字通・夕部》："多，俗做![图]。""![图]"是隸書"![图]"經過草寫楷化之後的變異字體，《漢魏六朝碑刻異體字字典》（頁 188）作"![图]"，位於上面的"![图]"簡化中間的豎變成"![图]"，下麵的"![图]"變成"夕"。寫本中類似的例字還有：移—![图]，如"楊生往住房搬～行李"（p.46）。

（6）邊—![图]，![图]

所謂胡人落淚沾![图]草。（p.65）

胡姬之曲，![图]方之聲。（p.66）

嬌聲尚留於耳![图]。（p.13）

按：《説文解字》（頁 36）："![图]，行垂崖也。"《説文解字注》："![图]，垂也……垂，遠邊也……。""邊"的本意即爲"行至臨近懸崖處"，和"垂"的意思相反，和"遠"的意思相近。《宋元以來俗字譜》（頁 97）引《嶺南逸史》作"![图]"，故字形"![图]"爲"遠"的省略。《九雲夢》草書字形"![图]"與其同。書中出現"邊"的楷書字形值得注意，該字形少見於中國字書，"![图]"字是傳統的韓國字形。韓國朝鮮時代寫本中常見把"邊"

---

① 張涌泉：《漢語俗字研究》，商務印書館 2010 年版，第 113 頁。

寫成"过"，是""進一步簡化。《漢字略體調查研究》（頁91）引《誠初心學人文》（1564）、《景德傳燈錄》（1682）、《三國遺事》皆收"过"。①

　　以上草書字形，無論是筆法角度還是字意方面，都和中國草書如出一轍。除此之外，寫本中的韓國特徵字值得關注。例如：""是典型的中國草書，而它的楷書""卻具有鮮明的韓國特色。與此同時，《九雲夢》也存在具有韓國地域色彩的草書字形，試舉例如下：

　　（1）殿—

　　越王～下來矣。（p.146）

　　壯士千人列立於～左右。（p.188）

　　尚書即詣佛～。（p.186）

　　今兩公主娘娘皆入內～。（p.254）

　　按：《新編中國書法大字典》與《標准草書》均引王羲之《虞安貼》作""。《新編》（頁789）引文徵明《西苑詩》作""，把部件"殳"放在草體"屍"內部。手寫本《九雲夢》""在文徵明草書的基礎上進一步簡化，把部件"殳"省略爲兩撇。

　　（2）發—，

　　秀美之容似潘嶽，越之氣似青蓮。（p.22）

　　一夜之間，菊花滿。（p.35）

　　清歌自。（p.45）

　　清歌自。（p.45）

　　未織歌口已香。（p.295）

　　故悲愴之心必自於簫聲之中也。（p.337）

　　按：《漢字略體調查研究》（頁87）引《法華經》（1764）、《地藏經》（1879）、《吏文雜例》收"發"作。《俗字譜》（頁144）引《野彔》作。"發"俗作，在韓國漢文文獻中較常見。②字形改变筆畫的方向。類似的字形还有：廢—。例句：下內旨，使之～已行之禮。（p.161）

　　（3）養—，痒—

　　太后取鄭氏爲女。（p.272）

　　小生適蒙丞相厚。（p.291）

　　按：《草書大字典》（頁1371）引智勇《千字文》作，已經簡化了字頭部分。再次簡化部件"食"爲兩豎。作爲簡化符號的""可以代替許多漢字偏旁。

---

① 周玗：《朝鮮時代漢文寫本俗字研究》，碩士學位論文，浙江財經大學，2016年，第42頁。

② 周玗：《朝鮮時代漢文寫本俗字研究》，碩士學位論文，浙江財經大學，2016年，第43頁。

（4）福—〔草書字形〕

過～之災。（p.148）

丞相鈞體萬～。（p.278）

伏望大師降～消災。（p.322）

按："福"的小篆字形爲"示福"，楷書字形簡寫了"示"部爲"福"。"〔草書字形〕"字右邊的"〔字形〕"與"〔富〕"讀音相近，從而將其替代，故"福"爲"〔草書字形〕"，該字形不見於中國字書。

（5）慕—〔草書字形〕，幕—〔草書字形〕

聞其詩而〔草書字形〕其才華。（p.26）

便生愛〔草書字形〕之心。（p.128）

使兩家貴客及女樂歸待於〔草書字形〕。（p.288）

按：這兩個草書字形把部件簡化爲符號。在韓國文獻中，以"入"代替"莫"，形成"入土爲墓、入日爲暮、入巾爲幕、入心爲慕"一系列會意俗字。

四、结语

《九雲夢》草書借鑒了中國草書筆法，書中的大部分字形與同時期的中國草書大同小異。部分具有韓國特色的草書讓我們判斷該書爲韓國寫本。韓國是漢字文化圈之内的重要組成部分，與中國交往密切，書法深受中國書法影響。書寫漢字時，吸取中國書法的技巧也就順理成章。

參考文獻

［1］郭紹虞：《草體在字體演變上的關係（上）》，《學术月刊》1961 年第 11 期。

［2］何華珍：《俗字在韓國的传播研究》，《寧波大學學報》（人文科學版）2013 年第 5 期。

［3］陸錫興：《漢代簡牘草字編》，上海書畫出版社 1995 年版。

［4］李洪智：《漢代草書研究》，北京師範大學出版社 2014 年版。

［5］劉東芹：《草書字法解析·文字學視角下的草法研究》，高等教育出版社 2015 年版。

［6］啟功：《古代字體論稿》，文物出版社 1999 年版。

［7］秦曉華：《漢字與書法藝術》，暨南大學出版社 2015 年版。

［8］裘錫圭：《文字學概要》，商務印書館 1988 年版。

［9］徐秀兵：《近代漢字的形體演化機制及應用研究》，知識產權出版社 2015 年版。

〔10〕楊昭全：《韓國文化史》，山東大學出版社 2009 年版。

〔11〕朱天曙：《中國書法史》，文化藝術出版社 2009 年版。

〔12〕周玳：《朝鮮時代漢文寫本俗字研究》，碩士學位論文，浙江財經大學，2016 年。

〔13〕張涌泉：《漢語俗字研究》，商務印書館 2010 年版。

《華英字典》與漢語俗字[*]

［中國］吳函書 浙江財經大學

一、引言

羅伯特·馬禮遜（Robert Morrison，1782—1834）是英國第一位來華的新教傳教士。他自幼接受了最好的宗教教育，1798 年，馬禮遜受洗加入了英國長老會，成爲教徒，熱心地過著宗教生活。1803 年，馬禮遜到達霍克斯頓神學院之後就開始正規學習神學課程，在神學院求學期間，他志願到海外傳教的意向逐漸增強。^①1804 年，馬禮遜呈交給倫敦會審議委員會的主席亞歷山大·沃夫牧師的申請書中寫到："我現在的第一志願就是要當一名赴海外傳基督福音的傳教士。我在祈禱詞中，向主説這是我義不容辭的責任。"

馬禮遜憑借自身對傳教的滿腔熱血，成功通過委員會的審核，成爲倫敦傳教會的傳教士，被派往高士坡傳教學院進行專門訓練。1804 年 9 月，高士坡傳教董事會做出決議，計畫命馬禮遜前往中國傳教，決議中還指出馬禮遜去中國的特定目標是掌握中國語言文字，要把聖經翻譯成中文，而傳教不是首要任務。馬禮遜獲得此通知後，便將注意力首先放在學習中文上，希望有朝一日能將聖經翻譯成中文。

1807 年，馬禮遜從倫敦出發，繞道美國乘容船前往中國。到達中國後，馬禮遜面對諸多困難，在容三德^②等幾位中文老師的幫助下一邊努力學習中文，一邊開展他的傳教事業，并翻譯和編纂了大量的中文書籍，如《聖經》《四福音書》《廣東省土話字彙》《通用漢言之法》《華英字典》等。

馬禮遜在華生活 27 載，於 1834 年去世，葬在澳門東印度公司墓地。他的漢英英漢詞典、聖經中譯本成爲載入史册的不朽豐碑。

---

* 本文爲何華珍主持的國家社科基金項目（12BYY069）、教育部人文社科項目（12YJA740020）及作者主持的校級重點課題的階段成果。

① ［英］馬禮遜夫人：《馬禮遜回憶録》，廣西師範大學出版社 2004 年版，第 13 頁。

② 容三德是馬禮遜的漢語啟蒙老師。

二、《華英字典》簡介

《華英字典》英文名爲 *A Dictionary of the Chinese Language*，作爲迄今發現的世界上第一部英漢—漢英字典，一出版就風靡歐洲大陸，受到廣泛的好評，并對其後的詞典編撰者産生了很大的影響。《華英字典》於1815—1823 年在澳門出版。該字典共有三個部分，分爲六卷。第一部分爲《字典》，共三卷。《字典》的字目和編排方式以《康熙字典》爲藍本，按筆畫順序排列。大部分字目只有簡單的英文釋義，少數字目會在英文釋義外給出詞語、短語或者句子作爲例子。第二部分爲《五車韻府》，共兩卷。是以漢字讀音的字母順序編排的漢英同音字典。第三部分，即《英漢字典》，共一卷。該部分篇幅較小，正文部分詞條釋義簡單，多數以一兩個同義或者近義英文單詞注釋，其後再附對應漢語表達。

馬禮遜編寫《華英字典》的主要目的，一方面是爲了傳教士在華生活和傳教工作的順利開展；另一方面是爲了給歐洲學者提供瞭解中國語言、歷史等方面的第一手資料。[1]在編寫這部工程浩大的字典的過程中，馬禮遜一方面跟隨中國漢語老師刻苦地學習漢語，同時購買了大量的中文書籍以供自己閱讀，包括中國的經典作品、天文、地理、歷史、宗教等。馬禮遜不但注重字義的解釋，同時對漢字的字形也十分關注，在這部字典中，他標注了漢字的各種字體，如：行書、草書和其他古今字體。馬禮遜來華正值中國清朝時期，馬禮遜對當時流行於民間而不符合規範的漢字并沒有采取忽視的態度，而是將漢語俗字整理成俗字表附於《五車韻府》第一卷的最後部分。

三、《華英字典》俗字整理與簡析

（一）俗字的整理

漢字文化圈的一些國家在歷史上曾長期使用中國漢字，同時也對漢字進行了一定程度的改變，産生了許多國別俗字。西人有自己的文字體系，來華多是出於傳教、商業等原因，作爲中西文化交流先驅的傳教士們爲了在中國更好地傳教不得不學習中文。馬禮遜《華英字典》中的俗字字形大部分都可以從中國辭書以及古籍中找到。以《華英字典》中俗字爲例，分別從寫本、刻本、碑刻三種不同文獻版本的角度，與中國的俗字材料進行對比。

---

① 李偉芳：《中國早期漢英詞典的編纂與發行》，《書海鉤沉》2013 年第 3 期，第 105 頁。

1. 寫本（以《敦煌俗字典》爲例）

指—揩	珍—珎	塵—塵	囑—嘱	愛—爱	分—分
離—離	留—畱	亂—乱	馬—馬	彌—弥	面—面
明—朙	念—念	逆—迸	筆—笔	笑—㗛	悉—悉
世—卋	善—善	釋—釋	答—荅	德—德	雜—雜
贊—賛	錢—錢	從—従			

2. 刻本（以《宋元以来俗字譜》爲例）

戰—战	職—耺	執—执	轉—轉	燭—烛	風—凨
環—环	豈—㣺	鷄—鳮	橋—桥	勸—劝	觀—观
歸—归	龜—龟	麗—麗	劉—刘	臨—临	靈—灵
羅—罗	樂—乐	廬—庐	樓—楼	麥—麦	寧—宁
罷—罷	辦—办	報—报	備—俻	冰—氷	時—时
勢—势	蕭—萧	雖—虽	似—佀	壇—坛	擔—担
當—当	燈—灯	等—苐	殿—具	指—拍	囑—嘱
惡—恶	分—芬	繼—继	關—関	鬼—鬼	國—国
離—離	亂—乱				

3. 碑刻（以《碑別字新編》爲例）

珍—珎	塵—塵	風—凨	愛—爱	分—分	筆—笔
悉—悉	世—卋	善—善	等—苐	雜—雜	晉—晋
繼—継	健—建	輕—輕	國—国	雖—離	亂—乱
彌—弥	明—朙	念—念			

（二）俗字的類型

接下來，筆者便要對馬禮遜所收集的漢語俗字做一個簡要的類型分析。

1. 以簡筆代替繁筆

即用簡單的筆劃代替複雜的筆畫，舉例如下：

（1）囑—嘱

按：《漢語大字典》："嘱"同"囑"。《字彙·口部》："嘱"同"囑"。今爲"囑"的簡化字。《正字道·口部》："嘱，俗字，舊注同囑。"《敦煌俗字典》引《禦注金剛般若波羅密經宣演卷上》："護念付囑，道豈虛行者歟？"（p.564）

（2）風—凨

按：《漢語大字典》："凨"同"風"。《碑別字新編》："風，《魏司馬昞墓志》作凨。"《京本通俗小説》："春日春凨有時好，春日春凨有時惡。"（p.2）"怨凨怨雨雨俱非，凨雨不來春亦歸。"

（3）執—执

按：《漢語大字典》："执"爲"執"的簡化字。《佛教難字字典·土部》："执"爲"執"的異體字。《中文大辭典·手部》："执","執"之俗字。《京本通俗小說》："执拗行私奈爾何。"（p.149）

2. 省略某些"不重要"的部分

有些漢字字形構件比較複雜，俗寫往往會把某些字體不重要的部分省去，形成俗字。舉例如下：

（1）職—耺

按：《漢語大字典》："耺"同"職"。《中文大辭典·耳部》："耺","職"之俗字。《京本通俗小說》："荆公從夫人之言一連十來道表章告病辭耺。"（p.126）省去了中間的"音"字，書寫更爲簡便。

（2）時—时

按：《漢語大字典》："时"同"時"，今爲"時"的簡化字。《龍龕手鑑·日部》："时，古。"《京本通俗小說》："一個官人也只爲酒後一时戲言斷送了堂堂七尺之躯。"（p.155）"時"字俗作"时"，省去"土"字。

（3）燭—烛

按：《漢語大字典》："烛"爲"燭"的簡化字。"《說文》："燭，庭燎，火燭也。從火，蜀聲。"《字彙·火部》："烛"，俗借作"燭"字，非。《正字通·火部》："俗省，今以烛作燭，非。"《宋元以來俗字譜·火部》："燭"，《金瓶梅》作"烛"。

3. 符號替代

符號代替是用書寫簡易的部件去替代書寫複雜的構字部件，是省略筆劃的一種有效方法。舉例如下：

（1）壞—坏

按："不"字符可以代替"褱"。如"壞"作"坏"，《說文》："坏，丘再成者也。一曰瓦未燒。從土，不聲。"《宋元以來俗字譜·土部》："壞"，《目連記》作"坏"。"懷"作"怀"，《字學三正·體制上·時俗杜撰字》："懷，俗作怀。"《宋元以來俗字譜·心部》："懷"，《目連記》作"怀"。

（2）勸—劝，對—对

按："又"字符可以代替一個字的複雜部分，在俗寫中較爲常見。如"勸"作"劝"，《字學三正·體制上·時俗杜撰字》："勸，俗作劝。"《宋元以來俗字譜·力部》："勸"，《通俗小說》作"劝"。"對"作"对"，《宋元以來俗字譜·寸部》："對"，《通俗小說》作"对"。

4. 音近更代

音近更替實際上包括同音更代和近音更代兩個方面。有時爲了書寫方便或便於識記，會采用音相近或相同的部分進行更替。舉例如下：

（1）戰—战

按：《漢語大字典》："战"爲"戰"的簡化字。"战"俗作"戰"，《宋元以來俗字譜》："戰"，《目連記》作"战"。改"單"爲"占"，"战"字從"占"而得聲，且音近筆畫少，固成俗字。

（2）擔—担

按：《漢語大字典》："担"同"擔"。清翟灝《通俗編・雜字》："担，按：俗以此通擔負之擔。"《宋元以來俗字譜》："擔"，《太平樂府》《目連記》《金瓶梅》等作"担"。

（3）園—园

按：《説文》："園，所以樹果也。從口，袁聲。"《字學三正・體制上・時俗杜撰字》："園俗作园。"《字彙補・口部》："園同园。"《宋元以來俗字譜》："園"，《古今雜劇》《三國志平話》《嬌紅記》《目連記》《金瓶梅》《嶺南逸事》等作"园"。"元"與"袁"同音，且筆畫較少，書寫更爲方便。

5. 草書楷化

草書楷化是俗字滋生的主要來源之一，即把草書的字形楷書化、符號化爲新文字。舉例如下：

（1）豈—岂

按：《漢語大字典》："岂"爲"豈"的簡化字。《説文解字・豈部》："豈，還師振旅樂也；一曰欲也，登也。從豆，微省聲。"在《草書大字典》中，元・康裏子山《述筆法》作"岂"，元・鮮於樞《千字文》作"岂"，隋・智永《千字文》作"岂"。可以看出"豈"的草書將下部的"豆"字草化成"己"。所以"岂"是取歷代行草而來，是"豈"的草書楷化字。

（2）逆—迸

按：《漢語大字典》："迸"同"逆"。《正字通》："迸，俗逆字。"《敦煌俗字典》引《妙法連華經》："聞法信受，隨順不迸。"（p.289）在《草書大字典》中，三國・皇象《急就章》作"迸"，明・宋克《急就章》作"迸"，唐・李世民《屏風帖》作"迸"。"逆"字草書將中間部分寫作"羊"，可以看出"迸"爲歷代行草而來，是"逆"的草書楷化字。

（3）亦—亦

按："亦"是"亦"的俗體。《説文》："亦，人之臂亦也。從大，象兩亦之形。"在《草書大字典》中，明・文澎《吳寬種竹詩跋》作"亦"，宋・黃庭堅《諸上座帖》作"亦"，宋・蔡襄《自書詩》作"亦"。"亦"字下部分草書成四點，楷化成"亦"。

（4）會—會

按：《漢語大字典》："會"是"會"的簡化字。《宋元以來俗字譜》："會"，《通俗小説》《白袍記》《東窗記》《目連記》《金瓶梅》等作"會"。在《草書大字典》中，晉・王獻之《江東帖》作"　"，宋・趙構《真草千字文》作"　"，明・宋克《急救章》作"　"。可以看出，"會"爲歷代草書楷化而來，是"會"的草書楷化字。

6. 改形聲爲會意

在俗字傳承變異過程中，既有改會意爲形聲的；反之，又有改形聲爲會意的。舉例如下：

（1）聞—　

按：《説文》："聞，知聞也。從耳，門聲。"《玉篇・耳部》："聞，武雲切，知聲也，又音問。"《龍龕手鑑・耳部》："　，俗，音問。"《重訂直音篇・卷一・耳部》："　，同聞。""聞"原是一個形聲字，本是聽見的意思。將聲符"門"換成"入"字，便形成了一個生動形象的會意字"　"，聲音"入耳"即"聞"。

（2）岩—　

按：《説文・山部》："　，岸也。從山，　聲。"《玉篇・山部》："　，積石兒。"《龍龕手鑑・山部》："　，古作岩。"曹植《洛神賦》："睹一麗人，於岩之畔。""　"原是一個形聲字，本意是積石貌，"岩"字下部用"石"字代替了聲符"　"，形成一個會意字。"山石"即"　"。古籍中多作"　"，今"岩"字通行。

（3）粗—　

按：《説文・米部》："粗，疏也。從米，且聲。"《集韻・姥韻》："　，牛角直兒。"《漢語大字典》："　"同"粗"。《集韻・平聲・模韻》："　、粗，大也，疏也，物不精也，或作粗。"《吕氏春秋・孟夏》："其器高以　。""粗"本是形聲字，"粗"字與"　"字字形完全不同，"　"是一個會意字，取"粗"意。"牛角"在人看來外形是粗的。

四、《華英字典》俗字研究的意義和價值

1. 理論意義

（1）探究傳教士辭典中的漢字形義，可以強化漢字本體研究。近幾十年來，無論是國内還是國外學者，對域外漢籍都頗爲重視，努力發現罕見的漢文史料。海外所藏的漢文文獻是一個巨大的文化寶庫，涉及到中國經學、佛學、道學、民間宗教、文學、傳記，政制等各個方面。現在國内學者對域外漢籍的研究，多集中於語音、詞彙、語法、歷史意義等方面，從俗字角度進行研究的專著較少。通過對《華英字典》中漢語俗字的研究，對比同時期的漢字辭書，將域內文獻同域外文獻相結合，拓寬了漢字研究的視野，強化了漢字本體的研究。

（2）將傳教士辭典中的俗字同同一時期的中國寫本、刻本和大型字書進行比較分析，特別關注傳教士文獻中出現的而中國字書未記載的俗字字形。探究俗字字形演變過程，據以對中國字書進行必要的補正。如《宋元以來俗字譜》選取了《古烈女傳》《京本通俗小説》《日蓮記》《金瓶梅》等12本宋元以來的書籍將不同時期的俗字列舉出來；《敦煌俗字典》采集文獻範圍跨越兩晉、南北朝、隋、唐、五代、宋初約七百年，"以收釋敦煌莫高窟藏經洞出土寫本文獻異體俗字爲主，所見材料包括英國、法國、俄羅斯日本等國所收藏敦煌文獻和中國北京、天津、甘肅、杭州等地所藏敦煌文獻"。從這些中國傳世字書中，我們可以瞭解一個漢字俗字的字形變化，但在閱讀傳教士所編字典時，我們可以發現許多中國字書中并未出現的俗字字形，辭典中出現了大量的俗字，有些俗字字體在傳教士辭典中出現的很頻繁，但在中國字書中卻并未記載，由於漢字是由中國文人協助編寫的，所以要對哪些"陌生"的俗字展開調查，看它們是否存在於其他的刻本或寫本中，研究俗字字形的發展變化規律。

2. 實用價值

對於我們研究漢字對外傳播和影響、中國文化"走出去"戰略、漢語國際教育有重要價值和意義。

中西文化的交流源遠流長，自從義大利人馬可·波羅寫下了《馬可·波羅游記》，記述了他在東方最富有的國家—中國的所見所聞，便激起了歐洲人對東方的熱烈嚮往。16世紀是地理大發現、殖民主義發展的一個世紀，同時也是科技走向初步發展的世紀，帶著對古老中國文明的憧憬，大批西方傳教士離別故土，踏上了尋找中國的旅程，這些來華傳教士成爲東西方兩種不同文明交流的推動者和參與者；17—18世紀期間，法國耶穌會成爲來華傳教的主角，他們致力於對中國的考察和研究，取得了輝煌成功，促進了中西文化交流，進而引發了歐洲的中國熱；到了19世紀，傳教士所著的漢文著作已經非常多，不僅涉及中國的語言文字、歷史文化還包括政治體制、醫學等。西人所著的漢文書籍是我們研究當時中西文化交流情況的重要歷史文獻，可以窺見西人對中國文明的眾多看法，也可以瞭解西人是怎樣學習漢語和中國文化；邁入21世紀，隨着中國綜合國力持續增强和經濟全球化不斷深入，近年來中華文化的海外傳播有了長足的進步，但也存在着一些不足，"走出去"因語言和文化障礙停留在表面，深度介紹中國歷史、正面展現中國現狀的產品少之又少。加强對域外漢籍的研究，瞭解西人認識漢語學習漢語的規律，有利於中國文化"走出去"戰略的有效實施，對漢語國際教育也起到促進作用。

五、結語

　　馬禮遜編纂的《華英字典》，作爲中國第一部漢英字典，其影響是深遠的。[①]首先，它爲西人、尤其是來華傳教士學習中文提供了便利。這也是馬禮遜編寫《華英字典》初衷。字典出版後便受到歐洲各界尤其是漢學界的普遍讚賞，并很快風靡了歐洲大陸。借助馬禮遜的《華英字典》，對於來自歐洲國家的人來説，學習中文變得更爲容易。其次，《華英字典》被以後來華傳教士奉爲"圭臬"。衛三畏和麥都思的字典也受其影響。最後，《華英字典》對我們研究漢語俗字也有重要意義。俗字是研究漢字的重要組成部分，可以説明我們認識到漢字是怎樣變化發展的，是怎樣一步步走到今天的。

參考文獻：

專著部分

［1］董海櫻：《16 世紀至 19 世紀初西人漢語研究》，商務印書館 2011年版。

［2］顧長聲：《傳教士與近代中國》，上海人民出版社 2013 年版。

［3］［意］卡薩奇、莎麗達：《漢語流傳歐洲史》，學林出版社 2011年版。

［4］劉復、李家瑞：《宋元以來俗字譜》，中央研究院歷史語言研究所1930 年版。

［5］［英］馬禮遜夫人：《馬禮遜回憶録》，廣西師範大學出版社 2004年版。

［6］尚智叢：《傳教士與西學東漸》，山西教育出版社 2008 年版。

［7］譚樹林：《馬禮遜與中西文化交流》，中國美術學院出版社 2004年版。

［8］張涌泉：《漢語俗字研究》，商務印書館 2010 年版。

［9］張西平、柳若梅：《國際漢語教育史研究》，商務印書館 2014 年版。

論文部分

［1］李偉芳：《中國早期漢英詞典的編纂與發行》，《書海鈎沉》2013 年

① 譚樹林：《馬禮遜與中西文化交流》，中國美術學院出版社 2004 年版，第 76-80 頁。

第 3 期。

　　［2］譚樹林：《〈華英字典〉與中西文化交流》，《中華文化論壇》2003
年第 1 期。

　　［3］徐時儀：《明清傳教士與辭書編纂》，《辭書研究》2016 年第 1 期。

　　［4］元青：《晚清漢英語、英漢雙語詞典編纂出版的興起與發展》，《近
代史研究》2013 年第 1 期。

　　［5］姚小平：《16—19 世紀西方人眼中的漢語漢字》，《語言科學》2003
年第 1 期。

　　［6］楊慧玲：《明清時期西方漢語學習史的開篇之作——評〈西方人早
期漢語學習史調查〉》，《世界漢語教學》2004 年第 3 期。

　　［7］張西平：《西方人早期漢語學習史的研究初論》，《海外華文教育》
2001 年第 4 期。

古壯字及其與漢語言文字的關係

〔中國〕黃行 中國社會科學院

在中國南方諸少數民族語言中，有許多歷史上曾借用漢字的結構創製過書寫本民族語言的文字，已知的主要有壯、白、侗、布依、苗、瑤、哈尼、毛南、仫佬、京等民族使用的方塊文字，統稱爲漢字系少數民族文字，其中有些至今仍在民間使用。在這些漢字系少數民族文字中，壯族的古壯字、白族的古白字和京族的字喃字數較多，形成了成熟的系統，使用也比較廣泛。

這些南方使用侗臺語、苗瑤語和部分藏緬語的少數民族，歷史上長期與漢族雜居，他們的傳統文化深受漢語和漢族文化的影響，其知識分子歷來接受漢文化教育，使用書面語及其相關的社會活動基本上使用漢語和漢字。這些少數民族文字和官話以外的漢語方言自造書寫方言口語的土俗字的情況非常相似，歷史上統統被視爲“字”或“漢字”的變體，并沒有現代民族語言或方言的區別意識。這些文字都不具有正式文字的社會地位，字的音形義也缺乏規範，往往因時、因地、因人而異，未能發展成爲母語規範的書面語言。

一、古壯字的年代與地域分佈

漢代揚雄《方言》已經有了一些可能是古壯字的記錄，例如：“犍，牛也”，“魮，魚也”，音義分別與現代壯語 wa:i^2 “水牛”和 pja^1 “魚”對應。

壯族知識分子約於唐代就借用漢字加仿造方塊字來書寫壯語，用這種古壯字書寫的文學作品很多。目前學界較爲認同的最早古壯字實物是廣西上林縣《澄洲無虞縣六合堅固大宅頌》碑（現存於今上林縣麒麟山），爲唐永淳元年（682 年）澄洲（今廣西上林縣）刺史韋敬辦所撰，也是至今所能見到的最早壯族文人作品。嶺南地區土俗字多，有漢語方言的土俗字，有少數民族的“派生漢字”，如古壯字、古瑤字等。南宋范成大淳熙二年（西元 1175 年）所著的《桂海虞衡志》、周去非《嶺外代答》都記錄了若干壯語土俗字。（林亦，2007）

明清方塊壯字進入了盛行期。明代壯族舉人韋志道，用古壯字撰寫壯語詩歌而傳誦一時。出現了許多以方塊壯字撰文的長篇作品，《董永》《周軍》《梁山伯與祝英台》《何文秀》等許多長歌唱本都是用古壯字記錄。使用範圍從宋代的"牌訴券約"進一步擴大到文學作品、書信往來、楹聯碑刻、經文藥方、家譜地名等方面。流行區域也遍及壯族的各個聚居地方。眾多的長篇壯歌導致方塊壯字的增殖，以至明末清初的《太平府夷語通譯》專門立項收集了這些方塊壯字。

清初潯州（治所在今廣西桂平縣）推官吳淇的《粵風續九》中，采錄有俍、壯的"扇歌"、"擔歌"和"巾歌"（即壯族男女把情歌寫在扇面，刻在扁擔和織繡在花巾上以此爲信物，相贈定情），并稱其"文如鼎彝，歌與花鳥相間，字亦如蠅頭"。有的地方用土俗字編寫的歌本數以箱計。清人屈大均的《廣東新語》卷八《劉三姐》條中說："凡作歌者，毋論齊民與瑤、壯人、山子等類，歌成，必先供一本祝者藏之。求歌者就而錄焉，不得攜出，漸積遂至數篋。"産生於明代，流傳於右江河谷的二萬行《嘹歌》，就是以古壯字抄本傳世的。廣西宜山縣安馬鄉古育村廖士寬墓（道光十一年，1831 年），墓制特殊，墓碑前有兩扇可開關的石墓門，墓門四面均刊刻文字，其一爲漢文序，餘三面爲墓主生前撰寫的壯歌，壯歌爲五言勒腳體，共 15首，120 行，詳盡地表白了墓主生前創業的艱辛和無子嗣的悲涼。碑詩用古壯字刊刻，表示壯語本族詞的古壯字就達 70 多個，成爲目前所見到的最爲完整、時代確切的古壯字資料。

清四譯館所編《華夷譯語》收錄了廣西慶遠、太平、鎮安各府土州司譯語即有古壯字書寫的壯語的譯語，説明壯字具有一定的官方地位。

古壯字記錄的文獻主要是壯族民間的神話、故事、傳説、歌謠、諺語、劇本、寓言、楹聯、碑刻、藥方、家譜、契約等。明清以來各地的歌館、師公館，也是用土俗字抄錄傳授歌藝和經文唱本。壯族麼經《布洛陀》亦以土俗字抄本傳世，麼經《布洛陀》是現在能見到的保存古壯字最豐富的文獻。

有關部門的田野考察和最新資料顯示，在當今壯族四大聚居地的右江河穀、左江流域、紅水河兩岸以及雲南文山州壯族民間，都有麼教流傳，同時還傳承有不少麼教經書手抄本。這些保存至今的手抄本抄寫年代最早的是清嘉慶 18 年（西元 1804），最晚的有 20 世紀 80 年代重抄的。

廣西壯族自治區少數民族古籍整理出版規劃領導小組主編的《古壯字字典（初稿）》（《SAWNDIP SAWDENJ》，廣西民族出版社 1989），是第一部古壯字的工具書。該《字典》收集流行於壯族地區的古壯字 10700 個，分正體字和異體字（林亦，2007）。壯族民歌古籍《嘹歌》（16048 行，1993）、

《歡木岸》（11000 多行，1997）是兩部用古壯字記錄的民歌古籍，保留原抄本壯字的原貌。廣西少數民族古籍整理出版規劃室收集到了麼經抄本 39 本，其中，廣西 35 本，雲南文山 4 本，正式出版 8 大本，共 500 餘萬字的《壯族麼經布洛陀影印譯注》（張聲震，2004）。

二、古壯字的構造

古壯字的造字方法與這類漢字系民族文字一樣，大致有音讀、訓讀的借字方法，和仿漢字結構的形聲、會意等造字方法。

（一）借字

1. 音義全借（音讀+訓讀）

壯字	字音	字義
且	ee^3	又
絲	θei^1	絲線；細絲
金	kim^1	金子
本	pon^3	本錢

2. 借音（假借、音讀）

壯字	字音	字義
板、万、晚	$ba{:}n^3$	村莊
约	jo^3	看；視；瞅
恒	$\gamma a\eta^2$	脤
眉	mi^2	有

3. 借義（訓讀）

壯字	字音	字義
茅	ha^2	茅草
看	kau^3	看

（二）造字

1. 象形、指事（很少）

2. 會意（形旁+形旁）

壯字	字音	字義
谷壳	$\gamma e{:}p^8$	穀殼
丢失	wut^7	丢失
青色	$he{:}u^1$	青色
齒牙	heu^3	牙齒

3. 形聲（形旁+聲旁）

壯字	字音	字義

竹落（竹形落聲）　bok[7]　　　　　竹筒
米艾（米形艾聲）　ŋa:i[2]　　　　飯；早飯
六鳥（六聲鳥形）　ɣok[8]　　　　　鳥
来多（来聲多形）　la:i[1]　　　　　多
聲旁變異的形聲（省聲、亦聲、壯語語音作聲旁）

壯字	字音	字義	聲旁變異
足罷（足形罷聲）	pa:i[3]	走	擺〉罷省聲
火冘（火形冘聲）	ɕom[6]	焚燒	沉〉冘省聲
迷眉（迷形眉聲）	mai[2]	昏迷	迷亦聲
耒利（耒形利聲）	lai[6]	耙	耒亦聲
手黑（手形黑聲）	dam[1]	栽種	黑 dam[1] 壯語
木尾（木形尾聲）	ɣi:ŋ[6]	欄	尾 ɣi:ŋ[6] 壯語

　　壯字中與語音有關的新造的形聲字和借音字（假借、音讀）占的比例最大，在《字典》所收 4918 個正體壯字中有 4644 個形聲字和假借（音讀）字，約占總正體字數 95%，其中又以形聲字占絕大多數，這與漢字以形聲字爲主的情況非常一致，説明壯字的結構和造字方式完全是仿照漢字的結構，與漢字屬於同一類型的文字。

三、古壯字記録的壯語和漢語

　　古壯字記録的壯語詞包括壯語固有詞、漢語借詞和暫時難以區分語源的壯—漢關係詞。因爲有一部分字是同形異音字或同形異義字，所以壯字記録的字（單音節語素或詞）數多於 10700 個字典字數。《字典》中除約 5% 象形、指事等純壯語的字外，帶漢語（也有少量壯語）表音聲旁字共 12861 個，用 4008 個漢字作表音聲旁，包括正體字形檔借音壯字 4644 條記録，共使用 1466 個漢字作表音聲旁；異體字庫借音壯字 8217 記録，共使用 2542 個漢字作表音聲旁（林亦，2007）。

　　古壯字反映的壯語詞匯構成如下：

辭彙	正體		異體		合計（占比）
	標准音	方言	標准音	方言	
壯語詞	1588	1590	4472	1203	8853（68.8）
漢語借詞	708	239	1177	175	2299（17.9）
壯漢關係詞	313	206	1033	157	1709（13.3）
合計	2609	2035	6682	1535	12861（100）

　　由於漢藏語系少數民族語言多數没有文字和書面語系統，因此這類語言的歷史比較研究有很大的局限性。而形成於唐代并沿用至今的壯字由於使用了大量表音成分記錄古今壯語，所以壯字對於研究壯語的歷史音系和音變，和通過壯字的讀音來擬測造字時所接觸漢語方言的音系，都有很重要的參考價值。

　　因爲壯字形成并使用於不同時期和不同方言的壯族地區，所以將《字典》12861 個帶表音聲旁的壯字中的 4008 個漢字表音聲旁，按《字典》注現代壯語方言讀音排列出的是一個複雜的、跨壯語方言的語音系統；如果將這些漢字按某種漢語（如中古漢語）音系排列，也是一個複雜的、跨漢語方言和年代的語音系統。

　　（一）壯字記錄的壯語

　　壯語以邕江、右江爲界，桂中北及粤北、滇東南部分地區爲北部方言，桂南及滇東南部分地區爲南部方言。據研究北部壯語和南部壯語的群體分别來自古代的西甌和駱越（西甌和駱越也是其他侗臺語民族的先民）。兩大方言的主要區别在語音，具體表現爲北部壯語無送氣音、有 r 聲類，南部壯語有送氣音、無 r 聲類（張均如等，1999）。壯字中的異體字如果使用不同的表音聲旁，可以假設因該字存在壯語不同時期、不同方言的變體使然。

　　1. r-聲類

　　壯語的 r-聲類是壯語南北方言與南壯、北壯内部土語劃分的標准之一。北部方言多有獨立 r-音位，讀 r（或 z 或 D）、（或 hj）；没有獨立 r-音位的北部方言，有的并入 l 或 j，有的陰聲調并入 j，陽聲調獨立，讀 r 或 s 或 l。r-聲類在南部方言基本無獨立音位，陰聲調一般并入 h、th、t、khj，陽聲調多并入 l、Â、n 等聲母。

　　壯字的 r-聲類字全部爲壯語母語詞，多用漢語中古來母字做壯字的聲旁，是因爲壯語的 r、與來母的音值 l 比較接近。但是 r-聲類字也有用以母，以及其他上古漢語帶-l-、-r-介音聲母的字做聲旁，説明在創製壯字的時候這些與壯語接觸的漢語方言仍讀中古音以前的語音。例字如下表（中古、上古漢語擬音用鄭張尚芳，2003）

壯字	聲旁	中古音	上古音	壯語音武鳴	壯語義
石寅	寅	以 j	l	γin^1	石頭
扌風	风	非 p	pl	γum^6	乞討
雹吉	吉	見 k	kl	γip^7	雹子
屋多	多	端 t	ʔl'	γo^5	檐
目斜	斜	邪 z	lj	γe^2	斜眼看
丬危	危	疑 ŋ	ŋr	γei^2	細碎

r-聲類字的異體字也反映了壯語方言的差異。例如壯字"石寅"（石頭），"寅"是正體聲旁，該字還有"吝、灵、令、欣、田、吞、填、身、忍"等異體聲旁。該壯字"石寅"武鳴讀 γin^1，柳江讀 $hjin^1$，大苗山、三江、天峨、龍州等地壯語讀 hin^1，邕寧縣南、橫縣北、右江及桂邊土語讀 lin^1，欽州、扶綏及雲南廣南壯語讀 tin^1，隆安讀 $thin^1$，多能與上述漢字聲旁對應，可證壯語聲母的分化在這些壯字產生之前，而造字的時代大體一致，各地據自己的土語音系選擇當時的漢字來表音。壯語也有 l-聲母，并且均以漢語來母字表音，不雜其他聲母字，可見中古來母讀 l。武鳴地區以匣、曉、喻母字對音Ä-聲母，同時也對音 h-聲母，實證古壯字造字時期，影響壯語的漢語方言，喻母字的主流不是 j-聲母。

2. 先喉塞音聲母

壯語有帶先喉塞音的濁音聲母ʔb、ʔd，此類聲母的壯字基本爲壯語詞。ʔb 聲母字所用聲旁許多是幫母二等字*pr 和三等字*pl，如果是并母通常是二等字*br 或一等字*bl，表明壯語的先喉塞全濁音與漢語的全濁單輔音無關，而可能與複輔音聲母有關。ʔd 聲母字聲旁用字比較複雜，但是主要不是定母字，所以也與漢語的全濁單輔音無關。

ʔb 聲母例字如：

壯字	聲旁	上古音	壯語音武鳴	壯語義
虫八	八	幫 pr	$ʔba^3$	蝴蝶
口必	必	幫 pl	$ʔbat^7$	瘕
罢瓜	罢	并 br	$ʔba{:}i^1$	水瓢
衤旁	旁	并 bl	$ʔba{:}\eta^1$	薄
石迈	迈	明 mr	$ʔba{:}i^2$	鋤頭
乙品	品	滂 phr	$ʔbin^1$	飛
月丕	丕	滂 phr	$ʔbei^1$	膽

（二）壯字記錄的漢語

與壯語接觸的漢語方言主要是平話、粵語和官話，它們存在或進入壯族地區的年代大致也以唐宋以後的平話、明清以後的官話和粵語（粵語分佈於桂南，官話分佈於桂中北）爲序，這三種漢語方言目前仍在使用。

1. 壯語與漢語音系的對應

壯語和漢語的語音系統格局對應比較整齊，比如壯語的單元音和帶韻尾的韻母與中古漢語韻攝的對應關係：

壯字聲旁韻攝	壯語韻母
蟹、止、果、假、遇、流	單元音
蟹、止	-i 韻尾

遇、效、流	-u 韻尾
深、咸	-m/-p 韻尾
山、臻	-n/-t 韻尾
宕、江、曾、梗、通	-ŋ /-k 韻尾

壯語長短母音韻母與中古漢語不同等第或內外轉韻攝的對應關係：

壯字長：短母音韻攝　壯字例字

蟹：止	亻敗蟹攝 pa:i⁶ 敗：广被止攝 pai² 瘡
效：流	口報效攝 pa:u⁵ 報：口否流攝 pau³ 渴
咸：深	才貪咸攝 ta:m¹ 連接：下品深攝 tam⁵ 矮
山：臻	刹旦山攝 ta:n³ 削：衤吞臻攝 tan³ 穿
宕江：通	足当宕攝 ta:N⁶ 涉、酉双江攝 do:N¹ 操心：木农通攝 doN² 茂盛
梗：曾	口百梗攝 pa:k⁷ 嘴：廿逼曾攝 pak⁸ 蘿蔔

　　二等韻字一般只做壯語長母音的借音聲旁。這與粵語方言一致，粵語這種對立至今仍然以 a：a 的形式存在着，其所伴隨的 a：ɐ 的音色差異也跟壯語裏相應母音的差別一樣。

　　壯語和漢語的聲調系統都遵從平、上、去、入的四聲八調格局，尤其是與粵語的聲調演變分合規律相符，即都已經完成濁音清化、四聲陰陽分派八調的過程，并且促聲的陰入調、陽入調各分長短，有的壯語方言長短調還有調值的差異，這與部分有 10 個調類的粵語方言也相當一致。

　　2. 壯字聲旁反映所接觸漢語方言的語音系統

　　壯字記錄的壯語詞和漢語借詞所用漢字聲旁與壯語詞匯讀音的對照可以反映所接觸漢語方言的語音系統。

　　例如用作聲旁的中古灰韻及泰韻合口字，讀 o:i 是平話的借音，讀 ai 是官話的借音。

壯字	壯語音武鳴	壯語義	所借方言
雷串	ɣo:i⁴	串	平話
才會	ho:i¹	敲	平話
氵某	mai¹	雪	官話
足外	ŋa:i²	爬行	官話

　　作聲旁的中古果攝基本讀 a、o 兩韻，可以斷定 a 爲早期讀音，爲晚期官話讀音。

壯字	壯語音武鳴	壯語義	所借方言
才他	da¹	安放	早期
犭么	ma¹	水獺	早期
火左	ɕo⁵	燒	晚期

| 广波 | po¹ | | 一種麻 | 晚期 |

然而多數情況下一個中古音類壯字聲旁用字往往呈現爲十分多樣性的壯語讀音，如止攝聲旁字有 ai、aɯ、ɯ、ei、i、oi，遇攝有 u、o、au、aɯ、ou，蟹攝有 ai、oi、ui、ɯi，效攝有 aːu、eːu、iːu，流攝有 au、ou、eːu、iːu、o、u，咸攝主要有 am/ap、om/op，通攝主要有 oN/ok、uN/uk 等讀音。而與壯語相鄰的官話、粵語、平話、土話等漢語方言的語音系統也很複雜，如止攝開口字，南寧、梧州白話和亭子平話多讀 i 韻母，借音壯字讀 i 與南寧、梧州白話同，賓陽、橫縣平話，北海、合浦、欽州白話與廣州話相近，知莊章組讀 i（部分莊組字èi），唇牙喉字讀 əi 或 ei；讀 ei、èi 則與平話和欽廉白話相近。因此難以簡單地用壯—漢對音區分壯字記漢語借詞讀音的方言或歷史層次，而只能逐詞考察進入壯語的漢語方言來源。

有的壯字聲旁用字的壯語讀音與中古和近現代漢語語音相去較遠，却保留了某些上古漢語語音的痕迹。這種情況并非這些壯字的産生年代很早，而是説明在造壯字的時候用於聲旁的漢字在所接觸的漢語方言中尚有存古的讀音。

例如上述壯語帶先喉塞音的濁音聲母ʔb、ʔd 的詞可對應於諸多中古漢語的聲類（ʔb〈幫組，ʔd〈端組、見母、日母等），它們多與上古帶-r-、-l-介音的複輔音聲母對應。

壯語有聲母 l 和 ɣ，l 對應於來母，ɣ 也主要對應音近的來母，是中古以後的讀音。但是也有部分 ɣ 對應於其他的聲母，這些聲母的中古音值與 ɣ 相去甚遠，其上古音多爲帶-r-、-l-介音的複輔音，因此也可能是所接觸的漢語方言存古的讀音。

壯字	中古音	上古音	壯語音武鳴	壯語義
屋多	端 t	ʔl'	ɣo⁵	檐
目茶	澄 ḍ	rl	ɣum¹	黄昏
雹吉	見 k	kl	ɣip⁷	雹子
竹及	見 l	kr	ɣap⁷	小雞籠
由又	以 j	l	ɣou⁶	胎
石寅	以 j	l	ɣin¹	石頭
亞田	影ʔ	qr	ɣau²	雞進窩

參考文獻

［1］廣西壯族自治區少數民族古籍整理出版規劃領導小組：《古壯字字典（初稿）》（《SAWNDIP SAWDENJ》，廣西民族出版社 1989 年版。

［2］林亦：《古壯字字符集》，教育部攻關課題子課題，2007 年。

〔3〕張均如等：《壯語方言研究》，四川民族出版社 1999 年版。

〔4〕張聲震主編：《壯族麽經布洛陀影印譯注》，廣西民族出版社 2004 年版。

〔5〕鄭張尚芳：《上古音系》，上海教育出版社 2003 年版。

關於越南國立圖書館所藏書經大全與五經節要的加點

［日本］小助川貞次 富山大學

一、前言

（一）越南漢文文獻

在越南國內外，現存有很多在越南國內書寫、出版的漢文文獻（漢籍，佛典，國書）[1]。近年，隨着對這些越南漢文文獻的收集、整理、數字檔案化的進展，特別是通過喃遺産保存財團（Vietnamese Nôm Preservation Foundation）將越南國立圖書館及諸寺院所藏的漢文文獻在網絡上公開[2]。越南漢文文獻的大半部分成書於 18 世紀以後,其中有相當一部分中有學習者用朱筆所做的標記。在讀解漢文文獻之際，於漢文本文的周邊或行間欄外等直接做標記或加點的習慣，是在漢字文化圈諸地區廣泛存在的現象。對以此做標記、加點現象及其內容爲對象的研究，在日本被稱爲"訓點研究"，在韓國被稱爲"口訣研究"[3]。一方面，最近關於越南漢文文獻的標記、加點則備受矚目，可參考岩月純一（2008）、NguyenThiOanh（2014）、小助川貞次（2014）等研究。

（二）訓讀的意義

在對漢文文獻進行讀解之際所進行的標記、加點，在日本被總稱爲"訓點"，而在標注訓點（又或是同時在腦海裏所浮現）的同時，用日語進行讀解的方法被稱爲"訓讀"。"訓讀"，一度被認爲是在日本産生的獨有的現象，

---

① 將現存文獻做四部分類的目錄，可參考由劉春銀、王小盾、陳義編寫的《越南漢喃文獻目錄提要》（中央研究院中國文哲研究所，2002），利用上很便利。另外，關於漢文文獻收集的歷史及河內漢喃研究院藏書，則以 Nguyen Thi Oanh（2005）更爲詳盡。

② Digital collections of the Vietnamese Nôm Preservation Foundation（http：//lib. nomfoundation. org/）

③ 眾所周知，在日本，訓點語學會（1953 年設立），在韓國，口訣學會（1988 年設立）主要從事這一領域的研究。另一方面，關於敦煌文獻的"加點現象"，則由石塚晴通（1967）開始開創了新的研究之路，不僅在訓點語學會（日本），也在國際學術論壇上進行學術報告，不斷積蓄研究成果。

但正如前所述，標記、加點的現象在漢字文化圈諸地區廣泛存在，并非日本所獨有。這不過是因爲日本之外的地區"訓讀"的習慣已然消失，又或是在學校教育（中學，高中）的必修學科"國語"中以"訓讀"被提及等爲根據的一種誤解。關於漢文訓讀的國際性，20世紀70年代之後，首先有賴於研究者的反覆説明，并且最近對訓讀有如下説明，但尚難以得到一般的理解。"將訓讀理解爲在中國周邊的漢字文化圈中對中文及中國文化的接受的手段方法，而進行再次評價的動向逐步增强"①，"作爲對古典籍（特別是漢文文獻）進行讀解的方法之一，與作爲外語文獻所進行讀解的階段及作爲讀解者的語言（＝自身語言）而進行解讀的階段相對應，而産生對古典籍本文進行加點的現象。加點内容具備超越了自身語言的共通性，及依賴自身語言的特殊性，根據古典籍的語言及讀解者的語言（＝自身語言）的類型的區別，加點内容也各異。確認在現存的漢文文獻上直接加點并存在訓讀現象的語言包括日語、中文、朝鮮語、越南語"②。

（三）本發表中所選取的書經大全與五經節要

越南國立圖書館所藏的胡廣撰書經大全（阮朝嗣德十四年刊，NLVNPF-0475-01/02/05/09）與裴輝碧撰五經節要（書經）（阮朝紹治二年刊，NLVNPF-0494-01/02/03/04），都是新注文獻底本，前者爲在中國所撰述的書籍，而後者爲在越南撰述的簡略本。上述兩種文獻均於漢文本文中存有用朱筆詳細標注的符號類標記，此外，上欄外也有用朱筆，黑筆所做的標記（特別是五經節要的上欄中有較多的標記）。關於兩書中的標記‧加點，其所用的符號種類及標記方法等，有著微妙的差異，分別是出自不同的學習者之手。并且，書經大全現存的4冊及卷數如下：首冊，第1冊（卷1，2），第3冊（卷5，6），第5冊（卷9，10），而第2冊（卷3，4）及第5冊（卷7，8）則已缺失。另外，只有第1冊（卷1，2）中有詳細的標記‧加點，首冊及第5冊中無標記‧加點，第3冊（卷5，6）中的標記則比較零散，與第1冊中的標記‧加點相對比，可明確其出自不同的學習者之手。

越南國立圖書館所藏的漢文文獻，在喃遺産保存財團的數字檔案中公開了1249點。之所以特別舉出其中的書經大全與五經節要（書經），是因爲這些是對基本中國古典籍所做的加點。而無論是敦煌文獻，抑或是日本現存的古寫本、古刊本中尚書（書經）的現存量都比較多。即使存在所謂古注、新注的註釋書的差異，却也有着在對於尚書（書經）本文所做的標

① 《日本語大事典》（朝倉書店，2014年）的"訓讀"的詞條（月本雅幸執筆）。
② 國立研究開發法人科學技術振興機構知識基盤情報部所提供的 researchmap 的研究關鍵字"訓讀"的條目（小助川貞次記述）。

記、加點也可以做相互比較的利點①。

二、標記・加點的內容

（一）對漢文本文所加的句讀點及朱引

在進行漢文文獻的學習時，爲了對文章結構進行理解首先要進行斷句（添加句讀點），及爲了進行語彙理解而對專有名詞進行識別，這是其後對內容理解來説非常有效且高效的方法。這個過程，對比學習外語資料的情況則比較容易理解。書經大全，五經節要中使用了如下所示的，由朱筆所標出的句讀點，及用以識別專有名詞的符號（圖 1）。句讀點并不存在文末及句末的區别，均於漢字右隅加點。而五經節要中一部分，也存在於漢字與漢字中間所加的具有讀點功能的符號。此外，書經大全中雖然使用了標示某些特定範圍的符號，但同樣的符號并不見於五經節要。更進一步，這兩本均於漢文本文的右側，標有大量用朱筆做〇印、傍點、傍線等"標點②"，昭示了實際進行學習的痕迹。

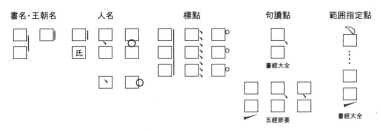

圖 1　書經大全及五經節要的句讀點・專有名詞的識别・標點

在這些符號類中，與識别專有名詞的符號相類似的標記，在日本現存古寫本及古刊本中，14 世紀之後也得到廣泛的使用，被稱爲朱引（Shubiki）（圖 2）。朱引，也與訓讀同樣，一度曾經被認爲是日本所獨有的③，但在越南漢文文獻中，書經大全，五經節要以外也被廣泛使用，其起源可考慮爲源自宋版以後的中國古刊本④。

---

① 所引用的圖像，是根據喃遺産保存財團數字檔案，國立公文書館數字檔案，IDP（International Dunhuang Project）。

② "標點"的型態，關於其內容，在江户時代中期的儒者太宰春臺（1680—1747）所著的《倭讀要領（卷下）》中的"點書法"中有詳細的記述。

③ 可參見如下辭典的諸詞條：諸橋轍次的《大漢和辭典》"朱引"（1955+），東京堂出版的《國語學大辭典》"訓點"（1980 年），三省堂《言語學大辭典（第 6 卷）述語編》"訓點"（1996 年）等。

④ 對宋版之後的中國古刊本的調查雖尚未進行，但注 7《倭讀要領》中有如下記述「此方ノ學者ノ點法ニ。朱ビキトイフコトアリ。（中略）中華ニハカクノ如クノ種種ノ畫法ナシ。唯人名ニ字ノ右ニ單畫シ，地名二字ノ右ニ雙畫スルノミナリ。或ハ書名ニ字ノ右ニ雙畫シタル書モアリ。」中文譯文：此方學者所用點法，有朱引一例。（中略）此種種畫法并不見於中華。唯於人名字之右書單畫，於地名字之右書雙畫。又或於書名字之右書雙畫。"并且，關於對名詞的識别方法，比中國的古刊本更早的敦煌文獻中，確認了在漢字的正下方加點的方法，在日本的 10 世紀以後的漢籍古寫本中存在表示"人名"的加點。詳細內容請參照小助川貞次（2011）。

圖2　日本的朱引

（二）區別漢字的意義的破音

　　關於用於區別派生義及本義的破音的加點[1]，在書經大全，五經節要中均存在，在漢字筆畫的四周於左下開始按順時針，平→上→去→入的順序加入半月形的朱點（圖3）。這種標注破音的方法，可見於從敦煌文獻中7世紀中期書寫的漢文文獻，到日本現存的漢籍古寫本中的10世紀初期的加點資料，可見是漢字文化圈共通的方法。書經大全，五經節要中以破音加點的漢字均爲平易的漢字（常用字）。關於與其字種，與在敦煌文獻，及日本現存的漢籍古寫本中可見的破音對象漢字也保持高度一致[2]。

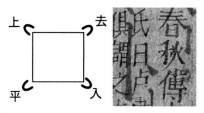

圖3　破音的類型與書經大全堯典（2-1丁）的破音字例“傳”（去聲）

（書經大全的破音一覽）

平聲：於奇共工更號勝信衰鮮曾朝陶任夫望要令應縣與齊

上聲：夏合載女創長漬比放豫會處數數舍濟*

去聲：易衣右華冠間幾去强景稽見好行告左載殺思施治識質射守重宿占喪相造中徵適難莫被復分豫兩乘來傳勞將惡斷濟爲當稱與雍濟*

入聲：塞度數樂

*濟（46a）作爲上聲及去聲而被加點

（五經節要的破音一覽）

平聲：於教差鹿重信創朝寅要令論與

上聲：夏去强女長處彈

---

① 詳細內容請參照石塚晴通（1970、1992、1995）。

② 關於破音加點的漢字字種問題，請參照小助川貞次（2007、2008、2014）。

　　去聲：易下華間景行載殺識〈手+匕〉先相大中徵弟道難背比有和傳惡爲當與

　　入聲：蓋度數樂

　　比較書經大全與五經節要中相同的本文部分，可確認被施予破音加點的部分（漢字）多數是相通的，從而可知即使每位學習者及所使用的本文源流（中國撰述書籍・越南撰述簡略本）分別有所不同，但以書經作爲對象的學習方法是存在共通性的（圖4）。此外，五經節要中，雖然對漢文本文存在附刻破音的部分，但有朱筆所標識的破音與此附刻部分并無關聯，由此可知用朱筆標識的部分并非只是對附刻破音的機械描摹（圖5）。

圖4　書經大全（2-21丁）及五經節要（1-29丁）中破音相一致的部分
（舜典起首“重”）

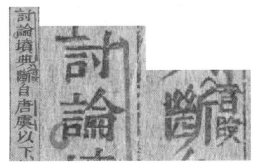

圖5　五經節要（1-3丁）中破音加點及附刻破音
（書序“討論墳典斷自唐虞”）

（三）上欄外側的標記

　　上欄外側存有用墨筆（一部分是用朱筆）所做的標記註釋。與書經大全中僅有少量的標記相比，五經節要中幾乎所有紙面（丁）中都存在上述標記，其內容涉及語彙註釋、內容註釋、辭書註釋等諸多方面。這些上欄外側的標記也與書經本文同樣，存在句讀點、朱引、標點等標識，由此可知，上欄外側的標記内容本身也成爲了學習的對象，而并非單單是機械的引用・標記。這些標記都是如何從典籍中被引用的，另外書經本文中的加點與上欄外側的加點又存在著何種關係，將作爲今後的研究課題①。

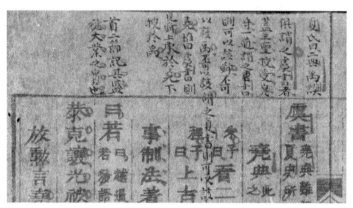

圖6　五經節要堯典起首處的上欄外側的標記（1-13 丁）

（四）施加標記、加點的學習者的身份

　　書經大全，五經節要中的標記・加點，是在何時，出自何人之手，又是在怎樣的學習環境中被施加的，這些問題還不得而知。雖然在一些文獻中會保有其所持有者・學習者的名字及時期的記錄，但在此兩書中并無此種記載。在書經大全中存有阮朝嗣德十四年（1861）的刊記（圖7），五經節要中存有阮朝紹治二年（1842）的刊記（圖8），從這些刊記及標記・加點形態與内容來考慮，大概是19世紀後半期到20世紀初學習所用的文獻。另外，兩書中的標記・加點，并不是經過一次學習過程之後就到達現在的狀態，而是經過了數次的學習過程，經過數次重複加點，這從標記及加點的顏色及形態各異（圖9），和破音及標點的朱色也各有差別（圖10）可以有所了解。大概，是由具有相當高水平的學習者（例如參加科舉的考生）非常仔細所做的讀解結果，才達到現在的狀態。但是，在書經大全的第 3 册（卷 5，6）中所散見的標記・加點，與第 1 册（卷 1，2）中詳細的標記・加點完全不同，可知其是出自其他的學習者之手。

---

　　① 日本現存的漢籍訓點資料中，附屬於本文的分行小字註記及見於行間欄外的標記的内容，與施加於漢文本文的日語訓點之間有著密切的關係，關於這一點請參考松本光隆（1982），小助川貞次（1987、2002）。

圖 7　書經大全的刊記　　　　　　　　圖 8　五經節要的刊記

圖 9　書經大全（2-76 丁）的兩種標點　　圖 10　五經節要（1-44 丁）的破音與標點

三、與日本現存古刊本的比較

　　在東京國立公文書館內，保存有江戶幕府直轄的昌平坂學問所（昌平黌）所收藏的大量的漢文文獻。這其中有包括林羅山（1583—1657）的舊藏識語（圖 11）的明版五經大全，現存 56 冊，其中第 13 冊至第 23 冊爲書經大全[①]。雖然包含闕損，之後補寫的一部分，但可確認使用朱筆所做的詳細的標記·加點（是否出自林羅山還不明確）。通過與越南國立圖書館所藏的書經大全進行比較，雖然林羅山舊藏本中并沒有破音的加點（存有附刻），但除此以外的句讀點，朱引的位置都保持了高度的一致（圖 12）。一致的理由很明確，若要將書經大全作爲古典漢文文獻來進行正確理解的情況下，無論學習者的第一語言爲何種語言，對於漢語的文章構成的理解，語彙理解（專有名詞的識別），除發生誤讀之外應不會有差別（可以説正

---

　　① 索書號 275-0252。在第 1 冊周易傳義大全目錄 3 丁裏中記載有 "大明成化辛卯孟冬／王氏善敬堂新刊"。可於國立公文書館電子檔案（https://www. digital. archives. go. jp）中閱覽。

確的讀解只有一種）。問題僅限於，用於做標記、加點的顏色均爲朱色，
及作爲句讀點、朱引所使用的符號的種類與形態有少數相類似等方面。與
其考慮爲其各自所用的符號均是獨自的産物，不如從中國古典籍的傳播、
流通的歷史來考量，正如前文所述，其起源應考慮爲來自宋本之後的中國
古刊本。

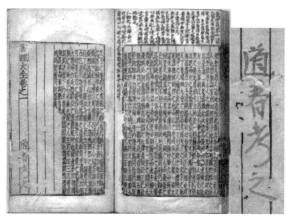

圖 11　國立公文書館所藏書經大全卷第 1 卷末的林羅山（道春）識語

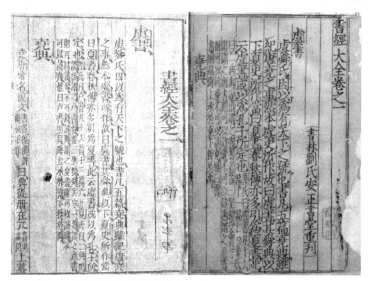

圖 12　越南國立圖書館所藏書經大全（左）與國立公文書館
所藏書經大全（右）（堯典）的比較

四、相異的本文源流的比較

那麼，與書經大全及五經節要等新注的，源流相異的版本做比較的情

況下，又會得出何種結論呢？這裏將五經節要與大英圖書館所藏的敦煌本
S. 799 試做比較。S. 799 是保存有從尚書第 6 卷的泰誓後半到五成末尾的古
注本（孔氏傳）。本文書寫於 7 世紀末到 8 世紀初之間，其中有於 8 世紀前
期用朱點（由於變色而看上去顏色發黑）所標的句讀點及破音標記[①]。并且，
由於與此部分相對應的越南國立圖書館所藏書經大全（第 3 册第 6 卷）中，
并無加點，這裏選取國立公文書館所藏書經大全（林羅山舊藏本）。試將三
本書的牧誓起首處的部分做比較，在關於句讀點的位置，國名“庸屬差髳
微盧彭濮”的識別，作爲破音的“夫長”等的部分，與本文理解的大多數
部分中，可觀察到超越了時代及本文源流差異的一致的部分（圖 13）。

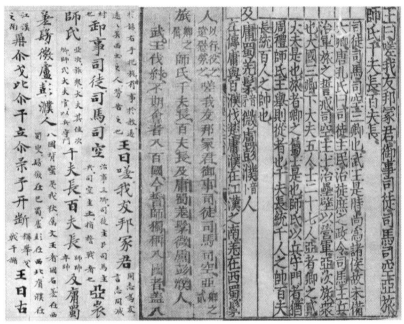

圖 13　牧誓起首部分的比較（左：敦煌本 S. 799，中：
五經節要，右：林羅山舊藏書經大全）

　　[敦煌本 S. 799] 第 42—46 行（○：注的部分）
　　王曰嗟. 我友邦冢君○卸事. 司徒. 司馬. 司空○亞旅師氏○千夫長[上]。百
夫長[上]○及庸・蜀・差・髳・微・盧・彭・濮・人○
　　[越南國立圖書館所藏五經節要] 卷第 3・9 丁表（○：注的部分）
　　嗟我友邦冢君. 御事. 司徒司馬司空. 亞○旅○師氏. 千夫長[上]. 百夫
長[上]. 及庸蜀羌髳微盧彭濮人.

---

① 可於 IDP 數字檔案（http: //idp. bl. uk/）中閱覽。

　　［國立公文書館所藏（林羅山舊藏）書經大全］第6冊·17丁表（○：注的部分）

　　王曰·嗟·我友邦冢君·御事司徒·司馬司空·亞旅師氏·千夫長·百夫長·○及<u>庸蜀羌髳</u>○<u>微盧彭濮</u>○人

　　上一節中，敘述了"對於漢語古典文獻的文章結構的理解，語彙理解（識別專有名詞）等方面，學習者并不拘於自己的語言而保持一致"這一觀點，可想見這十分可能是與其背後的註釋書相關聯，并反映了其内容。例如，"庸蜀羌髳微盧彭濮"即是"八國"這樣的内容。然而，關於"夫長"，雖然在敦煌本 S. 799 中註釋爲"師帥卒帥"，書經大全中則作"千夫長·統千人之帥. 百夫長·統百人之帥也"，但在五經節要中并不見這樣的註釋内容（也無破音的附刻）。那又爲何會存在破音（上聲）的加點呢？陸德明（？-630）的經典釋文中有這樣的註記"［夫長］丁丈反"（通志堂本），此外十三經注疏等釋文刻本中也有同樣的記載，利用新注及簡略本的學習者的學習範圍，是否拓廣到經典釋文和十三經注疏等的古注的範圍尚未可知。一方面"夫長"的"長"，如果是作爲不需要參照註釋書的基本語彙，通常可理解爲應讀爲破音（上聲）的話，那就更不需要對破音進行加點了。對於顯而易見的内容没有特意加以註記的必要。由此也窺見，在註釋書以外應該還有其他潛在背景的存在。

五、結語

　　關於越南漢文文獻的現存量，包含尚未公開的資料及今後可能被發現的文獻，可以預想其數量相當之多。今後其爲對象的收集及整理工作會需要大量的時間及勞力。在這樣的情況下，如果只將書中的標記及加點看作書籍中的"被弄髒的部分"，在收集和整理的過程中將其除外的話，那就會失去用來弄清在越南漢文文獻的接受歷史及接受方法（讀書方法）的有力的研究資料。在注目於標記及加點的同時更迫切的感到應對越南漢文文獻進行研究的必要性。

參考文獻

　　［1］石塚晴通：《中國中古の加點本につきて》，第17回訓點語學會研究發表會，1967年。

　　［2］石塚晴通：《樓蘭·敦煌の加點本》，載《墨美》201，墨美社1970年版。

　　［3］石塚晴通：《敦煌の加點本》，載池田温編《講座敦煌》5，大東出版社1992年版。

［4］石塚晴通：《聲點の起源》，載築島裕編《日本漢字音史論輯》，汲古書院1995年版。

［5］岩月純一：《越南の「訓讀」と日本の「訓讀」》，載《「訓讀」論》，勉誠出版社2008年版。

［6］小助川貞次：《上野本漢書楊雄傳訓點の性格——中國側注釋書との關係—》，載《訓點語と訓點資料》77，1987年。

［7］小助川貞次：《上野本漢書楊雄傳天曆二年點における典據の問題について》，載《訓點語と訓點資料》記念特輯，2002年。

［8］小助川貞次：《東アジア漢文訓讀資料としての敦煌加點本の意義》，載《國語國文研究》131，2007年。

［9］小助川貞次：《日本語訓點資料における破音の意義》，載《口訣研究》20，2008年。

［10］小助川貞次：《句讀點の機能から見た東アジア漢文訓讀史》，載《訓點語と訓點資料》127，2011年。

［11］小助川貞次：《越南の加點資料について》，載《訓點語と訓點資料》133，2014年。

［12］松本光隆（1982）：《漢書楊雄傳天曆二年點における訓讀の方法》，載《國語學》128，1982年。

［13］NguyenThiOanh：《漢字・字喃研究院所藏文獻—現狀と課題》，載《文學》6-6，2005年。

［14］NguyenThiOanh：《越南の漢文訓讀について》，載《訓點語と訓點資料》133，2014年。

越南後黎朝鄧明謙《詠史詩集》的撰述與思想*

［中國］葉少飛 紅河學院

鄧明謙（?—?），字貞譽，號脱軒，黎聖宗洪德十八年（1487）進士，[①]光紹五年（1520）鄧明謙撰成《詠史詩集》，該書以洪德十年（1479）吴士連編撰的編年體通史《大越史記全書》十五卷爲根據，吟詠越南歷史人物，以詩論史。黎貴惇《大越通史·藝文志》稱其"褒貶去取，殊有深意，允稱名筆"[②]。《詠史詩集》依託編年體通史而作，撰有凡例，史學思想充盈其中，是別具一格的史學著作。

一、《咏史詩集》對史書的選擇

鄧明謙《詠史詩集》序云：

> 詠史有作，所以寓褒貶也。其命題，或以人名，或以地名，或以山川宫室。古今人文才子，往往表出，宋之胡曾、明之錢子義，是其尤者。天南自開闢以來，帝王后妃，公侯相將，士庶婦孺，載諸史册，

---

* 本文是 2015 年國家社會科學金青年項目《越南古代史學研究》（編號：15CSS004）的階段性成果。2016 年河内文學出版社印行了由黄氏午和阮文原主編的《脱軒詠史詩集》越文本，附漢文詩，原序爲越文。該本以漢喃研究院藏 VHV.1506《詠史詩集》刻本爲底本，該本没有阮朝避諱，序中后黎朝年號頂格書寫，當爲后黎朝刻本。黄氏午博士在序中詳細介紹了《詠史詩集》的内容、藝術特點、版本收藏以及研究價值等，讀者可參看。漢喃研究院另藏 A.440《脱軒詠史詩集》抄本文詞與 VHV.1506《咏史詩集》刻本有異，且《凡例》"史文有未安者"和"馮王生時"兩條抄本内容多於刻本，且文詞更加完善規整，抄本又較刻本多"媚珠、呆娘其事同，歇驕野象其志同，鄧藻黎鐘其節同，然媚珠視呆娘爲詳，歇驕鄧藻視野象黎鐘爲優，今表媚珠歇驕鄧藻命題，而呆娘野象黎鐘則略之"和"北朝併外國人，竝不得入本集。唯占城國主占斗妄媚醮，舍生取義，顯靈於南土，今特附於本集之末，以表貞節"兩條，抄本《凡例》與《脱軒詠史詩集》的内容均相符合，但文字多有誤，如序中"潘孚先"寫作"潘夫生"，"《嶺南摭怪錄》"寫作"《嶺南志怪錄》"，故抄本讀者在旁改之，正文亦有誤書人名者。本文以 A.440《脱軒詠史詩集》抄本爲研究對象，引文皆出此本，有誤者在注釋中説明。VHV.1506《咏史詩集》與 A.440《脱軒詠史詩集》抄本内容相差較大者，研究過程中有所涉及均予以表現。A.440 抄本序前有"公，山圍帽浦人"，"脱軒"當爲後人所加，本文皆稱《詠史詩集》。

① ［越南］鄭克孟：《越南漢喃作家人名字號詞典》，社會科學出版社 2012 年版，第 469 頁。

② ［越南·中興黎朝］黎貴惇：《大越通史》，夏威夷大學藏本。

不爲不多，而曾經題品，十纔一二。洪德年間，余入史館，竊嘗有志於述古，奈中秘所藏，屢經兵燹，史文多缺，見全書者，唯吳士連《大越史記全書》、潘孚先《大越史記》、李濟川《越甸幽靈集錄》、陳世法《嶺南摭怪錄》而已。載筆之暇，披而閱之，臧而否之，又從而歌詠之，日積月累，凡若干首，子侄輩彙錄成集，分爲三卷。余因授凡例，俾繫其事於下，以便觀覽。然自知才疏，識卑學淺，是非有謬，必取笑於高見遠識之君子。然於家庭之傳習，史學之芹藻，未必無補云。

　　　光紹五年禮部尚書、史館總裁①、知昭文館秀林局、山圍脫軒鄧明謙尚譽序。

鄧明謙，洪德十八年（1487）中進士，光紹五年（1520）爲《詠史詩集》作序，所依據的《大越史記全書》完成於洪德十年（1479），是吳士連未奉詔而作的私家史著。②1520 年之前，后黎朝又完成了一部官修史書，即武瓊《大越通鑑通考》。襄翼帝洪順三年（1511），"兵部尚書、國子監司業、兼史官都總裁武瓊進《大越通鑑通考》。述自鴻龐氏自十二使君以前爲《外紀》，自丁先皇自本朝太祖高皇帝大定初年爲《本紀》。并詳節歷代紀年，凡二十六卷"③，洪順六年（1514），襄翼帝"命少保、禮部尚書、兼東閣大學士、兼國子監祭酒、知經筵事、敦書伯黎嵩撰《大越通鑑總論》"④，黎嵩詳細記述了武瓊撰著和自己撰寫《總論》的緣由，襄翼帝"日啟經筵，講求治理，乃命兵部尚書、國子監司業、兼史館都總裁臣武瓊撰《越鑑通考》"，"又命秘書監黃樞等寫爲別本，以垂永久"，"欲撮其大要，使一覽之間，而天地綱常之道益著，帝王治平之道益明。如大綱既舉而眾目畢張，如明鏡既懸而萬象皆照，其有關於世救者大矣。乃命臣黎嵩，爲之總論"。⑤如此更加體現了武瓊《大越通鑑通考》的官修地位。

　　　鄧明謙進入史館，若作系列詠史詩，當以武瓊書爲主較爲妥當。鄧明謙也很可能是繼武瓊之後出任史館總裁。黎貴惇《大越通史·藝文志》即稱："《越鑑詠史詩集》二卷，鄧明謙撰"，即以鄧明謙《詠史詩集》與《大越通鑑通考》有所聯繫。

---

① VHv. 1506 刻本爲"史官都總裁"。

② 請參看葉少飛：《吳士連〈大越史記全書〉十五卷略論》，載《東南亞南亞研究》2011 年第 4 期，第 53-56 頁。

③ 陳荊和：《校合本大越史記全書》本紀卷之十五，東京大學東洋文化研究所 1984—1986 年，第 798 頁。下同。

④ 校合本《大越史記全書》本紀卷之十五，第 807 頁。

⑤ 校合本《大越史記全書》卷首，第 83 頁。此處爲"史館都總裁"，與前引《大越史記全書》正文中"史官都總裁"有異。

　　A. 440 抄本作"洪德（1470—1497）年間，余入史館"，VHv. 1506 刻本序中言"洪順（1509—1516）年間，余入史館"，洪德與洪順兩個年號相差十餘年。但鄧明謙自稱"日積月累"作詠史詩，且能對史學有深刻的理解，應在洪德年間進入史館。鄧明謙不選武瓊官修史書《大越通鑑通考》而以吳士連私撰的《大越史記全書》爲依據，當如 A. 440 抄本作記"洪德（1470—1497）年間，余入史館"，即洪德十八年（1487）中進士之後即進入史館，到武瓊 1511 年撰成《大越通鑑通考》之時，《詠史詩集》中的詩及注文已經基本完成。

　　鄧明謙雖然在序中沒有提到《大越通鑑通考》，但却見過此書并有所參考，A. 440 抄本《杜天覿》中引："《皇越通考》，青衫，宦官服"，越南史籍稱"通考"者，在《大越通鑑通考》之外，僅黎嵩據此書編撰的《越鑑通考總論》，後者并無"青衫"的内容，顯然此處的《皇越通考》即《大越通鑑通考》。[①]VHV. 1506 在《阮士固》詩后言："《越鑑通考》陳朝姓阮名士固，凡二，竝以文學顯。一人在仁宗時，與韓佺齊名，仕至天章閣學士。一人在明宗時，范遇所從學者，仕至翰林學士"，《越鑑通考》即武瓊的《大越通鑑通考》。這應該是鄧明謙在武瓊書完成之時，《詠史詩集》已經撰述完畢，因此書是"家庭之傳習"，即教導子侄所用，故未重新以《大越通鑑通考》史文作注，僅以此書有所補充。

　　鄧明謙在《凡例》第一條中即述明："所繫之事，竝以吳士連《大越史記全書》爲正"，即以洪德十年（1479）吳士連所著《大越史記全書》十五卷爲編撰依據。在吳士連撰史之時，越南本土流傳的歷史著作僅有黎文休、潘孚先兩部《大越史記》，吳士連看重的胡宗鷟《越史綱目》已經亡佚。鄧明謙進入史館之時，只見到了吳士連《大越史記全書》和潘孚先《大越史記》的全本，黎文休《大越史記》可能已經佚失。潘孚先之書記錄陳朝到明軍北返的歷史，吳士連《大越史記全書》的"外紀"五卷記載傳說時期的鴻龐氏至 10 世紀吳權自立，"本紀"十卷記載丁部領至後黎朝黎利建國之間的史事。

　　然而擺在鄧明謙面前的《大越史記全書》却是吳士連未奉詔而爲的私撰史著，《大越史記全書》的私著身份，并未對鄧明謙產生影響。鄧明謙"筆載之暇，披而閱之，藏而考之，又從而歌詠之，日積月累，已若干首"，詩成之後，"余因授凡例，俾繫其事於下，以便觀覽"，又以史文注詩，即成《詠史詩集》。

---

① VHv. 1506 刻本此處有引文却未出現《皇越通考》書名。

二、《詠史詩集》的撰著宗旨

鄧明謙在序中闡述了詠史詩的宗旨之後，提到了胡曾和錢子義的詠史詩作。元代辛文房《唐才子傳》記胡曾及其作品：

> 曾，長沙人也。咸通中進士。……曾天分高爽，意度不凡，視人間富貴亦悠悠。遂歷四方，馬迹窮歲月，所在必公卿館穀。上交不諂，下交不瀆，奇士也。嘗爲漢南節度從事。作《詠史詩》，皆題古君臣爭戰廢興塵迹。經覽形勝，關山亭障，江海深阻，一一可賞。人事雖非，風景猶昨，每感輒賦，俱能使人奮飛。至今庸夫孺子，亦知傳誦。後有擬效者，不逮矣。至於近體律絕等，哀怨清楚，曲盡幽情，擢居中品不過也。惜其才茂而身未穎脫，痛哉。今《詠史詩》一卷，有咸通中人陳蓋注，及《安定集》十卷行世。①

今傳《新雕注胡曾詠史詩》宋人米崇吉序云：

> 近代前進士胡公名曾，著詠史律詩一百五十篇，分爲三卷。余自丱歲以來，憶嘗諷誦，可爲是非罔墜，褒貶合儀，酷究佳篇，實深降嘆。②

米崇吉極力推崇胡曾的《詠史詩》，可見宋人對其評價很高。但後世對胡曾《詠史詩》褒貶不一，③《四庫全書總目提要》云：

> 《詠史詩》二卷。唐胡曾撰。曾，邵陽人。……是編雜詠史事，各以地名爲題。自共工之不周山，迄於隋之汴水，凡一百五十首。《文獻通考》載三卷。此本不分卷數，蓋後人合而編之。其詩興寄頗淺，格調亦卑。何光遠稱其中《陳後主》、《吳夫差》、《隋煬帝》三首。然在唐人之中，未爲傑出。惟其追述興亡，意存勸戒，爲大旨不悖於風人耳。每首之下，鈔撮史書，各爲之註……④

關於胡曾《詠史詩》的地位、價值和評論，請參看趙望秦先生著作⑤，茲舉兩家褒貶之說。鄧明謙誤將唐人胡曾誤爲"宋之胡曾"，但對其著作持欣賞態度當無疑問。鄧明謙提到的另外一位"明之錢子義"，錢謙益《列朝

---

① （元）辛文房撰、周本淳校正：《唐才子傳校正》卷八，江蘇古籍出版社 1987 年版，第 249 頁。

② 《新雕注胡曾詠史詩》，《四部叢刊》三編集部，上海涵芬樓影印常熟瞿氏鐵琴銅劍樓影宋鈔本。關於此本，請參看趙望秦《〈四庫全書〉本胡曾〈詠史詩〉的文獻價值》，《古籍整理研究學刊》2008 年第 2 期，第 3—6 頁。

③ 請參看陳伯海主編《唐詩匯評》，浙江教育出版社 1995 年版，第 2785 頁。

④ 《四庫全書總目提要》卷 151《集部》別集類四，中華書局 1960 年版，第 1301 頁。

⑤ 趙望秦：《唐代詠史組詩研究》，南京師範大學 2002 年博士論文，2003 年三秦出版社以《唐代詠史組詩考論》爲名出版。

詩集》記載：

> 子義字□□，子正之弟也。馬孝常有《續胡曾詠史詩》，子義不仍舊題，別成一百五十首，大率《兔園冊》中語耳。程克勤詠史絕句亦采之。①

錢子義的《續詠史詩》一百五十首收入《種菊庵集》，自序作於洪武八年，明英宗正統年間族人錢公善將《種菊庵集》四卷與兄錢子正《錦樹集》八卷、侄錢仲益《綠苔軒集》六卷合刊，名《三華集》，后一起收入《四庫全書》。鄧明謙盛讚胡曾《詠史詩》與錢子義《續詠史詩》"是其尤者"，顯然是有深刻的認識，然而胡曾和錢子義的著述思想并不相同。

胡曾《詠史詩》序中，首先指出"夫詩者，蓋盛德之形容，刺衰政之荒怠，非徒尚績麗瑰奇而已"，接著批判前代詩篇的缺點，"觀乎漢□子、晉宋詩人佳句名篇，雖則妙絕，而發言指要亦疎，齊代既失執範，梁朝文加穿鑿，八病興而六義壞，聲律摧崩良不能也"，對六朝尚音律、辭藻、空洞無物的詩表示強烈不滿。因而"曾不揣庸陋，轉采前王得失，古今□□，成一百五十首，爲上中下三卷，便已首唱相次，不以□先，雖則譏諷古人，實欲裨補當代，庶幾與大雅相近者也"。②胡曾是晚唐士人，却對本朝前期詩作沒有評價。從其序中可以看出，胡曾秉承古代"詩教""詩刺"的傳統來詠史。然而錢子義所作，却是爲了啟蒙童稚，其序云：

> 邵陽胡氏《詠史詩》傳誦於世久矣。馬孝常先生嘗謂予曰："胡公之詩，多幽僻寒淺，欲就其舊題別作一百五十篇，以嗳學子"。愚以胡詩固有淺而僻者，奈何兒童聽習之熟，恐卒難改也。不若別命題而爲之，如何焉？曰善。及其出宰內丘，四五年間，意其付之度外矣。近因見姪仲益佩小冊於張玄齋處，乃其手鈔湖海士君子之新作也。而孝常詠史詩在焉，皆仍胡之舊題而新之也。蓋向者與言之後，即以其已志而成之矣。第余相去邈然，不及知之耳。暇日翫詠之餘，不自揣量，窺竊陳篇，類出黃帝鼎湖已降，洎趙宋崖山共一百五十題，各述以七言一首。辭庸意陋，固弗足齒於二公，但欲備故事百餘，段授之童稚，肄業之暇，使之講習，庶幾亦有所裨益云爾。③

"姪仲益"當爲《綠苔軒集》的作者錢仲益，"佩小冊"以學詩。趙望秦先生指出胡曾《詠史詩》後世雖褒貶不一，但因其淺顯易懂，意義深刻，在唐末五代時及已成爲兒童讀物，在後世的蒙學教育中發揮了重要的作

---

① 錢謙益：《列朝詩集》，上海古籍出版社 1959 年第 1 版，1983 年 10 月新 1 版，1983 年 10 月第 1 次印刷，第 141-142 頁。

② 《新雕注胡曾詠史詩》，《四部叢刊》三編集部，上海涵芬樓影印常熟瞿氏鐵琴銅劍樓影印宋鈔本。

③ （明）錢子義：《種菊庵集》，載《文淵閣四庫全書》第 1372 冊，商務印書館，第 87 頁。

用。①在錢子義的時代，馬孝常欲因舊題重作，錢子義即認爲："胡詩固有淺而僻者，奈何兒童聽習之熟，恐卒難改也"，因而另起爐灶重作。錢子義即以胡曾《詠史詩》和自己的《續詠史詩》皆爲童蒙教材，故而"但欲傋故事百餘，段授之童稚，肄業之暇，使之講習，庶幾亦有所裨益云爾"，這與胡曾"實欲裨補當代，庶幾與大雅相近者也"的主旨已然具有極大的差別。

鄧明謙言"詠史有作，所以寓褒貶也"，此與胡曾"夫詩者，蓋盛德之形容，刺衰政之荒怠"主旨相同。自己"竊嘗有志於述古"，又秉承"詩教"傳統，"載筆之暇，披而閲之，臧而否之，又從而歌詠之，日積月累，凡若干首，子佺董彙錄成集，分爲三卷"，胡曾《詠史詩》亦分爲三卷。最後"余因授凡例，俾繫其事於下，以便觀覽"，即以史文注詩。最後謙虚的表示"然自知才疏，識卑學淺，是非有謬，必取笑於高見遠識之君子"，"然於家庭之傳習"表示這是家庭教育子佺的書籍，但於"史學之芹藻，未必無補云"。

胡曾《詠史詩》屬於《詩經》傳承而來的"詩"的範疇，錢子義則以《續詠史詩》爲蒙學教材，便於兒童以詩習史，二者雖以詠史爲題材，却并非史學著作。而鄧明謙的《詠史詩集》同時具備"詩教"傳統和蒙學的特點，但却及於"史學"，這是胡曾和錢子義所不具備的。在鄧明謙心中，《詠史詩集》是一部史學著作。

三、《詠史詩集》與紀傳體史書

中國傳統史書編撰，以編年體和紀傳體爲兩大主流。就現有史料來看，越南史學編撰自陳周普以下至吳士連，皆是編年體史書，并無紀傳體史書。②鄧明謙雖"竊嘗有志於述古"，但并未重新編撰史書。胡曾《詠史詩》詠史事兼及人物，標題皆爲地名，僅《四皓》爲人物。錢子義《續詠史詩》與胡曾相類，全以地名爲標題。《詠史詩集》則以歷史人物爲標題，全書皆爲人物，又以史書自期，鄧明謙在《詠史詩集》中采用了紀傳體的編撰方式。VHV. 1506《咏史詩集》刻本章節分佈如下③：

---

① 趙望秦：《〈詠史詩〉與蒙學關係尋緣》，載《唐代詠史組詩研究》，博士學位論文，南京師範大學2002年，第49—55頁。

② 請參看葉少飛：《越南正和本〈大越史記全書〉編撰體例略論》（《域外漢籍研究集刊》第十輯，中華書局2014年，第349—361頁）和《黎文休〈大越史記〉的編撰與史學思想》（《域外漢籍研究集刊》第十四輯，中華書局2016年，第215—244頁）。陳朝貴族黎崱寓北居元朝，撰成紀傳體通史《安南志略》二十卷，但長期在中國流傳，近代方回流越南。且該書以中國史學思想和方法編撰越南史，嚴格說來，當屬於中國史書。

③ A. 440《脱軒詠史詩集》篇目較VHV. 1506刻本粗略，如下：

脱軒先生詠史詩集卷之一二：帝王上紀、帝王中紀、帝王下紀；

脱軒先生詠史卷之三：宗室紀；

脱軒先生詠史卷之四：名臣上紀、名儒紀、姦臣紀、女主紀。

卷上 帝王

卷中 宗室 名臣上 名臣下

卷下 名儒 節義 姦臣 女主 后妃 公主 節婦

刻本在三卷中分出十個主題，已然具備了紀傳體史書的形態。關於人物的史事皆出於《大越史記全書》，鄧明謙并進行考證説明，A. 440 抄本凡例云：

一、繫之皆竝以吴士連《大越全書》[①]爲正，中間詞迂意複，則不泥前，更加潤色，以便觀覽，若互出他書有不同者，於本處分註以廣見聞。

一、題意所主，繫於本題之下，詩意所及，附於全書之末，以便觀覽。

一、事出某紀，以某冠之，如張吽、張喝，雖外紀趙越王時人，事出黎紀，分註令以黎紀冠之，以便參考。

一、史文謬誤者正之，如韓佺，陳仁宗時人，仕至刑部尚書，《披沙集》中事迹可考，而全書以爲李仁宗時人，今還陳紀，以正其誤。

一、史文有鄙俚者，如人名有范句俩、黄巨佗，器用有麻雷笠，今削“巨”字、“麻”字，止稱范俩、黄佗、雷笠，以祛其鄙俚。

一、史文有未安者改之。如士王史文云：林邑入寇，發王塚，“塚”字改爲“陵”字。馮王，史文云：夷言父稱布母稱蓋，今改“夷”字爲“方”字。至於伯耆爲陳渴真之黨，今改陳渴真謀誅季犛，是霸者預焉，凡此蓋有深意，可以類推。[②]

一、馮王時稱爲都君，其歿後追尊爲布蓋大王，而全書不例以本紀，而稱猶爲布蓋大王，則嫌於鄙俚。今從士王例，以馮王稱之，蓋以能平寇而立國也。[③]

一、昭圣公主，曾居尊位，靈慈國母，曾主宫中，其后一歸黎輔陳[④]，一嫁陳守度，今歿稱號，以示貶黜。然敘昭圣在徵王之下，靈慈在順慈之上，猶用公主皇后例。

---

① 原文《大越全書》當爲《大越史記全書》。

② 此條 VHV. 1506《咏史詩集》刻本作：史文有未安者，改之，如士王。史文云：夷言父稱布，母稱蓋，今改“夷”字爲“方”。至於裴汨耆預焉。凡此蓋有深意，餘可以類推。

③ 此條 VHV. 1506《咏史詩集》刻本作：馮王生時爲都君，没後其子追尊爲布蓋大王，而全書不例本紀，而稱布蓋大王，則嫌於爲鄙俚。今從士王例，以馮王稱之，以其平此寇而立國也。作者按：“此”旁有讀者書“北”。

④ 原文爲“黎輔秦”，“秦”旁有墨書“陳”，本文徑稱“黎輔陳”。

　　一、媚珠、杲娘其事同，歇驕、野象其志同，鄧藻、黎鐘其節同，然媚珠視杲娘爲詳，歇驕、鄧藻視野象、黎鐘爲優，今表媚珠、歇驕、鄧藻命題，而杲娘、野象、黎鐘則略之。[①]

　　一、徵王、徵將、都君、都保、張呌、張喝、公輔、公復、常傑、常憲、范遇、范邁、廷琛、廷瑾，其事業出處略同，今表其姊而略其妹，表其兄而略其弟。鄧悉、鄧容父子，世篤忠貞，克終克覲，一賢一否，故兩存焉。至於景異死節，優於其父景真。杜慧度政績優於父杜瑗，故特表出景異、慧度命題，而景真、杜瑗則略之。

　　一、僧道異端，竝不得入本集。如杜法順、僧匡越、僧明空、大灘國師，於當時雖有功勞，亦削之以崇正道。

　　一、北朝併外國人，竝不得入本集。唯占城國主占斗妾媚醢，舍生取義，顯靈於南土，今特附於本集之末，以表貞節。[②]

　　一、國名、地名、都邑、山川、古今沿革有所不同者，詳註名號於其下，如或未詳者，缺之。

　　鄧明謙《凡例》所言多在人物，吳士連《纂修大越史記全書凡例》所明則在編年與正統。鄧明謙所作雖是詩集，但以史書論，則屬於紀傳體通史。

四、《詠史詩集》的内容

（一）《詠史詩集·帝王》對《大越史記全書》諸“紀”的繼承與發展

　　《大越史記全書》是編年體通史，《詠史詩集》基本按照《大越史記全書》的順序設置篇目，這在卷上《帝王》中表現得最爲明顯，國統所關，皆有吟詠，如下表：

	脱軒詠史詩集	大越史記全書	
卷上帝王	涇陽王貉龍君雄王	鴻龐氏紀	
	安陽王	蜀氏紀	
	趙武皇	趙氏紀	
	士王	士王紀	
	馮王	屬隋唐紀	鄧明謙升馮興爲馮王
	李南帝	前李紀	
	趙越王	趙越王紀	
	後李南帝	後李紀	

---

① 此條 VHV. 1506《咏史詩集》刻本無。

② 此條 VHV. 1506《咏史詩集》刻本無。

續表

	脱軒詠史詩集	大越史記全書	
卷上 帝王	前吳王	吳氏紀	
	後吳王	吳氏紀	
	丁先皇	丁紀	
	黎大行皇帝 黎中宗 黎臥朝	黎紀	
	李太祖李太宗李聖宗李仁宗 李神宗李英宗李高宗李惠宗	李紀	鄧明謙降李昭皇爲昭聖公 主，入《女主紀》
	陳太宗陳聖宗陳仁宗陳英宗 陳明宗陳憲宗陳裕宗陳藝宗 陳睿宗陳順宗	陳紀	
	前胡後胡	（胡朝無紀，附陳紀後）	鄧明謙稱"胡紀"
	陳簡定帝陳重光帝	後陳紀	

　　國統的延續與傳承是越南古代歷史編纂的重要内容，鄧明謙所吟詠古之帝王均按照吳士連諸"紀"進行，但將《大越史記全書·屬隋唐紀》中的馮興升爲馮王，馮興之事在唐貞元七年（791），《大越史記全書》記載：

　　　　夏四月，交州唐林人（注：唐林在福祿縣）馮興起兵圍府。政平以憂死。先是，馮興豪富有勇力，能排牛搏虎。於唐代宗大曆中，因交州亂，與其弟駭相率服諸隣邑，興號都君，駭號都保，與正平相攻，久不能克。至是用本鄉人杜英翰計，率眾圍府。正平憂憤成疾，疽發背死。因居府治，未幾卒。子安尊爲布蓋大王。（注：俗謂父曰布，母曰蓋，故以爲名焉。）王能顯靈異，眾以爲神，乃於都府之西立祠，歲時奉祀。（注：即孚佑彰信崇義布蓋大王。其神祠今在盛光坊耤田東西）。[1]

　　馮興與安南都護高正平之事，學者已有研究，此不贅述。[2] "布蓋大王"

---

　　① 校合本《大越史記全書》外紀卷之五《屬隋唐紀》，第 160—161 頁。

　　② 耿慧玲：《馮興考——未見於中國新舊〈唐書〉的越南英雄》，載《越南史略》，新文豐出版公司 2004 年版，第 201—223 頁。該文以今位於河内市山西區唐林社的光泰三年（1390）和洪德四年（1473）馮興吳權奉祀碑研究馮興史事，以該地爲馮興吳權故鄉。但越南學者陳玉王、阮蘇蘭、陳仲洋《唐林在何處？——尋找匡越大師吳真流的家鄉》（《發展與研究雜志》，總第 85 期，2012 年，第 115-137 頁。Trần Ngọc Vương，Nguyễn Tô Lan，Trần Trọng Dương，*Đương Lâm là Đương Lâm nào？ -Tìm về quê hương Đại sư Khuang Việt Ngô Chân Lưu*，*Tạp chí ngiên cứu và phát triển*，số 2（85），2012，tr. 115-137）研究，現在有觀點認爲越南河内市山西區的地名"唐林"即是吳權的家鄉，但此地名 1960 年方才確定。早期史料中記載的唐代唐林社僅有一個，位於驩州北、愛州南，即今義安北、清化南，肯定吳權是義安、清化之間的唐林州人，絕非河内山西人。馮興亦爲唐林人，情況當與吳權相同。根據字形、藝術風格、規制、碑文中的地名判斷，光泰三年的碑刻當是阮朝嘉隆到明命初年（1802—2821）所造，阮文超在《大越地輿全編》中將其確定爲馮興和吳權的家鄉，朝廷延續這一觀點了。鄧春榜則較爲謹慎，註明唐林屬於峰州。總之馮興和吳權并非今河内市山西區人。

之稱雖然鄙俗，但鄧明謙"今從士王例，以馮王稱之，蓋以能平寇而立國也"，士燮生前并未稱王，越南後世仍以"士王"尊之，譽爲"南交學祖"。[①]吳士連在凡例中寫道："凡我越人憤北人侵暴，因人心甚惡，攻殺郡守以自立，皆書起兵稱國。不幸而敗亡者，亦書起兵以應之"[②]，徵側徵貳起兵，立《徵女王紀》。李賁起兵稱帝，部將趙光復、族將李佛子繼之，立《前李紀》《趙越王紀》《後李紀》。鄧明謙説馮興"平寇而立國"實屬牽強，但却與吳士連"皆書起兵稱國"的思想是一致的。

　　《詠史詩集》還有一點比較突出，即鄧明謙降李昭皇爲昭聖公主，將其寫入《女主紀》。李昭皇"初諱佛金，後改天馨，惠宗次女也。惠宗無嗣，立爲皇太子以傳位。在位二年，遂禪位於陳"[③]，李朝是在昭皇手中終結，即位時（1223）年僅 6 歲，陳守度將之嫁給侄子陳日煚，禪位其夫，即陳太宗。后被降號，因無子，由陳太宗將其嫁給抗元有功的黎輔陳。吳士連記："李朝九帝，始太祖庚戌，終昭皇乙酉，共二百六十年。"[④]《大越史記全書》本紀卷之四"李紀"最後一位即"昭皇"，陳聖宗紹隆十五年（1272），"春，正月，翰林院學士兼國史院監修黎文休奉敕編成《大越史記》，自趙武帝至李昭皇，凡三十卷上進。詔加獎諭"[⑤]。昭皇是李朝的最後一位君主，鄧明謙將之移出"帝王"，序及詩云：

　　　昭聖公主

　　《陳紀》，公主，李惠宗之女，惠宗無子，傳位於公主，稱昭皇，才八歲，見祇侯陳日煚入侍，悅之，遂下詔禪位於陳日煚，是爲陳太宗。後昭皇無子，降爲昭聖公主，及元兵南侵，御史中丞黎輔陳擊賊有功，論賞，太宗曰：朕非卿不復有今日，以昭皇歸之。生子琮及二女。

　　　女主親逢國步屯，輕將神器付他人。晚來不守長門節，更爲文皇賞輔陳。

　　昭皇雖是前朝帝王，但陳太宗將自己的妻子嫁給大臣，亦是匪夷所思。李朝之亡，在李惠宗，將亡國之禍繫於末代君主，雖是史家慣例，於小兒女却是苛責。吳士連曰：

　　　惠宗之世，天下之蠱已深。而人君非陽剛之主，當國以柔懦之臣，

　　① 請參看川手翔生《ベトナムの教化者たる士燮像の形成過程》，早稻田大學大學院文學研究科紀要，第 4 分册 59，2013 年，第 141—157 頁。

　　② 校合本《大越史記全書》卷首，第 67—68 頁。

　　③ 校合本《大越史記全書》本紀卷之四，第 315 頁。

　　④ 校合本《大越史記全書》本紀卷之四，第 316 頁。

　　⑤ 校合本《大越史記全書》本紀卷之五，第 348 頁。

欲幹深弊之蠱，其何能濟。況帝嬰惡疾，治之弗効，又無嗣子，以承大統，危亡之兆，已先見矣。[①]

鄧明謙不以昭皇入"帝王"，既是自己對李朝歷史的認識，亦是對昭聖公主的同情。[②]

后黎朝官方確認的越南正統王朝，《平吳大誥》言"粵趙、丁、李、陳之肇造我國"[③]，朱車《上〈越音詩集〉表》言"國自丁、李之肇造"[④]，黎嵩言黎利建國"豈趙、丁、李、陳所能及哉"[⑤]，黎桓建立的前黎朝皆不在其中，但吳士連仍以前黎朝爲"黎紀"，與官方思想有很大的區別。鄧明謙詠黎大行皇帝、黎中宗、黎臥朝，注皆出《黎紀》，顯然是繼承了吳士連的思想，并未接受后黎朝的官方觀點。

吳士連以胡朝附於"陳紀"之後，不設紀，對胡季犛、胡漢蒼父子不稱"紀"，而直稱其名，以示貶黜。潘孚先編《越音詩集》卷一陳朝諸帝之后爲"閏胡"，下有胡季犛詩三首，卷三陳朝大臣之後又有"閏胡"，錄五人詩十一首，黎嵩記"閏胡既虜"[⑥]，但吳士連并不認可"閏胡"之說[⑦]，故將胡氏二帝附於"陳紀"之後，并直呼其名。A.440《脫軒詠史詩集》抄本中，鄧明謙稱胡氏爲"胡紀"，"小引"曰：

> 古史云，昇龍城西有小石山，山有白狐九尾。常爲妖怪，貉龍君令水府引水攻之，破其山，成大江，殺白狐八子，其一子走至演州，稱姓胡，季犛其苗裔也。今按此說未必然，蓋胡氏惡，故極言耳。世傳前胡北去，素食以齋味，當作國語一首云：……今譯其辭曰：更改多端死又生，懸懸鄉里不勝情。南冠久帶任頭白，北館淹留和夢驚。相國才難慚李泌，建都計拙笑盤庚。金甌見缺無由合，待價須知玉匪

---

① 校合本《大越史記全書》本紀卷之四，第316-317頁。

② 《安南志略》記載"今李傳八世，共二百二十餘年，無子，國歸其婿"（《安南志略》卷十二《李氏世家》，中華書局2000年，第307-308頁），《大越史略》記載"右阮朝自李祖至惠宗，凡八主，起庚戌，至乙酉，共二百一十六年而亡"（陳荊和校合本《大越史略》卷三，創價大學アジア研究所叢刊第一輯，1987年，第99頁），二書皆以李惠宗爲李朝最後一位君主。鄧明謙將李昭皇移出"帝王"，即以李惠宗爲李朝王國之君，是否是因爲鄧明謙見到了其他典籍故有此舉。《詠史詩集·序》中言及潘孚先《大越史記》，或許這是潘孚先書的觀點。但潘書已經亡佚，真實情形不可考。

③ ［越南·后黎朝］阮廌：《抑齋集》卷三《文類》，通信文化出版社2001年版，第319頁。

④ ［越南·后黎朝］朱車：《上〈越音詩集〉表》，《越音詩集》，遠東博古學院藏本，現藏於漢喃研究院。"程"指陳朝，後黎朝諱"陳"爲"程"。

⑤ ［越南·后黎朝］黎嵩：《越鑑通考總論》，載校合本《大越史記全書》卷首，第93頁。

⑥ 校合本《大越史記全書》卷首，第92頁。

⑦ 請參看葉少飛《黎嵩〈越鑑通考總論〉的史論與史學》，載《域外漢籍研究輯刊》第十一輯，中華書局2015年版，第215-236頁。

輕。……

　　欺孤計就便遷都，狡險深於九尾狐。北去不知天假手，猶稱美玉
說求沽。

VHV. 1506《咏史詩集》刻本未稱"胡紀"，且"小引"中無國語喃字
詩，僅有漢譯。詠詩明顯與引文相契合。鄧明謙詠二胡詩對胡氏持强烈的
譴責態度，應該不會稱其爲"胡紀"，筆者推測可能是稱"閏胡紀"在傳抄
過程中訛爲"胡紀"，而 VHV. 1506《咏史詩集》刻本徑直删去。

　　（二）《詠史詩集》的取捨

　　鄧明謙在吳士連《大越史記全書》的基礎上以詩論史，詩意多對史事
及吳士連史學思想進行闡發。但《大越史記全書》體大思精，鄧明謙在《凡
例》中進行取捨，人名之鄙俚則去其鄙，名號未安則正之，皆是改正史事
的行爲。但鄧明謙同時首先將僧道排除在外：

　　　一、僧道異端，竝不得入本集。如杜法順、僧匡越、僧明空、大
　　灘國師，於當時雖有功勞，亦削之以崇正道。

　　李朝佛教大興，陳朝儒佛并争，陳朝末年儒家力量已經取得了對佛教
的壓倒性優勢，后黎朝儒教興盛，儒生官員强力辟佛，吳士連《大越史記
全書》雖否定佛教，但尚能肯定僧侶的功績，黎嵩《越鑑通考總論》抨擊
佛教更加嚴厲[1]。鄧明謙則直接將僧道排除在外，即便有功，亦不錄入，以
尊崇儒教。這一行爲於史書而言，顯然過分。鄧明謙如此作爲并未阻止佛
教的繼續發展。后黎朝官方雖然不再大力推崇佛教，但佛教在越南的民間
社會生活中仍然發揮着極爲巨大的作用，形成了"儒國、村佛、風景僊"
的社會現象。[2]后黎朝佛教、道教、儒教合流，又形成了極具特色的三教思
想，并有專門的"三教"寺院道場。[3]

　　鄧明謙在《凡例》中又表明：

　　　北朝并外國人，竝不得入本集。唯占城國主占斗妾媚醢，舍生取
　　義，顯靈於南土，今特附於本集之末，以表貞節。

　　"北朝"即中國。到鄧明謙的時代，越南在制度上對中國確立了"内帝
外臣"與雙重國號政策，對周邊其他國家則確立了以自己中心的區域秩序，

---

　　① 請參看葉少飛《黎嵩〈越鑑通考總論〉的史論與史學》，載《域外漢籍研究輯刊》第十一輯，中
華書局 2015 年，第 215-236 頁。

　　②［越南］鄭克孟：《十至十九世紀越南思想史發展中的的三教（儒佛道）思想》，載《漢喃雜志》
2015 年第 1 期，第 18 頁。Trịnh Khắc Mạnh, *Tam giáo (Nho, Phật Đạo) tịnh hành trong tiến trình lịch sử tư*
tưởng Việt Nam từ thế kỷ X đến XIX, Tạp chí Hán Nôm, số 1 năm 2015, tr.　18.

　　③ 牛軍凱：《十八世紀越南的三教寺和三教思想》，《東南亞南亞研究》2013 年第 2 期，第 76—82
頁。

思想上則以自己爲“中國”“華夏”①，經過陳朝抵抗蒙元和黎利抵抗明朝的鍾煉，越南的自主意識完全確立，“天限南北，各帝一方”的思想深入人心，②后黎朝在文化上親近中國，但在政治上則越發疏離。黎聖宗在位時是后黎朝的全盛時期，對明朝持守禦態度，同時征占城、哀牢，對明帝降救責問亦不理會。鄧明謙洪德十八年中舉，之後入史館，正當后黎朝鼎盛時期，因而受當時政治環境影響，直接不收入北朝及其他外國人，以體現本國的政治自主及優越性。

但中越歷史交錯複雜，《詠史詩集》收入人物中，趙武皇趙佗是河北真定人，樛后則是漢長安人，士王是漢蒼梧郡人，三人皆非越地之人，趙武皇與樛后出自《大越史記全書·趙氏紀》，士王出自《大越史記全書·士王紀》，三人已然成爲越史人物，雖出身北人，却不屬於“北朝”。陳朝即以趙武皇爲國統之首，吳士連又以士燮入“紀”，鄧明謙雖是取法前史，但對越史的獨立則更加堅定。

五、《詠史詩集》的價值和影響

光紹五年（1520），鄧明謙《詠史詩集》書成，在其之前的黎文休《大越史記》、潘孚先《大越史記》、武瓊《大越通鑑通考》全部亡佚，僅黎嵩《越鑑通考總論》流傳。鄧明謙所依託的吳士連《大越史記全書》十五卷經中興黎朝范公著和黎僖續編，於正和十八年（1697）刻板刊行，此即正和本《大越史記全書》二十四卷。但范公著明言：“自丁先皇至我國朝太祖高皇帝爲本紀全書，并依如前史臣吳士連、武瓊等之所著述也”③，即這一段歷史加入了武瓊的觀點。武瓊書亡佚，因此難以確定范公著以何種方式修訂了吳士連的撰著。鄧明謙《詠史詩集》以吳士連《大越史記全書》爲正，史文注於下，因而可以《詠史詩集》來認識吳士連《大越史記全書》十五卷的面貌。就《詠史詩集》存世的內容而言，沒有超出《大越史記全書》二十四卷中吳士連所纂十五卷的思想和內容。且鄧明謙皆以七絕詠史，受制於體裁與“詩教”的傳統，也確實難以展開論述，如吳士連在《大越史記全書》中多次闡述朱熹觀點，但鄧明謙則未涉及。鄧明謙先詠史，再以史文注詩，《詠史詩集》就其整體而言，自是史書無異，但就成書過程而言，詩才是其重點。

黎貴惇雖然在《大越通史·藝文志》中給予鄧明謙《詠史詩集》很高

---

① 李焯然：《越南史籍對“中國”及“華夷”觀念的詮釋》，《復旦學報》2008 年第 2 期，第 10-18 頁。

② 請參看葉少飛《越南歷代“內帝外臣”政策與雙重國號的演變》，《形象史學》2016 年 6 月，第 134-166 頁。

③ 校合本《大越史記全書》卷之首，第 60 頁。

的評價，但却將其置於一眾詩文集中，并未側身史書之列。黎貴惇編《全越詩錄》，在第十五卷中收入《越鑑詠史詩集》七絶一百二十五首，但删掉了史文。黎貴惇博通經史，所看重者在於鄧明謙之詠史，這也正是鄧明謙所鍾意者。

　　阮朝嗣德三十年，嗣德帝君臣共撰的《御製越史總詠》書成，群臣在上表中言及"鄧明謙《脱軒遺草》，罕見公傳"，有"帝王""后妃""尊臣""賢臣""忠義""文臣"烈女""僭偽""奸臣"等目，皆以七絶詠歷史人物，并以史文注詩。最後附"佳事補詠"，兼及人物與史事。可以肯定《御製越史總詠》從體例到内容均受到了《詠史詩集》的影響，二者一同構成了越南古代史學中别具特色的史書類别。

文獻祠的降筆經木刻版與《古今傳録》的若干版本問題

蔡忠史（越南）　　越南漢喃研究院

一、緒語

善壇運動①是越南十九世紀末至二十世紀初一個有趣的社會、宗教、信仰現象。善壇的主要活動是創作、印刷、流傳以及收藏降筆經。每一次降筆完畢，一部降筆經會立即被刊刻及發行。研究善壇的降筆經讓我們了解降筆經的生產與形成的過程、木刻版的價值以及作品的語文價值。

二、概念介紹

（一）善壇

善壇這個概念或者説法是指向人勸善、警戒禍福的壇場。在越南，玉山祠是向善會的基地，奉祀文昌帝君等會可視爲最早有規模組織的勸善壇之一。當初，善壇的主要活動大多跟道教活動有著密切關係；19世紀末20世紀初，這種活動不僅限於道教寺廟舉辦而逐漸成立善壇以便其活動。據我們對越南國家圖書館與漢喃研究所的現存的降筆經的初步統計，當時一共有一百一十七個善壇進行印刷降筆經的活動。

（二）善書

善書是指向人勸善、警戒禍福的書。善壇與善書這兩個概念是傳播善道的主要媒體。善書的信徒以及壇生、員生、善男信女等人都到善壇聽善書的降筆以自勸行善。

---

① 善壇運動是越南學者陶惟英的説法。

爲普遍的活動。明清時代，在士大夫階層，降筆活動已頗爲發達。

三、越南 19 世紀末 20 世紀初的善壇運動

（一）歷史背景

根據降筆與印刷的原則，每一場降筆之後會印發一部降筆經。我們無法估計已印發的降筆經數量，因爲善壇的數量已達到幾百個，而且每個善壇已舉辦的通靈降筆活動也無法統計。因此，越南國家圖書館與漢喃研究所所藏的降筆經只是善壇降筆經的極小的數量。

《巴德諾條約》簽訂之後，越南淪爲法國的度護國，同時越南分割爲三，各有各的管制制度。1885 年順化京城遭變，阮朝咸宜皇帝因而退軍，勤王運動在全國大規模發動。這場運動的參加與領導者是愛國的紳士。勤王運動最大規模的起義集團是在香溪、由潘廷逢率領的。可是，1897 年潘廷逢死亡之後，法國基本上已經平定越南，正式進行第一次屬地開拓（1897 年至 1914 年）。

舊的已壞，新的未創，傳統綱常多少被改變。以對付此情況，較爲眾多的儒士已經成立善壇，多方講經勸善，尤其是在越南北部。當時，越南愛國者認爲，勤王運動的救國宗旨已經落後。目睹日本的榜樣讓愛國人士更有動力進行維新的運動，而此維新運動宗旨爲開明民智、振興民氣、栽培民材、廢除科舉等。1906 年，封建殖民政權得要進行教育改良政策，把漢字科舉教育改爲普通教育。此政策對 20 世紀初善壇盛開的現象有巨大的意義，越南學者陶惟英因而叫作善壇運動。因此，善壇以及降筆經的數量及質量越來越高。

（二）下姥村的回善堂模型

下姥村的回善堂，今是越南河內市丹鳳縣下姥村的文獻祠，這也是在 19 世紀末 20 世紀初善壇運動而建立、帶着當時善壇的基本特點的寺廟。回善堂是向善會的總部，此地經常舉辦下姥村的勸善活動，同時也是印刷《古今傳錄》這一部降筆經之處。值得留意的是這場降筆進行地點爲海覺寺，是離文獻祠幾百公尺的一座佛寺。

下姥村自古以來地靈人傑，傑出人士多不勝數，最有名的是蘇憲城。前李南帝擊敗梁室刺使，登基皇帝，改國號爲萬春（西元 544 年至 603 年），定都烏鳶，乃是現今的下姥村。烏鳶城堡在歷史中有着重大的角色，這不僅是交通道路血脉，而且是此地與上流地區的文化交流之路。因此在越南歷史中，烏鳶城堡的形成與發展過程也是下姥村的形成與發展的過程。

下姥村是儒學之地，產生了許多有名人士，包括李朝佛教光碧派第十代的出色理論家智寶禪師（阮智寶），太尉太傅平章軍國重事爵王蘇憲誠（生

於 1102 年，逝於 1179 年），黎朝洪德六年（1475 年）乙未科中第二甲及第正進士仕至特進金紫榮祿上大夫入內左侍郎的黃甲杜智忠（生於 1439 年）。

陶黃實（生於 1670 年，逝於 1748 年）二十一歲時赴鄉試中了解元，二十二歲考文職中了第一名，二十八歲及第三甲同進士出身，仕至憲察，後陞監參從兵部尚書、刑部尚書。辭官返鄉之後參加五老制蒙頒郡公，死後蒙皇帝賜予少傅。

文獻祠以前是奉祀孔子及鄉中有功名者的文址。太尉蘇憲誠過世後，鄉民為他建立墳墓并在此奉祀。如今，此地乃奉祀太尉蘇憲誠與進士杜智忠的祠。祠的建築包括前祭堂、拜堂與後宮等成分，祠之主建築乃丁字形包括大拜堂與後宮。19 世紀 40 年代，因鄉民崇尚聖母所以加築奉祀聖母的一間廟宇。文獻祠園內還有位於後宮旁邊的一座古墓，這就是蘇憲誠的墳墓，墳墓上寫着"蘇王陵太師墓"六個字。文獻祠裏面還留着較為豐富的古物——記着考中高科者的石碑、神譜、對聯、橫匾、龍椅、香案、祭器、陶瓷、金屬、木像，這些古物對研究界頗為有意義，特別是《古今傳錄》的木刻版。

覺海寺是該地方還保存較為完整的一座寺廟。大堂由五座縱橫鏈接而構成。大堂的對面是三關，兩旁為祖殿與聖母殿。杜智忠對創造與重修此寺頗有功勞，被鄉民保為后佛并塑像與後堂配祀。根據樹立於永祐元年（1735）的"柱記寺碑記"所記載，海覺寺是當時的有名古迹名勝。因為兵火干戈時，海覺寺的鐘與磬全都遺失，到了 1819 年，鄉民合資買銅再鑄洪鐘與洪磬。到了 19 世紀，覺海寺再次重修。這是黎代的古寺，所以其佛殿建得很大，這也是黎代佛寺的三寶殿的特徵。海覺寺還保留着兩百多座佛像，其中五十座是很有價值的藝術作品，是全國最多佛像的寺廟之一。除了藏着很有藝術性的古物，海覺寺對越南民族解放過程還有着很巨大的貢獻。丁未年（1907）秋天在該地，鄉紳父老以及鄉民進行通靈降筆之禮以公佈其所藏的詩文作品，編撰出《古今傳錄》的一部書籍，在文獻祠進行印刷工作。

四、文獻祠的降筆經木刻版

（一）木刻版考察

1. 統計與分類

現藏在文獻祠的木刻版以供有 126 片，其中有 124 片是兩面刊刻版，2 片是單面刊刻版，總共 250 面。[①] 我們將木刻版與印本進行初步對照，這

---

① 我們把木刻版的面數順序編碼從 1 到 250。

批木刻版都是《古今傳錄》的印版。統計分類的結果如下：

元集有 70 面

亨集有 60 面

利集有 57 面

貞集有 63 面

一共是 250 面

其中 5 片木刻版有兩面不同一集的現象，具體是：

19 號片：前面是元集第二頁，後面是亨集第二頁

48 號片：前面是利集第一頁，後面是元集第十八頁

107 號片：前面是利集第二十九頁，後面是元集第十三頁

111 號片：前面是元集第一頁，後面是貞集第四十四頁

122 號片：前面是利集第二十八頁，後面是元集第十二頁

較多片木刻版沒有順序寫張頁。

《古今傳錄》木刻版的首頁

2. 外表特點

文獻祠木刻版

　　所有的木刻版的木材都是一種柿樹[①]，尺寸較爲同一（平均尺寸爲33×23×2.5 釐米）。木版的上面刻着深 1.5 釐米的陰文楷書，木版的每一面都寫頁數，遵守古人編書的標准。邊欄是一粗一細的線條（古人叫作文武邊欄）。版心（或版口）一般刻着書名（科口）以及書的頁數，版心上下都是雙魚尾的設計。完整的木刻版數不多，大多都是已經開裂、扭曲、腐爛等現象。

文獻祠木刻版

　　3. 版本内的避諱字

　　根據校勘，版本裏面徹底地避諱"時"跟"任"兩字，都采用"敬缺一筆"的方法來避諱。這是阮朝嗣德年間的避諱字——"時"是嗣德皇帝成人的名字、"任"是他幼時的名字。從他即位（1847 年 11 月）起，這避諱的色令正式生效。

　　4. 編撰《古今傳錄》以及刊刻的時間

　　根據作品的序文與内容，我們看出以下若干特點：

　　文本内的詩文都着作於維新元年（1907），最早是八月十二日，最晚是十月一日，從而可知此降筆活動的期間爲一個半月。據河寧總督在元集的序文（維新元年八月二十七日）"賜天書於覺寺，合成一部，顔曰《古今傳錄》。全書分作四，編集列元、亨、利、貞寶號，限月半束成集帙"，我們看出編撰的期間也是一個半月。

　　維新二年（1908）八月二十七日，庚子科舉人元香師山同阮惟韓有如此示題："……慨自甲辰經來丁未壇開回善三年餘玉琢金追書用迴文一月半鸞來鶴去……今印刷十全宣傳萬字書來地地……"，據此可知開壇時間從甲寅年至丁未年，印刷過程需要三年的時間。我們從而認出以下的兩點：

　　文本的著作時間爲舉辦降筆活動的一個半月，就是維新元年（1907）。

[①] 根據村中耆老阮座阮先生的描述。

刊刻過程需要較長的時間，最早於維新二年八月才完成。

（二）木刻版與印本的對照

至今，《古今傳錄》先藏在三個地方，唯藏在文獻祠的版本才是完整元亨利貞四集，漢喃研究所藏着貞集（VHv. 2945），越南國家圖書館藏着元集（R. 1572）與亨集（R. 1573）。透過對比結果筆者認爲現藏在漢喃研究所與國家圖書館的版本跟文獻祠的版本是一模一樣。因此，我們選擇文獻祠版本以便將木刻版跟印本而對比。

1. 文獻祠藏本與木刻版對比

文獻祠藏的《古今傳錄》版本有四集：

元集：66 頁

亨集：61 頁

利集：62 頁

貞集：64 頁

總共：253 頁

根據對比結果，我們可以看出木刻版的貞集與印本有以下的出入：

16 號跟 21 號木版有同一的內容但是有小出入，16 號木版與印本的第 16、第 17 頁完全相同，因此 21 號木版是多餘的。

126a 面與 12a 面都刻着第 24 頁但是其內容完全不同，其中 12a 面的內容與印本的第 24 頁相同，因此 126a 面是多餘的。

24a 面的內容沒有被印刷在印本。

貞集的 70 面木版中，只有 66 面與文獻祠版本相同。

貞集有 3 面木版是多餘的：

77a 面的形式與內容完全與 124a 面相同，可是 77a 面的頁數已經被剃掉，124a 面保存良好的狀態，其內容也完全與貞集第 2 頁相同，因此 77a 面是多餘的。

126b 面與 65b 面都刻着第 24 頁但是其內容却完全不同，其中 65b 面與貞集第 24 頁相同，因此 126b 面是多餘的。

文獻祠版本貞集缺了第 20 頁，多了第 29 頁，而第 29 頁位於第 20 頁的位置。漢喃研究所 VHv. 2945 版本却無此現象，這也許是編書的過程發生錯誤。

貞集的 64 面木版只有 61 面與文獻祠版本相符。

透過對比，木刻版與印本有 9 面有出入的現象，印本的 8 頁沒有找到相符的木版（亨集：第 22 頁；利集：第 16、17、30、53、54 等頁；貞集：第 16、47、48 等頁），文獻祠印本缺了一頁（木版第 20 面）。

木刻版與印本有上方等現象可能有以下兩個說法。

　　可能有兩部《古今傳錄》的木刻版，其中一部已經失落，剩了幾片零散的木板。

　　因爲木刻版有失散的狀況，所以有些木版是重刻的，後來失落的木版找到，引起重複的現象，這種説法筆者認爲有道理。

　　2. 漢喃研究所及越南國家圖書館藏本與木刻版對比

　　據考察與對比，漢喃研究所及越南國家圖書館藏本都跟文獻祠藏本相同，都是從同一部木刻版印出來的。雖然如此，其中還有一些出入，具體如下：

　　R. 1572 版本的元集只有 65 頁，少了一頁（第 64 頁）

　　R. 1573 版本的亨集只有 54 頁，少了七頁（從第 55 頁到第 61 頁）

　　VHv. 2945 版本的貞集只有 63 頁，少了一頁（附錄第 10 頁）

文獻祠木刻版　　　　　　　文獻祠印版　　　　　　　R. 1572 印版

五、文獻祠木刻版的基本價值

　　（一）資料價值

　　對於物體方面來説，木刻版是中代、近代印刷術的古物，其内容頗爲廣泛——朝廷的官方史書、地方的傳統文化、宗教的經典以及民間的各種方面。對於非物體方面，木刻版藏着很多關於科舉、宗教、宮廷以及地方的各種文化價值。

　　研究文獻祠的木刻版重現善壇的活動模式以及其降筆、印刷等活動的過程。下姥村還保留着較爲完整的善壇的所構成因素——回善堂（文獻祠）、覺海寺以及《古今傳錄》一善書。在越南如此的地方已經很稀有了。

　　（二）《古今傳錄》的内容價值

　　1. 版本内所采用的文學體裁

　　《古今傳錄》内的文章采用當時漢喃文學體裁，包括詩、話、訓、讚、歌、錄、示、表、啟、跋、序、諭等體裁，統計如下：

體裁	作品數量
詩	152
示	82
話	71
歌	41
錄	41
訓	18
讚	14
序	8
啟	7
傳	15
表	3
諭	3
跋	2
總共	457

2. 《古今傳錄》創作者的問題

因爲降筆經的創作情況很特殊，作者不是凡人而是神聖所作，所以很難可以確定出誰才是真正的作者。因爲心靈方面讓降筆經的所有作者都神聖化，降筆經裏面羅列群仙列聖，超然世界滿滿顯現在每一頁。

對於《古今傳錄》的作者問題也是十分棘手，我們只能斷定其作者是下姥村當時的鄉紳儒士，隱藏在神佛或者中國越南的歷史人物之名，比方説：孔子、關聖帝君、文昌帝君、彌勒尊佛、傘圓大神、陳朝聖王、本境城隍等等人物。

3. 《古今傳錄》的基本内容

這部降筆經内的作品都展現了濃厚的感情，反映了生活現實以及愛國恤民的思想，同時稱讚古人的建設與保護國家的功德，勸誡後世發揮淳風美俗以及勸善懲惡，全民團結相親相愛，盡心盡力保護鄉村、國家以不愧於前人不疚於後世。這部《古今傳錄》的內容可以分爲以下幾點：

向善内容：《古今傳錄》的文章大多有向善的内容，這也是降筆經的最基本的特性。這種內容源於善壇與善書的原始性。

重視女人的地位：作品大多提及大多是屬於聖母教的神聖或者民族的

女英雄，例如，雲香第一聖母、雲香第二聖母、雲香第三聖母、上岸公主、桃花公主、徵女王姐妹等。

反映社會現實：反映當時社會殖民半封建的人民塗炭現實。

表達愛國恤民之心：這也是較爲重要的内容，作品提及很多相關内容，包括：亡國事實，國家的英雄歷史，仙龍之子而今受辱，稱讚民族豪傑與浩氣英靈以及忠孝之心，等等。

六、結語

我們統計的一百一十九個善壇之中，只有會善壇（即文獻祠）還保留着較爲完備的善壇——回善堂，是舉辦勸善與印刷降筆經之處；海覺寺，是舉辦通靈降筆之處；以及《古今傳錄》這一善書的印本與木刻版。因此，研究文獻祠的木刻版讓 19 世紀末 20 世紀初的善壇模式有機會重現。這批資料對研究越南 19 世紀末 20 世紀初的很多社會方面有重大的意義。

參考文献

［1］Đào Duy Anh（khảo chứng），Nguyễn Thị Thanh Xuân（phiên âm và chú thích）（2007），*Kinh Đạo Nam – Thơ văn giáng bút của Vân Hương đệ nhất Thánh Mẫu（Liễu Hạnh）và các thánh nữ*. Nxb Lao động，Hà Nội.

［2］Nguyễn Xuân Diện：*Văn thơ nôm giáng bút với việc kêu gọi lòng yêu nước và chấn hưng văn hóa dân tộc cuối thế kỷ XIX đầu thế kỷ XX*，Nghiên cứu chữ Nôm（kỷ yếu Hội nghị Quốc tế về chữ Nôm），Nxb. KHXH，H. 2006，tr. 218-230.

［3］Nguyễn Xuân Diện：*Về tác phẩm thơ giáng bút hiện lưu trữ tại Viện Nghiên cứu Hán Nôm*，Thông báo Hán Nôm học năm 2000，Nxb. KHXH，H. 2001，tr. 96-104.

［4］Mai Hồng（2003），"Đôi nét về văn Thiện đàn（kinh giáng bút）"，*Thông báo Hán Nôm học năm 2002*，Nxb KHXH，Hà Nội.

［5］Mai Hông – Nguyễn Hữu Mùi，*Tìm hiểu nghề in của ta qua kho sách Hán Nôm*，Tạp chí Hán Nôm，Số 1，1986.

［6］Vũ Ngọc Khánh（2001），*Đạo thánh ở Việt Nam*，Nxb VHTT，Hà Nội.

［7］Vũ Thế Khôi（1996），"Hội Hướng Thiện đền Ngọc Sơn với sự nghiệp chấn hưng văn hóa Thăng Long"，*Tạp chí Xa và Nay*，Số 30.

［8］Vũ Đình Ngạn，Triệu Triệu：*Mượn việc "giáng bút" để lưu hành thơ văn yêu nước*，Tapk chí Hán Nôm，số 2（19）-1994，tr. 65-66.

［9］Tân Phong：*Thấy gì ở Hạ Mỗ qua bộ Cổ kim truyền lục*，Tạp chí Tản

Viên Sơn（Hội Văn học Nghệ thuật Hà Tây），số 8+9/1995，tr. 60-61.

［10］杜澤遜：《文獻學概要》，中華書局 2012 年版。

［11］张舜徽：《中國文獻學》，上海古籍出版社 2011 年版。

［12］高國藩：《中國巫术史》，上海三聯書店 1999 年版。

［13］鍾肇鵬：《扶乩與道經》，世界宗教研究 1998 年版。

［14］胡夫森（主編）：《中華道教辭典》，中國科學社會出版社 1995 年版。

越南《翹傳》的漢注版研究

［越南］阮氏雪 越南漢喃研究院 廣西民族大學

　　《翹傳》是越南文壇上最偉大的一部喃字詩傳，流傳廣泛，對越南人民影響深遠。《翹傳》問世以來（1802 前），阮攸平生的亲人、朋友、同僚以及後世學者如：范貴適、夢蓮堂主人、風雪主人、明命帝、何宗權、阮公著、嗣德帝、阮勳、朱孟楨等儒者不斷爲其寫序、評點、校訂、注釋、抄寫、刻印。另外還有一個現象是《翹傳》喃詩傳已派生了無數的藝術形式活動，如：吟翹、詠翹、演翹、評翹、摘翹、翹迷、翹葡等。在這個文化背景下出現了不少不同形式的有關《翹傳》的漢喃文本及國語字著作。本文對《翹傳》的喃字文本部分進行統計，并針對《翹傳》若干漢字注釋版本進一步探索。

一、《翹傳》的各漢注版

　　從 19 世紀初《翹傳》問世到 20 世紀中期（1945 年），經過差不多 150年，《翹傳》喃字版存在有兩個形式：刊本和抄本，刊本由十多家書坊刻印出版，抄本由個人抄寫，用來保存和普及。在流傳過程中，有兩條流傳道路：一是在文人層次的古版，此類官方版刻印精美、錯誤較少；二是普通版，一般僅刻印《翹傳》六八句而且刻印數量多、質量差、字句錯誤較多，主要滿足平民閱讀吟詠欣賞《翹傳》的需求。我們可以將《翹傳》喃字版分爲三類：京版、坊版（古版）和近版（也有人稱作爲北方版（升龍版）、順化版和南方版）。《翹傳》原名稱爲《斷腸新聲》，但原作已經失傳。坊版即指在河内麻業街刻印的版本。相傳阮攸寫完後將其給范貴適看，范貴適潤色後寫詩題序并改名爲《金雲翹新傳》交給河内麻業街的書坊刻印，後來在河内很多書坊如柳文堂、盛美堂、觀文堂、聚賢堂、福文堂、廣盛堂等書坊都按照該版刻印，形成的這類稱爲坊版。坊版類的代表本有柳文堂藏板 1866 版和 1871 版，觀文堂藏板 1879 版，朱孟楨 1906 版，漢喃院收藏的 VNb. 60 版，尤其柳文堂藏板嗣德十九年（1866）版是《翹傳》目前最古老的版本。而京版即阮朝皇帝與文臣在順化京都評閱删改的版本，其中有一本陶源譜從順化京師帶回河内送給蔗山喬瑩懋，喬氏編輯注釋刻印於 1902 年，現爲京版類的代表本。另外順化還有孺夫阮有立 1870 抄本也是京版類的珍貴版本之一。南方版是指惟明氏藏板 1872 年版，後來雇人在廣東佛山鎮刻印，在南方頗有影響，所以也成爲南方版。根據越南"翹學界"的統計，現在越南收集了 60 本《翹傳》喃字版①，并按照現代人稱法，《翹傳》喃版分爲古版〔即 19 世紀内（最晚 1902 年的版本）〕和近版（即二十世紀半期的版本），其中有一些《翹傳》喃字版使用漢字來注釋《翹傳》内容。這類版本屬於越南喃文間含有漢文的書籍之一，也是越南漢喃書籍的明顯特點。《翹傳》漢注版即指這些《翹傳》喃字版有漢注、漢解、漢考、漢評、漢批等内容的版本②。這是一個綜合的稱呼方法，因爲考、注、釋、評等往往是互相聯繫、互相滲透的。筆者從《翹傳》各喃版中統計了九個《翹傳》的漢字注釋的版本分別是：（1）惟明氏的《金雲翹傳釋注》；（2）英國書圖館收藏的《金雲翹新傳》；（3）喬瑩懋的《斷腸新聲》；（4）《金雲翹傳合集》；（5）《金雲翹廣集傳》；（6）《金雲翹傳注》；（7）瞻雲氏的《翠翹傳詳注》；（8）仙田阮族所藏《金粹情詞》；（9）《王金演字傳》第二卷。

另外爲《翹傳》翻、注、譯最早的是 1875 年張永記將《翹傳》翻成越南拉丁國語字。接着到 1884—1885 年 Abel des Michels 將《翹傳》譯成法文，成爲《翹傳》最早的法譯本，該本内容分爲三册，喃字册、法文册、和國語册。這兩譯本因爲都在 19 世紀内，所以也算是古譯版，并且還流行於《翹傳》漢注版之前，後代諸家受這兩本的影響頗爲廣泛，因此本文論述《翹傳》的漢注版的同時將此兩本爲重要的參考版本。

二、《翹傳》各漢注版内容與其傳承過程

（1）《金雲翹傳釋注》（1879 年）

2015 年 12 月胡志明綜合科學圖書館展覽會展示了由范篁君研究者收藏的《金雲翹傳釋注》。該本封面寫着"歲在己卯春南越嘉定城居士惟明氏重刊，共前後八十三張"，己卯年（1879）在嘉定城重刊的時候重刊，即該本應該在 1879 年前刊刻。研究界認爲這版本可能是惟明氏依照某種刊本抄寫的手筆，十分寶貴。該書的書名體現書内有漢字注釋部分。筆者還没有機會接觸這版本，不知注釋内容具體如何，如果該本有漢字釋注部分，那麼

---

① Nguyễn Du: *Truyện Kiều*（Ấn bản ki niệm 250 năm năm sinh Đại thi hào Nguyễn Du），Nxb Trẻ，2015，tr. XVII.

② 注、解、批等詞語多次出現於《斷腸新聲》和《翠翹傳詳注》。

該本可能是《翹傳》最早的漢注版。

（2）《金雲翹新傳》（1894 年前）

該版是抄本、字迹清晰易讀，現在保藏於英國圖書館，典藏號 OR14844，已經將數字化資源公佈於該館的網頁。該書封面題書名，地點（河内）和年代（1894），黄底刺繡龍形，越南研究者阮克寶認爲該本是阮朝皇家禦覽的版本，1885 順化皇城失陷，該版跟着法國人流傳到法國，後來再傳到英國。該版上層是《翹傳》内容與注釋部分，下層插上對應的畫圖以描述《翹傳》的内容，共有 146 個清美畫圖。注釋部分分爲喃字注釋和漢字注釋。喃字注釋部分用朱墨寫的，主要解釋每一頁的内容，也就是描述畫圖的意思。漢注部分主要注釋典故、摘録《金雲翹傳》的情節與注釋若干詞語的意思。余外没有出現作者的見解以及武楨與阮亮的批評。該本是 19 世紀末的《翹傳》喃字古版之一，也是《翹傳》較早的漢注版，非常寶貴。

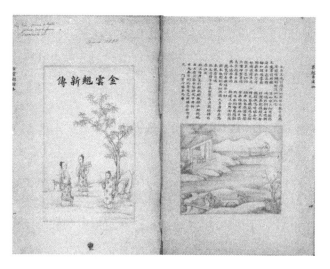

（3）《斷腸新聲》（也稱爲喬瑩懋版）（1902）

該版本由漢喃研究院所藏，典藏號 AB. 12，在 1902 年刻印，印刻正規清晰，封面詳盡記録蔗山喬瑩懋注釋及奉檢、奉讀與書寫人。該書内容分爲四層：第一層是注釋典故、本書①對照、詞語釋義以及武楨和阮亮批評，

---

① 本書即指中國青心才人編次的《金雲翹傳》小説，有時成爲本傳、原作等。

第二和第四層是《翹傳》的六句和八句，第三層大部分是京版和坊版讀音對比與考異。該書有〈新刻例言〉部分，詳細說明《斷腸新聲》的名稱以及編輯刻印的動因、目標、原則等内容。喬瑩懋以陶源普從順化京都帶來送給他的版本來注釋，所以學界常叫京版。陳廷史教授認爲："這是一部編輯功夫深、對後代大部分國語版影響深遠的《翹傳》版本"，但"作者探望指出阮攸已使用的所有漢文的來源"，所以書中太多"不必要、不相關的漢源注釋"[①]。

陳廷史教授指出："在 581 注釋中有許多内容是炫耀作者的學問而不符合需要注釋的語境"比如：祲年（百年）、波椷（一場滄桑的改變）、香乘（余香）、絕妙等詞語一聽就懂不必注釋，但喬瑩懋却引出中國的《莊子》《神仙傳》《西廂記》《蔡邕批碑》的内容以壓縮爲《翹傳》的漢籍來源。"花潘蘵溰包亇"（花落萍飄的身份也只好如此）（第 219 句）這一句似乎是越南老百姓生活常用的詞語，喬瑩懋反而要找出唐人《萍賦》："共落花而相逐"的來源。另外一句"共孰没會没船兜賒"（都是同船共濟的人，哪兒還算遥遠呢？）（第 202 句），這句出於越南的俗語，人人皆知，何必對照本書"前船後船安知你我非再來人"？[②]

① 參見：Trần Đình Sử: *Suy nghĩ về vấn đề chú thích chú giải Truyện Kiều*, tin trong *Đại thi hào dân tộc Danh nhân văn hóa Nguyễn Du*（Kỉ niệm 250 năm năm sinh Nguyễn Du），Nxb ĐHQG TPHCM，2015，tr. 250-251.

② 這些證據，筆者參考：Trần Đình Sử: *Suy nghĩ về vấn đề chú thích chú giải Truyện Kiều*, tin trong *Đại thi hào dân tộc Danh nhân văn hóa Nguyễn Du*（Kỉ niệm 250 năm năm sinh Nguyễn Du），Nxb ĐHQG TPHCM，2015，tr. 251.

　　陳廷史教授認爲："這樣注釋意味着讀者讀《翹傳》的時候必須要與中國《金雲翹傳》才能讀懂《翹傳》嗎？""似乎創造《翹傳》的時候，阮攸必須要翻動中國所有的典故、書籍才能創造出來嗎？""我估計喬瑩懋以中華詩文的視角來欣賞《翹傳》，也許這是整個十九世紀上，各世系未接受新學、絕對崇拜中華文章并且一直以固有自卑遜色於中國的感覺來欣賞《翹傳》的心理。如果不能將《翹傳》的詩句跟中國的《金雲翹傳》對比就看不出越詩的美？……"慕華"（喜歡、羨慕中國文學）的心理支配了很多注釋工作。"① 總體來看，筆者閱讀該版時，自認爲這本編輯、校訂宗旨十分嚴謹，具有鮮明的科學性和現代性，雖然過多注釋典故，甚至還與中國本傳對照，但從多方面注釋，包括典故注釋、詞語釋義、京版坊版考異、文學批評等内容已經體現出其爲一本具有較高價值的考證性著作。後代漢注版繼承該本并不斷增加典故以及摘錄中國本傳等注釋，才引致《翹傳》漢典注釋如此繁雜的現象。

　　（4）《金雲翹傳合集》（1904 年前）
　　該版本由漢喃研究院所藏，典藏號 VNv. 159。該版已經殘缺，封面是後人用鋼筆手寫《金雲翹合集》，内容分四層：注釋、摘錄青心才人的原作、《翹傳》六句和八句。在整體上，該版刻印形式跟《金雲翹廣集傳》一模一樣。而且在 VNv. 208 版本封面題《金雲翹廣集傳》，但在該版的版心又寫《金雲翹合集》，似乎兩個版本是同一刻板罷了，甚至可以推測《金雲翹廣集傳》是依照《金雲翹合集》刻板來刻印。這種現象并不罕見，在當時印刷業比較發達，平民對《翹傳》以及其他文化品需求增高但價格不能太高，各書坊爲了大量刻書售書而互相配合或繼承共同使用的刻板，不同的書坊僅稍微修改封面而已。

　　（5）《金雲翹廣集傳》（1904 年）
　　該版由翹學界收集，包括各版本，如千口水刻印於成泰甲辰年（1904）、柳文堂藏板重刻於維新甲寅 1914 年、啟定元年（1916）、啟定四年（1919）、啟定九年（1924）、保代九年（1934）等刻印。另外漢喃

　　① 參見：Trần Đình Sử：*Suy nghĩ về vấn đề chú thích chú giải Truyện Kiều*，tin trong *Đại thi hào dân tộc Danh nhân văn hóa Nguyễn Du*（Ki niệm 250 năm năm sinh Nguyễn Du），Nxb ĐHQG TPHCM，2015，tr. 249-259.

研究院還收藏幾本，典藏號 VNv. 71；VNv. 147；VNv. 208。這三個版本大體一樣，刻印一般，VNv. 71 版和 VNv. 147 版都有殘缺，後面失頁，僅有 VNv. 208 版還保存完整。書封面題《金雲翹廣集傳》，但在書版心寫的卻是《金雲翹合集》，封面後面題范貴適詠翹詩，詩左邊題仙田禮參阮候撰國音，沒有題編撰該版的作者。該版由柳文堂在啟定九年（1924）刻印，刻印清楚，内容分爲四層，第一層：注釋典故與喃字讀音；第二層：沿着《翹傳》六八句解釋《翹傳》的出處與詩詞（這部分大部分摘取於《金雲翹傳》），沒有出現作者的見解與武阮兩家的批評。第三、四層是《翹傳》的六句和八句。

（6）《金雲翹注》（也稱爲《金雲翹引解并附錄詩歌》）（1905 年）

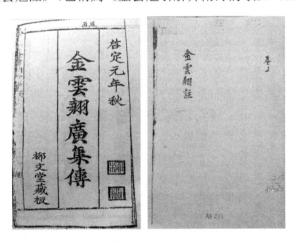

該版由漢喃研究院保藏典藏號 AB. 233，抄本清楚，字大易讀，分爲兩卷。開頭是《金雲翹新傳》引解并附錄詩文序，序文後題“成泰十七年乙巳年（1905）秋八月書於章美縣城之東”，但未寫作者姓名。書中的《凡例》部分大概是爲了説明：經史傳使用典故甚多，但讀者不必至詳，應該要有詳注以讓讀者不勞思索，所以據其所知進行注解。〈凡例〉後再到〈金雲翹傳總詠對聯〉和〈金雲翹傳注目錄〉部分。該書將《翹傳》依照中國《金雲翹傳》章回小説分成二十回，作者具體地注釋每句、每聯、每段的典故來源與摘錄青心才人《金雲翹傳》中主角人物和詩詠詩的詩歌，但沒有提出自己的見解，作者的注釋目的是爲了緊密聯系中國《金雲翹傳》故事的每個章句與情節。另外該書後面附帶越南文人吟詠《翹傳》的詩文。該本有副版收藏於法國亞洲協會圖書館，典藏號 Paris. SA. HM. 2183。

（7）《翠翹傳詳注》（也稱爲瞻雲氏版）（1902之後）

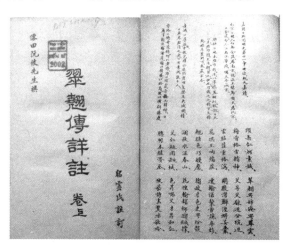

　　該版被黎孟僚翻譯與附注，在1959年出版，後來1973年再版，附錄漢喃版，筆者從該書的附錄進行研究。該版是抄本，字體美觀，字迹清晰，内容分爲兩層，第一層：漢字注釋及批評；第二層：喃字《翹傳》以及穿插摘錄青心才人的《金雲翹傳》。在〈凡例〉部分瞻雲氏説明該本依古版注訂并采用京版的若干字句①，可知該本問世於喬瑩懋《斷腸新聲》之後。該本展開多方面地注釋，包括標注讀音（反切法）、考異、注引、注解，批評、原錄等。該本注釋既詳細又清楚，帶有作者的批評。遺憾的是黎孟僚翻譯《翠翹傳詳注》時未諳熟瞻雲氏先生的來歷。筆者沿着該本的每個注釋查看，發現該本受喬瑩懋《斷腸新聲》注版的影響，我們不難找出該本中作者直接説明"喬氏注"，但該本没有記錄武楨和阮亮的評論，認爲"其評語低陋污鄙，當是俗手者"。大體上瞻雲氏根據喬氏的注釋補充自己的見解，更加詳細注釋《翹傳》詞語和細節的漢籍來源，所以具有濃厚的崇拜中國文學的特征，作者引出許多與《翹傳》不相關、不必要的漢籍典故。比如："駃車如渃襖裙如楠（車馬多得像水一樣，人們衣服熙熙攘攘）（第48句）"多如水"是老百姓口頭語，反而瞻雲氏還要拿出《事類注》《後漢書》以注解。這樣注釋，豈不是殺雞用牛刀嗎？另一句 "踏病車馭飽諫壚㤝青撑"（車馬轍印已經長出淡淡的青苔）（第72句）阮攸説"車馬轍印"，讀者都明白意思，瞻雲氏還找出白居易的一句詩："門前冷落車馬稀"以作爲《翹傳》來源，確實太勉强了。簡單地説，注釋就是解釋讓讀者易懂原

---

① 參見：Chiêm Vân thị: *Thúy Kiều truyện tường chú*, Lê Mạnh Liêu phiên dịch phụ chú, Bộ văn hóa giáo dục và thanh niên，Sài Gòn，1973：《翹傳》版本有另外分法：古版、京版和近版。

作的詞語，這裏瞻雲氏只引出來書籍和引
證，并非解釋詞語意義和相連的內容，似乎
在炫耀自己對中國文學的見聞深遠而已。筆
者認爲《翹傳》注釋時必須要脱離中國文學
形影，應該以客觀與適當方法去解讀需要注
釋的內容。

（8）《金粹情詞》（也稱爲仙田版）（1915）

《金粹情詞》被范金芝在 1917 年全部翻
譯注釋成越南國語字并在西貢出版[1]。據阮
石江認爲："范金芝的譯本依照仙田阮族保藏
的漢喃原版而成"，"關於注釋部分，范金芝
已經翻譯齊全，不漏仙田版的任何情節。"[2]在
20 世紀末，陶維英、陶泰尊兩位教授研究《翹
傳》版本的時候没有該版，都要通過范金芝
的譯本。到現在我們也没有機會接觸仙田喃
字版，因此目前只能以范金芝的譯本來研
究。在《金粹情詞》中由阮攸的遠孫阮梅
在 1915 年寫的〈金粹情詞引傳〉　還記錄
該版題名《金粹情詞》，封面已經殘缺，其
內容分爲三層：第一層漢字注釋，第二和
第三層是喃字《翹傳》六句和八句。陳廷
史教授認爲：在 563 注釋，大部分是抄寫
喬瑩懋《斷腸新聲》注版，只有若干部分
加上作者的見解[3]。陶泰尊指出該本不是阮
攸留下來的筆迹版本，只是阮族後代人接
受喬瑩懋《斷腸新聲》的影響後，重新編
輯爲家族收藏自己的寶典[4]。

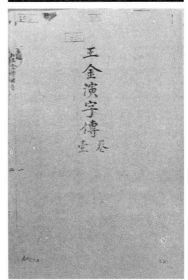

① 參見：Nguyễn Thạch Giang，Trương Chính：Tác phẩm và lịch sử văn bản，Nxb TP HCM，2000，tr. 56-58。

② Nguyễn Thạch Giang，Trương Chính：*Nguyễn Du tác phẩm và lịch sử văn bản*，Nxb TP HCM，2000：第 54 頁和第 57 頁。

③ 參見：Trần Đình Sử：*Suy nghĩ về vấn đề chú thích chú giải Truyện Kiều*，tin trong *Đại thi hào dân tộc Danh nhân văn hóa Nguyễn Du*（Kỉ niệm 250 năm năm sinh Nguyễn Du），Nxb DHQG TPHCM，2015，tr. 249-259。

④ 參見：Đào Thái Tôn：*Tìm hiểu thực chất "Bản Tiên Điền" Truyện Kiều*，Thông báo Hán Nôm，1997，tr. 619-643。

　　（9）《王金演字傳》第一卷（1915 年）

　　該本由漢喃研究院保藏，典藏號 AB. 234，1915 年黎允恢抄寫，字迹清晰。"這本分上層仙田禮參知國音、中層諸家注釋、下層龍湖庠生演字。"[①]。今此本有兩卷，第一卷是上下層，包括《翹傳》的喃字版和脚注部分，第二卷是龍湖庠生阮堅的《翹傳》漢譯版。第一卷注釋部分主要將《翹傳》的若干字句跟《花箋》對比，或者《翹傳》京版、坊版對照。在某些句子有寫武公、阮公批評。總的來看，該書注釋部分分散，注釋數量少。另外阮克寶在《〈翹傳〉已被刻板刻印多少次？》[②]中提出了一本《翹傳》漢注版稱爲《金雲翹正本附引解批評》。筆者還没有機會接觸該版本，期待日後考證。

　　三、《翹傳》各漢注版的特點與價值

　　隨着黄春瀚提出的"追求阮攸的原意"的研究方向，自 20 世紀末到 21 世紀初興起了追尋《翹傳》古喃版的文本學研究浪潮，不少翹學專家不斷搜尋、發現、介紹、注釋并公佈了《翹傳》的若干古喃版。在這些古版本如柳文堂《翹傳》1866 版、1871 版，惟明氏 1872 版、盛美堂 1879 版、觀文堂 1879 版等中，還没有漢注部分。最近剛發現的《金雲翹傳釋注》1879 年版可能是《翹傳》最早的漢注版本。喬瑩懋《斷腸新聲》是《翹傳》編輯功夫較深并影響較大的漢注版本。後來有瞻雲氏的《翠翹詳注》繼承喬瑩懋版并且更加詳細的注釋《翹傳》。沿着《翹傳》各種版本脉絡，特別是《翹傳》喃字文本歷史，可以認出《翹傳》的各漢注版的傳承過程及其注釋內容可以爲《翹傳》文本學的研究工作提供一些幫助，促進我們找出追溯并復原一個離《翹傳》最接近的版本的線索。

　　《翹傳》的各漢注版有一個同樣的現象，就是過於注重注釋典故來源，甚至緊密聯系原録/原傳/原本/原作（即中國的《金雲翹傳》）以進行對照。從 1894 年《金雲翹新傳》版到 1934 年《金雲翹傳廣集》版，幾乎所有《翹傳》漢注版，不管依照古版還是京版都將《翹傳》每句每詞强加於中國漢籍來源。這個注釋趨向的代表版本是 1894 年《金雲翹新傳》、喬瑩懋的《斷腸新聲》、瞻雲氏的《翠翹傳詳注》和《金雲翹傳注》。這是因爲《翹傳》起源於中國小説，越南文臣儒士當時崇拜中國文學文化并且注釋者好事、愛體現學問等心理留下來。因爲各漢注版過於注重注釋典故來源，所以注

---

　　① 《王金演字傳》，越南漢喃研究院所藏，典藏號 AB. 234：1a。

　　② 參見：Nguyễn Khắc Bảo, "*Truyện Kiều chữ Nôm đã khắc ván in bao nhiêu lần？*", Tạp chí Hán Nôm, số 3 năm 2000（44）。

釋方法主要是尋章摘句，甚至僅引出漢籍來源，却沒有將它與《翹傳》詞語內容注解來源意義與兩者的相關。若干版本不僅引出《翹傳》詞語的一個漢籍來源而且還列出幾個漢籍來源，但是不仔細聯繫詞語的語境。陳廷史教授認爲這樣的做法果然"慕華思想太嚴重了"①。

觀看《翹傳》的各漢注版我們發現章美縣的《金雲翹注》、喬瑩懋版和瞻雲氏版具有"凡例"部分説明注釋原因、注釋規格與原則。所以這幾個注釋版結構一般爲注釋詞語意思，接着標注讀音、引證漢籍來源、摘錄《金雲翹傳》詩文，再到諸家的批評（如有）。從布置形式來看，各漢注版有兩種。一是分成三層或四層，包括《翹傳》六句八句兩層和注釋考異共在一層或分開兩層。二是從頭到尾按照《翹傳》3254 詩句交叉注釋，不分開各層次。從注釋內容來看，各漢注版除了注釋典故來源，詞語意思，還進行標注讀音（使用反切法注音或使用字樣推測讀音）、坊版和京版對照考異、結構語法以及加上前人和注釋者的注解批評等方面。仔細地分析各漢注版的注釋內容，發現它們之間引證來源有所異同，來源異同引致內容理解也有所異同，甚至來源相同但諸家解釋還不同，從而我們可以看出他們之間的借鑒與其傳承過程。在上述介紹的八個漢注版本中（因一個版本筆者還未接觸），有三個版本（《斷腸新聲》《翠翹傳詳注》《王金演字傳》）有漢評部分，包括引證前人的評論和注釋者本人的見解。武槙和阮亮是跟阮攸生平同時代的名士，給《翹傳》評論的最早人物，《翹傳》漢注評版本明顯地體現了注釋者對《翹傳》的文學批評與思想觀點。總的來説，通過《翹傳》的注釋部分，我們可以了解越南 19 世紀末到 20 世紀初的文人儒士爲《翹傳》注釋批評的活動，他們如何理解《翹傳》，從而更加了解《翹傳》版本、語言、文學等價值以及當時讀者接受《翹傳》的情況。

《翹傳》被譯成 20 多種語言，約 60 本譯本，最多的是法譯本 13 本、其次是英譯本 12 本②。目前《翹傳》漢譯本共有 11 本，分爲兩類，一是 20 世紀初越南儒士和越南華僑人士采用文言文形式的譯本，二是越僑人和中國人的現代譯本③。根據越南阮青延博士的統計，筆者具體列出各漢譯版如

---

① 參見：Trần Đình Sử：*Suy nghĩ về vấn đề chú thích chú giải Truyện Kiều*，tin trong *Đại thi hào dân tộc Danh nhân văn hóa Nguyễn Du*（Kỉ niệm 250 năm năm sinh Nguyễn Du），Nxb DHQG TPHCM，2015，tr. 254。

② 引自：Trần Lê Hoa Tranh：*Tìm hiểu các bản dịch Truyện Kiều sang tiếng Anh*，in trong *Đại thi hào dân tộc Danh nhân văn hóa Nguyễn Du*（Kỉ niệm 250 năm năm sinh Nguyên Du），Nxb ĐHQGTPHCM，2015，tr 972-986。

③ Nguyễn Thanh Diên：*Về các bản dịch Truyện Kiều ra Trung văn*，Tạp chí *Giáo dục nghệ thuật*，đăng web của trường Cao đẳng Sư phạm Nghệ thuật，Hà Nội. 2016。

下：（1）阮堅在 1915 譯的《王金演字傳》。該本由漢喃研究院所藏典藏號 AB. 234，采用六八體詩來翻譯。（2）黎裕在 1946 年譯的《金雲翹漢字演音歌》。該本漢喃院所藏，典藏號 A. 3213，采用 漢字六八體。（3）徐元漢在 1950 年譯的《越南音金雲翹歌曲譯成漢字古詩七言律》。該本由漢喃研究院保藏，典藏號 A. 3205，采用漢字七言唐律詩。（4）黎孟恬的《翠翹國音譯出漢字譯成漢字七言詩》，漢喃研究院保藏典藏號 VHv. 2864，書中沒有記錄翻譯時間。（5）李文雄 1954 年譯的《金雲翹傳評講》漢字七言體的譯本。（6）張甘雨 1994 年《金雲翹南音詩集漢文譯本》漢字七言詩體的譯本。（7）泰亨 2004 年的《金雲翹漢越傳》漢字六八詩譯本。（8）黄軼球 1959 的《金雲翹傳》古體詩譯本。（9）羅長山 2006 年《金雲翹傳：越華雙語》自由詩體的譯本。（10）祁廣謀 2010 年的《漢越對照讀本：〈金雲翹傳〉》自由詩體的譯本。（11）趙玉蘭 2013 年的《金雲翹傳：翻譯與研究》古體詩結合自由體詩的譯本。這些漢譯本，除了趙玉蘭教授有所留意尋找《翹傳》漢源典故、成語等中國文學文化元素，以助於通順使用中文來翻譯《翹傳》之外[①]，大部分依靠由現代人注釋的國語版而幾乎沒留意到《翹傳》的漢注部分，而這個漢注部分却會對懂漢文的學者提供極大的好處，這個舍本逐末的做法是一個使各譯本尚未滿足讀者的期待的原因之一。各漢譯本幾乎都沒有注釋部分，除了趙玉蘭譯本有脚注，但僅簡略地注釋典故的來源與若干詞語的意思。之前在譯本中誤解《翹傳》詞語的現象較多，導致出現了較多理解錯誤與翻譯錯誤的地方，甚至翻譯失真。如果研究者翻譯與注釋《翹傳》的時候能利用《翹傳》的漢注版本，適當地繼承漢字注釋部分，那麼會降低詞語和喃字讀音的錯誤，補助於《翹傳》的各注譯本，特別是漢譯本，并有希望得出《翹傳》的理想漢譯版本。

四、結論

世界上每個國家都有本國人人皆愛的文學精粹。越南兩百年來一直以《翹傳》爲國家文學的代表，尊其爲越南文學的經典作品、越南民族文化本色、越南人靈魂的寶典。爲《翹傳》考、注、譯、評等活動已興起各類文藝形式、成爲《翹傳》文化現象，在這個文化背景上，《翹傳》的派生漢喃文本，包括《翹傳》漢注版在內，有着重要的地位并留給後代人較爲豐富與具有價值的資料。

《翹傳》漢注版有兩支派，按照古版或者京版來注釋。惟明氏 1879

---

① 趙玉蘭：《金雲翹傳：翻譯與研究》，北京大學出版社 2013 年版，第 130 頁。

年的《金雲翹傳釋注》由南方居士編輯，英國圖書館收集的《金雲翹新傳》被阮克寶認爲是阮朝皇家的版本，兩個版本都出現於喬瑩懋版之前，至於它們按照古版還是京版注釋仍待考。瞻雲氏在〈凡例〉中説明依照古版注釋，但是該版還接受喬瑩懋版的影響。瞻雲氏和喬瑩懋都明確地説明按照確定版本來注釋并有注釋原則，注釋部分也非常詳細。喬瑩懋版的《斷腸新聲》是依照京版注釋的代表版。喬瑩懋版有明顯的漢注、漢評部分，具有考證性、研究性的綜合注版，流傳普及，對後代大部分注釋版本以及廣泛讀者影響深遠。一百多年來，從 20 世紀初至今，《翹傳》各個國語字的考注版數不勝數，其中有若干功夫的注釋版如：裴己—陳仲金（1925）、裴慶演（1926）、胡得函（1929）、玄墨道人（1930）、阮幹夢（1936）、傘沱（1941）、雲鶴黎文槐（1953）、阮文環（1965）、阮石江（1972）、陶維英（1979）、陳文正—陳福順（1999）、陳儒辰—阮俊强（2007）等注版或多或少都繼承前人的漢注版，特別是繼承喬瑩懋的版本和國語古注版。

《翹傳》的各種漢注版從多方面展開注疏，含喃字的讀音、詞語意思、語法、典故，及古版與京版對照、《金雲翹傳》原著的摘錄等，但有一個同樣的現象，就是過於注重注釋典故來源，使《翹傳》失去了自身的獨立地位，而且無意中削弱了阮攸本土化的努力以及《翹傳》雅俗兼有的魅力。這個注釋現象根源於越南 19 世紀末 20 世紀初越南儒士世系的文學解讀傳統，也就是"慕華"心理留下來的。另外筆者還閱讀了《翹傳》的各國語字注版，發現後代人注釋的時候，若干版本已經使用文學家所批評的成果[①]，運用新的理論來注釋《翹傳》的詞語[②]，在某種程度上體現了注釋者的思想與觀點。如果將《翹傳》作爲一部經典，那麼這些具有新見解、新思想的注釋版既繼續了《翹傳》研究學界的成果，又對"翹學界"的發展具有極大的促進作用。

因爲注釋跟作品的內容及作者的本意有密切的關聯，在一定程度上，我們可以説：注釋是以每字、每詞、每個句的注釋來代替作者表示他要説的意思、要寄托的思想[③]。所以《翹傳》的各漢注版本可以作爲解讀阮攸及《翹傳》的首要文獻之一，對《翹傳》的文本學（版本流變）、語言學（古

---

① 參見：Trần Văn Chánh：Trần Phước Thuận，Trần Văn Hòa：*Truyện Kiều tập chú*，Nxb. Đà Nẵng，1999. 該註版搜尋集合了很多著名的文學批評專家對《翹傳》詞語、人物、文學形象等註釋。

② 參見：Trần Nho Thìn，Nguyễn Tuấn Cường：*Truyện Kiều khảo chú bình*，Nxb. Giáo dục，Hà Nội. 2007。該註版有所運用文學接受、詮釋學等理論來對《翹傳》註釋并評論。

③ 參見：Nguyễn Thạch Giang，Trương Chính：*Nguyễn Du tác phẩm và lịch sử văn bản*，Nxb TP HCM，2000：91。

越南語）、翻注學、批評文學、比較文學等工作具有較大的互助價值，尤其在"翹學界"一直奮鬥實現一部"翹傳尋源集解"的大集成的渴望中。總體地看《翹傳》的前人舊注和今人新注版本，我們既要肯定前人的開山之貢獻，又要繼承其百年來成果的同時認識前人留下的局限，促進《翹傳》的注釋工作獲得新質量的轉變，滿足當代對《翹傳》的敬愛。

參考文獻

［1］陳益源：《王翠翹故事研究》，西苑出版社 2003 年版。

［2］陳益源：《越南〈金雲翹傳〉的漢文譯本》，《明清小説研究》1999 年第 2 期。

［3］陳益源：《越南〈翹傳〉漢喃文獻綜述》，韓國高麗大學《東亞西亞文學與韓國漢文小説研究》，2002 年。

［4］何金蘭：《文本、譯本、可讀性、可寫性、可傳性——試探〈金雲翹傳〉與〈斷腸新聲〉》，《漢學研究通訊》2001 年第 79 期。

［5］趙玉蘭：《金雲翹傳：翻譯與研究》，北京大學出版社 2013 年版。

［6］劉志强：《明末清初小説〈金雲翹傳〉與越南阮攸〈金雲翹傳〉》載《中越交流史論》，商務印書館 2013 年版。

［7］劉志强：《20 世紀 50 年代以來國內關於越南〈金雲翹傳〉的翻譯與研究》，《廣西民族大學學報》（哲學社會科學版）2015 年第 4 期。

［8］段美秀：《越南喃字造字方式研究——以〈翹傳〉中的喃字爲例》，碩士學位論文，浙江大學，2012 年。

［9］陳新：《談談古典文學作品的注釋問題》，《出版工作》1978 年第 1 期。

［10］Đào Duy Anh, Xuân Diệu, Hoài Thanh: *Truyện Kiều*, Nxb Văn học, 1979.

［11］Phan Khôi: *Phê bình Truyện Kiều chú giải* của Lê Văn Hòe, Tập san Đại học sư phạm, số 3, 1953.

［12］Phan Khôi: *Sự dùng điển tích trong thơ văn và sự chú thích: Một ít về văn học*, Báo Phụ nữ tân văn, số 164, 1932.

［13］Nguyễn Văn Hoàn: *Trao đổi về việc chú thích Truyện Kiều*, Tạp chí Văn học, số 10, 1967.

［14］Tản Đà Nguyễn Khắc Hiếu（chú thích và bình luận），*Vương Thúy Kiều chú giải tân truyện*, Tân Dân xuất bản, Hà Nội, 1941. Hương sơn tái bản 1952.

［15］Bùi Kỷ, Trần Trọng Kim: *Truyện Thúy Kiều*, Nxb Văn hóa Thông tin （in lại），Hà Nội，1995.

　［16］Nguyễn Thạch Giang，Trương Chính：*Nguyễn Du tác phẩm và lịch sử văn bản*，Nxb TP HCM，2000.

　［17］Bùi Khánh Diễn：*Kim vân kiều chú thích*，Nxb Sống mới，1960.

　［18］Chiêm Vân Thị：*Thúy Kiều truyện tường chú*，Lê Mạnh Liêu phiên dịch phụ chú，Bộ văn hóa giáo dục và thanh niên，Sài Gòn，1973.

　［19］Lê Văn Hòe：*Truyện Kiều chú giải*，Quốc học thư xã，1953.

　［20］Trần Nho Thìn，Nguyễn Tuấn Cường：*Truyện Kiều khảo chú bình*，Nxb.　Giáo dục，Hà Nội.　2007.

　［21］Nguyễn Tuấn Cường：*Đi tìm Lâm Nọa Phu người san cải Truyện Kiều Nôm 1870*，Tạp chí Hán Nôm，số 3 năm 2004（64）.

　［22］Nguyễn Tuấn Cường：*Phác thảo phương hướng biên khảo Truyện Kiều tầm nguyên tập giải trong điều kiện mới*，Tạp chí Hán Nôm，số 1 năm 2013（116）.

　［23］Trần Văn Chánh：Trần Phước Thuận，Trần Văn Hòa：*Truyện Kiều tập chú*，Nxb.　Đà Nẵng，1999.

　［24］Trần Văn Giáp：*Tìm hiểu kho sách Hán Nôm*，Tập II，Nxb KHXH，Hà Nội.

　［25］Nguyễn Tài Cẩn：*Vài nét khái lược về các bản Kiều thế kỉ XIX*，in trong *Tinh hoa Kiều học*，Nxb Văn học，2017.

　［26］Trần Đình Sử：*Suy nghĩ về vấn đề chú thích chú giải Truyện Kiều*，in trong *Đại thi hào dân tộc Danh nhân văn hóa Nguyễn Du*（Kỉ niệm 250 năm năm sinh Nguyễn Du），Nxb DHQG TPHCM，2015.

　［27］Hoàng Xuân Hãn – Đào Thái Tôn – Nguyễn Tài Cẩn：*Nghiên cứu văn bản Truyện Kiều theo phương pháp Hoàng Xuân Hãn*，Lê Thành Lân（tuyển chọn），Nxb Đại học Quốc Gia Hà Nội，2016.

　［28］Đào Thái Tôn：*Tìm hiểu thực chất "Bản Tiên Điền" Truyện Kiều*，Thông báo Hán Nôm，1997.

　［29］Nguyễn Khắc Bảo：*Truyện Kiều chữ Nôm đã khắc ván in bao nhiêu lần ?*，Tạp chí Hán Nôm，số 3 năm 2000（44）.

　［30］Nguyễn Thanh Diên：*Về các bản dịch Truyện Kiều ra Trung văn*，Tạp chí giáo dục nghệ thuật，đăng trên trang điện tử Trường đại học sư phạm Nghệ thuật Trung Ương.

潘輝注《歷朝憲章類志·文籍志》
分類觀點初探

——以《文籍志》的憲章類爲例

［越南］潘青皇　中國臺灣中正大學

一、前言

　　越南古典目錄有三：史志目錄、政府藏書目錄、私人目錄。史志目錄（如《黎朝通史—藝文志》《歷朝憲章類志·文籍志》）"代表史家對於當時學術著錄的一種分類與看法，尤其在史學範圍的認知方面，應是重要指標"。政府藏書（如《聚奎書院總目冊》《新書院守冊》《史館目錄》等）"代表的是當代官方以國家力量所匯集保存當代書籍的總目錄，它代表國家對書籍的匯藏力，是史志目錄的底本"。私人目錄（如《大南書目》《北書南印板書目》《南書目錄》）"代表一般學者對於書籍的使用狀況及態度。"[1]越南古典書目"大致上反映了越南古籍的歷史面貌和越南古代知識的結構"。[2]史志目錄、政府藏書目錄，代表了越南古典目錄書的兩種結構類型。其一是中國傳統的經史子集四部類型，其二是具有越南本土特色的史書目錄類型。[3]

　　潘輝注之《歷朝憲章類志·文籍志》是史志目錄的代表著作，共著錄兩百一十三種越南書目，記載從越南李朝到後黎朝的文獻。[4]中國目錄學四分法定爲經、史、子、集順序[5]，潘氏對於越南文獻也使用了四分法。其四

---

[1] 參考耿慧玲《金石學歷史析論》，博士學位論文，私立中國文化大學史學研究所，1997 年，第 13，34，89 頁；劉玉珺：《越南漢喃古籍的文獻學研究》，中華書局 2007 年版，第 169 頁。

[2] 劉春銀、王小盾、陳義：《越南漢喃文獻目錄提要》，中研院文哲所 2002 年版，第 11 頁。

[3] 同上。

[4] 就史志目錄而言，黎貴惇《黎朝通史·藝文志》是越南史志目錄最早的目錄書，共收錄 115 種書籍，分爲四類：憲章類、詩文類、傳記類、方技類。潘氏的書量大於《黎朝通史·藝文志》一倍。

[5] 中國目錄之始，始於劉向《別錄》，和劉歆《七略》。晉初，荀勗撰《中經簿》，變七略（接下頁）

類分爲，"一曰憲章、二曰經史、三曰詩文、四曰傳記。"①潘氏分類法與中國分類法的關係和區別爲何？此區別如何呈現越南文籍本身特點？潘氏的分類觀點又是如何？本文主要目的是透過整理《文籍志》來探討潘輝注的分類觀點。

二、潘輝注與《歷朝憲章類志・文籍志》簡介

潘輝注（Phan Huy Chú，1782—1840 年）字霖卿，號梅峰，義安收穫社人。原名潘輝浩，因避慈裕皇太后范氏姮（另外一個名稱是浩）諱而改成注②，越南阮朝著名學者和官員。潘輝注是潘輝益的第三子，自幼好學，以文名，知識淵博。《大南實錄》潘輝注列傳條云：

輝注少讀書有文名。明命初，召補翰林院編修，累遷承天府丞。十年授廣南協鎮，兩充如燕使部，尋被譴如西效力，起復司務。以疾乞休，卒年五十有九。

輝注以家世習掌故，所著《歷朝憲章類志》考據該博。書成上之，命藏秘閣，及後欽修越史，多資質究。又著有《皇越地輿志》二卷、《華軺吟錄》、《華軺續吟》、《洋程記見》等集。③

可見，潘輝注一直不得志，直到明命二年（1821 年）他編纂的《歷朝憲章類志》刊行之後，才獲得明命帝的賞識，授翰林院編修一職。《歷朝憲章類志》一書共十志，四十九卷，記錄雄王至黎末社會政治情況的大型政書。内容依次爲：

（一）輿地志（卷一至卷五），共 5 卷，記載：歷代疆界之殊（卷一）；諸道風土之別（卷二、四、五）。

（二）人物志（卷六至卷十二），共 7 卷，記載：帝王之統（卷六）；勳賢之輔（卷七、八）、名良之將（卷九、十）；德業之儒（卷十一）；節義之臣（卷十二）。

（三）官職志（卷十三至卷十九），共 7 卷，記載：歷代分設之綱（卷

（續上頁）之體，分爲甲乙丙丁四部。《隋書・經籍志》是采用劉氏分類法，刪并改之爲經、史、子、集四部，爲四部之始。清乾隆時四庫全書，四庫即是經、史、子、集。姚名達認爲四部分類"實爲中國目錄學史之主要潮流，亦即分類史之正統派"。詳參考姚名達：《中國目錄學史》分類編部分，臺灣商務印書館 1988 年版，第 61-166 頁。昌彼得《中國目錄學講義》，文史哲出版社 1973 年版，第 126-149 頁。

① 潘輝注：《歷朝憲章類志・文籍志》，漢喃研究院版本，編號 VHv1502/14。

② 參考 Ngô Đức Thọ, *Nghiên cứu chữ huý Việt Nam qua các triều đại*, Hà Nội: NXB Văn hoá, 1997（吳德壽：《越南歷代避諱字研究》，文化出版社 1997 年版），第 153-154 頁。

③ 越南阮朝國史館張登桂等編：《大南實錄正編》列傳二集，卷十八，日本慶應義塾大學刊本 1981 年版，頁二十下，二十一上。

十三）；官名沿革之別（卷十四）；庶司職掌之殊（卷十五、十六）；爵廳司徒之別（卷十七）；仕例恩恤之典（卷十八）；選舉考課之制（卷十九）。

（四）禮儀志（卷二十至卷二十五），共 6 卷，記載：帝王冕服之制、百官章服之制、帝王輿衛之儀、百官輿衛之儀（卷二十）；郊祀天地之禮、宗廟奉事之禮（卷二十一）；朝廷慶賀之禮（卷二十二）；國恤喪事之禮（卷二十三）；進尊册封之禮（卷二十四、二十五）。

（五）科目志（卷二十六至卷二十八），共 3 卷，記載：歷代試法之綱（卷二十六）；鄉會考試之例、殿試宴榮之例（卷二十七）；歷代登中之數（卷二十八）。

（六）國用志（卷二十九至卷三十二），共 4 卷，記載：丁口之籍、賦斂之法（卷二十九）；錢幣之用、田土之制（卷三十）；征榷之課、巡渡之稅（卷三十一）；徵收之例、經用之費（卷三十二）。

（七）刑律志（卷三十三至卷三十八）共 6 卷，記載：歷代刪定之綱（卷三十三）；刑法名例之別（卷三十四）；禁衛軍政之律、戶婚田産之律（卷三十五）；盜賊姦淫之律、鬥訟詐偽之律（卷三十六）；違制雜犯之律、捕亡斷獄之律（卷三十七）；勘訟事列之條（卷三十八）。

（八）兵制志（卷三十九至卷四十一）共 3 卷，記載：設置之額、選練之法（卷三十九）；恤養之典、調習之具、禁戒之條（卷四十）；考試之法、奉侍之例（卷四十一）。

（九）文籍志（卷四十二至卷四十五）共 4 卷，記載：憲章類、經史類（卷四十二）；詩文類（卷四十三、四十四）；傳記之書（卷四十五）。

（十）邦交志（卷四十六至卷四十九）共 4 卷，記載：册封之典（卷四十六）、貢聘之禮（卷四十七）、欵接之儀（卷四十八）、邊疆之事（卷四十九）。

潘輝注撰寫《歷朝憲章類志》的目的，其原因爲"李陳以前，舊典脱亡，大略惟見於史。黎朝創業中興條章猶在，然其散見遺編，殊無統紀。自非作著意搜求，分別區類，未易以稽考也"[1]。根據《越南漢喃文獻目錄提要》記載現存的類志抄本有二十種，兩種全本由河内收藏。[2]除外，還有國家圖書館所藏的版本，編號 R.1610·NLVNPF-0110[3]；和日本東洋文庫所藏的版本，沒有編號，暫定爲東洋文庫本。所以目前所存的《歷朝憲章類志》總共有 22 種版本。具體如下：

---

① 潘輝注：《歷朝憲章類志》序言，漢喃研究院藏本，編號 A2061/1。

② 劉春銀、王小盾、陳義：《越南漢喃文獻目錄提要》，中研院文哲所 2002 年版。

③ 參考：http://lib.nomfoundation.org/collection/1/volume/120/.

编號	尺寸	頁數	備註
A.1551/1-8	19×17 釐米	2346 頁	8 冊
A.50/1-4	34×22 釐米	2335 頁	4 冊
A.1358/1-10	32×17.5 釐米	2466 頁	缺卷 1、38、42、43、44、45
VHv.1502/1-16	27.5×17 釐米	2126 頁	缺卷 3、4、5、39、40、41
A.2124/1-8	第 1、6 六冊：28×16 釐米 第 2、3、4、5、7 冊：29×16.5 釐米 第 8 冊：28.5×16.5 釐米	1170 頁	
A.2061/1-3	28.5×17.5 釐米	594 頁	只有卷 1-5、26、27、46、47、48
VHv.181/1-12	第 1、5、10、11 冊：27.5×16 釐米 第 2、6、7、9 冊：26.5×15 釐米 第 12 冊：31×18 釐米	1592 頁	缺卷 9-14，26-28，42-45，48-49
VHv.1262/1-9	第 1、2、3、4、5 冊：29×16 第 6 冊：27.5×15.5 釐米 第 7 冊：27.5×17 釐米 第 8 冊：27×15 釐米 第 9 冊：28×18 釐米	1624 頁	缺卷 1-7，17-28
VHv.1541/1-3	第 1、2 冊：28.5×16 釐米 第 3 冊：29×16 釐米	456 頁	缺卷 29-34，42-45
VHv.982/1-4	第 1、2 冊：27.5×17 釐米 第 3 冊：27×15 釐米 第 4 冊：26×15 釐米	676 頁	只有卷 9-12 20-23，33、34，42-49
VHv.983	28.5×16 釐米	180 頁	只有卷 43-46
A.1883	29×17 釐米	132 頁	只有卷 39、40、41
A.2445	30×18 釐米	130 頁	只有卷 5。
VHv.2666-2671	VHv.2666，2667：27×15.5 釐米 VHv.1668-1671：28.5×16 釐米	1134 頁	只有卷 17-28，46-49
PARIS.BN.A.9 VIETNAMIEN	不詳	不詳	14 卷
PARIS.SA.PD.2312	不詳	544 頁	1 卷
PARIS.SA.HM. 2126/1-10	不詳	不詳	10 卷
Paris.MG.FV.55910：	不詳	不詳	3 卷，印於 1971，1972，1973
R.1610・NLVNPF-0110	29×17 釐米	63 頁	只有零散的卷 1、2、3
日本的東洋文庫	不詳	不詳	12 冊

《文籍志》（卷四十二至卷四十五）是對於越南書籍整理的主要内容。
潘氏在《歷朝憲章類志》次序引說明編撰文籍的動機：

> 古後政事，必有書籍記之。然後治忽可知，興衰可鑒。典籍者所
> 以革萬事也。丁黎以前，我越人文未暢。自夫李、陳迭興，文物稱盛，
> 英君良臣之撰述、名儒碩士之發揮，四百餘年蔚然可觀。迨於有黎洪
> 德運會大亨，典章之盛，君刪述於其上。辭藻之鳴，臣後應乎其下，
> 書籍之多倚歟盛哉。而累經喪亂，屢致散逸，惜其不多見也！雖然遺
> 編斷簡之留，猶有可考其略，存者固皆古人性靈之寓可使之埋没而不
> 傳乎？中興以後二百餘年書籍亦多可錄。晚黎文運稍復，通暢其間，
> 有覃思於經史，有鳴長於詩文，著述諸篇皆有足采。兼載而類別之志
> 其書目大略以明作者之心術也，作文籍志第九。[1]

《文籍志》序又云：

> 製作之妙，發為典章。心術之存，寓於記載。故觀乎斯文，以知
> 世道。書籍者，人文之所在也。我越號稱秉禮，千有餘年，典籍之生，
> 其來久矣。蓋自丁黎肇國，抗衡中華，命令詞章，浸浸漸著。至於李
> 陳繼治，文物開明，參定有典憲條律之書，禦有詔敕詩歌之體。治平
> 奕世，文雅彬彬。況儒士代生，詞章林立，見諸著述，日以漸繁。非
> 經劫火以煨殘，必自汗牛而充棟也。迨夫有黎之興，斯文日盛，三百
> 餘載，製作備詳，文獻甲於中州，典章垂於一代。其間明君良佐之擬
> 議，碩儒名士之撰述，精神所寓，蔚爾風聲，總而觀之，豈非藝文志
> 之盛者歟！[2]

所謂：

> 學之不專者，為書之不明也；書之不明者，為類例之不分也。
> 有專門之書，則有專門之學；有專門之學，則有世守之能。人守
> 其學，學守其書，書守其類，人有存殁而學不息，世有變故而書
> 不亡。[3]

> 書籍之亡者，由類例之法不分也。類例分，則百家九流，各有條
> 理，雖亡而不能亡也。[4]

書目之分類是學術研究的不可缺少的步驟。而中國目錄學"可以確實
反應一個時代的學術動態，掌握學術著錄的脉動，目錄學的著作便自然成

---

① 潘輝注：《歷朝憲章類志》次序條，漢喃研究院藏本，編號 A2061/1。
② 潘輝注：《歷朝憲章類志·文籍志》序言，漢喃研究院藏本，編號 VHv1502/14。
③ 鄭樵：《通志略》，里仁書局1982年版，第731頁。
④ 同上。

爲學者對於既有文獻資料運用的基本進階。而目錄學者爲了達到目錄學在學術研究中的功能，確實的掌握時代學術與著錄的脉動。"①史志目錄而言，黎貴惇《黎朝通史·藝文志》是越南史志目錄最早的目錄書。黎貴惇收錄了115種書籍，分爲四類：憲章類、詩文類、傳記類、方技類。潘輝注的《文籍志》的編撰方式，基本上吸收中國的傳統目錄學的編撰方法，同時繼承黎貴惇的編撰分類，進一步對越南書籍進行整理。潘氏每類之下有小序，每書之下有解題②，在"論其指歸，辨其訛謬"，"載而類別之志其書目大略以明作者之心術也"③。潘氏對於越南文獻使用了四部分法，但不是中國傳統經、史、子、集的分類法，而進一步根據書籍內容來分類。四類爲：

　　（1）憲章類：凡譜牒、典禮、官制及版圖、邦交諸集事關於國家者并列爲憲章類，得書目二十六部。（2）經史類：凡歷代儒林著述或？明經籍義理或纂？述南北諸史，并依世次先後列爲經史類，得書目二十七類。（3）詩文類，凡歷朝禦製各集及諸名卿臣公文人才士所著并諸家撰錄各部并列爲詩文類，得書目一百六部。（4）傳記類，凡歷朝實錄及記載群書見聞雜志下至方枝諸錄者并列爲傳記類，得書目五十四部。④

　　由此可見，各類目數量比率參差不齊。憲章26部⑤，占總比例12.2%；經史27部⑥，占總比例12.7%；詩文106部⑦，占總比例49.8%；傳記54部，占總比例24.8%。詩文與傳記比例最高，兩者占全部書目74.6%。憲章、經史只佔24.9%。經史歸爲一類，是否對潘輝注來看，經史是同等的地位？另外，從中國傳統的目錄學分類法來看，經、史本分成兩類，憲章應屬史部政書類。⑧憲章原在史部又分爲一類而排在第一位。這表示潘氏對憲章的地

---

　　① 耿師慧玲：《金石學歷史析論》，第11頁。

　　② 余嘉錫在《目錄學發微》中將目錄書分爲三類："一曰部類之後有小序，書名之下有解題者。二曰有小序而無解題者；三曰小序解題并無，……只著書名者。屬於第一類者，在論其指歸，辨其訛謬；屬於第二類者，在窮源至委，竟其流別，以辨章學術，考鏡源流；屬於第三類者，在類例分明，使百家九流，各有條理，并究其本末，以見學術之源流沿襲。以此三者互相比較，立論之宗旨，無不吻合，體制雖異，功用則同。蓋無國從來之目錄學，其意義皆在『辨章學術，考鏡源流』，所由與藏書之簿籍、自名賞鑑、圖書館之編目僅便檢查者異也。"巴蜀書社1991年版，第2—12頁。

　　③ 潘輝注：《歷朝憲章類志》次序條，漢喃研究院藏本，編號A2061/1。

　　④ 潘輝注：《歷朝憲章類志·文籍志》，漢喃研究院藏本，編號VHv1502/14。

　　⑤ 筆者統計憲章類有28部。

　　⑥ 筆者統計經史類有24部。

　　⑦ 筆者統計詩文類有107部。

　　⑧ 政書類，《四庫全書總目》記載："志藝文者有故事一類。其間祖宗創法，奕葉慎守，是（接下頁）

位不同於史類？還是憲章類有什麼特殊的地位？本文下一章節會進一步整理與分析該問題。

三、《文籍志》憲章類的整理與分析

越南遵循中國的體制，也有正史的編纂，各代儒家文士莫不以著作爲傲，迄今越南人覺得驕傲的就是家裏有一個世代家傳的漢文書櫃。歷代的戰亂當然造成越南書籍的散佚。

潘氏云：

> 李陳以前，舊典脫亡，大略惟見於史。黎朝創業中興條章猶在，然其散見遺編，殊無統紀。自非作著意搜求，分別區類，未易以稽考也。①

又：

> 憲章類：凡譜牒、典禮、官制及版圖、邦交諸集事關於國家者并列爲憲章類，得書目二十六部。②

又：

> 間有名在而實亡，亦悉備標而詳載。其諸存者必具品評，使覽者知其人著述之綱。見群書得失之覈，庶資博覽，或取聞多。其門類各略敘於端以易曉云。③

本論文用文獻資料整理、校勘的方式，針對不同的文獻進行梳理。再利用歸納的方式統整、分類，運用分析法解釋各項資料所蘊含的歷史訊息予以校補釐正。

本文將憲章類另行列表加以討論，其清單方式分書名，卷數，撰者，成書時間，史料記載，存失，現今是否存在，備註，八個單位，其整理如下表：

(续上页)爲一朝之故事；後鑒前師，與時損益者，是爲前代之故事。史家著錄，大抵前代事也。《隋志》載《漢武故事》，濫及稗官。《唐志》載《魏文貞故事》，橫牽家傳。循名誤列，義例殊乖。今總核遺文，惟以國政朝章六官所職者，入於斯類，以符周官故府之遺。至儀注條格，舊皆別出；然均爲成憲，義可同歸。惟我皇上製作日新，垂謨冊府，業已恭登新笈，未可仍襲舊名。考錢溥《秘閣書目》有《政書》一類，謹據以標目，見綜括古今之意焉。"《四庫全書總目》〈政書類〉中共分六屬：通制之屬共十九部；儀制之屬共二十四部；邦記之屬共六部；軍政之屬共四部；法令之屬共兩部；考工之屬共兩部，以上六屬共計書目五十七部。參考（清）永瑢等撰《四庫全書總目》，中華書局 2003 年版，第 693 頁。

① 潘輝注：《歷朝憲章類志》序言，漢喃研究院藏本，編號 A2061/1。
② 潘輝注：《歷朝憲章類志・文籍志》，漢喃研究院藏本，編號 VHv1502/14。
③ 潘輝注：《歷朝憲章類志・文籍志》，漢喃研究院藏本，編號 VHv1502/14。

書名	卷數	撰者	時間	史料記載	存失	現今是否存	備註
皇朝玉牒	一	不詳	李太祖順天十七年（1026）	《類志》李太祖十七年修，今不傳。 《全書》（順天十七年，宋天聖四年）春，正月，詔修玉牒。頁 215 《綱目》（順天十七年，宋天聖四年）春，正月，修玉牒。頁 575	不傳	不存	三書記載同
刑書	三	不詳	李太宗明道初（1041）	《類志》命中書刪定，參酌其宜，敘門類，編條貫，頒行天下。 《全書》（明道元年，宋慶曆二年）頒刑書。初，天下獄訟煩擾，法吏拘律文務爲深刻，甚者或至枉濫。帝爲之惻然，命中書刪定律令，參酌時世之所適用者，敘其門類，編其條貫，別爲一代刑書，使觀者易知。書成，詔頒行之，民以爲便。至是治獄之法，坦然甚明，故有明道改元之命，及鑄明道錢。頁 231 《綱目》（明道元年，宋慶曆二年）頒刑書。初辰獄訟繁興，法吏拘律文務爲深刻，刑獄多有枉濫者。帝爲之惻然，命中書刪定律令，參酌辰世之所適用者，敘其門類，編其條貫，別爲一代刑書，使觀者易知。書成，詔頒行之，人皆稱便。因改元明道。頁 626	不傳	不存	三書記載同
南北藩界地圖	一	不詳	李英宗大定十年（1172）	《類志》巡幸海門，圖記山川形勢及風物。 《全書》（大定十年，宋乾道八年）春二月，帝又巡幸海島、南北藩界，圖記風物而還。頁 299	不傳	不存	《綱目》無記載
國朝通制	二十	不詳	陳太宗建中初（六年）（1230）	《類志》考前代例定爲常法。 《全書》（建中六年，宋紹定三年）春三月，考前代諸例，定爲國朝通制，反改刑律禮儀，凡二十卷。頁 324 《綱目》（建中六年，宋紹定三年）春三月，定通制及刑禮諸書。考前代諸例定爲通制及改定刑律禮儀。凡二十卷。頁 906-907	不傳	不存	《類志》無明確成書時間。據《大越史記全書》、《欽定越史通鑒綱目》記載，成書時間爲建中六年
建中常禮	十	不詳	陳太宗建中六年（1230）	《類志》太宗時命諸臣編國家事務爲常禮。 《全書》（建中六年，宋紹定三年）城内立宮殿樓閣、東西廊廡。左聖慈〈上皇居之也〉，右官朝〈當中槩之也〉，編國朝事務爲國朝常禮十卷。頁 325	不傳	不存	《綱目》無記載。 《類志》無明確成書時間。以《大越史記全書》補

續表

書名	卷數	撰者	時間	史料記載	存失	現今是否存	備註
皇宗玉牒	一	不詳	陳聖宗紹隆十年（1267）	《類志》聖宗十年修，今不傳。《全書》（紹隆十年，宋咸淳三年，元至元四年）三月，定皇宗王侯公主正派玉牒封蔭，號金枝玉葉，三世孫得封侯郡王，四世孫賜爵明字，五世孫上品，爵依五服圖。頁345 《綱目》（紹隆十年，宋咸淳三年，元至元四年）春，三月，定宗室封蔭。皇宗王侯公主正派封蔭，號金枝玉葉，三世孫封侯郡王，四世孫賜爵明字，五世孫上品，爵依五服圖。頁998-999	不傳	不存	三書記載同
金文格式	一		陳英宗興隆七年（1299）	《類志》陳英宗興隆七年校定印行。《全書》（興隆七年，元大德三年）印行佛教法事道塲新文，及公文格式頒天下。頁378	不傳	不存	《綱目》無記載
皇朝大典	二	張漢超阮忠彥	陳裕宗紹豐元年（1341）	《類志》陳裕宗命張漢超、阮忠彥論定。《全書》（紹豐元年，元至正元年）命張漢超、阮忠彥編定皇朝大典，考撰刑書，頒行。頁420 《綱目》（紹豐元年，元至正元年）命阮忠彥、張漢超編定朝典及刑書。頁1242。	不傳	不存	《類志》無明確成書時間。據《大越史記全書》、《欽定越史通鑒綱目》記載，成書時間爲陳裕宗紹豐元年
刑律書	一	張漢超阮忠彥	陳裕宗紹豐初（1341）	《類志》陳裕宗命張漢超、阮忠彥論定。《全書》（紹豐元年，元至正元年）命張漢超、阮忠彥編定皇朝大典，考撰刑書，頒行。頁420 《綱目》（紹豐元年，元至正元年）命阮忠彥、張漢超編定朝典及刑書。頁1242。	不傳	不存	《類志》無明確成書時間。據《全書》、《綱目》記載，成書時間爲陳裕宗紹豐元年
律書	六	阮鷹	黎太宗大寶年間（1440—1442）	《類志》太宗大寶年間命宰臣阮鷹刪定	存	不存	《全書》、《綱目》無記載
皇朝官制	六	不詳	黎聖宗洪德二年（1471）	《類志》聖宗洪德年間校定頒行。《全書》（洪德二年，明成化七年）九月。二十六日、校定皇朝官制。頁687 《綱目》（洪德二年，明成化七年）九月，校定官制。頁2194	存	不存	《類志》無明確成書時間。據《大越史記全書》、《欽定越史通鑒綱目》記載，成書時間爲聖宗洪德二年

續表

書名	卷數	撰者	時間	史料記載	存失	現今是否存	備註
天南餘暇	一百	申仁忠杜潤	黎聖宗洪德十四年（1483）	《類志》聖宗命詞臣申仁忠、杜潤等纂修，備載制度律例，文翰册誥，大略倣唐宋會典。《全書》（洪德十四年，明成化十九年）勅諭翰林院承旨東閣大學士申仁忠，御史臺副都御史兼左春坊左中允郭廷寶，奉東閣校書杜潤，翰林院侍讀東閣校書陶舉，翰林侍書覃文禮纂脩天南餘暇集，親征記事。頁718《綱目》（洪德十四年，明成化十九年）帝命東閣大學士申仁忠，副都御史郭廷寶、東閣校書杜潤、陶舉，翰林院侍書覃文禮等編集國朝政事凡一百卷，書成顔曰《天南餘暇集》，帝自製序，又詳記親征占城、老撾諸蠻事實，命曰親征記事。頁2322	存	今存抄本三種A.334/1-10（1676頁）VHv.1313/a-b（392頁）MF.1（A.334/1-10）Paris EFEO MF III.2（A.334）Paris SA.HM.2124（4册）子部一類書	《類志》無明確成書時間。據《大越史記全書》、《欽定越史通鑒綱目》記載，成書時間爲洪德十四年
天下版圖	一	不詳	黎聖宗洪德二十一年（1490）	《類志》聖宗命戶部貫詳定。《全書》（洪德二十一年，明弘治三年）夏，四月初五日，定天下版圖，宣十三處，府五十二，縣一百七十八，州五十，鄉二十，坊三十六，社六千八百五十一，村三百二十八，崗四十源三十，場三十，其清華、乂安，順化，安邦，宣光，興化各置都司幷守禦。頁736《綱目》（洪德二十一年，明弘治三年）夏，四月分天下爲十三處。頁2348-2349	存	今存抄本一種A.2628 Paris EFEO MF I.362（A.2628）《目錄提要》頁373	《類志》無明確成書時間。據《大越史記全書》、《欽定越史通鑒綱目》記載，成書時間爲黎聖宗洪德二十一年
仕宦箴規	二	不詳	黎聖宗洪德年間（1470-1497）	《類志》洪德間撰定	存	不傳	《全書》、《綱目》無記載
治平寶範	一	襄翼帝	洪順三年（1511）	《類志》襄翼帝撰，凡五十條，頒行天下，有餘弁其端。《全書》（洪順三年，明正德六年）二十七日，頒治平寶範於天下，凡五十條。頁798《綱目》（洪順三年，明正德六年）頒治平寶範於天下。頁2508	存	不傳	《類志》無記載成書之年，以《全書》、《綱目》補
應答邦交	十	甲徵	莫朝	《類志》莫狀元甲徵撰。今存三卷。載歷朝邦交、諫札、表文。今存三卷	存	無	《全書》、《綱目》無記載
莫朝故事	六	不詳	不詳	《類志》不知何人編輯，載莫氏六屬故事，頗爲詳核	存	不傳	《全書》、《綱目》無記載

續表

書名	卷數	撰者	時間	史料記載	存失	現今是否存	備註
新定版圖	一	不詳	保泰四年再定（1723）	《類志》保泰四年再定。 《全書》（保泰四年，清雍正元年）春，正月，王東巡。定州縣封域。諭輔臣曰："郡國疆界，或以山川，或以坪隴，當使彼此截然，其議區畫，以正封域。"尋下承司行之。頁1055 《綱目》（保泰四年，清雍正元年）春正月，更定州縣疆界。頁3286-3287	存	不傳	
述古規訓錄	二		保泰八年（1727）	《類志》保泰中，國老鄧廷相撰，凡八篇，諸以賜王世子，一曰，養德性，二曰，時朝侍，三曰，親正人，四曰，崇正學，五曰，遠女色，六曰，曄僕從，七曰，戒奢驕，八曰，辨忠佞，每日接引經傳古書切要，或一二章，或二三條，而附儆戒勸勉之語於其下。 《全書》（保泰八年，清雍正五年）八月，國老掌府事鄧廷相，進述古規訓錄凡八篇，請以賜王世子。一曰，養德性，二曰，時朝侍，三曰，親正人，四曰，崇正學，五曰，遠女色，六曰，曄僕從，七曰，戒奢驕，八曰，辨忠佞，每日接引經傳古書切要，或一二章，或二三條，而附儆戒勸勉之語於其下。優旨褒獎，以賜王世子。頁1063	存	不存	《綱目》無記載。潘氏無記載成書之年，以《大越史記全書》補
審治一覽書	一	范謙益	永佑二年（1736）	《類志》永佑中，宰臣范謙益撰，進順王特加銀緞賞賜。 《全書》（永佑二年，清乾隆元年）范謙益進審治一覽書，賞以銀緞。頁1085	存	不存	《綱目》無記載。潘氏無記載成書之年，以《大越史記全書》補
皇黎玉譜	二	鄭炎阮階	景興中（1740-1786）	《類志》景興中命家臣鄭炎阮階等修纂。	存	不存	《全書》、《綱目》無記載
百司職掌	一	不詳	景興十三年（1752）	《類志》景興十三年刊定頒行，有旨諭弁其端。 《全書》（景興十四年，清乾隆十八年）申飭百司職掌，禁勘訟與考覈士人，毋得私謁。頁1136	存	不存	《綱目》無記載。《類志》與《全書》記載時間有別
國朝條律	六	不詳	景興三十八年（1777）	《類志》景興三十八年刪定印行。大約依國初洪德原律	存	不存	《全書》、《綱目》無記載

續表

書名	卷數	撰者	時間	史料記載	存失	現今是否存	備註
勘訟條例	二	不詳	景興三十八年刪定（1777）	《類志》景興三十八年刪定，有旨諭弁其端。《全書》（景興二十三年清乾隆二十七年，1762）八月，令禦史臺申飭内外諸司，勘訟條例。大略，禁刁唆，止牽訟，警淹留，公謝罰，照舊參酌。頁1151-1152	存	不存	《類志》與《全書》記載時間有別
國朝善政集	七	不詳	不詳	《類志》彙分六屬政令，自中興後至龍德三年	存	不存	《全書》、《綱目》無記載
善政續集	八	不詳	不詳	《類志》自永佑初至景興二十年。備載政府事錄未未有分類	存	不存	《全書》、《綱目》無記載
國朝政典錄	七	裴壁	不詳	《類志》舊參從裴壁編錄。載六屬事迹與邦交典例	存	不存	《全書》、《綱目》無記載
胡尚書家禮	二	胡士揚	永治中（1676-1680）	《類志》永治中尚書胡士揚撰。四歧知府朱伯鐺刊行	存	今存印本二種、抄本一種。AB.592（1739年，印本）AB.175（1767年，印本）A.279（抄本）MF.962（AB.175）MF.1573（A.279）Paris EFEO MF I.85（A.279）《目錄提要》頁79	《全書》、《綱目》無記載

資料來源：

潘輝注：《歷朝憲章類志・文籍志》，漢喃研究院版本，編號 VHv1502/14。表裏簡稱《類志》。

陳荆和編校：《校合本大越史記全書・本紀》（東京大學東洋文化研究所附屬東洋學文獻センター，1984-1986 年）。表中簡稱《全書》。

潘清簡等編：《欽定越史通鑒綱目》，（臺北，"國立中央"圖書館）1969 年。表裏簡稱《綱目》。

劉春銀、王小盾、陳義：《越南漢喃文獻目錄提要》，臺北市：中研院文哲所，2002。表裏簡稱《目錄提要》。

上列統計書目可見，憲章類記錄 28 部（筆者分《國朝善政集》、《善政續集》爲兩部計算），19 部當時還存，9 部已經不傳。而根據潘氏記載"憲章類：凡譜牒、典禮、官制及版圖、邦交諸集事關於國家者并列爲憲章類，

得書目二十六部"。目前不知潘氏所謂二十六部是否把《國朝善政集》、《善
政續集》合爲一部算？若合爲一部算，筆者統計書目比潘氏記載多一部，
分開應多兩部。其中李朝有三部，陳朝有七部，黎（含莫）朝十八部。李
陳朝的的書籍都全部遺失了，潘氏不禁自歎李陳書籍"非經劫火以煨殘，
必自汗牛而充棟也。"剩下十八部都是黎朝書籍。這十九部，現今只留下《天
南餘暇》①《胡尚書家禮》②兩部而已。這對於研究越南典章制度是非常可
惜也。

　　學術研究的基礎在於"基礎的學術研究"，不僅僅是基礎的學術研究，
且所運用的資料爲一手之資料，這些未經發表的越南古籍資料的整理，利
用一手史料作基礎的學術研究，對於研究工作者，是一個絕佳的學習經驗，
對於將來學術研究將有極大的助益。然而越南的研究仍然呈現一個核心的、
關鍵性問題，亦即文獻的解讀如何與歷史研究結合。③憲章類在中國傳統目
錄學都屬於史部，政史類。爲何潘氏把它分成一類？劉玉珺教授認爲"憲
章類單獨立一部，并居於首位。表明越南的史部政書的到重視與強化，其
地位等同於中國古典目錄中的經部。而經部和經部獨立地位的喪失，則表
明經學在越南發展走向衰落。"④筆者同意"越南的史部政書的到重視與強
化"的看法，但"經部和經部獨立地位的喪失，則表明經學在越南發展走
向衰落"一說，有待商榷。筆者對此提出以下見解：史部政書的重視，其
地位等同經史。憲章類數量與經史的數量差不多相同。憲章類體現出越南
本土的典章制度，表現越南有別於中國。猶如阮廌所謂："惟我大越之國，
實爲文獻之邦。山川之封域既殊，南北之風俗亦異。自趙、丁、李、陳之
肇造我國，與漢、唐、宋、元而各帝一方。"⑤這體現出潘氏的主要思想，
憲章類的重要性在於性質性和目的性。

---

　　①《天南餘暇》，黎聖宗主編，杜潤、阮直編撰，有目錄，分類編排。現存諸印本、抄本分別包括條
例、官職、詩文評、列傳、雜識、史考、詩前集、詩集對聯、賦集、征西紀行、征占婆書、明良錦繡、
瓊苑九歌、典例、天下版圖等内容，漢文間有喃文。劉春銀、王小盾、陳義：《越南漢喃文獻目錄提要》，
第373頁。

　　②《胡尚書家禮》又名《胡相公家禮》（Hồ Tướng Công Gia Lễ）、《家禮國語》（Gia Lễ Quốc Ngữ）。
胡士楊撰，朱伯瑠編輯并序於永祐四年（1738），以問答體形式記述關於喪葬的儀式規定，包括喪服、衾
殮、發喪、送喪、埋葬等項目，附有插圖。劉春銀、王小盾、陳義：《越南漢喃文獻目錄提要》，頁79。

　　③ 耿師慧玲授課講述。

　　④ 劉玉珺：《越南漢喃古籍的文獻學研究》，中華書局2007年版，第191頁。

　　⑤［越南］裴輝璧編：《皇越文選》卷五《詔制策·平吳大誥》，阮明命六年希文堂存庵家藏本，法
國遠東學院微捲編號A3163，頁三上。

四、結論

歷史不會重複它的事實，但歷史會重複它的規律。因此歷史的研究不僅僅是歷史現象的重複說明，而是要找到人類發展軌迹的脉絡。越南長期戰亂當然造成越南書籍的散佚，"非經劫火以煨殘，必自汗牛而充棟也"，越南書籍的整理可以反映越南當時的學術思想。越南研究的問題不在於書籍太少，而是書籍本身的版本整理和工具書太少，具有學術性的整理與統合資料不如中國多樣，尤其對於越南的類書的整理都較爲零散，以致越南自己的學者對於這些類書說法都無法統一，因此需要花更多的氣力在零散的資料搜尋中。潘輝注之《歷朝憲章類志·文籍志》是史志目錄的代表著作，而《文籍志》的憲章類的記載一方面體現出憲章書籍在越南歷史發展的重要性，另一方面體現出潘氏的分類目的。其餘經史類、詩文類、傳記類需要進一步整理與分析來見越南學術"廬山真面目"也。

參考文獻

[1]（宋）鄭樵：《通志略》，里仁書局 1982 年版。

[2]（清）永瑢等：《四庫全書總目》，中華書局 2003 年版。

[3] 余嘉錫：《目錄學發微》，巴蜀書社 1991 年版。

[4] 陳荆和編校：《校合本大越史記全書·本紀》，東京大學東洋文化研究所附屬東洋學文獻センター1984—1986 年版。

[5] 耿慧玲：《金石學歷史析論》，博士學位論文，私立中國文化大學史學研究所，1997 年。

[6] 劉玉珺：《越南漢喃古籍的文獻學研究》，中華書局 2007 年版。

[7] 劉春銀、王小盾、陳義：《越南漢喃文獻目錄提要》，中研院文哲所 2002 年版。

[8] ［越南］阮朝國史館張登桂等編：《大南實錄正編》列傳二集，日本慶應義塾大學刊本 1981 年版。

[9] ［越南］潘輝注：《歷朝憲章類志》，漢喃研究院版本，編號 A2061/1。

[10] ［越南］潘輝注：《歷朝憲章類志·文籍志》，漢喃研究院版本，編號 VHv1502/14。

[11] ［越南］裴輝璧編：《皇越文選》，阮明命六年希文堂存庵家藏本，法國遠東學院微捲編號 A3163。

[12] ［越南］Ngô Đức Thọ, *Nghiên cứu chữ huý Việt Nam qua các triều đại*, Hà Nội: NXB Văn hoá, 1997（吳德壽：《越南歷代避諱字研究》，文化出版社 1997 年版。）

漢字與喃字對越南阮朝北寧省地名的
取名角色比較研究

［越南］裴英掌　河内國家大學

一、引言

越南雖然已有一百多年以羅馬文字爲官方正統文字（即“國語字”——chữ quốc ngữ），但是其與漢字兩千年左右的深厚緣源還没有結束。現代越語詞彙中有一部分叫作“漢越詞”（từ Hán Việt），這就是漢字及其文化留在越南語言中的印記之一。本人在給越南學生上課的過程中發現這種“漢越詞”在某種程度上帶給當代越南人尤其是年輕人學習、瞭解及運用准確的越南語言一定困難。因爲，寫的是羅馬字但其意義來源又來自古漢字，不認識漢字的大多越南人理所當然就難以掌握。經過悠久的歷史，漢字文化已經成爲越南傳統文化的重要部份，對越南社會各方面的影響兼有廣度和深度，這在無形中造成當代人與傳統文化之間的障礙。地名這個方面是個很適當的證明。可以把越南當今首都，歷代多次榮任京都的河内當例子，其前後曾有以下名字：大羅、昇龍、東都、東京等。對這些名字越南人可以說無人不知，任何越南人都可以叫出來，不過能叫是一件事，而理解又是另外一件事。這些名字都是用漢字來取名，意在其名，不過如果不識漢字那就只能叫其名而不明其義了。

上述看起來似乎有矛盾之嫌，若說漢字及其文化已成爲越南傳統的重要部份，有兩千年左右跟越南社會磨合，在越南詞彙留下印記，那麼爲何還說從古到今大多越南人一直對它覺得陌生？這其實并不難理解。第一，漢字究竟還是漢語言的産品而不是越語的，它無法完整表達越南人日常用語，雖然越南人有自己讀漢字的方式叫作“漢越音”（âm Hán Việt），但對於没有學過漢字的越南人來說連漢越音也不是太熟悉，或者聽來耳熟但没有太多瞭解；第二，漢字本身就是一種相當複雜且難以學會的文字，在過去經濟重於農業、勞動工具粗糙以人力爲主的越南社會，普通人民并没有足够的時間學會漢字，因而學漢字的權利只屬於少數的文人知識分子而已，但是這部份文人知識分子對越南社會産生了重要影響；第三，主動地接受、運用并保護漢字及漢字文化的主要力量是封建朝廷，而且在某種程度上，越南歷代統治者都有模仿中國封建統治架構。這三點都可以在過去給地方取名的一件事看得比較清楚。越南古書籍中有兩種地名雙行存在：漢字地名與喃字地名。

越南現在北寧省在阮朝嘉隆年間（1802—1820）是京北鎮，到明命三年（1822）改爲北寧鎮，明命十二年（1824）又改成北寧省。北寧是越南阮朝北圻一大行省，具有悠長的歷史與特色文化，而從地名方面來說也是值得關注的例子。本文要從阮朝北寧省諸地名來觀察漢字與喃字在給地方取名的角色，地名本是一個廣大且複雜的問題，本文内也只能提及人文地理實體地名而已。

二、喃字地名與其民間性質

其實，說喃字地名不如說越語地名，因爲喃字就是記載越語的工具。本文之所以强調"字"的要素一方面爲與漢字地名對比，另一方面是要重點地指向書籍中留存、用喃字記載的越語地名。越南某一地區都可以有比較多越語名號，不過這些越語名號在越南封建時代大多是非正統的，主要是在民間中口傳使用，難以考據。這樣使得這種名號的搖動性比較大，因爲在口傳過程中未免有差錯，有很大的失去其本始的可能性。選擇書籍中記載的喃字地名雖然也有可能已經不是其原貌但畢竟還有所據，可信性，相比來說，還是更加穩妥。

首先還要談一些越語地名的問題。在古越地，越語地名應該是先有的。某一地方的最初稱呼方式，不計任何國家，應該都是本地居民用其語言來取的名稱。這跟生活環境有密切的關係，侯仁之認爲：

> 在原始公社時期，人們對於其生活的地區，必須有一定認識，才能生活下去。最初，他們必須知道什麽地方去捕魚，什麽地方去打獵，什麽地方去采集作爲食物的果實和塊根等等。這就是歷史上所說的漁獵時代。其後，到了新石器時代的晚期，隨著畜牧和農業萌芽，又從一個地區的停留生活相對的定居下來，這就要求他們對自己所居住的周圍環境，更加熟悉，更加瞭解。他們不但要知道水澤的分佈，地勢的起伏等等，還必須知道氣候的特徵以及地方的種植的可能性；他們不但要能够辨別方向，而且還要計算路程。[①]

越南喃字研究界也曾指出記載越語地名就是喃字最早功能也是其所以

---

① 侯仁之：《中國古代地理學簡史》，科學出版社 1962 年版，第 1 頁。

出生的緣故之一①。上面認定已經指出人們對周圍環境的接觸是從近到遠而最中心就是他們所居住的地方，本文中便以“廊”爲主要討論的對象。“廊”②（làng）是越南從古到今一個最基層的群居單位之一。喃字地名有大部分就系與這個單位。而且，這個相當古老的群居單位同時也留存越語爲其中之一的古越特色文化，甚至在過去越南北屬時期“廊”也堪稱爲“守護越文化的城壘”。Nguyễn Quang Ngọc（以下稱爲阮光玉）在其《越南鄉社的幾個問題》有說：

> 公元前 179 年安陽王敗后，名義上我們人民被視如中華皇帝的黎民［……］中國統治者通過很多方式努力地控制廊越［làng Việt－越村］試圖以之爲同化和統治的工具［……］不過他們并不成功。［……］都護政權已經掌握得到縣級但還没控制得了古越社會基層的公社（即岾③廊［xóm làng］）。可以說雖然失去國當實際上越人并没有失去廊。在整個北屬時期越人不斷加固、保護自己的岾廊，把它們當成對付北方的統治和同化的城壘［……］④

據阮光玉的這段，那麽“廊”的越語名字，或者所有越語地名，也可以說是代表一種守護自己民族本色的執念，喃字地名就搭檔存儲這種執念的使命。越南北屬后的獨立封建時期，越人統治者爲了建立自己國家已經借用中華封建模型及其漢字和漢字文化。在行政地名方面，朝廷也借用社、村這些相當於越人“廊”的北國行政單位，然而社、村的官方名字也優先以漢字來取。但是一直到阮朝，在地輿類型的書籍中不只有漢字地名而是還記載喃字地名，“廊”還存在的。這裏現有一種 Nguyễn Quang Hồng（以下稱爲阮光紅）叫作漢字和喃字的雙行使用⑤。這種“雙行”，以北寧省地名來說，表現在社、村和“廊”的并存，同時，它們漢字名稱和喃字名稱也并存。我們已經根據《北圻地名與其鄉社的留儲資料》一書中的北寧省資料統計出如下一表：

---

① ［越］Đào Duy Anh//陶維英：《Chữ Nôm－Nguồn gốc, cấu tạo, diễn biến》//《喃字的起源、結構、沿革》，Nxb Khoa học Xã hội//社會科學出版社 1975 年版，第 11-18 頁。

② 這是一個屬於借漢字類型的喃字，意義上相當於“村”（有時也相當於“社”）。

③ “岾”這也是一個喃字，一個規模比“廊”小的群居單位。

④ ［越］Nguyễn Quang Ngọc//阮光玉：《Một số vấn đề làng xã Việt Nam》//《越南鄉社的幾個問題》，Nxb Đại học Quốc gia Hà Nội//河內國家大學出版社 2009 年版，第 46-47 頁。

⑤ ［越］Nguyễn Quang Hồng//阮光紅：《Một số vấn đề và khía cạnh nghiên cứu chữ Nôm》，《Nghiên cứu chữ Nôm（Kỷ yếu hội nghị quốc tế về chữ Nôm）》《喃字研究國際研討會的紀要》，Nxb Khoa học Xã hội//社會科學出版社 2006 年版，第 38-39 頁.

府/縣	總	數量			
		社	村（有漢字名字）	村/廊（有喃字名字）	村/廊（兼有漢字和喃字）
01. 慈山	芙蕾	7	4	3	2
	三山	8	3	3	3
	扶軫	4	0	2	0
	夏陽	6	4	0	2
	會阜	8	12	0	1
	河魯	9	4	5	2
	義立	8	1	5	4
	閔舍	6	4	1	4
	育秀	4	5	2	1
	安常	8	5	2	6
02. 順城	三亞	8	1	1	8
	義舍	8	3	3	4
	提㭬	5	0	2	4
	姜寺	12	1	2	1
	柳林	8	8	1	4
	楊光	6	8	3	0
	亭祖	8	2	1	1
	東湖	8	0	3	1
	上卯	11	0	5	0
03. 武江	杜舍	9	0	4	2
	道真	4	1	1	1
	不費	9	0	4	0
	大犟	9	0	6	0
	桂津	7	0	1	0
	針溪	17	2	11	0
	克念	12	5	3	4
	雲畝	4	0	2	0
	山南	4	6	0	1
	廣覽	6	2	0	0
	北寧	6	0	0	0

續表

府/縣	總	數量			
		社	村（有漢字名字）	村/廊（有喃字名字）	村/廊（兼有漢字和喃字）
04. 安豐	殷富	12	3	4	0
	豐光	8	1	4	0
	豐舍	11	2	7	0
	勇烈	12	0	8	0
	內茶	14	1	8	0
	芳羅	8	2	3	0
05. 桂陽	武陽	5	6	2	6
	篷萊	9	1	4	4
	桃園	5	10	1	6
	慕道	6	0	3	0
	大蒜	3	0	1	4
	扶良	11	7	5	2
06. 仙游	內裔	9	12	6	6
	內園	7	2	4	2
	芝泥	6	6	0	1
	受福	7	1	2	4
	東山	7	11	2	1
	扶董	4	0	2	0
	勇爲	3	0	0	3
	大爲	4	7	0	0
07. 嘉林	嘉瑞	13	4	2	0
	巨靈	6	6	0	2
	鄧舍	9	6	3	8
	金山	9	3	7	3
	多遜	9	0	5	5
	古江	5	2	0	0
	東畬	4	1	0	1
08. 嘉平	東究	9	3	3	4
	平吳	7	3	3	0
	蕭舍	6	1	1	1
	大萊	7	1	1	0

續表

府/縣	總		數量			
		社	村（有漢字名字）	村/廊（有喃字名字）	村/廊（兼有漢字和喃字）
08. 嘉平	琼瑰	7	2	4	0
	仁友	9	3	4	4
	春萊	9	1	2	4
	萬斯	12	1	3	6
09. 良才	破浪	14	3	3	10
	玉池	5	0	5	0
	廣布	6	0	6	0
	臨洮	5	2	3	0
	梁舍	8	2	3	0
	澄舍	10	1	0	1
	琵琶	11	0	5	0
	賴上	6	0	4	2
	安住	5	2	1	0
	黃涇	5	1	0	1
10. 文江	奉公	11	10	5	1
	多牛	10	6	4	1
	春㭲	7	15	0	2
	大關	5	0	2	0
共		609	232	221	151

　　社、村和"廊"并存的情況比較複雜，阮光玉在其《越南鄉社的幾個問題》已有所理解[①]。社是官方行政基本單位而村有時相當於社（"一社一村"的情況），有時是社的下級（一社內有多村的情況）。"廊"不算是官方行政單位而近乎是民間設定，官方的社、村就是人民的"廊"，所以到今天還存在"廊社"（làng xã）這個合稱。就其名字方面來說，每社一定有一個漢字名字而村就不一定，有的用漢字，有的用喃字，有的兼有漢字和喃字名字，而系與"廊"的就是社或村的喃字名字。例如：北寧武江縣杜舍總的杜舍社有喃字名稱是"廊度"（làng Độ）；芙葘總芙葘社有市村其喃字名

　　① 請看［越南］Nguyễn Quang Ngọc//阮光玉：《Một số vấn đề làng xã Việt Nam》//《越南鄉社的幾個問題》，Nxb Đại học Quốc gia Hà Nội//河內國家大學出版社 2009 年版，第 47-62 頁：第一章的 2.社和村在越南封建時期農村社會與政治制度中的出現和雙行。

字是"廊驫"（làng Giầu）；文江縣灌澤社瑞香村有喃字名稱叫"廊沉"（làng Trầm）等等。

　　以上一表指出在書籍中記載最多的還是漢字地名也表示統治者和智識分子對其的重視，不過喃字地名出現的數量也并不小，"廊"的數量也有到250。阮朝，漢字及其文化對越南的影響已經很深刻，漢字佔據官方文字位置的時候喃字地名還可以存在。據我們的看法，是因爲社、村或就是"廊"的主要建造者是不識漢字的工農人民。在過去，人民可以主動地開墾田土然後請求官方許可，讓他們建立"廊"。阮朝甚至有政策鼓勵人民這樣做[①]。朝廷對社、村的管治也不太嚴格：

　　　　廊內的事務由廊人來討論決定，官方很少干涉，甚至很多時候有干涉也是無效，所以我國［越南］有諺語云："王法輸於廊例"［phép vua thua lệ làng］。[②]

　　上面曾提及過在越南封建社會中識漢字的只是小數部份，那對其餘不識漢字的人民之間越語地名更加適合采用。不過，如果把漢字地名與喃字地名相比起來，雖然普通性不如喃字地名但漢字地名更有威權和正統性。

三、漢字地名與其官方性質

　　亞歷山大·伍德賽德在其《越南與中國模型》曾指出越南封建時期社會中存在的間隙：

　　　　通常，精英文化被視如社會的"大傳統"。社村竹壘［lũy tre làng］後面的文化，相反，被認定是在造成無數"小傳統"。[③]

　　這樣來看，喃字地名主要出現在基層單位（社，村，廊等等）正屬於"小傳統"，而漢字地名就屬於另外的"大傳統"。無論是在被動接受的北屬時期還是在主動借用的獨立封建時期，漢字一直被越南統治者視爲正統文字。歷二千年左右，任喃字的系統已經相當完善，漢字在越南社會的位置還穩定地壓在喃字之上。這已經超越"借用"的概念了。可以認定，越南歷朝統治者在運用漢字及漢字文化去模仿中國封建模型之後已經形成使用漢字的習慣。加以越南與中國是鄰邦，彼此之間的交流關係未曾中斷，在這方面來說漢字是有絕對的優勢。而且，越南社會在長期接受使用漢字過程中漸漸地形成了漢學智識界。跟着朝廷對漢字的優愛，漢學智識界也贏

---

　　①［越南］Đào Duy Anh//陶維英：《Việt Nam văn hóa sử cương》（《越南文化史綱》），Nxb Thế giới//世界出版社 2014 年版，第 110-111 頁。

　　② 同上書，第 114 頁。

　　③［英］Alexander Barton Woodside//亞歷山大·伍德賽德在其：《Vietnam and the Chinese Model》//《越南與中國模型》，Havard University Press1971 年版，第 112 頁。

得尊高的社會地位和優待。無形中漢字成爲朝廷與漢學智識界之間的杠杆，彼此互相守護并維持對方的權利。朝廷和漢學智識界從而成爲保護漢字的兩股忠誠的力量。換句言之，漢字在某種程度上就是朝廷的標志。所以北寧省内，府、縣、總、社幾乎都有自己的官方漢字名字。書籍中記載的非正統喃字地名，據我們考察，只有到社級。

　　阮朝明命皇帝模仿清朝的行省制，設立三十省，這三十省全部都是漢字名稱。至於省以下的府、縣、總、社類似的名字，朝廷也有把所有名字漢字化的趨向。明命五年（1824），户部曾有如下一份奏章：

　　户部臣等謹奏

　　　　爲奉諸社村名號議定改正之處，恭摺奏仰祈聖鑒事。窃照諸城營鎮之總村社坊舊稱名字間有國音并不雅等字。臣等奏奉行摘出議定改正名號，疏陳於後。如蒙俞允，臣等遵即錄送各該地方遵奉用换嘉名，以垂永久。

　　　　　　　　　　　　　　　　　　　　　　　　　　謹奏①

　　按這份奏章來看，從朝廷的角度，國音名字（即指喃字地名）等於不雅名字，都需要更改。這份奏章的後面共有 532 地方需要改名。值得提及就是，其實這份奏章裏的改從國音名字到漢字名字的方案并没有"嘉"到多少。例如：平定鎮蓬山縣有"瀧硰"（suối đá）一邑，奏中改爲石泉邑，這兩個在意義上并没有任何區別，只有先者以喃字命名而後者用漢字命名而已；或如北寧鎮（這時還没改成省）洽和縣"淚鍾"（Bến Chuông）社改成鍾津社也相似。這是因爲"國音字"而改，那"不雅字"呢？北寧鎮嘉林縣，如京總改爲如瓊總，如京社改爲如瓊社，這裏改的只有"京"成"瓊"，因"京"這個字有些敏感性或者可以讓人們聯想到京都；類似的還有超類縣王舍總和王舍社要改成姜舍總和姜舍社。奏章裏面類似的并不是小數。這不但表現朝廷對漢字的偏愛，而且還體現想要把漢字的影響更加擴張并取消"王法輸於廊例"的狀況，加固自己的權力的動態。

　　四、總結

　　在喃字地名中間，如果逆溯而追，有的留存著古越語的標記，從喃字地名也能多少看得到越語言的沿革，在某種程度上，其可以代表廊社里越人，也是社會的大部分的"小傳統"，代表守護自己民族特色文化的執念。

　　越南漢字地名的起源跟北方公元前的南侵有密切關係，史籍中記載的越地地區比較早的一些名字比如：交趾、九真、日南等很明顯都是漢字地

---

　　①《明命奏議》記號 VHv. 96/1-9，現留儲在漢喃研究院。

名。北屬後，隨著越人統治者建立自己獨立國家的要求，被動接受轉成主動地借用漢字及漢文化并模仿中國模型。到這裏，以漢字來給地方取名也就是漢文化對越南古代影響的表現之一。越南歷代的統治者大多都選擇支持漢字及漢文化對越南社會的影響力，維持從中國學習來的比較穩定的社會結構和政治模型。伍德賽德所說的《大傳統》就靠著這選擇而出生。漢字也漸漸地成爲越南封建朝廷的一種標志，得到其維護。漢字地名因而有正統官方性，代表朝廷的權威。

　　以上雖然努力地把問題分別講述，但實際上問題沒有那麼簡單。比如創造喃字必須是識漢字的智識分子，那說明他們并沒有極端地保護漢字。或如朝廷雖然給漢字優先權但并不禁用喃字。越廊社裏面，雖然有《王法輸於廊例》，工農人民大部份不懂漢字和漢越音，但是他們還尊敬地對待識漢字的人，而且對朝廷的漢字科舉也很嚮往。不過，複雜歸複雜，喃字與漢字在對給地方取名一件事的基本角色與其背後的意義還是需要指出的[1]，這樣有益於越南現代人對自己國家傳統文化的理解。

參考文獻

專書

[1] 侯仁之：《中國古代地理學簡史》，科學出版社 1962 年版。

[2] 陸利軍：《越南行政地名研究》，碩士學位論文，廣西民族大學，2007 年。

[3] Đào Duy Anh//陶維英：《Việt Nam văn hóa sử cương》//《越南文化史綱》，Nxb Thế giới//世界出版社 2014 年版。

[4] Đào Duy Anh//陶維英：《Chữ Nôm-Nguồn gốc，cấu tạo，diễn biến》//《喃字的起源、結構、沿革》，Nxb Khoa học Xã hội//社會科學出版社 1975 年版。

[5] Vũ Thị Minh Hương//武氏明香，Nguyễn Văn Nguyên//阮文元，Philippe Papin：《Địa danh và tài liệu lưu trữ về làng xã Bắc-Kỳ（Répertoire des toponymes et des archives villageoises du Bắc–Kỳ）》//《北圻地名與其鄉社的留儲資料》，EFEO-Cục lưu trữ nhà nước//國家留儲局-Nxb Văn hóa thông tin//文化通信出版社 1999 年版。

[6] Nguyễn Quang Ngọc//阮光玉：《Một số vấn đề làng xã Việt Nam》//《越南鄉社的幾個問題》，Nxb Đại học Quốc gia Hà Nội//河內國家大學出版社

---

① 對於命名方式分類的問題，請看陸利軍《越南行政地名研究》，碩士學位論文，廣西民族大學，2007 年。

2009 年版。

［7］Dương Thị The – Phạm Thị Thoa:《Tên làng xã Việt Nam đầu thế kỷ XX – Thuộc các tỉnh từ Nghệ Tĩnh trở ra（Các tổng trấn xã danh bị lãm）》//《越南二十世紀初鄉社的名字.乂靜往上的諸省》，Viện nghiên cứu Hán Nôm//漢喃研究院—Nxb Khoa học Xã hội//社會科學出版社 1981 年版。

［8］Đinh Khắc Thuân//丁克順（chủ biên）:《Địa phương chí tỉnh Bắc Ninh qua tư liệu Hán Nôm》//《漢喃資料中的北寧地方志》，Viện nghiên cứu Hán Nôm//漢喃研究院- Nxb Khoa học Xã hội//社會科學出版社 2009 年版。

［9］Alexander Barton Woodside//亞歷山大•伍德賽德《Vietnam and the Chinese Model》//《越南與中國模型》，Havard University Press 1971 年版。

［10］John DeFrancis//約翰•德范克：《Colonialism and Language Policy in Viet Nam》//《在越南的殖民主義與語言政策》，Mouton Publishers—The Hague 1977 年版。

文集論文

［11］Nguyễn Quang Hồng//阮光紅：《Một số vấn đề và khía cạnh nghiên cứu chữ Nôm》，《Nghiên cứu chữ Nôm（Kỷ yếu hội nghị quốc tế về chữ Nôm）》《喃字研究國際研討會的紀要》，Nxb Khoa học Xã hội//社會科學出版社 2006 年版.

［12］Nguyễn Tài Cẩn//阮才謹：《Chữ Nôm，một thành tựu văn hóa của thời đại Lí-Trần》//《喃字—李陳時代的文化成就》，《Tuyển tập công trình về Hán Nôm》//《漢喃研究選集》，Nxb Giáo dục Việt Nam 2011，第 24 頁。

期刊論文

［13］韓光輝：《中國地名學的地名淵源和地名沿革的研究》，《中國歷史地理論叢》1991 年第 4 期。

越南喃文間有漢文書籍的研究：
《壽梅家禮》及其刻書活動

［越南］武越鵬 越南漢喃研究院

河內國家大學 廣西民族大學

一、緒論

越南喃文間有漢文書籍是指用喃文和漢文合璧寫成的資料，其中喃文占主導地位，漢文部分主要包括序文、書名、標題、若干易懂的漢字註釋文句（請看下面影印）。這種書籍的目的就是讓平民讀者可以容易接近資料內容。喃文間有漢文書籍的種類較爲豐富，可以是小說、演義、傳記等文學體裁，可以是關於引導禮儀、地方風俗習慣的資料，比如家禮、俗例、鄉約等書籍。《壽梅家禮》便是此類書籍中最有代表性的作品。本文以《壽梅家禮》爲研究對象，從文獻學角度對越南喃文間有漢文的書籍進行版本、書坊和印刷等方面的探析。

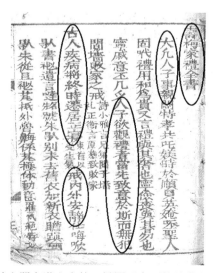

越南喃文間有漢文書籍（橢圓形裏面的是漢文部分）

二、《壽梅家禮》及其版本

《壽梅家禮》，又被稱作《壽梅》《壽梅禮》，成書於 18 世紀中後期。根據《壽梅家禮》序文後面的"海上唐中鴻盧寺寺班胡嘉賓集撰"幾個字，可以確定《壽梅家禮》作者是胡嘉賓，海陽鎮上洪府唐豪縣中立社人（今屬越南興安省），官至鴻臚寺班。另外通過越南范庭琥《雨中隨筆》可以確認胡嘉賓在丁酉年考中鄉薦學位。因爲作者住在壽昌縣紅梅坊（今屬越南河內市），所以用"壽梅"兩個字作爲書名。

（一）所用的文字

從文字來看，《壽梅家禮》是喃文間有漢文的書籍，即是喃漢合璧的書籍（以喃文爲主），其中漢文部分包括論述禮學中的一些段、序文、標題和一些容易看懂的語句，喃文部分包括引導人們進行家禮儀式、引導實現喪服制度。

（二）內容

從內容來看，《壽梅家禮》內容包括祭禮、喪禮的儀式（包括衾殮、送葬等條目），喪服制度（包括九族五服制服、八母報服、爲外族母黨服、妻爲夫黨服、女出嫁爲本宗服、爲人後爲所後服、爲人後者爲本生服、爲朋友服等制度），并附有祭文、祭神儀節、婚娶儀式，擇日方法等內容。

（三）版本

1. 統計、分類

從版本角度來看《壽梅家禮》的各版本主要保存在越南（漢喃研究院、越南國家圖書館）。另外，法國吉美國立亞洲藝術博物館保存一本（是"成文堂藏本、嗣德丁醜仲秋重刊—1877"本，典藏號 FC.63685），法國巴黎法國國家圖書館保存一本（是"盛義堂藏本、成泰丁酉—1897"本、典藏號 B.21.vietnamien），美國亞洲協會圖書館保存一本（是"廣文堂藏本、成泰丁酉-1897"本，典藏號 FC.860）。

漢喃研究院目前保存三十六本《壽梅家禮》，其中有刊本三十二本，抄本四本。從版式標志，刊本十二本可以分爲三類：

第一類（一種）館藏編號 AB.592，高 24 公分，寬 13 公分，全書正文共三十二頁，每半頁七行，每行大字二十四字，小字雙行不等。內容只有祭儀部分而沒有服制部分。

內封書名圍匡內上方橫　"皇朝/嘉隆/十一年/歲在/壬申/重刊"（六行）字樣，下縱刻三列：右列爲"禮儀述古先賢意"；左列爲"文質明今厚孝心"；中間列上方即書名"壽梅家禮"，下方爲"附錄婚禮及祭神儀註并嫁娶祭絲

紅、春首禳星、百藝禮先師、下田上田、嘗新祭神農、歲周祀竈、當年迎送各文與占日時吉兇"。嘉隆十二年即 1812 年（請看旁邊影印）。

第二類（一種）館藏編號 AB.312，高 25 釐米，寬 14 釐米，全書正文共三十頁，每半頁八行，每行大字二十一字，小字雙行不等，內封已被撕去，所以年代不詳。卷端無書名、作者等項。

第三類（三十三本）高 16 釐米左右，寬 12 釐米左右，全書正文共三十二頁，每半頁八行，每行大字二十一字，小字雙行不等，包括：

（1）有文堂藏本（嗣德四年八月重刊-1851）：館藏編號 VHb.117、VHb.192；內封有鈐 "有文堂藏本" 的方印，在版心圍匡內的書名統一是 "壽梅家禮"。

（2）阮文堂藏本（嗣德五年五月重刊—1852）：館藏編號 ST.610，在版心圍匡內的書名不統一：有的頁是 "壽梅家禮"，有的頁是 "壽梅家礼"；在第 18 頁的版心沒有書名。

（3）錦文堂藏本（嗣德九年正月重刊—1866）：館藏編號 VHb.116，在版心圍匡內的書名不統一：有的頁是 "壽梅家禮"，有的頁是 "壽梅家礼"。

（4）成文堂藏本（嗣德丁醜仲秋重刊—1877）：館藏編號 VNb.128、VNb.185；在版心圍匡內的書名不統一：有的頁是 "壽梅家禮"，有的頁是 "壽梅家礼"。VNb.185 本雖然沒有內封，但是以字體及版式推考這本是 "成文堂嗣德本"。在第 5 頁，把 "時" 字裏的偏旁 "日" 刻印得不清楚。

（5）盛義堂藏本（成泰丁酉仲秋重刊—1897）：館藏編號 AB.89、VHb.109。在第 5 頁，把 "時" 字裏的 偏旁 "日" 刻印得不清楚。

（6）觀文堂藏本（成泰九年丁酉二月重刊—1897）：館藏編號 VHb.114，在版心圍匡內的書名不統一：有的頁是 "壽梅家禮"，有的頁是 "壽梅家礼"；在第 18 頁的版心沒有書名。

（7）聚文堂藏本（成泰九年丁酉重刊—1897）：館藏編號 VHb.110、VHb.115。VHb.115 本雖然沒有內封，但是以字體及版式推考這本是 "聚文成泰 1897" 本。

（8）觀文堂藏本（維新丙辰仲春吉日重刊—1916）：館藏編號 VHb.112、VHb.113、VNb.188；在版心圍匡內的書名不統一：有的頁是 "壽梅 家禮"，有的頁是"壽梅家礼",在第 15、19、23、30、44、45、50 的版心内書名是"壽枚家禮"。

(9)盛文堂藏本(启定丁巳春重刊—1917):馆藏編號 VHb.108;在第 15、19、23、30、44、45、50 的版心内書名是"壽枚家礼"。

(10)福安號藏本(啟定庚申年春新刊—1920):館藏編號 VHb.106,VNb.136;在版心圍匡内的書名不統一:有的頁是"壽梅家禮",有的頁是"壽梅家礼"。

(11)富文堂藏本(启定辛酉年春新刊—1921):馆藏編號 VHb.132,VHb.111,ST.22;在版心围匡内的書名不統一:有的頁是"壽梅家禮",有的頁是"壽梅家礼"。

(12)福文堂藏本(保大戊辰年秋新刊—1928):館藏編號 VHb.104、VNb.186、VNb.187、VNb.190、VHb.82、ST.611。VHb.104 本、VNb.187 本都没有内封,但是以字體及版式推考這本是"福文保大本"。

(13)盛文堂藏本(保大三年仲秋重刊—1928):馆藏編號 VHb.105、VNb.127、VNb.185、ST.38、ST.574;正文卷端題"壽枚家禮全書"在第 2、3、8、15、17、18、22、23、24、27、28、30、32、33、35、36、37、39、41、42、43、44、45、46、47、48、51、56、58、63、65、66 頁的版心内書名都是"壽枚家礼"。在第 29、61、64 頁的版心没有書名。ST.574 本没有内封,但是以字體及版式推考這本是"盛文保大"本。

(14)聚文堂藏本(保大乙卯年春新刊—1939[①]):館藏編號 VHb.107,VNb.126;在版心圍匡内的書名不統一:有的頁是"壽梅家禮",有的頁是"壽梅家礼"。

2.内封

第三類印本的内封有兩種:(1)錦文堂藏本的内封書名圍匡内上方橫刻"歲在丙寅新鐫"字樣,下縱刻三列,自右至左依次爲"禮儀述古先賢意/壽梅家禮/文質明今厚孝心";(2)其他版本的内封書名圍匡内縱刻三列,自右至左依次爲"禮儀述古先賢意/壽梅家禮/文質明今厚孝心"。

總之《壽梅家禮》的内封有幾種形式,請看下圖:

---

① "保大"年號(1926—1945 年)没有"乙卯"年,只有"己卯"年,所以筆者推斷這是"己卯"年(1939)。

第一類	第二類 内封已被撕去	第三類	
		錦文堂藏本	其他本
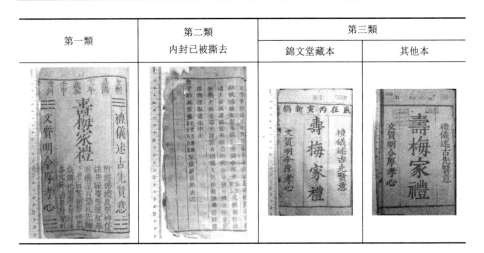			

3. 版心（書口，魚尾）

從版心來看，除了第一類、第二類、阮文堂（第三類）等文本有統一版心，其余文本的版心形式都不一樣。第一是書名不統一：有的頁書名是"壽梅家禮"，有的頁是"壽梅家礼"（簡體的"禮"字），有的頁是"壽枚家禮"；第二是形式不統一，從版心形式而說可以分成如下兩種：

第一種版心：頁碼放在下面（a）。

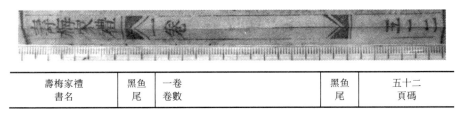

壽梅家禮 書名	黑魚 尾	一卷 卷數		黑魚 尾	五十二 頁碼

第二種版心：頁碼放在中間（b）。

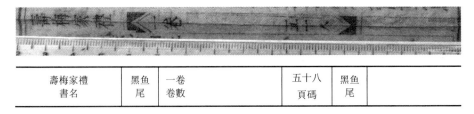

壽梅家禮 書名	黑魚 尾	一卷 卷數	五十八 頁碼	黑魚 尾	

筆者將第三類版本的版心進行比較後，認出幾個現象：

（1）有文堂藏本和成文堂藏本的版心完全一樣：從第一頁到第 11 頁，從第 42 頁到第 52 頁是第一種版心；從第 12 頁到第 41 頁，從第 53 頁到第 66 頁是第二種版心。

　　（2）福安號藏本、富文堂藏本和福文堂藏本的版心完全一樣:從第 1 頁到第 10 頁,從第 12 頁到第 41 頁,從第 53 頁到第 66 頁是第一種版心;第 11 頁,從第 42 頁到第 52 頁是第二種版心。

　　（3）觀文堂藏本和聚文堂藏本的版心有差別。

　　（4）除了阮文堂藏本以外,其他藏本都有相同的地方就是:從第 53 頁到第 66 頁是第一種版心是第二種版心。

　　4.各類文本裏的錯別字

　　各種文本中都有錯別字的現象,主要原因:

　　第一個原因:所用的字有相近的字型:

錯別字	從	到	
嘉隆本			
永一未	臨時倉卒未盡周知	臨時倉卒永尽周知	
特一時	拯特	拯時	
貝一且	壨用鼬貝轔栖	壨用鼬且轔栖	
脉一昧	作急拕脉	作急拕昧	
苫一苦	解苫蚐台迈	解苦蚐台迈	
轻一择	輕人拯通鼬接	择人拯通鼬接	
竹一杵	以竹爲竿	以杵爲竿	
父一失	不從之父待 其 母	不從之失待 其 母	
典一興　蒂一前	據典茹馸蒂	據興茹馸前	
間一問	小頃問	小頃間	
惟一推	伏惟歆納	伏 推 歆納	
主一生	喪主以下止哭	喪生以下止哭	
後一復	其圖見後	其圖見復	
役一後	祭 畢役者	祭 畢後者	
謁一謂	謂之謁 祖　古之謂朝亦猶謂也	謂之謂祖　古之謂朝亦猶謁也	
曲一興	曲垂保佑	興垂保佑	
清一渚	道路風清	道路風渚	
令一今	勿令	勿今	
而一面	得切要而別擇	得切要面別擇	
四一西	四 傍有壁	西傍有壁	
剛一前	遇剛日卒哭	遇前日卒哭	

續表

錯別字	從	到	
盛文堂藏本			
評—拜	吳仕評 撰捷徑家禮	吳仕拜撰捷徑 家禮	觀文堂也有這個錯別字。
面—而	爲前粉面	爲前粉而	
俟—侯	以俟置木主	以侯 置木主	
自—首	自乎陽降居神位	首乎陽降居神位	
字—字	世見有祝字	世見有祝字	
袷—[禾合]	哀薦袷事	哀薦 [禾合] 事	
其他文本			
爲—薦	爲位而哭	薦位而哭	除了第一類文本（嘉隆本）以外，其餘文本都有這個錯別字。
固—因	或空朝祖或固朝祖	或空朝祖或因朝祖	除了第一類文本（嘉隆本）、第二類以外，其餘文本都有這個錯別字。

第二個原因：所用的字有相同含義：

	第一類文本	阮文堂	觀文堂1916	盛文1917	盛文1928	其餘文本
水火不測之患—水火不測之虞	患	虞				
藉棺單用夾縫并可—藉棺單用夾縫亦可	并	亦				
拯固—庄固（喃字，意義是"没有"）	拯	庄				
翁夫子固哋 - 德夫子固哋（喃字，意義是"孔夫子有說"）	翁	德				
方相以下二目—方相以下兩目	兩	兩	二	二	二	兩
營建宅兆乎—營建宅兆於	乎	於	於	乎	於	於
執事闔門—執事閉門	閉	闔	闔	闔	閉	閉

　　第三個原因：所用的字有相近的讀音。比如：從"男"成"南"，第一類、第二類、盛義堂、觀文堂1916、盛文堂1917、福文堂、盛文堂1928等文本都刻是"男東女西"，其余文本都刻是"南東女西"。

　　第四個原因：雕板缺字。第一類、第二類、觀文堂1897等文本都刻是

"拮挪"（喃字），其余文本沒有"挪"字而是空表。第一類、第二類、觀文堂 1897 等文本都刻是"以順陰道"，其余文本沒有"道"字而是空表

考察各類文本後我們發現最少 76 個錯別字。將各類文本裏的錯別字進行比較後，筆者認出幾個現象：

（1）嘉隆 1812 文本（第一類）是目前現存最早的文本，因爲當時刻印技術還落後所以這個文本有比較多錯別字。錯別字的原因主要是所用的字有相近的字型。

（2）阮文堂文本和有文堂文本之間的相似度是 98%。

（3）盛義堂文本和成文堂文本之間的相似度是 97%，甚至這兩文本的第五頁是一模一樣的。

（4）聚文堂 1939 文本和聚文堂 1897 文本之間的相似度只有 71%，而聚文堂 1939 文本和富文堂 1928 文本之間相似度達到 95%，和福安號 1920 文本有相似度是 93%。

（5）觀文堂 1916 文本和觀文堂 1897 文本之間有相似度 64%。

（6）盛文堂 1917 文本和觀文堂 1916 文本之間有相似度 94%。盛文堂 1917 文本和觀文堂 1916 文本之間還有最少四個特征的錯別字。

三、結論：對《壽梅家禮》以及各書坊刊刻、出版、售書等情況探析

越南刻印書籍可以分成四類：國家刻（官刻）、寺廟刻、私家刻、書坊刻。國家刻也被稱爲官刻，是由中央政權或者地方政權下令刻印的。寺廟刻主要是宗教書籍，由寺廟刻書，一般是和尚或者佛子出巨資進行刻版印制。私家刻是官員的家庭、貴族刻書的，可以是私人出錢刻板印刷。書坊刻是商人刻書的。在李、陳朝，越南印刷技術比較發展，但是偏重印刷佛教書籍。從 10 世紀到 20 世紀，佛教有的時代被朝廷和民眾重視，有的時代只被廣大民眾重視，但是任何時代，寺廟提供的刻印資金都比較大，所以佛教刻印書籍的字體、紙墨都極其精美。在民間卻明顯相反，19 世紀之前，由於印刻政策嚴厲且刻印成本高，所以刊本較爲少見。

從 19 世紀末到 20 世紀初，越南阮朝印刷出版政策較爲寬松，沒有之前嚴厲，所以出版、印刷、發行等活動一度得到發展，許多書坊在各地出

現。因此，阮代是越南古代藏書的鼎盛時期，無論是公藏書還是私藏書都發展到了頂峰，無論是漢文還是喃文都註重刻印。

對於喃文間有漢文書籍而言，這種書籍與通俗文學有著密切的關系，具有平民性、普遍性等特征。在黎中興時期（1533—1789 年），政治、文化等方面不穩定，中央政權想用喃字、喃文間有漢文書籍傳播禮儀，提高民智以安定民心、平定社會。可以說，當時平民階層幾乎被動地享受文化。這一政策使民智水平逐漸提高。到阮朝，經濟、文化發展，民智越來越提高，欣賞文學藝術和實現儀式的需求也提高。與黎中興朝相反，阮朝平民階層已主動地接受和享受文化。因此一些喃文間有漢文書籍成爲編著及讀者的一種需求，得到鼓吹發展與註重，特別是關於生活、人情、文藝、文化、禮儀等主題的書籍，還有禮儀書籍。

《壽梅家禮》一本喃文間有漢文書籍對越南人民的生活影響廣泛，甚至對皇室禮儀的産生影響。因此該書問世後得到很多文臣儒士以及平民家庭使用，促使各書坊註重，多次印刻，廣泛流行，普遍使用。筆者從文獻學角度將《壽梅家禮》的各版本刊刻活動以及當時各書坊的刻印情況進行分析，初步提出以下幾點探討：

爲了滿足當時越南人民實現儀式的需求，從 19 世紀末到 20 世紀初，很多書坊都刻印《壽梅家禮》，如：河內有文堂（重刊—1851）、河內阮文堂（重刊—1852）、錦文堂（重刊—1866）、成文堂（重刊—1877）、盛義堂（重刊—1897）、河內觀文堂（重刊—1897、1916）、聚文堂（重刊—1897、新刊—1939）、河內盛文堂（重刊—1917、1928）、河內福安號（新刊—1920）、富文堂（新刊—1921）、福文堂（新刊1928），書坊最少共有 11 家，印刷最少共有 27 次（現存文本大部分是重刊文本。新刊的有聚文堂、福安號、富文堂、福文堂等書坊），其中：第一類文本也是重刊文本，有文堂、阮文堂、錦文堂、成文堂印刷最少 2 次；觀文堂最少 3 次；盛文堂最少 5 次[①]。刊刻的年代，集中在嗣德四年（1851）至保大十四年（1939）之間。通過這些數據，筆者認爲，阮朝從 1851 至 1939 的階段，印刷行業包括各書坊的刻雕版、刻印書等技術與活動最爲盛行與發展。

無論是有文堂藏本還是其他書坊藏本，重刊還是新刊，刊刻年代早還是晚，上述《壽梅家禮》文本的內封形式還是比較統一，都可以考證刊刻年代和書坊，正文版匡大小、頁數、行款、字體、大字正文、小字註文也

---

① 盛義堂重刊 1877、盛義堂重刊 1897 文本已失落，現存兩本抄本。這兩本抄本以盛義堂重刊 1877、盛義堂重刊 1897 文本的形式爲底本。

很統一。據此可以推斷，越南阮朝的書坊與書坊之間存在相互配合的聯系。通過版本比較研究，筆者初步判定有文堂與阮文堂、盛義堂與盛文堂、聚文堂與福文堂、觀文堂與盛文堂之間存在相互配合或繼承的聯系。甚至兩家書坊一起使用一個雕版。可能是氣候時節的因素使雕版常變形，加上蟲蛀、腐蝕而損壞，另外刻板費高，刻一個新雕版比較麻煩，所以某一家書坊缺一個雕版的時候便使用其他書坊的雕版。實際上，當時版權的問題不太嚴厲，因此某一家書坊可以買其他書坊的一本書籍，然後根據他們書籍的模板刻成自己書坊雕版。

　　對於書籍質量而言，這類書的讀者是平民階層，所以書價要相對低。書價低，那麼書籍的質量必然會差得多。因爲銷售價格低，所以各書坊一定要減少頁數，壓縮書籍尺寸。壓縮書籍尺寸當然要求字小行密。同時，降低價格，紙墨必用不好的種類。因爲市場上的銷售量大，爲了滿足市場需求，各家書坊也沒那麼講究刻印的質量，大部分刻印很粗糙，校勘工作也不太仔細。另外由於刻雕版人的文化水平不是很高，雕版字迹難免錯誤，雕版發現錯別字也不能改刻，因此，各類文本都有比較多錯別字。

　　對於售書而言，刻印出版者一般都是商人，刻印目的不單純是刻印廣播文化品，而且還是售書經營，賺取利潤。《壽梅家禮》書尾印有寫"梁文勳買在山西市保大己卯年冬月吉日新買一爻五仙"字樣，據此可知當時鄉村市場都有賣這種書籍。

　　實際上，對於喃文間有漢文書籍系統還有許多問題必須仔細討論，比如：什麼是喃文間有漢文書籍，喃文間有漢文書籍的數量，喃文間有漢文書籍中的各類文學體裁，漢喃書籍中的喃文間有漢文書籍的地位等問題。這些問題必須逐步解決。對於《壽梅家禮》，筆者認爲這是喃文間有漢文書籍系統裏的一個代表。本文是對《壽梅家禮》版本、書坊、出版等方面的初步探析，希望通過以上幾點分析可以有助於對整個喃文間有漢文書籍的系統研究。

第一表格:

第三類文本版心的對比

文本	第1頁	第2頁	第3頁	第4頁	第5頁	第6頁	第7頁	第8頁	第9頁	第10頁	第11頁	第12頁	從第13頁到第26頁	第27頁	從第28頁到第41頁	從第42頁到第48頁	第49頁	第50頁	第51頁	第52頁	從第53頁到第66頁
1. 有文堂藏本（嗣德四年八月重刊-1851）						a							b					a			b
2. 阮文堂藏本（嗣德五年五月重刊-1852）													b								b
3. 錦文堂藏本（嗣德九年正月重刊-1866）		a	b					a					b					a			b
4. 成文堂藏本（嗣德丁丑仲秋重刊-1877）						a			a				b					a			b
5. 盛義堂藏本（成泰丁酉仲秋重刊-1897）	b			a			b	a					b					a			b
6. 觀文堂藏本（成泰九年丁酉二月重刊-1897）		b						a					b					a			b
7. 聚文堂藏本（成泰九年丁酉重刊-1897）		b						a			b	a		b				a			b

續表

文本	第1頁	第2頁	第3頁	第4頁	第5頁	第6頁	第7頁	第8頁	第9頁	第10頁	第11頁	第12頁	從第13頁到第26頁	第27頁	從第28頁到第41頁	從第42頁到第48頁	第49頁	第50頁	第51頁	第52頁	從第53頁到第66頁
8. 觀文堂藏本（維新丙辰年仲春吉日重刊-1916）	b					a				b	a		b				a				b
9. 盛文堂藏本（启定丁巳春重刊-1917）		b				a					a		b				a				b
10. 福安號藏本（启定庚申年春新刊-1920）		b				b					a		b				a				b
11. 富文堂藏本（启定辛酉年春新刊-1921）		b				b					a		b				a				b
12. 福文堂藏本（保大戊辰年秋新刻1928）		b				b	b	a				b					a				b
13. 盛文堂藏本（保大三年仲秋重刊-1928）		b		a	b	a	b	a					b	a	b	a	b	b	a	a	b
14. 聚文堂藏本（保大乙卯年春新刊-1939）		b										b				a	a	a	a	a	b

第二表格　　　　　把各類文本的錯別字比較的表格（%）

	第一類文本 1812	第二類文本	第三類												
			有文 1851	阮文 1852	錦文 1866	成文 1877	盛義 1897	觀文 1897	聚文 1897	觀文 1916	盛文 1917	福安 1920	富文 1921	福文 1928	盛文 1928	聚文 1939
	(1)	(2)	(3)	(4)	(5)	(6)	(7)	(8)	(9)	(10)	(11)	(12)	(13)	(14)	(15)	(16)
(1)		51%	28	27	28	27	24	30	28	11	7	14	18	22	7	17
(2)			71	71	74	59	67	70	59	43	39	52	55	58	44	56
(3)				98	97	93	90	89	88	64	57	82	77	86	57	79
(4)					96	88	88	85	81	61	56	82	80	84	57	76
(5)						90	92	90	84	60	56	81	80	80	59	76
(6)							97	81	81	67	61	88	81	84	67	84
(7)								81	77	64	59	85	84	86	63	84
(8)									90	64	61	75	75	81	69	73
(9)										60	60	71	68	75	73	72
(10)											94	75	73	72	92	75
(11)												67	67	67	96	70
(12)													97	92	69	93
(13)														92	69	95
(14)															69	90
(15)																71
(16)																

參考文獻

專書

[1] 杜澤遜：《文獻學概要》，中華書局 2012 年版。

[2]［法］Henri Oger：*Technique du peuple Annamnite*，1909.

[3] 劉春銀，王小盾，陳義：《越南漢喃文獻目錄提要》，中研院中國文哲研究所 2002 年版。

[4] 劉玉珺：《越南漢喃古籍的文獻學研究》，中華書局 2007 年版。

[5]［越］Nguyễn Quang Hồng：Khái luận văn tự học chữ Nôm，Nhà xuất bản Giáo dục，Hà Nội，2008.

[6] 吴楓：《中國古典文獻學》，齊魯書社 1982 年版。

[7]［越］Trần Nghĩa，Francoi Gros：*Di sản Hán Nôm thư mục đề yếu*，

Nhà xuất bản Khoa học xã hội，Hà Nội，1997.

［8］［越］Trần Văn Giáp：*Tìm hiểu kho sách Hán Nôm：nguồn tư liệu văn học，sử học Việt Nam*，Nhà xuất bản Khoa học Xã hội，Hà Nội，1990.

［9］［越］Trịnh Khắc Mạnh：*Văn bản học Hán Nôm*，Nhà xuất bản Khoa học Xã hội，Hà Nội，2014.

［10］［越］Trịnh Khắc Mạnh：*Tiếp cận Di sản Hán Nôm*，Nhà xuất bản Khoa học Xã hội，Hà Nội，2014.

文集論文

［11］陳正宏：《越南漢喃古籍裏的廣東外銷書》，載程煥文、沈津、王蕾主編《2014 年中文古籍整理與版本目錄學國際學術研討會論文》上册，廣西師範大學出版社 2015 年版。

［12］［越］Nguyễn Tuấn Cường：*Sơ bộ nghiên cứu ván khắc và văn bản giải âm Lí tướng công chép sự minh ti*，Thông báo Hán Nôm học năm 2004，Viện Nghiên cứu Hán Nôm xuất bản，Hà Nội，2005.

［13］［英］Shimao Minoru　嶋尾稔：*Confucian Family Ritual and Popular Culture in Vietnam*，in "*Memoirs of the Research Department of the Toyo Bunko 69*" 2011.

期刊論文

［14］陳正宏 Trần Chính Hoằng：*Thư tịch chữ Hán Việt Nam được khắc in ở Trung Quốc*，Translated by Hoàng Phương Mai，Tạp chí Hán Nôm，No.3（106），2011.

［15］［越］Mai Hồng，Nguyễn Hữu Mùi：*Tìm hiểu nghề in của ta qua kho sách Hán Nôm*，Tạp chí Hán Nôm，No.1，1986.

［16］［越］Nguyễn Tuấn Cường：*Nghiên cứu cấu trúc chữ Nôm hậu kì từ cấp độ hệ thống văn tự và đơn vị văn tự*，Tạp chí Hán Nôm，No. 4（107），2011.

［17］［越］Vũ Việt Bằng：*Nghiên cứu tư liệu gia lễ Việt Nam：từ ngũ phục đồ đến phục chế*，Tạp chí Hán Nôm，No. 6（121），2013.

1871年朝鮮使臣的北京影像[*]

［中國］陸小燕　紅河學院

1871年蘇格蘭攝影家約翰・湯姆遜（John Thomson，1837-1921）在北京見到了來朝貢的朝鮮使臣。約翰・湯姆遜如此描述他見到的朝鮮人：

> 他們的長相讓我很吃驚，因爲在我看來很有歐洲人的特徵，而且從這些使節和他們的僕人來看，這種面部特徵在他們的民族中很普遍。他們那整潔到没有一絲瑕疵的服裝也給我留下了深刻的印象，從頭到脚幾乎都是白色。……有一次，我看見一個美國特使與朝鮮的首席大臣在這裏議事，他們都聽不懂對方的語言，又没有雇中國人做口譯，於是這次會談就以中文以書寫的方式進行。^①

湯姆遜對朝鮮使臣的外貌服飾是其直觀描述，認爲其長相具有歐洲人特徵，可見印象頗佳。湯姆遜能够見到朝鮮使臣與歐洲人接觸，并能在場觀察朝鮮大臣與美國特使的會談，顯然得到了朝鮮人信任。湯姆遜的活動能力極强，不僅拍攝到滿族葬禮、蒙古人物、八旗士兵、僧侶等社會百態，還成功造訪了恭親王奕訢及洋務重臣李鴻章，并進行攝像^②。朝鮮剛剛經歷法國和美國的武力侵犯，對西洋人戒心極重，湯姆遜能够深入接觸朝鮮使團，可能出自李鴻章或其他洋務派大臣的推薦。湯姆遜見到朝鮮首席大臣和美國特使的會談，語言不通，没有中國人口譯，以筆談進行。那麽他們是誰，又在談論什麽呢？

---

* 本文系教育部社科研究基金青年項目《明清時期越南朝鮮燕行使交流研究（15YJC751030）、雲南省哲學社會科學規劃項目（QN2015050）和紅河學院重點科研項目（XJ15Z01）的階段研究成果。

① ［英］湯姆遜：《中國與中國人影像：約翰・湯姆遜記録的晚清帝國》，徐家寧譯，廣西師範大學出版社2012年，第554頁，下同；原圖見 J.Thomson，"*Illustrations of China and its people：a series of two hundred photographs，with letterpress discreptive of the places and people represented*"，volume Ⅳ，London：Sampson low，Marston，low，and Searle，Crown biuldings，188，Fleet street，1874.

② 《中國與中國人影像：約翰・湯姆遜記録的晚清帝國》，恭親王奕訢見第17-19頁，李鴻章見第443-448頁。

一、朝鮮使臣與美國特使

朝鮮是中國的藩國，因其恭順，清朝一直優待有加，堪稱諸藩之首[①]。湯姆遜記述："朝鮮是中國的一個朝貢國，雖然她的國王也是獨立的君主，但是每年都要派遣一個朝貢使團來北京。1871 年使團到達的時候我正好也在北京，我幸運地獲得了一張照片，這是他們的兩名官員"[②]，見〔圖一〕：

圖一　約翰·湯姆遜 1871 年在北京拍攝的朝鮮冬至使臣

说明：長須老者爲閔致庠，中年人爲朴鳳彬，湯姆遜未言拍攝人物姓名，此爲筆者據文獻分析而來。副使李建弼生年有 1820 年和 1830 年兩説，若是 1820 年則年長於閔致庠，但其不能與正使争先；若爲 1830 年生，其身爲副使，且爲官多年，服飾不應與正使差異太大。照片中二人服飾明顯有很大的等級差别，中年人神態也過於嚴肅，是新入官場之人的狀態。故筆者認爲中年人是出使前一年中進士的朴鳳彬。後文在北京行程閔致庠常與樸鳳彬一起，亦可證中年人爲朴鳳彬。

此年朝鮮最初以趙性教爲冬至兼謝恩正使，李建弼爲副使，樸鳳彬爲書狀官[③]，但隨後又以閔致庠代替趙性教爲正使。閔致庠（1825-1888）出身於朝鮮巨族驪興閔氏，高宗閔妃（明成皇后）叔父，1845 年及第。1850 年爲司僕寺正，曾以書狀官的身份赴清。李建弼是 1848 年進士，隨閔致庠出

[①] 明朝賜封朝鮮，萬曆時又兩次出兵擊敗日本豐臣秀吉的侵略，朝鮮對明朝發自肺腑的感激與恭敬。但清朝在後金時期兩次出兵壓服朝鮮，對朝鮮多加防備，統一全國後才略有放鬆。朝鮮視清朝爲"胡"、"夷"，自認"小中華"，并在國内秘密進行尊周思明活動。朝鮮人對清朝的朝貢活動并未含混應付，但内心痛苦無比。清朝則出於籠絡等多方面原因，一直優待朝鮮，以期朝鮮心悦誠服。詳見孫衛國《大明旗號與"小中華意識"——朝鮮王朝尊周思明問題研究》（商務印書館 2007 年版）。

[②]《中國與中國人影像：約翰·湯姆遜記録的晚清帝國》，第 554-555 頁。

[③]《朝鮮王朝實録》高宗卷 8，8 年 7 月 1 日。

使時任宗正卿。樸鳳彬（1838-？）是 1870 年進士，次年任執義，并隨閔致庠出使清朝①。

　　圖左長須老者服飾精緻，腰懸荷包等配飾，一手拊須，神態放鬆。圖右中年人身著厚棉袍，神情嚴肅，不苟言笑。長須老者當爲正使閔致庠。朝鮮使團除正使、副使之外，書狀官極爲重要，任務是監督使團成員，并記錄途中見聞，回國彙報②。正使與西洋人交往，書狀官應該在場。中年人當爲書狀官樸鳳彬。

　　與朝鮮使臣會見的美國特使是鏤斐迪（Frederick Ferdinand Low，1828–1894）。1869 年 7 月美國公使勞羅斯（J.Ross Browne）離職③，由秘書兼翻譯衛三畏（Samuel Wells Williams，1812－1884）第八次代理公使之職。鏤斐迪 1869 年 12 月-1874 年 3 月在任④。1871 年 10 月衛三畏雇傭了兩個幫手代替自己的工作，11 月到上海印刷自己的工具書《漢英韻府》。衛三畏次年又去了日本，直到 1873 年才回到北京，不久鏤斐迪即離任⑤。

　　《朝鮮王朝實錄》記載十月二十二日，朝鮮國王高宗召見三使臣，陛辭赴清⑥。1871 年農曆十月二十二日爲西曆 12 月 4 日，衛三畏已在上海。1871 年冬季美國公使館的重要人物即鏤斐迪與衛三畏，與朝鮮使臣會面的只能是鏤斐迪。

二、朝美"丁未洋擾"

　　19 世紀中葉，西方近代資本主義國家相繼敲開清朝的大門，中國被迫放棄閉關自守的政策。西方列強以朝鮮爲清朝藩屬國的理由，要求將權益擴大到朝鮮，遭到清朝拒絕。俄國首先要求朝鮮通商被拒。朝鮮加强閉關政策，并執行更加嚴厲的禁教政策。1866 年法國傳教士報告朝鮮禁教情況，法國遂出兵，劫掠一番之後，最終被朝鮮軍民擊退。此即"丙寅洋擾"⑦。

　　1866 年法國艦隊入侵前一月，美國武裝船隻"舍門將軍號"（Gerneral

① 楊雨蕾：《燕行與中朝文化關係》，上海辭書出版社 2011 年版，第 311 頁。
② ［日］夫馬進：《萬曆二年朝鮮使節對"中華"國的批判》，《朝鮮燕行使與朝鮮通信使》，上海古籍出版社 2010 年版，第 6 頁。
③ 衛斐列著：《衛三畏生平及書信——一位美國來華傳教士的心路歷程》，顧鈞、江莉譯，廣西師範大學出版社 2004 年版，第 257 頁。下同。
④ ［美］泰勒·丹涅特著 姚曾廙譯：《美國人在東亞》，商務印書館 1959 年版，第 600 頁。
⑤ 《衛三畏生平及書信——一位美國來華傳教士的心路歷程》，第 266-270 頁。
⑥ 《朝鮮王朝實錄》高宗卷 8，8 年 10 月 22 日。
⑦ 曹中屏：《朝鮮近代史》，東方出版社 1993 年版，第 18-21 頁。

Sherman）進犯朝鮮，被朝鮮軍民擊沉。美國一直希望將此事調查清楚，并獲得賠償。美國駐上海總領事喬治·西華曾接到美國國務卿的一件訓令：

> 本政府的目的是要使你的訪聘成爲一次篤重友好的訪聘，保留武力問題作爲必要時最後的考慮。所以不希望你運用武力或借示威以爲威脅，而却希望你以謹慎、明智和忍耐的態度行事，惟須堅決保持尊嚴并極力維持美國的要求。可是你如果認爲相宜，不妨通知朝鮮政府說，本政府不能長此忍受"休問將軍號"案件中所犯的暴行而不能得到充分補償的適當保證。[1]

1870 年 11 月美國駐華公使鏤斐迪、喬治·西華、亞洲艦隊司令羅傑斯在北京計畫次年三月武力進攻朝鮮，迫其開放簽約[2]。鏤斐迪同治十年正月十七日向清朝遞交公函，請代問朝鮮 1866 年在其海域失事的兩艘美國船隻情況[3]。清朝就此事詢問朝鮮，朝鮮就本國對海難事故的救援措施及歷次外國船隻失事救助情況作了彙報，并特別對同治七年美國船隻之事作了答覆。朝鮮復函於 1871 年農曆二月二日遞入軍機處[4]。這只是鏤斐迪一個冠冕堂皇的借口，但在美國公使館却取得了一致的認識。1871 年 4 月 27 日衛三畏給友人寄出一封信：

> 朝鮮是世界上閉關鎖國、隔斷其國民視聽的最後一個重要國家，我希望鏤斐迪先生這次的努力會成爲與這個民族交往的開始。[5]

衛斐列解釋："衛三畏提到朝鮮是因爲鏤斐迪先生已乘軍艦前往那裏，就像 1853 年佩里將軍遠征日本一樣。鏤斐迪希望通過武力炫耀與外交斡旋使朝鮮同意保護在其海域失事的美國人"[6]。鏤斐迪與羅傑斯抵達朝鮮之後，即發動進攻，被朝鮮擊敗。雙方對峙，鏤斐迪從農曆四月二十日至五月十五日與朝鮮文書往來數通，希望訂約開放，仍然遭到拒絕[7]。7 月 3 日美軍撤離。事後朝鮮將事件經過報告清朝，清政府和稀泥，答以："使美國使臣洞悉利害，各安無事"[8]。"丁未洋擾"以朝鮮的勝利而告終，執政者大院

---

① ［美］泰勒·丹涅特著：《美國人在東亞》，姚曾廙譯，商務印書館 1959 年版，第 357-358 頁。"休問將軍號"即"舍門將軍號"（Gerneral Sherman）。

② 《朝鮮近代史》，第 24 頁。

③ 郭廷以主編：《清季中日韓關係史料》，中研院近代史研究所 1972 年版，第 175 頁。下同。

④ 《清季中日韓關係史料》，第 158-159 頁。

⑤ 《衛三畏生平及書信——一位美國來華傳教士的心路歷程》，第 265 頁。

⑥ 同上書，第 266 頁。

⑦ 《清季中日韓關係史料》，第 197-203 頁。爲便於行文，本文擇要言之。另請參看伊原澤周《近代朝鮮的開港》（社會科學文獻出版社，2008 年）第一編《舍門將軍號與朝美紛爭》，對朝美雙方的行動與文獻有極爲詳細的分析。

⑧ 《清季中日韓關係史料》，第 207 頁。

君因此執行更加嚴厲的閉關鎖國政策，并在漢城及朝鮮主要城市立下"洋夷侵犯，非戰則和，主和賣國"及"戒我萬年子孫"的斥和碑 ①。

三、"洋擾"之後的朝鮮冬至使

1871 年 12 月，閔致庠、李建弼、樸鳳彬率團到北京，此行的任務是："謝冬至使臣加賞，謝慶源犯越家口領還，謝商民被盜貨物獲贓給回，謝漂民出送"②。朝鮮嚴厲的閉關和禁教政策使得西方列強没有機會進入朝鮮本國，并洽談結約事務。朝鮮冬至使團每年均出現在北京，且使臣職務很高，冬至使正二品，副使正三品，這就給西方列強以再次説服朝鮮結約的機會。朝鮮使團入住玉河館，在約翰•湯姆遜到來之際，已經修葺一新，"他們居住的房間也收拾的很乾净，讓人不忍踏足。牆壁用紙貼面，也是純白色"③。西方列強要與朝鮮使臣接觸，還須解決兩個問題。

清朝早期對朝鮮使團監督甚嚴，但到康熙乾隆之時門禁幾乎形同虛設，使團成員任意出入④。但西方列強要見到朝鮮使臣，恐仍需得到清朝的首肯。此時清朝已經開始洋務運動，朝中以恭親王奕訢爲首，地方督撫曾國藩、李鴻章、沈葆楨、左宗棠等大力推行，與西方列強關係亦較爲穩定，號稱"同光中興"。西方列強要打通恭親王的關係會見朝鮮使臣，并非難事。約翰•湯姆遜只依靠自己的活動能力就可以辦到，何況别有用心的公使。約翰•湯姆遜在玉河館見到歐洲人和美國專使，顯然列強輕鬆打通了清朝的關係。朝鮮因禁教和鎖國與西方列強屢出衝突，亦令清朝頗爲頭疼，若能以和平方式改變這種情況，清朝亦樂見其成。

其次，還須朝鮮使臣願意見面方可。朝鮮剛經洋擾，使臣雖在北京可與中國士人結交，但私見他國公使恐將擔上不小的罪名，大院君"主和賣國"的訓誡言猶在耳。朝鮮使臣與歐洲人和美國專使會見，并有英國人在場，亦可見朝鮮國内并非鐵板一塊。使臣陛辭，高宗是否做了什麽指示不得而知，但朝鮮使臣在北京會見如此多的西方人，顯然與大院君的政策有别。約翰•湯姆遜描寫道：

> 使團裏的先生們與歐洲人接觸的時候顯得有些拘謹。有一次，我看見一個美國特使與朝鮮的首席大臣在這裏議事，他們都聽不懂對方的語言，又没有雇中國人做口譯，於是這次會談就以中文以書寫的方

---

① 《朝鮮近代史》，第 25 頁。

② 轉引自楊雨蕾《燕行與中朝文化關係》，第 311 頁。

③ 《中國與中國人影像：約翰•湯姆遜記録的晚清帝國》，第 554 頁。

④ 孫衛國：《大明旗號與小中華意識》，商務印書館 2007 年版，第 393 頁。

式進行①。

　　朝美對峙時往來文書以漢語文言寫成，亦可能出自鏤斐迪手筆，其中所表述的訂約要求并非全無道理，且中國已開放通商在先，朝鮮大臣討論時可能會有一定的想法。鏤斐迪此來應該是做最後的努力，希望通過朝鮮冬至使臣達到訂約目的。但顯然沒有奏效。

四、松筠庵雅集：朝鮮使臣與清朝士人的交游

　　美國人來勢雖然兇猛，但在朝鮮軍民的抗擊之下，其侵略行爲得到了遏止。朝鮮使臣在北京會見了歐洲人和美國人，并繼續與清朝士人文墨往來。

　　董文渙（1833-1877），咸豐六年（1856）進士，歷任翰林院檢討、文淵閣校理等職。董氏家學淵源，擅詩文，廣結名家，并與朝鮮士人交好，其《峴樵山房日記》記錄了許多與朝鮮使臣往來的史料。董文渙交游廣闊，在北京時與友人與朝鮮使臣雅集多次，其本人在朝鮮文名亦盛。自同治七年（1868）以後，董文渙多奔波在外，同治十年（1871）四月董文渙回到北京，同治十一年（1872）四月離京赴秦州（今甘蕭天水）②。在北京的短暫時間裹，董文渙迎來了閔致庠使團。見 [圖二]：

　　圖二　楊昉同治十一年二月十五日（1871.04.12）所攝董文渙照片，董壽平藏③

---

　　①《中國與中國人影像：約翰·湯姆遜記錄的晚清帝國》，第 554 頁。

　　② 李豫：《論董文渙與〈韓客詩存〉——〈韓客詩存〉輯校説明》，載《韓客詩存》，書目文獻出版社 1996 年版，第 9 頁。

　　③（清）董文渙：《峴樵山房日記》，載《清季洪洞董氏日記六種》第一册，北京圖書館出版社 1997 年版，彩圖頁 1。

　　同治十年十二月三十日，"朝鮮徐秋堂、樸綺園各來函，贈土物八色受之"①。樸綺園即樸鳳彬，徐秋堂即徐相雨。徐秋堂 1863 年狀元及第，本人 1883 年初次赴清。咸豐十一年（1861）徐秋堂來函與董文渙訂交，請董氏點定其自著《鼎金齋詩草》，執弟子禮，并贈送萬曆時朝鮮王室李仲燮之泥金畫《竹》②。

　　樸鳳彬爲本次冬至使團書狀官，或爲徐秋堂之友，托其贈函。朴鳳彬曾在咸豐十一年十月（1862）隨父朴永輔赴清。同治二年（1863）二月初二樸鳳彬參加董文渙爲樸永輔舉辦的雅集，以"撑腸拄腹文字五千卷"分韻賦詩，樸鳳彬得"文"字③。同治十年樸鳳彬第二次赴清，即來拜見前董董文渙。閔致庠與朴永輔於 1845 年中進士④，因同年之誼，故閔致庠以父執輩常攜樸鳳彬參與清朝士人雅集。

　　同治十一年正月十九日，"朝鮮三行人朴綺園過訪，未之晤"⑤。此次樸鳳彬私人來訪，若是正使閔致庠來，當會通知預約。

　　二十日，"袁子久舍人招陪朝鮮使者閔經園、樸綺園飲，坐客十餘人，皆豫産，各即席賦詩一首，大有愈唱愈高之勢"⑥。

　　二十七日，"邀韓使閔經園、樸綺園飲，并招消寒會中諸君子陪之"⑦。

　　二十九日，"荇老招陪海客閔經園，出一律索知，且屬逸山作雅集圖詩"⑧。

　　二月一日，"次閔經園判樞韻即題其雅集圖册，次綺園閣學韻，分別作七律一首"⑨。

　　二月初二，"爲海客書楹聯、橫幅共四十三件"，"晚復韓客樸垣齋、卞吉雲（自注：寄詩刻一部）徐秋堂各函（自注：寄對一付）"⑩。

---

　　①（清）董文渙：《峴樵山房日記》，載《清季洪洞董氏日記六種》第三册，北京圖書館出版社 1997 年版，第 304 頁。

　　② 李豫：《董硯橋先生年譜長編》，載《清季洪洞董氏日記六種》第六册，北京圖書館出版社 1997 年版，第 58-59 頁。年譜載董文渙與閔經園（閔致庠）、樸綺園（樸鳳彬）往還之事，見第 156-158 頁。

　　③《峴樵山房日記》第一册，頁 255-256。整理本見崔永禧、李豫輯校《韓客詩存》，書目文獻出版社 1996 年版，第 213-215 頁。

　　④ [韓] 崔永禧、李豫輯：《韓客詩存》，書目文獻出版社 1996 年版，第 211 頁。

　　⑤《峴樵山房日記》第三册，第 310 頁。

　　⑥《峴樵山房日記》第三册，第 310 頁。袁子久即袁保齡。

　　⑦《峴樵山房日記》第三册，第 312 頁。

　　⑧《峴樵山房日記》第三册，第 312 頁。

　　⑨《峴樵山房日記》第三册，第 313-314 頁。

　　⑩《峴樵山房日記》第三册，第 314 頁。

二月初四，"麟伯來函，屬轉邀海客，抵閔、朴二行人函"①。

二月初五，"招引松筠庵，爲海客餞"②。

二月初七，"樸綺園來函"③。

或主或客，董文渙參加的雅集共有三次。松筠庵之前即爲中朝詩人聚會的知名場所，朝鮮士人亦在此設宴招待清朝友人④。董文渙所記與朝鮮使臣往還者，只有正使閔致庠與書狀官樸鳳彬，没有記副使李建弼。二月初五松筠庵餞行宴，李慈銘亦與會。二月初四李慈銘得到邀請之後，即預做七律兩首，題《贈朝鮮使臣閔經園（下小字寫"致庠"）判樞、樸綺園（下小字寫"鳳彬"）直閣即送其歸國》⑤。初五赴宴，李慈銘得朝鮮使臣贈送禮物：

> 觀所贈墨有字曰"洋夷侵犯，非戰則和，主和賣國"十二文，蓋其國皆甘心洋醜，人懷敵愾。前年其王樹碑平壤，額曰："衛正逆邪之碑"，此墨即所産之地，有司依碑文制之，遍行國中，務絕其教，用意可謂深矣。又觀其贈廉生陳光大三年新羅真興王北狩界碑拓本。碑已殘缺，字多漫漶，閔君云此碑在其國咸鏡道咸興府黃茅嶺也⑥。

李慈銘并記主客座位："閔、樸二使爲賓，東面；荇麟、硯樵、六舟、逸山南面，香濤（張之洞）、廉生西面，皆以齒序。予與宥夫等四君爲主人，北面。此依古禮也"⑦。初七日，"得閔致庠判樞書，并贈高麗色箋、蓩紙、煙絲、摺扇。即□復書，報以漢三老碑拓本一通，烏木摺扇一柄"⑧。李慈銘對朝鮮洋擾知悉甚詳，但并未影響其與朝鮮使者的贈詩往還。董文渙在朝鮮本就知名，與朝鮮使者交往尤多，但與閔、樸二使往還，一如前使之來。贈詩、聚會、復函、作書，中朝詩人的往還仍然按照自己的節奏在進行。

朝鮮洋擾之事驚動清廷，朝野皆知。但朝鮮戰勝，清朝亦無須太多擔心。同治十年正值洋務運動如火如荼之際，朝野對之寄予厚望。因形勢的

---

① 《峴樵山房日記》第三册，第 317 頁。麟伯當爲譚鐘麟。

② 《峴樵山房日記》第三册，第 318 頁。

③ 《峴樵山房日記》第三册，第 318 頁。

④ 《韓客詩存》，書目文獻出版社 1996 年版，第 219，236 頁。松筠庵又稱楊椒山祠，位於宣武門外達智橋胡同，坐南朝北，供奉明嘉靖年間大臣楊繼盛。此原爲楊繼盛故居，後改爲松筠庵，乾隆五十年、道光二十七年兩次重修，是清代文人雅士集會場所，見吳夢麟《楊繼盛與達智橋松筠庵》，載陳英主編《北京名人故居》，北京燕山出版社 1994 年版，第 10-14 頁。

⑤ （清）李慈銘：《桃花聖解盦日記》戊集，載《越縵堂日記》第八册，廣陵書社 2004 年版，第 5267 頁。

⑥ 《桃花聖解盦日記》戊集，第 5268 頁。

⑦ 《桃花聖解盦日記》戊集，第 5268 頁。

⑧ 《桃花聖解盦日記》戊集，第 5270 頁。□不識。

穩定，中朝士人尚能詩酒往還，暫時忘却了潛在的危機。對於朝鮮使者會見歐洲人與美國人，因董文渙等皆是朝中官員，知曉洋擾因果，且清朝開放日久，故雖贈墨有所涉及，但亦未詢問。

　　林基中教授主編的《燕行錄全集》没有收錄閔致庠、李建弼、樸鳳彬的燕行文獻，故其在北京與西洋人及清人的詳細交往情況暫不得而知。副使李建弼回國之後有《上雲宮書》，專論其北京之行所見恭親王與李鴻章等人的行爲，并論法國、美國侵入本國之事。"洋人之居此京者，以興兵出關之意，大書揭付於渠之所居門上而名之曰，告示云也"，并與法、英、美國公使至恭親王府中折辨，最終洋夷色沮。李建弼論及李鴻章："總督李鴻章，智略過人，一自總督江南之後，出令曰：'在前以我國服色，爲洋人之隨從者，固當一從殺無赦，而令前也，姑恕之。從今以後，若我國服色，學洋學從洋徒，則盡殲乃已，以此嚴立科律云'。此是剪其羽翼，絕其奸細之大策也。上國有人矣。"李鴻章已是洋務運動核心人物，當不會發出這樣的律令。李建弼所言更像是大院君所執行的政策，託名李鴻章以支持大院君閉關政策。文中最後論法英入侵被殲滅，"莫非聖世儒術之隆盛，而邪不犯正之明驗，一國幸甚，天下幸甚"。李建弼言"醇君之煉兵圖賊，李鴻章之嚴明師律"，對清朝寄以厚望。[①]

　　根據李建弼《上雲宮書》，我們似可知曉何以李建弼會缺席朝鮮使臣與董文渙等人的交流。李建弼 1862 年曾任濟州牧按核使兼察理使，當爲執政的大院君所賞識的人物，故李建弼上書亦對大院君稱讚維護。閔致庠則爲高宗閔妃之叔父，爲外戚一系。二派矛盾已久，1873 年閔妃聯合各方力量，排擠大院君勢力，并將其趕出漢城。閔致庠、李建弼出使在雙方矛盾激化的前一年，故二人雖任正、副使，但於公務之外，私人交游則分道揚鑣。

　　五、餘論

　　朝鮮戰勝了法、美的武力挑釁，大院君繼續固守閉關政策。但當時世界開放已成趨勢，西方社會普遍對封閉的國家缺乏認同。約翰・湯姆遜對朝鮮極爲肯定與讚揚："據說朝鮮人精於耕作，善於經商，冶煉技術也很高超。他們的刀劍打得極爲出色，製造大炮和彈藥的技藝也十分嫻熟"，但也如此評價朝鮮的封閉：

　　　　他們依然生活在閉鎖的環境裏，除了設在邊境線外一些固定地點
　　的集市，他們拒絶一切建立親密貿易關係的嘗試，甚至對他們的鄰居

---

① 《羅岩隨錄》第一册，《灣尹李建弼上雲宮書》。該文未注明寫作時間，筆者從其中在北京時清朝大臣情況、法英之事判斷應當是冬至使團回國之後所寫。

中國人也一樣①。

　　日本明治維新之後，限於實力，打算先在朝鮮試刀。約翰·湯姆遜游歷亞洲，對日本的情況有較深的認識，但對朝鮮仍報以樂觀："以我們對朝鮮的民族性格的瞭解，日本人如果真與他們開戰，將會面臨一個十分棘手的局面"②。但日本的近代化崛起已經不是封閉的朝鮮所能抗衡，在日本的軍事攻擊下，1876 年朝鮮與日本簽訂《江華島條約》，被迫開放，此時距擊敗美國入侵不過五年。此後清朝和朝鮮都意識到朝鮮閉關政策不能延續，故而逐漸開放，與西方通商，開始艱難的近代化轉型。

　　1871 年的朝鮮冬至，使團在北京延續之前的傳統，與清朝士人詩文往來，并未受到洋擾的影響。但別有用心的美國特使希望通過冬至使重開訂約之門，恰爲與朝鮮使者盤桓的湯姆遜所見。如果說閔致庠與鏤斐迪的會面顯示出朝鮮已然面對的近代化形勢，那麼松筠庵餞行則是朝鮮使臣與清朝士人傳統關係的反應。1873 年閔妃得勢，朝鮮陷入內鬥。1876 年朝鮮在日本的壓迫下開放，應對無措的朝鮮開始苦難的近代化歷程。1871 年阿古柏已攻佔新疆大部地區，俄國同時出兵伊犁。清朝籌畫出兵新疆，左宗棠進軍西北。董文渙同治十一年（1872）四月赴秦州（今天水）任鞏秦階兵備道，於民政多有建樹，得左氏嘉獎，光緒三年（1877）正值大用之際，病逝任上，卒年四十五③。香濤張之洞逐漸成爲清流派中堅，并在中法戰爭時任兩廣總督，成爲實際統帥。自西北事起、朝鮮政變，松筠庵雅集諸人已然風流雲散。

---

①《中國與中國人影像：約翰·湯姆遜記錄的晚清帝國》，第 556 頁。
②《中國與中國人影像：約翰·湯姆遜記錄的晚清帝國》，第 554 頁。
③《清季洪洞董氏日記六種》第一冊，北京圖書館出版社 1997 年版，第 3 頁。

"東亞漢籍與越南漢喃古辭書國際學術研討會" 會議綜述

［中國］王泉　浙江財經大學

初夏時節逢盛會，錢塘江畔迎賓朋。2017 年 5 月 19 至 21 日，"東亞漢籍與越南漢喃古辭書國際學術研討"在浙江財經大學隆重舉行。會議由浙江財經大學人文與傳播學院主辦，鄭州大學漢字文明研究中心協辦。來自中國社會科學院、浙江大學、北京師範大學、中國人民大學、鄭州大學、上海交通大學、天津師範大學、安徽大學、湖南師範大學、廣西民族大學、西南交通大學、武漢大學、浙江師範大學、日本早稻田大學、日本富山大學、韓國延世大學、越南社會科學院漢喃研究院、越南河內國家大學、越南西北大學等國內外高校及科研機構的 70 餘位專家學者參加了會議。

5 月 20 日，會議正式開幕。開幕式由浙江財經大學人文與傳播學院院長何華珍主持。浙江財經大學校長鍾曉敏致開幕詞，他代表學校向各位專家學者表示熱烈歡迎。鍾校長指出，浙江財經大學是一所伴隨着改革開放快速成長起來的年輕高校，人文與傳播學院爲學校的傳統文化教育、國學教育以及通識教育提供了强大的學科支撐。學校積極推動東亞漢籍研究，大力支持國際文化交流，爲學者搭建切磋交流、思想碰撞的國際性學術平臺，期望借此契機促進東亞漢籍與域外漢字的研究，進一步增强各國文化的交流與協作。

中國文字學會會長、教育部社科委委員、安徽大學原黨委書記兼校長黃德寬發表講話。他指出，東亞漢籍蘊藏着豐厚的歷史文化資源，文字傳播是人類文明史的重要現象，也是文字發展史的重要課題。各國學者分享研究成果，交流研究經驗，對推動東亞漢籍的整理研究，推動越南漢喃古辭書研究都是一次難得的機會，也是一次富有重要意義的合作。各國學者攜手推進彼此的文化交流，共同爲各自國家的文化繁榮、歷史進步和社會發展作出貢獻，共同爲促進亞洲地區文明的發展和進步貢獻力量，共同促進漢字對人類文明、文化發展作出應有貢獻。本次會議發起者之一——越南社會科學院漢喃研究院的院長阮俊強表達了對本次會議的主辦方浙江財經大學人文與傳播學院衷心感謝，并期待進一步深化合作，加强交流。鄭州大學漢字文明研究中心主任、長江學者李運富代表協辦單位鄭州大學漢字文明研究中心表達了對與會專家學者的熱烈歡迎。他指出，本次會議順應了漢字學研究的新領域、新趨勢與新方向，意義重大。近年來，各國專家學者加强漢字研究并放眼國外，東亞地區的域外漢字材料受到格外重視，其中浙江財經大學已成爲域外漢字研究領域的重鎮。中華書局總編輯顧青先生指出，中華書局不僅是一家出版最優秀學術著作、研究資料的出版社，同時也是一家學術科研研究機構。中華書局關注東亞漢籍、漢字研究已經十幾年，期間推出了專門的學術期刊、各類學術專著，期待通過此次會議加强與各位專家學者的合作。

開幕式後，會議開始學術報告。報告分爲大會報告與分組報告兩種形式，共有20位專家進行了大會報告，其餘專家則進行分組報告。根據各位專家學者所提交論文或所作報告之研究對象與内容，大致可分爲5個板塊：

第一，對越南漢喃研究院所藏漢喃文獻，尤其是漢喃古辭書的研究；

第二，對越南漢字，尤其是俗字的研究；

第三，對越南文獻版本、歷史文化的研究；

第四，對越南文獻以外的東亞漢籍、域外漢字的研究；

第五，對漢語、漢字相關内容的研究。

以下分別簡述之。

一、對越南漢喃研究院所藏漢喃文獻，尤其是漢喃古辭書的研究

“漢喃”爲本次會議名稱的一部分，也是最重要的一個關鍵詞。所謂“漢”即漢字，所謂“喃”即喃字。越南在歷史上接受儒家思想，受中國文化影響很深。越南使用漢字有兩千多年的歷史，從帝王貴胄到官吏文人皆崇尚漢字，漢字被稱爲“儒字”（Chu Nho）、“我們的字”（Chu Ta）。漢字典籍作爲中國思想文化的載體，被奉爲經典。直至1936年廢除漢字之前，漢字一直是越南的通用文字。在使用漢字的同時，越南人民假借漢字并仿效漢字的構造原理與方法，依據越南語的讀音，創造了一種新的方塊字——喃字。喃字多數時期只用於民間，有幾個時期成爲正式文字，但時間不長。喃字產生以後，漢字與喃字并行於民間，被稱爲漢喃文。漢喃文獻也成爲越南古代資料的主要部分，其中的漢喃古辭書作爲一項語言存儲與學習的資料而被重點關注。

越南漢喃研究院院長阮俊強的《越南漢喃研究院所藏漢喃資料的歷史、特徵與前瞻》，介紹了漢喃研究院的發展歷史與基本情况，展示了其所收藏

的 35000 本漢喃書籍與近 70000 張拓片，爲當下漢喃資料收藏之最。更難
能可貴的是，這些資料大多數是漢喃研究院建立以後收集到的，可謂成績
斐然。阮院長提出，爲了進一步利用所藏漢喃資料，首先要彌補藏書的不
足，加强學術研究的力度，并要加大資金投入，擴大讀者服務的範圍，關
鍵則在於漢喃資料的國際化與數位化。此文爲本次會議奠定了基調。

　　漢喃古辭書是本次會議的研討重點，圍繞漢喃研究院所藏漢喃古辭書
的論文共有 10 篇。首先是 2 篇宏觀研究：越南漢喃研究院陳仲洋副研究員
的《中世紀越南漢字詞典的類型與特點》，在宏觀層面上對中世紀越南古辭
書分爲單主題詞典與多主題詞典。通過進一步分析發現，越南古辭書其實
不僅僅是辭書，而且兼具了越南中世紀漢字教學的教科書的功能，這也正
是越南中世紀漢喃辭書的特別之處。其次是廣西民族大學梁茂華博士的《越
南古代漢喃辭書略論》，該文對《指南玉音解義》《三千字解音》《嗣德聖制
字學解義歌》《大南國語》等幾部重要的越南漢喃辭書進行了宏觀分析，認
爲在越南拉丁國語字文字出現之前，越南的辭書均是漢喃二元一體，以字
喃解漢字音義，部分辭書要以越南傳統腰脚韻進行誦讀。以上兩篇論文側
重點各有不同，可相互補充。

　　宏觀研究以外，對單本辭書進行研究的論文有 8 篇。越南漢喃研究院
丁克順副教授《〈嗣德聖制字學解義歌〉版本及文字等問題研究》，以越南
漢喃研究院所藏九種十三卷的《嗣德聖制字學解義歌》爲研究對象，重點
討論了其版本及文字問題，認爲此書用字可以算作 19 世紀越南上流社會的
通用標准俗字，爲喃字字形提供了一個較標准的榜樣。該書不僅注音釋義，
還用押韻方法製成詩歌，也是其一大特點。越南漢喃研究院呂明姮副教授的
《從詞典論看越南中代辭書——以〈大南國語〉〈日用常談〉〈南方名物備考〉
爲中心》，通過對越南中代辭書《大南國語》《日用常談》《南方名物備考》
的研究，認爲漢字、漢文化在語言學方面對越南的影響，主要體現在漢越
字典和漢越詞典等辭書的編纂方面。但是目前中代漢越字典和漢越詞典之
編輯及其研究工作不多，且概括性與理論性有不足之處。越南漢喃研究院
杜氏碧選副研究員同樣注意到了越南中代辭書與漢字教科書的聯繫，其論
文《以字典爲編寫方式的越南中代漢字教科書：以〈三千字解音〉和〈嗣
德聖制字學解義歌〉爲例》以《三千字解音》和《嗣德聖制字學解義歌》
爲研究對象，認爲二書都是以喃字解釋漢字，并采用韻調或演歌形式來增
加節奏性，同時也兼具教科書的實用功能。越南漢喃研究院陳氏降花副研
究員《十九世紀末二十世紀初漢喃雙語辭典：〈南方名物備考〉案例研究》
以 19 世紀末 20 世紀初漢喃雙語辭典的漢喃辭書《南方名物備考》爲研究
對象，認爲此書對於漢字學習者而言是一本很有參考價值的書，同時也爲

研究越南這一歷史階段的風土人情、社會歷史提供較爲全面的資料。河内國家大學阮氏黎容博士的《越南〈千字文〉字書兩種漢字字形考》考察了19世紀末20世紀初越南人普遍使用的初學漢字之書《千字文解音》，對比了原本與翻譯本所收的1000多個通用漢字字形，揭示了19世紀末在越南的漢字書寫情況及其20年後的字體流變傾向。

除上述越南專家之外，中國的研究人員同樣也關注到了漢喃古辭書的豐富研究價值。鄭州大學温敏博士的《越南漢喃雙語辭書研究價值初探—以〈指南玉音解義〉爲中心》以《指南玉音解義》爲研究對象，并參照《大南國語》，指出越南漢喃雙語辭書獨有的兼具詞彙學與文字學的特點，在此基礎上探討了越南漢喃雙語辭書真實記錄漢語辭彙與越南對漢字辭彙的創造的雙向研究價值。浙江財經大學在讀研究生李宇的《越南漢字辭書〈字典節錄〉研究》以《字典節錄》爲研究對象，認爲其與《字彙》、《康熙字典》相似度極高，内容精要，簡便實用。可推斷《字典節錄》爲《字彙》、《康熙字典》系列辭書的域外删減版，在一定程度上反應了東亞漢字文化圈漢字辭書的共通性。浙江財經大學在讀研究生陳楠楠的《〈三千字歷代文注〉初探》以越南吏部尚書阮有慎撰注的《三千字歷代文注》爲研究對象，從版本、成書背景、編纂體例等角度對其進行了研究，并總結了該辭書的研究價值。

二、對越南漢字，尤其是俗字的研究

在越南的歷史發展過程中，文字使用情況比較複雜。20世紀以前，漢字一直是越南的通用文字，民間又使用喃字，不同民族的喃字又有所不同；自1945年至今則使用國語字。浙江工業大學黄興球、韋順莉教授的《越南國家文字變遷的歷史啟示》，將越南國家文字史分爲"漢字專用時代""漢喃并用時代""漢法同用時代""國語字專用時代"，在此基礎上探討了越南國家文字變遷的過程與文字發展的動力，認爲越南國語字的未來命運仍然掌握在越南人民手中。中國社會科學院民族研究所黄行教授的《古壯字及其與漢語言文字的關係》則從比較文字學的角度進行研究，分析了古壯字的音讀、訓讀等借字方法以及仿照漢字結構的形聲、會意等造字方法，探討了古壯字與漢語言文字的關係。廣西民族大學韋樹關教授的《中國京族喃字的變異》，對比了中國京族喃字與越南喃字的不同，分析了二者在造字法、造字記號、字形、繁簡字等方面的差異，并探討了這種差異產生的原因。

越南古代文獻多使用漢字，漢字自然也成爲越南語言學研究的主要對象之一；同時，越南漢字又屬於漢字研究範疇，是近代漢字、域外漢字以

及漢字傳播研究的重要組成部分。關於越南漢字，尤其俗字研究也成爲本
次會議的一大主題。上海交通大學王平教授的《越南漢字研究綜述》，從社
會文化教育背景、漢字傳世文獻和出土文獻面貌以及漢字整理與研究狀況
三個方面對每一個歷史分期進行細緻介紹，探索越南、中國及其他國家對
越南漢字研究狀況。湖南師範大學在讀博士、越南西北大學講師范氏草的
《〈阮朝硃本〉對聯的異體字考》以手寫本《阮朝硃本》中的對聯爲研究對
象，對其中出現的 349 組異體字進行了詳細分類，并對 11 個疑難字進行了
考釋。

　　浙江財經大學人文與傳播學院何華珍教授，與其指導的研究生所提交
的論文均圍繞東亞俗字，尤其是越南文獻中的俗字展開，研究具有相當的
深度與廣度，業已形成了一個東亞俗字的研究團隊，不但成爲本次會議的
一大亮點，在國內俗字研究與域外漢字研究領域也是頗有特色。何華珍教
授的《越南漢文俗字的整理與研究—兼論〈越南俗字大字典〉編撰》首先
介紹了越南豐富的漢字資源，總結了越南俗字整理研究的基本情況，在此
基礎上提出將俗字分爲傳承俗字與變異俗字，并介紹了即將編纂的《越南
俗字大字典》的體例、方法與示例，將其越南俗字整理的思想付諸實踐。
浙江財經大學碩士劉正印《越南漢喃碑銘用字研究導論》以《越南漢喃銘
文拓片總集》（1—22 冊）中的銘文爲研究對象，將越南漢喃碑銘的用字情
況分爲傳承俗字和變異俗字。在此基礎上就俗字、通假字、同形字、避諱
字和喃字（古壯字）等具體用字現象進行分析考察。浙江財經大學碩士何
婧的《越南瑤族民間古籍中的漢語俗字研究》調查了部分具有代表性的越
南瑤族民間古籍影印文獻裏的俗字字形，立足於越南瑤族民間古籍俗字對
漢語俗字的傳承，采取了通用俗字調查、通用俗字例釋的方法，討論了越
南瑤族民间古籍的用字狀態。浙江財經大學碩士甄周亞的《馮克寬使華漢
詩寫本疑難俗字考釋》，考釋了越南馮克寬漢字寫本中的五組疑難字，對於
域外漢字傳播以及文本的校勘有很高價值。

三、對越南文獻版本、歷史文化的研究

　　除了從漢字角度對越南文獻進行研究以外，會議所提交部分論文還圍
繞着越南文獻的版本、歷史文化等方面進行了研究。

　　文獻方面，日本富山大學小助川貞次教授的《關於越南國立圖書館所
藏書經大全與五經節要的加點》，選取越南國立圖書館所藏的《書經大全》
與《五經節要》爲材料，對其中添寫文字或符號的加點現象進行研究，介
紹了一個新的研究領域——"訓點語研究"，開拓了越南文獻的研究視野。
西南交通大學劉玉珺教授的《阮忠彥〈介軒詩集〉考論》認爲，《介軒詩集》

其實是一個編抄并不嚴謹的詩歌寫本，并非源自潘輝溫本人所編輯的《介軒詩集》原稿，而是後人根據潘輝溫、黄平政等人的序言而重新撮抄的一個詩集。改正了前人研究中的一些失誤之處，并喚起大家對越南漢籍真僞問題的關注。越南漢喃研究院的蔡忠史博士《文獻祠的降筆經木刻版與〈古今傳錄〉的若干版本問題》以文獻祠的降筆經木刻版爲對象，將其置於19世紀末至20世紀初的善壇運動的背景下進行研究，確認了《古今傳錄》的編撰及刊刻時間。台灣中正大學在讀博士生潘青皇的《潘輝注〈歷朝憲章類志・文籍志〉分類觀點初探——以〈文籍志〉的憲章類爲例》，以潘輝注所撰記錄越南李朝到後黎朝文獻的《歷朝憲章類志・文籍志》爲研究材料，探討了其"四分法"的分類觀點與中國分類法的關係和區别，總結了這種分類方法體現出的越南文籍本身的一些特點。越南漢喃研究院助理研究員、廣西民族大學在讀博士生阮氏雪《越南〈翹傳〉的漢注版研究》，對越南古典文學中最著名的喃詩傳《翹傳》的漢注版本進行了統計與初步研究。越南漢喃研究院武越鵬的《對〈壽梅家禮〉——一本喃文間有漢文書籍的研究：從版本、書坊、出版等方面》以漢喃研究院所藏喃文間有漢文書籍《壽梅家禮》爲例，從文獻學角度對越南喃文間有漢字書籍的版本、書坊和印刷等方面进行了探析。

歷史文化方面，廣東外語外貿大學劉志强教授的《從漢文獻看古代越南與朝鮮歷史文化關係》，結合越、朝、韓、日等相關文獻資料，對古代越南與朝鮮的人員往來、來華使臣的文墨交往等進行宏觀勾勒，探討越朝兩國友好交流史的社會認同問題。紅河學院葉少飛副教授的《越南後黎朝鄧明謙〈詠詩詩集〉的撰述與思想》挖掘了《詠詩詩集》獨特的史學價值與思想價值。紅河學院講師、越南漢喃研究院在讀博士生陸小燕的《1871年朝鮮使臣的北京影像》，通過分析1871年蘇格蘭攝影家約翰・湯姆遜與朝鮮冬至使臣交游以及所見到的美國公使鏤斐迪和朝鮮使臣的會談，探討了其中的所蘊涵的歷史意義。越南河内國家大學講師裴英掌的《漢字與喃字對越南阮朝北寧省地名的取名角色比較研究》，通過對越南阮朝北寧省地名取名的過程中所用漢字與喃字的不同取捨，展示了漢文化對越南古代的影響以及越南守護民族特色的努力。

四、對越南文獻以外的東亞漢籍、域外漢字的研究

"東亞漢籍"是本次會議名稱另一重要組成部分，同樣也是會議的關鍵詞之一。所謂"東亞"，即指東亞漢字文化圈的國家，包括了中國、日本、琉球、朝鮮以及越南；所謂"漢籍"，即上述東亞各國用漢字撰寫的典籍。東亞漢籍均使用漢字，受漢文化的影響，在形式上具有非常大的共性。天

津師範大學王曉平教授的《東亞漢文小說寫本研究例說》將東亞漢文小說
這一整體作爲研究對象，認爲要注重東亞漢文小說的寫本視角。寫本小說
中的一切文字，包括後加上去的眉批、批註、評點，都是寫本文字研究的
對象，解決所有文字的釋讀問題，自然成爲寫本研究的重點。浙江大學王
勇教授的《筆談文獻中越南與東亞》，介紹了東亞“筆談文獻”及其研究概
況。千餘年間，東亞各國雖語言不同，但漢字作爲一種行之有效的溝通媒
介，成爲東亞地區跨語言、跨民族、跨文化的交際方式。

　　日本的漢籍向來豐富，圍繞日本漢籍文獻的論文如日本早稻田大學河
野貴美子教授的《中日“嘉言”集考》，對日本文獻中的“嘉言”進行考索，
結合中國文獻尋其出處與演變過程。中國人民大學王貴元教授的《日藏漢
文古字書整理瑣議》，談了整理日藏漢文古字書的研究目的、整理原則、整
理結構以及同名書的處理等問題。浙江師範大學張磊、吳美富的《〈新撰字
鏡·序〉校釋》，以日本昌泰年間釋昌住編撰的一部十二卷漢文字書《新撰
字鏡》爲研究對象，參校敦煌文獻，對其序言進行了全面的整理校釋，訂
正了其中不少錯誤。浙江財經大學胡夢穎博士的《接續薪火：久保天隨的
著述與明治漢學》以明治年間漢詩文家久保天隨所寫《支那文學史》《日本
儒學史》《近世儒學史》，標明明治漢學哪怕在潛流時期也從未停止過在推
陳出新。鄭州大學葛繼勇教授的《流播至日本的〈魏文貞故事〉小考》圍
繞傳播至日本的《魏文貞故事》進行了研究，并探討了這一歷史現象背後
的所包涵的文化意蘊。

　　朝鮮漢籍也是東亞漢籍重要組成部分。鄭州大學黃卓明副教授的《朝
鮮時代前期的中國語文學文獻述略》，考察了朝鮮時代前期（1392-1592）的
语言生活背景，調查了當時的中國語文學文獻，并總結了當時中國語文學
文獻研究特點。浙江財經大學任玉函博士的《朝鮮後期漢語教科書中的“非
漢語用法”》，以朝鮮時代漢語教科書爲研究對象，從副詞“就”的錯序等
方面探討了其中的“非漢語用法”現象。

　　漢籍以漢字爲載體，東亞漢籍中的漢字自然成爲重要的研究對象。首
先是兩篇關於域外漢字、東亞漢字的宏觀研究：一篇是浙江大學俞忠鑫教
授的《漢字在域外的功能拓展》。文章指出，漢字在周邊許多少數民族地區
和國家廣泛利用，在長期使用漢字的過程中，他們爲漢字功能的拓展作出
了許多傑出的貢獻。比如日本的假名、訓讀，韓國的吏讀、口訣，越南的
字喃等等，都可看作是漢字在域外的功能拓展。一篇是鄭州大學李運富教
授的《跨文化漢字研究論略》，提出了“跨文化漢字研究”這一新觀點與新
理念，介紹了什麼是“跨文化漢字研究”。他將漢字分爲移存漢字、借用漢
字、仿造漢字、變異漢字以及類漢字，將跨文化漢字研究分爲源漢字的跨

文化傳播研究、跨文化漢字的比較研究、某文化漢字的文獻與材料研究、某文化漢字的現象與系統研究、某文化漢字的傳承發展研究等，并展望了跨文化漢字研究的美好前景。

就具體問題進行研究的如韓國延世大學李圭甲教授的《偏旁結構變更異體字的生成原因與特徵》，介紹了由偏旁變更而成的異體字。詳細列舉了此類的異體字類型，并揭示其産生的原因及特徵。北京師範大學在讀博士生何余華的《論朝鮮文化對漢字系統的影響——以中國古代字書所見爲例》，從中國古代幾部主要字書中提取出明確指認與朝鮮文化相關的漢字 93例，發現古代朝鮮文化通過各種管道傳入中國後，對豐富和發展漢字系統起過重要作用。文章指出，研究外部文化對漢字系統的影響，是漢字傳播研究的逆向視野，也是跨文化漢字研究題中應有之義。浙江財經大學鐵徽博士的《試論朝鮮時代漢字親屬稱謂詞語的變異與革新——以韓國漢文小說爲例》，以朝鮮時代初期《金鰲新話》（朝鮮刻本）、中期《九雲夢》（哈佛本、國圖本）、後期《玉樓夢》（匯東本、德興本）爲底本，選取了具有傳承代表性的漢字親屬稱謂詞語爲研究對象，圍繞親屬稱謂詞語的變異及革新特點展開討論，并總結了漢字親屬稱謂詞語的變異及革新的三個特點：第一，音近轉寫，借義創新；第二，正俗兼有，正字優先；第三，借字造詞，穩固延續。浙江財經大學碩士方國平的《日本古辭書與漢字變異研究——以觀智院本〈類聚名義抄〉爲例》，以日本古辭書觀智院本《類聚名義抄》爲研究對象，考察了漢字在域外傳播過程中的變異現象以及正、通、俗等規範標准的關係變化問題，爲近代漢字研究提供了一個重要的研究角度。浙江財經大學在讀研究生熊英姿的《哈佛大學藏本〈九雲夢〉草書字形探析》，以哈佛館藏韓國寫本《九雲夢》草書字形爲研究對象，從文字學視角審視漢字的組織構造，從書寫角度分析草書形體變異規律，考察了寫本中的草書的特點，并比較中韓兩國草書的異同與兩者之間的相互關係。浙江財經大學碩士周玳的《朝鮮寫本與漢語俗字》，以朝鮮寫本中的異構俗字爲研究對象，以日本新幹社 1990 年影印 1771 年韓國寫本《漂海錄》、韓國文學研究所編《韓國文獻說話全集》、金起東編《筆寫本古典小說全集》爲基礎語料，聚焦國際俗字、國別俗字，在"漢字文化圈"、"東亞寫本學"、"書法文字學"的視閾下，呈現了漢字在朝鮮半島的流播特性及變異規律。浙江財經大學在讀研究生吳函書的《〈華英字典〉與漢語俗字》以目前發現的世界上第一本英漢－漢英雙語字典——《華英字典》爲研究對象，考察了書中大量的漢語俗字字形并加以分類，探討了其對研究漢語俗字的演變和時代特徵所具有的重要意義。

五、對與漢語、漢字相關内容的研究

除以上圍繞會議主題"東亞漢籍與越南漢喃古辭書"的論文以外，尚有數篇論文從不同角度對漢語、漢字進行了不同研究。湖南師範大學蔣冀騁教授的《説文注音釋義小記》探討了《説文解字》中漢字注音釋義的若干問題。武漢大學韓小荆教授《佛經音譯疏誤原因分析》，對佛經音譯中的一些錯誤進行了探究與勘正。浙江財經大學黄建新教授《書法在鄉風文明建設中的發展與實踐——基於浙江省上田村經驗的思考》，以浙江臨安上田村爲例，通過調查全村書法發展實踐的基本情况，探索書法在鄉風文明復興過程中的作用。同時，深入分析書法與鄉風文明建設的互動機理，爲美麗鄉村建設提供思路借鑒。浙江財經大學崔山佳教授《説"𠂤""𠂢"》，考察了兩個擬聲詞"𠂤""𠂢"，認爲"𠂤""𠂢"就是"乒""乓"。浙江財經大學管春林副教授的《"一帶一路"國家漢語國際推廣教材特點初探》，在當下"一帶一路"的大背景下，總結了國家漢語國際推廣教材的特點與經驗。浙江財經大學孫德平副教授《論英國華語辭彙的規範》，在對英國境内華文報紙進行抽樣調查的基礎上，歸納了英國華語辭彙的待規範現象，并對此提出了進行規範的原則和方法。北京師範大學在讀博士生牛振《鴉片戰爭前後國家譯名用字考察——以〈海國圖志〉爲例》，測查了《海國圖志》百卷本卷三十七至卷六十九歐美主要國家的譯名用字，針對鴉片戰爭前後國家譯名不一、書寫形式歧異、用字混亂的現象進行了研究。

5月21日，會議閉幕。閉幕式由李運富教授主持、黄德寬會長致閉幕詞。他指出，此次會議首先是開拓了視野，提出了很多新課題；其次讓我們瞭解到域外漢字研究的整體狀况，未來可期；第三是這次會議展示了一個很好的現象，就是國際間攜手合作。黄會長特别指出，東亞漢字的傳播研究，至少有三個層面的價值，一是對語言文字本身的研究價值，二是對於以漢字爲載體的東亞漢籍流傳、整理和研究的文獻學價值，三是不同國家學者交流研究的外溢價值，即不僅僅立足於學術，更在於學術研究的社會影響與當代價值。他認爲此次研討會的深層意義，在於學術背後的一種文化理解與融通，這種理解與融通完全契合國家"一帶一路"戰略及其"和平合作、開放包容、互學互鑒、互利共贏"精神，本次東亞漢籍與越南漢喃古辭書國際學術研討會可謂時勢所至，恰逢其時，必然爲各國的學術交流與合作帶來積極而深遠的影響。

參會論文目錄

（按姓氏筆劃排序）

丁克順（越南·漢喃研究院）：《〈嗣德聖製字學解義歌〉版本及文字等問題研究》

小助川貞次（日本·富山大學）：《關於越南國立圖書館所藏書經大全與五經節要的加點》

王平（中國·上海交通大學）：《越南漢字研究綜述》

王曉平（中國·天津師範大學）：《東亞漢文小説寫本研究例説》

王貴元（中國·中國人民大學）：《日藏漢文古字書整理瑣議》

王勇（中國·浙江大學）：《筆談文獻中的越南與東亞》

牛振（中國·北京師範大學）：《〈海國圖志〉國名用字考察》

付伊（中國·浙江財經大學）：《現代語境下漢字形態變異探析》

方國平（中國·浙江財經大學）：《日本古辭書與漢字變異研究——以觀智院本〈類聚名義抄〉爲例》

孔青青（中國·浙江財經大學）：《韓國坊刻本〈九雲夢〉俗字研究》

李圭甲（韓國·延世大學）：《偏旁結構變更異體字的生成原因與特徵》

李宇（中國·浙江財經大學）：《越南漢字辭書〈字典節錄〉研究》

李運富（中國·鄭州大學）：《跨文化漢字研究論略》

李建斌《中國·浙江財經大學》：《日藏古抄李嶠詠物詩注俗字研究》

任玉函（中國·浙江財經大學）：《朝鮮後期漢語教科書中的"非漢語用法"》

阮俊强（越南·漢喃研究院）：《越南漢喃研究院所藏漢喃資料的歷史、特徵與前瞻》

阮氏黎容（越南·河内國家大學）：《越南〈千字文〉字書兩種漢字字形考》

阮氏雪（越南·漢喃研究院）：《越南〈翹傳〉的漢注版研究》

孫德平（中國·浙江財經大學）：《論英國華語辭彙的規範》

杜氏碧選（越南·漢喃研究院）：《以字典爲編寫方式的越南中代漢字

教科書：以〈三千字解音〉和〈嗣德聖製字學解義歌〉爲例》

　　呂明姮（越南・漢喃研究院）：《從詞典論看越南中代辭書——以〈大南國語〉〈日用常談〉〈南方名物備考〉爲中心》

　　吳函書（中國・浙江財經大學）：《〈華英字典〉與漢語俗字》

　　何華珍　刘正印（中國・浙江財經大學）：《越南漢文俗字的整理與研究——兼論〈越南俗字大字典〉編撰》

　　何余華（中國・北京師範大學）：《論朝鮮文化對漢字系統的影響——以中國古代字書所見爲例》

　　何婧（中國・浙江財經大學）：《越南瑤族民間古籍中的漢語俗字研究》

　　武越鵬（越南・漢喃研究院）：《越南喃文間有漢字書籍研究：以〈壽梅家禮〉爲中心》

　　金燁（中國・南京大學）：《观智院本〈类聚名義抄〉字體注記與字樣學研究》

　　周玳（中國・浙江財經大學）：《朝鮮寫本與漢語俗字》

　　河野貴美子（日本・早稲田大學）：《中日"嘉言"集考》

　　胡夢穎（中國・浙江財經大學）：《接續薪火：久保天隨的著述與明治漢學》

　　俞忠鑫（中國・浙江大學）：《漢字在域外的功能拓展》

　　韋樹關（中國・廣西民族大學）：《中國京族喃字的變異》

　　陸小燕（中國・紅河學院）：《1871 年朝鮮使臣的北京影像》

　　陳楠楠（中國・浙江財經大學）：《〈三千字歷代文注〉初探》

　　陳氏降花（越南・漢喃研究院）：《十九世紀末二十世紀初漢喃雙語辭典：〈南方名物備考〉案例研究》

　　陳仲洋（越南・漢喃研究院）：《中世紀越南漢字詞典的類型與特點》

　　崔山佳（中國・浙江財經大學）：《说"尸""彐"》

　　梁茂華（中國・廣西民族大學）：《越南古代漢喃辭書略論》

　　張磊（中國・浙江師範大學）、吳美富（中國）：《〈新撰字鏡・序〉校釋》

　　韓小荆（中國・武漢大學）：《佛經音義疏誤原因分析》

　　黄卓明（中國・鄭州大學）：《朝鮮時代前期中國語文學文獻述略》

　　黄行（中國・中國社會科學院）：《古壯字及其與漢語言文字的關係》

　　黄興球（中國・浙江工業大學）、韋順莉（中國）：《越南國家文字變遷的歷史啓示》

　　黄建新（中國・浙江財經大學）：《書法在鄉風文明建設中的發展與實踐》

　　葉少飛（中國・紅河學院）：《越南後黎朝鄧明謙〈詠詩詩集〉的撰述

與思想》

葛繼勇（中國・鄭州大學）：《流播至日本的〈魏文貞故事〉小考》

蔣冀騁（中國・湖南師範大學）：《說文注音釋義小記》

甄周亞（中國・浙江財經大學）：《馮克寬使華漢詩寫本疑難俗字考釋》

裴英掌（越南・漢喃研究院）：《漢字與喃字對越南阮朝北寧省地名的取名角色比較研究》

温敏（中國・鄭州大學）：《越南漢喃雙語辭書研究價值初探—以〈指南玉音解義〉爲中心》

蔡忠史（越南・漢喃研究院）：《文獻祠的降筆經木刻版與〈古今傳錄〉的若干版本問題》

管春林（中國・浙江財經大學）：《“一帶一路”國家漢語國際推廣教材特點初探》

熊英姿（中國・浙江財經大學）：《哈佛大學藏本〈九雲夢〉草書字形探析》

范氏草（越南・越南西北大學）：《〈阮朝硃本〉對聯的異體字考》

劉玉珺（中國・西南交通大學）：《阮忠彥〈介軒詩集〉考論》

劉正印　何華珍（中國・浙江財經大學）：《越南漢喃碑銘用字研究導論》

劉志强（中國・廣東外語外貿大學）：《從漢文獻看古代越南與朝鮮歷史文化關係》

潘青皇（越南・台灣中正大學）：《潘輝注〈歷朝憲章類志・文籍志〉分類觀點初探——以〈文籍志〉的憲章類爲例》

鐵徹（中國・浙江財經大學）：《試論朝鮮時代漢字親屬稱謂詞語的變異與革新——以韓國漢文小說爲例》

後　　記

　　2017 年 5 月 19 至 21 日，東亞漢籍與越南漢喃古辭書國際學術研討會在浙江財經大學下沙校區隆重舉行。本次會議由浙江財經大學人文與傳播學院主辦，鄭州大學漢字文明研究中心、越南社會科學院漢喃研究院協辦。這是國內首次以"越南漢喃古辭書"爲主題的國際學術研討會。來自中國、越南、日本、韓國等高校、研究機構以及出版社的 70 餘位專家學者，濟濟一堂，切磋琢磨，共推東亞漢籍、漢字、漢文化研究的繁榮發展。

　　會上，中國文字學會會長黃德寬教授做了即興演講（即本論集序言）。黃會長對本次國際會議做了充分肯定和高度評價，對東亞漢字資源整理與漢字傳播研究寄予殷切期望，從理論上將域外漢籍承載的漢字資源及漢字漢語域外傳播，納入中國文字學的研究視野，并成爲文字學研究的重要領域。這是文字學研究的當代使命，更是新時代的責任擔當。

　　本論文集就是在這次國際學術研討會交流論文的基礎上編輯而成，内容上涵蓋了東亞的文史典籍、古辭書、歷史漢字、民族文字，以及漢字傳播、漢字理論的綜合考述和專題研究，視野開闊，材料宏富，新人耳目。其中既有前輩學者的高見新論，也有初生牛犢的試筆新作，同時充分展示了國際合作研究的良好前景。漢喃研究院阮俊强院長領隊的 13 位越南學者發表的高論，浙江財經大學人文與傳播學院研究團隊呈現的 13 篇新作，即是一道國際化合作創新的別樣景觀。

　　本次會議取得圓滿成功，并將有關論文結集出版。在此，感謝出席本次會議的國内外專家學者，感謝浙江財經大學各級領導的大力支持，感謝越南漢喃研究院的協力幫助。同時，要感謝李運富先生、任明先生。承蒙李運富先生惠允，本書列入鄭州大學漢字文明研究文集之一，并承擔了出版的所有經費。中國社會科學出版社任明先生爲本書出版付出諸多辛勞。還有，王泉老師、劉正印同學，爲本書的校訂做了大量工作；人文與傳播學院黨政領導、學院辦公室同志、漢語言文字學團隊師生，爲本次會議的籌備、會務的接待等付出辛勤勞動。這都是應該深表謝意的。

　　最後需要說明的是，本次會議的召開和論集的彙編，還獲得了國家社科基金重大項目（11&ZD126）、國家社科基金一般項目（12BYY069）、教育部人文社科項目（12YJA740020）、浙江財經大學協同創新項目（C201702）等資助，在此一并表示感謝。

祝願東亞漢籍、漢字、漢文化研究取得更加豐碩成果！

何華珍